21世纪高等院校法学类系列规划教材

国际商法

International Business Law

主 编 马京林 凡启兵 谷光曙

中国·武汉

内容提要

本书共分12章,分别介绍了国际商法总论、国际商事组织法、国际商事合同法、国际货物买卖法、国际货物运输保险法、国际商事支付法、国际商事代理法、国际产品责任法、国际电子商务法、国际知识产权法、世界贸易组织法和国际商事争议解决的法律制度等内容。本书体系完整,结构合理,行文流畅,具有很强的针对性、时效性、启发性和实践性。本书既可以作为高等院校国际经济与贸易、法律等专业学生的教材,也可以作为在职工作人员培训教材。

图书在版编目(CIP)数据

国际商法/马京林,凡启兵,谷光曙主编. —武汉:华中科技大学出版社,2011.8(2023.1重印)
ISBN 978-7-5609-7236-7

Ⅰ.①国… Ⅱ.①马… ②凡… ③谷… Ⅲ.①国际商法 Ⅳ.①D996.1

中国版本图书馆 CIP 数据核字(2011)第 149870 号

国际商法　　　　　　　　　　　　　　　　马京林　凡启兵　谷光曙　主编

策划编辑:张　昕　刘　平
责任编辑:殷　茵
封面设计:刘　卉
责任校对:祝　菲
责任监印:朱　玢

出版发行:华中科技大学出版社(中国·武汉)　　电话:(027)81321913
　　　　　武汉市东湖新技术开发区华工科技园　　邮编:430223
录　　排:华中科技大学惠友文印中心
印　　刷:广东虎彩云印刷有限公司
开　　本:787mm×1092mm　1/16
印　　张:26
字　　数:553千字
版　　次:2023年1月第1版第7次印刷
定　　价:68.00元

本书若有印装质量问题,请向出版社营销中心调换
全国免费服务热线:400-6679-118　竭诚为您服务
版权所有　侵权必究

前　言

国际商法是国际经济与贸易、经济法等专业的一门主干课程。为了加强国际商法的课程建设，提高教学质量，我们组织部分高等院校一批教学水平高、教学经验丰富、理论水平强的骨干教师编写了《国际商法》教材。在本教材的编写过程中，我们努力使之体现如下特点。

第一，体现高等院校国际经济与贸易、经济法等专业人才培养的目标及规格要求，具有很强的针对性和适用性。在本教材的编写过程中，我们以教育部关于高等院校国际经济与贸易、经济法等专业人才培养的目标及规格要求的精神为依据，结合高等院校国际经济与贸易、经济法等专业教育教学特点和培养目标，重点阐述了国际商法的基本理论、基础知识，具有很强的针对性和适用性。

第二，具有很强的时效性和先进性。在本教材编写过程中，我们查阅了大量的国际商法参考文献，吸收了国际国内最新的国际商法理论成果，使教材具有很强的时效性和先进性。

第三，以培养学生的创新精神和实践能力为着力点。为了更好地培养学生运用所学基本理论分析问题、解决问题的能力，我们对教材中的重点难点运用大量案例进行分析和说明，使教材具有启发性、引导性、应用性、可操作性和实践性，从而有利于培养学生运用所学理论分析问题、解决问题的能力。

本教材体系完整，结构合理，行文流畅简明，适用高等院校国际经济与贸易、经济法等专业的本科学生使用，也可以作为国际经济与贸易、经济法等专业专科学生的教材，还可以作为在职工作人员的培训教材。

本教材由马京林、凡启兵和谷光曙担任主编，负责教材整体框架设计，拟订编写大纲，对全书进行总纂。汪发元、王雪梅、刘箭、李洪峰、吴文红、余丙南、胡传海、潘德勇担任副主编，协助主编完成总纂工作。本教材各章的具体编写分工是：第一章由长江大学凡启兵博士编写；第二章由武汉纺织大学马京林教授编写；第三章由郑州大学李洪峰博士编写；第四章、第九章由武汉纺织大学谷光曙讲师编写；第五章由池州学院余丙南博士编写；第六章由武汉纺织大学刘箭博士编写；第七章由长江大学汪发元教授编写；第八章由浙江科技学院胡传海博士编写；第十章由武汉纺织大学吴文红讲师编写；第十一章由湖北经济学院潘德勇博士编写；第十二章由中南财经政法大学武汉学院王雪梅主任编写。

由于编写时间仓促，书中难免会存在一些不妥、疏漏甚至错误之处，敬请广大读者批评指正。

编　者

2011 年 6 月

目 录

第一章 国际商法总论 (1)
  第一节 国际商法的概念和渊源 (1)
  第二节 大陆法系和英美法系 (5)
  第三节 中国的法律制度概述 (16)

第二章 国际商事组织法 (27)
  第一节 个人独资企业法 (27)
  第二节 合伙企业法 (32)
  第三节 公司法 (49)

第三章 国际商事合同法 (64)
  第一节 合同法概述 (64)
  第二节 合同的成立 (70)
  第三节 合同的效力 (77)
  第四节 合同的履行 (83)
  第五节 违约与违约的救济方法 (91)
  第六节 合同的消灭 (100)

第四章 国际货物买卖法 (107)
  第一节 国际货物买卖法概述 (107)
  第二节 国际货物买卖合同的订立 (117)
  第三节 国际货物买卖双方的权利与义务 (130)
  第四节 货物所有权与风险的转移 (140)

第五章 国际货物运输保险法 (156)
  第一节 国际货物运输保险与保险合同 (156)
  第二节 国际海上货物运输保险 (166)
  第三节 国际陆上运输货物保险 (181)
  第四节 国际航空运输货物保险 (183)

第六章 国际商事支付法 (187)
  第一节 国际商事支付法概述 (187)
  第二节 国际商事支付工具 (191)
  第三节 国际商事支付方式 (200)

第七章　国际商事代理法 (219)
第一节　国际商事代理法概述 (219)
第二节　代理法律关系 (226)
第三节　几种常见的国际商事代理 (229)
第四节　我国的外贸代理制 (231)

第八章　国际产品责任法 (238)
第一节　国际产品责任法概述 (238)
第二节　美国产品责任法 (244)
第三节　欧洲产品责任法 (249)
第四节　中国的产品责任法 (252)

第九章　国际电子商务法 (256)
第一节　电子商务与电子商务法 (256)
第二节　数据电讯法律制度 (267)
第三节　国际电子商务合同 (286)
第四节　电子商务的国际立法 (297)

第十章　国际知识产权法 (310)
第一节　知识产权和知识产权法 (310)
第二节　知识产权的国际保护 (312)
第三节　中国的知识产权保护法 (326)

第十一章　世界贸易组织法 (336)
第一节　世界贸易组织法律体系概述 (336)
第二节　世界贸易组织货物贸易规则 (346)
第三节　世界贸易组织服务贸易规则 (354)
第四节　世界贸易组织法与中国 (360)

第十二章　国际商事争议解决的法律制度 (375)
第一节　国际商事争议概述 (375)
第二节　解决国际商事争议的司法方法 (377)
第三节　解决国际商事争议的非司法方法 (388)
第四节　国际商事仲裁 (392)
第五节　WTO 争端解决机制 (402)

主要参考文献 (409)

第一章 国际商法总论

【本章导读】 20世纪90年代以来,国际经济一体化、区域经济集团化、经济发展知识化、国际商务电子化的特点,使得国际商法的许多内容发生了深刻的变化,我们必须进一步熟悉新的"游戏规则",而国际商法正是这种"游戏规则"的一部分。国际商法是随着国际经济贸易的发展而不断发展变化的,大陆法系和英美法系对其影响较大,而国际条约、国际惯例和国内法则是国际商法的主要渊源。本章主要介绍国际商法的概念和渊源;运用比较法,较为系统地介绍西方的两大法律体系——大陆法系与英美法系;同时,为协助非法学专业学生学习国际商法课程,还介绍了中国法律制度的渊源和当前主要的司法制度。本章学习的是国际商法的基础理论,以便为其他章节的学习提供理论基础。

【学习目标】 通过本章的学习,要求学生掌握国际商法的基本概念和渊源;了解大陆法系和英美法系的概念、特点和法院组织系统;掌握大陆法系和英美法系的主要区别;了解中国法律的渊源和当前基本的司法制度,初步建立法律观念。

【重点概念】 国际商法 国际条约 国际惯例 国内法 大陆法系 英美法系 制定法 普通法 衡平法 判例法 先例约束力原则 两审终审制度

第一节 国际商法的概念和渊源

一、国际商法的概念

国际商法(international business law,international commercial law),又称为国际商事法,是调整国际商事关系的各种法律规范的总称。

法律的调整对象是指法律所要规定的某种法律关系,它是划分不同法律部门的主要依据。任何法律部门都有自己的调整对象,国际商法也有自己的调整对象。一般认为,国际商法的调整对象是国际商事法律关系,或称为涉外商事法律关系、跨国商事法律关系,也有人称之为含有涉外因素的商事法律关系。理解国际商法概念的关键在于认识国际商法的国际性及其商事法律关系的范围。

(一) 国际商法的国际性

法律关系是在法律规范调整社会关系的过程中所形成的人们之间的权利和义务关系。法律关系由三要素组成,即主体、客体和内容。国际商法的国际性,就是指在商事法律关系的主体、客体和内容三要素中,至少有一个因素涉及外国,或者说,至少有一个因素具有涉外性。

1. 主体的涉外性

如果某一商事法律关系之所以成为国际商事法律关系是因为主体具有涉外因素，则该商事法律关系的主体至少有一方为外国自然人或法人。即国际商事关系的双方或多方当事人的国籍不同，或者当事人的营业地处于不同的国家。如一美国公司与一中国公司在中国境内成立合资企业，某一中国公民拥有某一外国政府发行的债券。

2. 客体的涉外性

如果某一商事法律关系之所以成为国际商事法律关系是因为客体具有涉外因素，则该商事法律关系的客体必须是位于外国的物或者是需要在外国履行的行为。此处的"物"既包括货物等有形物体，也包括专利权、商标权、著作权等无形财产权。如中国某建筑公司承建位于巴基斯坦境内的火力发电站。

3. 内容的涉外性

如果某一商事法律关系之所以成为国际商事法律关系是因为其内容具有涉外因素，则该商事法律关系的内容，亦即权利义务据以产生、变更或消灭的法律原因或事实必须发生在国外。如双方当事人订立旅游服务合同，该旅游地在国外，又如合同的缔结或履行在外国。

以上三种情况，都只是就国际商事法律关系的其中一个因素与外国发生联系而言。在实际生活中，两个或多个因素与外国有联系的情况也较为常见。例如，中国某公司和一家日本公司在美国纽约缔结一份买卖标的为澳大利亚悉尼港待装货物的合同。在该项法律关系中，主体一方是日本人，产生合同权利义务的法律事实即合同缔结地在美国，而客体又在澳大利亚，因此三个要素均与外国有关。

这里还需要注意的是，在国际商法上讲的涉外因素的"外国"(foreign)，与国际私法上的相应概念是大致相同的，应该做广义的理解，有时候是把一个国家中的不同"法域"(legal unit)也包括在内的。例如英国所称的 foreign，就把苏格兰和北爱尔兰也当做德国、法国等外国一般看待的。在某些特定案件中，虽然其法律关系的主体、客体和内容在形式上均不涉外，但实质上与外国存在着千丝万缕的联系。因此，认定国际商事关系中的"国际性"标准应是一个广泛的概念，其形式是多样的，不应局限于上述三种情况，而应包括与外国法或外域法有实质联系的"涉外"情况。

(二) 国际商事法律关系的范围

所谓商事法律关系，是指商事主体基于商事行为而产生的权利义务关系。商事法律关系的主体形式主要包括自然人、独资企业、合伙企业和公司等；其内容为商事权利和商事义务，均具有营利的性质，即表现为经营性商事权利和经营性商事义务。因交易而产生的商事法律关系，其客体一般限于商行为，其行为标的是具有商品属性的有形体或无形体的商品。

国际商法调整的国际商事法律关系强调的是各个商事主体及其相互间从事商业

活动,尤其是贸易和投资活动方面的法律关系。现代国际商事法律关系涉及的范围非常广泛,已经从商事组织、合同、买卖、代理、运输保险、票据等传统领域,拓展到技术贸易、服务贸易、投资、金融、工程承包、合作生产、产品责任、电子商务、知识产权等众多新兴领域,因此西方国家往往把调整上述各种商业交易的法律用国际商事交易法(the law of international business transactions)来概括。

此外,解决商事争议的法律制度(主要是国际商事仲裁法和国际商事诉讼法)也可以列为国际商法的主要内容之一。

国际商法是一个开放的体系,随着经济全球化的不断深入,新的商事行为必将层出不穷,国际商法的调整范围也会不断扩大。由于教学课时和篇幅的限制,教材内容不可能面面俱到,本着新旧结合、统筹兼顾的原则,本教材只选择了一些最基本的国际商法内容来进行介绍,包括国际商事组织法、国际商事代理法、国际商事合同法、国际货物买卖法、国际货物运输保险法、国际商事支付法、国际产品责任法、国际电子商务法、国际知识产权法、世界贸易组织法、国际商事争议解决的法律制度等内容。

二、国际商法的渊源

法的渊源(sources of law),也称"法源"或"法律渊源",一般是指法律规范的创制及其表现形式。国际商法的渊源是指国际商法规范的存在及表现形式,包括国际条约、国际惯例和国内法。

(一) 国际条约

国际条约(international treaties)是两国或两个以上国际法主体依据国际法确立其相互权利和义务而缔结的国际书面协议。根据1969年《维也纳条约法公约》的规定:"称'条约'者,谓国家间所缔结而以国际法为准之国际书面协定,不论其载于一项单独文书或两项以上相互有关之文书内,亦不论其特定名称为何。"

条约有广义和狭义两种含义。广义的条约是指以各种名称出现的国际协议的统称;狭义的条约仅指以条约为名称的国际协议。在实践中,广义的条约通常使用的名称有条约、公约、专约、宪章、规约、盟约、协定、议定书、宣言、换文、联合公报、联合声明等。

按缔约方的数目,可以把条约分为双边条约和多边条约。双边条约指仅有两个缔约方的条约,如1978年我国与日本签订的《中日友好和平条约》。大多数双边条约是在两个缔约国之间缔结的,而有时,一个缔约方可能包括两个及两个以上的国家。多边条约指两个以上的缔约方缔结的条约,如1980年《联合国国际货物买卖合同公约》、1930年《关于统一汇票和本票的日内瓦公约》等。按照条约的性质,条约可以分为契约性条约和造法性条约。前者是指国家之间所订立的确定特定事项具体权利义务的条约。如交通运输协定、贸易协定均属此类,它们多是双边条约,都是对具体事务的协议,在处理具体问题的目的达到后即告终止,并不能创制国际法规则,而且其仅对缔约各方有拘束力,不具有普遍性质,不直接产生一般国际法规范。后者是指专门确立或修改国际法原则、规则和规章制度的条约,这类条约的参加国比较多,如《联合国宪章》、《维也纳外交关系公约》、《联合国海洋法公约》等。造法性条约规定的是国际社会普遍接受的原则和规则,是一般国际法。

条约一经生效,即对缔约国具有拘束力。缔约国应遵守条约,并善意履行,这就是条约必须遵守原则,它是一项古老的国际法原则。国际条约通过各缔约国立法机关核准后,若与该国国内法发生冲突,除声明保留外,一般是首先适用国际条约的规定,这就是国际法上的条约优先适用原则。在我国,《民法通则》第142条第2款规定,"中华人民共和国缔结或者参加的国际条约同中华人民共和国民事法律有不同规定的,适用国际条约的规定"。

(二) 国际惯例

国际惯例(international customs)是指在国际商事交往的长期实践中形成的,受到各国普遍承认和遵守的习惯做法、商事原则和规则。

某一规则或实践要构成国际惯例,必须满足以下两个条件。

(1) 物质因素,或称客观因素。即应有多国的长期共同实践,表现为相同规则的反复适用或相同实践的反复形成,并由此在国际社会形成"通例",如某国在交往中处理某类问题时树立了先例,其他国家在处理同类问题时,也以之作为有拘束力的规范并反复适用。

(2) 心理因素,或称主观因素。即该惯例应具有"法律确信",被国际社会普遍接受,并为各国承认具有法律拘束力。为了证明某一惯例是否存在及是否被接受为法律,必须寻找证据。证据可以从以下三个方面的资料中去查找:①国家间的各种外交文书;②国际机构的决议和判决等;③国内立法、司法、行政方面的各种有关文件等。一项原则、规则或制度,只有从国际实践的有关资料中找到已被各国承认为具有法律拘束力的充分证据,才能确立为国际习惯;如查找不到证据,则不能确立为国际习惯。

国际惯例植根于国际交往实践,是在长期反复实践中逐步形成的某一特定领域内的习惯性做法或通例。上述做法或通例是在各国法律所许可的范围内发展起来的。经过有关国际组织的整理编纂,这些习惯性做法或通例以系统有序的成文方式表现出来,进而大大方便了参与国际交往的当事人的适用。国际惯例不是一成不变的。随着科学技术的发展和社会进步,原有的惯例不断地完善,新的惯例则在频繁的国际交往中应运而生。

目前具有代表性的国际商事惯例包括国际法协会1932年制定的《华沙-牛津规则》、国际海事协会1974年制定的《约克·安特卫普规则》、国际商会1978年修订的《托收统一规则》、国际商会1993年第六次修订的《跟单信用证统一惯例》、国际统一私法协会2004年修订的《国际商事合同通则》、国际商会2010年修订的《国际贸易术语解释通则》等。

(三) 国内法

国内法(national law)在国际商法中仍占重要地位,也是国际商法的重要渊源。

国际商法的国内法渊源是指一国为调整国际商事关系所进行的国内立法。由于国际商事的国际立法非常困难，国际立法（国际条约、国际惯例）的调整范围也非常有限，而且个人或企业在从事超越国境的经贸和商事活动时，也可能选择某国的国内法为准则，因而大量的国际商事关系都要由一国的国内立法来调整，如合同效力、所有权的取得等问题就必须通过准据法规则指向某一国的国内法来确定。国内法的范围涵盖实体法、程序法和冲突法。

第二节 大陆法系和英美法系

法系是在对各国法律制度的现状和历史渊源进行比较研究的过程中形成的概念。法系是指根据法的结构、形式、历史传统等外部特征以及法律实践的特点、法律意识和法在社会生活中的地位等因素对法进行的基本划分，它是具有共性或共同传统的法律的总称。通常把具有一定特点的某一国的法律和仿效这一法律的其他国家法律，划为同一法系。一般认为，当今世界主要有五大法系：大陆法系、英美法系、伊斯兰法系、印度法系和中华法系。其中，大陆法系和英美法系是对当今世界影响最为广泛的两大法系，对各国立法和国际商法的发展起着重大作用。因此，我们有必要加以了解。

一、大陆法系

(一) 大陆法系的概念及其分布范围

大陆法系(continental family)，又称民法法系(civil law family)、法典法系(code family)、罗马-日耳曼法系或成文法系。在西方法学著作中多称民法法系，中国法学著作中惯称大陆法系。它是指包括欧洲大陆大部分国家从19世纪初以罗马法为基础建立起来的，以1804年《法国民法典》和1900年《德国民法典》为代表的法律制度以及其他国家和地区仿效这种制度而建立的法律制度。它是西方国家中与英美法系并列的渊源久远和影响较大的法系。大陆法系源于古罗马法，期间经过11—16世纪的罗马法复兴和18世纪资产阶级革命，最后于19世纪发展成为一个世界性的法系。

大陆法系首先产生在欧洲大陆，后扩大到拉丁族和日耳曼族各国，其分布的国家和地区数量是世界上最多的。在欧洲大陆，大陆法系可分为两个分支系：法国分支系和德国分支系。法国分支系包括拉丁语系各国，即法国、比利时、西班牙、葡萄牙、意大利等国；德国分支系包括日耳曼语系各国，即德国、奥地利、瑞士、荷兰等国。北欧各国（挪威、瑞典、丹麦、芬兰和冰岛）的法律，通称为斯堪的纳维亚法律，基本上也属于大陆法系。

从15世纪开始，随着欧洲国家向外殖民扩张，大陆法系也扩及拉丁美洲、非洲、亚洲等地。在南美洲，阿根廷、乌拉圭、墨西哥及秘鲁等国的法律即属于大陆法系。

在非洲,如埃及、刚果(布)、刚果(金)、卢旺达、布隆迪、索马里等国的法律,由于以前的殖民地历史,属于大陆法系,而阿尔及利亚、摩洛哥、突尼斯等国的法律,也受到了大陆法系的强烈影响。在亚洲,日本、泰国、韩国、土耳其以及我国台湾地区、澳门地区的法律,亦属大陆法系。另外,美国的路易斯安那州及加拿大的魁北克省的法律,也因历史上的原因,属于大陆法系范围。

(二) 大陆法系的主要特点

1. 全面继受罗马法

所谓"全面继受罗马法"包含两方面内容。其一,吸收了许多罗马法的原则和制度。大陆法系各国法律的许多原则和制度是在罗马法规定的基础上发展而来的,比如法人制度、物权制度、契约制度、律师制度、私人权利平等原则、遗嘱自由原则、"不告不理"原则等。其二,接受了罗马法学家的思想学说和一整套技术方法,包括他们的法律术语、概念、规范分类范畴,例如法律行为、民事责任、代理、占有、不当得利、无因管理、时效等概念,公法和私法的划分,物权和债权的分类,人法、物法、诉讼法的私法体系,思维推理方式,等等。

2. 实行法典化

在法律形式上,大陆法系各国一般都建立了除宪法外以五部法典(民法、商法、刑法、民事诉讼法和刑事诉讼法)为主干,辅之以若干单行法规的完整的成文法体系。各国都以法典编纂作为法律统一和法制建设完成的标志。资产阶级启蒙思想家鼓吹的自然法思想和理性主义是大陆法系国家实行法典化的理论基础。立法与司法的严格区分,要求法典必须完整、清晰、逻辑严密。法典一经颁行,法官必须忠实执行,同类问题的旧法即丧失效力。

3. 将法律分为公法和私法两大部分

大陆法系把全部法律区分为公法(public law)和私法(private law)两大部分。这种分类方法由罗马法学家提出。公法是与罗马国际状况有关的法律,包括调整宗教祭祀活动和国家机关活动的法规;私法是与个人利益有关的法律,包括调整所有权、债权、家庭与继承等方面的法规。大陆法继承了罗马法的这种分类方法,并根据现代法律发展的要求,进一步把公法细分为宪法、行政法、刑法、诉讼法和国家公法,把私法分为民法和商法等。

4. 立法与司法分工明确,强调制定法的权威,禁止法官"造法"

首先,大陆法系国家的立法和司法分工明确,强调制定法(statute)的权威,制定法的效力优先于其他法律渊源。理论上,大陆法系只承认制定法、条约和习惯是法律渊源,具有正式的法律效力。而在这些渊源中,制定法的地位最高。其次,法官解释法律的任务只限于阐明法律的"真意"。大陆法系司法机关适用法律是指将抽象的法规运用到具体案件上去,这意味着司法工作本身就包含法律解释。但法官的解释不能侵犯立法权,只能探究立法者赋予该条文的含义,并加以遵循。尽管在实践中这种限制已逐渐被突破了,但法官的这种"越权"行为未被正式承认。再次,禁止法官"造法",不承认判例的正式效力。大陆法系的法官只能严格执行法律规定,不得擅自创造法律,违背立法精神,故有"法官是制定法的奴仆"之说。

5. 在法律推理形式和方法上采取演绎法

由于司法权受到重大限制,法律只能由代议制的立法机关制定,法官只能运用既定的法律判案。因此,在大陆法系国家,法官的作用在于将蕴涵于法典中的高度概括的法律原理进行演绎和具体化,然后适用于具体案件。在进行演绎时,往往需要对法律原理、概念、术语等进行法律解释。

6. 法学在推动法律发展中起重要作用

尽管法学不是大陆法系正式的法律渊源,但它的作用不容低估。可以说,离开了法学的推动,就没有大陆法系的形成。法典编纂和资本主义法律制度确立以后,由于分权原则的确定和法典编纂的成功,立法成为大陆法系首要的法律渊源,立法者遂成法律舞台的主角。但法学对法律的发展仍起着重要作用,主要表现在以下四个方面。其一,法学创立了法典编纂和立法的理论基础,如自然法、理性、民族国家理论、法律实证主义和权力分立学说等。其二,法学创造了法典编纂的内容、体系和风格,以及立法机关所适用的法律概念和词汇。其三,法律解释在审判过程中的地位日益重要,但法官解释法律实际上受法学倾向和潮流的支配。其四,法律适应社会发展需要的任务首先是由法学来完成的。通常,当一种法律原则或制度已不适合社会需求时,法学就指出它已过时,同时提出代替它的原则或制度,并进行论证,然后由立法机关在条件成熟时通过修改旧法和制定新法,逐步将其实现。从这个意义上说,法学家是大陆法系真正的主角,大陆法也就成了法学家的法。

(三) 大陆法系的法院组织

大陆法各国在其法院组织中,一般都设有普通法院和专门法院;各国法院基本上都分为三级三审制或四级三审制。

普通法院审理一般民事案件和刑事案件,专门法院则就特定事项进行审理,如行政法院审理行政诉讼。专门法院还包括商事法院、亲属法院、劳动法院、社会法院和税收法院等。

在主要的大陆法国家中,法国实行三级三审制,德国和日本实行四级三审制。法国法院系统由基层法院、上诉法院和最高法院组成。不服基层法院判决可逐级上诉至最高法院。德国法院系统由地方法院、州地区法院、州高等法院、联邦高等法院组成。地方法院审理轻微民事案件,州地区法院审理较大的民事案件,不服判决可依次上诉,对上诉审不服可依次要求上级法院复审。日本法院系统由简易法院、家庭法院或者地方法院、高等法院和最高法院组成。简易法院审理轻微民事案件,重大民事案件由地方法院作为一审法院,并分别有两级上诉审。

二、英美法系

(一) 英美法系的概念及其分布范围

英美法系(Anglo-American law system),又称普通法系(common law system)、英吉利法系、海洋法系或判例法系(case law system),是世界第二大法系。英美法系是指英国从11世纪起主要以源于日耳曼习惯的普通法为基础逐渐形成的一种独特的法律制度,以及仿效英国的其他国家和地区的法律制度的总称。绝大多数以英语为官方语言的国家都属于英美法系。它包括英国(苏格兰除外)、美国(路易斯安那州除外)、爱尔兰,以及曾作为英国殖民地、附属国的许多国家和地区,其中包括加拿大(魁北克省除外)、澳大利亚、新西兰、印度、巴基斯坦、孟加拉国、缅甸、马来西亚、新加坡、中国的香港地区,以及非洲的苏丹和拉丁美洲的一些英语国家。

南非、斯里兰卡和菲律宾等国原属大陆法系,后来随着英美势力的渗入,引进了普通法的因素,形成两大法系混合的局面。

(二) 英美法系的主要特点

1. 判例法是英美法系的主要渊源

判例法(case law),就是基于法院的判决而形成的具有法律效力的判定,这种判定对以后的判决具有法律规范效力,能够作为法院判案的法律依据。判例法是英美法系国家的主要法律渊源,它是相对于大陆法系国家的制定法或成文法而言的。判例法的来源不是专门的立法机构,而是法官对案件的审理结果,它不是立法者创造的,而是司法者创造的,因此判例法又称为法官法或普通法。判例法产生于法官的判决,是法官从判决中所揭示的原则,是法官创造的法。除了判例法之外,英美法系国家还有一定数量的制定法和法典,如美国的《统一商法典》等。但和大陆法系比较起来,它的制定法和法典还是很少的,而且这些制定法对法律制度的影响远没有判例法大。判例法和制定法是一种相互作用、相互制约的关系。制定法可以改变判例法,而在适用制定法的过程中,通过法官的解释,判例法又可以修正制定法,但如果这种解释过分偏离了立法者的意图,又会被立法者以制定法的形式予以改变。

2. 遵循"先例约束力原则"处理案件

先例约束力原则(rule of precedent)是指在处理具体案件时,不是引证某些法律,而是参照以前类似案例的判决,即按照公平与正义的原则所作判决而形成的判例。根据判例法,法院在判决中所包括的判决理由(ratio decidendi)必须得到遵循,即对作出判例的法院本身和对下级法院日后处理同类案件均具有约束力。

19世纪上半叶英国确立了先例约束力原则,其主要包括以下内容:①上议院的判决是具有约束力的先例,对全国各级审判机关都有约束力,一切审判机关都必须遵循,但上议院可不受其先例的约束;②上诉法院的判决可构成对下级法院有约束力的先例,而且对上诉法院本身也有约束力;③高级法院的每一个庭的判决对一切低级法院有约束力,对高等法院的其他各庭以及王室法院也有很大的说服力。由此可见,只有上诉法院、高级法院和上议院的判决才能构成先例,才具有约束力。

先例约束力原则在美国也同样适用,并在司法实践中形成了其独特之处,其主要内容为:①在州法方面,州的下级法院须受其上级法院判决的约束,特别是州最高法院判决的约束;②在联邦法方面,相关案件须受联邦法院判决的约束,特别是美国最高法院判决的约束;③联邦法院在审理涉及联邦法的案件时,须受其上级联邦法院判决的约束,而在审理涉及州法的案件时,则须受相应的州法院判决的约束,但以不违反联邦法为原则;④联邦和州的最高法院不受它们以前确立的先例的约束。

3. 普通法和衡平法是法律的两种基本形式

英美法系没有公法与私法之分,其基本分类是普通法(common law)和衡平法(equity)。普通法是指在11世纪诺曼人征服英国后通过法院判决而逐步形成的适用于全英格兰的一种法律。衡平法是指在14世纪开始的,大法官法院的大法官们以公平、正义原则和规则对普通法进行修正、补充而出现和发展起来的一种法律。

1066年之前,英格兰作为英伦三岛上非常古老的王国,奉行的是当地的传统法律,史称盎格鲁-撒克逊法。1066年诺曼公爵威廉征服英国后,他和继任者为巩固统治,扩大王权,向地方上的贵族妥协。他在伦敦从最初的国王的御前会议中分离出专职的案件审理人员和机构,这就是历史上最早的王室法庭,又有财政法院、王座法院等称谓。英王为了扩大王权,开始派出人员到国家各地审理案件。但另一方面,根据威廉在征服过程中和英格兰各地的贵族达成的协议,要尊重当地的习惯,按照地方的习惯法来受理、判决案件。这就使得在各地审理的案件最终汇总到英王所在地伦敦的皇家威斯敏斯特教堂。人们互相交流、参照各地习惯形成的判案意见,在归纳、整合、统一过程中,他们发现,虽然各地的规定彼此各有不同,但是对某一类权利争议还是可以归纳出相同的规定的,所以他们就从案例中整理出通用的规则,之后以英王的名义把通用规则普遍适用于各地以后案件的审理中。这就是最早的从地方司法习惯、个案审理中归纳出来的通行于全国的普遍适用的法律,所以叫做普通法。普通法在其形成过程中,根本原因是王权的扩大,以及王权和地方贵族权力之间的妥协,这两种力量的合力构成了普通法这一特殊的法律制度。

在普通法的形成过程中,为了强化王权的作用,还形成了令状(writ)制度。即所有人想在地方上通过地方贵族的法庭来审理自己的纠纷,往往需要国王的许可。获得令状是提起诉讼的前提,但这种特定的权利争议的案件所形成的审理程序,会因为令状本身而有所限制。13世纪,在普通法法庭上由于种种原因得不到保护的当事人越来越多地向国王申诉,请求国王为他们主持正义。后来,国王将审理这些案件的任务交给"大法官法庭"(Chancery)的首脑"大法官"(Chancellor)。大法官则以国王赋予的最高司法权威为依据,根据公平、正义等衡平原则对案件进行独立审理。至13世纪中叶,大法官法庭作为衡平审判机构的趋势日见端倪。到了15世纪后半期,英国最终形成了与普通法法庭平行的衡平法法庭。在实践中,如果案件当事人觉得在普通法法庭中得不到正义,就转而寻求衡平法法庭的支持。直到19世纪末,衡平法终于与普通法并立。衡平法作为普通法的重要补充,集中关注于普通法调整不力的财产纠纷领域,特别是信托、合同、保险等几个方面。1675年的"考特利诉格兰威尔"案确立了"衡平法规则优先,但仅限于普通法未予救济的案件"的冲突原则;1875年生效的英国《司法法》将普通法法庭与衡平法法庭合并,结束了两套法律规则并行的局面,但衡平法原则与精神在现代英国法中仍起到鼓励法官创立新规则与救济手段的重要作用。美国法在继承英国法传统时完全吸收了衡平法精神与规则,从而形成了英美法系中法官造法和自由心证主义的巨大特色,使得英美法保持着活力并不断发展。

虽然普通法和衡平法都是以判例为表现形式,其产生都依托于王权,但两者之间仍有区别。①调整对象不同。普通法调整的对象是全方位的,几乎涉及法律的各个领域;衡平法调整的对象是有限的,只涉及普通法不能调整的私法领域。②渊源不同。普通法的渊源以习惯法为主;衡平法则以罗马法为主。③程序不同。普通法的程序复杂、僵化;衡平法的程序简单、灵活。④救济方法不同。普通法的救济方法只有损害赔偿;衡平法的救济方法则很多。

4. 诉讼程序上一般采用对抗制

在英国,当事人要想通过诉讼获得救济,必须依据一定的诉讼根据向法院起诉,而依据不同的诉讼根据提起的诉讼,其诉讼程序也不同,又不得相互通用。这样,当事人在实体法上的权利,只能通过一定的诉讼程序才能实现。故英美法系国家注重诉讼法,在诉讼程序上一般采用对抗制,即在民事诉讼中由双方律师(在刑事诉讼中由公诉人和辩护人)充当主要角色,法官居中进行裁决,证据必须在当事人在场时提出,当事人可以同对方证人对质。

(三) 英美国家的法院组织

1. 英国的法院组织

英国的法院组织是颇有特色的。英国的法院分为上议院(House of Lords)、高级法院(Supreme Courts, Superior Courts)和低级法院(Subordinate Courts, Interior Courts)三大体系。

上议院是英国的最高审判机关,行使最高司法审判权。上议院的最高司法权由法律议员(贵族法官)行使,其他议员并不参与。法律议员由大法官推荐,首相提名,女王任命。上议院共有10名现任法律议员,主要从英格兰和威尔士上诉法院的资深优秀法官中任命,但通常应当包括2名来自于苏格兰最高民事法院和北爱尔兰上诉法院的资深法官。上议院只受理民事和刑事上诉案件,不享有初审权。上议院受理不服上诉法院、苏格兰最高民事法院、北爱尔兰最高法院和军事上诉法院的判决而提起上诉的案件。此外,它还受理某些来自高等法院(王室法庭)的刑事上诉案件。上议院认为有必要时,还可以重审高等法院已经审理过的任何案件。上议院每年仅审理约70件上诉案件。依照英国法律规定,上议院审理案件须由3名以上法律议员组成合议庭。实践中,通常是5名议员共同组庭审理和评议案件。

2009年10月1日,英国最高法院正式成立,它取代上议院成为英国最高终审司法机构。它对于英格兰、威尔士和北爱尔兰法律事务拥有终审权,也是这些司法管辖地区的最高上诉司法机关。英国最高法院无权审理来自苏格兰的刑事案件,这些案件一概由苏格兰高等法院审理,苏格兰高等法院仍是当地的最高刑事法院,但英国最高法院有权审理来自苏格兰高等民事法院的上诉案件。

英国的高级法院包括高等法院(High Court of Justice)、上诉法院(Court of Appeal)和皇家刑事法院(Crown Court)。

英国高等法院的全称是英格兰和威尔士高等法院,它不仅是高诉讼标的额或者有较大影响的民事案件的一审管辖法院,而且还受理不服低级法院判决而提起的民事和刑事上诉案件。该法院坐落在位于伦敦中心的皇家法院大楼内。同时,英格兰和威尔士被分割成六个巡回区,高等法院在每个巡回区内还设有巡回法官(Circuit Judges)。为方便司法,高等法院分为大法官法庭(Chancery Division)、王室法庭(King/Queen's Bench Division)和家事法庭(Family Division)三个分庭,行使平等管辖权。大法官法庭受理涉及土地、遗嘱、个人破产、税务、托管、专利、商标和公司纠纷的一审案件。同时,还审理不服郡法院判决的个人破产上诉案件和针对税务机关作出的个人纳税决定的上诉案件等。王室法庭下设商事庭(Commercial Court)、海事庭(Admiralty Court)和行政庭(Administrative Court)。商事庭管辖涉及货物买卖、货物运输、船舶租赁、银行、保险和再保险、代理和船舶建造等方面的纠纷;海事庭则负责审理由于船舶碰撞引起的人身伤亡、货物损失的赔偿诉讼,以及有关船舶所有权、海难救助、海上污染、船员工资等海事纠纷;行政庭既管辖不服政府机构行政行为的行政诉讼案件,也审理针对低级法院和皇家刑事法院作出的生效民事和刑事判决的再审申诉案件,同时还受理不服高等法院和低级法院作出的不准予上诉的决定的案件。家事法庭管辖婚姻纠纷案件,包括确认婚姻的效力、离婚、未成年子女的监护与收养等,同时还受理医疗纠纷案件。

英国上诉法院亦设在伦敦皇家法院大楼内,是英格兰和威尔士司法体系中地位仅次于上议院的高级法院。上诉法院内设两个庭:民事法庭(Civil Division)和刑事法庭(Criminal Division)。上诉法院对下级法院享有上诉管辖权,就下级法院所作判决的法律问题进行复审,有权撤销或变更原判决,或者命令下级法院重审。上诉法院审理案件采用合议制,由3名法官组成合议庭,但遇重大案件得由5名法官组成合议庭进行审判。上诉法院民事庭主要受理不服高等法院、郡法院、限制商业活动法院和其他特别法院以及某些行政裁判庭的裁决而提起上诉的民事案件。上诉法院刑事庭主要受理不服皇家刑事法院对可诉罪案件判决而提起的上诉。不服上诉法院刑事庭判决的案件,可以向英国上议院提起上诉。但对此种上诉的控制非常严格,必须是在法律上有特殊意义,或者上诉法院认为案情涉及重大的公共利益,并在征得上议院同意的情况下,才能提出。所以,这样的案件为数极少。

英国皇家刑事法院设一所专门审理可诉罪的中央法院,分散在各个巡回审判区开庭审案。皇家刑事法院的审判权由英国高等法院法官、巡回法官和兼职法官行使。皇家刑事法院管辖一审严重刑事案件和不服治安法院判决的普通二审刑事案件。皇家刑事法院开庭审理案件,由1名法官主持,实行陪审团制度,陪审团由12名陪审员组成。

英国的低级法院包括郡法院(County Court)、治安法院(Magistrates' Court)和各种名目繁多的专门法院及法庭等。

郡法院又称小额债权法院,是英国专门受理民事案件的基层法院。郡法院以前管辖争议金额在5000英镑以下的初审民事案件。现在,郡法院的管辖权基本上不再受金额限制,但仍然受地域约束,即当事人不能任意选择郡法院进行诉讼。英国绝大多数的民事案件都由郡法院初审管辖。具体地讲,郡法院主要受理有关合同、侵权行为、债务、典当、信托、土地税、遗嘱、收养、未成年人的监护以及海事、救捞等方面的轻微民事案件,诉讼标的仍是确定郡法院是否享有管辖权的重要标准。郡法院受理案件实行独任制,由1名法官听审案件,采用简易程序,费用低廉,结案迅速。

治安法院又叫治安法官法院,是英国最初级的法院,由治安法官组成,主要受理轻微刑事案件和某些民事案件。治安法院直接审理轻微并且被告人承认有罪指控的刑事案件。治安法官并不是专职的,许多人是已经退休的人员,这是个荣誉性的职位,仅有少量的津贴补偿。治安法官的审判权主要与刑事法律有关,他们负责处理所有轻罪案件,特别是大量的交通犯罪。他们也受理抚养、赡养、收养、监护等家庭法事务方面的案件。治安法院使用简易程序,审判时没有陪审员参加,过程简洁。

除上述法院外,英国还有一些特别设立的专门法院,独立于民事和刑事法院系统之外,主要有枢密院(Privy Council)、反垄断法院(The Restrictive Practice Court)、验尸官法院(Coroners' Courts)、专业法庭(The Tribunals Service)和军事法庭(Courts Martial)等。

2. 美国的法院组织

美国法院组织划分为联邦法院和州法院双重法律系统,法院一般是民事、刑事兼理。

联邦法院系统主要由美国联邦最高法院(Federal Supreme Court)、联邦上诉法院(Federal Court of Appeal)和联邦地区法院(Federal District Court)组成。联邦法院负责审理某些涉及联邦罪的案件(如恐怖主义或跨州毒品贩运等),但在以下情况下通常还审理非民事或刑事案:案件涉及的问题与联邦法律的释义有关或需要援引宪法条文;当事人来自不同的州,或一方为外国公民,涉及的钱款超过7.5万美元;联邦政府本身对另一方提出诉讼或其本身被起诉。

联邦法院体系采取金字塔结构,塔顶是美国联邦最高法院,其裁决为终审判决,不能上诉。联邦最高法院由总统征得参议院同意后任命的9名终身法官组成,其判例对全国有拘束力。美国宪法规定,联邦最高法院对涉及大使、其他使节和领事以及一州为诉讼一方的案件有初审权;对州最高法院或联邦上诉法院审理的案件,有权就法律问题进行复审;有权颁发"调审令",调审下级联邦法院或州法院审理的案件。联邦最高法院还拥有司法审查权,审查联邦或州的立法或行政行为是否违宪。

联邦上诉法院也被称为巡回区法院,在美国联邦法院体系中,一共有13个联邦上诉法院(包括12个巡回区和哥伦比亚特区)。每个联邦上诉法院有6~28名法官,也都是由总统提名,经参议院同意后任命,终身任职。上诉法院审理案件,一般由3名法官组成法庭,但特别重要和有争议的案件要求全体法官出席。上诉法院只有上诉管辖权,受理经辖区内联邦地区法院判决的案件的上诉,也审查联邦贸易委员会之类的独立管理机构的行动。

联邦地区法院是初审管辖法院,也是联邦司法系统中工作最重的法院,负责审理涉及联邦事务的案件。每个州至少有一个联邦的地区法院,较大的州可能设立2~4个地区法院。迄今为止,联邦地区法院共有94个。联邦地区法院法官都是由总统经参议院同意后任命,终身任职。

联邦系统还设有各种专门法院。与上诉法院同级的有受理向政府要求损害赔偿案件的索赔法院、受理关税上诉案件和专利权案件的关税和专利权上诉法院。与地方法院同级的有关税法院、征税法院。另外,某些联邦行政机构具有部分司法权,可以裁决其职权范围内的争议,这些行政机构有联邦贸易委员会和国家劳工关系局等。

美国所有各州均有一个各自完整的司法组织系统,大多数州的法院由三级法院构成,也有的州仅为两级。各州法院的名称往往较为复杂,没有统一的称谓,由各州宪法和法律加以规定。州法院审理绝大多数民事和刑事案。州法院采取与联邦法院平行的结构。

州初审法院一般称州地方法院、州巡回法院、州高等法院或州普通诉讼法院,为州属管辖的一般民、刑事案件的初审法院,多数州规定须召集陪审团审理。有的州在基层法院之下设有县法院、市法院和警察法院。州初审法院有普遍和有限司法管辖权之分。具有普遍管辖权的州初审法院对涉及州法的一般民事和刑事案件享有管辖权。有限管辖权的州初审法院设在市县,主要审理轻微的刑事案件和金额较小的民事案件,如违反治安、交通和金额在10000美元以下的案件。

每一个州都至少有一个上诉的法院(上诉法院或重审法院),它可能是居中仲裁的上诉法院或者州的最高法院。通常,上诉法院不审查事实问题(例如事实上一方当事人是否做了某种行为,如烧国旗),但是可以审查法律问题(例如烧国旗这种行为是否是美国联邦宪法第一修正案中有关言论自由的一种表现形式)。

州的最高审级是州最高法院,有的州称为最高审判法院或违法行为处理法院。各州的最高法院的判决对于所有问题的审理都是终局的。只有当州最高法院的判决涉及联邦法律问题的时候,联邦最高法院才能够将其推翻。

另外,各州还有各种专业法庭,受理少年及家庭关系、遗嘱验证、税务或商业法等事务。许多州和地方政府设有小额索赔法庭,人们可在无律师的情况下,直接提出小额钱款的索赔要求,手续简便,进度较快。通常,小额索赔法庭也不允许律师代理客户出庭。

三、大陆法系与英美法系的区别

大陆法系和英美法系都是资本主义类型的法律,它们在经济基础、阶级本质、法律基本原则方面是一致的,但由于不同的历史传统的影响,它们在法律形式和法律运行方式上存在着很大的差别。从宏观方面来看,两大法系的主要区别表现为以下几个方面。

(一) 法律渊源的不同

在大陆法系国家,法律以制定法首先是法典的方式存在,正式的法律渊源是指立法机关制定的规范性法律文件和行政机关制定的各种行政法规,只有它们才具有法律上的约束力,法院的判例不是法律渊源。在英美法系国家,制定法和判例法都是法律渊源,而且判例法在整个法律体系中占有非常重要的地位。判例法与制定法的主要区别在于:判例法是具体诉讼案件的结果,而制定法是立法机关或其他有权制定法律法规的机关对一般情况所作的规定;制定法是以比较精确的条文化的形式出现的,而判例法是一个判决中所含有的法律原则和规则,这些原则和规则,有的可能表达得相当清楚,但一般来说并非如此。判例法的基础是先例约束力原则,这个原则的要求是,上级法院的判决甚至本法院以前审理类似案件的判决中所包含的法律原则和规则,具有约束力。

(二) 法律结构的不同

在大陆法系国家,法律结构的一个共同特征是公法和私法是法律的基本分类。公法和私法划分的理论依据是私人自治,其主要含义是个人享有财产和缔结合同的绝对权利,国家的活动仅限于保障这些权利并充任私人之间纠纷的裁决人,而不应干预个人的自由。法律分为公法和私法,分别代表了两个不同的主体,即国家和个人。构成私法关系的是彼此平等的法律主体,包括自然人和法人,民法和商法属于典型的私法。公法关系是国家机关之间或国家机关和个人之间的关系,是一种权力服从关系,而不是平等关系。宪法、行政法、刑法等属于公法,程序法一般也被认为是公法。英美法系国家在传统上并没有公法和私法之分,它的法律基本分类是普通法和衡平法,这两种法律包含的法律部门比较分散,很不明确。在英美法系国家,属于私法性质的法律规范是在普通法基础上发展起来的,而普通法又是与民事诉讼的形式不可分的,因此英美法系中没有像大陆法系那样称为民法的一个独立的法律部门。调整私人财产关系等方面的法律有合同法、财产法、侵权行为法、继承法和婚姻家庭法等。但是,在大陆法系中,民法是整个法律制度中最重要的组成部分。

(三) 法官权限的不同

在大陆法系国家,法官审理案件,除了案件事实外,首先必须考虑制定法的规定,根据制定法的规定来判决案件,法官对制定法的解释也必须受制定法本身的严格限制,故法官只能适用法律而不能创造法律。《法国民法典》规定,法官对于其审理的案件,不得用确立一般规则的方式进行判决。而英美法系的法官既可以援用制定法也可以援用已有的判例来审理案件。审理案件时,法官首先考虑以前类似案件的判例,将本案的事实与以前案件的事实加以比较,然后从以前判例中概括出可以适用于本案的法律规则。而且,法官可以在一定的条件下运用法律解释和法律推理的技术创造新的判例,从而法官不仅在适用法律,也在一定的范围内创造法律。

(四) 司法组织与诉讼程序的不同

在大陆法系国家,与公私法划分相联系,普通法院系统与行政法院系统并存,它们的管辖权严格分开。普通法院审理一般民事案件和刑事案件,行政法院审理行政诉讼。不过,大陆法系国家之间也有区别,法国的行政法院属于行政系统,德国的行政法院属于司法系统。英美法系国家没有独立的行政法院系统,行政诉讼由普通法院审理。

在诉讼方面,大陆法系与英美法系之间的一个重要区别是,大陆法系重视实体法,英美法系重视程序法。英美法系诉讼程序的一个重要特征在于陪审制,尤其在美国,不仅刑事案件中实行陪审制,民事案件中也实行陪审制。英美法系诉讼程序的另一个特征是对抗制。其内容是民事案件中的原被告律师以及刑事案件中的公诉人和被告律师在法庭上对抗,扮演了最积极的角色。陪审团不进行调查,在法庭上也不提问,他们的任务只是听取双方及其证人发言,并在最后就案件事实作出裁决。法官也不主动进行调查,甚至也不参加提问,在法庭上表现为一个消极的仲裁人。大陆法系国家则不同,在大陆法系中民事案件不实行陪审制,陪审制仅适用于刑事重罪案件。大陆法系在诉讼程序方面的另一个重要特征是实行职权制。其内容是诉讼程序以法官为主,突出法官的职能,法官以积极的审判者的姿态出现。

此外,大陆法系与英美法系在法律概念、法律教育、法律职业方面,也有许多不同之处。

四、大陆法系与英美法系的融合

虽然两大法系各有许多不同特点,但融合也在发生。

在立法权的实际归属和法的渊源方面,进入20世纪后,两大法系的差别在逐渐缩小。大陆法系虽然在理论上不承认法院有立法权,但实践中法院在法的创制方面,亦即在解释立法、填补立法空白、使立法具体化的过程中,也日益发挥重要作用。虽然一般不承认判例是法的一种渊源,但事实上由于存在上诉制度,下级法院进行判决时不能不考虑上级法院对类似案件的判决。近些年来有些大陆法系国家的司法机关,如法国国家行政法院、德国联邦宪法法院、瑞士联邦法院、西班牙最高法院等,在某些方面也采用判例法或承认判例的拘束力。另一方面,进入20世纪以来,英美法系国家制定法大量增加,不少人更多地强调制定法优于判例法,认为判例法不能违背制定法，制定法可以修改、废止判例法。

第二次世界大战以后出现了像欧洲共同体法这种兼有国际法和国内法特点的跨国法，共同体法不仅适用于成员国，也适用于成员国公民。在共同体法与国内法发生冲突时，共同体法优先于国内法。特别是在英国加入欧洲共同体之后，共同体法成为英国法的一部分，并享有优先权。这就标志着英国法开始在某些方面同大陆法系汇合。随着社会经济、政治的发展，两大法系出现了互相接近的趋势。

当然，这些变化并不能说明两大法系已趋于统一或必然统一，这些变化在相当长的历史时期内还不可能从根本上消弭两大法系的区别。由于历史传统和其他原因，两大法系的某些重要差别还将长期保存，不会很快灭失。

第三节 中国的法律制度概述

一、中国法律的渊源

当代中国法律的渊源主要有三种：制定法、法律解释以及国际条约和国际惯例。

(一) 制定法

制定法是由国家享有立法权的机关依照法定程序制定和公布的法律。由各级立法机关制定的各种制定法是中国法律最重要的渊源。中国实行中央与地方相结合的立法体制。根据宪法及有关法律的规定，全国人民代表大会及其常务委员会行使国家立法权，负责修改宪法，制定与修改法律；省、自治区、直辖市人民代表大会及其常务委员会有权制定各级地方性法规；国务院有权制定行政法规。作为法律渊源的制定法主要有六种形式。

1. 宪法

宪法是由全国人民代表大会依特别程序制定的具有最高效力的根本法。宪法是集中反映统治阶级的意志和利益，规定国家制度、社会制度的基本原则，具有最高法律效力的根本大法，其主要功能是制约和平衡国家权力，保障公民权利。宪法是我国的根本大法，在我国法律体系中具有最高的法律地位和法律效力，是我国最高的法律渊源。宪法主要由两个方面的基本规范组成：一是《中华人民共和国宪法》；二是其他附属的宪法性文件，主要包括主要国家机关组织法、选举法、民族区域自治法、特别行政区基本法、国籍法、国旗法、国徽法、保护公民权利法及其他宪法性法律文件。

2. 法律

法律是指宪法以外由全国人民代表大会及其常务委员会制定、颁布的规范性法律文件，即狭义的法律，其法律效力仅次于宪法。法律分为基本法律和一般法律（非基本法律、专门法）两类。基本法律是由全国人民代表大会制定的调整国家和社会生活中带有普遍性的社会关系的规范性法律文件的统称，如《民法通则》《民事诉讼法》《刑法》《刑事诉讼法》《行政法》《行政诉讼法》《公司法》《物权法》以及有关国家机构的组织法等。一般法律是由全国人民代表大会常务委员会制定的调整国家和社会生活中某种具体社会关系或其中某一方面内容的规范性文件的统称。其调整范围较基本法律小，内容较具体，如《商标法》《文物保护法》等。

3. 行政法规

行政法规是国家最高行政机关国务院根据宪法和法律就有关执行法律和履行行政管理职权的问题，以及依据全国人民代表大会的特别授权所制定的规范性文件的总称。国务院制定的行政法规直接调整全国政治、经济、文化、教育等各个方面的事项，其效力仅次于宪法和法律。

4. 地方性法规和民族自治法规

地方性法规是指依法由有地方立法权的地方人民代表大会及其常务委员会就地方性事务，以及根据本地区实际情况执行法律、行政法规的需要所制定的规范性文件。有权制定地方性法规的地方人民代表大会及其常务委员会包括省、自治区、直辖市人民代表大会及其常务委员会，较大的市的人民代表大会及其常务委员会。较大的市指省、自治区人民政府所在地的市、经济特区所在地的市和经国务院批准的较大的市。地方性法规只在本辖区内有效，其内容主要涉及当地的行政管理、维护社会秩序、市容卫生、交通运输、青少年保护等。各地制定的地方法规应报全国人民代表大会常务委员会备案。根据《宪法》和《民族区域自治法》的规定，民族自治地方的人民代表大会有权依照当地民族的政治、经济和文化的特点，制定自治条例和单行条例，其适用范围是该民族自治地方。

5. 规章

国务院各部委、中国人民银行、审计署和具有行政管理职能的直属机构，以及省、自治区、直辖市人民政府和较大的市的人民政府所制定的规范性文件称为规章。内容限于执行法律、行政法规、地方法规的规定，以及相关的具体行政管理事项。

6. 特别行政区的法律

特别行政区根据宪法和法律的规定享有行政管理权、立法权、独立的司法权和终审权。特别行政区同中央的关系是地方与中央的关系。但特别行政区享有一般地方所没有的高度自治权，包括依据全国人民代表大会制定的特别行政区基本法所享有的立法权。特别行政区的各类法的形式，是我国法律的一部分，是我国法律的一种特殊形式。特别行政区立法会制定的法律也是我国法律的渊源。

(二) 法律解释

法律解释是指由一定的国家机关、组织或个人，为适用和遵守法律，根据有关法律规定、政策、公平正义观念、法学理论和惯例对现行的法律规范、法律条文的含义、内容、概念、术语以及适用的条件等所做的说明。法律解释是人们日常法律实践的重要组成部分，是法律实施的重要前提，也是中国法律的重要渊源。法官在依据法律做出一项司法活动之前,需要正确确定法律规定的含义;律师在向当事人提供法律服务时也需要向当事人说明法律规定的含义;公民为了遵守法律也要对法律规定的含义有正确的理解。

由于解释主体和解释效力的不同,法律解释可以分为正式解释与非正式解释两种。正式解释通常也称为法定解释,是指由特定的国家机关、官员或其他有解释权的人对法律做出的具有法律约束力的解释。正式解释有时也称为有权解释。根据解释的国家机关的不同,正式解释又可以分为立法、司法和行政三种解释。非正式解释通常也称为学理解释,一般是指由学者或其他个人及组织对法律规定所做的不具有法律约束力的解释。

我国的法律解释体制以全国人民代表大会常务委员会的解释权为核心和主体,各机关分工配合。其基本含义是:在法律解释的权限上,全国人民代表大会常务委员会行使立法解释权,其目的和任务是对"需要进一步明确具体含义"以及"法律制定后出现新的情况,需要明确适用法律依据"的法律规范进行解释,行政解释、司法解释的目的和任务在于解决具体应用法律的问题;在三种解释的关系上,立法解释是行政解释和司法解释的基础;在法律解释的效力上,立法解释的效力最高,其他国家机关对法律的解释效力低于立法解释。

1. 立法解释

立法解释有广义和狭义两种理解,区别在于对于立法解释的主体(立法机关)和立法解释的对象(法律)的不同理解。在我国,立法解释权属于全国人民代表大会常务委员会。国务院、中央军委、最高人民法院、最高人民检察院和全国人民代表大会各部门委员会以及省级人民代表大会常务委员会可以向全国人民代表大会常务委员会提出法律解释的要求。全国人民代表大会常务委员会的法律解释同法律具有同等效力。

2. 行政解释

行政解释是指由国家行政机关对于不属于审判和检察工作中的其他法律的具体应用问题以及自己依法制定的法规进行的解释。

3. 司法解释

司法解释是国家最高司法机关对司法工作中具体适用法律问题所做的解释。司法解释分为最高人民法院的审判解释、最高人民检察院的检察解释和这两个机关联合做出的解释。审判解释和检察解释有原则性分歧时,应报请全国人民代表大会常务委员会解释或决定。

加强法律解释工作,完善法律解释制度,对于维护国家法制的统一、实现依法治国,具有十分重要的意义。

(三) 国际条约和国际惯例

国际条约是指中国与外国缔结、参加、签订、加入、承认的双边或多边的条约、协定和其他具有条约性质的文件。根据"条约必须遵守"的原则,条约一经生效,即对缔约国具有拘束力。因此,这些国际条约也是中国法律的渊源,并且其法律效力高于国内法。另外,在国际商事交往中形成并为各国普遍承认和遵守的国际惯例也是中国法律体系的组成部分。《民法通则》第142条第2、3款规定:"中华人民共和国缔结或者参加的国际条约同中华人民共和国的民事法律有不同规定的,适用国际条约的规定,但中华人民共和国声明保留的除外。中华人民共和国法律和中华人民共和国缔结或参加的国际条约没有规定的,可以适用国际惯例。"

值得一提的是,在中国,判例在法律上和理论上不被认为是法律的渊源。最高人民法院及其他上级人民法院所作的判决对下级法院没有拘束力。这一点与欧洲大陆法系国家相似。但近年来,由于受英美法的影响,中国也开始重视判例的作用。最高人民法院开始把一些被认为适用法律正确、判决证据与理由充分、处理得当、具有现实借鉴意义的法院判决,定期在《最高人民法院公报》上予以公布,并要求各级人民法院加以借鉴。这是中国的司法制度开始借鉴和吸收判例法优点的具体表现,表明判例将在中国的司法实践中发挥日益重要的作用。

二、中国当代司法制度概述

在中国,司法有广义和狭义之分。广义的司法是指国家司法机关及司法组织在办理诉讼案件和非讼案件过程中的执法活动。狭义的司法指国家司法机关在办理诉讼案件中的执法活动。这里的司法指广义的司法。司法机关是指负责侦查、检察、审判、执行的公安机关(含国家安全机关)、检察机关、审判机关、监狱机关。司法组织是指律师、公证、仲裁组织。后者虽不是司法机关,却是司法系统中必不可少的链条和环节。

司法制度是指司法机关及其他司法性组织的性质、任务、组织体系、组织与活动原则以及工作制度等方面规范的总称。中国的司法制度是一整套严密的人民司法制度体系,在整个国家体制中具有非常重要的地位和作用。中国的司法制度包括审判制度、仲裁制度、调解制度、侦查制度、检察制度、监狱制度、司法行政管理制度、律师制度、公证制度、国家赔偿制度等。下面仅就与国际商法联系较为密切的几项司法制度进行简要的介绍。

(一) 审判制度

审判制度就是法院制度,包括法院的设置、法官、审判组织和活动等方面的法律制度。

1. 法院的设置

根据现行宪法和人民法院组织法的规定,人民法院是国家审判机关,其组织体系包括最高人民法院、地方各级人民法院和专门人民法院。各级各类人民法院的审判工作统一接受最高人民法院的监督。地方各级人民法院根据行政区划设置,专门人民法院根据需要设置。

1）最高人民法院

最高人民法院是国家的最高审判机关，依法行使国家最高审判权，监督地方各级人民法院和专门人民法院的工作，其职权主要包括：①审判法律规定由它管辖的和它认为应当由自己审判的第一审案件；②审判高级人民法院、专门人民法院判决和裁定的上诉案件和抗诉案件；③审判最高人民检察院按照审判监督程序提出的抗诉案件；④核准判处死刑的案件（自2006年1月1日起，我国已将所有死刑案件的核准权收归最高人民法院行使）；⑤最高人民法院可以对人民法院在审判过程中如何具体应用法律、法令的问题进行解释；⑥领导和管理全国各级人民法院的司法行政工作事宜。

2）地方各级人民法院

地方各级人民法院分为基层人民法院、中级人民法院和高级人民法院。

基层人民法院包括县、自治县人民法院和不设区的市、市辖区人民法院，其职权主要包括：①审判刑事、民事和行政案件的第一审案件；②处理不需要开庭审判的民事纠纷和轻微的刑事案件；③指导人民调解委员会的工作。

中级人民法院包括在省、自治区内按地区设立的中级人民法院，在直辖市内设立的中级人民法院以及省、自治区辖市和自治州的中级人民法院，其职权主要包括：①审判法律规定由它管辖的第一审案件；②审判基层人民法院移送的第一审案件；③审判基层人民法院判决和裁定的上诉案件和抗诉案件；④监督辖区内基层人民法院的审判工作。

高级人民法院设于省、自治区、直辖市，其职权主要包括：①审判法律规定由它管辖的第一审重大或复杂的刑事、民事和行政案件；②审判下级人民法院移送审判的第一审案件；③审判下级人民法院判决和裁定的上诉案件和抗诉案件，海事法院所在地的高级人民法院有权审判对海事法院的判决和裁定的上诉案件；④审判人民检察院按照审判监督程序提出的抗诉案件；⑤复核中级人民法院判处死刑、被告人不上诉的第一审刑事案件，其中同意判处死刑的，报请最高人民法院核准，不同意判处死刑的，可以提审或者发回重审；⑥复核中级人民法院判处死刑缓期二年执行的案件；⑦监督辖区内下级人民法院的审判工作。

3）专门人民法院

专门人民法院是指根据实际需要在特定部门设立的审理特定案件的法院，目前在我国设有军事、海事、铁路运输法院等专门法院。

军事法院设三级：中国人民解放军军事法院，大军区、军兵种军事法院，基层军事法院。中国人民解放军军事法院是军内的最高审级。大军区、军兵种军事法院包括各大军区军事法院，海军、空军军事法院，二炮部队军事法院，解放军总直属队军事法院等。这是中级层次的军事法院。基层军事法院包括陆军军级单位军事法院、各省军区军事法院、海军舰队军事法院、大军区空军军事法院、在京直属部队军事法院等。

海事法院是为行使海事司法管辖权而设立的专门审判一审海事、海商案件的专门人民法院。我国现有上海、天津、大连、青岛、宁波、武汉、广州、厦门、海口、北海等10个海事法院。

铁路运输法院是国家设在铁路运输部门的审判机关,是我国人民法院体系中专门法院的组成部分,代表国家行使审判权。目前,全国共有17个铁路运输中级法院,59个铁路运输法院。

2. 法院的审判组织形式

人民法院的审判组织目前有以下三种形式:独任庭、合议庭和审判委员会。

独任庭是由审判员一人审判简易案件的组织形式。依照法律规定,独任庭审判的案件包括:①第一审的刑事自诉案件和其他轻微的刑事案件;②基层人民法院和它派出的人民法庭审判的简单民事案件和经济纠纷案件;③适用特别程序审理的案件,除选民资格案件或其他重大疑难案件由审判员组成合议庭审判外,其他案件由审判员一人独任审判。

合议庭是由3名及其以上审判员或者审判员和人民陪审员集体审判案件的组织形式。人民法院审理第一审刑事、民事和经济纠纷案件时,除一部分简易案件实行独任审判外,其余的案件都由审判员组成合议庭进行审判;第一审行政案件一律由合议庭审判;第二审案件、再审案件和死刑复核案件全部由合议庭审判。合议庭是人民法院审判案件的基本审判组织,其成员不是固定不变的,而是临时组成的,由院长或者庭长指定审判员一人担任审判长,院长或庭长参与审判案件的时候则自己担任审判长。合议庭评议案件时,如果意见分歧,应当少数服从多数,但是少数人的意见应当记入评议笔录,由合议庭的组成人员签名。

依照《人民法院组织法》的规定,各级人民法院设立审判委员会。审判委员会委员由法院院长提请同级人民代表大会常务委员会任免。审判委员会由院长主持,其任务主要有三项:①讨论重大的或者疑难的案件;②总结审判经验;③讨论其他有关审判工作的问题。

3. 审判工作的基本制度

1) 公开审判制度

根据我国《宪法》第125条规定,人民法院审理案件,除法律规定的特殊情况外,一律公开进行。对依法不公开审理的案件也要一律公开宣判。所谓"公开",就是对社会公开,对于开庭审判的全过程,除合议庭评议外,都允许公民旁听,允许新闻记者采访和报道。对依法应予公开审理的案件,法院在开庭前要公布案由、当事人的姓名、开庭时间和地点。

2) 辩护制度

《宪法》和《法院组织法》规定,被告人有权获得辩护。《刑事诉讼法》进一步规定,人民法院有义务保证被告人获得辩护,并对实行这一原则和制度作了具体规定。犯罪嫌疑人、被告人除自己行使辩护权以外,还可以委托1~2人作为辩护人。公诉案件自案件移送审查起诉之日起,犯罪嫌疑人有权委托辩护人。自诉案件的被告人有权随时委托辩护人。对公诉人出庭的公诉案件,被告人因经济困难或者其他原因没有委托辩护人的,人民法院可以指定承担法律援助义务的律师为其提供辩护。被告人是盲、聋、哑或者未成年人而没有委托辩护人的,以及被告人可能被判处死刑而没有委托辩护人的,人民法院应当指定承担法律援助义务的律师为其提供辩护。

3)两审终审制度

两审终审制是指一个案件经过两级法院审判就宣告终结的制度。

法院审判案件,就审判程序而言是两审终审制,就法院体系而言是四级两审制。两审终审制也就是说,地方各级法院对于按照审判管辖权的规定对由它审判的第一审(初审)案件作出判决或裁定以后,若当事人不服,可以在法定期限内向上一级法院提起上诉;若同级的检察院不服,可以在法定期限内向上一级法院提起抗诉。上一级法院有权受理针对下一级法院第一审判决或裁定不服的上诉或抗诉,有权经过对第二审案件的审理,改变或维持第一审法院的判决或裁定。这时,上级法院的第二审判决、裁定,就是终审判决、裁定,当事人不得上诉。审级制度的实质是要求审判必须按审判程序严格进行,不得越级审理案件。

4)合议制度

人民法院审判案件实行合议制,除第一审的简单民事案件和法律另有规定的案件外,都要组成合议庭进行。合议制度是指由3人及其以上审判员和人民陪审员组成合议庭审判案件的制度,又称合议制,它是与独任审判相对而言的。合议庭组成人员必须是单数,一般为3人,实行少数服从多数的原则,可以保留少数人的意见,但须记入笔录。审判员和人民陪审员有同等的权利。

5)回避制度

回避制度是指司法人员与其经办的案件或者案件的当事人有某种特殊的关系,可能影响案件的公正处理,因而不得参加处理该案件的制度。

审判人员、检察人员、侦查人员有下列情形之一的,应当自行回避,当事人及其法定代理人也有权要求他们回避:①是本案的当事人或者是当事人的近亲属的;②本人或者他们的近亲属和本案有利害关系的;③担任过本案的证人、鉴定人、辩护人或者附带民事诉讼当事人的代理人的;④与本案当事人有其他关系,可能影响公正处理案件的。

回避的方式有两种:一种是审判人员自行回避,即负责案件的审判人员认为自己具有回避制度法定情形之一而主动提出回避;另一种是当事人申请回避,即当事人认为审判人员有回避制度法定情形之一的,用口头或者书面形式申请他们退出该案的审理。

案例 1-1

回避请求案

2010年5月,王某与李某为合同的履行发生纠纷,经协商和调解没有取得一致的意见。于是王某向法院起诉,要求李某承担违约责任。法院受理此案后组成了合议庭,合议庭成员中有一人为李某的弟弟。对此,王某提出了要求李某的弟弟回避的请求。

合议庭成员李某的弟弟是被告李某的近亲属。依据《民事诉讼法》的规定,李某的弟弟必须回避。

6) 审判监督制度

审判监督制度又称再审制度,是指人民法院对已经发生法律效力的判决、裁定依法重新审判的一种特别审判工作制度。审判监督制度是实行两审终审制的一项补救。有权提起审判监督程序的是各级人民法院院长、上级人民法院、上级人民检察院、最高人民法院和最高人民检察院。

7) 司法协助制度

司法协助制度是指一国的司法机关(主要是法院)根据国际条约或双边、多边协定,在没有条约的情况下则按互惠原则,应另一国司法机关或有关当事人的请求,代为履行诉讼过程的一定司法行为。我国的司法协助主要包括三个方面的内容:①送达文书和调查取证;②相互承认和执行法院判决和仲裁裁决;③刑事司法协助,包括送达文书、调查取证和引渡犯罪等。

(二) 仲裁制度

仲裁制度是指民(商)事争议的双方当事人达成协议,自愿将争议提交选定的第三者,根据一定程序规则和公正原则作出裁决,并有义务履行裁决的一种法律制度。

仲裁通常为行业性的民间活动,是一种私行为,即私人裁判行为,而非国家裁判行为,它与和解、调解、诉讼并列为解决民(商)事争议的方式。但仲裁依法受国家监督,国家通过法院对仲裁协议的效力、仲裁程序的制定、仲裁裁决的执行和遇有当事人不自愿执行的情况按照审判地法律所规定的范围进行干预。因此,仲裁活动具有司法性,是中国司法制度的一个重要组成部分。

1. 或裁或审制度

该制度体现了对当事人选择争议解决途径的权利的尊重,包含两方面含义。(1)当事人达成仲裁协议的,排除了法院对争议的管辖权,当事人只能向仲裁机构申请仲裁,而不能向法院起诉;(2)当事人签订的仲裁协议虽然排除了法院对争议的管辖权,但在某些特定情况下法院对受理的已有仲裁协议的争议拥有管辖权。这些情况包括:①仲裁协议无效或失效的;②一方当事人起诉后,另一方当事人应诉,进行了实质性答辩,并未就管辖权问题提出异议的,可视为放弃了原有的仲裁协议,法院可对案件继续审理。

2. 一裁终局制度

一裁终局制度的基本含义是,裁决作出后即发生法律效力,即使当事人对裁决不服,也不能再就同一争议向法院起诉,同时也不能再向仲裁机构申请仲裁或复议。当事人应当自动履行裁决,否则对方有权申请人民法院强制执行。

但是,当当事人认为仲裁裁决确有错误,即符合法律规定的撤销情形时,可依法向法院申请审查核实,予以裁定撤销。这是对一裁终局制度的一项补救措施。

案例 1-2

一裁终局案

2010年8月,马某与吴某为合同的履行发生纠纷,经协商,双方一致同意进行仲裁,并签订了仲裁协议。仲裁组织受理了此案,并进行了仲裁。裁决书下达后马某对裁决结果不服,要求仲裁组织重新仲裁,否则向法院起诉。

裁决书下达后,马某不能要求重新仲裁,除非他认为仲裁裁决确有错误。马某可依法向法院申请审查核实,撤销裁定。

(三) 调解制度

调解制度是指经过第三者的排解疏导、说服教育,促使发生纠纷的当事人依法自愿达成协议,解决纠纷的一种活动。中国当代的调解制度是指人民政权的调解制度,它已形成了一个调解体系,主要有人民调解、法院调解、行政调解和仲裁调解四种形式。

1. 人民调解

人民调解即民间调解,是人民调解委员会对民间纠纷的调解,属于诉讼外调解。人民调解制度的性质是一种司法辅助制度,是一种人民民主自治制度,是人民群众自己解决纠纷的法律制度,是一种具有中国特色的司法制度。

人民调解委员会是调解民间纠纷的群众性组织。它可以采用下列形式设立:①农村村民委员会、城市(社区)居民委员会设立的人民调解委员会;②乡镇、街道设立的人民调解委员会;③企事业单位根据需要设立的人民调解委员会;④根据需要设立的区域性、行业性的人民调解委员会。

经人民调解委员会调解解决的纠纷,有民事权利义务内容的,或者当事人要求制作书面调解协议的,应当制作书面调解协议,调解协议没有强制执行力。

2. 法院调解

法院调解是人民法院对受理的民事案件、经济纠纷案件和轻微刑事案件进行的调解,是诉讼内调解。对于婚姻案件,诉讼内调解是必经的程序。至于其他民事案件是否进行调解,取决于当事人的自愿,调解不是必经程序。

人民法院进行调解,可以由审判员一人主持,也可以由合议庭主持,并尽可能就地进行。人民法院进行调解,可以用简便方式通知当事人、证人到庭。

调解达成协议,必须当事人自愿,不得强迫。调解协议的内容不得违反法律规定。调解达成协议的,人民法院应当制作调解书。调解书应当写明诉讼请求、案件的事实和调解结果。调解书由审判员、书记员署名,加盖人民法院印章,送达双方当事人。调解书经双方当事人签收后,即具有法律效力。对不需要制作调解书的协议,应当记入笔录,由当事人、审判员、书记员签名或者盖章后,即具有法律效力。

调解未达成协议或者调解书送达前一方反悔的,人民法院应当及时判决。

3. 行政调解

行政调解是国家行政机关处理行政纠纷的一种方法。国家行政机关根据法律规定,对属于国家行政机关职权管辖范围内的行政纠纷,通过耐心的说服教育,使纠纷当事人互相谅解,在平等协商的基础上达成一致协议,从而合理彻底地解决纠纷矛盾。

行政调解协议虽然不具有强制执行的法律效力,但它的性质是合同,应当按照法律对合同的规定来处理相关问题,并按照法律对合同的有关规定对当事人进行进一步的保护。

行政调解与法院调解相比,同人民调解一样,属于诉讼外调解,所达成的协议均不具有法律上的强制执行效力,但对当事人均应具有约束力。

4. 仲裁调解

仲裁调解,即仲裁机构对受理的仲裁案件进行的调解,调解不成即行裁决,这也是诉讼外调解。经调解达成协议的,仲裁庭应根据协议内容制作调解书。调解书由当事人签字、仲裁员署名并加盖仲裁委员会印章。仲裁调解书具有法律强制力。

本章小结

国际商法是调整国际商事关系的法律规范的总称。国际商法的调整对象是国际商事关系。国际商法的国际性,就是指在商事关系的主体、客体和内容三要素中,至少有一个因素涉及外国,或者说,至少有一个因素具有涉外性。国际商法的渊源是指国际商法规范的存在及表现形式,它包括国际条约、国际惯例和国内法。

大陆法系是指包括欧洲大陆大部分国家从19世纪初以罗马法为基础建立起来的,以1804年《法国民法典》和1900年《德国民法典》为代表的法律制度以及其他国家和地区仿效这种制度而建立的法律制度。英美法系是指英国从11世纪起主要以源于日耳曼习惯的普通法为基础逐渐形成的一种独特的法律制度,以及仿效英国的其他一些国家和地区的法律制度的总称。大陆法系与英美法系在法律渊源、法律结构、法官权限、司法组织与诉讼程序等方面存在不同之处。两大法系虽然各有许多不同特点,但融合也在发生。

当代中国法律的渊源主要有三种:制定法、法律解释以及国际条约和国际惯例。中国的司法制度包括审判制度、仲裁制度、调解制度、侦查制度、检察制度、监狱制度、司法行政管理制度、律师制度、公证制度、国家赔偿制度等。

专业术语汉英对照

国际商法 international business law, international commercial law
国际条约 international treaties

国际惯例 international customs
国内法 national law
大陆法系 continental family
民法法系 civil law family
法典法系 code family
英美法系 Anglo-American law system
普通法系 common law system
判例法系 case law system
普通法 common law
衡平法 equity

思考与练习题

1. 简述国际商法的概念。
2. 国际商法的渊源有哪些?
3. 简述大陆法系的概念和特征。
4. 简述英美法系的概念和特征。
5. 试述大陆法系与英美法系的主要区别。
6. 中国法律的渊源主要有哪些?
7. 试述中国审判制度的主要内容。

第二章 国际商事组织法

【本章导读】 商事组织,亦称商事企业,是指能够以自己的名义从事营业活动,并具有一定规模的经济组织。商事组织的法律形式是企业,它是国民经济的基本细胞,是国际商事交易中最重要的主体,是现代社会中人们进行生产、流通、交换等经济活动的主要组织形式。本章主要介绍个人独资企业、合伙企业、有限责任公司和股份有限公司的设立条件和程序,阐述合伙企业与第三人的关系、入伙与退伙的法律规定,对比分析公司的治理结构。

【学习目标】 通过本章的学习,要求学生了解商事组织的形态或种类,以及商事组织各类主体的设立条件和程序;认识合伙企业的种类及其入伙与退伙的法律规定;掌握普通合伙企业损益分配、合伙企业与第三人的关系、有限责任公司和股份有限公司治理结构的法律规定。

【重点概念】 个人独资企业 无限责任 合伙企业 普通合伙企业 有限合伙企业 无限连带责任 有限责任公司 股份有限公司 股东会 董事会 监事会

第一节 个人独资企业法

一、个人独资企业的概念和各国的立法简况

(一) 个人独资企业的概念和特征

个人独资企业(enterprise of sole proprietorship)是指由一个自然人投资,财产为投资人个人所有,投资人以其个人财产对企业债务承担无限责任的经营实体。个人独资企业具有以下特征。

(1) 个人独资企业是由一个自然人投资的企业。个人独资企业的出资人只能是一个自然人,不包括法人或者其他社会组织。

(2) 个人独资企业的投资人对企业的债务承担无限责任。由于个人独资企业的投资人是一个自然人,出资多少、是否追加资金或减少资金、采取什么样的经营方式等事项均由投资人一人做主,从权利和义务上看,出资人与企业是不可分割的。投资人对企业的债务承担无限责任(unlimited liability),即当企业的资产不足以清偿到期债务时,投资人应以自己个人的全部财产清偿到期债务。

(3) 个人独资企业的内部机构设置简单,经营管理方式灵活性较大。个人独资企业的投资人既是企业的所有者,又是企业的经营者,因此法律对其内部机构和经营管理方式不像其他企业那样加以严格的规定。

(4) 个人独资企业是非法人企业。个人独资企业由一个自然人出资,投资人对

企业的债务承担无限责任,在权利义务上,企业和个人是融为一体的,企业的责任即是投资人个人的责任,企业的财产即是投资人的财产。因此,个人独资企业不具有法人资格,却是独立的民事主体,可以自己的名义从事民事活动。

(二) 个人独资企业法立法简况

我国1999年8月30日第九届全国人民代表大会常务委员会第十一次会议通过了《个人独资企业法》。制定该法的目的是规范个人独资企业的行为,保护个人独资企业投资人和债权人的合法权益,维护社会经济秩序,促进社会主义市场经济的发展。与我国制定单行立法不同,各国基本上都未对个人独资企业进行单独立法规范。

美国法律认为个人业主制和公民个人并无实质性区别,公民从事个体的生产经营即成为个体业主。

德国是一个民商分立体制的国家,个人企业是德国商法意义上的商人,即个体商人、个体企业、个体户,受德国《商法典》的约束。

法国《商法典》将商人分为自然人商人和法人商人,自然人商人就是个人企业,而法人商人是指合伙企业和公司。

二、个人独资企业的设立

(一) 个人独资企业的设立条件

各国关于个人独资企业的设立条件都比较宽松,没有关于企业出资额的法定规定。我国《个人独资企业法》规定,设立个人独资企业应当具备下列条件。

(1) 投资人为一个自然人,且只能是一个中国公民。

(2) 有合法的企业名称。名称是企业的标志,企业必须有相应的名称,并要符合法律、法规的要求。个人独资企业的名称不得使用"有限"、"有限责任"或者"公司"字样,个人独资企业的名称可以叫厂、店、部、中心、工作室等。

(3) 有投资人申报的出资。我国《个人独资企业法》对设立个人独资企业的出资数额未作限制,只是规定要有出资。设立个人独资企业可以用货币出资,也可以用实物、土地使用权、知识产权或者其他财产权利出资,但不能用个人劳务作价出资,也不能用个人信誉或者名誉作价出资。采取实物、土地使用权、知识产权或者其他财产权利出资的,应将其折算成货币数额,投资人申报的出资额应当与企业的生产经营规模相适应。投资人可以个人财产出资,也可以家庭共有财产作为个人出资。以家庭财产作为个人出资的,投资人应当在设立(变更)登记说明书上予以注明。

(4) 有固定的生产经营场所和必要的生产经营条件。

(5) 有必要的从业人员。即设立个人独资企业要有与其生产经营范围、规模相适应的从业人员。

(二) 个人独资企业的设立程序

我国《个人独资企业法》规定,设立个人独资企业必须经过申请和工商登记程序。

(1) 提出申请。在我国，申请设立个人独资企业，应当由投资人或其委托的代理人向个人独资企业所在地的登记机关提出设立申请。投资人申请设立登记，应当向登记机关提交下列文件。①投资人签署的个人独资企业设立申请书。设立申请书应当载明的事项有：企业的名称和住所、投资人的姓名和居所、投资人的出资额和出资方式、经营范围及方式。个人独资企业投资人以个人财产出资或者以其家庭共有财产作为个人出资的，应当在设立申请书中予以明确。②投资人身份证明，主要是身份证和其他有关证明材料。③企业住所证明和生产经营场所使用证明等文件，如土地使用证明、房屋产权证或租赁合同等。④委托代理人申请设立登记的，应当提交投资人的委托书和代理人的身份证明或者资格证明。⑤国家工商行政管理局规定提交的其他文件。从事法律、行政法规规定须经有关部门审批的业务的，应当提交有关部门的批准文件。

(2) 工商登记。登记机关应当在收到设立申请文件之日起15日内，对符合《个人独资企业法》规定条件的予以登记，发给营业执照；对不符合《个人独资企业法》规定条件的，不予登记，并发给企业登记驳回通知书。个人独资企业的营业执照的签发日期，为个人独资企业成立日期，在领取个人独资企业营业执照前，投资人不得以个人独资企业名义从事经营活动。

在美国申请设立个人独资企业的程序比较简单，注册登记申请设立个人独资企业时，首先要求填报投资人、企业名称、投资经营地点等注册登记事项，然后经投资经营者签名并缴纳注册费后即告成立。

三、个人独资企业的投资人及事务管理

(一) 个人独资企业的投资人

我国《个人独资企业法》规定，个人独资企业的投资人为一个具有中国国籍的自然人，但法律、行政法规禁止从事营利活动的人，不得作为投资人申请设立个人独资企业。根据我国有关法律、行政法规的规定，国家公务员、党政机关领导干部、警官、法官、检察官、商业银行工作人员，不得作为投资人申请设立个人独资企业。

个人独资企业投资人对本企业的财产依法享有所有权，其有关权利可以依法进行转让或继承。企业的财产不论是投资人的原始投入，还是经营所得均归投资人所有。

个人独资企业投资人在申请企业设立登记时，明确以其家庭共有财产作为个人出资的，应当依法以家庭共有财产对企业债务承担无限责任。

(二) 个人独资企业的事务管理

1. 个人独资企业的事务管理的方式

我国《个人独资企业法》规定，个人独资企业投资人可以自行管理企业事务，也可以委托或者聘用其他具有民事行为能力的人负责企业的事务管理。投资人委托或者聘用他人管理个人独资企业事务，应当与受托人或者被聘用的人员签订书面合同。

合同应订明委托的具体内容、授予的权利范围以及委托人或者被聘用的人员应履行的义务、报酬和责任。受托人或者被聘用的人员应当履行诚信、勤勉义务,以诚实信用的态度对待投资人,尽其所能依法保障企业利益,按照与投资人签订的合同负责个人独资企业的事务管理。投资人对受托人或者被聘用的人员职权的限制,不得对抗善意第三人。个人独资企业的投资人与受托人或者被聘用的人员之间有关权利义务的限制只对受托人或者被聘用的人员有效,对第三人并无约束力。

2. 禁止受托人或者被聘用的人员实施的行为

我国《个人独资企业法》规定,投资人委托或者聘用的管理个人独资企业事务的人员不得有下列行为:①利用职务上的便利,索取或者收受贿赂;②利用职务或者工作上的便利侵占企业财产;③挪用企业的资金归个人使用或者借贷给他人;④擅自将企业资金以个人名义或者以他人名义开立账户储存;⑤擅自以企业财产提供担保;⑥未经投资人同意,从事与本企业相竞争的业务;⑦未经投资人同意,同本企业订立合同或者进行交易;⑧未经投资人同意,擅自将企业商标或者其他知识产权转让给他人使用;⑨泄露本企业的商业秘密;⑩法律、行政法规禁止的其他行为。

四、个人独资企业的权利

对于个人独资企业,各国的法律都作了明确的规定。我国《个人独资企业法》对个人独资企业的权利规定如下。

1. 依法申请贷款

个人独资企业可以根据《商业银行法》、《合同法》和中国人民银行发布的《贷款通则》等一系列法律法规的规定申请贷款,以供企业生产经营之用。

2. 依法取得土地使用权

个人独资企业可以根据自己的需要依法取得土地使用权。

3. 拒绝摊派权

《个人独资企业法》规定:"任何单位和个人不得违反法律、行政法规的规定,以任何方式强制个人独资企业提供财力、物力、人力;对于违法强制提供财力、物力、人力的行为,个人独资企业有权拒绝。"

4. 法律、行政法规定的其他权利

个人独资企业除享有上述权利外,还依法享有十分广泛的权利,如企业可以依法取得外贸经营权,或根据业务需要,委托具有外贸经营权的单位代为办理进出口业务,企业可以取得商标保护等。

五、个人独资企业的解散和清算

(一) 个人独资企业的解散

我国《个人独资企业法》规定,个人独资企业有下列情形之一时,应当解散:①投资人决定解散;②投资人死亡或者被宣告死亡,无继承人或者继承人决定放弃继承;③被依法吊销营业执照;④法律、行政法规规定的其他情形。

(二) 个人独资企业的清算

个人独资企业解散时,应当进行清算。我国《个人独资企业法》对个人独资企业清算作了如下规定:个人独资企业解散,由投资人自行清算或者由债权人申请人民法院指定清算人进行清算。投资人自行清算的,应当在清算前15日内书面通知债权人,无法通知的,应当予以公告。债权人应当在接到通知之日起30日内,未接到通知的应当在公告之日起60日内,向投资人申报债权。

我国《个人独资企业法》规定,个人独资企业解散时,财产应当按照下列顺序清偿:①所欠职工工资和社会保险费用;②所欠税款;③其他债务。个人独资企业财产不足以清偿债务的,投资人应当以其个人的其他财产予以清偿。个人独资企业解散后,原投资人对个人独资企业存续期间的债务仍承担偿还责任,但债权人在5年内未向债务人提出偿债请求的,该责任消灭。

案例 2-1

个人独资企业解散清算案

2008年王某申请设立了一个人独资企业,并聘张明为该企业厂长。王某与张明约定:企业3万元以内的支出由张明决定,超过3万元以上的支出须由王某同意。2008年10月,张明未经王某同意对外签订了一份价值10万元的购物合同。事后查明,该合同所约定的产品质量、价格都比较合理,不存在恶意串通的情况。由于经营管理不善,截至2010年9月底,该企业负债1000万元,而企业资产变现后只值500万元。王某决定解散该企业。清算过程中查明,企业所负1000万元债务包括:欠职工工资和社会保障费350万元,欠国家税款150万元,欠其他企业和个人货款500万元。

企业清算过程中出现下列问题:①王某认为张明未经本人同意对外签订的价值10万元购物合同无效,本人不承担任何责任;②企业清算过程中债务人都要求优先清偿债务;③王某认为只能以企业500万元资产对企业债务承担责任。

针对上述3个问题,依据《个人独资企业法》相关规定,应作如下处理。

(1) 张明未经王某同意对外签订的价值10万元的购物合同有效。因《个人独资企业法》规定:投资人对受托人或者被聘用人员职权的限制,不得对抗善意第三人。

(2) 企业解散时,企业的500万元财产变现后应按以下顺序分配:

① 偿还所欠职工工资和社会保险费用350万元;

② 偿还所欠税款150万元。

(3) 剩余的500万元债务,由王某承担无限责任,即王某用个人的其他财产清偿。

第二节 合伙企业法

一、合伙企业法概述

(一) 合伙的概念

关于合伙的定义,我国《民法通则》第 30 条规定:"个人合伙是指两个以上公民按照协议,各自提供资金、实物、技术等,合伙经营、共同劳动。"英国《合伙法》认为,合伙是"为了营利而从事业务活动的个人之间所建立的关系"。美国《统一合伙法》认为,合伙是"作为共有者从事获利性活动的两人或多人的联合"。《法国民法典》规定:"合伙,为一人或数人约定以其财产或技艺共集一处,以便分享由此产生的利益及经营所得利益的契约。"《德国民法典》规定:"根据合伙契约,各合伙人互相负有义务,以契约规定的方式,促进达成共同事业的目的,尤其是提供约定的出资。"《日本民法典》规定:"合伙契约,因各当事人约定出资以经营共同事业,而发生效力。"①

比较上述国家法律关于合伙的定义,可以看出,英、美关于合伙的定义强调的是合伙的目的,即为营利而联合,而法、德、日强调的是合伙人之间的权利义务。

总之,合伙是指两个以上的人为着共同目的,相互约定共同出资、共同经营、共享收益、共担风险的自愿联合。对于合伙的含义,各国的法律都作了明确的界定。

(二) 合伙企业的概念及分类

合伙企业(enterprise of partnership)是指各合伙人依据合伙协议,共同出资、共同经营、共享收益、共担风险,并对企业的债务承担无限连带责任的经济组织。

我国的《合伙企业法》所称合伙企业,是指自然人、法人和其他组织依照《合伙企业法》在中国境内设立的普通合伙企业和有限合伙企业。普通合伙企业由普通合伙人组成,合伙人对合伙企业债务承担无限连带责任。有限合伙企业由普通合伙人和有限合伙人组成,普通合伙人对合伙企业债务承担无限连带责任,有限合伙人以其认缴的出资额为限对合伙企业债务承担责任。

(三) 合伙企业法的概念与立法例

在现代大陆法系国家,合伙法律规定主要体现在民法典和商法典的有关内容中。如《德国民法典》在有关内容中规定了民事合伙,《德国商法典》在有关内容中规定了商事合伙。在英美法系国家,合伙法大都采取单行法的形式。英国在 1809 年就制定了《合伙法》,1907 年又制定了《有限合伙法》。美国统一州法委员会于 1914 年制定了《统一合伙法》,该法目前已被美国大多数州所采纳。

我国合伙企业法的概念有广义与狭义之分。狭义的合伙企业法是指由国家最高

---

① 郭双焦、李钊、万克夫:《国际商法实验教程》,北京大学出版社 2010 年版,第 45 页。

立法机关依法制定的、规范合伙企业合伙关系的专门法律,即《合伙企业法》。该法由第八届全国人大常委会第二十四次会议于 1997 年 2 月 23 日通过,自 1997 年 8 月 1 日起施行,2006 年 8 月 27 日第十届全国人大常委会第二十三次会议修订。广义的合法企业法是指国家立法机关或者其他有权机关依法制定的、调整合伙企业合伙关系的各种法律规范的总称。

二、普通合伙企业

(一) 普通合伙企业的概念

普通合伙企业(general partnership enterprise),是指由普通合伙人组成,合伙人对合伙企业债务依法承担无限连带责任的一种合伙企业。它具有以下几个特征。

1. 由两个以上普通合伙人组成

这是一项法律原则,合伙企业不是单个人的行为,而是多个人的联合。也就是说,一个普通合伙企业至少有两个以上的普通合伙人。所谓的普通合伙人,是指在合伙企业中对合伙企业债务承担无限连带责任的自然人、法人和其他组织。《合伙企业法》规定,国有独资公司、国有企业、上市公司以及公益性的事业单位、社会团体不得成为普通合伙人。

2. 以合伙协议为法律基础

合伙协议是合伙人建立合伙关系,确定合伙人各自的权利和义务,使合伙企业得以设立的前提,也是合伙企业的基础。如果没有合伙协议,合伙人之间未形成合伙关系,合伙企业便不能成立。

3. 内部关系属于合伙关系

所谓合伙关系,就是共同出资、共同经营、共享收益、共担风险的关系。尽管不同合伙企业订立的合伙协议有很大差别,但是必须遵循上述基本准则。

4. 合伙人对合伙企业债务承担无限连带责任

合伙企业是以合伙人个人财产为基础建立的,合伙人的共同出资构成合伙财产。合伙财产虽然由合伙企业使用与管理,但它属于合伙人所共有,仍然与合伙人的个人财产密切联系,所以各合伙人必须以其个人财产承担合伙企业的债务,即当合伙企业的财产不足以清偿债务时,合伙人应当以自己的个人财产承担该不足部分的清偿责任。

(二) 合伙企业的设立

1. 合伙企业的设立条件

我国《合伙企业法》第 14 条规定,设立合伙企业应当具备下列条件。

(1) 有两个以上的合伙人。合伙企业合伙人至少为 2 人以上,这是最低的限额。对于合伙企业的合伙人数的最高限额,我国《合伙企业法》未作出规定。关于合伙人的资格,我国《合伙企业法》作了以下限定。①合伙人可以是自然人,也可以是法人或者其他组织。②合伙人为自然人,应当为具有完全民事行为能力的人。无民事行为能力人和限制民事行为能力人不得成为合伙企业设立时的合伙人。③国有独资公司、国有企业、上市公司以及公益性的事业单位、社会团体不得成为普通合伙人。

(2) 有书面合伙协议。合伙协议是由各合伙人通过协商,共同决定相互间的权利义务而达成的具有法律约束力的协议。合伙协议应当由全体合伙人协商一致,以书面形式订立。

我国《合伙企业法》规定,合伙协议应当载明下列事项:①合伙企业的名称和主要经营场所的地点;②合伙目的和合伙企业的经营范围;③合伙人的姓名或者名称及其住所;④合伙人的出资方式、数额和缴付出资的期限;⑤利润分配和亏损分担办法;⑥合伙企业事务的执行;⑦入伙与退伙;⑧争议解决办法;⑨合伙企业的解散与清算;⑩违约责任。以上事项为合伙协议的必要记载事项。此外,我国《合伙企业法》规定,合伙协议可以载明合伙企业的经营期限和合伙人争议的解决方式。这些事项属于合伙协议的任意记载事项,合伙人可以在合伙协议中加以规定,也可以不加以规定。合伙协议经全体合伙人签名、盖章后生效。合伙人依照合伙协议享有权利,承担责任。合伙协议生效后,全体合伙人可以在协商一致的基础上,对该合伙协议加以修改或者补充。

对于合伙协议,外国的法律也作了相应规定。《日本民法典》规定:"合伙契约,因各当事人约定出资以经营共同事业,而发生效力。"这就是说,合伙契约生效,合伙关系就成立了。《法国民法典》规定,合伙人订立了合伙契约之后,还可以再制定章程。"合伙章程应以书面订立。该章程除规定每个合伙人应交的份额外,尚应规定合伙的形式、目的、名称、合伙所在地、合伙资金、合伙期限及其进行的方式。"

(3) 有各合伙人实际缴付的出资。合伙协议生效后,合伙人应当依照合伙协议的规定缴纳出资。根据我国《合伙企业法》的规定,合伙人可以用货币、实物、土地使用权、知识产权或者其他财产权利缴纳出资。合伙人对于自己用于缴纳出资的财产或者财产权,应当拥有合法的处分权,不得将自己无权处分的财产或财产权用于缴纳出资。此外,经全体合伙人协商一致,合伙人也可以用劳务出资,即合伙人以自己未来付出的能够给合伙企业带来利益的劳务,或者自己已经付出的确实给合伙企业带来利益的劳务作为出资。合伙人的出资作为财产投入合伙企业,必须对该出资进行评估。具体而言,对货币出资不需要评估,有关事项依法执行;对货币以外的出资需要评估作价的,可由全体合伙人协商自行确定,也可以由全体合伙人委托法定评估机构进行评估;对劳务出资,其评估办法由全体合伙人协商确定,这是因为,劳务出资的内容、形式多种多样,如何评估,如何与合伙人参加经营相区分,都较为具体、复杂,不宜统一规定,而全体合伙人共同协商确定办法不但可行,也符合合伙人的利益。合伙人应当按照合伙协议约定的出资方式、数额和缴付出资的期限,履行出资义务。各合伙人按照合伙协议实际缴付的出资,为对合伙企业的出资。

关于合伙人缴付出资问题,《法国民法典》规定:"各合伙人应对合伙支付其曾允诺给予的实物、现款及技艺。"《德国民法典》规定："如无其他约定，各合伙人应提供相等的出资。""合伙人于约定出资之外无增加出资的义务，亦无补充因损失致资本减少而作补允出资的义务。"《日本民法典》规定："以金钱为出资标的时，如合伙人怠于其出资，则除应支付其利息外，还应赔偿损害。"①

在英美法中，出资也是合伙人的义务。出资包括现金、实物、劳务和权利。

(4) 有合伙企业的名称和生产经营场所。合伙人在成立合伙企业时，必须确定其合伙名称。根据我国《合伙企业法》的规定，在确定合伙企业的名称时，应注意以下几点：①企业名称应当在企业申请登记时，由企业名称登记主管机关即各级工商行政管理机关加以核定；②企业只准登记使用一个名称，在登记主管机关辖区内不得与已登记的同行业其他企业的名称相同或近似；③企业名称一般应由企业所在地行政区划名称、字号（商号）、行业或者经营特点、组织形式等部分组成；④合伙企业在其名称中不得使用"有限"或者"有限责任"的字样。

2. 合伙企业的设立登记

我国《合伙企业登记管理办法》规定，合伙企业的设立登记，应按如下程序进行。

(1) 向企业登记机关提交相关文件。相关文件包括：①全体合伙人签署的设立登记申请书；②全体合伙人的身份证明；③全体合伙人指定代表或者共同委托代理人的委托书；④合伙协议；⑤出资权属证明；⑥主要经营场所证明；⑦国务院工商行政管理部门规定提交的其他文件。此外，法律、行政法规或国务院规定设立合伙企业须报经批准的，还应当提交有关批准文件。合伙协议约定或者全体合伙人决定委托一名或数名合伙人执行合伙事务的，还应提交全体合伙人的委托书。

(2) 除可以当场登记的情形外，企业登记机关自收到申请登记文件之日起 20 日内，作出是否登记的决定。对符合《合伙企业法》规定条件的，予以登记，发给营业执照；对不符合规定条件的，不予登记，并应当给予书面答复，说明理由。合伙企业如果确定了执行事务的合伙人或者设立分支机构，登记事项中还应当包括执行事务的合伙人或者分支机构的情况。合伙企业的营业执照签发日期，为合伙企业的成立日期。合伙企业领取营业执照前，合伙人不得以合伙企业的名义从事经营活动。合伙企业设立分支机构，应当向分支机构所在地企业登记机关申请登记，领取营业执照。

关于合伙企业登记问题，《法国民法典》规定："除隐名合伙以外的合伙，自登记之日起享有法人资格。"在英美，只要契约已签订，资金已到位，合伙企业即告成立，不需要其他手续。

(三) 合伙企业财产

1. 合伙企业财产的构成

我国《合伙企业法》规定，合伙企业存续期间，合伙人的出资和所有以合伙企业名

---

① 郭双焦、李钊、万克夫：《国际商法实验教程》，北京大学出版社 2010 年版，第 51 页。

义取得的收益均为合伙企业的财产。合伙企业财产由以下两部分构成。①合伙人的出资。合伙人可以用货币、实物、土地使用权、知识产权或者其他财产权出资,经全体合伙人协商一致,也可以用劳务出资。合伙人的出资转入合伙企业时,就成为合伙企业的财产。②以合伙企业名义取得的收益。合伙企业作为一个独立的经济实体,可以有自己的独立利益。因此,以其名义取得的收益作为合伙企业获得的财产,当然归属于企业,成为合伙企业财产的一部分。以合伙企业名义取得的收益,主要体现为合伙企业的营业利润、投资净收益及营业外收支净额。

2. 合伙企业财产的性质

我国《合伙企业法》规定,合伙企业的财产只能由全体合伙人共同管理和使用;在合伙企业存续期间,除非有合伙人退伙等法定事由,合伙人不得请求分割合伙企业的财产。因此,合伙企业的合伙财产具有共有财产性质,即由合伙人共同共有。对合伙企业财产的占用、使用、收益和处分,均应当依据全体合伙人的共同意志进行。

对于合伙企业的财产性质,外国的法律也作了相应规定。如《法国民法典》规定:"合伙人投入合伙的现款、实物、权利,归于合伙,成为合伙的独立财产。"《德国民法典》规定:"各合伙人的出资以及通过为合伙执行事务而取得的物件,均为全体合伙人的共同财产。因属于合伙财产的权利而取得的物,或对灭失、毁损或侵夺属于合伙财产的物件作为赔偿而取得的物件,也都属于合伙财产。"《日本民法典》规定:"各合伙人的出资及其他财产,属全体合伙人共有。"①

3. 合伙企业财产的转让

合伙企业财产的转让是指合伙人将自己在合伙企业中的财产份额转让予他人。由于合伙企业是由各合伙人共同出资、共同经营、共享收益、共担风险,并对合伙企业债务承担无限连带责任的营利性组织,合伙企业财产的转让将会影响到合伙企业以及各合伙人的切身利益,因此各国合伙企业法对合伙企业财产的转让都作了限制性规定。我国《合伙企业法》对合伙企业财产的转让规定如下。

(1) 合伙企业存续期间,合伙人向合伙人以外的人转让其在合伙企业中的全部或者部分财产份额时,须经其他合伙人一致同意。

(2) 合伙人之间转让在合伙企业中的全部或者部分财产份额时,应当通知其他合伙人。

(3) 合伙人依法转让其财产份额时,在同等条件下,其他合伙人有优先受让的权利。

经全体合伙人同意,合伙人以外的人依法受让合伙企业财产份额时,经修改合伙协议即成为合伙企业新的合伙人,合伙企业的各合伙人依照修改后的合伙协议享有权利和承担责任。

---

① 蒋进:《关于合伙制度的比较法分析》,载《求索》2009年第2期。

此外，由于合伙人以财产份额出质可能导致该财产份额依法发生权利转移，我国《合伙企业法》规定，合伙人以其在合伙企业中的财产份额出质的，须经其他合伙人一致同意，未经其他合伙人一致同意，其行为无效，或者作为退伙处理，由此给其他合伙人造成损失的，依法承担赔偿责任。

案例 2-2

合伙协议与合伙企业财产份额质押担保案

2008年6月甲、乙、丙、丁共同设立了一合伙企业，合伙协议约定：甲用租来的土地使用权出资，乙用自己的商标权出资，丙和丁用货币出资；企业的名称为红光食品合伙有限责任公司。2009年2月，甲为了购买住房，在向他人借款时未经其他合伙人同意，用其在合伙企业中的财产份额作为借款质押担保。合伙企业经营过程中，合伙人为合伙协议的有关内容以及甲某的个人借款质押担保发生争议。

根据《合伙企业法》的规定，该合伙协议以下内容不合法。(1)合伙协议中约定甲用租来的土地使用权出资不合法。《合伙企业法》规定：合伙人应当用自己具有处分权的财产出资。(2)企业的名称为红光食品合伙有限责任公司不合法。《合伙企业法》规定：企业名称中不得使用"有限"或"有限责任"的字样。(3)甲某用其在合伙企业中的财产份额作为个人借款质押担保不合法。《合伙企业法》规定：合伙人以其在合伙企业中的财产份额出质的，须经其他合伙人一致同意；未经其他合伙人一致同意，其行为无效，由此给善意第三人造成损失的，由行为人依法承担赔偿责任。

对于合伙企业财产的转让问题，外国的法律也作了相应规定。《法国民法典》规定：全体合伙人同意时，始得让与股份；但章程也可以规定由多数通过或由经理同意。《德国民法典》规定：各合伙人基于合伙契约互相享有的请求权，不得转让；但合伙人因执行事务而产生的在解散前可得到偿付的请求权、对分红的请求权，以及解散时应享有的利益请求权，不在此限。《德国民法典》还规定：合伙人不得处分其合伙财产的份额；属于合伙财产的债权，其债务人不得以之与其对个别合伙人享有的债权抵销。《英国民法典》规定：合伙契约中作出规定合伙人可以将其合伙份额转让给他人，但受让人不能成为合伙人，只能成为相应合伙份额收益的债权人；如果在合伙契约中作出约定，则受让人可以成为合伙人。

(四) 合伙企业的事务执行

1. 合伙事务执行的形式

我国《合伙企业法》规定，合伙人执行合伙企业事务，可以有两种形式。第一，全体合伙人执行合伙事务。这是合伙企业事务执行的基本形式，尤其是在合伙人较少的情况下更为适宜。在采取这种形式的合伙企业中，按照合伙协议的约定，各个合伙人都直接参与经营，处理合伙企业的事务，对外代表合伙企业。第二，委托一名或者数名合伙人执行合伙企业事务。合伙人可将合伙企业事务委托一名或数名合伙人执行，但并非所有合伙事务都可以委托部分合伙人决定。我国《合伙企业法》规定，除合伙协议另有规定外,合伙企业的下列事务必须经全体合伙人一致同意:①处分合伙企业的不动产;②改变合伙企业名称;③转让或者处分合伙企业的知识产权和其他财产权利;④向企业登记机关申请办理变更登记手续;⑤以合伙企业名义为他人提供担保;⑥聘任合伙人以外的人担任合伙企业的经营管理人员;⑦依照合伙协议约定的有关事项。

2. 合伙人在执行合伙事务中的权利和义务

1) 权利

根据我国《合伙企业法》的规定,合伙人在执行合伙事务中的权利主要包括以下内容。

(1) 合伙人平等享有合伙事务执行权。合伙企业的重要特点之一就是合伙经营,各合伙人无论其出资多少,都有权平等享有执行合伙企业事务的权利。

(2) 执行合伙事务的合伙人对外代表合伙企业。我国《合伙企业法》规定,执行合伙企业事务的合伙人,对外代表合伙企业。合伙人在代表合伙企业执行事务时,不是以个人的名义为一定的民事行为,而是以企业事务执行人的身份组织实施企业的生产经营活动。

(3) 不参加执行事务的合伙人的监督权。在委托执行合伙事务的情况下,不参加执行事务的合伙人享有对事务执行人的监督权。我国《合伙企业法》规定,不参加执行事务的合伙人有权监督执行事务的合伙人,检查其执行合伙企业事务的情况。这一规定有利于维护全体合伙人的共同权益,也可以促使合伙事务执行人更加认真谨慎地处理合伙企业事务。

(4) 合伙人查阅账簿权。无论是全体合伙人共同执行合伙事务,还是委托一名或数名合伙人执行合伙事务,各合伙人均有权随时了解有关合伙事务和合伙财产的一切情况,包括有权查阅合伙企业账簿和其他有关文件。

(5) 合伙人提出异议权和撤销委托执行事务权。在合伙人分别执行合伙事务的情况下,由于合伙事务执行人的行为所产生的亏损和责任要由全体合伙人承担,因此我国《合伙企业法》规定,合伙协议约定或者经全体合伙人决定,合伙人分别执行合伙企业事务时,合伙人可以对其他合伙人执行的事务提出异议。提出异议时,应暂停该事务的执行。如果发生争议,依照《合伙企业法》第30条规定作出决定。被委托执行合伙事务的合伙人不按照合伙协议或者全体合伙人的决定执行事务的,其他合伙人可以决定撤销该委托。

2) 义务

根据我国《合伙企业法》的规定,合伙人在合伙事务执行中的义务主要包括以下内容。

(1) 合伙事务执行人向不参加执行事务的合伙人报告企业经营状况和财务状况。我国《合伙企业法》规定了合伙事务执行人的报告义务,即由一名或者数名合伙人执行合伙企业事务的,应当依照约定向其他不参加执行事务的合伙人报告事务执行情况以及合伙企业的经营状况和财务状况。

（2）合伙人不得自营或者同他人合作经营与本合伙企业相竞争的业务。各合伙人组建合伙企业是为了合伙经营、共享收益，如果一合伙人自己又从事或者与他人合作从事与合伙企业相竞争的业务，势必影响合伙企业的效益，背离合伙的初衷；同时还可能形成不正当竞争，使合伙企业处于不利地位，损害其他合伙人的利益。

（3）除合伙协议另有约定或者经全体合伙人一致同意外，合伙人不得同本合伙企业进行交易。合伙企业中每一合伙人都是合伙企业的投资者，如果自己与合伙企业交易，就包含了与自己交易，也包含了与别的合伙人交易，而这种交易极易损害他人利益。

（4）合伙人不得从事损害本合伙企业利益的活动。合伙人在执行合伙事务过程中，不得为了自己的私利，坑害其他合伙人利益，也不得与其他人恶意串通，损害合伙企业的利益。

关于合伙企业事务执行问题，外国法律也作了相应规定。

《法国民法典》规定："一切合伙人，均有权参与集体决定。""合伙由一名或数名经理经营，由代表超过半数的合伙人任命。"

《德国民法典》规定："合伙的事务由合伙人全体共同执行之；每一项事务须经全体合伙人的同意。如依合伙契约应由过半数表决决定者，在发生疑问时，其过半数应依合伙人的人数计算。""如合伙契约中将合伙事务委任合伙中的一人或数人执行时，其他合伙人不得参与业务的执行。"

《日本民法典》规定："合伙事务的执行，以合伙人过半数决定。如依契约委任数人执行业务，则以其过半数决定"。"日常事务由某合伙人或某执行人单独执行，但在执行前或执行中其他合伙人或执行人有异议的，应停止执行。"

英国《合伙法》规定："每个合伙人都可以参加合伙商业的经营管理活动。在合伙人之间有意见分歧时，必须服从合伙人多数意见。""在全体一致同意下，可允许新合伙人参加。"

3. 合伙事务执行的决议办法

根据我国《合伙企业法》规定，合伙企业事务执行有三种决议办法。①按照合伙协议约定的表决办法办理。②合伙协议未约定或者约定不明确的，实行合伙人一人一票并经全体合伙人过半数通过的表决办法。③依照《合伙企业法》的规定作出决议。如《合伙企业法》规定，改变合伙企业的名称、改变合伙企业的经营范围等，除合伙协议另有约定外，应当经全体合伙人一致同意。

4. 合伙企业的损益分配

合伙损益包括合伙利润和合伙亏损两方面。合伙利润，是指以合伙企业的名义所取得的经济利益，它反映了合伙企业在一定期间的经营成果。合伙利润包括营业利润、投资净收益和营业外收支净额。合伙亏损，是指以合伙企业名义从事经营活动所形成的亏损。

我国《合伙企业法》第33条规定：合伙企业的利润分配、亏损分担，按照合伙协议的约定办理；合伙协议未约定或者约定不明确的，由合伙人协商决定；协商不成的，由合伙人按照实缴出资比例分配、分担；无法确定出资比例的，由合伙人平均分配、分担。合伙协议不得约定将全部利润分配给部分合伙人或者由部分合伙人承担全部亏损。

关于合伙企业的损益分配问题，外国法律的相关规定如下。

《法国民法典》规定："各合伙人按其在合伙中出资份额的比率，分享利润及分担损失。仅以其技艺出资的合伙人，其分配利润及分担损失的比率，与出资额最少的合伙人的比率相同。但约定对于合伙人中的一人给予全部合伙所得利益或免除其负担全部损失，或约定完全排斥合伙人中的一人，享受利益或由其承担全部损失者，应视为未订定。"这就是说，对于合伙企业的利润和亏损，各合伙人按其在合伙中出资份额的比率分享或分担；仅以技艺等劳务形式出资的合伙人，其分配利润及分担损失的比率，与出资额最少的合伙人的比率相同；合伙协议不得约定将全部利润分配给部分合伙人或者由部分合伙人承担全部亏损，如有约定，约定无效。

《德国民法典》规定："合伙人分配损益的份额未经约定者，各合伙人应不论其出资的种类和数额，平均分配相等的损益份额。仅就利益或仅就损失约定分配份额者，在发生疑问时，视为损益共通的分配份额。"

《日本民法典》规定："当事人未定损益分配比例时，其比例按各合伙人出资的价额确定。"

英国的法律规定，合伙企业的损益分配和分担比例，若契约没有规定，则平均分配和分担；若有约定，则按约定的比例分配和分担；但不得违背诚信原则。

案例 2-3

合伙企业利润分配案

2005年元月，甲、乙、丙三人申办了一合伙企业。合伙协议约定：甲以房产出资，乙出资现金80万元，丙以商标权出资；全体合伙人共同执行合伙事务；全体合伙人对合伙企业的债务承担无限连带责任。

2009年，该合伙企业可向合伙人分配利润90万元。由于合伙协议未约定利润分配办法，三个合伙人在分配利润的过程中发生了争议，经多次协商未达成一致意见。同时由于合伙人在出资时对非货币资产未评估作价，因而现在无法确定各合伙人出资比例。

对此，合伙人为2009年利润分配发生争议。

根据《合伙企业法》有关利润分配的规定，该合伙企业2009年利润应平均分配。因为《合伙企业法》规定：合伙损益分配按合伙协议约定的比例分配和分担；合伙协议未约定或约定不明的，由合伙人协商决定；协商不成的，按合伙人实缴出资比例分配和分担；无法确定出资比例的，由合伙人平均分配和分担。

（五）合伙企业与第三人的关系

合伙企业与第三人的关系，实际是指合伙企业的对外关系，涉及合伙企业对外代表权的效力、合伙企业和合伙人的债务清偿等问题。

1. 对外代表权的效力

合伙企业在运作过程中,必然与第三人发生关系,这就会产生合伙企业的对外代表权问题。我国《合伙企业法》规定,执行合伙企业事务的合伙人,对外代表合伙企业。依此规定,可以取得合伙企业对外代表权的合伙人主要有三种情况。

(1) 由全体合伙人共同执行合伙企业事务的,全体合伙人都有权对外代表合伙企业,即全体合伙人都取得了合伙企业的对外代表权。

(2) 由部分合伙人执行合伙企业事务的,只有受委托执行合伙企业事务的那一部分合伙人有权对外代表合伙企业,而不参加执行合伙企业事务的合伙人则不具有对外代表合伙企业的权利。

(3) 由于特别授权而在单项合伙事务上有执行权的合伙人,依照授权范围可以对外代表合伙企业。执行合伙企业事务的合伙人,在取得对外代表权后,即可以以合伙企业的名义进行经营活动,在其授权的范围内作出法律行为。这种行为对合伙企业有法律效力,由此而产生的效益应当归合伙企业所有,成为合伙财产的来源,带来的风险也应当由合伙人承担,构成合伙企业的债务。

合伙人执行合伙事务的权利和对外代表合伙企业的权利,都会受到一定的内部限制。如果这种内部限制对第三人发生效力,必须以第三人知道这一情况为条件,否则,该内部限制不对该第三人发生抗辩力。我国《合伙企业法》对此作了规定,即合伙企业对合伙人执行合伙企业事务以及对外代表合伙企业权利的限制,不得对抗不知情的善意第三人。这里所指的合伙人,是指在合伙企业中有合伙事务执行权与对外代表权的合伙人;这里所指的限制,是指合伙企业对合伙人所享有的事务执行权与对外代表权权利能力的一种界定;这里所指的对抗,是指企业否定第三人的某些权利和利益,拒绝承担某些责任;这里所指的不知情,是指与合伙企业有经济联系的第三人不知道合伙企业所作的内部限制,或者不知道合伙企业对合伙人行使权利所作限制的事实;这里所指的善意第三人,是指本着合法交易的目的,诚实地通过合伙企业的事务执行人,与合伙企业之间建立民事、商事法律关系的法人、非法人团体或自然人,如果第三人与合伙企业事务执行人恶意串通,损害合伙企业利益,则不属善意之情形。

2. 合伙企业的债务清偿与合伙人的关系

(1) 合伙人的连带清偿责任。我国《合伙企业法》规定,合伙企业对其债务,应先以其全部财产进行清偿。合伙企业财产不足清偿到期债务的,各合伙人应当承担无限连带清偿责任。这一法律规定包括以下三层含义。第一,债务清偿的标的,必须是合伙企业到期债务。第二,债务清偿的顺序,必须是先以合伙企业的全部财产进行清偿,只有当合伙企业财产不足清偿时,才由合伙人以其个人财产进行清偿。也就是说,当合伙企业财产能够清偿债务时,债权人不得向合伙人追索。第三,各合伙人承担无限连带清偿责任。各合伙人所有个人的财产,除去依法不可执行的财产,如合伙人及其家属的生活必需品、已设定抵押权的财产等,均可用于清偿。

(2) 合伙人之间的债务分担和追偿。我国《合伙企业法》规定,以合伙企业财产清偿企业债务时,其不足的部分,由各合伙人按照合伙协议约定分担亏损的比例,用其在合伙企业出资以外的财产承担清偿责任。这一规定在重申合伙人对合伙债务负无限连带责任的基础上,明确了合伙人分担合伙债务的比例,以合伙企业分担亏损的比例为准。

合伙人之间的分担比例对债权人没有约束力。债权人可以根据自己的清偿利益,请求全体合伙人中的一人或数人承担全部清偿责任,也可以按照自己确定的比例向各合伙人分别追索。如果合伙人实际支付的清偿数额超过了其依照既定比例所应承担的数额,依规定,该合伙人有权就该超过部分,向其他未支付或未足额支付应承担数额的合伙人追偿。

对于合伙企业的债务清偿问题,外国法律也有相关规定。《法国民法典》规定:"债权人仅在事先对法人提出诉讼并无效之后,始得诉请合伙人偿还合伙债务。""合伙对于第三人的债务,按其在应偿还之日或在停止清偿之日,在合伙资金中所占份额的比率,合伙人负永久偿还之责。合伙人如仅以其技艺出资者,应和在合伙资金中投资份额最少的合伙人负偿还同等数额之责。"这就是说,对于合伙企业的债务,首先用合伙企业的财产清偿;合伙企业的财产不足清偿的,合伙人按其在合伙中投资的比例,承担无限责任;合伙人仅以其技艺出资的,应同在合伙企业中投资份额最少的合伙人一样承担责任。

《德国民法典》规定:"合伙财产应先清偿共同债务。""合伙财产不足清偿共同债务及返还各合伙人的出资时,各合伙人应按照各合伙人对亏损负担的比例,负担缺少的金额。如果合伙人中一人不能缴纳应负担的金额时,其余合伙人应按比例负担其不足额。"这就是说,对于合伙企业的债务,应先用合伙企业的财产清偿;合伙企业的财产不足清偿的,合伙人不但要承担无限责任,而且还要承担连带责任。

《日本民法典》规定:"合伙的债权人,于债权发生当时不知合伙人的损失分担比例时,可以对各合伙人就均一部分行使权利。"这就是说,对于合伙企业的债务,如果债权人知道合伙人的损失分担比例,则要求合伙人按约定的损失分担比例承担无限责任,如果不知合伙人的损失分担比例,则要求合伙人平均承担无限责任。

3. 合伙人的债务清偿与合伙企业的关系

在合伙企业存续期间,可能发生个别合伙人因不能偿还其私人债务而被追索的情况。由于合伙人在合伙企业中拥有财产利益,合伙人的债权人可能向合伙企业提出各种清偿请求。为了保护合伙企业和其他合伙人的合法权益,同时也保护债权人的合法权益,我国《合伙企业法》作了如下规定。

(1) 合伙企业中某一合伙人的债权人,不得以该债权抵销其对合伙企业的债务。这是因为,该债权人对合伙企业的负债,实质上是对全体合伙人的负债;而合伙企业某一合伙人对该债权人的负债,只限于该合伙人个人。如果允许两者抵销,就等于强迫合伙企业的其他合伙人对个别合伙人的个人债务承担责任。

对合伙企业中某一合伙人的债权人，能否以该债权抵销其对合伙企业的债务问题，《德国民法典》规定："合伙人不得处分其合伙财产的份额；属于合伙财产的债权，其债务人不得以之与其对个别合伙人享有的债权抵销。"

(2) 合伙人个人负有债务，其债权人不得代位行使合伙人在合伙企业中的权利。这是因为，合伙具有人合性质，合伙人之间相互了解和信任是合伙关系稳定的基础。如果允许个别合伙人的债权人代位行使该合伙人在合伙企业中的权利，如参与管理权、事务执行权等，则不利于合伙关系的稳定和合伙企业的正常运营。况且，该债权人因无合伙身份，其行使合伙人的权利而不承担无限连带责任，这无异于允许他将自己行为的责任风险转嫁于合伙企业的全体合伙人，这显然是不公平的。

(3) 合伙人个人财产不足清偿其个人所负债务的，该合伙人只能以其从合伙企业中分取的收益用于清偿；债权人也可依法请求人民法院强制执行该合伙人在合伙企业中的财产份额用于清偿。在以合伙人的财产份额清偿其个人债务的情况下，需要注意以下两点：第一，这种清偿必须通过民事诉讼法规定的强制执行程序进行，债权人不得自行接管债务人在合伙企业中的财产份额；第二，在强制执行个别合伙人在合伙企业中的财产份额时，其他合伙人有优先受让的权利。

(六) 入伙与退伙

1. 入伙

入伙，是指在合伙企业存续期间，合伙人以外的第三人加入合伙，从而取得合伙人的资格。

(1) 入伙的条件和程序。我国《合伙企业法》第43条规定：新合伙人入伙，除合伙协议另有约定外，应当经全体合伙人一致同意，并依法订立书面入伙协议。订立入伙协议时，原合伙人应当向新合伙人如实告知原合伙企业的经营状况和财务状况。这一规定包括三项规则：①新合伙人入伙，必须以全体合伙人一致同意为条件，未获得一致同意的，不得入伙；②新合伙人入伙，应当订立书面入伙协议，入伙协议应当以原合伙协议为基础，并对原合伙协议事项进行相应变更；③新合伙人入伙时，原合伙人应当就原合伙企业经营状况和财务状况履行告知义务。

关于入伙的条件和程序问题，英美合伙法规定如下：合伙成立后，其他人要入伙，须经全体合伙人同意，非经全体合伙人同意，不得允许他人入伙。新合伙人入伙后，由于主体发生变更，合伙契约也要变更。新合伙人入伙之后，与原合伙人一样取得合伙财产的相应份额，承担原合伙的相应债务，并根据变更后的合伙契约在合伙中享有权利、承担义务。

(2) 新合伙人的权利和责任。一般来讲，入伙的新合伙人与原合伙人享有同等的权利，承担同等的责任。但是，如果原合伙人愿意以更优越的条件吸引新合伙人入伙，或者新合伙人愿意以较为不利的条件入伙，也可以在入伙协议中另行约定。关于新入伙人对入伙企业的债务承担问题,我国《合伙企业法》第44条规定,新合伙人对入伙前合伙企业的债务承担无限连带责任。

2. 退伙

退伙,是指合伙人退出合伙企业,从而丧失合伙人资格。

(1) 退伙的原因。合伙人退伙,一般有两种原因:一是自愿退伙;二是法定退伙。

自愿退伙,是指合伙人基于自愿的意思表示而退伙。自愿退伙的表现形式,可以分为协议退伙和通知退伙两种。

关于协议退伙,我国《合伙企业法》第45条规定,合伙协议约定合伙企业的经营期限的,有下列情形之一时,合伙人可以退伙:①合伙协议约定的退伙事由出现;②经全体合伙人一致同意;③发生合伙人难以继续参加合伙企业的事由;④其他合伙人严重违反合伙协议约定的义务。合伙人违反上述规定擅自退伙的,应当赔偿由此给其他合伙人造成的损失。

关于通知退伙,我国《合伙企业法》第46条规定,合伙协议未约定合伙企业的经营期限的,合伙人在不给合伙企业事务执行造成不利影响的情况下,可以退伙,但应当提前30日通知其他合伙人。由此可见,法律对通知退伙有一定的限制,即附有以下三项条件:①必须是合伙协议未约定合伙企业的经营期限;②必须是合伙人的退伙不给合伙企业事务执行造成不利影响;③必须提前30日通知其他合伙人。这三项条件必须同时具备,缺一不可。合伙人违反上述规定擅自退伙的,应当赔偿由此给其他合伙人造成的损失。

法定退伙,是指合伙人因出现法律规定的事由而退伙。法定退伙分为两类:一是当然退伙;二是除名。关于当然退伙,我国《合伙企业法》第48规定,合伙人有下列情形之一的,当然退伙:①作为合伙人的自然人死亡或者被依法宣告死亡;②个人丧失偿债能力;③作为合伙人的法人或者其他组织依法被吊销营业执照、责令关闭、撤销,或者被宣告破产;④法律规定或者合伙协议约定合伙人必须具有相关资格而丧失该资格;⑤合伙人在合伙企业中的全部财产份额被人民法院强制执行。当然退伙以法定事由实际发生之日为退伙生效日。关于除名,我国《合伙企业法》第49条规定,合伙人有下列情形之一的,经其他合伙人一致同意,可以决议将其除名:①未履行出资义务;②因故意或者重大过失给合伙企业造成损失;③执行合伙企业事务时有不正当行为;④合伙协议约定的其他事由。对合伙人的除名决议应当书面通知被除名人。被除名人自接到除名通知之日起,除名生效,被除名人退伙。被除名人对除名决议有异议的,可以在接到除名通知之日起30日内,向人民法院起诉。

关于合伙人退伙问题,外国法律也作了相应规定。《法国民法典》规定:"合伙人在章程规定的条件下或经合伙人一致同意,得全部或部分退出合伙。"这就是说,合伙人退伙必须符合章程规定的条件,或者经合伙人一致同意。

《德国民法典》规定:"合伙未定有存续期间者,各合伙人均得随时声明退出;定有存续期间者,遇有重大事由,如合伙人因故意或重大过失违反合伙契约的基本义务,得于期间届满前声明退出。排除或限制声明退伙权的约定无效。"这就是说,如果契约未约定合伙存续期间的,合伙人均可随时声明退伙;如果契约约定了合伙存续期间的,遇有重大事由,合伙人要退伙,必须提出声明。

《日本民法典》规定:"未以合伙契约定合伙存续期间或以某合伙人的终身定合伙存续期间时,各合伙人可以随时退伙。但是除有不得已事由外,不得于对合伙不利的时期退伙。"这就是说,如果契约未约定合伙存续期间的,合伙人均可随时声明退伙,但不得对合伙企业造成不利影响。

(2) 退伙的效果。退伙的效果,是指退伙时退伙人在合伙企业中的财产份额和民事责任的归属变动。分为两种情况:一是财产继承;二是退伙结算。

关于财产继承,我国《合伙企业法》第 50 条规定,合伙人死亡或者被依法宣告死亡的,对该合伙人在合伙企业中的财产份额享有合法继承权的继承人,依照合伙协议的约定或者经全体合伙人同意,从继承开始之日起,即取得该合伙企业的合伙人资格。我国《合伙企业法》同时规定,有下列情形之一的,合伙企业应当向合伙人的继承人退还被继承合伙人的财产份额:①继承人不愿意成为合伙人;②法律规定或者合伙协议约定合伙人必须具有相关资格,而该继承人未取得该资格;③合伙协议约定不能成为合伙人的其他情形。

关于退伙结算,我国《合伙企业法》第 51 条规定:合伙人退伙,其他合伙人应当与该退伙人按照退伙时的合伙企业财产状况进行结算,退还退伙人的财产份额。退伙人对给合伙企业造成的损失负有赔偿责任的,相应扣减其应当赔偿的数额。退伙时有未了结的合伙企业事务的,待该事务了结后进行结算。

合伙人退伙以后,并不能解除对于合伙企业既往债务的连带责任。我国《合伙企业法》第 53 条规定,退伙人对基于其退伙前的原因发生的合伙企业债务,承担无限连带责任。

关于合伙人退伙的效果,外国法律也作了相应规定。如《法国民法典》规定,合伙人退伙,有权请求偿还其股份的价值。合伙人死亡,其继承人或受遗赠人按章程规定,经其他合伙人同意,可继承其股份。如果他们不能因继承而成为合伙人,则他们有权取得被继承人的股份的价值。

《德国民法典》规定:合伙人退出合伙,其在合伙财产中的份额归其余合伙人所有,而其余合伙人应偿付相当于合伙解散时退伙人在财产清算中应得的份额的价值;如果合伙的财产价值不足以清偿共同债务和返还出资,则退伙人对其余合伙人应按其对亏损应负担的份额的比例偿还其不足额。

三、有限合伙企业

(一) 有限合伙企业的概念与特征

有限合伙企业(limited partnership enterprise)是指由有限合伙人和普通合伙人共同组成,普通合伙人对合伙企业债务承担无限连带责任,有限合伙人以其认缴的出资额为限对合伙企业债务承担责任的合伙组织。

有限合伙企业与普通合伙企业相比较,具有以下显著特征。①在经营管理上,普通合伙企业的合伙人一般均可参与合伙企业的经营管理;而在有限合伙企业中,有限合伙人不执行合伙事务,而由普通合伙人从事具体的经营管理。②在风险承担上,普通合伙企业的合伙人之间对合伙债务承担无限连带责任;而在有限合伙企业中,不同类型的合伙人所承担的责任则存在差异,其中有限合伙人以其各自的出资额为限承担有限责任,普通合伙人之间承担无限连带责任。

(二) 有限合伙企业设立的特殊规定

1. 有限合伙企业人数

我国《合伙企业法》规定,有限合伙企业由2个以上50个以下合伙人设立,法律另有规定的除外。有限合伙企业至少应当有1个普通合伙人。按照规定,自然人、法人和其他组织可以依照法律规定设立有限合伙企业,但国有独资公司、国有企业、上市公司以及公益性的事业单位、社会团体不得成为有限合伙企业的普通合伙人。

在有限合伙企业存续期间,有限合伙人的人数可能发生变化。然而,无论如何变化,有限合伙企业中必须包括有限合伙人与普通合伙人两部分,否则,有限合伙企业应当进行组织变化。我国《合伙企业法》规定,有限合伙企业仅剩有限合伙人的,应当解散;有限合伙企业仅剩普通合伙人的,应当转为普通合伙企业。

2. 有限合伙企业名称

按照企业名称登记管理的有关规定,企业名称中应当含有企业的组织形式。为便于社会公众以及交易相对人对有限合伙企业的了解,有限合伙企业名称中应当标明"有限合伙"的字样,而不能标明"普通合伙"、"特殊普通合伙"、"有限公司"、"有限责任公司"等字样。

3. 有限合伙人出资形式与出资义务

我国《合伙企业法》规定,有限合伙人可以用货币、实物、知识产权、土地使用权或者其他财产权利作价出资。有限合伙人不得以劳务出资。

我国《合伙企业法》规定,有限合伙人应当按照合伙协议的约定按期足额缴纳出资;未按期足额缴纳的,应当承担补缴义务,并对其他合伙人承担违约责任。

(三) 有限合伙企业事务执行的特殊规定

1. 有限合伙企业事务执行人

我国《合伙企业法》规定,有限合伙企业由普通合伙人执行合伙事务。如合伙协议约定数个普通合伙人执行合伙事务,则这些普通合伙人均为合伙事务执行人。如合伙协议无约定,则全体普通合伙人是合伙事务的共同执行人。合伙事务执行人除享有一般合伙人相同的权利外,还有接受其他合伙人的监督和检查、谨慎执行合伙事务的义务,若因自己的过错造成合伙财产损失的,应向合伙企业或其他合伙人负赔偿责任。

2. 禁止有限合伙人执行合伙事务

我国《合伙企业法》规定,有限合伙人不执行合伙事务,不得对外代表有限合伙企业。有限合伙人的下列行为,不视为执行合伙事务:①参与决定普通合伙人入伙、退伙;②对企业的经营管理提出建议;③参与选择承办有限合伙企业审计业务的会计师事务所;④获取经审计的有限合伙企业财务会计报告;⑤对涉及自身利益的情况,查阅有限合伙企业财务会计账簿等财务资料;⑥在有限合伙企业中的利益受到侵害时,向有责任的合伙人主张权利或者提起诉讼;⑦执行事务合伙人怠于行使权利时,督促其行使权利或者为了本企业的利益以自己的名义提起诉讼;⑧依法为本企业提供担保。

另外,我国《合伙企业法》规定,第三人有理由相信有限合伙人为普通合伙人而与其交易的,该有限合伙人对该笔交易承担与普通合伙人同样的责任。有限合伙人未经授权以有限合伙企业名义与他人进行交易,给有限合伙企业或者其他合伙人造成损失的,该有限合伙人应当承担赔偿责任。

3. 有限合伙人权利

关于有限合伙人的权利,我国《合伙企业法》作了以下规定。

(1) 有限合伙人可以与本企业进行交易。我国《合伙企业法》规定,有限合伙人可以同本有限合伙企业进行交易,合伙协议另有约定的除外。因为有限合伙人并不参与有限合伙企业事务的执行,对有限合伙企业的对外交易行为,有限合伙人并无直接或者间接的控制权,有限合伙人与本有限合伙企业进行交易时,一般不会损害本有限合伙企业的利益。

(2) 有限合伙人可以经营与本企业相竞争的业务。我国《合伙企业法》规定,有限合伙人可以自营或者与他人合作经营与本有限合伙企业相竞争的业务,合伙协议另有约定的除外。

(四) 有限合伙企业财产出质与转让的特殊规定

1. 有限合伙人财产份额出质

我国《合伙企业法》规定,有限合伙人可以将其在有限合伙企业中的财产份额出质,合伙协议另有约定的除外。

2. 有限合伙人财产份额转让

我国《合伙企业法》规定,有限合伙人可以按照合伙协议的约定向合伙人以外的人转让其在有限合伙企业中的财产份额,但应当提前30日通知其他合伙人。这是因为,有限合伙人向合伙人以外的其他人转让其在有限合伙企业中的财产份额,并不影响有限合伙企业债权人的利益。但是,有限合伙人对外转让其在有限合伙企业中的财产份额应当依法进行,一是要按照合伙协议的约定进行转让,二是应当提前30日通知其他合伙人。有限合伙人对外转让其在有限合伙企业中的财产份额时,其他合伙人有优先购买权。

(五) 有限合伙人债务清偿的特殊规定

我国《合伙企业法》规定,有限合伙人的自有财产不足清偿其与合伙企业无关的债务的,该合伙人可以以其从有限合伙企业中分取的收益用于清偿;债权人也可以依法请求人民法院强制执行该合伙人在有限合伙企业中的财产份额用于清偿。人民法院强制执行有限合伙人的财产份额时,应当通知全体合伙人。在同等条件下,其他合伙人有优先购买权。

(六) 有限合伙企业入伙与退伙的特殊规定

1. 入伙

我国《合伙企业法》规定,新入伙的有限合伙人对入伙前有限合伙企业的债务,以其认缴的出资额为限承担责任。这里需要注意,在普通合伙企业中,新入伙的合伙人对入伙前合伙企业的债务承担连带责任(joint liability);而在有限合伙企业中,新入伙的有限合伙人对入伙前有限合伙企业的债务,以其认缴的出资额为限承担责任。

2. 退伙

关于有限合伙人退伙问题,我国《合伙企业法》作了以下规定。

(1) 有限合伙人当然退伙。我国《合伙企业法》规定,有限合伙人出现下列情形时当然退伙:①作为合伙人的自然人死亡或者被依法宣告死亡;②作为合伙人的法人或者其他组织依法被吊销营业执照、责令关闭、撤销,或者被宣告破产;③法律规定或者合伙协议约定合伙人必须具有相关资格而丧失该资格;④合伙人在合伙企业中的全部财产份额被人民法院强制执行。

(2) 有限合伙人丧失民事行为能力的处理。我国《合伙企业法》规定,作为有限合伙人的自然人在有限合伙企业存续期间丧失民事行为能力的,其他合伙人不得因此要求其退伙。这是因为,有限合伙人对有限合伙企业只进行投资,而不负责事务执行,作为有限合伙人的自然人在有限合伙企业存续期间丧失民事行为能力,并不影响有限合伙企业的正常生产经营活动,其他合伙人不能要求该丧失民事行为能力的合伙人退伙。

(3) 有限合伙人继承人的权利。我国《合伙人企业法》规定,作为有限合伙人的自然人死亡、被依法宣告死亡或者作为有限合伙人的法人及其他组织终止时,其继承人或者权利承受人可以依法取得该有限合伙人在有限合伙企业中的资格。

(4) 有限合伙人退伙后的责任承担。我国《合伙企业法》规定,有限合伙人退伙后,对基于其退伙前的原因发生的有限合伙企业债务,以其退伙时从有限合伙企业中取回的财产承担责任。

(七) 合伙人性质转变的特殊规定

我国《合伙企业法》规定,除合伙协议另有约定外,普通合伙人转变为有限合伙人,或者有限合伙人转变为普通合伙人,应当经全体合伙人一致同意。有限合伙人转变为普通合伙人的,对其作为有限合伙人期间有限合伙企业发生的债务承担无限连带责任。普通合伙人转变为有限合伙人的,对其作为普通合伙人期间合伙企业发生的债务承担无限连带责任。

第三节 公 司 法

一、公司的概念和特征

公司是依法设立的、以营利为目的的、由股东投资形成的企业法人。公司具有以下特征。

1. 依法设立

这是指公司必须依《公司法》规定的条件和程序设立。

2. 以营利为目的

这是指股东即出资者设立公司的目的是营利,即从公司经营中取得利润。因此,营利目的不仅要求公司本身为营利而从事生产经营活动,而且要求公司有利润时应当按规定分配给股东。

3. 具有法人资格

公司是具有法人资格的企业。法人企业是指具有民事权利能力和民事行为能力,依法享有民事权利和承担民事义务的组织。法人企业必须依法成立,有必要的财产或经费,有自己的名称、组织机构和场所,能够独立承担民事责任。我国《公司法》规定的有限责任公司和股份有限公司具有法人资格。

二、公司的分类

根据不同的标准对公司有不同的分类。

1. 根据公司资本结构和股东对公司债务承担责任的不同分类

(1) 有限责任公司。有限责任公司是指股东以其认缴的出资金额为限,对公司承担责任,公司以其全部财产对公司的债务承担责任的公司。

(2) 股份有限公司。股份有限公司是指将其全部资本分为等额股份,股东以其认购的股份为限对公司承担责任,公司以其全部财产对公司的债务承担责任的公司。

(3) 无限公司。无限公司是指由两个以上的股东组成,全体股东对公司的债务承担无限连带责任的公司。

(4) 两合公司。两合公司是指由负无限责任的股东和负有限责任的股东组成,无限责任股东对公司债务负无限连带责任,有限责任股东仅就其认缴的出资额为限对公司债务承担责任的公司。

(5) 股份两合公司。股份两合公司是指公司资本分为等额股份,其有限责任股东通过认购股份方式出资,并以所持股份为限对公司承担责任,而无限责任股东承担无限责任的公司。

2. 根据公司信用基础的不同分类

(1) 资合公司。资合公司是指以公司的资本为公司信用基础的公司。有限责任公司和股份有限公司均属于资合公司。

(2) 人合公司。人合公司是指以股东的个人信用为公司信用基础的公司。无限责任公司是最典型的人合公司。

(3) 资合兼人合公司。资合兼人合公司是指以资本和股东个人信用作为公司信用基础的公司,其典型形式为两合公司和股份两合公司。

3. 根据公司组织关系的不同分类

(1) 母公司和子公司。这是根据公司外部组织关系作的分类。通过掌握其他公司一定数量的股本或通过某些合同安排等,从而能实际上控制其经营管理决策的公司为母公司;被母公司控制的公司为子公司。母子公司之间虽然存在控制与被控制的组织关系,但它们都具有法人资格,在法律上是彼此独立的企业。

(2) 本公司和分公司。分公司是公司依法设立的,以分公司名义进行经营活动,其法律后果由本公司承担的分支机构。相对分公司而言,公司称为本公司或总公司。分公司没有独立的公司名称、章程,没有独立的财产,不具法人资格,但可领取营业执照,进行经营活动,不过其民事责任由本公司承担。

三、公司法的立法模式

公司法是规定公司法律地位,调整公司组织关系,规范公司在设立、变更与终止过程中的组织行为的法律规范的总称。公司法的概念有广义与狭义之分。狭义的公司法,仅指专门调整公司问题的法典,如《公司法》。广义的公司法,除包括专门的公司法典外,还包括其他有关公司的法律、法规、行政规章、司法解释以及其他各法之中调整公司组织关系、规范公司组织行为的法律规范。

在多数大陆法系国家,公司法原先是作为民商法的一部分而存在的,但由于公司在整个社会经济生活中发挥了越来越大的作用,公司法逐渐从民商法中分离出来而成为单行法。

最早的公司立法始于1673年法国国王路易十四的《商事敕令》,1807年《法国商法典》又对公司立法作了增补,1925年法国制定了单行的《有限公司法》。德国的公司立法体现在1897年制定的《德国商法典》中,1892年德国制定了世界上第一个《有限责任公司法》。

英美两国都属于判例法国家,但其有关公司法的规定多表现为成文法的形式。英国的公司法立法始于1825年,以后历经社会变革和经济发展,1948年终于形成了著名的《公司法》。美国公司法受到了英国法影响。根据美国宪法规定的分权立法原则,美国联邦议会没有公司法方面的立法权,因此美国公司法由各州自行制定。1928年美国全国律师协会公司法委员会制定了《标准公司法》,以后又经多次修改。以此为"样板",美国各州纷纷制定了各自的公司法。[1]

中国的公司法最早见于1903年清朝政府制定的《公司律》。中华民国建立以后,北洋政府于1914年制定了《公司条例》,1929年南京国民政府制定了《公司法》,1930年南京国民政府又颁布了《特种有限公司条例》。中华人民共和国成立以后,20世纪50年代初期我国曾制定颁布过一些具有公司法性质的法律规范,如1950年政务院颁布的《私营企业暂行条例》等。80年代以后,随着经济的进一步发展和法制的健全,国家有关部门先后颁布了一些专门性的公司法规和一些有关公司企业的规范性文件。1993年12月29日,我国第八届全国人民代表大会常务委员会第五次会议通过了《公司法》,并于1994年7月1日起施行。此后,《公司法》于1999年12月25日、2004年8月28日进行了两次小的修订。2005年10月27日第十届全国人民代表大会常务委员会第十八次会议对《公司法》进行了较大的修订,并于2006年1月1日起施行。

四、有限责任公司

(一) 有限责任公司的概念和特征

有限责任公司(limited liability company)是指股东以其认缴的出资额为限对公司债务承担责任,公司以其全部财产对其债务承担责任的企业法人。

有限责任公司具有以下特征:每个股东以其认缴的出资额为限对公司债务承担有限责任,公司以其全部资产对其债务承担责任;资本不分等额股份,证明股东出资额的是出资证明书;股东人数只有最高限制,没有最低限制;不能发行股票,不能公开募股;财务不必公开。

(二) 有限责任公司设立的条件

我国《公司法》第23条明确规定,设立有限责任公司必须具备以下条件。

1. 股东符合法定人数

同股份有限公司相比,有限公司的股东较少,许多国家公司法对有限公司的股东人数都有严格规定。如英、法等国规定,有限责任公司的股东人数应在2至50人之间,如果超过50人,必须向法院申请特许或转为股份有限公司。我国《公司法》规定,有限责任公司由50个以下股东共同出资设立,允许设立一人公司。

2. 股东出资达到法定资本最低限额

设立有限责任公司,股东出资须达到法定最低资本额。最低资本额的限制,是资本确定原则的具体要求,公司资本不仅要在章程中予以明确规定,而且要达到法定的

---

[1] 郭双焦、李钊、万克夫:《国际商法实验教程》,北京大学出版社2010年版,第63页。

最低限额以上,否则公司就不能成立。这一规定的目的,是防止滥设有限责任公司。有限责任公司必须自己拥有并达到法定的最低注册资本额,才能保证生产经营的顺利进行,才能承担债务和风险。西方各国的法律对设立有限责任公司资本总额都有具体明确的规定,如日本《有限公司法》第9条规定,有限公司资本总额不低于300万日元,德国《有限责任公司法》第5条则规定,有限责任公司最低注册资本额为25000欧元,每个股东的出资至少为100欧元。我国《公司法》规定,有限责任公司注册资本的最低限额为人民币3万元,一人公司为10万元且一次足额缴纳。

3. 股东共同制定公司章程

有限责任公司章程是记载公司组织规范及其行动准则的书面文件,须由全体股东共同订立和签署。有限责任公司章程体现着全体股东的共同意志,对全体股东、公司的组织机构和经营管理人员均有约束效力。

4. 有公司名称,建立符合有限责任公司要求的组织机构

公司的名称是区别公司的标志,应标明公司的责任形式。西方国家一般在立法中规定有限责任公司的名称中必须有"有限责任"字样或其英文缩写(Ltd 或 Inc),以免有限责任公司从事无限责任公司的业务,从而严重危害社会安定,损害第三人利益。公司名称受法律保护。股东参加管理,除依法定程序单独行使权利外,应当通过建立符合法律要求的组织机构共同行使权利。

5. 有固定的生产经营场所和必要的生产经营条件

生产经营场所是公司进行生产经营等业务活动的所在地。必要的生产经营条件是除了生产经营场所、资金等条件外的其他条件,如生产经营所需的厂房、设备、运输工具、技术、专业人员等。

(三) 有限责任公司的组织机构

有限责任公司的组织机构主要包括股东会、董事会、监事会和经理。

1. 股东会

有限责任公司的股东会(shareholders' general meeting)由全体股东组成。股东是指公司的出资人。股东会是公司权力机构,是公司最高决策机关,对公司的重大问题进行决策。

(1) 股东会的职权。我国的《公司法》规定,有限责任公司的股东会具有以下职权:决定公司的经营方针和投资计划;选举和更换非由职工代表担任的董事、监事,决定有关董事、监事的报酬事项;审议批准公司董事会的报告;审议批准监事会或者监事的报告;审议批准公司的年度财务预算方案、决算方案;审议批准公司的利润分配方案和弥补亏损方案;对公司增加或者减少注册资本作出决议;对发行公司债券作出决议;对公司合并、分立、变更公司形式、解散和清算等事项作出决议;修改公司章程;公司章程规定的其他职权。对上述事项股东以书面形式一致表示同意的,可以不召开股东会议,直接作出决定,并由全体股东在决定文件上签名、盖章。

(2) 股东会的议事规则。有限责任公司的股东会会议分为定期会议和临时会议。定期会议应当按照公司章程的规定按时召开。我国的《公司法》规定,代表 1/10 以上表决权的股东,1/3 以上的董事,监事会或不设监事会的公司的监事可提议召开临时股东会。除公司章程另有规定或者全体股东另有约定外,召开股东会议应于会议召开 15 日前通知全体股东。股东会应当对会议所议事项的决定作成会议记录,出席会议的股东应在会议记录上签名。首次股东会议由出资最多的股东召集和主持。以后的股东会议,公司设立董事会的由董事会召集,董事长主持;董事长不能或不履行职务的,由副董事长主持;副董事长不能或不履行职务的,由半数以上董事共同推举一名董事主持。股东会议由股东按出资的比例行使表决权,但公司章程另有规定的除外。

特别决议经代表 2/3 以上表决权的股东通过。特别决议是指对涉及股东根本利益的事项进行的表决,包括增加或减少注册资本,公司合并、分立、解散或者变更公司形式,修改公司章程等。

2. 董事会和经理

1) 董事会的性质、职权和议事规则

董事会(board of directors)是公司股东会的执行机构,对股东会负责。我国的《公司法》规定,董事会的成员为 3~13 人。组成董事会的董事由股东会选举和更换,董事任期由公司章程规定,但每届任期不得超过 3 年。董事会设董事长 1 人,副董事长 1~2 人。董事长、副董事长的产生办法由公司章程规定。董事长或者总经理是公司的法定代表人。有限责任公司股东人数少和规模小的,可以不设董事会,只设执行董事 1 人,执行董事可以兼任公司经理。

对于董事的选任是否必须是股东,大多数国家的公司法都强调"适任原则",即股东或公司以外的人均可任董事,以选择适合的管理人才。我国的《公司法》规定,2 个以上的国有企业或者 2 个以上的其他国有投资主体投资设立的有限责任公司,其董事会成员中应当有公司职工代表;其他有限责任公司董事会成员中可以有公司职工代表。董事会中的职工代表由公司职工通过职工代表大会、职工大会或者其他形式民主选举产生。

我国的《公司法》规定,有限责任公司董事会行使下列职权:负责召集股东会,并向股东会报告工作;执行股东会的决议;决定公司的经营计划和投资方案;制订公司的年度财务预算方案、决算方案;制订公司的利润分配方案和弥补亏损方案;制订公司增加或者减少注册资本以及发行公司债券的方案;制订公司合并、分立、解散或者变更公司形式的方案;决定公司内部管理机构的设置;决定聘任或者解聘公司经理及其报酬事项;根据经理的提名,聘任或者解聘公司副经理、财务负责人及其报酬事项;制定公司的基本管理制度;公司章程规定的其他职权。

我国的《公司法》第 48、49 条规定,有限责任公司董事会会议由董事长召集和主持;董事长不能履行职务或者不履行职务的,由副董事长召集和主持;副董事长不能履行职务或者不履行职务的,由半数以上董事共同推举一名董事召集和主持。董事会的议事方式和表决程序,除公司法有规定的以外,由公司章程规定。董事会的表决,实行一人一票制。

2) 有限责任公司的经理

有限责任公司可以设经理。有限责任公司的经理由董事会聘任或者解聘,负责公司日常经营管理工作,对董事会负责。

在西方国家,经理的具体权限范围一般在公司章程中规定,而我国对此更为重视,除公司章程另有规定外,也对经理的职权直接以公司法的形式予以确定。

我国的《公司法》第50条规定,有限责任公司的经理行使下列职权:主持公司的生产经营管理工作,组织实施董事会决议;组织实施公司年度经营计划和投资方案;拟订公司内部管理机构设置方案;拟订公司的基本管理制度;制定公司的具体规章;提请聘任或者解聘公司副经理、财务负责人;决定聘任或者解聘除应由董事会决定聘任或者解聘以外的负责管理人员;董事会授予的其他职权。

对于有限责任公司的经理,外国的法律作了相应的规定。例如德国的公司法规定,有限责任公司由1名或数名经理负责管理。经理由公司成员在成员会议上或根据公司章程任命。经理可以是也可以不是公司成员。经理可以随时由成员会予以罢免。法国的公司法规定,有限责任公司的经理违反法律或公司章程,或在公司管理中有过错,应对公司和第三人承担连带责任,在破产情况下,应对超出公司财产的债务承担清偿责任。在对外关系中,经理享有在各种情况下以公司名义为法律行为的权利,但法律规定应由公司成员决定的问题除外。

3. 监事会或者监事

监事会(board of supervisors)是公司的内部监督机构。就有限责任公司而言,监事会在西方公司法中被视为公司的任意机关,即可以设置也可以不设置,或达到一定的条件才必须设置。我国的《公司法》规定,经营规模较大的有限责任公司设立监事会,监事会成员不得少于3人。股东人数较少和经营规模较小的有限责任公司可以不设监事会,只设1至2名监事。监事会由股东代表和适当比例的公司职工代表组成,其中职工代表的比例不得低于1/3,具体比例由公司章程规定。监事会中的职工代表由公司职工通过职工代表大会、职工大会或者其他形式民主选举产生。董事、高级管理人员不得兼任监事。

我国的《公司法》第54条规定,监事会、不设监事会的公司的监事行使下列职权:检查公司财务;对董事、高级管理人员执行公司职务时的行为进行监督,对违反法律、行政法规、公司章程或者股东大会决议的董事、高级管理人员提出罢免的建议;当董事、高级管理人员的行为损害公司的利益时,要求董事、高级管理人员予以纠正;提议召开临时股东会,在董事会不履行公司法规定的召集和主持股东会会议职责时召集和主持股东会会议;向股东会会议提出提案;依照公司法的规定,对董事、高级管理人员提起诉讼;公司章程规定的其他职权。

案例 2-4

有限责任公司股东会决议案

某有限责任公司由王芳、李明、红光有限责任公司、张东、夏光和李霞6个股东组成,现有注册资本900万元,其中王芳、李明、红光有限责任公司各持有股本200万元,张东、夏光和李霞各持有股本100万元。2009年9月5日,张东提议召开临时股东会议,讨论并决议增加注册资本和修改公司章程问题,但公司董事长不同意召开会议。在张东的多次要求下,公司决定10月20日召开临时股东会议,并于10月2日发出了会议通知。10月20日临时股东会议如期召开,在表决增加注册资本方案时,股东王芳、李明、张东、夏光表示同意,股东红光有限责任公司和李霞表示反对;在表决修改公司章程方案问题时,股东李明、张东、夏光表示同意,股东红光有限责任公司、王芳、李霞表示反对。同年10月28日,股东李明提议召开临时股东会议,讨论并决定更换公司总经理问题,但公司董事长不同意召开临时股东会议。

该公司在是否召开临时股东会议和增加注册资本、修改公司章程方案的表决是否通过等问题上发生争议。

根据《公司法》的规定,处理结果如下。

(1) 张东提议召开临时股东会议,但公司董事长不同意召开的做法不合法。因《公司法》规定,代表1/10以上表决权的股东可提议召开临时股东会,而张东持有股本超过了注册资本的1/10。股东李明提议召开临时股东会议,讨论并决定更换公司总经理问题,公司董事长不同意召开的做法合法。因《公司法》规定,聘任或者解聘公司总经理是董事会的职权,不是股东会的职权。

(2) 该公司股东会议对增加注册资本方案的表决通过,对修改公司章程方案的表决没有通过。因《公司法》规定,增加注册资本、修改公司章程的表决属于特别决议,特别决议必须经代表2/3以上表决权的股东通过。在表决增加注册资本方案时,股东王芳、李明、张东、夏光表示同意,表示同意的股东持有股本有600万元,已占全部注册资本900万元的2/3;在表决修改公司章程的方案时,股东李明、张东、夏光表示同意,表示同意的股东持有股本只有400万元,没有达到注册资本900万元的2/3。

五、股份有限公司

(一) 股份有限公司的设立条件

我国的《公司法》规定,设立股份有限公司(corporation limited)应具备下列条件。

1. 发起人符合法定人数

发起人也称创办人,是指办理筹建股份有限公司事务的人。发起人既可以是自然人,也可以是法人。发起人在公司设立中责任重大,应依法认购其应认购的股份,应承担公司筹办的事务,在公司不能设立时,对设立行为所产生的债务和费用负连带责任,并负有对认股人已缴纳的股款返还并加算银行同期存款利息的连带责任。我国的《公司法》规定,设立股份有限公司应当有2人以上、200人以下为发起人。其中须有半数以上的发起人在中国境内有住所。

对于股份有限公司的发起人,德国《股份有限公司法》规定最低人数为5人,法国和日本的公司法规定都是最低人数为7人,美国《标准公司法》规定公司创办人为1人或数人。

2. 发起人认缴和募集的股本达到法定资本最低限额

我国的《公司法》规定,股份有限公司注册资本的最低限额为人民币500万元。需要高于上述所定限额的,由法律、行政法规另行规定。

我国的《公司法》第81条规定,股份有限公司采取发起方式设立的,注册资本为在公司登记机关登记的全体发起人认购的股本总额。公司全体发起人的首次出资额不得低于注册资本的20%,其余部分由发起人自公司成立之日起2年内缴足;其中,投资公司可以在5年内缴足。股份有限公司采取募集方式设立的,注册资本为在公司登记机关登记的实收股本总额。我国的《公司法》第85条规定,以募集方式设立股份有限公司的,发起人认购的股份不得少于公司股份总数的35%;但是,法律、行政法规另有规定的,从其规定。

在20世纪70年代之前,美国各州法律中均规定有最低注册资本额,公司如需开业,必须收到达到最低注册资本额的资本。各州规定的最低注册资本额通常为1000美元,也有的州规定为500美元或其他数额。但美国1969年修订的《示范公司法》取消了最低注册资本额的规定,从而引起各州纷纷效仿。至20世纪末仅有1/10的州仍然保留有最低注册资本额的规定,这些州多将其最低注册资本额定为1000美元或500美元。

英国《公司法》规定,股份有限公司注册资本最低限额为50000英镑。但对于有限责任公司,并未作出最低注册资本额的规定。

德国法律对公司最低注册资本额的规定历来较为苛刻。德国《股份公司法》第7条规定,设立股份有限公司最低注册资本额为50000欧元,且股票的最低票面价值为1欧元。德国《有限责任公司法》第5条则规定,设立有限责任公司最低注册资本额为25000欧元,每个股东的出资至少为100欧元。

日本1990年修订的《日本商法典》规定,股份公司资本额不低于1000万日元。日本《有限公司法》第9条规定,有限公司资本总额不低于300万日元。2005年6月29日,日本通过了《日本公司法典》,并于2006年4月施行。《日本公司法典》废除了上述最低注册资本额的限定,即从理论讲1日元就可设立公司。[①]

对于股份有限公司的资本缴纳方式,美国《示范公司法》规定,设立股份公司的出

---

① 北京大学金融法研究中心:《国外公司资本形成制度比较研究——以美、英、德、日之立法为例》,载《金融法苑》(总第72辑),中国金融出版社2006年版,第43页。

资由董事会决定,董事会可以决定一次缴足还是分期缴足。英国《公司法》规定,股份有限公司设立时最少应缴纳其声明资本的1/4,其余资本由公司向股东催缴。德国《股份公司法》规定:现金出资所要求支付的款项,不得低于股票票面价值的1/4,溢价发行的股票所要求支付的款项还必须包括溢价。对于实物出资,德国《股份公司法》规定:实物出资必须全部缴清。实物出资有义务将一种财物转交给公司的,必须在公司商业登记簿登记注册后5年内履行这一义务。《日本商法典》规定:发起人在公司设立之际取得全部发行股份时,须立即按各股发行价额的全额缴款,并选任董事长及监察人。实物出资者须在缴纳日期里将出资标的财产全部给付。如发起人未足额缴纳出资的,将影响公司的成立。[①]

3. 股份发行、筹办事项符合法律规定

股份公司的发起人必须按法律规定发行和认购股份。发起人应按法律规定办理公司设立的具体事宜。

4. 发起人制定公司章程,采用募集方式设立的经创立大会通过

股份有限公司的公司章程由发起人制定。我国的《公司法》第82条规定,公司章程应当载明以下事项:①公司的名称和住所;②公司的经营范围;③公司的设立方式;④公司的股份总数、每股金额和注册资本;⑤发起人的姓名或者名称、认购的股份数、出资的方式和出资时间;⑥董事会的组成、职权和议事规则;⑦公司法定代表人;⑧监事会的组成、职权和议事规则;⑨公司利润分配办法;⑩公司的解散事由与清算办法;⑪公司的通知和公告办法;⑫股东大会会议认为需要规定的其他事项。

5. 有公司的名称,建立符合股份有限公司要求的组织机构

公司名称是公司的标志。股份有限公司的名称应当符合法律、法规的规定。股份有限公司应设立股东大会、董事会、监事会等组织机构。

6. 有公司住所

设立股份有限公司必须有住所,没有住所公司不能成立。公司以其主要办事机构所在地为公司的住所。

(二) 股份有限公司的设立程序

1. 以发起方式设立股份有限公司的程序

我国的《公司法》规定,以发起方式设立股份有限公司的程序如下。

(1) 发起人书面认足公司章程规定其认购的股份。

(2) 缴纳出资。一次缴纳的,应即缴纳全部出资;分期缴纳的,应即缴纳首期出资。以非货币财产出资的,应当依法办理其财产权转移手续。

(3) 选举董事会和监事会。发起人首次缴纳出资后,应当选举董事会和监事会,建立公司的组织机构。

[①] 郭双焦、李钊、万克夫:《国际商法实验教程》,北京大学出版社2010年版,第69页。

(4) 申请设立登记。发起人选举董事会和监事会后,董事会应当向公司登记机关报送公司章程及其他相关文件,申请设立登记。

一旦公司登记机关依法予以登记,发给公司营业执照,公司即告成立。

2. 以募集方式设立股份有限公司的程序

我国的《公司法》规定,以募集方式设立股份有限公司必须经过以下程序。

(1) 发起人认购股份。发起人认购的股份不得少于公司股份总数的35%;但是,法律、行政法规另有规定的,从其规定。

(2) 向社会公开募集股份。发起人向社会公开募集股份,必须公告招股说明书,并制作认股书。发行人向社会公开募集股份,应当由依法设立的证券公司承销,签订承销协议。

(3) 召开创立大会。创立大会由发起人、认股人参加,是公司设立过程中的决议机关。股款缴足以后,必须经验资机构验资并出具证明。发起人应在股款缴足之日起30日内主持召开创立大会。发起人应在创立大会召开前15日将会议日期通知认股人或者予以公告。创立大会应有代表股份总数过半数的发起人、认股人出席,方可举行。发起人如果在30日内未能召开创立大会,认股人可以要求发起人偿还已缴纳的股款并按银行同期存款利率计算利息。创立大会的主要职权是:审议发起人关于公司筹办事项的报告;通过公司章程;选举董事会、监事会成员;对设立费用、发起人出资的财产作价进行审核等。

(4) 申请设立登记。公司的董事会应在创立大会结束后30日内向公司登记机关报送有关文件,申请设立登记。公司登记机关依法进行审查,符合条件的予以登记,颁发法人营业执照。

(5) 依法公告。公司营业执照签发之日即为公司成立之日,公司成立之后应向社会予以公告。

(三) 股份有限公司的组织机构

股份有限公司的组织机构由股东大会、董事会、监事会组成。

1. 股东大会

股东大会由股份有限公司的全体股东组成,是公司的最高权力机构,是对公司重大问题行使最终决策权的机构。股东大会的职权与有限责任公司股东会的职权基本相同。

股份有限公司股东大会分为股东年会和临时股东大会两种。股东年会是指依照法律和公司章程的规定每年按时召开的股东大会。我国的《公司法》规定,股东大会应当每年召开一次年会。临时股东大会是指股份有限公司在出现召开临时股东大会的法定事由时,应当在法定期限2个月内召开的股东大会。我国的《公司法》规定,有下列情形之一的,应当在2个月内召开临时股东大会:董事人数不足法定人数或者公司章程所定人数的2/3时;公司未弥补的亏损达实收股本总额的1/3时;单独或者合计持有公司股份10%以上的股东请求时;董事会认为必要时;监事会提议召开时;公司章程规定的其他情形。

我国的《公司法》第102条规定,股东大会由董事会召集,董事长主持;董事长不能履行职务或者不履行职务的,由副董事长主持;副董事长不能履行职务或者不履行职务的,由半数以上董事共同推举一名董事主持。董事会不能履行职务或者不履行召集股东大会会议职责的,监事会应当及时召开和主持;监事会不召集和主持的,连续90日以上单独或者合计持有公司10%以上股份的股东可以自行召集和主持。

我国的《公司法》规定,召开股东年会,应当将会议召开的时间、地点和审议的事项于会议召开20日前通知各股东;临时股东大会应当于会议召开15日前通知各股东;发行无记名股票的,应当于会议召开30日前公告会议召开的时间、地点和审议事项。单独或者合计持有公司3%以上股份的股东,可以在股东大会召开10日前提出临时提案并书面提交董事会;董事会应当在收到提案后2日内通知其他股东,并将该临时提案提交股东大会审议。临时提案的内容应当属于股东大会的职权范围,并有明确议题和具体决议事项。股东大会不得对上述通知中未列明的事项作出决议。无记名股票持有人出席股东大会会议的,应当于会议召开5日前至股东大会闭会时将股票交存于公司。

2. 董事会和经理

董事会是股份有限公司股东大会的执行机构,对股东大会负责。我国的《公司法》第109条规定,董事会成员由5~19人组成。董事会成员中可以有公司的职工代表。董事会设董事长1人,设副董事长1~2人。董事长、副董事长由董事会全体董事的过半数选举产生。

我国股份有限公司董事会的职权与有限责任公司董事会的职权基本相同。

我国的《公司法》规定,股份有限公司董事会每年至少召开2次会议。董事会的每次会议应于召开10日前通知全体董事和监事。董事会召开会议时,董事应亲自出席,如因故不能出席,可以书面委托其他董事代为出席,在书面委托中应载明授权范围。股份有限公司董事会,须有过半数的董事出席方可举行。董事会的决议必须经全体董事的过半数通过。董事会决议的表决,实行一人一票。董事会应当对会议所作的决定形成会议记录,由出席会议的董事和记录员签名。

股份有限公司设经理,由董事会决定聘任或者解聘。公司董事会可以决定董事会成员兼任经理。股份有限公司经理的职权与有限责任公司经理的职权基本相同。

3. 监事会

我国的《公司法》规定,监事会为股份有限公司的监督机构,其成员不少于3人。监事会由股东代表和适当比例的公司职工代表组成,其中职工代表的比例不得低于1/3。监事的任期、职责和监事会的职权与有限责任公司基本相同。

对于股份有限公司的组织机构的规定,各国之间既有共同之处,又有一定的区别。在英美国家,董事会一般由作为公司高级职员或雇员的内部董事和外部独立董事组成,内部董事组成执行委员会,外部董事组成审计委员会,再加上董事会本身的决策职能,实际上在董事会内部形成了决策、执行、监督三权分离、相互制约的机制。在德国,公司机构由股东大会、监事会、董事会组成。三者之间的关系是,股东会之下设监事会,监事会之下设董事会。股东大会是公司的权力机关,但其权力受到较大限制,因为公司董事会拥有股东大会的部分权力;监事会是公司的监督机关,但同时握有董事任免、董事报酬决定、重大业务批准等权力;董事会是公司的经营决策、业务执行和代表机关,同时还拥有公司法规定之外的股东大会的部分权力。在日本,较大的公司设立股东大会、董事会、监事会,较小的公司设立股东大会、董事会、监察人。股东大会是公司的权力机关,其决议范围限于商法和公司章程规定的事项;董事会是公司的执行决定、业务监督机关,内部设立代表董事,负责执行公司内外业务;监事会或监察人是公司的监督机关,其中较小的公司设立的监察人主要负责公司的财务监督,较大的公司必须建立有一名外部监察人在内的监事会,负责对公司的全面监督。

关于股东大会的权限,从总的发展趋势看,大多数国家虽然认为股东大会是股份有限公司的最高权力机构,但各国的公司法对股东大会的权限都作了不同程度的限制,股东大会的地位和作用有所下降。如《德国股份有限公司法》规定,董事会在业务管理方面享有"专属权限",股东大会对有关业务执行问题所作出的决议,不能限制董事会在业务管理方面享有的"专属权限"。

从英美国家公司法的规定来看,股东大会的主要职权有:选任和解任董事;决定红利的分派;变更公司的章程及公司章程细则;增加或减少公司的资本;决定公司的合并或解散。这与我国的《公司法》有相同之处。但美国和欧洲许多国家的公司法明确地把决策权从其他权力中分离出来,授予董事会,董事会的权力得到进一步扩大。如美国的《示范公司法》第 35 条规定:除本法或公司章程另有规定外,公司的一切权力应由董事会行使或由董事会授权行使。公司的一切业务活动都应在董事会的指示下进行,但董事会行使权力时必须集体行使,进行表决。股东大会和董事会的具体的权力分配由公司的内部细则加以规定。同时,美国和英国公司法还对董事会的权力进行了一定的限制,如股东大会与董事会的决议发生冲突时,一般以股东大会为准,另外股东大会还可以否决董事会的决议,直至解散董事会。

德国和法国的公司法规定,选任董事与解聘董事的权力不属于股东大会,而是属于监察会。如《德国股份有限公司法》规定,股份有限公司设有监察会与董事会两重机构,监察会的成员由股东大会选任与解任,而董事会的成员则由监察会选任与解任,股东大会不能直接干预。法国的公司法规定,股份有限公司可以采取董事会制,也可以采取监察会与执行会制,究竟采取哪一种管理制度,可在公司注册时作出决定,也可在日后由股东大会决定。

六、公司解散与清算

(一) 公司解散的原因

公司解散是使公司法人资格消灭的法律行为。根据我国《公司法》第181条的规定,公司解散的原因主要包括:①公司章程规定的营业期限届满或者公司章程规定的其他解散事由出现;②股东会或者股东大会决议解散;③因公司合并或者分立需要解散;④依法被吊销营业执照、责令关闭或者被撤销;⑤人民法院依照法律规定予以解散。

在美国,公司解散形式主要有两种:一是自愿解散;二是被动解散。

自愿解散是指公司在没有行政和司法机构介入情况下的解散。自愿解散一般只需董事会的决议和股东批准即可。自愿解散主要包括:经营到期解散;公司创办人自愿解散;股东同意的自愿解散和公司提出的自愿解散。

被动解散是指由行政或司法部门介入后,公司被强制解散。被动解散主要包括:行政终止而解散、州检察机关起诉解散和法庭裁决解散等。

英国的公司法把公司解散称之为公司结业,规定公司的结业有强制结业、自愿结业和法院监督结业三种形式。

(二) 公司解散时的清算

我国的《公司法》第184条规定,公司因章程规定的解散事由出现或因股东会、股东大会决议解散而解散等情况的,应在15日内成立清算组并由其负责公司的清算工作。有限责任公司的清算组由股东组成,股份有限公司的清算组由董事或者股东大会确定其人选。公司逾期不成立清算组的,债权人可以申请人民法院指定有关人员组成清算组,进行清算。

我国的《公司法》规定,清算组的主要职权包括:清理公司财产,编制资产负债表和财产清单;通知或者公告债权人;处理公司未了业务;清缴所欠税款以及清算过程中产生的税款;清理债权、债务;处理公司清偿债务后的剩余财产;代表公司参与民事诉讼活动。清算组在处理公司财产后,应制作清算报告,报股东会、股东大会或者人民法院确认,并报送公司登记机关,申请注销公司登记,公告公司终止。

公司解散必须清偿其债务,对此各国的法律都作了明确规定。例如,美国纽约州《公司法》规定,公司解散时,必须将给债权人的通知在其办公室所在地的主要报纸上,在连续两周的时间内,每周至少刊登一次。清算的日期必须在通知首次刊登之后至少6个月。同时,在刊登通知之前或当天,公司还必须将通知通过邮件寄往公司所知道的债权人的地址。另外,公司解散之前拖欠职工的工资必须在其他债权人之前偿还。[1]

---

[1] 张泰、王斯洪、邰志明:《美国公司解散制度考察报告》,载《大地》2005年第14期。

本章小结

商事组织,是指能够以自己的名义从事营业活动,并具有一定规模的经济组织。商事组织的法律形式主要包括个人独资企业、合伙企业、有限责任公司和股份有限公司。个人独资企业,是指由一个自然人投资,财产为投资人个人所有,投资人以其个人财产对企业债务承担无限责任的经营实体。合伙企业,是指各合伙人依据合伙协议,共同出资、共同经营、共享收益、共担风险,并对企业的债务承担无限连带责任的经济组织。合伙企业包括普通合伙企业和有限合伙企业。普通合伙企业由普通合伙人组成,合伙人对合伙企业债务承担无限连带责任。有限合伙企业由普通合伙人和有限合伙人组成,普通合伙人对合伙企业债务承担无限连带责任,有限合伙人以其认缴的出资额为限对合伙企业债务承担责任。

有限责任公司和股份有限公司必须按法定的条件和程序设立。

有限责任公司和股份有限公司的治理结构包括股东(大)会、董事会和监事会。股东(大)会是公司的权力机构,是公司最高决策机关,对公司的重大问题进行决策;董事会是公司股东(大)会的执行机构,对股东(大)会负责;监事会是公司内部的监督机构。

专业术语汉英对照

个人独资企业 enterprise of sole proprietorship
合伙企业 enterprise of partnership
普通合伙企业 general partnership enterprise
有限合伙企业 limited partnership enterprise
无限责任 unlimited liability
连带责任 joint liability
有限责任公司 limited liability company
股份有限公司 corporation limited
股东会 shareholders' general meeting
董事会 board of directors
监事会 board of supervisors

思考与练习题

1. 外国的民法典对合伙企业损益的分配问题作了哪些规定?
2. 法国、德国、日本的民法典对合伙人退伙作了哪些规定?

3. 我国《公司法》与日本《有限公司法》、德国《有限责任公司法》对设立有限责任公司法定资本的最低限额作了什么规定?

4. 我国的有限责任公司与股份有限公司的股东(大)会、董事会、监事会的职权分别有哪些?

5. 我国《公司法》对股份有限公司股东大会和董事会的议事规则作了哪些规定?

6. 有限责任公司与股份有限公司在设立方式、股东人数、出资方式、注册资本、组织机构等方面有何联系和区别?

7. 美国公司解散的形式有哪些?

第三章 国际商事合同法

【本章导读】 国际商事合同法是有关国际商事主体之间进行国际商事交往中的最重要法律规范,几乎所有的国际商事关系均由合同联结。在国际上,有关国际商事合同法的《国际商事合同通则》和《联合国国际货物买卖合同公约》等具有广泛影响。在中国,《合同法》和《物权法》是主要的对外商事活动合同法律。本章以《国际商事合同通则》为主要内容,结合世界各国的国内合同法,主要讲述了国际商事合同法的概念和基本原则、国际商事合同成立的程序和效力、国际商事合同的履行、国际商事合同的不履行以及国际商事合同的终止等内容。同时,结合国际商事合同法其他相关的国际和国内法律、法规和惯例,并通过具体案例,理论联系实际,深入浅出地对国际商事合同法进行深入阐释和说明。

【学习目标】 通过本章的学习,要求学生在理解国际商事合同概念的基础上,熟悉国际商事合同订立的过程,辨明国际商事合同的效力,掌握国际商事合同的履行、不履行及其救济措施,把握国际商事合同的变更、转让和终止,培养能够正确签订和审查国际商事合同的能力以及在实践中运用国际商事合同法相关规则的能力。

【重点概念】 国际商事合同 要约 承诺 对价 约因 公共许可 艰难情形 同时履行抗辩权 合同履行保全 合同变更 合同转让 合同根本不履行 不可抗力 合同落空 抵销 提存 混同 合同终止

第一节 合同法概述

合同(contract),也称契约,在当今社会生活中发挥着重要的作用。国际商事主体之间的交往离不开合同,更离不开国际商事合同法对其进行规范性的调整。理解合同和合同法的相关概念是理解国际商事合同法的基础。

一、合同的概念和法律特征

合同就是当事人之间设立、变更、终止权利义务关系的意思表示一致的法律行为。广义上的合同既包括债权合同,又包括物权合同、身份合同等,如劳动合同、行政合同、婚姻合同等。狭义的合同则专指债权合同。世界各国法律对合同的定义不尽相同。大陆法认为,合同是当事人合意下的法律行为;英美法通常认为,合同不仅表示达成协议的事实,实质在于当事人所作的、可依法执行的一个或一系列允诺(promises)。我国《合同法》认为,合同是当事人通过明示或默示方式形成的事实上的合意。尽管各国法律对合同下的定义各有侧重,但都强调当事人之间存在协议或合意,才能构成具有法律约束力的合同。

根据各国法律关于合同的定义,合同主要具有以下法律特征。

(1) 合同是双方(或多方)当事人的民事法律行为,单方民事法律行为不构成合同关系。

(2) 合同是双方或多方当事人意思表示一致的法律行为,若当事人意思无法达成一致,则合同不能成立。

(3) 合同的内容或当事人缔约的目的是设立、变更或终止其相互间的权利义务关系。

(4) 合同是具有法律约束力的协议,当事人的合同权利受法律保护,而其合同义务则受法律约束,当事人不履行合同须承担相应的法律责任。

二、合同的分类

合同关系中当事人之间的权利义务往往取决于合同的种类。从理论上,常见的合同分类标准和种类有以下几种。

(1) 以当事人之间是否互负给付义务为标准,可分为双务合同(bilateral contract)和单务合同(unilateral contract)。

(2) 以当事人取得合同利益是否偿付代价为标准,可分为有偿合同(non-gratuitous contract)和无偿合同(gratuitous contract)。

(3) 以合同的成立是否必须交付标的物或完成约定的其他给付为标准,可分为诺成性合同(consensual contract)和实践性合同(real contract)。

(4) 以合同是否必须使用特定形式为标准,可分为要式合同(formal contract)和不要式合同(informal contract)。

(5) 以合同相互间是否存在主从关系或依附关系为标准,可分为主合同(principal contract)和从合同(ancillary contract)。

(6) 以在订立合同的同时是否确定合同的法律后果为标准,可分为实定合同(confirmative contract)和射幸合同(aleatory contract)。

我国《合同法》分则共列举了15类合同,并设置了具体的规则。

三、合同法的基本原则

合同法(contract law),是指调整各种合同法律关系的法律规范总称。合同法是商品经济的产物,是各国法律体制的重要组成部分。当代西方国家两大法系在合同法的形式、编制体例以及某些具体法律原则上有很大不同。大陆法国家的合同法是以成文法形式出现的,包括在民法典或债务法典中;英美法各国关于合同的基本原则主要包含在普通法中,合同法主要是判例法、不成文法,当然,也有一些关于合同的成文法。[1]

---

[1] 屈广清:《国际商法》,东北财经大学出版社2008年版,第59页。

合同法的基本原则是指贯穿于合同法始终,在立法、司法与当事人合同活动中均应遵守的体现合同法宗旨的原则。概括来说,国际和国内的合同法律和惯例有关合同法的基本原则主要有以下几个方面。

1. 缔约自由原则

缔约自由原则(principle freedom of contract)即合同当事人享有一定的缔约自由权,包括享有订立或不订立合同的自由,选择交易对象、方式的自由,自主决定合同内容、形式的自由等。国际商会 2004 年修订的《国际商事合同通则》第 1.1 条就明确规定"当事人可自由订立合同并确定合同的内容",提出了缔约自由的原则。当然,缔约自由并非毫无限制的绝对自由,各国法律均以不同形式对契约自由原则加以不同程度的限制,如对某些特定类型的合同,法律要求必须采取书面形式,限制当事人合同形式选择的自由等。

2. 诚实信用原则

诚实信用原则(principle good faith)是指民事主体在从事活动时,应诚实守信,以善意的方式履行其义务,不得滥用权利,规避法律规定或合同约定的义务。诚实信用原则是合同法的一项极为重要的原则,在大陆法国家,它被称为债法中的最高指导规则,或称为"帝王规则"。美国《统一商法典》规定:"本法涉及的任何合同和义务,在履行或执行中均负有遵守诚信原则之义务。"诚实信用作为一项法律原则,具有对合同法律规定予以补充的特性。具体说来,司法机关在适用法律时,如果没有相应的具体法律规定时,可以根据这一原则作出司法解释,从而解决法律适用问题。

3. 公平交易原则

公平交易原则(principle fair dealing)是指合同双方当事人应平等互利,不能在另一方当事人不同意的情况下获得不合理的利益。双方当事人在合同发生纠纷时,有权按照公平原则请求司法机关给予法律保护。很多国家的合同法规定,对显失公平的合同可予以撤销。国际商会 2004 年修订的《国际商事合同通则》第 1.7 条就明确规定:"(1)在国际贸易中,每一方当事人应依据诚实信用和公平交易的原则行事。(2)当事人不能排除或限制此项义务。"

此外,合同当事人在订立及履行合同的过程中,还必须遵守合法性原则、公序良俗原则及合同神圣原则等。

四、调整国际商事合同关系的法律规范

国际商事交易的各个环节都离不开合同,一笔国际商事交易往往需要签订几个合同才能实现。这些用以调整国际商事交易活动中各种合同法律关系的法律规范称为国际商事合同法(international commercial contract law)。从法律渊源上讲,国际商事合同法主要包括各国国内的合同立法及判例、涉及国际商事合同的国际条约和国际惯例等。

案例 3-1

国际商事合同法的作用

我国某生产企业 A 要出口一批机器设备到美国的 B 公司,请问在这一国际商事活动过程中可能会签订哪些种类的合同?

首先,我国生产企业 A 与某外贸公司签订委托代理合同(协议),然后由后者与美国 B 公司签订国际货物买卖合同。在货物运输事宜上,外贸公司会与外运公司、保险公司分别签订相应的货物运输合同、保险合同(如提单、保险单)等。外商美国 B 公司支付货款采取信用证方式,该信用证建立了开户银行与该外商的合同关系,适用国际商会《跟单信用证统一惯例》。由此可见,在整个商事交易活动过程中,生产企业 A 与外贸公司签订的合同是起点,也是中心、基础,有了它才有后面的一系列合同,才产生随之而来的买卖、运输、保险、支付等法律关系。调整上述各种法律关系的,既有国内法,亦有外国法或国际实体法规范(包括国际惯例),这些都属于国际商事合同法调整的范畴。

(一) 调整国际商事合同关系的国内法

1. 大陆法系的合同法

在大陆法国家,合同法是以成文法的形式出现的,如法国、德国、意大利、瑞士、日本等国,其合同法都包含在民法典或债务法典之中。大陆法国家的民法理论把合同作为产生"债"的原因之一,将有关合同的法律规范与产生债的其他原因,如侵权行为等法律规范并列在一起,作为民法的一编,称为债务关系法或债编,如《法国民法典》的第三卷和《德国民法典》的第二编等。

2. 英美法系的合同法

英美法系的合同法主要是判例法、不成文法,虽然英、美等国也制定了一些有关某种合同的成文法,如英国 1893 年《货物买卖法》、美国《统一商法典》等,但它们只是对货物买卖合同及其他一些有关的商事合同作了具体规定,至于合同法的许多基本原则,如合同成立的各项规则等,仍需依据判例法所确立的法律原则行事。[①]

3. 中国合同法律制度

在我国,1986 年颁布的《民法通则》是中国调整民事法律关系的基本法。我国有关合同的其他法律都是依据该基本法的原则和精神制定的。《民法通则》中的许多规定都与合同有关,例如关于民事活动的基本原则、民事法律行为、债权、违反合同的民事责任等方面的规定,适用于各种民事合同。

1999 年 3 月 15 日,第九届全国人民代表大会第二次会议通过了《合同法》,从该年 10 月 1 日起施行,原《经济合同法》、《涉外经济合同法》、《技术合同法》同时废止。该《合同法》有总则、分则和附则,共 23 章、428 条。其中,总则含 8 章,对合同法原

---

① 吴兴光:《国际商法》,中山大学出版社 2003 年版,第 21 页。

则,合同的订立、效力、履行、变更和转让、权利义务终止、违约责任等一般性问题作出规定。分则含15章,具体规定了买卖合同等15种有名合同。

(二) 调整国际商事合同关系的国际条约

鉴于各国合同法内容上的差异给国际商事交易活动带来的不便,20世纪以来一些国际组织开始尝试通过国家间协商,统一各国合同法并制定国际统一适用的合同法。作为实现这一目标的第一步,它们从制定一类合同的统一法入手,进而制定国际商事合同统一法。

联合国国际贸易法委员会(UNCITRAL)历时约十年,于1978年起草完成的《联合国国际货物买卖合同公约》(United Nations Convention on Contracts for the International Sale of Goods,CISG,以下简称《买卖合同公约》),是在合同法领域实现国际统一立法目标的重要一步。《买卖合同公约》1988年起对中国、阿根廷、埃及、法国、美国、意大利等国生效。该公约包括四个部分共101条:第一部分为公约的适用范围及总则;第二部分为合同的订立;第三部分为货物买卖;第四部分为最后条款。该公约充分顾及各国社会、经济、法律制度的差异,为减少国际商事交易的法律障碍、促进国际贸易发展发挥了重要作用。然而该公约的适用范围仅限于国际货物买卖,且回避了一些当时较难统一的问题。①

此外,有关商事合同法的国际公约还有1964年《关于国际货物买卖合同成立的统一公约》以及1970年《旅游合同国际公约》等。

(三) 调整国际商事合同关系的国际惯例

1.《国际商事合同通则》

由于《买卖合同公约》的种种局限性,法律界、贸易界人士迫切希望在更广泛的范围内统一合同法。为详尽阐述合同法的国际通行规则,1980年国际统一私法协会(UNIDROIT)②成立了包括世界主要法系在合同法和国际贸易法领域的专家在内的工作组,起草统一的国际商事合同法。经过14年坚持不懈的努力,历经多次反复讨论和修改,终于在1994年5月通过了《国际商事合同通则》(Principles of International Commercial Contracts,PICC,以下简称1994年《合同通则》)。1994年《合同通则》在继承《买卖合同公约》合理成分的基础上,进一步全面地确立了国际商事合同领域的各项法律原则,是国际合同法统一化进程中的又一重大成果。该通则尽可能地兼容了不同法律体系和不同社会文化背景的一些通用法律原则,同时还总结和吸收了国际商事活动中广泛适用的惯例和最新立法成果,对今后国际贸易法的进一步

---

① 田东文:《国际商法》,机械工业出版社2008年版,第92页。
② 国际统一私法协会最早成立于1926年,当时它只是国际联盟的一个辅助性机构,第二次世界大战前它成为一个独立的政府间国际组织,总部设在罗马。我国于1986年加入该协会。目前该协会有59个成员国,代表了各不相同的法律、经济和政治制度。该协会的宗旨是:促进各国和各区域之间私法规则的统一和协调,并制定可能会逐步被各个不同国家所接受的私法统一规则。

统一具有重大和深远的意义。

1994年《合同通则》内容包括序言和7章,共109条,对商事合同法的各组成部分作了全面、明确的规定。1994年《合同通则》在总则中正式确立了国际商事合同的基本法律原则,主要有缔约自由原则、诚实信用原则和公平交易原则等。同时,1994年《合同通则》适用范围非常广泛,它以普遍规则(general rules)的形式适用于所有的国际商事交易合同,不仅包括提供或交换商品、服务的一般贸易交易合同,还包括如投资和特许协议、技术许可协议、专业服务等其他类型的经济交易合同。1994年《合同通则》作为统一的国际商事合同法,虽未采用国际公约的形式,但对国际商事合同关系的调整影响重大。

为适应日益繁荣的国际商事活动和现代科技手段在国际贸易领域的广泛使用,国际统一私法协会于2004年对1994年《合同通则》进行了全面修订,主要目的是针对国际商业社会中出现的各种利益问题提出法律上的解决途径。2004年修订的《国际商事合同通则》(以下简称《合同通则》)包括序言和10章,共185条,主要内容包括:前言;第一章总则;第二章合同的订立与代理权(新增);第三章合同的效力;第四章合同的解释;第五章合同的内容、第三方权利(新增);第六章合同的履行;第七章不履行;第八章抵销(新增);第九章权利的转让(新增)、义务的转移(新增)、合同的转让(新增);第十章时效期间(新增)。

2.《国际贸易术语解释通则》

《国际贸易术语解释通则》(International Rules for the Interpretation of Trade Terms, INCOTERMS)是国际商会(ICC)为统一各种贸易术语的不同解释于1936年制定的,随后,为适应国际贸易实践不断发展的需要,国际商会先后于1953年、1967年、1976年、1980年、1990年、2000年和2010年7次对其进行修订和补充。《国际贸易术语解释通则》制定的目的在于对国际贸易合同中适用的主要术语,提供一套具有国际性的解释,使从事国际商事活动的人们在这些术语因国家不同而有不同解释的情况下,能够使用确定而统一的解释。当前,最有影响并在实践中得到广泛使用的是《2000年国际贸易术语解释通则》(通常简称《INCOTERMS 2000》,以下简称《2000年通则》)。《2000年通则》于2000年1月1日起生效,共包括E、F、C、D共4组13个贸易术语。

总的来说,《2000年通则》仅适用于国际货物买卖合同,而《合同通则》是关于国际商事合同规范的一般性规定,它可以适用于某一类或几类合同的规则。虽然《合同通则》没有专门针对国际货物买卖合同的特别规定,但是其规定的原则和抽象性规定可以适用于国际货物买卖合同。如果一个国际货物买卖合同在适用《2000年通则》中的某一术语的同时又适用了《合同通则》,两者之间的各项规定将发生相互补充、相互明确的作用。《2000年通则》中关于风险的转移、费用的分担、交付的内容、交付的方式、交付的地点、各种手续的办理等问题的规定将使《合同通则》规定的双方当事人之间的权利义务更加明确,而《合同通则》关于交付的时间、价款的支付等问题的规定也将使《2000年通则》对当事人在这些方面权利义务的规定明确化,所以两者之间存在着互补关系。当然,两者在一些共同问题的规定上肯定存在着不一致的地方,若双方当事人之间不慎选择了这些冲突点,那么还应由当事人之间的协商解决。①

《2010年国际贸易术语解释通则》是国际商会根据国际贸易的发展所做的最新修订,2010年9月27日公布,2011年1月1日实施。新贸易术语适用于各种运输方式和水运;其数量由原来的13种变为11种,去除了DAF(边境交货)、DES(目的港船上交货)、DEQ(目的港码头交货)、DDN(未完税交货)四个术语,新增了2个术语,即DAT(在指定目的地或目的港的集散站交货)、DAP(在指定目的地交货);新版取消了"船舷"的概念,卖方承担货物装上船为止的一切风险,买方承担货物自装运港装上船后的一切风险,在FAS、FOB、CFR和CIF等术语中加入了运输期间货物被多次买卖的责任和义务划分。

第二节 合同的成立

合同的成立(formation of contract),是指合同当事人经过要约与承诺的交易谈判过程,实现意思表示一致而建立合同关系。合同成立是合同法的核心内容,它是合同履行、违约、救济和合同消灭的前提和基础。

一、订立合同的基本程序

《合同通则》第2.1.1条规定:"合同可通过对要约的承诺或通过能充分表明当事人各方合意的行为而成立。"所以,如果一方当事人向另一方当事人提出一项要约,而后者对该项要约表示承诺,双方当事人就订立了一项具有法律约束力的合同。因此,要约和承诺是合同成立的两个基本步骤和阶段。

(一) 要约

要约(offer)是订立合同的一方当事人向另一方发出的缔结合同的提议。发出要约的一方称为要约人(offeror),其相对方为受要约人(offeree)。所以,在法律上,要约就是希望和他人订立合同的意思表示。《合同通则》第2.1.2条对要约的定义如下:"一项订立合同的建议,如果十分确定,并表明要约人在得到承诺时受其约束的意旨,即构成要约。"要约是法律术语,国际商事交易中称要约为发盘、发价或报盘。要约可用书面形式,也可通过口头、行为表示。

1. 有效要约的条件

一项有效的要约必须具备以下条件。

(1) 订约意思表示必须明确。要约的发出是以订约为目的,必须表明要约人愿

---

① 李大鹏:《〈INCOTERMS2000〉与〈国际商事合同通则〉并存适用的若干问题思考》,载《重庆商学院学报》2002年第7期。

意就所提条件与对方订立合同的意思。要约的特点在于,只要受要约人对要约予以承诺,要约人就必须受其约束。

(2) 要约应向一个或一个以上特定的人发出。要约一般不能向广大公众发出,受要约人一般应当是特定的。《买卖合同公约》规定,除非提出建议的人明确地表示相反的意向,非向特定人提出的建议,仅应视为邀请要约。有些国家规定,悬赏广告的刊登、自动售货机的设置、公共汽车的运营等,属于要约。

(3) 要约的内容必须具体确定。《买卖合同公约》规定,国际货物买卖合同应当包括货物的名称、价格、数量条款,或规定确定数量和价格的方法。此外,还应包含交货及付款的方式、时间、地点等。

(4) 要约必须送达到受要约人才能生效。大陆法系国家一般认为,要约必须在到达受要约人后才发生法律效力,而英美法系国家认为只有受要约人作出承诺时,要约才产生约束力。《买卖合同公约》、《合同通则》和我国的《合同法》都采用到达主义。

案例 3-2

要 约

A 公司已连续多年续展与 B 公司的合同,由 B 公司为 A 公司的计算机提供技术服务。其后,A 公司又设立了一个办公室,用的是同一型号的计算机,要求 B 公司为其新计算机也提供同样的服务。B 公司承诺了。[①]

《合同通则》规定,在要约内容欠缺的情况下,可以通过下列方法进行补充以使其构成要约:①补充空缺条款;②默示义务;③确定履行的质量;④价格的确定;⑤履行时间;⑥履行;⑦未规定货币等。本案例中,A 公司已连续多年续展与 B 公司的合同,且 A 公司新设的办公室用的是同一型号的计算机,要求 B 提供的服务也相同。B 公司承诺了为 A 公司新办公室提供服务,尽管该协议没有涉及双方的具体权利义务,但依《合同通则》有关补充空缺条款的规定,可以从当事人的意图、双方之间确立的习惯做法和惯例来确定有关事宜。因此,尽管 A 公司的要约没有规定协议的所有条款,但仍应认为该合同成立。

2. 要约邀请

要约邀请(invitation for offer)又称为要约引诱,是类似于要约的意思表示,是为订立合同而希望他人向自己发出要约的一种意思表示。通常为一方向另一方发出信息或提议,表明订约意愿,希望他人向自己发出要约,但在内容上缺乏订立合同的关键信息,合同的基本条款不明确,或未表明一经对方承诺即受其约束。若意思表示向非特定对象发出,通常仅构成要约邀请。要约邀请一般是为订约做准备,不能因相对

[①] UNIDROIT,Complete Commented Version of the UNIDROIT Principles of International Commercial Contracts,2004. See http://www.unilex.info/dynasite.cfm? dssid=2377&dsmid=13637&x=1. Last visit on 2008-11-20.

人的承诺而达成合同,对要约邀请人不具有约束力。

在国际商事交易过程中,常见的要约邀请如有些公司向有关当事人寄送报价单、价目表、商品目录等,还有拍卖公告、招标公告、招股说明书、募债说明书和商业广告等,这些都不是要约,而是要约邀请。

案例 3-3

要约与要约邀请

A 为其个建设项目发布招标公告。在通常情况下,该公告仅构成要约邀请,A 可以接受亦可拒绝投标人的标书。然而,若 A 的招标公告中详细说明了该项目的具体要求、技术规范,并表明合同将授予符合技术规范的、出价最低的投标人,则该公告构成要约。一旦确认了出价最低的投标者,合同即告成立。①

3. 要约的法律效力

一般来讲,要约对要约人是有拘束力的。要约对要约人的拘束力,是指要约人能否撤回或撤销要约的问题。为保护受要约人的利益,维护商事交易安全,通常严格限制要约人违反法律或要约规定随意撤回或撤销要约。相反,要约通常对受要约人没有拘束力。在受要约人就要约内容作出承诺之前,要约对受要约人是没有拘束力的,受要约人享有接受或拒绝要约的选择权。受要约人收到要约后、作出承诺前,仅在法律上取得承诺的权利,并不因此承担必须承诺或通知要约人其是否承诺的义务。

要约的撤回(withdrawal of offer),是针对未生效力的要约而言的,是阻止要约生效的行为,即在要约已被发出但尚未到达受要约人的这段时间里,要约人通知对方取消此项要约,使其不发生效力。《合同通则》第 2.1.3 条第 2 款规定:"一项要约即使是不可撤销的,也可以撤回,如果撤回通知在要约送达受要约人之前或与要约同时送达受要约人。"

要约的撤销(revocation of offer),是针对已发生效力的要约而言的,是消灭要约效力的行为。就是说,在要约已到达受要约人之后,要约人通知对方取消该项要约,从而使要约的效力归于消灭。撤销要约的实用价值类似撤回要约,主要起因于交易的重要条件发生不利于要约人的剧变。

案例 3-4

要约的撤销

A 是一个古董商,A 要求 B 在 3 个月内完成修复 10 幅画的工作,价格不超过一个具体的金额。B 告知 A,为了决定是否承诺该要约,有必要先开始对一幅画进行修复,然后才能在 5 天内给出一个明确的答复。A 同意了。基于对 A 的要约的信赖,B 马上开始了工作。②

---

① 田东文:《国际商法》,机械工业出版社 2008 年版,第 96 页。
② 王传丽:《国际经济法教学案例》,法律出版社 2004 年版,第 144 页。

关于要约撤销,普通法认为,作为一项规则要约可以撤销,而大陆法的多数国家则持相反的观点。《合同通则》采用了折中的方法,首先规定要约作为规则可以撤销,但又有例外情况,依《合同通则》第 2.4 条的规定:①在合同订立之前,要约得以撤销,如果撤销通知在受要约人发出承诺之前送达受要约人;②但是,在下列情况下,要约不得撤销:a.要约规定了明确承诺的期限,或以其他方式表明要约是不可撤销的;b.受要约人有理由信赖该项要约是不可撤销的,而且已依赖该要约行事。因此,根据上述规定,A 在这 5 天内不能撤销要约。

4. 要约的消灭

要约的消灭(discharge of offer),又称为要约的终止,是指要约失去效力,要约人不再受该要约的约束。根据各国法律以及《合同通则》,在下述情况下要约失去效力。①要约的有效期届满。要约如果明确规定了有效期,则要约在有效期届满后失效。如果没有规定承诺期限,则要约在"合理时间"或"预期时间"之后失效。②要约被要约人撤回或撤销。当事人如果根据适用法律的规范,成功地撤回或撤销了其原先发出的要约,该要约即被消灭。③要约被受要约人拒绝。《合同通则》第 2.1.5 条规定:"一项要约于拒绝通知送达要约人时终止。"需注意的是,上述拒绝可以是明示的,也可以是默示的。后者指受要约人的答复似有承诺的意思,但对要约作了实质性的添加、限制或修改。这种默示的拒绝应视为反要约。反要约既是对原要约的拒绝,又是一项新的要约,有待于对方的承诺。④要约人或受要约人死亡、破产或丧失行为能力,要约自行失效。

(二) 承诺

承诺(acceptance)又称为接受,是指受要约人按照要约所指定的方式,对要约的内容表示同意的一种意思表示。作出承诺的受要约人为承诺人。承诺的实质就是对要约表示同意。要约一经承诺,合同即告成立。

1. 有效承诺的条件

一般来说,一项有效承诺应具备以下条件。

(1) 承诺必须由受要约人或其代理人作出。任何第三方对要约表示同意,均不是有效的承诺,不能成立合同。

(2) 承诺必须在要约的有效期间内作出。如果要约没有规定有效期,承诺则必须在"依照常情可期待得到承诺的期间内"(大陆法),或是在"合理的时间内"(英美法)作出。超过上述时间的承诺,一般视为新的要约。

(3) 承诺必须与要约的内容一致。传统的英美普通法实行所谓"镜像规则"(mirror image rule)或"镜像"理论的要求,承诺必须像一面镜子一样,反照出要约的内容,不容许有丝毫差异,否则视为反要约。大陆法的法律原则与此规则相类似。现在的美国《统一商法典》规定,要约人对承诺中所载的追加事项持反对态度,不影响该承诺的有效性,不妨碍合同的成立,而只能阻止这些追加事项成为合同的一部分。①而根据《合同通则》第 2.1.11 条的规定,要约人对带有变更的承诺的反应具有决定性作用,只要他毫不延迟地反对那些不符,就可以否定带有变更的承诺的效力,从而否定合同的成立。此处将合同成立的主动权授予要约人,是合情理的,因为在原要约条件上追加事项的是受要约人,是他改变了交易条件,然后球便踢到了要约人这一边,最后由要约人定夺。

(4) 承诺的传递方式必须符合要约所提出的要求。一般,承诺应当以明示的方式作出,即受要约人应作出声明或表示同意一项要约的其他行为,缄默或者不作为不能视为承诺。有些要约要求受要约人以电报或传真等快速传递方式承诺,受要约人应依此行事,否则承诺无效。如果要约未对承诺的传递方式作出规定,承诺一般应按要约所采用的传递方式。但是,如果受要约人采用比要约所指定的更为快捷的通信方式承诺,例如要约指定采用航空邮寄,但受要约人在有效期内采用电报或传真方式,这个承诺在法律上是有效的。

案例 3-5

荷兰 H 公司诉英国 E 公司案

E 是一家英国的航空公司。一日,E 公司为售出某台机器而向荷兰 H 空中服务公司发出要约:售 X 机器一台,请汇 5000 英镑。H 公司立即回电:接受你方要约,已汇 5000 英镑至你方银行账户,在交货前该笔款项将由银行代为你方保管,请立即交货。后来,E 公司却将 X 机器高价售予第三人。H 公司诉至英国法院,控告 E 公司违约。英国法院判 H 公司败诉,理由之一是:被告要约中规定的付款是无条件的,原告在回电中却变更为付款以交货为前提,这样,原告尽管在回电中使用"接受"一词,也不能构成一项有效的承诺。②

2. 承诺生效的时间

根据大多数国家的法律和国际公约以及国际惯例的规定,承诺一旦生效,合同即为成立,就会对要约人和承诺人产生约束力,所以承诺生效的时间意义重大。在此问题上,两大法系有不同的主张。英美法采取"邮箱规则"(mail-box rule,又称"投邮生效规则"),即一项承诺一经发出就生效,其目的是缩短要约人可撤销要约的时间,均衡要约人与受要约人之间的利益。这一规则固然有利于受要约人而不利于要约人,但要约人有权在要约中规定,承诺通知必须送达才生效。因此,要约人只要这样规

---

① 美国《统一商法典》对传统的"镜像规则"做了重要的革新,其第 2—207 条(1)、(2)款规定:"①一项明确且及时的承诺表示,或一项合理时间内寄送的书面确认书,即使对原要约或原先同意的条款规定了追加的或不同的事项,仍起承诺的作用,除非该承诺明示规定,以同意该追加的或不同的事项为条件。②追加事项应被解释为对合同的追加的建议。在商人之间,这些追加事项构成合同的一部分,除非:a. 该要约明确表示,承诺限于该要约的条件;b. 追加事项实质上改变了要约;c. 对追加事项的异议通知已经发出,或者在收到追加事项的通知后的合理期间内发出。"

② 吴兴光:《国际商法》,中山大学出版社 2003 年版,第 32 页。

定,就可使自己处于有利地位。大陆法大多采取到达主义,即承诺在到达要约人时才生效,合同在此时成立。在国际商事交易中,合同法的发展倾向于采用到达主义。《买卖合同公约》、《合同通则》和我国《合同法》都采用到达主义。

3. 逾期承诺

逾期承诺(late acceptance)又称为承诺迟延(delay in transmission),传统的法律原则主张,承诺逾期送达要约人则无效。为了促成更多的国际交易,根据《合同通则》第2.1.9条,《买卖合同公约》第21条和我国《合同法》第28、29条的规定,逾期承诺是否具有承诺的效力,取决于要约人的反应:在受要约人自己造成逾期承诺的情形下,要约人马上表态认可承诺,该逾期承诺即为有效;在传递延迟导致逾期承诺的情形下,该逾期承诺本应有效,但如果要约人立即表态反对,合同即不成立。

4. 承诺的撤回

承诺的撤回(withdrawal of acceptance)是承诺人阻止承诺发生效力的一种意思表示。承诺必须在其生效前撤回,x承诺或合同一经生效,撤回即构成违约。由于《买卖合同公约》、《合同通则》基本上采取承诺到达生效的原则,故其承诺是可以撤回的。

国际商事合同的成立要经过要约和承诺的一般程序。在现代社会中,国际商事合同除了按照一般程序订立外,还可按照竞争程序订立,主要有招标和拍卖两种方式。招标是由多个竞争人(投标人)各自提出条件,由招标人从竞争者中选择一人与之订立合同的订约方式。招标一般要经过招标、投标和决标三个阶段。其中,招标是要约邀请,投标是要约,决标是承诺。拍卖是由拍卖人从多个竞争人中选择出价最高者与之订立合同的订约方式。拍卖一般要经过拍卖表示、认买表示和拍定三个阶段。其中,拍卖表示是要约邀请,认买表示是要约,拍定是承诺。[①]

二、合同的条款

合同的条款包括主要条款和普通条款两部分,这些构成了合同的主要内容。

合同的主要条款是合同必须具备的条款,又称必要条款。主要条款是合同的核心部分,它明确了当事人的基本权利和义务,是履行合同与承担义务的基本依据。合同的主要条款包括:①当事人的名称或者姓名和住所;②标的;③数量;④质量;⑤价款或者报酬;⑥履行期限、地点和方式;⑦违约责任;⑧解决争议的方法;⑨法律适用条款等。

合同的普通条款,是指合同主要条款以外的不影响合同成立的条款,也称一般条款。实践中,在不同种类的合同中,当事人除了就上述主要条款进行约定外,往往还要约定不少其他有关双方权利义务的内容。例如,国际货物买卖合同还可包括包装

---

① 袁绍岐:《国际商法》,暨南大学出版社2006年版,第63页。

条款、装运条款、保险条款、检验条款、支付条款、不可抗力条款和法律适用条款等。美国一般要求买卖合同约定标的和数量即可,其他均可事后补充。

《合同通则》关于合同的条款明确规定了当事人双方的权利和义务,主要包括以下几个方面。

(1) 明示义务与默示义务(express and implied obligations)。《合同通则》第5.1.1条规定:"各方当事人的合同义务可以是明示的,也可以是默示的。"

(2) 获取特定结果的义务与尽最大努力的义务(duty to achieve a specific result & duty of best efforts)。《合同通则》第5.1.4条规定:"(1)如果一方当事人的义务涉及获得某一特定的结果,则该方当事人有义务获得此特定结果。(2)如果一方当事人的义务在一定程度内涉及履行某一项活动时应尽最大的努力,则该方当事人在该程度内有义务尽一个具有同等资格的、通情达理的人在相同情况下所会付出的努力。"

(3) 当事人之间的合作义务(duty of operation)。《合同通则》第5.1.3条规定:"每一方当事人应与另一方当事人合作,如果一方当事人在履行其义务时,有理由期待另一方当事人的合作。"

(4) 以合理的标准确定履行质量和价格(determination of quality of performance and price by reasonable standard)。《合同通则》第5.1.6、5.1.7条分别就合同未规定履行质量和价格的情形予以规范。规定履约必须达到平均质量水准,同时履约应合理。价格应是"各方引用在订约时可比较的相关贸易中进行此类履行时一般所应收取的价格";如果无此价格,以及在其他一些无法确定价格的情形下,均应采用合理的价格;由一方当事人确定的价格明显不合理时,应以合理的价格予以代替。

案例 3-6

尽最大努力的义务

A 是一个分销商,在与 B 订立的合同中承诺"尽最大的努力扩大产品销售",但是双方没有约定达到的最低数量。根据《合同通则》第5.1.4条第2款的规定,合同中的这一条款创造了尽最大努力的义务,即要求 A 尽一个具有同等资格的、通情达理的人在相同情况下(如产品的性质、市场的特点、公司的价值和经历,以及竞争对手的情况等)所付出的努力那样提高产品的销售(如做宣传广告、走访客户及提供合理的服务等)。虽然 A 没有承诺每年应销售的产品的特定数量,但的确应该如一个通情达理的人那样尽其所能地去提高产品的销售。[①]

---

① UNIDROIT, Complete Commented Version of the UNIDROIT Principles of International Commercial Contracts, 2004. See http://www.unilex.info/dynasite.cfm?dssid=2377&dsmid=13637&x=1. Last visit on 2008-11-25.

三、缔约过失责任

缔约过失责任(liability for contracting fault)是指在合同订立的过程中,一方因违背向另一方所负的诚信义务而使另一方信赖利益遭受损失,应向对方承担相应的损害赔偿责任。缔约过失责任的基本特点是过失发生在合同订立过程中;一方违背其诚实信用义务;造成对方的信赖利益损失。[1]

缔约过失责任不同于违约责任,它是在缔约的谈判过程中,因一方当事人的过错使另一方当事人遭受损失,如恶意谈判或不保守秘密等。《合同通则》第2.1.16条规定:"在谈判过程中,一方当事人以保密性质提供的信息,无论此后是否达成合同,另一方当事人有义务不予泄露,也不得为自己的目的不适当地使用这些信息。在适当的情况下,违反该义务的救济可以包括根据另一方当事人泄露该信息所获得之利益予以赔偿。"我国《合同法》规定,当事人在订立合同过程中有假借订立合同恶意进行磋商、故意隐瞒与订立合同有关的重要事实或提供虚假情况、泄露或不正当使用在缔约过程中获得的商业秘密、其他违背诚实信用原则的行为,给对方造成损失的,应承担损害赔偿责任。

案例 3-7

保 密 义 务

B与C是两大主要汽车生产商,A有意与B或C设立一合资企业。在与B的谈判过程中,A收到了B关于其一种新型车设计方案的详细资料。尽管B并未明确声明该信息为秘密信息,但因为是关于一种新型车的设计方案,A在与C的谈判中就负有不向C披露的义务。同时,只要合同尚未达成,A亦不得将该设计方案用于自己的生产之中。[2]

第三节 合同的效力

合同的效力(validity),即合同的有效性,指合同可约束当事人,可通过法院获得强制执行的效果。合同的有效成立除了经过要约和承诺的基本程序外,还必须具备一定的要件。要件齐备的合同对当事人才具有法律约束力,受到法律的保护并可强制执行。

《买卖合同公约》的一个主要缺陷,就是回避了合同的有效性问题,对此未规定任何法律原则。《合同通则》专门设立第三章"合同的效力",共计20条确立了详尽的法律原则,摒弃了某些国家对合同有效性的特别要求,适应了现代国际商事交易的需要,对规范国际商事交易有重大作用。下面将详细阐述国际商事合同有效成立应具

---

[1] 赵志泉:《国际商法》,四川大学出版社2005年版,第73页。
[2] 商务部条法司编译:《国际商事合同通则》,法律出版社2004年版。

备的要件。

一、当事人的缔约能力

当事人应具有缔约能力(legal capacity to contract)是合同有效成立的重要条件。合同当事人包括自然人(natural person)和法人(legal entity)。一般,判断自然人是否具有缔约能力的标准是其是否具有民事行为能力。根据自然人的年龄和精神状态,可将自然人按行为能力划分为无行为能力人、限制行为能力人和完全行为能力人。就合同订立而言,无行为能力人、限制行为能力人除纯粹获益或与其年龄、智力水平、精神状态相当者外,其订立的合同均须经其监护人于法定时间内追认方为有效,否则为无效合同或可撤销合同。英美法认为,未成年人、酗酒者、吸毒者、精神病患者的行为能力受一定限制,其订立的合同在效力上需要追认、可撤销或无效,但是作为例外,他们订立的有关生活必需品的合同是有约束力的,如手表、自行车等。大陆法认为,未解除亲权的未成年人和受法律保护的成年人无订约能力。

法人是指拥有独立财产,能够以自己的名义享受民事权利和承担民事义务,并且按照法定程序成立的法律实体。法人是由自然人组织起来的,它需要通过自然人才能进行活动。法人的行为能力和其权利能力同始同终。法人需要通过法定代理人或法人机关委托的代理人才能订立合同,如该公司的董事是法定代表,而且其活动范围不得超出法律和公司章程的规定,否则构成法人越权行为,但是出于保护善意第三人的目的,法定代表人超越法人章程发生的代表行为有效,除非相对人对其越权行为知情或理应知情。

在国际商事交易中,自然人或法人通常由其代理人代其行事,因此合同的效力同代理人的代理权限密切相关。《合同通则》在第二章第二节专门对代理人的权限作了规定。如《合同通则》第 2.2.6 条规定:"(1)没有代理权或超越代理权行事的代理人,如未经本人追认,则应对第三人承担将其恢复至如同代理人有代理权或未超越代理权行事时第三方应处的同等状况的责任。(2)但是,如果第三方已知或应知代理人没有代理权或超越代理权,则代理人不承担责任。"

二、合同内容和形式的合法性

(一) 合同内容的合法性

合同内容(content of contract),是指合同中关于双方当事人的权利与义务的各项条款和规定。合同的内容通常不是由法律直接规定,而是由当事人双方约定的。合同内容的合法性(legality)表现为合同的内容必须符合法律规定。如德国法注重于法律行为和整个合同的内容是否有违法情势。《德国民法典》在总则篇第三章《法律行为》中规定"法律行为违反法律上的禁止者,无效",并且还规定,违反善良风俗的法律行为亦无效。

(二) 合同形式的合法性

合同形式(form of contract)是指当事人达成协议的方式,即合同订立的方式。一般来说,当事人订立合同有书面形式、口头形式和其他形式三种。大陆法的合同形式分为要式合同(contract of formality)和不要式合同(contract of informality)。英美法中规定的合同一般有签字蜡封式合同(deed contract under seal)和简式合同(simple contract)两种。

合同形式的合法性表现为其形式必须符合法律规定。当代西方发达国家在合同形式问题上,都采取不要式原则(principle of informality),即当事人可采取任何方式订立合同,只是对某些特殊种类的合同,才要求按法律规定的特定形式订立。《合同通则》与《买卖合同公约》一样,采取十分开放的态度。《合同通则》第1.2条明确规定无形式要求,即"通则不要求合同必须以书面形式订立或由书面文件证明。合同可通过包括证人在内的任何形式证明"。《合同通则》顺应了国际贸易发展的大趋势,其无形式要求的原则虽然不会被所有的国家采纳,但会得到许多法律体系的认可。我国《合同法》允许当事人自行决定订约的形式,但法律规定或当事人约定合同必须采用书面形式,未采用的,合同不成立;但一方已经履行主要义务,对方接受的,该合同成立。

此外,合同的合法性还要求合同的目的或目标必须是合法的。在英美法中,此要求强调合同不能是成文法所禁止的,不能违反普通法,不能与公共政策相抵触。在大陆法中,各国都在民法典中对合同违法、违反公共秩序和善良风俗等问题作出明确规定。

三、当事人的意思表示

合同当事人一般通过要约、承诺反映出其意愿。通过要约和承诺达成的合意必须是当事人意思的真实表示。而在错误、欺诈、胁迫、重大失衡、不正确说明和不正当影响等情形下当事人达成合意,则不是其意思的真实表示。如果合同是基于不真实意思表示订立的,受不利影响的一方当事人有权主张合同无效,或主张撤销合同。

(一) 错误

错误(mistake)是指当事人对与合同相关问题的认识与事实不符。《合同通则》第3.4条将错误定义为:"错误是指对合同订立时已经存在的事实或法律所做的不正确的假设。"合同错误可能是共同或双方错误,亦可能是单方或法律上的错误。各国法律一致认为,并非所有意思表示的错误,都足以使表意人主张合同无效或撤销合同,只有重大误解才可以作为否定合同效力的条件,当事人可依法主张合同无效或撤销合同。

《合同通则》将错误的后果区分为两类:错误方知情或理应知情的重大错误可导致合同无效;由于错误一方重大过失所致的错误,或错误的风险由错误方承担的,不产生合同无效的后果。英美法十分强调"信赖"(reliance)及其利益的作用,认为保护信赖利益是合同法的重点。单方错误原则上不影响合同效力,双方错误只有在涉及合同重要条款或有关交易的其他重大事项时,一方才可主张合同无效或撤销合同。我国《民法通则》和最高人民法院《关于贯彻执行〈中华人民共和国民法通则〉若干问题的意见》规定:行为人对行为内容有重大误解的,一方有权请求人民法院或仲裁机关予以变更或者撤销。

案例 3-8

相 关 错 误

A 认为一批陶艺作品为不太有名的 C 的作品,并将此批作品以这类陶艺作品的公平价格卖给了 B。后来 A 发现这批作品是著名艺术家 D 的作品。[①]

依《合同通则》第 3.5 条的规定,一方当事人可因错误而宣告合同无效。但如果错误方已经意识到了这种错误的风险,或依具体情况这种风险应由错误方承担,则错误方不能宣告合同无效。例如,对于投机合同而言,对错误的风险的假设是其常见特征。当事人订立一份合同,可以是寄希望于他对某一事实的估计是正确的,但他同时要承担事实并非如此所发生的风险。因此,在这种情况下,错误方无权以其错误为由宣告合同无效。本例没有投机的情况,因此 A 可以其对画的认识错误为由宣告与 B 的合同无效。

(二) 欺诈

欺诈(fraud)是指一方制造假象或隐瞒与合同有关的事实致使他方发生错误或作出误判的故意行为。各国法律规定,凡因欺诈而订立的合同,被欺诈的一方可撤销合同或主张合同无效。

《合同通则》第 3.8 条规定:"一方当事人可宣告合同无效,如果其订立合同是基于另一方当事人的欺诈性陈述,包括欺诈性的语言或做法,或按照公平交易的合理商业标准,该另一方当事人对应予披露的情况欺诈性地未予披露。"

英美法将欺诈称为"欺骗性的虚假陈述",认为它是一种侵权行为,受欺诈的一方可以主张撤销合同并要求损害赔偿。法国相关法律规定,欺诈将导致合同无效。德国相关法律规定,欺诈的结果导致合同撤销。关于当事人对事实保持沉默是否构成欺诈,德国、法国、英国和美国的法律均认为,只有当一方负有对某种事实作出说明的义务却未作该说明时,构成欺诈;若当事人无此义务,单纯的沉默不构成欺诈。

我国的《合同法》规定此类合同可撤销或变更,赋予了当事人是否行使撤销请求权的选择权。《民法通则》则规定,一方以欺诈手段使对方在违背真实意思的情况下所为的民事行为无效。

(三) 胁迫

胁迫(duress)是指以使对方陷入恐惧为目的的故意行为。胁迫通常包括以下情

[①] 王传丽:《国际经济法教学案例》,法律出版社 2004 年版,第 147 页。

形:对当事人人身或财产施加威胁,或者对其商业或经济上施加压力;一方当事人直接或受其指使的第三人,对另一方当事人本人或其亲属施与压力。各国法律一致认为,凡在胁迫之下订立的合同,受胁迫的一方可主张合同无效或撤销合同。

《合同通则》依据各国法律的一致原则,在第3.9条作出规定:"一方当事人可宣布合同无效,如果其合同的订立是因另一方当事人不正当的胁迫,而且在适当考虑到各种情况下,该胁迫如此急迫、严重到足以使该方当事人无其他合理选择。当使一方当事人受到胁迫的行为或不行为本身非法,或者其作为手段获取合同的订立属非法时,均为不正当的胁迫。"我国《合同法》第54条规定,一方以欺诈、胁迫的手段或乘人之危,使对方在违背真实意思的情况下订立的合同,当事人一方有权请求人民法院或仲裁机构变更或撤销。

案例 3-9

胁　　迫

A未偿还B的借款,B威胁要提起返还之诉,而其真实目的却是想以特别优惠的条件购买市场非常缺乏的A的一批紧俏货。A被迫与B签订了出售这批紧俏货的合同。[①]

依据《合同通则》第3.9条的规定和《合同通则》的注释,胁迫首先必须是急迫的和严重的,以致受胁迫的人除了按对方所提出的条款签订合同外,再无其他合同的选择;其次,胁迫还必须是非法的,如人身攻击或为迫使对方按拟定条款订立合同而提起诉讼等。可见,本案例中尽管B的返还之诉是合法的,但所达到的目的是错误的,因此A有权宣告合同无效。

(四) 重大失衡

《合同通则》在第3.10条中认为,重大失衡(gross disparity)是指"在订立合同时,合同或个别条款不合理地使另一方当事人过分有利"(unjustifiably gives the other party an excessive advantage),包括另一方当事人利用对方的依赖、经济困境、紧急需要、缺乏远见、无知、无经验或缺乏谈判技巧等事实。《合同通则》规定,在发生上述情形时,同时考虑到该合同的性质和目的,法庭可依据有权宣告合同无效一方当事人的请求,修改该合同或其条款。这一带有创新意念的原则,有如一面合金钢制成的盾牌,为有关当事人维护其正当权益提供了确实保障。

依据英美法系的衡平法,如果一个合同的内容是重大失衡的,即它是如此的不公平,以致"触动了法院的良知",该合同就不能得到强制执行。美国《统一商法典》在第2—302条规定,如果法院发现合同或其某条款在订立时是重大失衡的,可拒绝强制执行该合同或只强制执行重大失衡条款之外的条款,从而避免重大失衡的结果。上

[①] UNIDROIT,Complete Commented Version of the UNIDROIT Principles of International Commercial Contracts,2004. See http://www.unilex.info/dynasite.cfm? dssid=2377&dsmid=13637&x=1. Last visit on 2008-11-22.

述规定给法院提供了一件强有力的武器,专门对付不公平交易。

我国《合同法》第54条规定,在订立合同时有重大失衡的,当事人一方有权请求人民法院或仲裁机构变更或撤销合同。

案例 3-10

重 大 失 衡

A是甲国汽车制造厂,B是乙国工业制造商,乙国急于建立自己的汽车工业,推出了一系列的鼓励政策。为了享受到乙国的鼓励政策,B急于与A厂洽谈引进生产线的问题。A卖给B一条过时的汽车装配线,虽然A对该装配线的效率未作过任何表述,但其成功地确定了明显过分的价格。①

依据《合同通则》第3.10条,允许在当事人间的义务存在重大失衡,以致某一方得到了不正当的过分利益时,另一方当事人可以宣告合同无效。过分的利益可以是通过不公平的谈判地位取得的,如一方当事人不公平地利用了另一方当事人的依赖、经济困境或紧急需要,或是不公平地利用了另一方当事人对另一方的依赖,仅仅是因市场情况而产生的谈判优势是不够的。可见,A利用了B的紧急需要而订立了显失公平的合同,当B发现其所支付的总金额相当于购买一条先进得多的装配线的价格时,B有权宣告该合同无效。

四、对价与约因

对价(consideration)是英美法的一个独特概念,是指合同当事人的相对给付,即"合同一方得到的某种权利、利益、利润或好处,或是他方当事人克服自己不行使某项权利或遭受某项损失或承担某项义务"。通常,对价是判断当事人双方之间有无法律上的权利和义务的主要依据。一方当事人作出许诺(promise),另一方当事人提供了对价,法院就有了强制执行这一合同的依据。

根据英美法判例所确立的法律原则,一项有效的对价必须具备以下条件:①对价必须是合法的;②对价必须是待履行的对价或已履行的对价,但不能是过去的对价;③对价必须具有某种价值,但不要求充足、相等;④已经存在的义务或法律上的义务不能作为对价;⑤对价必须来自受允诺人(promisee),即由合同的当事人相互提供。

英美法对对价理论的态度正在逐渐演变之中,总的倾向是采取比较灵活的做法,以使传统法律原则适应现代商业的发展需要。美国《统一商法典》第2—205条规定,在货物买卖中,在一定条件下可以承认无对价的"确定的要约"。近年来,英国法院的少数判例也有改变对价原则中的不合理因素的趋势。

约因(cause)是大陆法合同有效成立的要素之一。债的约因是指订约当事人产

---

① UNIDROIT, Complete Commented Version of the UNIDROIT Principles of International Commercial Contracts, 2004. See http://www.unilex.info/dynasite.cfm?dssid=2377&dsmid=13637&x=1. Last visit on 2008-11-25.

生该项债务所追求的最接近和最直接的目的。在双务合同中,存在着两个约因,即双方当事人间存在相对给付的关系。例如,在买卖合同中,卖方的交货义务,是以买方付款为约因;而买方的付款义务,则以卖方交货为约因。

关于对价和约因,《买卖合同公约》第29条第1款规定:"对于当事人变更和终止国际货物买卖合同,不要求有对价。"《合同通则》第3.2条将这一规定扩展至一般国际商事合同的订立、变更和终止,规定仅由双方的协议决定,无需对价或约因。我国《合同法》虽无约因或对价的规定,但其中关于合同当事人权利与义务相辅相成的规定,以及《民法通则》关于不当得利、无因管理的规定,与之相当。

案例 3-11

恩波拉诉塔拉案

被告为一矿产主,因被诊断患有精神病而强迫住院4年,出院后得知其矿产已被监理人卖出。当时,被告一文不名,请示原告付给320美元以便前往矿产所在地起诉,并许诺如复得该矿,当以1万美元作为报酬。被告在重得该矿产后拒绝付酬,并谓以320美元作为对价换取1万美元是不适当的。法院认为关键在于有无对价,而不在于对价是否相当、相等,故判决原告胜诉。①

另外,根据《合同通则》第3.17条的规定,国际商事合同一旦宣告无效,则自始无效;并且宣告合同无效后,任何一方当事人可要求返还其依据已被宣告无效的合同或部分合同所提供的一切,但要以该方当事人也同时返还其依据已被宣告无效的合同或部分合同所得到的一切为条件,或者虽不能返还实物,但对其所得之物给予补偿。

第四节 合同的履行

合同的履行(performance of contract),是指合同生效后,双方当事人按照合同规定的各项条款,完成各自承担的义务和实现各自享有的权利,实现双方当事人合同交易目的的行为过程。国际商事合同的履行主要涉及合同履行的一般规则、合同履行中的抗辩权、合同履行的保全以及合同的变更与转让等方面。

各国法律均主张,依法生效的合同,对当事人形成法律效力,当事人必须受合同的约束,履行合同的义务;如果违反应履行的合同义务,就须承担相应的法律责任。《合同通则》专门设立了第六章"合同的履行",共包含23条规定,对有关国际商事合同履行问题作了全面具体的规定,创立了许多以前的国际公约或惯例所未涉及的法律规则,对国际商事实践有重大而深远的意义。我国《合同法》也强调全面履行合同的原则。《民法通则》第88条明确规定:"合同的当事人应当按照合同的约定,全部履行自己的义务。"此规定确定了合同的法律约束力,以法律形式体现了中国"重合同、守信用"的一贯立场。

---

① 吴兴光:《国际商法》,中山大学出版社2003年版,第25页。

一、合同履行的一般原则

国际商事合同履行的一般原则是合同履行过程中当事人应当遵守的一般行为准则。这些原则不仅为司法机关解决合同争议提供了依据,同时还解决了当事人约定不明或欠缺约定条款的问题。总的来说,主要有以下一些原则。

(一) 全面履行原则

全面履行原则又称为适当履行原则,是指合同当事人应按照合同的约定全面、适当地履行各自义务,使合同内容得以全部实现,包括履行标的及其数量、质量、规格、价格,以及履行时间、地点、方式等均应符合约定或者适当。《合同通则》第六章第一节的 17 条内容对合同的履行作了一般的规定,主要包括合同履行的时间、地点、顺序及支付等。另外,《合同通则》第 6.1.7 条至第 6.1.12 条用 6 条篇幅,专门对国际商事交易中的付款作出了具体的规定。

(二) 诚实信用履行原则

该原则要求当事人除诚实守信、以善意的方式全面适当履行合同约定的义务外,还应当在诚实信用原则的指导下,根据合同的性质、目的和交易习惯履行保证合同约定的权利义务实现的各种相关的附属义务,包括相互协作和照顾的义务、瑕疵告知义务、使用方法告知义务、重要情势告知义务、忠实保密义务等。当事人履行合同义务时,应尽量选择经济的方式或途径,在尽可能降低履行成本的情况下实现合同目的,取得合同利益。另外,当事人在合同履行过程中应既考虑己方利益,又维护对方利益,同时兼顾社会公共利益,但并不要求合同债务人以牺牲己方利益为代价来实现对方利益。

案例 3-12

合同履行的诚实信用原则

原被告双方于 1968 年 6 月 19 日签订了一份书面协议:被告将在合同履行期内把其生产的全部面包屑出售给原告,该协议将从 1968 年 6 月 19 日起履行,至 1969 年 6 月 18 日终止,此后,该履行期将自动续展 1 年,但任何一方均可解除该协议,只要提前 6 个月用挂号信向另一方发出解除通知即可。该协议订立后,被告向原告提供了大约 250 吨面包屑,然而至 1969 年 5 月 15 日,被告停止了面包屑的生产。据证实,这一经营在经济上不太合算。停产之后,被告拆除了烤炉,把原来的房子改装成了计算机房。被告曾经几次向原告表示,如果合同规定的价格能从每磅 6 美分改成 7 美分,被告将恢复生产。被告声称,该合同并没有要求被告加工面包屑,而只是出售他加工的面包屑;既然在该烤炉转让给他人之后生产停止了,被告就没有义务继续供应了。法院判决该案被告有违诚实信用履行原则。[①]

---

① 任宏涛:《国际商法》,哈尔滨工业大学出版社 2007 年版,第 121 页。

(三) 协作促进交易履行原则

该原则要求合同当事人不仅应履行己方义务,还应就对方义务的履行进行配合与协助。合同有约定的从约定;无约定的,当事人依诚实信用原则给予适当协助与配合。当事人就质量、价款或报酬、履行地点等内容没有约定或者约定不明确的,应当按照便于交易、利于交易的原则,由当事人达成补充协议;不能达成补充协议的,按照合同有关条款或者交易习惯确定。

(四) 合同条款的补缺原则

根据《合同通则》及各国法律的规定,合同生效后,关于合同标的的质量、价款或报酬、履行方式、履行时间、履行地点、履行顺序等内容未作约定或约定不明时,如果不能达成补充协议,又不能按照合同有关条款或交易习惯确定,通常应适用相关的合同条款的补缺原则。这些原则主要包括以下几方面。①质量约定不明的,当事人有义务使履行质量合理并不低于同类情况下的平均水平,如按照国家、行业、通常标准,或者符合合同目的的特定标准履行。②价款或报酬约定不明的,可采用类似交易中的可比价格或合理价格确定,如按照订约时合同履行地的市场价格履行。③履行地点不明的,应于合理地点履行。给付货币的,于债权人所在地履行;交付不动产的,于不动产所在地履行;其他标的,于履行义务一方所在地履行。《合同通则》规定,当事人应承担合同订立后因其营业地改变而给履行增加的费用。④履行时间或期限不明的,应于订约后的合理时间或期限内履行,当然,债务人可随时履行,债权人亦可随时要求履行,但应当给对方留有必要的准备时间。⑤履行方式不明的,按照有利于实现合同目的的方式履行。⑥履行顺序不明的,能够同时履行则同时履行,除非存在其他情况。⑦履行费用的负担不明的,由履行义务方各自承担。

二、合同履行中的抗辩权

合同履行中的抗辩权(counterplea in contract performance),也称异议权,是指在双务合同中,合同一方当事人依据法律,根据事实和理由,对抗对方要求或者否认对方要求的权利。根据享有并行使抗辩权所依据的理由,合同履行中的抗辩权主要分为同时履行抗辩权、顺序履行抗辩权和不安抗辩权。

(一) 同时履行抗辩权

同时履行抗辩权(counterplea of simultaneous performance),亦称不履行抗辩权,是指在没有约定履行顺序的双务合同中,当事人一方在对方未为对价给付以前,有权拒绝先为给付。合同的同时履行规则来自于"一手交钱,一手交货"的交易原则,它在法律上的依据是双务合同中当事人之间权利与义务的相互依存关系。

同时履行抗辩权的构成要件是:同一双务合同产生互负债务;合同中未约定履行的顺序;双方债务均已届期;对方当事人未履行债务或未按约定正确履行;对方能够履行对价给付。

同时履行抗辩权属于延期的抗辩权,不能产生消灭对方请求权的法律效力。对此各国法律均规定,只有在对方发生重大违约时,才能行使该抗辩权。

《合同通则》第 7.1.3 条第 1 款规定,如双方当事人能够同时履行,则双方当事人应同时履行其合同义务,除非情况另有表示。当事人各方应同时履行合同义务的,任何一方当事人可在对方提供履行前拒绝履行。我国《合同法》第 66 条、《德国民法典》第 320 条、《日本民法典》第 533 条对此也有类似规定。

(二) 顺序履行抗辩权

顺序履行抗辩权(counterplea of orderly performance),又称后履行抗辩权,是指当事人根据合同约定的履行义务有先后顺序,后履行的一方在对方未履行之前,有权拒绝履行自己的合同义务;先履行一方债务不符合约定的,后履行一方有权拒绝其相应的履行请求权。

顺序履行抗辩权构成的要件是:同一双务合同产生互负债务;债务的履行有先后顺序;应先履行的一方发生不履行或履行不符合约定的情况;应该先履行的债务有履行的可能性。

《合同通则》第 7.1.3 条第 2 款规定,凡当事人各方应相继履行合同义务的,后履行的一方当事人可在应先履行的一方当事人完成履行之前拒绝履行。英美法认为,负有先履行义务的一方未履约,另一方不但可以拒绝履行其合同义务,还可追究未履行义务一方的违约责任。我国《合同法》第 67 条也规定了顺序履行抗辩权。

(三) 不安抗辩权

不安抗辩权(uneasy counterplea)是指合同成立后,如果有证据证明,后履行合同的一方当事人届时将不能履行其合同义务,先履行债务的一方在对方未履行或者未提供担保前,可以拒绝先履行自己的合同义务的权利。不安抗辩权的设立,在于预防因情势变化致使一方遭受损害,做到公平地权衡双方当事人的利益。

不安抗辩权的构成要件是:适用于双务合同,当事人互负债务,并有先后履行的顺序;后履行债务的一方当事人的债务尚未到履行期限;后履行债务的一方当事人有丧失或者可能丧失履行债务能力的情形(如经营状况严重恶化;转移财产、抽逃资金,以逃避债务;丧失商业信誉;有丧失或者可能丧失履行债务能力的其他情形)。

不安抗辩权的行使导致的法律效果是应先履行债务的一方当事人中止履行合同。当事人中止履行合同的,应当及时通知对方。对方提供适当担保后,当事人应当恢复履行。中止履行合同后,对方在合理期限内未恢复履约能力,并未提供适当担保的,中止履行的一方可以解除合同,即合同由中止履行变为终止履行。

不安抗辩权是大陆法中的制度,如《德国民法典》第 321 条规定,因双务合同负担债务并应向他方先为给付者,如他方的财产于缔约后明显减少,很难为对价给付时,在他方未为对价给付或提出担保之前,可拒绝自己的给付。它与英美法规定的预期违约(anticipatory breach of contract)制度存在着很大的差别,所以我国《合同法》同时规定了不安抗辩权和预期违约两项制度。

《买卖合同公约》第71条和《合同通则》第7.3.1条规定了类似的不安抗辩权。

案例 3-13

合同抗辩权的行使

中国A公司与美国B公司签约后向后者销售54寸大型彩电1000台,每台CIF纽约US＄1000,B公司先支付总价款10%的定金,A公司在收到定金的30日内组织货源,即期装船,余款采取不可撤销即期信用证付款。因B公司一直没有支付定金,A公司未能履行合同。B公司以A公司违约为由提起诉讼,请求A公司赔偿因其未按合同供货遭受第三方起诉引起的损失以及合理的利润损失。①

在该案例中,A公司完全可以行使顺序抗辩权以拒绝履行合同,因为根据合同的规定,B公司应先支付总价款10%的定金给A公司,但事实上,B公司一直没有支付定金,因此A公司根据顺序抗辩权可以中止并解除合同。

三、合同履行的保全

合同履行的保全,是指为了防止债权人的债权因债务人的财产不当减少而受到危害,法律允许债权人不受合同相对性的约束,对债务人或者第三人采取保全措施的法律制度。合同保全具有对外效力,能够拘束合同相对人和相关的第三人。② 合同保全包括代位权和撤销权制度,其中代位权是为保持债务人的财产而设的,撤销权是为恢复债务人的财产而设的。我国《合同法》第73、74条规定了代位权与撤销权两种合同保全制度。

(一) 代位权

代位权是指当债务人怠于行使其对第三人享有的权利而损害债权人的债权时,债权人为保全自己的债权,以自己的名义行使属于债务人权利的权利。代位权起源于罗马法,《法国民法典》中正式确定为民法制度。

代位权成立的条件是:债务人享有对第三人的权利;债务人怠于行使权利;债务人怠于行使权利,将使债权人的债权有不能实现的危险。

代位权的行使方式和范围如下。债权人应以自己的名义行使代位权,并且尽到善良管理人义务。在代位权的行使过程中,对债权人而言,其债务人的债务人为次债务人,债权人代债务人向次债务人行使债权,既不用债务人的名义,也无需债务人的同意,但可将债务人列为诉讼的第三人。代位权的行使范围以债权人的债权为限。

债权人行使代位权的法律效力包括以下三个方面。①对债务人的效力。债权人行使代位权所获得的清偿应直接归属于债务人。②对次债务人的效力。债权人行使代位权时,次债务人对于债务人(即次债务人的债权人)所享有的一切抗辩权都可以

---

① 吴建斌、肖冰、彭岳:《国际商法》,高等教育出版社2007年版,第136页。
② 张旭:《国际商法理论与实务》,科学出版社2005年版,第109页。

用来对抗债权人。但不得以与债权人无任何关系为由，拒绝债权人行使代位权。③对债权人的效力。债权人无权将受领的财产供自己优先受偿或者用来抵销债务人的债务，但债权人行使代位权的必要费用，由债务人承担。

代位权的后果按各国通例应归属于债务人，而且债权人没有优先受偿权。但我国对此有不同的规定，最高人民法院《关于适用〈中华人民共和国合同法〉若干问题的解释(一)》第20条规定："债权人向次债务人提起代位权诉讼经人民法院审理后认定代位权成立的，由次债务人向债权人履行清偿义务，债权人与债务人、债务人与次债务人之间相应的债权债务关系即予消灭。"这种特殊规定对解决我国长期存在的"三角债"问题有积极意义。

(二) 撤销权

撤销权是指债务人放弃其到期债务或无偿转让财产，对债权人造成损害的，债权人可以请求法院撤销债务人行为的权利。

撤销权成立的条件是：债务人实施一定处分财产的行为；债务人的处分行为已经生效；债务人的处分行为对债权造成了损害。

撤销权行使方式和范围如下。撤销权须由债权人以自己的名义，以诉讼的形式行使。我国《合同法》第75条规定："撤销权自债权人知道或者应当知道撤销事由之日起一年内行使。自债务人的行为发生之日起五年内没有行使撤销权的，该撤销权消灭。"撤销权的行使范围以债权人的债权为限。债权人行使撤销权的必要费用，由债务人承担。

撤销权行使的法律效力包括以下三个方面。①对债务人的效力。被撤销的债务人行为归于消灭，视为自始无效。②对受益人或受让人的效力。已受领债务人的财产的，应负返还不当得利的义务。③对债权人的效力。因撤销债务人不当处分财产的行为而返还的财产，是债务人全体债权人的共同担保，行使撤销权的债权人不得优先受偿。

四、合同的变更与转让

在合同成立后，尚未履行或尚未完全履行以前，由于各种原因，合同的主体和内容会发生相应的变化，从而引起合同的变更与转让。合同的变更和转让是合同履行中的一个重要方面。

(一) 合同的变更

合同变更(modification of contract)有广义和狭义之分。广义的合同变更是指合同的主体和内容发生变化；狭义的合同变更是指合同成立以后、尚未履行或尚未完全履行以前，在合同主体不变的情况下，合同内容发生变化。我们这里所讲的合同的变更，是指在合同成立之后、尚未履行完毕之前，当事人就合同的内容进行修改或补充。

合同变更具有以下特征：①合同的主体不改变，即原来的当事人保持不变；②合同的变更须经合同双方（或多方）当事人协商一致；③合同的变更只是对合同内容的部分变更，例如履行的时间、数量、方式等，而不是全部内容或合同性质的变更。

合同的变更通常是由于合同订立后，某些情况发生了变化，依据当事人之间的协商而做出的，也有依据法律规定而做出的。法律规定的允许一方当事人变更合同的事由主要包括不可抗力、情势变更等。合同变更一般不溯及既往，对已履行的合同部分不产生效力。

从各国法律规定的实践来看，普遍允许当事人通过协议或出现法律规定的事由时变更合同。传统的普通法存在"对价理论"的要求，在变更合同时同样要求有对价关系，若缺乏对价则不得改变合同。美国《统一商法典》突破了上述不适应现代商事交往需要的原则，其第2—209条明确地规定："关于改变现存合同的协议，即使没有对价也具有约束力。"

《合同通则》第2.1.18、3.2条规定，允许在一定条件下变更合同。我国《合同法》第77、54条分别规定了变更合同的情形，主要有当事人协议、法院判决或仲裁机构裁决等。

案例 3-14

合 同 变 更

进口商A公司与供货商B公司签订了一份长期供货合同，由B向A提供货物。约定的付款币种为人民币。首批货物交付之后，A付清了货款。第二批货物交付之前，A向B提出能否用其他币种支付剩余的货款，B方表示同意。双方然后就付款币种达成补充协议：剩余货款改由美元或日元支付。第二期货款支付之前，A公司通知B公司其支付美元存在困难，要求仍以人民币支付。B公司遂以A公司违约为由将其诉至法院①。

在本案中，尽管A公司和B公司已就变更货款币种问题达成补充协议，但该协议未明确究竟以何种币种支付剩余货款，而是为当事人留有选择权，导致履行中双方产生分歧，故该补充协议为约定不明确的合同内容变更，双方仍须按照原合同履行。

(二) 合同的转让

合同的转让（assignment of contract），又称为合同的让与，是指合同当事人一方将其合同的权利和义务全部或部分转让给第三人。合同的转让实际上是合同的主体发生变更，即合同权利的受让人成为合同之债的新债权人，合同义务的受让人成为合同之债的新债务人，而合同的内容仍保持不变。

合同的转让具有以下特征：①合同的转让实际上是合同主体的变更；②合同的转让不改变原合同的权利义务关系；③合同的转让不仅涉及转让方与受让方的关系，而

---

① 田东文：《国际商法》，机械工业出版社2008年版，第127页。

且还涉及受让方与原合同一方的关系。

《合同通则》第九章对权利的转让、义务的转移、合同的转让等合同转让形式作了详细规定。

1. 权利的转让

权利的转让(assignment of rights)是指合同的原债权人将其对合同债务人的金钱支付或其他履行的权利,以协议方式转移给新的债权人,包括以担保为目的的转让。也就是说,合同债权人将合同的权利全部或部分转让给第三人。通常合同原债权人称为出让人或让与人,新债权人称为受让人。

从各国实践来看,绝大多数合同的权利都是可以转让的,但是对于下列三种合同权利,许多国家的法律一般都不允许任意转让。①根据合同权利的性质不能转让的权利,即合同只能在特定当事人之间成立,如果转让给第三人就会影响合同内容的履行,从而违背当事人的订约目的。这类合同权利包括信托权利、表演或出版权利、受聘权利等。②法律禁止转让的权利。③合同当事人约定不得转让的权利。

《合同通则》第9.1.7条规定:一项权利仅凭让与人和受让人之间的协议即可转让,而无须通知债务人;转让无须债务人同意,除非此情况下债务实质上具有人身性质。第9.1.10条规定:在收到让与人发出的转让通知以前,债务人可通过向让与人清偿来解除债务;在收到该通知后,债务人只有通过向受让人清偿才能解除债务。第9.1.11条规定:如果同一让与人将同一权利连续转让给两个或两个以上受让人,则债务人按照收到通知的时间顺序清偿后,其债务得以解除。

案例 3-15

权利的转让

1999年10月15日,甲公司与乙公司签订合同,合同约定由乙公司于2000年1月15日向甲公司提供一批价款为50万元的电脑配件。1999年12月1日甲公司因销售原因,需要乙公司提前提供电脑配件。甲公司提前履行的请求被乙公司拒绝。为了不影响销售,甲公司只好从外地进货,随后将对乙公司的债权转让给了丙公司,但未通知乙公司。丙公司于2000年1月15日到乙公司提货时遭拒绝。[①]

根据《合同通则》第9.1.7条的规定,在本案中,甲公司将债权转让给丙公司只需甲公司和丙公司之间的协议即可,而无须通知乙公司,也不用取得乙公司的同意。因此,甲公司与丙公司的债权转让合同有效,丙公司有权要求乙公司向其履行合同。丙公司的履行要求被乙公司拒绝,应当由甲公司对丙公司承担责任,或者通过仲裁或诉讼解决其争议。

2. 义务的转移

义务的转移(transfer of obligations),是指债权人或债务人与第三人之间达成转

---

① 袁绍岐:《国际商法》,暨南大学出版社2006年版,第77页。

让债务的协议,由第三人取代原债务人承担其部分或全部债务。由此可见,债务的转移有两种方法,一是通过债权人与第三人之间的协议,二是通过债务人与第三人之间的协议。合同义务转移包括合同义务的全部转移和合同义务的部分转移两种情形。

债权人与第三人之间订立债务转移协议的情况,也称之为债的更新。通常转移协议一经成立即生效,无须债务人同意。债务人可借此免除自己的合同义务。各国法律基本上都不要求这种合同须经债务人同意。《合同通则》认为,债权人与新债务人之间转移债务,并解除原债务人义务的协议构成第三方利益合同,这种利益不能强加给受益人,即原债务人可拒绝债权人与新债务人之间协议解除其义务。若原债务人拒绝,不仅新债务人对债权人负有义务,并且原债务人承担连带义务。而债务人与第三人通过协议转移债务,则必须经过债权人的同意。

案例 3-16

担保责任与债务承担

情形一:公司 A 欠公司 X 100 万元债务,银行 S 同意保证该义务的适当履行。经 X 同意,A 将其义务转给公司 B,且 X 同意解除 A 的义务。在此情况下,S 并不保证 B 的履行,除非其同意继续提供保证。

情形二:银行 X 向 A 公司提供了 100 万元的贷款,A 以其持有的股票提供质押担保。经 X 同意,A 将其还款义务转给 B 公司,且 X 同意免除 A 的义务。在此情形下,股票质押担保失效。若 A 在向 B 转移还款义务的同时,还向 B 转让了其设定质权的股票项下的股权,则转让后的股票仍可作为 B 还款义务的担保。[①]

3. 合同的转让

合同的转让,是指由原合同一方当事人将其在合同中的权利和义务一并转让给第三人,由第三人概括地继受这些债权和债务。对此,各国法律基本上都要求须经另一方当事人的同意方可成立生效。在取得合同另一方的同意后,受让方将完全代替原合同当事人一方的地位,原合同当事人一方将完全退出合同关系。

《合同通则》第九章第三节对合同权利和义务的概括转让作了相关的规定。如第9.3.3条规定,一项合同的转让要求征得另一方当事人的同意。第9.3.4条规定,另一方当事人预先同意的,合同转让自转让通知到达该另一方当事人时,或者当该另一方当事人认可该合同转让时生效。另外还规定了让与人债务的解除,抗辩权和抵销权以及跟随合同转让的权利等。我国《合同法》第84、88条也有类似的规定。

第五节 违约与违约的救济方法

违约(breach of contract),又称合同不履行(non-performance of contract),各国法律对其有不同的定义。《合同通则》并没有使用"违约"这一概念,而是统一了国际

[①] 商务部条法司编译:《国际商事合同通则》,法律出版社2004年版。

商事领域内的各种规范,创造性地使用了"合同不履行"这一概念,并在第7.1.1条将"合同不履行"定义为"合同一方当事人未能履行其合同项下的任何一项义务,包括瑕疵履行(defective performance)和迟延履行(late performance)"。

一、违约的形式

各国法律以及国际法律普遍认为,合同一经依法成立,对双方当事人都具有法律约束力,任何一方都必须严格按照合同规定全面、适当地履行义务,否则就构成合同的不履行,也就是违约,就要承担相应的法律责任,以便使合同的另一方得到适当的救济。大部分国家的合同法以及国际公约、惯例,都把违约或合同不履行主要分为两大类。

大陆法国家一般把合同违约分为给付不能(supervening impossibility of performance)和给付延迟(delay in performance)。给付不能是指债务人由于种种原因不可能履行其合同义务,而非有可能履行但不去履行。如给付不能并不是由于债务人的过失造成的,债务人不承担不履行合同的责任。如给付不能是因不可归责于双方的事由造成的,双方均可免除其义务。给付延迟是指债务人在债务已届履行期且可能履行的情况下,并未按期履行其合同义务。债务人承担由此产生的法律后果,也实行过错责任原则。需要指出的是,债务人不仅要对一切过失承担责任,还要对因不可抗力造成的给付不能负责。

英国法把违约或不履行的情形分为违反条件(breach of condition)和违反担保(breach of warranty)两种不同的情况。违反条件是指违反合同中的重要条款。当事人一方违反条件的,对方有权解除合同,并要求赔偿损失。违反担保是指违反合同的次要条款或随附条款。在违反担保的情况下,受损失的一方不能解除合同,而只能要求违约方赔偿损失。

美国法将违约分为轻微违约(minor breach)和重大违约(material breach)两种情形。轻微违约是指尽管合同一方当事人在履约中有一些缺点,但另一方已从中获得了主要利益。重大违约是指合同一方没有履行合同或履行合同有缺陷,致使另一方不能得到本应得到的主要利益。轻微违约实际上相当于违反担保,重大违约则类似于违反条件,具体的处理规则也大致相同。英国法和美国法的区别在于:一个注重合同的事先约定,而另一个注重合同的事后结果。

我国《合同法》把合同不履行区分为不履行和不适当履行。所谓不履行是指当事人对合同的义务根本没有履行。不适当履行则是指当事人履行合同有瑕疵,没有按合同约定的条件去履行,具体包括履行迟延和不完全履行。

《买卖合同公约》把合同不履行区分为根本违反合同(fundamental breach)与非根本违反合同(non-fundamental breach)两类。《买卖合同公约》第25条对"根本违反合同"下的定义是:"一方当事人违反合同的结果,如使另一方当事人蒙受损害,以至于实际上剥夺了(substantially deprive)他根据合同有权期待得到的东西,即为根本违反合同,除非违反合同的一方并不预知,而且同样一个通情达理的人处于相同情况中,也没有理由预知会发生这种结果。"如果构成根本违反合同,受损害的一方有权宣告解除合同,并要求赔偿损失或采取其他救济办法;如果属于非根本违反合同,受损害的一方只能要求赔偿损失或采取其他救济办法,而不能撤销合同。

案例 3-17

根本违反合同

买方从国外进口一批供圣诞节出售的火鸡,卖方交货时间比合同规定的期限晚了一个星期。由于圣诞节已过,火鸡难以销售,使买方遭受重大损失。在这种情况下,卖方延迟交货可以认为是根本违反合同,买方有权撤销合同,拒收迟交的货物,同时可要求损害赔偿。[①]

《合同通则》把合同违约区分为根本不履行(fundamental non-performance)与非根本不履行(non-fundamental non-performance)两类。根本不履行是《合同通则》设立的一个重要概念,它是一方当事人行使终止合同权利的一种主要依据。第 7.3.1 条第 2 款规定了是否构成根本不履行应特别考虑的 5 个因素。如果一方当事人违约的后果尚未达到上述严重程度,即为非根本不履行。另外,《合同通则》第 7.3.3 条规定了另一种合同不履行的形式,即预期不履行(anticipatory non-performance),是指"如果在一方当事人履行合同日期之前,该方当事人根本不履行其合同义务的事实是明显的,则另一方当事人可终止合同"。该条确立了一项原则,即预期的不履行等同于履行到期时的不履行。

案例 3-18

Avery v. Bowden 案

1855 年,英国船方 A(Avery)与俄国货方 B(Bowden)订立一租船合同,其中规定 A 应把船舶开到敖德萨港口,并在若干天内装载货物一批。船到敖德萨港口后,B 拒绝提供货物装船。当时,装载期限尚未届满,A 拒绝接受 B 提前违约的表示,继续坚持要求 B 装货。但过了几天,在装货期限届满以前,英国与俄国爆发了战争,履行合同在法律上已成为不可能。事后,船方 A 以货方 B 违反租船合同为理由提起诉讼,要求 B 赔偿损失。英国法院认为,在两国爆发战争之前,还不存在实际不履行合同的问题,因为装货期限尚未届满,既然船方 A 拒绝接受货方 B 提前毁约的表示,B 就有权得到宣战而带来的解除合同的好处,因而判决船方 A 败诉。[②]

综上所述,凡属第一类合同违约或不履行,即英国法的违反条件、美国法的重大违约、我国《合同法》的不履行、《买卖合同公约》的根本违反合同、《合同通则》的根本不履行以及预期不履行,其法律后果是一致的:受损害方有权解除合同,同时可要求损害赔偿。而相对应的第二类不履行或违约,即英国法的违反担保、美国法的轻微违约、我国《合同法》的不适当履行、《买卖合同公约》的非根本违反合同、《合同通则》的

[①②] 吴兴光:《国际商法》,中山大学出版社 2003 年版,第 61 页、第 63 页。

非根本不履行,其法律后果也是一致的:受损害方有权要求损害赔偿,但不得解除合同。

二、违约责任及归责原则

违约责任,也称违反合同的民事责任,是指合同当事人因违反合同所应承担的民事责任。合同违约责任是合同法的核心内容,它的前提是当事人有不履行合同义务的事实存在,只发生在当事人之间,具有相对性。另外,合同不履行责任的承担方式可由双方当事人约定,主要以补偿性为主。

关于合同不履行的归责原则,世界各国基本上有两种法律主张,大陆法采取过错(或过失)责任原则,英美法采取无过错(或无过失)责任原则。按照大陆法的解释,合同当事人只有当存在着可归责于他的过错时,才承担违约责任。如《德国民法典》第276条规定,债务人除另有规定外,对故意或过失应负责任。英美法的无过错责任,又称严格责任,是指违约发生以后,确定违约当事人的责任,主要考虑违约的结果是否因违约方的行为造成,而不考虑违约方的故意和过失。也就是说,只要违约方不履行合同义务,不管其主观上是否有过错,均应承担违约责任。如《美国合同法重述》第314条对"违约"的定义是:"凡没有正当理由的不履行合同中的全部或部分允诺者,构成违约。"然而,从对许多案件实际处理的结果来看,大陆法的过错责任与英美法的无过错责任可谓异曲同工,并无很大的差异。

《合同通则》在合同不履行的归责原则问题上,实际上与《买卖合同公约》一致,均采取了无过错责任原则。《合同通则》第7.4.1条"损害赔偿的权利"规定:"任何不履行均使受损害方取得损害赔偿请求权,该权利既可以单独行使,也可以和任何其他救济手段一并行使,但该不履行根据本通则属可以免责的除外。"并且在该条的注释中明确指出:"本条重申像其他救济手段一样,损害赔偿的权利产生于不履行这个唯一事实。受损害方当事人仅仅证明不履行,即他没有得到被(对方)承诺的履行就足够了。尤其没有必要另外去证明,不履行是由不履行方当事人的过错引起的。"在国际商事合同领域采取无过错责任原则,简捷易行,有利于维护合同的严肃性和商业秩序,可避免举证对方当事人的过错过分困难等弊端,在实践中得到了广泛运用。[①]

三、违约的救济方法

合同违约的救济(remedies for breach of contract),是指当合同一方违约或不履行使另一方的权利受到损害时,受损害的一方为维护其合法权益,有权采取正当措施,这是法律赋予受害方的权利。对不履行或违约方而言,承担不履行或违约责任则是对其不履行或违约行为的一种制裁。合同违约的救济方法主要有以下几种。

---

① 吴兴光:《国际商法》,中山大学出版社2003年版,第59页。

1. 要求履行

《合同通则》规定的要求履行(require performance)包括金钱债务的履行(performance of monetary obligation)和非金钱债务的履行(performance of non-monetary obligation)。要求履行的概念相当于各国国内法规定的实际履行(specific performance)、具体履行或继续履行,是指在合同一方不履行合同义务时,另一方当事人有权要求不履行或违约方仍按照合同约定履行合同义务。大陆法把实际履行视为一种主要的救济方法。然而,英美法国家没有实际履行这一救济方法,但在衡平法中将实际履行视为一种例外的救济方法,只有在损害赔偿不能满足债权人要求时使用。

关于金钱债务的履行,《合同通则》第7.2.1条规定:"如果有义务付款的一方当事人未履行其付款义务,则另一方当事人得要求付款。"这一规定反映了国际上被普遍接受的原则:合同义务项下应支付的付款,总是能要求履行的,若此要求未能满足,可向法庭提起诉讼以强制执行。

对非金钱债务的履行,《合同通则》第7.2.2条继承《买卖合同公约》第46条的基本原则,采用了受一定条件限制的实际履行原则。虽然《买卖合同公约》第28条规定"法庭不必作出实际履行的判决,除非对于不属于本公约范围的类似的买卖合同,法庭根据其所在地法应该这样做",但根据《合同通则》,实际履行并非一种可以自由裁量的救济手段,即法庭必须裁定实际履行,除非存在《合同通则》规定的下列例外情形:①履行在法律上或事实上不可能;②履行或相关的执行带来不合理的负担或费用;③有权要求履行的一方当事人可以合理地从其他渠道获得履行;④履行完全属于人身性质;⑤有权要求履行的一方当事人在已经知道或理应知道该不履行后的一段合理时间之内未要求履行。在国际商事活动中,上述不得要求实际履行的例外情况可能经常存在,特别是服务贸易方面。例如合同项下某种合同履行是不可委托的,并且需要艺术性或科学性的独特技能,或者该种履行涉及某秘密和人身关系,那就属于具有完全人身性质的履行,依据《合同通则》便不得要求履行。

案例 3-19

实 际 履 行

某发展中国家的A公司与日本的B公司签订了一项购买一台标准类型的机器的合同,依合同的规定,在机器交付之前,A公司应向B公司支付100000美元价款。A公司支付了该笔价款,而B公司却没有交付货物。A公司可以从日本的其他渠道获得这种机器,但其本国外汇短缺并需要高价兑换。①

依《合同通则》第7.2.2条第3款的规定,排除了实际履行而可采用替代交易。许多货物属于标准类型,即同样的货物可由许多供应商提供,如果有关这类常用货物的合同没有被履行,大多数客户都不愿浪费时间和精力要求另一方当事人履行合同,而是走入市场,获取替换商品,并且对另一方当事人的不履行要求损害赔偿。上述第

---

① 王传丽:《国际经济法教学案例》,法律出版社2004年版,第150页。

三项例外规定采用了"合理地"一词,表明"替代交易"只有在受损害的一方当事人能合理地从另一渠道获得相同履行时才适用,如受害方不能合理地期望于其他的选择,则仍可要求不履行的一方实际履行。在本案例中,虽然 A 公司可以从日本的其他渠道获得这种机器,但其本国外汇短缺并需要高价兑换,属于受害方不能合理地期望其他的选择,因此 A 公司仍可要求 B 公司实际履行。

2. 修补和替代

《合同通则》第 7.2.3 条规定在适当的情况下,当事人有权要求对瑕疵履行采取修补、替代(repair and replacement)或其他补救方法。此条将前述要求付款和要求履行的一般原则,适用于一种特殊的但时常发生的瑕疵履行,例如修补瑕疵货物、改善不足服务、替代瑕疵履行。又如付款问题,发生付款不足、以错误的货币形式付款、向非双方约定的账户付款等,也存在要求修补或替代的权利。《合同通则》的这些规定,充分吸纳了许多国家以及《买卖合同公约》的有关法律原则,在国际商事活动中被广泛应用。

3. 终止合同

《合同通则》第七章第三节"合同的终止"包括 6 条规定,对终止合同的条件、法律后果和通知时间等问题作出了明确的规定。终止合同与其他国家规定的解除合同、撤销合同、宣告合同无效等相类似,即合同各当事人不必继续履行各自的合同义务,原来订立的合同不复存在。所以,终止合同是最严厉的一种补救方法,因为一旦终止合同,双方结束了权利义务关系,往往会使受损害方无法实现其订约时的目标。此外,终止合同往往会对准备履行或提供履行的不履行方当事人,因所发生的费用得不到补偿而造成严重损害。因此,《合同通则》以及各国合同法均对终止合同规定了比较严厉的条件。

4. 恢复原状

恢复原状(restitution),即恢复到损害发生前的状况,这是终止合同时的一种补救方法。这种方法可完全达到补偿的目的,但有时不方便实行,甚至有时是不可能做到的。各国合同法都有恢复原状的补救方法,然而其地位和作用各有差异。德国法以恢复原状为原则,以金钱赔偿为例外。法国法与德国法完全不同,它以金钱赔偿为原则,以恢复原状为例外。英美法强调金钱赔偿的补救方法,称之为"金钱上的恢复原状"。至于严格意义上的恢复原状,只有在少数情况下才使用,主要适用于受损害方因对方的重大违约而有权解除合同时,他可寻求恢复原状的补救手段,最后是否恢复原状要取决于法庭的判决是否支持此要求。

5. 损害赔偿

损害赔偿(damages)是在国际商事领域使用最多、最为广泛的补救方法,直接触及当事人的经济利益,有时它被单独使用,有时又被连同其他补救方法一起使用。《合同通则》第七章专设第四节"损害赔偿",共有 13 条对损害赔偿的规定。

根据《合同通则》，损害赔偿的权利像其他补救方法一样，产生于不履行这个唯一事实，即采取无过错责任原则，无须证明对方当事人有过错；损害赔偿既可单独使用，亦可与其他补救方法同时并用。损害赔偿包括完全赔偿（full compensation）、损害肯定性（certainty of harm）和损害可预见性（foresee ability of harm）三种主要形式。损害赔偿的计算要考虑"未付金钱债务的利息"和"损害赔偿的利息"。不履行方当事人对于受损害方当事人所蒙受的本来可采取措施减少的那部分损害，不承担责任。

案例 3-20

损害赔偿——损害的减轻

7月2日，A要求旅游代理商B公司为其在巴黎预订20间8月1日的客房，价格为每间500法国法郎。7月15日，A得知B还没有预订到房间。A一直等到7月25日才委托别人再预订，但只能订到700法郎一间的房间了。如果A在7月15日采取行动，可以订到600法郎一间的房间。

《合同通则》第7.4.8条的目的是避免受损害方消极坐等对本来可以避免或减轻的损害的赔偿。受损害方通过采取合理措施能够避免却没有避免的任何损失是得不到赔偿的。因此，A公司只能得到每间600法郎与500法郎的差价，而不是700法郎与500法郎的差价。

6. 违约金

违约金（liquidated damages）是指以保证合同履行为目的，由双方当事人事先约定，当一方违反合同时，应向另一方支付的金钱。在国际商事合同实践中，违约金条款主要有两种规定方法：①规定一笔约定的金额，任何一方若违约即须支付对方此金额；②规定一个百分比率，任何一方履约时间如果推迟若干，则须支付对方上述比例的金额。使用违约金条款简便易行，因为受损害方不必举证对方违约所造成的实际损害，但有时也会出现违约金过分高于实际损害的情形。针对违约金金额大大超过因不履行以及其他情况造成的损害之情形，《合同通则》第7.4.13条第2款明确规定可将该约定金额减少至一个合理的数目，而不考虑任何与此相反的约定。

7. 禁令

禁令（injunction）是英美衡平法上的一种违约救济方法，即通过法院禁止违约方从事某种行为。英美国家的法官通常只在不发禁令不足以防止违约损失的情况下才发布禁令，它主要适用于违反竞业禁止合同的情形。不过，英美国家的法院在决定是否发布禁令及禁令内容时也很注意考虑对违约方是否公平合理。若违约方不从事或就业于与另一方当事人相竞争的事业即无任何合理生活来源的，法官则更倾向于只判决损害赔偿或只发布较短时间的禁令。迄今为止，我国《合同法》尚未对禁令这种违约救济方法作出明文规定。

四、违约责任的免除

可免责的违约通常是因一方当事人对于合同的行为或者因为不可预见的外部事件而引起的。一般来说,对于另一方当事人可免责的违约,一方当事人无权要求损害赔偿或实际履行,但是没有得到履行的一方当事人通常有权终止合同,而不管违约是否可免责。

(一) 可免责违约的形式

1. 另一方当事人的干预

《合同通则》第 7.1.2 条规定,如果一方当事人对合同的违约是由另一方当事人的作为或不作为或者由其承担风险的其他事件所致,则另一方当事人不得依赖一方当事人的违约。该条规定实际上提供了违约的两种理由。①一方当事人不能全部或部分履行,是因为另一方当事人的作为或不作为,使其全部或部分履行变为不可能。②违约是由某个事件所导致,而该事件的风险则被合同明示或暗示地分给声称他人违约的一方当事人承担。凡属上述由于"另一方当事人的干预"(interference by the other party)导致的违约,一方当事人可免除责任(包括部分免除责任)。

2. 拒绝履行

《合同通则》第 7.1.3 条规定,凡双方当事人应同时履行义务的,任何一方当事人可在另一方当事人提供履行前拒绝履行。凡双方当事人应相继履行合同义务的,后履行一方当事人可在应先履行一方当事人完成履行以前拒绝履行。该条规定的拒绝履行(withholding performance)情形,实际上与大陆法的"不履行合同的例外"概念相一致。例如一国际货物买卖合同规定,卖方在收到买方提交的信用证后 30 天内装船,依据前述相关条款,卖方在收到信用证之前,有权拒绝履行交货义务。

3. 不可抗力

不可抗力(force majeure)是指当事人在签订合同时不能预见、不能避免、不能克服和不能控制的意外客观情况或意外事件。这一概念在国际贸易实践中被广泛使用,许多国际商事合同都含有不可抗力条款。实际上,这一概念同大陆法中的"情势变更"(rebus sic standibus)以及英美法中的"合同落空"(frustration of contract)的概念很相似。

不可抗力作为合同不履行或违约责任的免责事由,在各国法律中普遍存在。通常,根据外来力量的来源的不同,可以分为两种情况:①自然原因引起的不可抗力,如水灾、地震、台风、旱灾等;②社会原因引起的不可抗力,如战争、罢工、政府封锁、禁运等。不可抗力事件的发生,将导致两种法律后果:①解除合同;②迟延履行合同。具体产生哪种后果,要视意外事件对合同履行的影响而定,当事人也可通过签订不可抗力条款加以约定。

案例3-21

不 可 抗 力

甲国的制造商A公司与乙国某公益事业公司B签订了由A公司向B公司出售一座核电站的合同,依该合同的规定,A依这一时期的固定价格供应10年该核电站所需的铀,B以美元付款且在纽约支付。5年后,乙国政府因故实行外汇管制政策。[①]

依《合同通则》第7.1.7条的规定,如因不可抗力不履行是根本性的,本条规定并不限制没有得到履行的一方当事人终止合同的权利。如果终止合同,则将免除不履行方当事人损害赔偿的责任。在有些情况下,不可抗力的障碍会从根本上阻止任何履行,但在许多情况下,不可抗力只会延迟履行,此时,本条规定的作用是给予额外的履行时间。在本案例中,乙国政府的外汇管制是在合同订立5年后,当事人无法合理地预见,或不能合理地避免、克服该障碍及其影响,因此B公司可以免除以美元付款的责任,而A公司有权终止合同。

4.免责条款

免责条款(exemption clauses)是指合同中规定免除一方当事人违反合同或侵权损害责任的条款。实践中不少免责条款是具有优势谈判地位的当事人强行要求加进合同里的。

根据《合同通则》第7.1.6条,免责条款主要包括两种。①直接限制或排除不履行方当事人在不履行情况下的责任的条款。此类条款可用不同方式表述,如固定的金额、最高限度、有关履行的比例、扣留保证金。②允许一方当事人提供与另一方当事人的合理期望有实质差异的履行的条款。上述规定体现了免责条款的一个原则,即在适用合同缔约自由的原则时,免责条款原则上有效;然而,如果那样做显失公平,一方当事人就不能援引此类条款;要考虑合同目的,特别是一方当事人通过合同的履行可合理期望得到的利益;如果一方当事人无权依赖免责条款,他们应承担履约责任,并且受损害方当事人可得到对方不履行的全部赔偿。

(二) 可免责违约的补救

《合同通则》第7.1.4条规定了违约当事方的补救措施,主要包括以下方面。①违约一方当事人可自己承担费用对其违约进行补救,但须符合下述条件:该方当事人毫不迟延地通知另一方当事人其拟进行补救的方式和时间;该补救在当时情况下是适当的;受损害方对于拒绝补救无合法利益;补救是立即进行的。②补救的权利并不因终止合同的通知被排除。③在收到有效的补救通知后,受损害方所享有的与违约行为不一致的权利应予中止,直至补救期限届满。④受损害方在补救期间有权停止履行。⑤尽管进行补救,受损害方仍保留对迟延以及因补救所造成或补救未能阻

---

① UNIDROIT,Complete Commented Version of the UNIDROIT Principles of International Commercial Contracts,2004. See http://www.unilex.info/dynasite.cfm? dssid=2377&dsmid=13637&x=1. Last visit on 2008-11-29.

止的损害要求损害赔偿的权利。

第六节 合同的消灭

一、合同消灭的概念

合同消灭(discharge of contract),又称合同的终止(termination of contract),是指由于某种原因,合同当事人之间的权利义务关系客观上不复存在。合同消灭,合同的法律效力也随之消灭。我国法律将合同的消灭称为合同权利义务的终止。《合同通则》第七章第三节对合同的消灭作了相关规定。

(一) 合同消灭的形式

合同的履行和不履行都可能引起合同的终止。合同终止的形式主要有以下几种。①自然终止,即合同履行期届满,当事人按照合同约定履行完毕各自义务。②协议终止,即根据当事人的事先约定(合同附终止期限或解除条件)或事后合意,使合同效力归于终止,可能产生恢复原状的法律后果。③裁决终止(仲裁、诉讼),通常产生于一方当事人对合同义务的不履行构成根本性违约的情形下,法律后果通常溯及既往,即恢复原状。④法律规定的其他终止合同的情形。

(二) 合同消灭的法律后果

合同终止具有以下法律后果:①合同当事人之间的权利义务关系消灭;②当事人对不履行合同请求损害赔偿的权利不因合同终止而丧失;③合同中的清算及争议解决条款不因合同的终止而失效;④根据诚信原则及交易惯例,合同终止后当事人应履行通知、协助、保密等义务。

(三) 合同消灭与合同解除、合同中止

合同终止与合同解除是有区别的。一般认为,合同终止是合同一方当事人作出使合同关系自终止之日起消灭的意思表示或行为,对其先前的合同关系不产生恢复原状的后果,而合同解除通常溯及合同成立之时,产生恢复原状的后果;合同多因不履行或违约而解除,而合同终止的原因不限于不履行或违约;合同可自然终止(如合同终止期限届满效力自然消灭),不需要当事人作出意思表示,而合同解除通常需要一方当事人向另一方当事人作出解除合同的意思表示,或双方合意解除合同。

合同终止与合同中止也存在本质不同。合同终止的结果是合同权利义务关系消灭;而合同中止则是指当事人暂停合同义务的履行,待条件具备时恢复合同的履行,或者在条件不再具备情况下进而解除合同关系。

二、大陆法对合同消灭的有关规定

合同清偿是指债务人向债权人履行债的内容。大陆法各国法律一致主张,合同清偿是消灭债务的主要原因之一,当债权人接受债务人的清偿时,债的关系即告消灭。例如在货物买卖合同中,卖方向买方交货,买方向卖方支付货款,都属于清偿。清偿的标的物一般应当依照合同的规定。但是,如果经债权人同意,债务人亦可用合同规定的标的物之外的物品来清偿,这就是所谓代物清偿。德国、日本等国法律均规定,代物清偿可产生消灭债的效力。

债务抵销是指合同双方当事人互负债务,且债务的种类相同,依据法律规定或合同规定,以其各自的债权冲抵债务,使双方的债务在等额的范围内归于消灭。大陆法将抵销看做合同终止的一个重要原因。合同一方当事人行使抵销权时,应当通知另一方当事人。抵销的优点主要有:①手续方便,避免交换履行;②当一方当事人破产时,抵销方法可避免交换履行所引起的不公平的结果。抵销的方式主要包括法定抵销、约定抵销和当事人单方面的意思表示抵销。

《合同通则》第八章专门规定了抵销,其中第8.4条"通知的内容"规定:"(1)通知必须指明拟抵销的债务。(2)如果通知没有指明行使抵销权的债务,另一方当事人可在合理的时间内向第一方当事人声明有关抵销的债务。如果未作出该声明,则抵销将按比例适用于所有债务。"另外,第8.5条规定了抵销的效力:抵销解除双方债务;如果债务的金额不等,则抵销以金额较小者为限解除债务;抵销自通知之时起生效。

案例 3-22

抵销通知的内容

A欠B债务5000元,同时B欠A不同合同项下货款三笔:4000元、3500元、4500元。双方债务均到清偿期。若A欲以其对B的债权抵销其对B所负债务,A应于通知中指明其希望抵销的B对其所负三项债务中的哪一项。若A未在通知中指明其希望抵销的B对其所负的债务,B可于合理时间内向A指明,其对A所负的4500元债务将通过抵销全部清偿,且其3500元的债务将被抵销500元。抵销之后,B对A剩余债务7000元。若B未就债务抵销作出任何声明,则抵销将使第一个合同项下4000元债务中的1667元、第二个合同项下3500元债务中的1458元、第三个合同项下4500元债务中的1875元分别获得清偿。[①]

大陆法认为,提存是指债务人履行债务时,由于债权人受领延迟,或者不能确定谁是债权人,遂将应给付的物品或金钱寄存于法定的提存所,从而使债的关系归于消灭。提存的程序一般为:呈交提存书;向提存所交付提存物;通知债权人。提存的效力主要有三方面:债务人免除责任;风险转移至债权人;费用由债权人承担。

债务免除是指债权人免除债务人的债务,放弃债权,从而全部或部分解除债务人义务的行为。大陆法把免除作为合同消灭的重要原因。关于免除是否需经债务人同意,各国法律的规定有所不同。受罗马法影响,法国、德国、瑞士等国法律将免除视为双方法律行为,需经债务人同意才能成立;日本法认为免除是单方法律行为,只需债

---

① 商务部条法司编译:《国际商事合同通则》,法律出版社2004版,第137页。

权人作出免除的意思表示,债的关系即告终止,无须债务人同意。我国《合同法》对此未予明确,不过多数学者认为免除系单方法律行为,自债权人向债务人或其代理人表示后即产生债务消灭的效果。

大陆法上的混同,是指债权与债务同归一人而使债的关系消灭。产生混同的情况主要有:死亡的自然人是债权人或债务人,而由其债务人或债权人继承其债权或债务;作为债权人的公司同作为债务人的公司合并;因债权转让或债务承担而使债权、债务集中于一人。但是,下列两种混同情形不能消灭债。①债权已被作为他人权利的标的。例如,A 将对 B 的债权出质于 C,成为 C 的质权的标的,后来即使 C 继承了A 的债权,债权债务已发生混同,但其出质的债权并不因此而消灭。此举目的是保护第三人的利益。②票据流通中的特殊混同。票据债务人通过背书流通的票据,其票据的债权即使发生混同,依据各国票据法的规定,并不消灭,在票据未到期以前仍可流通,以确保票据的流通性。

三、英美法对合同消灭的有关规定

英美法把依约履行看做合同自然消灭的主要原因。合同因履行而消灭是指合同一方当事人依据合同约定履行各自的合同义务,双方的合同关系归于终止。合同一经按约履行,当事人之间的权利义务关系即自行终止。

英美法主张,合同是通过双方当事人的协议而成立的,因而也可依照双方当事人的协议而解除。在简式合同中,如果双方当事人达成协议终止合同,实际上是各自放弃了其在尚待履行的合同中的权利,这本身就是对价,故得终止合同。通过协议而终止合同,包括以新的合同代替原合同、更新合同、依照合同规定的条件解除合同、一方当事人弃权等情况。

英美法认为,在一方当事人不履行或违约涉及"合同的根基"(the root of the contract),即构成违反条件或重大违约时,受损害方即有权解除合同,并可请求损害赔偿。

英美法主张,合同可以依据法律而消灭。如合同一方当事人宣告破产时,依据有关破产法的规定,履行破产清算程序,法院发出解除令,破产人即解除了一切债务和责任,其未履行的合同全部依法终止。此外,合同的混同或合并、一方擅自修改书面合同、合同落空以及合同因无效或撤销而被解除等情况下,当事人或受损方都可依法终止合同。

四、诉讼与仲裁时效

时效期间(limitation periods)是指法律规定的关于确认法律事实与法律文件发生或终止法律效力的时间范围。《合同通则》认为,受通则管辖的权利的行使因一段时间的届满而被禁止,这一期间被称为时效期间。权利人请求法院或仲裁机构保护其合法权益的有效期间,称为诉讼或仲裁时效。

(1) 关于时效制度。大陆法认为时效属实体法范畴,并将时效区分为取得时效(positive prescription)与消灭时效(negative prescription)。英美法认为时效属程序法范畴,故英美法中仅有一种时效,即诉讼时效。1974年联合国《国际货物买卖时效期间公约》认为,"时效期间"是指与合同有关的权利的消灭期限,亦即各种请求权(因合同规定而产生,因违约、终止合同、合同失效而产生)的行使期限。

(2) 关于时效期间。大陆法各国将消灭时效期间区分为普通期间(较长)与特别期间(较短),长的有些国家规定为30年(德国、法国),短的有些国家规定为6个月(法国)。在英国,简式合同时效期间为6年,签字蜡封式合同时效期间为12年。美国没有联邦统一法,时效期间由各州以成文法规定,多数州法律规定,口头合同时效期间为5年或6年,书面合同时效期间为10年。《国际货物买卖时效期间公约》规定:国际货物买卖中请求权的时效期间为4年,自请求权产生之日起计算。《合同通则》第10.2条规定了双重时效体系:一般时效期间为3年,自权利人知道或理应知道导致其权利可行使的事由之次日起计算;在任何情况下,最长时效期间为10年,自权利可行使之次日起计算。我国《合同法》规定:国际货物买卖合同和技术进出口合同的诉讼或仲裁时效期间为4年,自当事人知道或理应知道其权利受到侵害之日起计算。我国《民法通则》规定,最长时效期间为20年,普通时效期间为2年,特殊时效期间为1年。

(3) 关于时效期间的计算。合同有效期间自当事人知道或理应知道其权利受到侵害之日起算起。在时效期间内,发生了合同中止时,法律允许时效期间届满前的一定时期内(通常为6个月)暂停计算时效期间,待阻碍债权人行使请求权的情势消除后,时效期间继续计算。《合同通则》第10.8条规定,不可抗力、死亡或丧失行为能力均可引起一般时效期间的中止,相关障碍消除后1年内时效期间不届满。在时效期间内,发生了时效期间的中断,待法定情势终结,时效期间重新计算。《合同通则》第10.4条规定,若义务人在一般时效期间届满之前承认了权利人的权利,新的一般时效期间自承认之次日起重新计算;最长时效期间不再重新计算,但可能因新的一般时效期间的开始而超期。《合同通则》规定,合同当事方可以更改时效期间,但当事方不能将一般时效期间缩短至1年以下,将最长时效期间缩短至4年以下或延长至15年以上。

(4) 关于时效期间届满的后果。时效期间届满并不意味着债务人义务的解除,债权人于时效期间届满后行使请求权的,若债务人未以时效届满作为抗辩理由,法院或仲裁机构不得以时效届满为由拒绝债权人的诉讼或仲裁请求;若债务人于时效届满之后履行债务,其后不得以时效届满为由要求债权人归还其已履行的债务。《合同通则》第10.9条规定,时效期间的届满不会消灭权利,只是阻碍其行使。时效期间的届满必须被义务人作为抗辩理由才能使之生效。第10.10条规定,义务人主张时效期间届满后,权利人不能行使抵销权。第10.11条规定,已履行的义务人无权仅以时效期间届满要求恢复原状。

本章小结

国际商事合同法的概念是以合同、合同法的概念、特征和基本原则为基础的。国际商事合同法的法律渊源不仅包括世界各国国内有关合同的法律规范,而且还包括相关的国际公约和国际惯例,如《国际商事合同通则》等。

国际商事合同成立的范畴一般包括合同成立的基本程序、合同的条款和合同缔约过失责任等方面。国际商事合同当事人经过要约与承诺的交易谈判过程,通过意思表示一致而建立合同关系。国际商事合同有效成立的主要要件有当事人应具备缔约能力、通过要约和承诺达成意思真实的合意、合同必须具有合法性以及合同存在有效对价或合法约因等。

国际商事合同的履行是国际商事合同法中的一个重要问题。国际商事合同成立后,对当事人双方均有法律约束力,除非发生了法律规定的免责事由,任何一方未按约定履行合同义务,都应承担相应的违约责任。

国际商事合同的不履行亦即合同违约,主要有不可免责的违约和可免责的违约两类。《国际商事合同通则》在合同违约的归责原则问题上采取无过错责任原则,并把合同不履行区分为根本不履行与非根本不履行两类。国际公约、惯例以及各国法律针对不同形式的不履行规定了实际履行、修补和替代、终止合同、损害赔偿、恢复原状、违约金、禁令等救济方法,来弥补被违约方因合同不履行所遭受的损失。可免责的不履行通常是因一方当事人对于合同的行为或者不可预见的外部事件而引起的,主要包括另一方当事人的干预、拒绝履行、不可抗力和免责条款等情形。

国际商事合同的消灭是指由于某种原因,合同当事人之间的权利义务关系客观上不复存在。国际商事合同消灭的形式主要有自然终止、协议终止、裁决终止和法律规定的其他终止合同的情形等。清偿、免除、提存、抵销、混同和时效期间等是导致国际商事合同终止的主要原因。

专业术语汉英对照

合同 contract
国际商事合同 international commercial contract
《国际商事合同通则》PICC
《联合国国际货物买卖合同公约》CISG
《国际贸易术语解释通则》INCOTERMS
国际统一私法协会 UNIDROIT
合同的成立 formation of contract
要约 offer

要约邀请 invitation for offer
承诺 acceptance
镜像规则 mirror image rule
不要式原则 principle of informality
缔约过失责任 liability for contracting fault
要式合同 contract of formality
不要式合同 contract of informality
简式合同 simple contract
对价 consideration
约因 cause
合同履行的抗辩权 counterplea in contract performance
预期违约 anticipatory breach of contract
合同的履行 performance of contract
合同的变更 modification of contract
合同的转让 assignment of contract
违约 breach of contract
实际履行 specific performance
合同不履行 non-performance of contract
瑕疵履行 defective performance
迟延履行 late performance
根本违反合同 fundamental breach
合同违约的救济 remedies for breach of contract
拒绝履行 withholding performance
不可抗力 force majeure
情势变迁 rebus sic standibus
免责条款 exemption clauses
合同的终止 termination of contract
合同消灭 discharge of contract
时效期间 limitation periods

思考与练习题

1. 简述国际商事合同法的渊源。
2. 简述要约的概念以及有效要约的条件。
3. 要约与要约邀请有什么区别？
4. 简述承诺以及有效承诺的条件。

5. 国际商事合同有效成立应具备哪些要件?
6. 简述合同订立的基本程序。
7. 什么是对价?有效对价的条件有哪些?
8. 简述国际商事合同履行的一般原则。
9. 简述国际商事合同转让的概念和形式。
10. 简述缔约过失责任和违约责任的区别。
11. 国际商事合同违约的形式和救济方法有哪些?
12. 国际商事合同消灭的形式和法律后果有哪些?
13. 试比较《联合国国际货物买卖合同公约》和《国际商事合同通则》在调整国际商事合同关系中的联系和区别。
14. 简述影响当事人意思真实表示的因素。
15. 简述合同内容和形式合法性的表现。
16. 简述根本违反合同和非根本违反合同的区别。
17. 简述可免责的合同违约形式。
18. 简述合同消灭与合同解除、合同中止的联系与区别。
19. 简述损害赔偿与其他违约救济措施的关系。
20. 《国际商事合同通则》与我国《合同法》对损害赔偿的范围是如何规定的?
21. 简述大陆法各国对合同消灭的有关规定。

第四章　国际货物买卖法

【本章导读】 "商"即买卖、生意之义,买卖关系是商法讨论的核心问题及其调整的主要内容。市场经济体制已为现代国家所普遍接受,市场经济的重要表现就是商品的准入和贸易自由化,而商品买卖又是贸易自由化的晴雨表,商品买卖对世界经济的发展起着极其重要的作用。一直以来,世界各国都非常重视通过国内或国际立法来调整商品的买卖关系,这就是买卖法在商法中占举足轻重地位的主要原因。本章讨论的国际货物买卖法属于狭义的范畴,仅以营业地在不同国家的交易人之间的有形动产(即货物)的买卖为限。国际货物买卖法的表现形式既有国际公约、国际贸易惯例,也包括国内相关法律、法规及有关条款,目前最重要的国际公约是《联合国国际货物买卖合同公约》,在国际贸易实践中,大量适用的还是以贸易术语形式表现出来的国际贸易惯例。当然,交易主体有通过约定选择适用国际货物买卖法或国际贸易惯例的权利。

【学习目标】　国际货物买卖法是国际商法的核心。通过本章的学习,应了解国际货物买卖法的特征,了解调整国际货物买卖关系的立法与惯例,重点掌握《联合国国际货物买卖合同公约》和《国际贸易术语解释通则》的主要内容;了解国际货物买卖合同的特征,掌握其条款性质区分的意义以及争议解决条款的独立性规则;了解买卖双方各自的主要义务,重点掌握卖方的担保义务;掌握特定化的概念、意义以及特定物与非特定物的不同含义,重点掌握货物的所有权和风险的转移规则。

【重点概念】　营业地标准　国际贸易惯例　货物　特定化　默示担保　货物的交付　争议解决条款的独立性　品质担保　权利担保　所有权转移　风险转移

第一节　国际货物买卖法概述

国际货物买卖法主要包括其概念与特征、调整国际货物买卖关系的立法与惯例、国际货物买卖合同的成立、卖方和买方的权利与义务、货物所有权与风险的移转等内容。

一、国际货物买卖法的概念和特征

1. 买卖及其分类

1) 买卖的含义

买卖,是民事法律关系当事人根据约定一方将财产转让给另一方,另一方支付价款的行为。美国《统一商法典》第2—106条规定:"买卖"(或"销售")是指卖方在取得价款的条件下将货物所有权转移至买方。根据我国《合同法》的规定,买卖具有两个基本特征:一是出卖人转移标的物的所有权于买受人;二是买受人支付价款。如果货物的所有权没有转移,或者另一方没有支付价款或支付的不是价款而是租金、加工费等,都不是买卖。

2) 买卖的种类

根据不同的标准,可以将买卖分为很多种类。通常有以下几种。①一般买卖和特种买卖。特种买卖又可分为附买回条款的买卖、附所有权保留条款的买卖、分期付款的买卖、参照样品的买卖等。②种类物买卖和特定物买卖。标的物是一般种类物的买卖即为种类物买卖,例如市场上有统一标号的钢材、水泥以及相同品级的棉花、纱线等的买卖。标的物为特定物的买卖是特定物买卖,根据标的物的情况又可分为两种:一种是标的物本身就独一无二的买卖,如黄庭坚的书法作品;另一种是种类物经由买受人指定后变为特定物的买卖。③竞争买卖和非竞争买卖。竞争买卖是指买受人通过招投标或拍卖等竞争方式与出卖人达成的交易;非竞争买卖是指通过双方当事人的合意,无需招投标等竞争的方式就可以成立的买卖。④现货买卖和期货买卖。合同成立时标的物已经存在的买卖为现货买卖,如存货买卖;合同成立时标的物并不现实存在,还需生产、加工等制作过程才能实现的买卖为期货买卖,国际货物买卖大部分属于这一类,其中以订货生产方式的买卖最为典型。⑤即时买卖和非即时买卖。即时买卖即"现售",是指订立合同与出售货物同时完成的买卖方式;非即时买卖是指订立合同时不进行付款和交货,而是在其后某一时期进行付款和交货的买卖。

另外,根据不同的分类标准还有实验买卖与非实验买卖、动产买卖与不动产买卖、国内买卖与跨国买卖(国际买卖)等。

2. 国际货物买卖的概念及其特征

1) 国际货物买卖

国际货物买卖,是指营业地位于不同国家的当事人之间的货物买卖。如果从一国角度出发,从法律关系主体、内容、客体三个方面理解,"国际"主要有这样几种含义:①国家之间;②作为法律关系主体的公民或法人住所、居所或营业地位于不同的国家;③作为法律关系主体的公民或法人具有不同的国籍;④作为法律关系客体的标的物位于国外;⑤引起法律关系的事实和行为发生在国外。关于上述的几种含义,不同国家、不同部门法、不同学者会有不同的认识,在具体适用时,有的采用单一标准,而更多的是采用复合标准或者选择性标准。《买卖合同公约》采用的是当事人"营业地"这个单一标准,该公约适用于营业地位于不同国家的当事人之间的货物买卖合同。① 另外,人们通常将营业地位于不同关税地区(关境)的货物买卖,如中国内地与

---

① 《买卖合同公约》第1条规定如下。(1)本公约适用于营业地在不同国家的当事人之间所订立的货物买卖合同:(a)如果这些国家是缔约国;或(b)如果国际私法规则导致适用某一缔约国的法律。(2)当事人营业地在不同国家的事实,如果从合同或从订立合同前任何时候或订立合同时,当事人之间的任何交易或当事人透露的情报均看不出,应不予考虑。(3)在确定本公约的适用时,当事人的国籍和当事人或合同的民事或商业性质,应不予考虑。

香港之间的货物买卖也纳入国际货物买卖关系中加以研究。

2) 国际货物买卖的特征

根据上述分析并结合《买卖合同公约》的规定,国际货物买卖具有如下几个特征。

(1) 国际货物买卖属于动产的货物买卖,即买卖的标的是有形财产,不包括技术、服务等无形财产,也不包括房地产等不动产。

(2) 国际货物买卖具有交易性,即在双方当事人的同一项法律关系中,必须同时具备一方当事人货物所有权的转移和另一方当事人按照约定支付相对应的价款。

(3) 国际货物买卖具有国际性,是营业地位于不同国家(不同关税地区或不同关境)的当事人之间的货物买卖,即跨国(境)的货物买卖。

(4) 国际货物买卖与国际货物运输、保险以及国际支付、结算关系紧密,有时还与国际商事代理相关联。同时,与进出口国的对外贸易政策及其对外贸易管制法律相关联。

3. 国际货物买卖法

买卖法,就是调整买卖当事人之间权利和义务关系的法律规范。与买卖的分类相似,买卖法也可以按照不同的标准进行分类。从其调整内容来看,买卖法有广义和狭义两种。广义的买卖法,包括调整动产与不动产买卖关系的法律规范;而狭义的买卖法,仅指调整有形动产买卖(即货物买卖)关系的法律规范。根据买卖法调整的法律关系即权利义务关系是否跨越国境,可以将买卖法分为国内买卖法和国际买卖法两种。本章所讨论的是狭义的国际买卖法——国际货物买卖法。

国际货物买卖是国际经济贸易关系中最原始、最基本的形式,随着国际经济交往的不断加深、科学技术的日新月异,国际贸易也不断得以发展,已经从传统有形的货物贸易进一步发展到货物贸易、技术贸易、服务贸易等多种形式,但是货物贸易仍然是国际经济贸易关系中难以替代的重要组成部分,国际贸易法、国际商法都是建立在国际货物买卖法的基础上并以其为核心逐步发展起来的。因此,无论是国际贸易立法还是国内贸易立法,都很重视对国际(对外)货物买卖关系的调整。

二、调整国际货物买卖关系的立法与惯例

国际货物买卖法是调整跨国货物买卖关系的法律规范的总和。调整国际货物买卖关系的立法和惯例所涉及的是国际货物买卖法的渊源问题,即作为国际货物买卖法有效力规则的规范形式或者那些能够证实这些规则存在的表现形式。[①] 调整国际货物买卖关系的立法是其"形式渊源",它既包括国际条约,也包括国内立法;调整国

---

① 法律渊源(sources of law),是一个争论不休的概念,但正如王铁崖先生所言,"尽管如此,国际法的渊源,作为国际法原则、规则和制度存在的地方,还是一个有用的概念"。商法的渊源详见本书第一章,本章所称的渊源是指国际货物买卖法的效力产生途径和过程,即国际货物买卖法效力的依据,并参考了萨蒙德(Salmond)关于"形式渊源"(formal sources)和"实质渊源"(material sources)划分的观点。

际货物买卖关系的惯例,作为其"实质渊源"也可以证实这些规则的存在。一般来说,调整国际货物买卖关系的公约和惯例的适用属于非强制性的,当事人可以约定选择、排除或更改。只有当国际货物买卖合同适用公约或惯例时,而当事人又没有相反的约定或就其中某些事项没有约定时,才会援引公约或惯例的规定来确定他们之间的权利和义务。① 这一点与国内法的适用有明显的不同。

(一) 调整国际货物买卖关系的国际条约

国际条约是国际货物买卖法的重要渊源,调整国际货物买卖关系的国际条约主要有 1964 年《国际货物买卖统一法公约》和《国际货物买卖合同成立统一法公约》,1980 年《联合国国际货物买卖合同公约》、1986 年《国际货物买卖合同法律适用公约》,以及 1974 年《联合国国际货物买卖合同时效期限公约》及修正议定书。其中,《联合国国际买卖合同公约》是迄今为止有关国际货物买卖关系一项最为重要的国际条约。

1. 1964 年《国际货物买卖统一法公约》和《国际货物买卖合同成立统一法公约》

为了克服各国在国际货物买卖法方面存在的分歧,避免或减少各国在经济交往中所产生的法律冲突,罗马统一国际私法协会于 1930 年组织了一个"国际货物买卖统一法公约起草委员会",就国际货物买卖实体法方面的协调和统一,着手草拟公约。这一项工作在第二次世界大战爆发后曾一度被迫中断,战后得以恢复。1964 年 4 月 25 日,在海牙召开的有 28 个国家参加的外交会议上,通过了《国际货物买卖统一法公约》和《国际货物买卖合同成立统一法公约》。这两个公约分别于 1972 年 8 月 18 日和 8 月 23 日生效。

这两个公约主要体现的是欧洲国家的国际贸易实践和大陆法系的传统,加之内容烦琐、概念晦涩难懂,因此只是在少数的西欧国家之间生效,参加或批准公约的国家只有比利时、冈比亚、德国、意大利、荷兰、圣马力诺、英国和卢森堡等寥寥数国,难以达到统一国际货物买卖法的目的。

2. 1974 年《联合国国际货物买卖合同时效期限公约》和 1980 年《修正国际货物买卖合同时效公约的议定书》

为了推动世界贸易的发展,规范国际货物买卖的时效期限的统一规则,联合国国际贸易法委员会(UNCITRAL)主持草拟了《联合国国际货物买卖合同时效期限公约》,该公约于 1974 年 6 月在纽约联合国总部召开的外交会议上获得通过,1988 年 8 月 1 日生效;1980 年 4 月在维也纳外交会议上又通过了《关于修正〈联合国国际货物买卖合同时效期限公约〉的议定书》。它们是目前关于国际货物买卖合同时效的两个最主要的国际公约,我国尚未加入该公约和议定书。

---

① 《买卖合同公约》第 6 条规定:双方当事人可以不适用本公约,或在第 12 条的条件下,减损本公约的任何规定或改变其效力。《合同通则》第 1.5 条规定,除通则另有规定外,当事人可以排除通则的适用,或者减损或改变通则任何条款的效力。

《联合国国际货物买卖合同时效期限公约》共分四部分 46 条,对公约的适用范围、时效期限的定义、时效期间、起算和计算、中断和延长以及时效期限届满的后果作了具体规定,从而确立了关于国际货物买卖合同所引起法律诉讼必须开始的时限的统一规则。该公约将时效期间统一规定为 4 年,买卖双方在此期限内皆可就国际货物买卖合同的任何争议提起诉讼,超过此时效,如果被告以此提出抗辩,仲裁机构或法院应不予受理,也不得对此争议的判决予以承认和执行。反之,如果被告没有以此作为抗辩事由,仲裁机构或法院不得主动以时效届满为由驳回原告的诉讼请求。同理,如果债务人自动履行债务,即使时效届满,事后也不能以时效届满为由要求债权人归还已经履行的给付。

3. 1980 年《联合国国际货物买卖合同公约》

由于海牙会议通过的《国际货物买卖统一法公约》和《国际货物买卖合同成立统一法公约》没能起到统一国际货物买卖法的作用,联合国国际贸易法委员会于 1969 年成立了一个专门的工作组,以这两个公约为基础,开始草拟国际货物买卖合同的统一规则,着手新公约的准备工作。为了"建立新的国际经济秩序的广泛目标",考虑到在平等互利基础上发展国际贸易以促进各国间友好关系,新公约在起草过程中,尽力克服海牙两公约对大陆法系偏重的风格,着力于不同的法系、不同的法律制度和不同的社会制度、经济制度的国家之间的平衡,减少国际贸易的法律障碍。

经过近 10 年的酝酿和准备,工作组于 1978 年完成了新公约的起草工作。1980 年,在联合国国际贸易法委员会的主持下,公约在维也纳举行的外交会议上获得通过,并于 1988 年 1 月 1 日起正式生效。截至 2005 年上半年,核准和参加公约的共有 65 个国家,既有大陆法系的法国、德国和意大利,也有英美法系的美国、加拿大和澳大利亚;既有美国、德国等发达经济体,也有中国、俄罗斯等新兴经济体,以及几内亚、赞比亚等不发达国家,具有一定的代表性、国际性和广泛性。公约全文共 101 条,分为四个部分:①适用范围;②合同的成立;③货物买卖,包括总则、卖方的权利义务、买方的权利义务、风险转移等制度;④最后条款。

我国政府于 1980 年就派代表参加了维也纳外交会议,并于 1986 年 12 月向联合国秘书长递交了关于《买卖合同公约》的核准书,成为公约的缔约国。我国在递交公约核准书时,根据公约第 95、96 条规定,提出了两项保留,即适用范围保留和书面形式的保留。

(1) 关于公约适用范围的保留。《买卖合同公约》在确定其使用范围时,是以当事人的营业地处于不同国家为标准的,对当事人的国籍不予考虑。按照公约第 1 条第(1)款(a)的规定,如果合同双方当事人的营业地处于不同的国家,而且这些国家又都是该公约的缔约国,该公约就适用于这些当事人间订立的货物买卖合同。即公约适用于营业地处于不同的缔约国家的当事人之间订立的买卖合同。但是,公约在第 1 条第(1)款(b)中规定,只要当事人的营业地处于不同的国家,即使他们的营业地的所属国家不是公约的缔约国,但如果按照国际私法的规则(冲突法)指向适用某个缔约国的法律,则该公约亦将适用于这些当事人之间订立的买卖合同。这一规定的目的是扩大公约的适用范围,使它在某些情况下也可适用于营业地处于非缔约国的当事人之间订立的买卖合同。对于这一点,我国在核准该公约时提出了保留。根据这项保留,在我国,该公约的适用范围仅限于营业地分处于不同的缔约国的当事人之间订立的货物买卖合同。

(2) 关于采用书面形式的保留。根据《买卖合同公约》第 11 条的规定,国际货物买卖合同可以非书面方式订立或者不以书面形式来证明,在形式方面不受任何限制。这就是说,国际货物买卖合同采用书面形式、口头形式或其他形式都被认为是有效的。这一规定与我国当时施行的《涉外经济合同法》相抵触,该法规定涉外经济合同必须采用书面形式订立方为有效。因此,我国在批准公约时对该条也提出了保留。但是与 1986 年相比,我国的经济环境与法制环境已经发生了很大的变化,1999 年 10 月 1 日我国开始施行新的、统一的《合同法》,原《经济合同法》、《涉外经济合同法》、《技术合同法》同时废止。根据我国《合同法》第 10 条的规定,当事人订立合同,有书面形式、口头形式和其他形式。虽然我国没有撤回此项保留,它仍然具有法律效力,但是其实际意义已经大打折扣。

随着参加《买卖合同公约》的国家日益增多,公约对国际货物买卖所起的作用肯定会越来越大,而且我国作为缔约国在相关的国内立法中也积极进行了参考和借鉴。因此,本章在介绍国际货物买卖法相关制度时将对公约作重点介绍。

4. 1986 年《国际货物买卖合同法律适用公约》

为了避免和消除国际货物买卖合同领域的法律冲突,1985 年海牙国际私法会议主持通过《国际货物买卖合同法律适用公约》,该公约于 1986 年 12 月 22 日正式生效。该公约分别从实体法和冲突法两个领域谋求各国货物买卖合同法律适用制度的统一。该公约共 4 章 31 条,主要包括:第一章公约的适用范围;第二章适用的法律;第三章一般规定;第四章最后条款。该公约在起草过程中,充分考虑了它与 1980 年《买卖合同公约》的配套和相互连接关系,因而所使用的国际货物买卖合同也是以当事人的营业地为条件,其调整的买卖种类也基本上与之相一致。

(二) 关于国际货物买卖的国际惯例

国际贸易惯例是调整国际货物买卖关系的重要规范,或者说是国际货物买卖法的另一个重要渊源。《买卖合同公约》第 9 条规定:①双方当事人业已同意的任何惯例和他们之间确立的任何习惯做法,对双方当事人均有约束力;②除非另有协议,双方当事人应视为已默示地同意对他们的合同或合同的订立适用双方当事人已知道或理应知道的惯例,而这种惯例,在国际贸易上,已为有关特定贸易所涉同类合同的当事人所广泛知晓,并为他们所经常遵守。如果双方当事人在其国际货物买卖合同中约定采用某项惯例,它就对他们具有约束力。法院和仲裁机构在适用法律时,也可以参照国际贸易惯例来确定当事人的权利与义务。

1. 国际贸易惯例概念

国际贸易惯例(international trade customs),是指调整国际货物买卖关系的国际惯例,是国际商事惯例的一种,主要包括调整国际货物买卖关系的各国习惯法,以及国际商会等国际学术机构或国际经济贸易组织制定的统一标准、示范规则和共同条件。这些规则形成于国际贸易实践,并经过长期的编纂、修订和发展,内容已经相当确定,使用也日趋统一。正如《合同通则》第1.9条所阐明的:当事人各方受其业已约定的任何惯例和其相互之间业已建立的任何习惯做法的约束;在特定的有关贸易中的合同当事人,应受国际贸易中广泛知悉并惯常遵守的惯例的约束,除非该惯例的适用为不合理。

2. 几个重要的国际贸易惯例汇编

在国际贸易实践中,经过编纂而形成、被广泛使用于调整国际货物买卖关系的国际惯例形式主要有以下几种。

(1) 1932年《华沙-牛津规则》。它是国际法协会为解释CIF贸易术语而于1932年专门制定的。该规则对于CIF的性质,CIF项下买卖双方所应承担的责任、风险和费用的划分,以及CIF项下货物所有权的转移方式等问题都作了比较详细的解释。该规则在总则中说明,规则仅供双方当事人自愿采用,经交易双方明示协议,可以对本规则的任何一条进行变更修改或增添。凡合同明示采用《华沙-牛津规则》者,合同当事人的权利与义务均应援引本规则的规定办理。如规则与合同发生矛盾,应以合同为准;凡合同中没有规定的事项,应按规则的规定办理。

(2) 国际商会《国际贸易术语解释通则》。现行文本是2000年通过的修订本和2010年的最新修订本。国际商会所通过的几个版本的《国际贸易术语解释通则》,尤其是《2000年通则》,在国际上已获得了广泛的承认并被广泛采用,所编纂的几个贸易术语在我国的进出口贸易实践中也被大量采用。

(3) 美国《1941年对外贸易定义修订本》。早在1919年,美国就曾有几个商业团体共同制定了关于FOB的统一定义;同年,又有9个商业团体制定了《美国出口报价及其缩写》的编纂文本,供对外贸易参考使用。1940年,由于贸易习惯发生了改变,美国第27届全国对外贸易会议对原有定义进行了修改;1941年7月31日,美国商会、美国进口商协会及美国全国对外贸易理事会所组成的联合委员会,正式通过并采用了此项定义。该定义对Ex(Point of Origin,原产地交货价)、FOB(Free on Board,离岸价)、FAS(Free Along Side,船边交货价)、C&F(Cost and Freight,成本加运费价)、CIF(Cost, Insurance and Freight,成本加保险费加运费价)和Ex Dock(Named Port of Importation,目的港码头交货价,又作DEQ,Delivered Ex Quay)等6种贸易术语作了解释。该术语解释在美洲地区的一些国家被广泛使用,但其某些术语的解释与《国际贸易术语解释通则》的规定有较大的差别。比如,它将FOB具体又分为6

种,其中只有第 5 种 FOB vessel(装运港船上交货)与《国际贸易术语解释通则》关于 FOB 的解释接近,但不完全相同。因此,在适用时要特别注意。

(4) 2004 年《国际商事合同通则》。该通则是国际统一私法协会历经 30 多年努力所取得的一项最主要成果,是当今世界上一部极具现代性、广泛代表性、权威性与实用性的商事合同统一法。通则所规范的内容不仅包括有形贸易,还包括无形贸易;通则适用于全部的国际商事合同,不仅包括国际货物买卖合同,也包括国际服务贸易合同和国际知识产权转让合同。

3. 2000 年、2010 年《国际贸易术语解释通则》

由于国际贸易往往跨越国界,涉及长途运输,内容复杂、手续多、风险大,为了明确交易双方的责任、义务以及风险转移等问题,在长期的国际贸易实践中,逐渐形成了一些专门用语,用以表明商品的价格构成,货物交接过程中的风险、责任和费用划分等交易条件。贸易术语(trade terms)是国际贸易发展过程中的产物,它的产生又促进了国际贸易的发展。这是因为,在国际货物买卖合同中,买卖双方选择适用某个贸易术语来确定双方的权利和义务,就可以简化交易手续、缩短洽商过程、节省交易成本、减少贸易纷争,从而促进国际贸易的发展。

(1) 贸易术语通则的产生与发展。最初出现的贸易术语是 FOB,大约在 18 世纪末 19 世纪初。FOB,即"装运港船上交货"的缩写。它虽然与贸易术语通则中的 FOB 术语有区别,但可以说是今天 FOB 的雏形。19 世纪中叶,以 CIF 为代表的象征性交货方式逐渐流行。由于这些术语是应贸易发展的需要而自发产生的,即使是相同的术语也有多种不同的解释。因此,国际商会于 1936 年制定了《国际贸易术语解释通则》,后于 1953 年起多次进行修订,起初的编纂只包含 9 种贸易术语,1980 年版所包含的术语已增加到 14 种。20 世纪 80 年代,交通运输愈加发达,集装箱多式联运业务迅速普及。同时,随着电子技术的迅猛发展,电子数据交换和网上交易日趋发展。为适应新的贸易发展形势,国际商会又于 1990 年对通则进行了修订,删除了只适用于单一运输方式的 FOR/FOT(铁路交货)、启运地机场交货(FOB airport),增加了未完税交货(DDU)。这样,原来的 14 种术语变成了 13 种,2000 年版的通则保留了这 13 种贸易术语。2010 年修订的通则删除了 DAF、DES、DEQ、DDU 这四个 D 字组中的术语,增加了 DAP(类似于被取代了的 DAF、DES 和 DDU 三个术语)和 DAT(类似于被取代的 DEQ 术语),贸易术语总数变成了 11 种,且扩展至适用于一切运输方式。

(2) 2000 年与 2010 年贸易术语通则的内容比较。2000 年贸易术语通则将所编纂的 13 个贸易术语划分为 E、F、C、D 四个组别,卖方责任和风险依次逐渐加大,而买方责任和风险依次逐渐减小,具体情况如表 1 所示。

表 1　2000 年与 2010 年贸易术语对照

名称	中文含义	交货地点	风险转移	运输责任	运输方式	组别特点	2010 年修订
EXW	工厂交货	卖方工厂	交货时	买方	各种运输	启运合同（发货合同）	
FCA FAS FOB	货交承运人 船边交货 船上交货	交承运人 装运港船边 装运港船上	交货时 交货时 装运港船舷	买方	各种运输 海运内河 海运内河	①装运合同 ②主要运费未付	装运港船上
CFR CIF CPT CIP	成本加运费 成本、运费加保险费 运费付至 运费加保险费付至	装运港船上 装运港船上 交承运人 交承运人	装运港船舷 装运港船舷 交货时 交货时	卖方	海运内河 海运内河 各种运输 各种运输	①装运合同 ②主要运费已付	装运港船上 装运港船上
DAF DES DEQ DDU DDP	边境交货 目的港船上交货 目的港码头交货 未完税交货 完税后交货	边境指定地点 目的港船上 目的港码头 指定目的地 指定目的地	交货时 交货时 交货时 交货时 交货时	卖方	陆上运输 海运内河 海运内河 各种运输 各种运输	到货合同	①以 DAP 取代 DAF、DES 和 DDU，以 DAT 取代 DEQ ②适用于一切运输

（3）FOB、CIF、CFR 三个主要术语的介绍。FOB、CFR 和 CIF 是国际货物买卖最为常用的三个贸易术语。按照这三个术语成交的合同，其相同之处在于：它们都属于装运合同，均为象征性交货，只要卖方按照约定的时间、地点，将符合要求的货物装上买方指派的（FOB）或自己安排的（CFR、CIF）船上，提交给买方符合要求的货运单据（CIF 包括保险单），便履行了合同的义务。风险都于货物在装运港越过船舷时由卖方转移到买方，都仅适用于海运和内河航运，都是由卖方提交货物的所有权凭证即为完成交货，都规定由买方接受货物、支付价款、办理进口手续。其主要区别在于 CFR 和 CIF 由卖方办理运输，FOB 则由买方办理货物的运输；FOB、CFR 由买方办理保险，而 CIF 由卖方办理保险；FOB 后接的是装运港名称，而 CFR、CIF 后接的是目的港名称；CFR 报价等于 FOB 价加上运费，而 CIF 报价等于 CFR 价加上保险费。

（4）DAT、DAP 术语介绍。DAT、DAP 两个术语是 2010 年通则新增加的内容，于 2011 年 1 月 1 日起施行。DAT（delivered at terminal，目的地或目的港的集散站交货）术语取代的是 DEQ 术语，指卖方在指定的目的地或目的港的集散站卸货后将货物交给买方处置即完成交货。卖方承担将货物运至指定的目的地或目的港的集散站的一切风险和费用（除进口费用外）。DAP（delivered at place，目的地交货）术语取代的是 DAF、DES 和 DDU 术语，指卖方在指定的目的地交货，只需做好卸货准备即完成交货。卖方应承担将货物运至指定目的地的一切风险和费用（除进口费用外）这两个术语均适用于一切运输方式。

(三) 国际贸易惯例的性质与法律适用

1. 国际贸易惯例的性质

国际贸易惯例是为了减少贸易争端，规范贸易行为，在长期、大量的贸易实践的基础上逐渐产生的专门用语。国际组织或贸易机构的编纂，只是在业已形成的习惯做法的基础上，对其加以整理、汇集，明确其含义，并加以必要的解释。由此可见，国际贸易惯例不同于法律，它是以当事人的意思自治为适用的基础，它没有法律的强制约束力。但是，国际贸易惯例对贸易实践仍具有重要的指导作用。这主要体现在，买卖双方同意采用某种贸易惯例来约束该项交易，那么该项约定的惯例对双方就有了强制约束力。

2. 国际贸易惯例的适用

当事人各方受其业已约定的任何国际贸易惯例和其相互之间业已建立的任何习惯做法的约束。如果买卖双方一致同意他们的国际货物买卖合同受某个国际惯例的管辖，该惯例就得以适用。《合同通则》规定："在当事人约定其合同受本通则管辖时，应适用通则。"该通则还规定："除通则另有规定外，当事人可以排除通则的适用，或者减损或改变通则任何条款的效力。"为了扩大国际贸易惯例的适用，有些编纂文本赋予了相关的惯例规则以"一般法律原则"、"商人法"的地位。该通则在序言中规定：在当事人约定其合同受法律的一般原则、商人习惯法或类似措辞管辖时，可适用本通则；在当事人未选择任何法律管辖其合同时，也可适用通则。在特定的有关贸易中的合同当事人，应受国际贸易中广泛知悉并惯常遵守的惯例的约束，除非该惯例的适用为不合理。

(四) 关于货物买卖的国内法

在西方发达资本主义国家，由于民商合一与民商分立的体例和传统，大陆法系与英美法系买卖法规定的内容与形式存在着一定的区别。

1. 大陆法系国家的货物买卖法

大陆法系国家有民商合一与民商分立两种情况。民商合一的国家只有民法典而没有单独的商法典。1804 年《法国民法典》和 1807 年《法国商法典》先后颁布实施，标志着以法典为标志的民商分立体制正式确立。其后，1817 年卢森堡、1829 年西班牙、1838 年希腊、1838 年荷兰、1850 年比利时、1865 年和 1883 年意大利、1888 年葡萄牙、1900 年德国等 40 多个国家分别颁布了商法典。"除了普通法系国家和斯堪的纳维亚国家之外，把私法分为民法与商法两个分立的体系，在当年似乎是私法的一个基本特征。"[①]这些国家以民法作为普通法，以商法作为民法的特别法。在商法典中，专门针对商行为、公司、票据、保险、海商等方面的法律问题分别作出了具体的规定。

但是，自意大利学者摩坦尼利于 1847 年首倡"民商合一"以来，该理论便得到了

---

① 中国人民大学法律系民法教研室 1985 年编印《外国民法论文选》（第二辑），第 34 页。

学界和实践领域的积极响应。加拿大魁北克省放弃了在民法典之外另订商法典的做法，于1865年在其民法典中对某些商事内容作了规定。之后，瑞士也放弃了民商分立体例，于1881年制定统一的债务法。后来的苏俄、土耳其民法典也均采用民商合一的体例。民商合一的立法形式似乎成为一种趋势，独立于民法典之外的商法典模式逐渐被民法加上单行法规的调整模式所取代。现在，大陆法国家大都将有关买卖的法律编入民法典，作为该国民法典的一部分。

2. 英美法系国家的货物买卖法

由于判例法的传统，英美法系国家没有民法典，也没有上述大陆法意义上的商法典。因此，原则上不存在民法与商法的区分。

(1) 英国《货物买卖法》。该法既适用于英国国内，也适用于国际货物买卖。它是西方最早的同时也是在货物贸易领域中非常重要的制定法，它几经修订，现适用的是1994修订的《货物供应与销售法》。

(2) 美国《统一买卖法》、《统一商法典》。[①] 目前除路易斯安那州之外的49个州、哥伦比亚特区和美属维尔京群岛，美国其他各州都采纳了《统一商法典》，因此它基本上消除了美国各州处理跨州商事纠纷在适用法律上的冲突，实现了州际交易范围内销售、票据、担保、信贷各领域规定的统一，并为各类商事交易活动提供了优良的模式，被美国国内乃至国际商事社会广泛采用和吸收，促进了商法的国际性。

3. 我国的国际货物买卖规定

我国没有国际货物买卖法，也没有专门的买卖法，相关的法律规范主要体现在《民法通则》、《合同法》、《对外贸易法》以及有关法规、规章和司法解释之中。我国缔结和参加的条约和国际惯例也是我国国际货物买卖法的渊源。另外，根据我国的法律选择规则即国际私法规则的指定，可以适用外国的相关法律、国际公约或惯例，来调整我国的国际货物买卖关系。广义上讲，这些国际私法规范也应属于国际货物买卖法范畴。

第二节 国际货物买卖合同的订立

合同的订立，是指两个或两个以上的当事人为意思表示，达成合意而成立合同的过程和状态。合同的订立与合同的成立不尽相同，后者是前者的组成部分，合同成立标志着合同的产生和存在，属于静态协议。[②] 国际货物买卖合同同样适用合同成立

[①] 根据美国宪法的规定，关于贸易方面的立法权原则上属于各州，联邦只对州际贸易和国际贸易享有立法权。因此，《统一买卖法》、《统一商法典》不是由美国的立法机关——国会制定和通过的法律，而是由美国统一各州法律委员会和美国法学会起草，供各州自由采用的"示范法典"、"标准法典"，它本身不具有制定法那样的强制力，只有经各州接受或采纳后才有法律效力。

[②] 韩世远：《合同法总论》，法律出版社2008年版，第60页。

的一般规则,即合同成立需要满足的一般条件。它的实现途径集中体现于合同法上的要约和承诺规则。本节从国际货物买卖合同特有的概念特征进行讨论,从订立形式、结构与主要条款两方面来探讨其形式与内容的关系,以及国际货物买卖合同成立的要约和承诺规则。

一、国际货物买卖合同的概念

我国《民法通则》第85条规定,合同是当事人之间设立、变更、终止民事关系的协议。所谓"协议",就是当事人之间的"合意",是当事人就彼此之间的权利义务关系一致的意思表示。我国《合同法》第130条规定,买卖合同是出卖人转移标的物的所有权于买受人,买受人支付价款的合同。根据《买卖合同公约》的规定,国际货物买卖合同是指"营业地处于不同国家的当事人之间所订立的货物买卖合同"。该定义主要包括了该类合同"国际性"和"货物"两个内在的规定性,同时由于我国已经放宽但依然存在的外贸管制,此类合同对当事人的主体性还有一定的要求。

1. 国际货物买卖合同当事人的主体资格

在国际贸易中,作为合同主体的当事人有自然人、法人,有时也包括国家。为了履行"入世"承诺,逐步放宽外贸经营权的范围,我国《对外贸易法》第8条规定,对外贸易经营者是指依法办理工商登记或者其他执业手续,依照本法和其他有关法律、行政法规的规定从事对外贸易经营活动的法人、其他组织或者个人。但《对外贸易法》第9、11条还规定:从事货物进出口的对外贸易经营者,应当向国务院对外贸易主管部门或者其委托的机构办理备案登记,未按照规定办理备案登记的,海关不予办理进出口货物的报关验放手续。同时,国家可以对部分货物的进出口实行国营贸易管理。实行国营贸易管理货物的进出口业务只能由经授权的企业经营。实行国营贸易管理的货物和经授权经营企业的目录,由国务院对外贸易主管部门会同国务院其他有关部门确定、调整并公布。违反规定擅自进出口实行国营贸易管理的货物的,海关不予放行。

虽然较以前有所放宽,但我国对国际货物买卖合同当事人主体资格的要求还是比对国内买卖合同的要求严格许多。

2. 国际货物买卖合同的"国际性"

国际货物买卖合同与一般国内货物买卖合同最主要的区别在于其"国际性",即它所具有的国际因素。而国际因素是指在该法律关系的主体、内容和客体诸因素中至少有一个因素与外国发生联系。主体具有国际因素包括两种情况:当事人一方是外国人,即具有外国国籍的自然人或者在外国登记注册的法人;当事人一方的居住地或者营业地在国外。对于以什么标准来确定其国际性,来识别国际货物买卖合同,理论界和实践中有着很大的分歧。

关于国际货物买卖合同的国际性,《买卖合同公约》采用的是当事人营业地标准,至于双方当事人的国籍及其他因素,均不予考虑。《国际货物买卖合同时效公约》、

《国际货物买卖合同法律适用公约》也都是以营业地标准来界定国际货物买卖合同。我国《合同法》改变了原《涉外经济合同法》的国籍标准,采用的也是与公约相同的营业地标准。

当事人有两个以上的营业地和当事人没有营业地或者营业地无法确定时,根据《买卖合同公约》第10条的规定:如果当事人有一个以上的营业地,则以与合同及合同的履行关系最密切的营业地为其营业地,但要考虑到双方当事人在订立合同前任何时候或订立合同时所知道或所设想的情况;如果当事人没有营业地,则以其惯常居住地为准。

3. 国际货物买卖合同的"货物"

国际货物买卖合同"货物"(goods)的规定性,讨论的是所适用标的物的范围问题。货物买卖合同是指出卖人将货物的所有权转移给买受人从而取得货款的一种双务、有偿的合同形式。现代国际贸易客体物所包括的范围很广,除了各种有形动产外,还包括某些无形财产,如专利权、商标权、著作权等。我国《对外贸易法》第2条规定:"本法所称对外贸易,是指货物进出口、技术进出口和国际服务贸易。"而且,世界贸易组织公约已经将服务纳入国际贸易的法制体系中,形成了独立于关贸总协定的服务贸易总协定(GATS)。另外,从事实角度上说,由于国际货物买卖合同的标的物必须从一个国家(地区)运输到另一个国家(地区),必须跨越国界(关境),而不动产显然不具备这个条件,因此不包括在国际货物买卖的标的物之内。因此,相比庞大的国际贸易体系来说,国际货物买卖合同是狭义的买卖合同,其标的物是货物,即"有形动产"。

《买卖合同公约》没有直接给"货物"下一个定义,但它以排除的方式列举了不适用于公约买卖的情形:(a)购供私人、家人或家庭使用的货物的销售,除非卖方在订立合同前任何时候或订立合同时不知道而且没有理由知道这些货物是购供任何这种使用;(b)经由拍卖的销售;(c)根据法律执行令状或其他令状的销售;(d)公债、股票、投资证券、流通票据或货币的销售;(e)船舶、船只、气垫船或飞机的销售;(f)电力的销售。公约又规定:(a)供应尚待制造或生产的货物的合同应视为买卖合同,除非订购货物的当事人保证供应这种制造或生产所需的大部分重要材料;(b)不适用于供应货物一方的绝大部分义务在于供应劳力或其他服务的合同。

美国《统一商法典》第2—105条第1款规定:货物是指除作为支付价款之手段的金钱、投资证券和诉权物以外的所有在特定于买卖合同项下时可以移动的物品(包括特别制造的货物)。货物还包括尚未出生的动物幼仔、生长中的农作物,以及有关将与不动产分离之货物的第2—107条所规定的其他附着于不动产但已特定化的物品。该法接着规定:货物必须同时现实存在并已特定化,其权益才能转让。不是现实存在并已特定化的货物称为"期货"。对期货或期货中任何权益做出的现售,效力上相当于销售合同。该条还规定:可以仅出售现实存在并已特定化之货物中的部分权益。英国货物买卖法对"货物"也有相似的解释。

我国《合同法》第九章规定的"买卖合同"同样属于狭义的范畴,它只规范有形动产的买卖合同,而不规范无形财产以及权利的买卖合同。电力、水、气、热力合同在第十章作专门规定;而关于商标、专利、著作权等知识产权,我国制定了相关单行法对注册商标、专利权的转让、著作权的许可使用等合同予以规范;《拍卖法》、《证券法》对相关的销售合同也都有规定。《合同法》还规定,法律、行政法规禁止或者限制转让的标的物,依照其规定。我国《对外贸易法》仍然对部分货物的进出口实行严格管理。

二、国际货物买卖合同订立的形式

国际货物买卖合同订立的形式,是指国际货物买卖合同在订立时必须具备的形式要件。当法律对合同的形式有一定的要求时,当事人订立合同如果不遵照此项要求,就会影响到合同的成立甚至生效,产生一定的法律后果。

《买卖合同公约》规定,合同无须以书面订立或书面证明,在形式方面不受任何其他条件的限制,可以用包括人证在内的任何方法予以证明。书面形式包括电报和电传。合同的更改或终止协议,必须用书面形式。如缔约国或参加国的本国法律规定,合同必须以书面订立,可以声明不适用书面以外的其他合同形式。而按照我国《合同法》的规定,当事人订立合同,有书面形式、口头形式和其他形式。法律、行政法规规定采用书面形式的,应当采用书面形式。当事人约定采用书面形式的,应当采用书面形式。这一规定明显不同于中国当年加入公约时所作相关保留的态度。

(一) 国际货物买卖合同书面形式的类型

1. 书面形式的含义和范围

我国《合同法》规定,书面形式是指合同书、信件和数据电文(包括电报、电传、传真、电子数据交换和电子邮件)等可以有形地表现所载内容的形式。《买卖合同公约》则规定,书面形式包括以下几种具体形式:①合同书,或协议书;②信件,即通过各种渠道传递的原始书面函件;③电报;④电传。与公约相比,我国《合同法》顺应了电子通信迅猛发展的全球化趋势,增加了传真、电子数据交换和电子邮件等数据电文的内容,并有"等可以有形地表现所载内容的形式"的开放式表述。

2. 书面形式的具体表现

在国际货物买卖中,书面合同的形式很多,名称和格式也不尽相同,一般根据交易双方的习惯和通行的做法,没有特别的限制。常用的有销售合同、购货合同、销售协议、购货协议、订单、成交确认书等具体的形式,另外还有意向书、备忘录等形式的文件。我国对外贸易业务中,主要采用的书面合同是买卖合同(协议)、销售确认书两种,订单也很常见。以合同、协议冠名的是书面合同的典型样式,订单、成交确认书是证明合同存在或双方某些权利义务关系的重要书面证据,而意向书、备忘录有双方的签章也可证明文件中的相关情况,但是很难成为合同的形式。

另外,根据当事人约定或法律规定,经公证、鉴证或者经审核批准的国际货物买卖合同,虽然在形式上要求更为严格,但它们仍然是此类合同的一种书面形式。

3. 确认书的问题

我国《合同法》规定,当事人采用信件、数据电文等形式订立合同的,可以在合同成立之前要求签订确认书。签订确认书时合同成立。按照我国对外贸易企业的习惯做法,双方以函电等方式达成协议后,中方往往还要提出一式两份的销售确认书,邮寄对方交换签字后,才作为合同正式成立的依据。①《合同法》的规定是对《涉外经济合同法》②所反映的这种外贸习惯的继承和发展。《涉外经济合同法》的规定有两点明显的缺陷:首先,在传真等新型的数据通信出现后,确认书的运用范围扩大了,而法律的规定没有跟上;其次,没有明确当事人何时可以提出签订确认书的要求,以及它的法律后果。《合同法》弥补了这两个不足,它以"数据电文"涵盖了电报、电传等传统通信和传真、电子邮件等新兴通信方式;同时,它还以"在合同成立之前"明确了当事人只能在要约或者承诺中提出签订确认书的要求。这样一来,合同成立便以确认书的签订为必要条件,在签订确认书之前双方当事人均不受信件、数据电文等的约束。因此,这种确认书与合同书相当,实质上就是一种简单的书面合同。

如果当事人任何一方都没有提出签订确认书的要求,或者在承诺生效后即合同成立后提出签订确认书的要求,不影响合同的成立和生效,任何一方当事人均不能以未签订确认书为由否定合同的成立,合同于承诺生效时成立,确认书对合同成立没有实际影响。

(二) 书面形式的合同在国际贸易中的作用

1. 合同生效的条件

有的情况下,具备法定的形式要件是国际货物买卖合同生效的必要条件。由于国际货物买卖的过程及内容复杂,一般认为书面以外的其他形式不足以证明合同的成立,或者难以证明合同的具体内容。首先,虽然我国《合同法》对合同形式不作要求,但它又规定法律和行政法规规定采用书面形式或当事人约定采用书面形式的,应当采取书面形式。其次,我国在加入《买卖合同公约》时对书面形式作了保留,至今仍然有效。最后,公约第 29 条规定,"合同的更改或终止协议,必须采用书面形式"。在这些情况下,书面形式就成了国际货物买卖合同生效的必要条件。

2. 合同成立的证据

在司法实践中,双方当事人在国际货物买卖合同履行过程中产生纠纷时,如果一方当事人否认有此合同的存在或者只承认有签约意向而否认合同的实际成立,提供双方签订或往来的书面文件、资料是证明双方存在合同关系或者合同成立最有效、最

---

① 胡康生:《中华人民共和国合同法释义》,法律出版社 1999 年版,第 65 页。
② 《涉外经济合同法》第 7 条:"当事人就合同条款以书面形式达成协议并签字,即为合同成立。通过信件、电报、电传达成协议,一方当事人要求签订确认书的,签订确认书时,方为合同成立。"新《合同法》生效后,包括《涉外经济合同法》在内的前三部合同法已经全部废止。

简便的方法,也是仲裁员或法官进行裁判的有力证据。因此,当事人在商谈和准备缔结国际货物买卖合同时,就应当考虑合同形式在证明合同成立上的作用,以避免误解和纠纷的发生,也为纠纷产生后的司法救济提前做好准备。

3. 合同履行的依据

无论是口头协议、书面合同,还是其他形式的合同,如果没有详细的合同条款和完备记录双方当事人合意的内容,则会给合同履行带来诸多的不便。而且,国际货物贸易远比国内贸易复杂得多,有可能涉及不同的语言、文化以及不同的政治、经济、法律制度,所以在国际贸易实务中,双方都有必要明确各自的权利和义务。书面形式的国际货物买卖合同是确定当事人合意内容和彼此权利义务的最好方式,也是正确履行合同的可靠依据。

(三) 书面形式以外的国际货物买卖合同

与《买卖合同公约》上述规定一样,《合同通则》规定:当事人可自由订立合同并确立合同的内容。不要求合同、声明或其他任何行为必须以特定形式做出或以特定形式证明。合同可通过包括证人在内的任何形式证明。除了书面形式以外,口头形式以及合同法规定的"其他形式"也都是国际货物买卖合同订立的有效形式。

1. 口头形式

口头形式是指国际货物买卖关系当事人只以口头语言为意思表示而订立的合同形式。如通过面谈、电话或者视频对话的方式订立合同。现售或即时清结的交易,通常采取这种形式。口头形式的合同简便易行,但在实践中遇到纠纷时,口头形式往往存在难以证明的问题。因此,具有国际因素、标的额较大、往往涉及跨境运输、相对比较复杂的国际货物买卖合同,不宜采用口头的形式。

2. 其他形式

最高人民法院《关于适用〈中华人民共和国合同法〉若干问题的解释(二)》第2条规定:当事人未以书面形式或者口头形式订立合同,但从双方从事的民事行为能够推定双方有订立合同意愿的,人民法院可以认定是以《合同法》第10条第1款中的"其他形式"订立的合同。因此,我们认为合同的其他形式是一种"事实合同",即当事人不是通过口头或者书面的约定,而是通过彼此的民事行为订立的合同形式。

例如,某公司在学生公寓大厅安装了自动售货机,学生根据设置将货币投入售货机内,买卖合同即告成立。再比如,我国A公司与法国B公司曾于2008年10月有过圣诞礼品的买卖合同,并成功履行了合同。2009年A、B两公司没有签订买卖合同,但A公司在2009年10月5日向B公司驻香港分部发圣诞礼品20箱,B公司收到货后于2009年11月8日通过其驻北京的子公司支付了相应的价款。A、B两公司2009年关于20箱圣诞礼品的交易就可以理解为一种"事实合同",属于其他形式的买卖合同。

三、国际货物买卖合同的结构与主要条款

国际货物买卖合同的内容如何确立,即如何确定买卖双方的权利和义务关系,是

当事人订立合同时一个最重要的问题。国际货物买卖合同的订立就是要设立、变更、终止国际货物买卖合同当事人之间的权利义务关系。虽然合同条款并不等于合同内容,但国际货物买卖关系当事人的权利和义务必须借助于合同的结构、条款才能具体体现出来。合同结构和条款是当事人权利义务的主要载体,是确定国际货物买卖合同内容的关键环节。

(一) 国际货物买卖合同的结构

国际货物买卖合同是融合当事人以及他们之间货物买卖关系信息的一个整体,完整的国际货物买卖合同一般由约首、正文和约尾三部分组成。

(1) 约首。包括合同的名称,订约双方当事人的名称、地址和所在国等。此外,当事人还常常在约首写明其订立合同的意愿和执行合同的保证等内容。约首主要包含当事人的相关信息,其中"当事人所在国"与"营业地"有关,涉及合同是否为国际货物买卖合同的性质问题。

(2) 正文。它是合同的主体部分,包括国际货物买卖合同的各项交易条件,例如货物品名、品质规格、数量、价格、包装、交货时间与地点、运输与保险条件、支付方式以及检验、索赔、不可抗力和仲裁条款等各项交易条件或条款。正文是体现国际货物买卖关系当事人权利和义务的核心部分。

(3) 约尾。一般列明合同的份数、生效时间、合同订立的时间和地点、使用的文字及其效力、当事人或授权签约人签章、附件等。

关于合同订立的时间和地点,有的放在约尾,也有的放于约首。合同订立的时间有时关乎合同的成立时间或生效时间,而合同订约地点又涉及合同的准据法问题。因此,这些信息与约首的当事人所在国等信息并非可有可无。同时,无论是约首还是约尾,都是合同不可分割的组成部分,对当事人各方均具法律约束力。

(二) 国际货物买卖合同的主要条款

双方当事人在合同中往往订立各种各样的条款,它们的性质、作用和重要性并不相同。其中有些是重要的、根本性的,有些是次要的、从属性的。按照英国法的解释,凡属合同中的重要条款,称为"条件"[①],如果一方当事人违反了条件,就是违反了合同的主要条款,对方当事人有权解除合同,并要求赔偿损失。我国《合同法》规定,合同的内容由当事人约定,一般包括以下条款:当事人的名称或者姓名和住所,标的,数量,质量,价款或者报酬,履行期限、地点和方式,违约责任,解决争议的方法。买卖合同的内容还可以包括包装方式、检验标准和方法、结算方式、合同使用的文字及其效力等条款。

---

① 在英美法中,"条件"既有主要条款、重要条款的意思,还用来指合同中的约定事项,一种为明示条件,一种是默示条件。前者是指双方当事人在合同中明文约定的条件,后者是指依照法律或者按照对当事人意思的理解理应包括在合同中的条件。大陆法有时也使用这个术语,但与英国法的意思不同。大陆法的"条件"是指将来不一定会发生的、某种不确定的事件,将根据其发生与否而产生或者消灭某些法律效果,具体又分为停止条件和解除条件,相当于英美法中的先决条件与后决条件。

《买卖合同公约》对合同主要条款却没有明确的表述。根据国际贸易实践,我们归纳出国际货物买卖合同一些主要条款。

(1) 货物的名称及品质规格条款。主要内容包括商品的名称、品质、规格、等级、标准和商标、牌号或产地等。合同中规定货物品质的方法主要包括:①以实物表示货物品质,如见货买卖、凭样品买卖;②凭标准表示货物的质量,如凭规格买卖、凭等级买卖或凭标准买卖;③以信誉表示货物品质,如凭商标或品牌买卖、凭产地名称买卖;④以说明表示货物品质,如凭说明书和图样买卖。

(2) 数量条款。主要内容包括交货数量、计量单位、计量方法。为避免争议,订立数量条款时应明确计量单位和度量衡。由于农副产品、矿产品和某些工业制成品的计量不易精确,实际装货时往往会出现多装或少装的现象,故在这些货物的交易中还应对交货的数量规定一个机动幅度,即"溢短装条款"。

(3) 包装条款。主要内容包括包装方式、规格、材料、费用。根据《买卖合同公约》第 35 条的规定。除非双方另有协议约定,一方交付的货物应该按照同类货物通用的方式进行装箱和包装,如果没有此种通用方式,则应该按照足以保全和保护货物的方式装箱和包装。如果没有满足这些要求,"即为与合同不符",视为违约。因此,当事人在订立国际货物买卖合同时,要根据标的物的情况并结合国际贸易惯例或通行做法合理拟订包装条款的内容。有时,包装条款中还可以将运输标志等包括在内。

(4) 价格条款。主要内容包括每一计量单位的价格金额、计价货币、贸易术语与货物的作价方法。价格条款直接与当事人的经济利益以及所要承担的风险相关联,在国际货物买卖合同中地位突出。货物的作价方法有固定价格、滑动价格、后定价格、部分固定价格和部分滑动价格等。在国际贸易实务中,贸易术语是表达国际货物买卖价格所惯用的方式,应该特别重视对国际贸易术语的理解和规范使用。

(5) 支付条款。主要内容包括支付时间、支付金额、支付工具和支付方式。支付时间通常按照交货与付款时间分为预付款、即期付款和延期付款三种,它不但涉及利息的支付,也直接关系到利益的实际兑现。国内货物买卖合同通常都是通过现金或银行转账进行结算,而在国际买卖合同中,除了政府记账的方式外,大部分是通过银行进行结算的。同时,当事人还应该对国际贸易中常用的三种支付方式,即汇付、托收和信用证及其具体操作、条件予以约定。

(6) 装运条款,或称交货条款。主要内容包括装运时间、运输方式、装运地与目的地、装运方式、是否分批装运或转运、货物的交接及装运通知等。装运时间是国际货物买卖合同的主要交易条件,卖方必须严格按照约定时间装运货物,提前或延迟均构成违约。合同双方可以明确规定具体装运时间或期限,为了防止买方不按时履约,也可以约定在卖方收到信用证后一定时间内装运。在贸易实践中,也有的不规定具体期限,而是采取"近期装运"、"立即装运"、"尽速装运"等笼统的约定。为了避免不必要的纠纷,装运时间的规定应明确具体,同时还要注意船货的衔接问题,以免造成合同履行上不必要的麻烦。由于贸易术语中包含了运输责任和运输方式,因此该条款与贸易术语关系也很紧密。

（7）保险条款。主要内容包括确定投保人及由谁支付保险费、投保的险别与保险金额等。与一般货物买卖相比，国际货物买卖往往涉及跨境运输，风险很大，故保险条款在国际货物买卖合同中就显得非常有必要。在国际货物买卖中，保险条款因采用不同的贸易术语而有所区别。因此，应注意各种贸易术语含义以及保险费用和保险责任的承担问题。

（8）检验条款。主要内容包括检验权与复验权、检验标准与方法、检验与复检的时间和地点、检验机构以及检验证书。国际货物买卖合同中一般都订立有该条款，以确定货物的品质、数量和包装是否符合上述（1）、（2）、（3）条款的约定。而检验机构出具的检验证书是货物是否符合相关约定的最终有效凭证。

（9）不可抗力条款。主要内容包括不可抗力的范围、通知及通知期限、出具证明文件的机构、法律后果（解除合同或延迟履行）。它是国际货物买卖合同中普遍采用的一种例外条款，通常有概括式、列举式和综合式三种形式。当事人因不可抗力不能履约或者不能如期履约的，可以根据法律规定或者合同约定，解除或迟延履行合同而不承担违约责任。

（10）争议解决条款。争议解决条款是指当事人就合同发生纠纷时采取何种途径、适用何种法律解决争议的约定，它具体包括以何种途径解决争议与法律适用两个方面。关于第一方面的问题，由于国际货物买卖合同在纠纷发生后，一般采取提交仲裁的方式，所以又称"仲裁条款"。其实这种称谓并不全面，因为国际货物买卖合同不排除当事人选择以诉讼的方式解决纠纷。关于第二方面的问题，有的教材作为"法律适用条款"单独列出。国际货物买卖合同由于其"国际性"，经常涉及不同国家法律的适用和冲突问题。为防止发生争议时因为法律适用所带来的不确定性，当事人有必要在合同中设立此条款预先确定准据法。需要注意的是，争议解决条款与其他条款不同，其效力独立于合同其他部分。由于其独特的法律性质和在合同中的地位，当合同未生效、无效、被撤销、终止以及被解除时，争议解决条款的效力不受影响，当事人依然可以凭借该条款提起诉讼或申请仲裁，法院或仲裁庭仍然依据该条款作出裁决和适用法律，以解决纠纷，这就是"争议解决条款的独立性与自治性"规则。

四、国际货物买卖合同的成立

《买卖合同公约》规定，合同于按照本公约规定对发价的接受生效时订立。[①] 我国《合同法》也规定，当事人订立合同，采取要约、承诺的方式。国际货物买卖合同与其他合同一样，是当事人之间为设立、变更、终止民事权利义务关系的一致的意思表示（即合意）。而所谓当事人双方"一致的意思表示"，在国际货物买卖合同中具体体

---

① 我国外贸实践中，通常把要约称为"发价"、"发盘"或者"报价"，《买卖合同公约》中文译本也将要约与承诺翻译为"发价"和"接受"，本章如无特别指明，它们作为同义使用。

现为要约与承诺的合同法规则。

1. 发价

在国际贸易实务中,一笔买卖的形成往往需要经过询价、发价、还价和接受这四个环节和步骤,这其中还有可能几经反复,才能最终完成。但从法律上讲,只有发价和接受是合同成立的两个必要而充分的条件,而一方当事人的发价是这个法律过程得以启动的前提。

1) 发价的含义

公约规定,向一个或一个以上特定的人提出的订立合同的建议,如果十分确定并且表明发价人在得到接受时承受约束的意旨,即构成发价。结合《合同通则》和我国《合同法》的规定,一项有效的发价一般应当符合以下三个条件。

(1) 应向一个或一个以上特定的人提出。在通常情况下,受发价人或被发价人须为特定的人。如果不是向特定的人提出的建议,仅应视为邀请作出发价,即我国《合同法》所称的要约邀请,比如价目表、商品目录、商业广告等。如果提出该建议的人明确地表示相反的意向,应视为要约。例如,在商业广告上注明"本广告构成发价"或"售完为止"等。但如果商业广告的内容符合要约规定的,即内容十分明确、肯定的,作为例外应视作要约。

(2) 内容必须十分确定。《买卖合同公约》规定:如果写明货物,并且明示或暗示地规定数量和价格,或规定如何确定数量和价格,即为十分确定。也就是说,发价需要有货物、数量和价格三项,其中货物必须明示。其实,何为内容明确,各国没有一个统一的标准,需要根据交易的具体情况来定。这一项要求的目的是在完善合同要素的基础上确保一个合同的有效成立,以避免合同因为欠缺某项重要条件而无效或无法履行。为了避免发生争议,发价最好还要包括包装、交货期、支付方法等重要条件。但合同成立并非要求具有前文所述的全部或大部分合同条款,而是指根据建议已经能够确定合同的基本内容即可。发价中没有包含的其他事项,可以在合同成立后根据相关公约、国际贸易惯例、国内法规定以及当事人的交易习惯等进行弥补或矫正,而不影响合同的有效成立。

(3) 须有一经接受即受其约束的意思表示。从法律效果上讲,发价一经接受,合同即告成立,发价人就要受其约束。因此,一项有效的发价必须包含有受其约束的意思表示。但实践中明示的情况并不多见,需要根据该建议的具体情况进行判断:首先是提出建议的方式和用语;其次是建议的具体内容。[①] 如果建议人有所保留,表明对方即使接受该建议,他将不受其约束或者有可能不受其约束,那么该建议就不是法律意义上的一项有效发价,其性质为《买卖合同公约》所称的"发价邀请"或我国《合同法》所指的"要约邀请"。在我国的外贸实践中,对提出交易的意向或建议有"实盘"与

---

① 赵承璧:《国际货物买卖法》,对外经济贸易大学出版社2001年版,第37~38页。

"虚盘"之别。① 我国外贸公司发出的实盘一旦被对方接受,合同即告成立,我国外贸公司须受其约束,这种实盘完全符合发价的要求。但是,我国外贸公司发出的虚盘则不同,一般都附有保留条件,如"须以……确认为准"或"仅供参考"等,表明了不受其约束的意思。因此,"虚盘"就不能构成一项要约。

2) 发价的生效

(1) 发价的"送达"与发价的生效。《买卖合同公约》规定,发价于送达被发价人时生效。我国《合同法》也规定,要约到达受要约人时生效。一项发价何为"送达"或者"到达"被发价人呢?根据公约第24条,发价、接受声明或任何其他意思表示"送达"对方,系指用口头通知对方或通过任何其他方法送交对方本人,或其营业地或通信地址,如无营业地或通信地址,则送交对方惯常居住地。我国《合同法》规定,采用数据电文形式订立合同,收件人指定特定系统接收数据电文的,该数据电文进入该特定系统的时间,视为到达时间;未指定特定系统的,该数据电文进入收件人的任何系统的首次时间,视为到达时间。

(2) 发价的撤回/修改、撤销。发价的撤回/修改,是指发价人于发价生效前收回/修改该发价,使其不发生效力或阻止其发生效力的行为;发价的撤销,是指发价人在发价已经生效后取消该项发价,使其效力归于消灭的行为。发价的撤回与撤销是截然不同的两个概念。《买卖合同公约》规定:一项发价,即使是不可撤销,也得予撤回/修改,只要撤回/修改通知在发价送达被发价人之前或与其同时送达被发价人。但是,对一项已经发生效力的发价进行撤销的规定就严格得多。《买卖合同公约》规定:在未订立合同之前,如果撤销通知于被发价人发出接受通知之前送达被发价人,发价得予撤销。但是,发价在以下两种情况下不得撤销。①发价写明了接受的期限,或以其他方式表示该发价为不可撤销。如规定了有效期,或直接注明为"不可撤销"或"实盘"。②被发价人有理由信赖该项发价是不可撤销的,而且被发价人已本着对该项发价的信赖行事。我国《合同法》将此种信赖进一步明确为"已经为履行合同做了准备工作",这样的规定更具有操作性。

(3) 发价效力的终止。发价效力的终止,是指一项发价因某种法定事由的发生而失效。发价终止有以下几种情况。①有效期届满。发价明确规定了接受期限的,该期限届满。②过了"合理期限"。发价没有有效期,被发价人没有在一段合理的时间内送达接受通知。③被撤销。④被拒绝。《买卖合同公约》规定,一项发价,即使为不可撤销,于被发价人的拒绝通知送达发价人时终止。⑤"实质上"的还价,其效果与拒绝相同。另外,发价在遭遇不可抗力时也有可能终止。

2. 接受

与发价一样,接受是合同成立的另外一个必要条件。国际货物买卖一方的发价只有经过对方的有效接受,合同才告成立。因此,合同的成立离不开发价,更离不开

---

① 冯大同:《国际商法》,对外经济贸易大学出版社1991年版,第209页。

接受。

1) 接受的含义

接受,是对发价的有效同意,是被发价人在发价有效期内无条件同意按照发价人的交易条件订立合同的意思表示。《买卖合同公约》规定:被发价人声明或做出其他行为表示同意一项发价,即构成接受。按照这个规定,接受有两种方式:①以口头或书面的"声明"表示同意;②以其他行为表示同意,例如按照发价的数量、规格、品质等条件发运货物或者支付货款。《买卖合同公约》又规定:缄默或不行动本身不等于接受。

根据《买卖合同公约》和各国实践,一个有效的接受必须具备下列几个条件。

(1) 必须是被发价人作出。发价是向一个或一个以上特定的人提出的订立合同的建议,该特定的人作出同意的意思表示才为接受。第三人作出同意该发价条件的意思表示不是接受,而是一个新的发价,原发价人可以接受也可以不接受或要求修改。

(2) 必须与发价的主要内容一致。根据英美普通法的"镜像理论"[①],接受必须无条件地、绝对地与发价的内容一致,不能对发价进行更改、补充或限制。否则即是还价,它构成对原发价人的新发价。显然,镜像理论已经无法满足复杂多变的现代商务要求,在英美法国家的立法和司法实践中,这种内容绝对一致的要求逐渐有所改变。美国《统一商法典》第2—207条规定:在合理的时间内发出接受的口头表示或者书面确认,只要明确、及时,即使对原发价有所增补或者与其有所不同,仍然具有接受的效力。关键是被发价人的补充或修改是否是对发价的"重大修改"或"实质性改变"。《买卖合同公约》在这个问题上也采取了比较灵活的态度,同时针对《统一商法典》用语含混的缺点,对"实质性改变"明确予以规定。

(3) 必须在发价的有效期内发出。何为"有效期内"呢? 发价人在发价中直接规定了接受期限的,该期限为有效期;发价中没有规定接受期限的,被接受人必须在合理期限内作出接受的意思表示。《买卖合同公约》规定:被发价人同意发价的通知,如果在发价规定或者合理的时间内,没有送达发价人,该接受无效。《买卖合同公约》还针对有效期的计算进行了规定。(a)如果发价人在电报或信函中规定有接受期限,从电报交发时间或者信函内载明的发信日期起算;如果信函内未载明发信日期,则从信封上所载日期起算。(b)发价人以电话、电传或者其他快捷的通信方式规定的接受期限,从发价送达被发价人时起算。(c)接受期限内的正式节假日或者非营业日应该计算在内,但如果接受期限的最后一日在发价人营业地是正式节假日或者非营业日,接受期限应该顺延至下一个营业日。

2) 接受的生效

(1) 投邮主义(mail-box rule)与收件主义(receive of the letter of acceptance)。这是两大法系确定接受生效的两个对立的原则,投邮主义适用于英美法系,收件主义

---

① 参见姜作利:《国际商法专论》,山东大学出版社2004年版,第216~222页。

适用于大陆法系。"投邮主义",又称"发信主义",意思是接受一经投邮即发生法律效力。按此原则,受要约人只要将载有承诺内容的书信投入邮箱或电报交邮局发出,承诺即生效,即使邮局疏忽,将信函、电报遗失或误投,也不妨碍承诺的效力。"收件主义",又称"到达主义",即当受要约人向要约人发出的有效承诺到达要约人时,承诺生效。

按照英美法理论,当事人从邮局投邮或发电报即默示地指定邮局作为收件人的代理人。因此,受要约人将载有承诺内容的书信、电文交到邮局,就等于交给了要约人,承诺即发生了效力。但是英美法采用投邮主义的真正原因是,英美法固守"对价"原则,认为要约人可以不受要约的约束,在其要约被承诺前,随时可以把要约撤回。这无疑对受要约人不利,使其感到交易安全缺乏应有的保障。因此,英美法对不同的意思表示采用了不同的原则,对要约和撤回要约的意思表示采取到达主义,而对承诺的意思表示则采取投邮主义,以此来调和要约人与受要约人之间的利益冲突。其实,两大法系有关承诺生效规则的差别没有想象的那么大,因为英美法系的法官把投邮主义规则的适用限定在十分狭窄的范围内。同时,经过联合国国际贸易法委员会的不懈努力,《买卖合同公约》在国际货物贸易合同方面统一了承诺生效的规则,即采用收件主义,减小了两大法系在这一方面的差距。

(2) 接受生效的几种情况。按照《买卖合同公约》的规定,对发价的接受应该在表示接受的通知送达发价人时生效。如果表示同意的通知在发价人规定的时间内或者合理的时间内送达发价人,接受就生效。按此规定,接受通知在传递过程中可能发生的遗失、误投等风险,应该由发价人承担。虽然《买卖合同公约》原则上采用到达主义规则,但考虑到交易的具体情况,也规定了一些例外。①首先要考虑发价人所使用通信方式的快捷程度,对口头发价必须立即接受,但情况有别者不在此限。②如果根据该项发价或依照当事人之间确立的习惯做法和惯例,被发价人可以做出某种行为,例如与发运货物或支付价款有关的行为,来表示同意,而无须向发价人发出通知,则接受于该项行为做出时生效,但该项行为必须在发价人所规定的时间内或者合理的时间内做出。

(3) 接受的撤回/修改。接受的撤回/修改是指在接受通知送达发价人之前,接受人可以对接受予以收回或修改,从而阻止接受生效的行为。如果按照投邮主义,接受一经投邮即发生法律效力,合同成立,因此接受是不可以撤回的;大陆法和《买卖合同公约》规定采取到达主义,因此接受在发出后、到达发价人时是可以撤回的。但接受不可以撤销。因为接受于到达发价人时即告生效,与此同时合同也告成立。因此,与发价不同,接受可以撤回或修改,但不可以撤销。

(4) 逾期接受及其效力。逾期接受,是指超过发价所规定的有效期,或者在发价没有规定有效期时超过合理期限,送达发价人的接受。逾期接受原则上无效,但在以下两种情况下具有接受的效力:一是发价人及时地同意;二是有证据证明非被发价人的过错。这两种情况下,发价人通知起着相反却关键的作用,即第一种情况下逾期接受的有效须发价人及时通知承认;第二种情况下逾期接受的无效须发价人及时通知不予承认。《买卖合同公约》第 21 条规定:(a)如果发价人毫不迟延地以口头或书面形式将表示认可的意见通知被发价人,逾期接受仍然具有接受的效力;(b)如果载有逾期接受的信件或其他书面文件表明,它是在传递正常、能及时送达发价人的情况下寄发的,则该项逾期接受具有接受的效力,除非发价人毫不迟延地用口头或书面形式通知被发价人,他认为他的发价已经失效。

3. 还价

1) 还价的含义

还价,又称"还盘",是指被发价人对发价做出限制、修改或者增添新的交易条件的行为。《买卖合同公约》第 19 条规定:对发价表示接受但载有添加、限制或其他更改的答复,即为拒绝该项发价,并构成还价。但是,所载的添加或不同条件在实质上并不变更该项发价的条件,除发价人在不过分迟延的期间内以口头或书面通知反对其间的差异外,仍构成接受。

2) 两种性质不同的还价

根据其内容,可以分为两种性质不同的还价:①构成一项新的发价,即还价在实质上变更了发价的条件时,它就等于拒绝了原发价并提出了一个相关的新发价;②如果还价没有触及发价的实质条件,仍然视为接受。因此,不是所有对发价的变更都构成新的发价。"非实质变更"仍然构成接受,除非发价人及时以口头或书面的通知反对被发价人的这种更改。如果发价人没有及时通知反对,合同的条件就以发价内容以及被发价人通知的更改为准。何为"实质更改"呢?《买卖合同公约》以列举的方式表明,对货物价格、付款、货物质量和数量、交货地点和时间、赔偿责任范围或解决争端等添加或提出不同条件,均视为在实质上变更了发价的条件。除《买卖合同公约》中规定的事项外,我国《合同法》还将合同标的和履行方式的变更列为实质性变更,限定的范围更加广泛,规定也更为完备。

4. 还价的效力

不同性质的还价,效力有所不同,具体表现如下。①无论是作为新的发价还是作为一种承诺,还价对还价人都具有约束力。②如果是还价对发价有实质性变更,还价作为新发价只对还价人有约束力,对原发价人没有约束力。而且,因为还价人对发价的实质性变更相当于对发价的拒绝,发价对发价人也不再具有约束力。③发价人如果对非实质性变更不予反对,发价被还价的部分失去其效力,还价对发价人具有约束力,"合同的条件就以该项发价的条件以及接受通知内所载的更改为准"。

第三节 国际货物买卖双方的权利与义务

当事人之间的法律关系,即买卖双方的权利义务是国际货物买卖法的核心内容。权利义务是对应的:买方的义务就是卖方的权利,卖方的义务就是买方的权利。因此,不少教材只以"义务"为题,本章也将以义务为视角来探讨国际货物买卖双方的权利与义务关系。

一、卖方的义务

虽然说买卖双方的权利义务是对等的,但在买卖合同中,卖方义务相对于买方而言要复杂得多,而且各国法律规定也各有不同。根据《买卖合同公约》规定进行概括,国际货物买卖合同卖方的主要义务有交付货物和担保这两项。

(一) 交付货物的义务

卖方的首要义务就是按照合同或者法律规定的时间、地点和方式交付货物(delivery of goods),提交有关货物的单据。根据《法国民法典》的规定,交付是指出卖人将货物的所有权及占有转移给买受人。《买卖合同公约》在第二章"卖方的义务"中规定:卖方必须按照合同和本公约的规定,交付货物,移交一切与货物有关的单据,并转移货物所有权。

1. 交付货物

在国际货物买卖合同中,买卖双方一般会约定交货的时间、地点和方式。凡有约定的,卖方就应按照约定交货;如果买卖双方没有约定,就应按照合同所适用的法律办理。而两大法系和各国法律的规定并不统一。

(1) 交货时间。合同约定了交货日期或者可以从合同中确定交货日期的,出卖人应当在该日期交付标的物;如果约定的或可以确定的是一段交货期间,除非情况表明买方有权选定一个具体的日期,卖方可以在该期间内的任何时间交货。在买卖双方没有约定交货时间,也不能从合同中确定交货时间的情况下,大陆法规定,买方有权要求即时交货,卖方也有权在合同成立后即时交货。因为根据大陆法理论,履行期限是为债务人的利益而定的。在合同规定了履行期的情况下,买方不能要求卖方在履行期到来之前交货,卖方却有权提前交货。[①] 但卖方提前交货,应当按照诚信原则事先通知买方。英美法一般规定,如果合同没有约定交货时间,卖方应该在合理的时间内交货。比较而言,英美法的规定更具有一定的合理性。因此,《买卖合同公约》第33条也采纳了这种方式:在其他情况下,应在订立合同后一段合理时间内交货。我国《合同法》规定,履行期限不明确的,债务人可以随时履行,债权人也可以随时要求履行,但应当给对方必要的准备时间。因此,公约规定的"合理时间",可以理解为给买方接受货物"必要的准备时间"。另外,标的物在订立合同之前已经被买方占有的,合同生效的时间即为交付时间。

(2) 交货地点。与交货时间一样,如果买卖合同约定了交货地点,或者从合同中可以确定交货地点,卖方应当在该地点将标的物交付给买方。如果买卖合同没有约

---

① 参见冯大同:《国际商法》,对外经济贸易大学出版社1991年版,第220页。

定交货地点,或者从合同中无法确定交货地点,则需要根据买卖合同所要适用法律的规定来确定交货地点。除少数国家外,大陆法系国家与英美法系国家的规定比较一致:①特定物的交付地点,是合同订立时该特定物的所在地;②非特定物的交付地点,是卖方的营业地。但在非特定物的交付上,《日本民法典》的规定正好相反,为买方的营业地。

《买卖合同公约》第31条规定,如果卖方没有义务要在任何其他特定地点交付货物,他的交货义务如下:(a)如果买卖合同涉及货物的运输,卖方应把货物移交给第一承运人,以运交给买方;(b)在不属于上款规定的情况下,如果合同指的是特定货物或从特定存货中提取的或尚待制造或生产的未经特定化的货物,而双方当事人在订立合同时已知道这些货物是在某一特定地点,或将在某一特定地点制造或生产,卖方应在该地点把货物交给买方处置;(c)在其他情况下,卖方应在他订立合同时的营业地把货物交给买方处置。

我国《合同法》规定,出卖人应当按照约定的地点交付标的物。当事人没有约定交付地点或者约定不明确,依照该法第61条的规定仍不能确定的,适用下列规定。①标的物需要运输的,出卖人应当将标的物交付给第一承运人以运交给买受人。②标的物不需要运输,出卖人和买受人订立合同时知道标的物在某一地点的,出卖人应当在该地点交付标的物;不知道标的物在某一地点的,应当在出卖人订立合同时的营业地交付标的物。

(3) 交货方式。在国际货物买卖实践中,有实际交货和象征性交货两种方式。我国《合同法》规定:出卖人应当履行向买受人交付标的物或者交付提取标的物的单证,并转移标的物所有权的义务。其中"交付标的物"即为实际交货,而"交付提取标的物的单证"即为象征性交货。实际交货,是指卖方将标的物直接交付给买方占有的交货方式,在国际贸易中,EXW条件下的交货就属于实际交货。比较而言,实际交货是国内贸易的主要交货形式,而象征性交货则是国际贸易中经常使用的交货方式。在象征性交货中,卖方不需要实际交付货物给买方,而是将标的物的所有权凭证或提取标的物的凭证交给买方即可,CIF、FOB和CFR条件下的交货都属于象征性交货。一项交付构成象征性交货必须具备两个条件:①卖方交付买方的单据为标的物的所有权凭证,或者包括标的物的所有权凭证;②卖方没有将货物直接交付给买方占有。两者缺一不可。只有单据的交付,则不一定是象征性交货,因为在实际交付中卖方一般也有交付单据的义务。

另外,根据《买卖合同公约》的规定,如果卖方按照合同或公约的规定将货物交付给承运人,但货物没有以货物上加标记、以装运单据或其他方式清楚地注明有关合同,卖方必须向买方发出列明货物的发货通知。再者,如果卖方有义务安排货物的运输,他必须订立必要的合同,以按照通常运输条件,用适合情况的运输工具,把货物运到指定地点。

2. 移交单据

在国际贸易实务中,与货物有关的单据有仓单、发货单、出库单、商业发票、原产地证书、质量检验证书、提单、保险单等,名目繁多。

在象征性交货中,卖方有义务向买方交付能够提取标的物的一切单证,即使是在实际交付的情况下,卖方通常也有义务向买方提交有关货物的一些单据。我国《合同法》规定,出卖人应当按照约定或者交易习惯向买受人交付提取标的物单证以外的有关单证和资料。在国际货物买卖中,如果要完成买卖合同的目的,实现标的物所有权从卖方转移到买方,没有货物有关单据的转移几乎是不可能的。它们是买方报关、纳税、结算、转售、索赔、提货等必不可少的文件,因此货物单证的转移意义重大。比如在运输方面,《买卖合同公约》规定:如果卖方没有义务对货物的运输办理保险,他必须在买方提出要求时,向买方提供一切现有的必要资料,使他能够办理这种保险。

《买卖合同公约》还规定:如果卖方有义务移交与货物有关的单据,他必须按照合同所规定的时间、地点和方式移交这些单据。卖方在规定时间以前已移交这些单据,他可以在规定时间到达前纠正单据中任何不符合同规定的情形,但是此权利的行使不得使买方遭受不合理的不便或承担不合理的开支。同时,买方保留公约所规定的要求损害赔偿的任何权利。

(二) 担保义务

卖方的担保义务包括两项内容:品质担保义务和权利担保义务。这两项担保义务在各国法律和《买卖合同公约》中都有体现,但称谓上略有区别,英美法系国家称之为品质担保义务,大陆法系国家则称之为瑕疵担保义务。另外,英美法比大陆法规定得更为翔实。

1. 品质担保义务

品质担保是指卖方必须保证货物的质量、规格等方面达到合同约定或者法律规定的某种标准。一般来说,如果双方当事人对货物的品质已有具体的约定,卖方就应该按照约定标准交货;如果对货物品质没作约定,卖方则应按照合同所应适用的法律的规定执行。

虽然在称呼和具体规定上有所区别,但各国法律以及《买卖合同公约》对卖方的品质担保义务都有规定。大陆法国家规定,卖方有义务保证其所售货物没有瑕疵,即保证货物在风险责任转移至买方时没有失去或者减损其价值,不存在降低其通常用途或者约定的使用价值的瑕疵。但是在两种情况下,卖方不承担责任:①在订立合同时,买方已经知道货物有瑕疵的;②货物根据质权进行公开拍卖的。与大陆法相比,英美法关于品质担保责任的规定更为详细和具体,美国《统一商法典》是其典型,而且《买卖合同公约》的相关规定吸取了其中的精华部分。

美国《统一商法典》将品质担保义务分为明示担保(express warranties)和默示担保(implied warranties)两种。

(1) 明示担保,是指在国际货物买卖合同对标的物的品质、规格等有明确约定的情况下,卖方就必须按照约定交付货物。明示担保是国际货物买卖合同的组成部分,是第二章所述及的主要条款("条件")之一,它是买卖双方交易的基础。明示担保的情况有三种:(a)卖方相关的确认或许诺,它记载于合同中,或者以货物的标签、铭牌、商品说明以及目录等形式表示;(b)凭说明;(c)凭样品或模型。卖方在合同中并不需要使用"担保"、"保证"或者其他表示此等义务的词句,只要符合这三种情况之一,就可以产生明示担保的效果。

(2) 默示担保,是指非合同约定的,而是由法律规定的,只要当事人双方没有相反的约定,则应该由卖方承担的在标的物品质、规格等方面的义务。卖方承担货物品质方面的默示担保有两个方面。①适销性担保,即卖方作为经销某种商品的商人必须保证其出售的货物适合商品的品质要求,它具体包括以下几项:(a)合同项下的货物可以在该行业中毫无异议地通过检查;(b)如果是种类物的买卖,卖方交付的货物应该在该规格范围内具有平均良好品质;(c)货物应该适用于该商品的一般用途;(d)除合同允许的差异外,所有货物的每一单位在品种、品质和数量方面都应当相同;(e)在合同有要求时,应该将货物适当地装入容器,加上包装和标签;(f)货物必须与容器或者标签上所许诺或确认的事实相一致。②适合特定用途的默示担保。如果卖方在订立合同时有理由知道货物将用于某种特定的用途,而且买方相信卖方具有挑选或者提供适合该用途商品的技能和判断力,则卖方应承担所售货物必须适合这种特定用途的默示担保义务。《买卖合同公约》规定:除非双方另有协议,否则货物应该适用于合同订立时买方曾明示地或者默示地通知卖方的任何特定目的。

2. 品质担保义务的排除

英美法中,除了产品责任以外,是否允许卖方对上述各项担保予以排除,是英国和美国在品质担保义务规定上的一个明显区别。英国法规定不可以排除,而根据美国法卖方却可以在合同中约定排除。根据美国法,无论是明示担保义务还是默示担保义务,卖方均可以排除,但必须按照法律规定的要求办理。

(1) 默示担保义务的排除。卖方想要排除或者限制默示担保责任的承担,必须在合同上有相应的条款,必须有明确排除某一项责任的措辞,而且这些条款在位置、字体或者颜色上必须醒目、显目,以便引起买方注意。例如,如果卖方想要排除或者限制适销性担保责任,他在排除的约定中必须出现"适销性"的措辞,如果是书面合同的条款,应该采用大号字体或黑体字或者不同的颜色书写或印刷。此外,按照《统一商法典》的规定,下列三种情况也被认为是对默示担保义务的排除:①交易时,卖方使用了"依现状"、"含有各种残损"或者其他表示不承担默示担保义务的类似措辞;②买方在订立合同前已经检验过货物或样品、模型等,或者买方拒绝进行检验;③根据当事人双方过去的交易做法、履约做法或行业惯例,也可以排除卖方默示担保义务。

(2) 明示担保义务的排除。因为明示担保是买卖双方在国际货物买卖合同中的明确约定,按照《统一商法典》的规定,买卖双方交易时,如果既有明示担保的言辞或行为,又有排除或否定此种明示担保的言辞或行为,则对于所有这些言辞和行为应尽可能作出一致的解释;如果二者之间有矛盾,就应该承担明示担保的义务。《买卖合同公约》规定:免责条款与当事人的明示担保相矛盾无效。同时,公约还规定,免除当事人由于欺诈行为产生的责任条款无效;免除当事人根据产品责任法对人身伤亡和财产损失应当承担责任的条款无效。

案例 4-1

卖方品质担保义务

我国 A 公司于 2004 年初向美国 B 公司出口价值 33 万美元的微型轴承,B 公司提货后拒绝支付货款。在 A 公司追讨欠款的过程中,B 公司一再声称 A 公司的产品存在严重的质量问题,导致其巨大的经济损失,A 公司对此则坚决否认。由于双方在质量问题上无法达成一致,A 公司遂于 2004 年 6 月在美国当地法院对 B 公司提起诉讼。

2004 年 7 月,B 公司在收到起诉状后随即对 A 公司提起反诉。2005 年 9 月,A 公司收到律师转来的最终判决:法庭认定 A 公司提供的价值 7 万美元的产品存在质量问题,该部分货款应从合同总金额 33 万美元中扣除,故判定 B 公司偿还 A 公司 26 万美元的货款;但同时支持了 B 公司在反诉中提出的索赔请求,要求 A 公司赔偿 B 公司因产品质量问题而蒙受的 20 万美元的损失。法庭最终判 B 公司向 A 公司支付 6 万美元。

法官在判决书中对有关事实认定和法律依据进行了集中论述,值得引起我们的关注。

(1) 关于产品是否存在质量问题。B 公司辩称曾指示 A 公司按照 ABEC-3 标准生产,并提供了用于检验的锌棒。B 公司提供的证据显示,A 公司的检验员证明工厂在检验产品时未使用过锌棒,而是使用电子检测手段。另有证据表明 A 公司在检验中使用 ISO 标准。用 ISO 标准进行检测与 ABEC-3 标准检测的结果十分接近,但不完全一致,而微型轴承主要应用于计算机和医疗设备等高科技产品,对精度有极为严格的要求,细微的差别可能导致产品无法使用。

法庭认定 A 公司对产品质量问题负有举证责任。而 A 公司未能向法庭提供产品检验证明。据此,法庭认定 A 公司提供的部分产品存在质量问题。

(2) 关于 B 公司是否履行了及时验货的义务。《买卖合同公约》规定买方有验货的义务,并应在合理的时间内提出质量异议,否则无权就质量问题向卖方提出索赔。为此,法院认定 B 公司对及时通知的事实负有举证责任。

B 公司向法院提供的往来函电显示,B 公司在发现 A 公司的产品质量存在问题后立即与 A 公司取得了联系,但 B 公司发现产品质量存在问题距收到货物已 18 个月。显然,B 公司确实就质量问题履行了"通知"义务,但关键是是否在"合理"的时间内通知。《买卖合同公约》对"合理"的解释是:买家知道或应该知道产品存在质量问题时。对此,法庭认为"合理"的标准应根据当事人的业务性质、产品的特性和检验的可行性进行综合判断。

本案 B 公司经营的是分销业务,这一点 A 公司了解无误。分销商为保证及时为客户供货,一般都保留有大量的库存。B 公司在向客户供货时总是首先将库存的货物先发给客户,而不是首先发运最新收到的货物,这样从 A 公司将货出运给 B 公司,到 B 公司将货发运给最终买家可能经历相当长的时间,由于该产品对精度要求高,规格上的细微差别是目测检验所不能发现的,而对产品的技术检验需在净化间中进行,检验后还应在净化间中对产品进行超声清洗,使用昂贵的润滑剂并重新进行密封包装,用于医疗设备的产品还需重新消毒,其检验成本远远高于产品的货值。因此,收货后对产品进行全部检验是不可能的,产品质量问题只有在最终买家使用时方能发现。据此,法庭认定 B 公司在"合理"的时间内向 A 公司提出了质量异议通知。

(3) 关于 B 公司的损害赔偿请求是否应予支持。B 公司在反诉中提出由于产品存在质量问题,为履行与最终用户的合约,B 公司从美国国内另外购买了部分产品,此外,还支出了检验费、修理费以及仓储、运输、清关和退货等费,要求 A 公司赔偿上述损失。

《买卖合同公约》第74条规定,违约损失金额一般不高于违约方在订立该合同时所能预期到的损失。但第75条则规定,如买方为履行与第三方的合同重新购买了产品,则可以就第三方合同与原合同的差价以及其他合理损失要求赔偿。法庭据此对 B 公司的索赔请求予以支持。

3. 权利担保义务

权利担保义务,是指卖方应保证对其所售货物享有合法的权利,没有侵犯任何第三人的权利,并且任何第三人都不会就该项货物向买方提出任何权利要求。根据买卖的特征,权利担保义务是国际货物买卖中卖方最重要的一项义务。各国法律都将权利担保义务作为一项法定义务予以明确规定。英国《货物买卖法》更是将它作为卖方的一项默示担保义务予以规定,无须合同明确约定即对卖方具有约束力。

(1) 权利担保义务的权利内容。按照权利内容划分,该义务包括所有权担保、其他物权担保、知识产权担保三项内容。①所有权担保义务。卖方应该保证对其所售货物享有合法的所有权,除非买方知情并同意,卖方不得把不属于他所有或者未经货主合法授权的货物出售给买方。至于在买方不知情时卖方这样做的法律后果,即善意买受人是否受法律保护,真正货主能否追回该批货物,《买卖合同公约》规定不属于其调整范围。②其他物权担保义务。卖方应该保证对其所售货物享有完全的所有权,不存在未曾向买方透露的或者买方未同意接受的任何担保物权,包括抵押权、质权、留置权等。③知识产权担保义务。卖方应该保证对其所售货物没有侵犯他人的知识产权,包括工业产权(专利权、商标权等)和版权(著作权)。由于知识产权保护具有严格的地域性特征,一国取得的知识产权在另一国未必受到保护。《买卖合同公约》明确规定了确定知识产权担保义务所依据法律的标准:其一,依照货物销往国的法律;其二,依照买方营业地所在国的法律。

（2）卖方对第三人权利请求的担保。《买卖合同公约》规定，卖方不仅要保证其交付的货物为第三方不能主张任何权利的货物，而且要保证它是第三方不能提出任何请求的货物。换言之，如果第三方通过诉讼主张上述某一项权利，结果获得胜诉，卖方应该对买方承担责任；即使第三方对货物提出的权利请求败诉了，卖方仍然被认为违反了公约规定的权利担保义务，因此而给买方带来的不便或损失，卖方应该承担责任。《买卖合同公约》此项规定的目的是保护善意买受人的利益，因为买方的本意是来买货的，而不是来买"官司"打的；而且，第三方关于货物的权利主张不管能否成立，有时不可避免地会对买方产生不利的影响，或者让其蒙受损失。因此，卖方对此承担责任具有合理性。公约此项规定值得我国相关法律借鉴。

（3）卖方的免责事由。《买卖合同公约》规定，卖方在以下情形下得予免责：①买方在订立合同时知道或不可能不知道第三方会提出有关的权利或要求；②在卖方不知情的情况下，货物被销往目的地以外的国家；③第三方提出有关的权利或要求，是由于卖方遵照买方所提供的技术图样、图案、程序或其他规格而引起的；④买方在知道第三人权利或要求后，未在合理时间内通知卖方，此种免责以卖方对侵权的发生不知情为前提。

二、买方的义务

买方的义务主要有两项：一是支付货款；二是受领货物。关于买方的义务，大陆法系国家一般规定在民法典中，其规定比较简练；而英美法系国家的规定则较为翔实，英国规定在《货物买卖法》中，美国规定于《统一商法典》中；《买卖合同公约》规定在第三部分第三章中，内容也很详细、具体。

(一) 支付货款的义务

1. 大陆法系的规定

《法国民法典》规定，买方的主要义务是按照买卖合同规定的时间和地点支付价金。如果在买卖时，对支付价金的时间和地点没有规定的，买方应该在交付标的物的时间和地点支付价金。如果买方不支付价金，卖方得请求解除买卖合同。《德国民法典》规定，如果双方在订约时未规定价金而依市价确定价金的，则应按清偿时清偿地的市价为准；未规定付款地的，则买方应在卖方的所在地付款。

2. 英美法系的规定

英国《货物买卖法》规定，在买卖合同中，买方付款与卖方交单互为"对流条件"[①]，两者应该同时进行，即卖方以交货换取货款，买方以支付货款换得货物。英国《货物买卖法》只是将接受货物的义务与检验货物的权利结合起来。而美国《统一商

---

① 对流条件，是指合同双方当事人同时履行其各自义务，或者至少是各方都同时准备并愿意履行其各自义务。即一方当事人的履约以对方履约为条件。参见冯大同：《国际商法》，对外经济贸易大学出版社1991年版，第120页。

法典》的特点是把付款义务、接受货物的义务与检验货物的权利联系在一起。它规定合同约定采用"交货付现"或"交单付款"等条件时,买方必须在检验之前付款;除此约定外,买方在支付货款和接受货物之前,有权对货物进行检验。在国际贸易实务中,买卖双方大都采用交单付款的方式,因此买方通常是在卖方移交装运单据时支付货款,待货物运抵目的地之后再进行检验。

3.《买卖合同公约》的规定

关于买方支付货款的义务,《买卖合同公约》规定得非常详细,具体涉及如下方面:履行必要的付款手续、合理确定货物的价格、确定付款的时间和地点等。

(1) 履行必要的付款手续。《买卖合同公约》规定,买方应履行合同或任何法律、法规所要求的步骤及手续,以便货款得以支付。该项规定主要是指买方依约,申请银行开出信用证或银行保函;在实行外汇管制的国家,买方依法向政府申请取得为支付货款所需的外汇。其目的是将履行付款手续也作为买方付款义务的一个组成部分。因为在国际贸易中,货款的支付程序远比国内贸易复杂,而且还涉及外汇的使用问题,如果买方不履行必要的付款手续,有时就有可能付不了货款。

如果买方没有办理付款手续,以致不能支付货款,即构成违反合同。在这种情况下,卖方可以规定一段合理的额外时间,让买方继续履行付款义务;如买方在合理时间内仍不履行该项义务,卖方即有权宣告解除合同。如果买方不办理上述手续,并已构成根本违反合同,卖方无须给买方继续履行付款义务的额外时间,即可宣告解除合同。

(2) 合理确定货物的价格。如果合同对货物价格已有相关约定,买方应按约定价格付款。但是,如果合同没有明示或默示地约定货物价格或作价方法,此时,合同如已有效成立,则应当认为双方当事人已默示引用合同订立时货物在类似情况下的通常价格。《买卖合同公约》这项规定的目的是使合同不致由于没有约定价格或作价方法而不能履行。但公约的这一规定同某些国家的法律规定有所不同,按照英美等国的法律,如果买卖合同没有规定货物的价格或明确价格的方法,一般应按交货时的合理价格来确定货物的价金。

《买卖合同公约》还规定,如果货物的价格是按照货物的重量(如公吨、公斤等)来确定的话,如有疑问,应按货物的净重量来确定。换言之,如果买卖合同对货物究竟是按毛重量还是净重来计算货价的问题没有作出具体规定,则应按净重计算,货物的包装不计算在内。当然,如果买卖合同中已明确规定"以毛作净",则另当别论。

(3) 确定支付货款的地点。在国际货物买卖中,在什么地方支付货款,对买卖双方特别是卖方来说,是一个不可忽视的问题。因为一旦遇到约定的支付地点实行外汇管制,或因外汇短缺而限制外汇的汇出,买方就无法履行其付款义务,卖方也不能取得货款。

如果双方在买卖合同中对付款的地点已有明确的规定,买方应在合同规定的地方付款。如果合同对付款地点没有具体约定,根据《买卖合同公约》第 57 条的规定买方应按下列地点向卖方支付货款。①在卖方的营业地付款。如果卖方有一个以上的营业地点,则买方应在与合同及合同的履行最为密切的营业地向卖方支付货款。②如果是凭移交货物或单据支付货款,则买方应在移交货物或单据的地点支付货款。

在国际货物买卖中,如采用CIF、CFR和FOB等价格条件成交时,通常都是凭卖方提交装运单据支付货款。无论是信用证付款方式还是跟单托收支付方式,都是以卖方提交装运单据作为买方付款的必要条件。所以,交单的地点就是付款的地点。但是,交单地点又如何确定呢?对此,《买卖合同公约》没有规定。但是一般认为,如果是跟单托收,卖方应通过托收银行在买方营业地向买方交单,并凭单付款;如果是信用证付款,通常是卖方向自己营业地(出口地)的议付银行提交有关的装运单据,由议付银行凭单付款。《买卖合同公约》还规定,在合同订立后,如果卖方的营业地发生变动,由此而引起买方在支付方面增加的开支,由卖方承担。

(4) 确定支付货款的时间。它包括以下三项内容。①如果买卖合同没有规定买方应当在什么时候付款,则买方应当在卖方按合同和《买卖合同公约》的要求把货物或把代表货物所有权的装运单据(如提单)移交给买方处置时,支付货款。卖方可以把支付货款作为移交单据的条件,即付款与交单互为条件。②如果合同涉及货物的运输,卖方可以在发货时订明条件,规定必须在买方支付货款时方可把货物或代表货物所有权的装运单据交给买方。③如果合同涉及货物的运输,买方在未有机会检验货物以前,没有义务支付货款,除非这种检验的机会与双方当事人约定的交货或支付程序相抵触。这项规定并非表明买方放弃了验货权,因为买方即使支付了货款,他仍有权按照约定或法律规定对货物进行检验;验货后发现与合同不符的,买方有权要求卖方赔偿损失或采取其他救济措施,以维护自己的合法权益。

此外,法国和德国等大陆法国家规定,债权人必须先向债务人发出催告通知,才能使债务人承担延迟履行的责任。英美法则没有这种催告制度。有鉴于此,《买卖合同公约》明确规定,买方必须按照合同和公约规定的日期付款,无须卖方提出任何要求或办理任何手续。如果买方不按时付款,应负延迟付款的责任,延迟付款应支付延迟的利息。

(二) 接收货物

1. 收到货物与接受货物

在英国《货物买卖法》中,"收到货物"与"接受货物"是两个不同的概念,具有不同的法律效果。如果只是收到货物,还保留根据合同条件拒绝接受货物的权利;而接受货物就丧失了拒绝接受货物的权利。下列的情况为买方接受货物:①明确通知卖方接受该批货物;②收到货物后,买方作出了与卖方所有权相抵触的行为,例如处分或者使用行为;③收到货物后,买方将货物留存了一段合理的时间,并没有通知卖方拒收此项货物。作为一个事实问题,如何确定"合理时间"必须根据买卖的具体情况而定。因此,买方收货后最好尽快组织验货,以便决定是否接受货物。

2. 检验货物与接收货物

无论是美国还是英国都将买方接受货物的义务与检验货物的权利结合在一起。合同约定采用"交货付现"或"交单付款"等条件时,买方必须在检验之前付款;除此约定外,买方在支付货款和接受货物之前,有权对货物进行检验。

检验的时间、地点和方式按照合同的约定;合同没有相关约定的,则在卖方负责将货物运至目的地时,在货物的目的地进行检验;其他情况下,则应在合理的时间、地点,以合理的方式进行检验。检验结果表明货物与合同相符的,检验费用由买方负责;检验结果表明货物与合同不符的,检验费用由卖方负责。

因此,作为买方的一项权利,对货物的检验应该及时行使。合同有相关约定的,遵照约定;合同没有约定的,待货物运抵目的地后,买方应该尽快进行检验。这是因为,虽然此时买方已依约支付了货款,但还不构成对货物的接受,买方及时行使检验权可以帮助其决定是否接受货物,是否采取其他法律补救措施。

3. 接受货物的内容

《买卖合同公约》规定,买方收取货物的义务主要包括两项内容。①采取一切理应采取的行动,以便卖方能够依约交付货物。比如及时指定交货地点,或者在 FOB 条件下按照合同约定时间将运输工具派往装货地点。②在卖方按照合同约定方式交货时,接收货物。这是因为,如果买方不及时接收货物,卖方就有可能会支付滞期费、仓储费等费用,这将对卖方的利益产生很大的影响。因此,如果买方不按时接受货物,他将承担相应的责任。

第四节 货物所有权与风险的转移

国际货物买卖实践中,货物所有权以及货物灭失损坏的风险何时起从卖方转至买方,而由买方享有或承担,是关系到双方当事人切身利益的重大问题。货物的特定化或划拨是与货物所有权、货物风险的转移关系紧密的一项制度,此制度的分析有利于对国际货物买卖中货物的所有权转移或风险转移的理解和掌握。

一、货物的特定化

(一) 特定化的概述

1. 特定化的概念及种类

特定化(specification),是指把处于可交付状态下的货物无条件地划拨于合同项下的行为,所以又称划拨。美国《统一商法典》规定:作为买卖标的之货物,必须是经过划拨的,即必须是特定于合同项下的、可以移动的物品。特定化是买卖法中特有的概念,尤其是在英美法中,它具有特别重要的意义。

划拨，是通过订立合同，在货物上加标记，或者以提交单据、向买方发通知或其他方式清楚地表明货物已归于有关的合同项下的行为。

划拨可以分为有条件的划拨和无条件的划拨两种。有条件的划拨，是指作为划拨的一方保留在某些情况下提交其他货物进行替代或要求替代的权利；无条件的划拨，是指给货物作出标志，使之成为合同项下的货物，并且不得撤销地责成双方承担义务，从而剥夺了作出划拨的一方改变主意并用其他货物作为替代的权利。假如无条件划拨符合约定，而且买方没有行使拒收权，它就不可撤销地约束着卖方。然而，它对买方的约束是有限的，因为即使货物符合合同的约定，但若交货不符合约定，如质量不符或交货迟延等，买方仍可行使拒收权。此时，原划拨无效，买卖双方的权利恢复至如同未划拨、未提交货物一样。①

2. 特定化的阶段

特定物的买卖，因为其标的物是现实存在的、特定的，不存在划拨问题。因此，划拨所针对的是非特定物。非特定物的划拨过程可分为三个阶段。② ①买卖双方在订立合同时，应该就标的物的特征达成协议，主要反映在合同的品质条款和数量条款中。②具有以上特征的货物必须被分离出来并归于合同项下。③划拨是一种合同行为，由一方同意而由另一方做出。如果双方约定给买方发划拨通知，那么划拨是在发出这种通知的时候生效。划拨的有效性取决于是否符合合同的规定，是否得到履行或这种履行得到另一方的接受。因此，如果卖方划拨到合同项下的货物与合同的规定不相符，这种划拨无效。

3. 特定化的方式和时间

（1）一般规则。根据美国《统一商法典》第2—501条的规定，既存货物特定为合同所指的货物时，可以在当事人明确约定的任何时间、以任何方式予以特定化。这里的"明确约定"既指合同的具体条款，也包括通过双方当事人在合同中使用的交易术语、行业惯例等规则予以"明确"。特定化行为可以由卖方提出征得买方的同意，也可以由买方提出征得卖方的同意。而买方的同意既可以是明示的，也可以是默示的；既可以在划拨之前表示，也可以在划拨之后予以确认。如果买卖双方未就特定化的方式和时间明确约定，货物的特定化分别以下列方式确定。

① 如果标的物是既存并已确定的货物，货物特定化的时间为合同订立时。

② 如果标的物系缔约后将于12个月内出生的动物幼崽或者缔约后将于12个月内或下一个正常收获季节（以较长者为准）收获的农作物，货物特定化的时间为农作物播种时、发芽时，或者动物怀胎时。

③ 如果标的物是上述两项规定之外的未来货物，货物特定化的时间为卖方装运货物、标识货物或者以其他方式标明货物为合同所指货物时。

---

① 王传丽：《国际贸易法》，中国政法大学出版社2003年版，第98~99页。
② 王传丽教授在其主编的《国际贸易法》中，将划拨过程分为两个阶段，本书认为其生效问题可以归纳为划拨的第三阶段，故有此安排。

(2) 担保权益保留情况下的特定化规则。货物仅由卖方特定的,卖方在违约、破产或者通知买方货物已最终特定之前,仍得以其他货物替代已特定的货物。即卖方在保留货物所有权或任何担保权益的情况下,不但享有货物的可保利益,而且拥有特定化的确定权和变更权。

(3) 特定化可及于货物的部分权益和部分货物。根据美国《统一商法典》第 2—105 条的规定,当事人可以仅出售现实存在并已特定化之货物中的部分权益。而且,特定化的一批种类物,即使总量未知,其中已定量的任何部分仍可在未与整批货物分离的情况下被视为已特定化而用于出售。该批种类物中以数量、重量或其他标准计算的任何已议定的部分或数量,可在卖方所拥有之权益的范围内出售给买方。买方因此成为该批种类物的共同所有人。货物部分权益和部分货物的特定化方式和时间,也适用上述的规则。

(二) 特定化的法律意义

特定化是买卖合同订立后有关货物的一项具体制度,是合同履行的前提或履行合同的准备行为。货物特定化后,卖方不得再提交其他货物,而买方也无权要求接受其他货物,即使该其他货物与划拨的货物具有相同特征。因此,货物特定化对买卖双方意义重大。关于特定化的法律意义或重要性,学者们根据自己的标准和认知有不同的概括和归纳。为便于分析,我们结合国内法和《买卖合同公约》的一些规定,将货物特定化的法律意义大致归纳为三个方面。

1. 对买卖双方权利和利益的影响

特定化是使具有交付条件的货物归于合同项下的行为。因此,货物特定化使卖方对货物享有的权利受到限制;反过来,它不但是买方享有货物所有权和占有权的前提,而且使买方获得了特殊财产权[①]及可保利益。同时,在某些情况下还使买方依法取得了检验货物的权利。主要有以下三点。

(1) 当货物特定化后,对于卖方来说,无论货物所有权转移与否,他对货物所享有的权利受到了一定限制。比如,在货物特定化之后,除非买方同意,卖方不能再调换或挪作他用。美国《统一商法典》规定,当特定化是由卖方单方作出时,他可以在违约或破产前,或者在通知买方特定化已终结前,以其他货物替换特定化货物。

(2) 美国《统一商法典》还规定,货物特定化使买方获得了该法所限定的特殊财产权和可保利益。对于特定化标的物,不仅卖方须保证妥善保管以便交付,第三人也不得侵犯之。在标的物确定之后交付之前,如果第三人损害了仍在卖方手中的货物,买方也有权依据他对货物的特别财产权对第三人提出诉讼,从而使标的物得到充分

---

① 所谓特殊财产权,是指在货物所有权之上所附有的卖方的价款担保物权。它是对财产拥有的除所有权以外的一种有限权利,所以又称附条件的所有权或有限所有权。这就是说,如果买卖合同成立了,标的物确定了,但买方尚未支付价款,买方这时仅取得货物的特别财产权,并没有取得货物的完全所有权;如果买方不按约定的时间付款,卖方可以拒绝交付货物,而一旦买方依约付款,卖方则必须按约交付货物。这种特别财产权概念的运用,使买卖双方的利益都得到了保障,促进了交易的顺利进行。

的保护。特定化还使买方获得了货物的可保利益。将货物加以特定化只是转移货物所有权的前提,至于将货物特定化之后,货物的所有权是否转移到买方,尚需视卖方是否保留对货物的处分权而定。一般来说,在涉及运输货物的情况下,如果按照合同的规定,卖方以运交买方为目的将货物交给了承运人而又没有保留对货物的处分权,则可以认为卖方已经把货物无条件划拨于合同项下。例如,在 CIF 条件下,卖方替买方投保,此时由于货物所有权并没有转移给买方,因此买方对货物不具有可保利益。然而根据美国《统一商法典》的规定,只要卖方在投保时已将货物划拨于合同项下,不管货物所有权是否转移,不管卖方是否已提交货物,买方都取得了可保利益,从而可以享受保险受益人的权利。

(3) 货物特定化之后,买方依法取得了检验货物的权利。美国《统一商法典》规定:除合同约定采用"交货付现"或"交单付款"之外,买方在支付货款和接受货物之前,有权对货物进行检验。如果货物未经特定化而归为合同项下,买方就不能主张货物的财产权,检验货物也无从谈起。

2. 对货物所有权转移的影响

根据所有权主义理论和某些国家的立法实践,特定化还影响到货物所有权的转移。例如,英国《货物买卖法》规定:在非特定物货物的买卖中,在将货物特定化之前,其所有权不转移于买方;当处于可交付状态的货物被无条件划拨到合同项下时,货物所有权始转移于买方。

3. 对风险转移的影响

《买卖合同公约》对特定化制度的规定更多地体现在"风险转移"这一章里。从某种意义上来说,货物的特定化是货物风险转移的前提。公约明文规定:在货物特定化之后,风险才转移。

(三) 特定物与非特定物

特定物和非特定物是与特定化密切相关的一对概念,在国际货物买卖中,区分特定物和非特定物的意义在于两者所适用的规则有所不同。特定物由于其独一无二的特性,交易时通常处于可交付状态,可为物权的客体;而非特定物尚无直接支配的可能,只能作为债权之标的,而不能作为物权的客体。特定物无须划拨即可进行所有权的移转,而非特定物尚待划拨于合同项下,因此其所有权转移的前提条件是其特定化。英国《货物买卖法》规定:在非特定物的买卖中,货物被特定化之前其所有权不转移给买方。

1. 特定物

根据英国《货物买卖法》的定义,"特定物"是指在订立合同时即已划拨和议定的货物,包括上述已经划拨或协议划拨的货物尚未分开作为一部分或一定比例的部分。特定物的买卖,不存在划拨的问题。美国《统一商法典》规定:如果货物是现实存在的和特定的,特定化在买卖合同订立时发生。

特定物买卖的特点是：①货物事实上已经特定化，即在合同订立时，它是特定的、独一无二的；②货物在合同订立时是存在的，是实际的或潜在的财产，即它处于"可交付"的状态。

特定物买卖，按照不同情况适用以下具体规则。①可使合同归于无效的规则。按照英国《货物买卖法》的规定在特定物的买卖合同中，在卖方不知道的情况下，如果货物在合同订立时毁损，则合同无效。双方达成特定物买卖合同，但在风险转移给买方之前，在双方均无过失的情况下，特定物发生毁损，则合同无效。②所有权转移规则。除按照买卖双方的意图确定移转时间的一般规则外，还有一些特殊规则，如下面论及的特定化制度等。③买方拒收规则。如果买方对特定物合法拒收，卖方不能通过重新划拨提交替代物。这与非特定物不同，因为买卖双方在合同订立时即确定了这些货物是不能用其他货物替代的。

2. 非特定物

非特定物或待确定物，是指在订立合同时还没生产或者尚未确定的，仅以物之种类、数量、品质进行抽象指定的，有待划拨而成为合同项下的货物，通常是指仅凭说明进行交易的货物。国际货物买卖中的货物大多数是非特定物。非特定物又可以具体划分为种类物和准特定物两类。

非特定物所适用的规则不同于特定物的规则。①不可抗力规则。由于不可抗力导致合同落空的规则只适用于特定物。②所有权转移规则。按照英国《货物买卖法》的规定，非特定物在划拨之前，所有权不发生转移。非特定物划拨后其所有权转移规则与特定物的规则相同，即按照买卖双方的意图确定转移的时间。③买方拒收规则。非特定物经划拨而归于合同项下的，此种划拨不必是决定性的。买方对货物的合法拒收可使卖方的划拨无效，但如果时间允许，卖方可以重新划拨。

(四) 特定化制度的立法①

1. 英美法的划拨制度

在英美普通法中，特定化或者划拨制度不仅有历史悠久的习惯法传统，其成文法典与司法实践也积累了丰富的处理原则。1893年英国《货物买卖法》，被称为英国买卖法的第一块里程碑，它对英美法系其他同类法规产生了较大的影响，1906年美国《统一买卖法》就是受到其影响而颁布的。1979年《货物买卖法》被认为是英国买卖法领域的第二个里程碑。以现代化精神、切实可行的处理方案、综合性概念著称的美国《统一商法典》是立法史上一段前所未有的成功史话，它对联合国国际贸易法委员会重新起草《国际货物买卖统一法》和《国际货物买卖合同成立统一法》也产生了重要影响。

---

① 部分内容和案例参考了顾科鸣：《国际货物买卖中划拨制度探究——英美、大陆、CISG法律制度比较分析》，北大法律信息网(http://article.chinalawinfo.com/Article)，2010年7月访问。

(1) 英国1979年《货物买卖法》的特定化制度。英国至今仍未加入《买卖合同公约》，在国际货物买卖方面仍然依据自身的传统立法。英国关于货物的买卖大致分为特定物买卖与非特定物买卖。英国《货物买卖法》第61条规定，在订立合同时即已划拨和议定的货物，包括上述已经划拨或协议划拨的货物的尚未分开作为一部分或一定比例的部分。

在特定物的买卖下，不存在划拨制度的问题。为降低卖方转卖买方的风险，法律规定所有权在合同订立时转移；另一方面，为了降低卖方收款的风险，可能会要求在货款付清前保留货物所有权。非特定物通常是指仅凭说明进行交易的货物，国际货物买卖的标的物大多数都是非特定物。因此，非特定物所有权转移的前提条件是货物特定化，即卖方确认将以某些处于可交付状态的货物履行该合同。英国《货物买卖法》第16条规定："在非特定物的买卖中，货物被特定化之前其所有权不转移给买方。"

案例 4-2

货物特定化与所有权转移

英国商人A按CIF条件从美国进口1000吨散装小麦，A又把其中500吨卖给了商人B，B预付了货款。但在货物运抵英国港口以前，A破产了，破产财产清算官已把上述1000吨小麦列入清算财产。B知道后，以他已付款为由，要求清算官将其中的500吨小麦归还给他，但遭到拒绝。B起诉于法院，法院判B败诉，其理由是：尽管B已预付货款，但在A破产时，那1000吨小麦中并未分出500吨特定化于A与B之间的买卖合同项下，即并不存在其中500吨小麦的所有权已经从A转移于B的情况。所以，B无权要求得到这500吨小麦，而只能与诸多债权人一起参与破产人A剩余财产的分配。

(2) 美国《统一商法典》的特定化制度。美国《统一商法典》一改其20世纪初《统一买卖法》所承袭的英国法传统，将所有权转移与风险转移及救济方法等分离开来立法，这与美国法把合同项下的货物的特定化作为所有权移转的标志这一原则有关。在美国，只要买卖合同项下的货物确定了、特定化了，即使货物仍在卖方手中，货物所有权也转移给了买方。因为货物的特定化往往取决于卖方，对买方来说，货物划拨于合同项下的时间难以准确把握。正是基于这个考虑，《统一商法典》将货物的风险负担与所有权予以分离，主要是将风险转移看做一个合同问题，而非物权问题，它无须依赖于哪一方当事人对货物所有权或财产权的实际拥有。

从对货物的定义开始，美国《统一商法典》就特别强调特定化的意义。其第2—501条明确规定：货物是指……在特定于买卖合同项下时，可以移动的物品；货物还包括……已特定化的物品。从法典的具体规定分析，不管出售的是现货还是期货，也不管出售的是货物全部权益还是部分权益，作为买卖的标的物都必须是经过特定化了的，即划拨于合同项下的、可以移动的物品。该法典还对货物特定化与货物可保利益，以及特定化的方式等作出了规定。

2. 大陆法对划拨制度的规定

一般认为,特定化是英美法的一项制度,大陆法系中没有特定化的制度。其实,这是不确切的。德、日虽然没有关于特定化的立法,但《法国民法典》中却有特定化的影子,而且在实践中慢慢发展起来一些关于特定化的原则。

法国也是主张在买卖合同成立之时转移所有权的国家。《法国民法典》第1583条规定:当事人双方就标的物及其价金相互同意时,即使标的物尚未交付,价金尚未交付,买卖即告成立,标的物的所有权即依法由出卖人转移于买受人。但是,在审判实践中,法国法院会根据案件的实际情况适用下述原则:如果买卖标的物是种类物,则必须经过特定化之后,其所有权才能够转移于买方,但无须交付。

《法国民法典》在以买卖合同成立之时作为货物所有权转移之时的原则之外又做出了适当变通,其第1585条规定:如商品非按整批,而按重量、数量或度量出卖,在商品尚未过秤、计数或度量之前,买卖并未成立。第1586条规定:反之,如商品按整批出卖,即使商品尚未过秤、计数或度量,买卖即告成立。这两条看起来是用来界定买卖合同的有效成立时间的,但实际上是把合同成立之时定为标的物确定之时,进一步说,就是把货物所有权转移时间确定为货物确定之时。

3.《买卖合同公约》有关特定化的规定

由于缔约各国关于所有权转移问题的法律分歧比较大,不容易统一,各国代表都同意把风险转移问题与所有权转移问题分开处理。《买卖合同公约》重点规定了货物风险转移的时间和条件,而回避了所有权转移问题,对其未作任何具体规定。《买卖合同公约》将风险转移与特定化捆绑起来,是因为特定化意味着卖方所出售的货物已经与某一特定的合同联系在一起。从下列这些规定中,可以看出《买卖合同公约》对英美法有关特定化制度的采纳和接受。

《买卖合同公约》第67条在规定涉及运输的货物的风险转移时,将特定化作为风险转移的一个前提条件,该条第2款规定:在货物以货物上加标记、以装运单据、向买方发出通知或其他方式清楚地注明在有关合同项下之前,风险不移转到买方承担。由于货物没有以公约描述的那些方式特定化,风险也就没有转移至买方。反过来,如果货物被划拨到特定合同项下之后,再发生意外的风险损失,卖方可主张应由某个特定买方承担损失。另外,有关划拨的溯及力,即货物在发生了损害与灭失的风险之后完成的划拨有没有特定化效力的问题,许多国内法持否定的态度。《买卖合同公约》的上述规定也清楚地表明,在卖方完成划拨前风险不转移至买方。因此,如果货物遭到意外毁损、灭失,认定风险是在划拨之前还是在完成划拨之后发生就具有重要意义,《买卖合同公约》显然是在鼓励卖方尽早地向买方发出发货通知。

《买卖合同公约》第68条关于运输途中的货物的买卖问题,没有规定划拨问题。但在运输途中的货物本来就比较确定,可以看做特定化了的货物,无须划拨,如果发生风险,应由买方承担风险责任。但问题是,如果该货物是种类物,卖方只出售其中的一部分或者向两个以上买方出售该批种类物,货物还没有或根本不可能被清楚地划拨到相应的合同项下时,发生了风险损失,如何确定由谁承担?怎么承担?第68条并不能解决上述情况下的损失分担问题。可行的办法是按买方购得该批货物的比例分担该损失。

《买卖合同公约》第69条在规定不涉及运输或者运输途中的货物时,同样以货物划拨到合同项下作为风险转移的先决条件,该条第3款规定:如果合同是指当时未进行划拨的货物,则这些货物在未清楚注明在有关合同项下之前,不得视为已交给买方处置。

二、货物所有权的转移

货物所有权的转移,是指买卖合同订立后货物所有权何时从卖方转移至买方,从而使买方对货物享有占有、使用、收益和处分的权利。货物所有权的转移与买卖双方当事人利益攸关。因为一旦货物所有权转移至买方,如果买方拒不付款或者遭受破产,卖方将蒙受巨大损失;反之,如果货物所有权迟迟不能转移至买方,甚至是买方支付了货款,还不能实现买卖的目的,这会给买方实现合同的目的带来很大的不确定性。虽然各国在民法或买卖法中对货物所有权的转移都有一些具体的规定,但差异很大。美国《统一商法典》抛弃了英美法所有权主义的传统,不再以所有权转移作为风险转移与救济方法的关键因素;《买卖合同公约》干脆就回避了所有权的问题,而将它留给各国的国内法来解决,只是将划拨与风险挂钩。由于英国法一直坚持所有权的转移决定着风险的转移、保险利益的归属、双方可享有的救济方法以及有关的权利义务的传统观点,仍然采用的是典型的所有权主义,因此我们以英国《货物买卖法》为主要线索来探讨所有权的转移问题。

(一) 英国《货物买卖法》的规定

特定化的制度以及英美法关于特定物与非特定物的区分,直接决定了所有权转移的立法规定。以英国《货物买卖法》的规定为例,所有权转移主要有特定物的买卖、非特定物的买卖以及所有权的保留三个方面的内容。

1. 特定物的买卖

虽然特定物无须划拨,其所有权在合同订立时就可以转移给买方,但为了降低收款风险,卖方可以在买方付清货款前要求保留货物所有权。因此,法律在确定货物所有权转移时间时必须顾及当事人的意思。英国《货物买卖法》规定:如果合同标的物是特定物或是已被特定化的货物,货物所有权转移的时间按当事人在合同中表述的意图确定,即货物所有权何时转移至买方完全取决于双方当事人的意旨,合同中有明确约定的照此约定。

如果合同中没有明确的表示,法院或仲裁庭可以根据合同条款、买卖双方行为以及订约时的具体情况予以确定,具体表现为以下几项。

(1) 凡属无保留条件的特定物的买卖,如果该物已处于可交付状态,则货物所有权在合同订立时即转移至买方,除非当事人表达了不同的意思。

(2) 如果卖方还须做出某种行为才能使货物处于交付状态,则在卖方履行了此项行为并在买方收到有关通知时,货物所有权才得转移至买方。

(3) 如果特定物已经处于可交付状态,但卖方仍须对货物进行衡量、丈量、检测、检验等行为才能确定其价金的,则须在卖方完成这些行为并在买方收到有关通知时,货物所有权才得转移至买方。

(4) 在试验买卖或余货退回条件下,当货物交付给买方时,货物所有权的转移时间分为两种情况:①当买方向卖方确认此项交易时,货物所有权即转移至买方;②买方虽然没有明示确认,但在收到货物后,在约定的退货期届满前或者没有约定退货期则经过一段合理的时间后,买方没有发出退货通知,货物所有权也即转移至买方。

2. 非特定物的买卖

非特定物,即非特定化的货物,通常是指仅凭证明进行交易的货物。英国《货物买卖法》规定:凡属凭证明的买卖,未经指定的或未经特定化的货物在特定化之前,其所有权不转移至买方。

3. 所有权的保留

所有权保留,是指在买卖合同中,双方当事人约定或根据交易过程推断,如果买方不能满足一定的条件(如支付货款),卖方将保留对货物的处分权(主要是处置权)的一项制度。只要约定的条件没有得到满足,货物的所有权仍然归卖方所有,并不发生转移至买方的法律效果。

一般来说,如果按照合同的规定,卖方以把货物运交买方为目的而将货物交给了承运人,而没有保留对货物的处分权,则可以认为卖方已经无条件地把货物划拨于合同项下。但是,将货物加以特定化只是移转货物所有权的前提,至于把货物特定化之后,货物的所有权是否移转至买方,尚需视卖方有无保留对货物的处分权而定。无论是特定物的买卖,还是非特定物的买卖,即使在货物已经特定化之后,卖方都可以实行对货物所有权的保留。卖方可以通过下列三种方式表明对货物所有权的保留。

(1) 在合同中明确约定。例如,合同约定买方支付货款前,卖方对货物的所有权不发生转移。那么,如果买方没有支付货款,卖方不论是将货物交付买方还是承运人,货物的所有权都不随之转移至买方,直至买方满足合同约定的付款条件为止。

(2) 通过提单抬头的指示或通过交单的行为来表明。首先,卖方可以在提单的抬头载明该项货物须凭卖方或卖方代理人的指示交货,那么在卖方将该提单背书交给买方或其代理人之前,应该推定卖方保留了货物的所有权,表明卖方仍然可以通过处分提单这个货物所有权的凭证,来处置提单项下的货物。另外,即使提单以买方或买方代理人的名字抬头,也不意味着卖方有意将货物所有权转移至买方。此时,货物所有权的转移还须凭借卖方将提单交付于买方的行为。

(3) 通过对装运单据的处理方法来表示。在国际货物买卖实践中,卖方按照约定的货价向买方开出以买方为付款人的汇票,并连提单一起交给买方,要求承兑或见票即付。如果买方拒绝承兑或拒绝付款,他应该将提单退还卖方,此时货物所有权当然不发生转移;如果买方拒绝承兑或拒绝付款,但又不退还提单,此时即使买方持有提单,货物的所有权也不会因此而转移给买方。

(二)《法国民法典》的规定

《法国民法典》就所有权转移采用债权人主义,该法典第1583条规定,买卖合同的标的物在买卖合同成立时即发生所有权的转移。但是,债权人主义的最大缺点就是买方即债权人对货物的所有权与对货物的实际占有之间的分离,因为合同成立时,一般货物还不能实际为买方所占有,甚至有时货物实际还不存在,这就给买方造成了很大的不确定性。为了弥补该规则的不足,法国法院根据案件的实际情况,在审判实践中总结并适用以下一些规则:①如果标的物是种类物的买卖,则必须经过特定化之后,其所有权才能转移至买方,但无须交付;②对于附条件的买卖,如实验买卖,则必须待买方表示确认后,所有权转移至买方;③买卖双方可在合同中规定所有权转移的时间。《意大利民法典》和《日本民法典》有关所有权转移的规定,同《法国民法典》类似,采取的也是债权意思主义的模式。

与法国不同,另一个主要的大陆法国家——德国在其民法典中对所有权转移,采取债权形式主义模式,即以交付行为作为动产标的物所有权移转的成立要件。我国台湾地区的相关规定与《德国民法典》相似。根据《民法通则》的规定,我国民法也是将交付行为作为动产标的物所有权转移的成立要件,因而将买卖合同标的物毁损、灭失的风险负担与标的物所有权归属相关联,在文字表述上又与《德国民法典》或我国台湾地区的规定相似。我国《合同法》第142条规定:"标的物毁损、灭失的风险,在标的物交付之前由出卖人承担,交付之后由买受人承担,但法律另有规定或者当事人另有约定的除外。"该条规定与《合同法》第133条关于标的物所有权"自交付时起转移"的规则相一致。

(三) 美国《统一商法典》的规定

在《统一商法典》为各州采纳之前,美国有关货物所有权转移的法律同英国法基本一致。美国在20世纪初制定的《统一买卖法》承袭了英国1893年《货物买卖法》的规定。但在起草《统一商法典》时,起草人认为所有人主义太难掌握,太不明确,容易导致纠纷,不利于货物风险负担问题的解决。因此,《统一商法典》抛弃了英国法的传统,将所有权转移与风险转移及救济方法等分离开来,分别予以具体规定。

一般原则是,货物在特定化后,在交付时,其所有权才发生转移。即货物在划拨于合同项下之前,其所有权不发生转移。其具体规则如下:①当合同规定在目的地交货时,货物所有权在目的地由卖方提交货物时发生转移;②当合同规定卖方需将货物发送给买方而无须送至目的地时,货物所有权在交付发运的时间和地点转移给买方;③当无须转移货物即可交付时,如卖方需要提交所有权凭证,货物所有权在订立合同时发生转移。

另外，无论有无正当理由，当买方以任何形式拒绝接受货物时，所有权不发生转移。由此可见，美国与英国一样，也是将特定化作为所有权转移的前提条件。

三、货物风险的转移

货物风险的转移，是特指买卖合同中没有相关约定、买卖双方均未违约情况下货物灭失、损坏等风险的承担何时从卖方转移至买方。风险转移的关键是时间问题，即从什么时候起，货物的风险从卖方转移至买方。这里的"风险"是指货物可能遭受的意外灭失、损坏以及属于正常损耗的腐烂变质等风险。一般而言，如果买卖合同对货物风险转移有相关约定，按照约定；如果买卖双方中任何一方违约，致使交货迟延，则货物的风险由违约一方承担。因此，下面所讨论的是在买卖合同中没有相关约定、买卖双方均未违约情况下的风险转移。

(一) 货物风险转移的理论分野

1. 风险转移的理论学说

关于在买卖合同中没有相关的约定、买卖双方又均未违约情况下的风险转移，主要有三种理论或学说观点。

(1) "合同成立主义"，又称"债权人承担风险原则"，即货物的风险从合同成立时起由卖方转移给买方。谁是债权人，谁就承担货物灭失的风险。它不以所有权的转移为依据，是世界上最早的有关货物风险转移的理论，对欧洲的学说和立法都有很大影响。瑞士采取此说。

(2) "所有权主义"，又称"物主承担风险原则"，即货物的风险应随其所有权人而转移，谁享有货物的所有权、谁是货主，谁就应该承担货物灭失的风险，所有权转移的时间就是风险转移的时间。法国和英国持此说。

(3) "交付主义"，又称"债务人承担风险原则"，即货物风险的转移以货物交付为界限，货物交付前其风险归卖方承担，货物交付后其风险转归买方承担，而不论货物所有权转移与否。与合同成立主义一样，该理论也是将风险转移与所有权转移相分离，不同的是，它以交付而不是以合同成立作为风险转移的判断标准。美国和斯堪的纳维亚国家持有此说。

2. 理由

合同成立主义者认为，如果合同成立，买卖双方当事人的债权债务关系就已经明晰，作为债权人，买方应该承担合同项下货物的风险责任。所有权主义者认为，所有权是最完整的物权，所有人才是物的最终受益人，按照权利义务对等原则，享有利益者就应承担相应责任，风险或利益都基于所有权产生，它们都是所有权转移的法律后果，是从属于所有权的，故当标的物所有权发生转移时，风险自然随之转移。与此相反，交付主义者认为，标的物归谁占有，谁才能最方便地去维护财产安全，防止财产风险发生，而不直接占有财产的所有人维护财产一般是有困难的，以交付作为确定风险的界限,有助于督促实际占有人积极保护财产。另外,风险多由自然灾害等意外事件引起,唯有直接占有、支配、使用财产之人才能完整地行使善良管理人之责,以避免损害发生。更有法经济学者从经济效率角度出发,认为法律应将风险分配给以较低成本承担风险一方,而实际占有、控制、管领标的物之人一般符合这一原理。这三大风险转移的理论促成了各国不同的法律制度和不同的价值取向。[1]

(二) 货物风险转移的立法分歧

由于理论上存在着不同的观点,各国在有关货物风险转移的法律规定上也就互有差异。与上述理论一致,风险转移在立法上也有三种立法例。

1. 从合同成立时起

瑞士民法就动产物权变动采债权形式主义模式,标的物所有权的移转系于交付行为的完成,而依其债务法的规定,除当事人另有约定外,已特定化货物的风险于合同成立时即移转给买方。这是以债权而不是物权为标准的立法例,它将标的物所有权的移转与标的物毁损、灭失的风险负担相分离。在这种情况下,买方所承担的风险责任最大。虽然该立法例可以追溯至古罗马法,但由于合同成立不等于买方可以实际控制货物,买方无法尽到一个善良管理人之责任,因此此种理论颇受诟病,采取此种立法例的国家也不多,或者在法律规定中给予了一定的条件限制。

2. 从货物所有权转移时起

英国、法国等国的法律,将货物风险的转移与货物所有权的转移相关联,以所有权转移的时间来决定风险转移的时间。《法国民法典》规定:"交付标的物之债,自标的物应当交付之日起,使债权人成为物之所有人并由其负担物之风险,即使尚未实际进行物之移交,亦同;但是,债务人如已受到移交催告,不在此限,在此场合,物之风险仍由债务人承担。"[2]英国《货物买卖法》规定:除双方当事人另有约定外,在货物的所有权转移给买方之前,货物的风险一直将由卖方承担。但是,一旦货物所有权转移给了买方,则不论货物是否已经交付,货物的风险都将由买方承担。

3. 从货物交付时起

美国、德国、奥地利等国的法律,将货物的风险转移与所有权转移相分离,以交货时间来决定风险转移的时间,这里的交付并不包括转移所有权的内容。美国《统一商法典》在货物的风险转移上完全不用所有权的概念,从而使得风险转移的规则变得清楚明确,几乎不可能产生误解。《统一商法典》规定:如果合同不要求卖方在特定目的地交付货物,卖方将货物适当地交给承运人时,损失风险即转移给买方,即使卖方保留了权利,也是如此。《德国民法典》规定:自出卖的物交付时起,意外灭失和意外减损的风险移于买受人。自交付时起,物的收益归属于买受人,物的负担也由其承担。

---

[1] 参见刘雁兵:《买卖合同中双方均未违约的风险转移原则》,http://www.bjhetong.com/article8531.aspx,2010年8月访问。

[2] 罗结珍译:《法国民法典》,中国法制出版社1999年版,第288页。

这种规定使货物的风险移转规则与所有权移转规则趋于一致,并最终采取了所有人主义。我国《合同法》也采取了交付主义规则,第142条规定:标的物毁损、灭失的风险,在标的物交付之前由出卖人承担,交付之后由买受人承担,但法律另有规定或者当事人另有约定的除外。除了该一般规则外,《合同法》还在第143至148条等条款中,确认了特定情形下买卖合同标的物毁损灭失的风险负担。

(三)《买卖合同公约》有关货物风险转移的规定

由于各国国内法对货物所有权转移的规定分歧很大,而且各国商人对国际贸易惯例的理解又很难统一,故《买卖合同公约》未能对货物所有权的转移作出具体规定,但对货物风险转移制定了明确而又具体的规则。公约规定,双方当事人可以在合同中使用某种贸易术语或者以其他办法规定风险转移的时间和条件。因此,合同有约定的,从其约定。而且,合同此种约定的效力要高于公约的有关规定。

案例 4-3

国际贸易术语与货物风险转移

2003年,汕头某A公司与香港某B公司达成一项关于鲜蘑菇的交易,约定条件为CIF香港,分三批交货,并且在装船之前必须取得买方的质量检验合格证书。前两笔交易都顺利进行,到交运第三批货物时,A公司已经收到B公司寄来的质量检验合格证书,正准备装船之际,突然收到B公司发来的传真,表示其客户反映第二批货物中有部分蘑菇不符合质量标准,要求A公司停止装船。A公司因此没有按时发运货物,而将货物堆放在海关仓库。由于新鲜蘑菇的保鲜期有限,数天后,该批蘑菇全部发霉。A公司认为该批货物是B公司的,发霉也是由于B公司要求暂停装船的结果,因此B公司必须对此负责,据此A公司几次向B公司索要货款,B公司对此置之不理。A公司于是将B公司告上法庭,请求法院强令B公司支付货款。

根据2000年《国际贸易术语解释通则》的解释,CIF(成本加保险费、运费)是指当货物在指定装运港越过船舷时,卖方即完成交货。卖方必须支付将货物运至指定目的港所必需的费用和运费,但交货后货物灭失或损坏的风险,以及由于发生事件而引起的任何额外费用,自卖方转移至买方。由此我们可以看出,在合同履行过程中,只要货物没有在指定装运港越过船舷,卖方就没有完成交货义务,货物的所有权仍然属于卖方,货物灭失或损坏的风险也仍然由卖方承担。本案中,A公司没有完成交货义务,也就是说,货物的所有权以及货物灭失或损坏的风险都还没有转移给B公司,A公司仍然保留对第三批货物的所有权和处置权。即使装运前收到B公司停止装船的指示,A公司也完全可以拒绝B公司的指示,继续合同的履行,及时将货物的所有权和风险转移给B公司;或者A公司也可以及时将货物另行处置,以免发生之后的霉烂事件。而本案中,A公司却未能意识到货物在装运之前的风险仍然由自己承担的问题,想当然地以为该批货物已经属于B公司,于是消极地将其置于海关仓库,造成不可挽回的损失。据此,法院认为,B公司不承担该批货物的霉烂风险,当然也无需为此支付货款。2010年《国际贸易术语解释通则》为便于操作,只是将装运港"越过船舷"的规定改为装运港"船上",按照2010年的新规定,本案结果没有实质性变化。

1. 货物风险转移的一般规则

综观《买卖合同公约》第四章"风险转移"的5条规定,不难发现,公约明显将风险承担与货物的交付相关联。《买卖合同公约》规定,除公约规定的例外情况外,从买方接受货物时起,或买方不在适当的时间内这样做,则从货物交给他处置但他不收取货物从而违反合同时起,风险转移到买方。这是《买卖合同公约》所规定的风险转移的一般原则,同美国《统一商法典》相似,它舍弃了所有权主义的传统观念,采纳了交付主义,原则上以交货时间来确认风险转移的时间。

2. 货物风险转移的特殊规则

除了上述的一般原则外,《买卖合同公约》还针对买卖合同的具体情况,规定了一些特殊规则。

(1) 涉及运输时风险的转移。对货物涉及运输时的风险转移,《买卖合同公约》所采用的基本原则是由买方承担。但根据合同对交货地点约定与否,分为三种不同的情况。①如果合同没有约定具体的交货地点,货物风险在卖方按照合同将货物交付给第一承运人以运交买方时起,就转移给买方承担。②如果双方当事人约定在某一具体地点货交承运人,则在货物于该地点交付承运人之前,风险仍由卖方承担,直至他在该地点货交承运人时为止。③作为买方支付货款的一种担保权益,卖方有权保留控制货物处分权的单据(最常见的是提单),但这并不影响货物风险的转移。无论在何种情况下,在货物特定化之前,风险不能移转给买方。即卖方在货物上加标志、以装运单据、以向买方发出通知或其他方式,将货物清楚地划拨于合同项下之前,风险不能转移给买方。

(2) 运输途中出售货物的风险转移。《买卖合同公约》规定,对于运输途中出售的货物,自订立合同时起,风险移转给买方承担;如果情况表明有需要时,则从货物交付给签发载有运输合同单据(提单)的承运人时起,风险就移转给买方承担。但是,卖方在订立合同时已经知道货物已毁损或灭失,而他又不告知买方这个事实,则这种毁损或灭失的责任应由卖方承担。

(3) 不涉及运输的风险转移。前面两点所涉及的是卖方有义务安排运输时或者已经在运输中货物的风险转移时间,但有些货物买卖并不涉及运输问题,主要是指由买方自行安排运输的情况。对这种情况下的货物风险转移,《买卖合同公约》规定了两种规则。①在不属于(1)、(2)的其他情况下,从买方收受货物时起,或者买方不在适当时间内收受货物,则从他违约不受领交由其处置的货物时起,风险即移转给买方承担。②如果卖方有义务在卖方营业地以外的某个地点收取货物,则当交货时间届至,而买方知道货物在该地点交由其处置时起,风险才移转于买方。

(4) 违约情形下的风险转移。《买卖合同公约》规定,卖方根本违反合同,并不影响货物风险按照上述规定转移给买方,但上述规定不损害买方对卖方根本违反合同而采取的各种补救措施。同时,需要注意的是,非根本违反合同的情况,也不影响货物风险按照上述规定转移给买方,只是非根本违反合同不能援引此种补救措施的规定。

在国际货物买卖中,货物风险转移与买卖双方的基本义务紧密关联,并直接关系到货物的损失由谁承担的问题,即会产生相应的法律后果。如果货物的风险已经从卖方转至买方,那么即使货物遭受灭失或毁损,买方仍须承担支付货款的义务;反之,如果货物的风险还没有转移给买方,假如货物遭受了灭失或毁损,买方不但没有支付货款的义务,而且可以要求卖方继续承担交付货物的义务,并可要求卖方承担损害赔偿的责任,除非卖方能够证明这种损失是由于不可抗力造成的。[①]

本章小结

国际货物买卖不同于国内买卖,也不同于服务贸易或技术转让,因此调整它的国际货物买卖法也就具备不同于国内法和其他国际贸易法的特征。调整国际货物买卖的大陆法与英美法,由于传统与渊源的不同而各具特色。《买卖合同公约》为弥合其差异,寻求不同法律传统和社会制度国家的广泛接受,在发价与接受、形式与内容、所有权与风险的转移等方面,形成了富有灵活性和统一性的国际规则体系。随着该公约被广泛认可,这些规则的作用愈加显现。

专业术语汉英对照

联合国国际贸易法委员会 UNCITRAL
国际贸易惯例 international trade customs
贸易术语 trade terms
货物 goods
货物交付 delivery of goods
特定化 specification
投邮主义 mail-box rule
收件主义 receive of the letter of acceptance
明示担保 express warranties
默示担保 implied warranties

[①] 参见冯大同:《国际商法》,对外经济贸易大学出版社1991年版,第275页。

思考与练习题

1. 什么是国际货物买卖法?它有什么特点?
2. 国际贸易惯例与法律有何联系与区别?它有什么作用?
3. 简述 2000 年《国际贸易术语解释通则》的内容、特点,并比较三个主要贸易术语 FOB、CFR 和 CIF 的异同。
4. 简述 2010 年《国际贸易术语解释通则》修订的主要内容。
5. 简述国际货物买卖双方当事人的主要义务。
6. 什么是卖方的担保义务?有哪些类型?简单列举它们的具体内容。
7. 简述卖方的品质担保义务。
8. 简述卖方的权利担保义务。
9. 什么是货物特定化?特定化有什么法律意义?
10. 根据各国法律的不同规定,简述货物所有权转移的确定规则。
11. 《联合国国际货物买卖合同公约》的风险转移规则是如何规定的?

第五章　国际货物运输保险法

【本章导读】　在国际贸易中,买卖双方分处地球不同的角落,货物运输距离遥远,运输时间长,在装卸、运输和储存等各个环节,都存在巨大的风险。随着国际贸易的发展,为了保障运输货物在受损后能获得一定的经济补偿,最大限度地减少和降低损失,货物运输保险行业应运而生。在当今国际贸易中,买方或卖方大都会向保险机构投保货物运输保险,从而使国际货物运输保险成为国际贸易中一项重要的服务贸易内容。本章主要介绍了国际货物运输保险的概念和分类,阐述了国际货物运输保险的基本原则,国际货物运输保险合同及三种不同的货物运输保险(国际海上运输货物保险、国际陆上运输货物保险和国际航空运输货物保险)。

【学习目标】　通过本章的学习,要求学生了解国际货物运输保险、国际货物运输保险合同、伦敦保险协会货物保险条款、国际陆上运输货物保险、国际航空货物运输保险的概念及内容;理解国际货物运输保险的基本原则;掌握和运用国际海上货物运输保险的范围、中国海上运输保险合同条款。

【重点概念】　最大诚信原则　可保利益原则　海上风险　外来风险　实际全损　推定全损　委付　单独海损　共同海损　平安险　水渍险

第一节　国际货物运输保险与保险合同

一、国际货物运输保险的概念和分类

(一) 保险的概念和分类

从不同的角度和目的出发,人们对"保险"一词有不同的理解和认识。一般来说,保险(insurance)的概念可以从两个方面来理解:一是从法律角度出发,保险是当事人之间的一种经济合同行为;二是从经济角度出发,保险被看做一种经济补偿制度。本书主要从法律角度来理解保险。通常认为,保险有广义和狭义之分。广义的保险,是指保险人向投保人收取保险费用,建立专门用途的保险基金,并对投保人负有法律或合同规定范围内的赔偿和给付责任的一种经济补偿制度。一般包括由国家政府部门经办的社会保险、由专门的保险经营组织按商业原则经营的商业保险和由被保险人集资合办、体现自保互助精神的合作保险等。狭义的保险特指商业保险,即保险合同当事人通过订立保险合同而建立的商事法律关系。

我国《保险法》第 2 条规定:"本法所称保险,是指投保人根据合同约定,向保险人支付保险费,保险人对于合同约定的可能发生的事故因其发生所造成的财产损失承担赔偿保险金责任,或者当被保险人死亡、伤残、疾病或达到合同约定的年龄、期限等

条件时承担给付保险金的商业保险行为。"据此,保险是投保人和保险人之间的经济合同行为,双方通过合同明确约定各自享有的权利和承担的义务。因此,保险关系是合同关系,其中投保人应按合同规定缴纳保险费,保险人应在合同约定的事故或条件发生时履行赔偿或给付保险金的责任。需要特别指出的是,本书讨论的保险仅指商业保险,即保险合同当事人通过订立保险合同而建立的商事法律关系。

从不同的角度和按照不同的标准,保险可以分为不同的种类。按保险的性质划分,可以将保险分为商业保险、社会保险和政策保险;按保险实施方式划分,可以将保险分为自愿保险和强制保险;按保险保障对象划分,可以将保险分为财产保险、责任保险、信用与保证保险和人身保险;按保险业务承保方式划分,可以将保险分为原保险、再保险、共同保险和重复保险;按风险转嫁程度划分,可以将保险分为不足额保险、足额保险和超额保险。

(二) 国际货物运输保险的概念和分类

按照上述保险的概念,本书认为,国际货物运输保险是指投保人(进口商或出口商)按照合同的约定,对进行国际运输的货物按照一定的金额向保险人(保险公司)投保一定种类的险别,缴纳一定的保费,当投保的货物在运输过程中发生保险责任范围内的自然灾害或者意外事故所致的损失时,由保险人按照约定给予补偿的一种商事合同法律关系。国际货物运输保险直接由国际货物运输所引起,并服务于国际货物买卖;但运输保险的法律关系又独立于国际货物运输法律关系,是在国际货物运输过程中的一种财产保险关系。

国际货物运输保险从不同的角度可以划分成不同的种类,一般是根据运输方式的不同,将其划分为国际海上货物运输保险、国际陆上货物运输保险、国际航空货物运输保险和国际邮包货物运输保险。

1. 国际海上货物运输保险

国际海上货物运输保险是一种当货物通过海洋运输时,为了适应国际贸易和海洋运输的需要,货主为避免可能遭受的各种风险而向保险公司投保的险种。国际海上货物运输保险又可分为国际海上运输货物险、国际海上运输货物战争和罢工险、国际海上运输冷藏货物险以及国际海上运输散装桐油险等专门险。

2. 国际陆上货物运输保险

国际陆上货物运输保险以使用火车或汽车载运的货物为保险标的,承保这些货物在运输过程中因自然灾害或者意外事故而导致的损失。国际陆上货物运输保险又可分为国际陆上运输货物险、国际陆上运输货物战争险、国际陆上运输冷藏货物险等险种。

3. 国际航空货物运输保险

国际航空货物运输保险以通过飞机运输的货物为保险标的,承保货物在运输过程中因自然灾害或者意外事故所致的损失,其具体险种包括国际航空运输货物险和国际航空运输战争险等。

4. 国际邮包货物运输保险

国际邮包货物运输保险承保通过邮局递运的货物,保险人对邮包在运送过程中因自然灾害或意外事故所致的损失负责,其险种包括邮包运输险和邮包战争险。

在上述几大类险种中,最重要的是国际海上货物运输保险,因为海上运输是国际货物贸易最古老的运输方式,且目前国际货物贸易绝大多数是通过海上运输来进行的,海上运输货物保险的历史最悠久,其他险种都是在其基础上发展起来的。因此,本章主要介绍国际海上货物运输保险。

二、国际货物运输保险的基本原则

(一) 最大诚信原则

1. 最大诚信原则的概念

诚信原则是民商法上的帝王原则。世界各国立法都把诚实信用原则作为其民商事法律的基本原则,在任何一项民商事活动中,各方当事人都应该遵守诚信原则。国际货物运输保险活动作为一项国际商事活动,当然应该遵循这项原则。

最大诚信原则(principle of utmost good faith)的具体含义就是保险合同的双方当事人在订立和履行保险合同的过程中,能做到最大限度的诚实和守信,不隐瞒与保险有关的重要事实,不逃避或减少按合同规定对另一方应承担的义务。

2. 最大诚信原则的基本内容

保险法上的最大诚信原则的内容主要包括告知、保证、弃权与禁止反言。国际货物运输保险中最大诚信原则的内容主要涉及告知和保证。

1) 告知

告知(disclosure)是指保险合同一方当事人在签订合同前或签订合同时将重要事实向对方作口头或者书面的陈述。告知对于保险双方当事人都有约束力。需要特别指出的是,告知义务存在于合同签订之前或合同签订时,它并非合同义务,而是保险立法加诸保险当事人的一项特别义务。有人认为,告知义务还包括保险合同签订后被保险人的"通知"义务。[①] 但本书所讨论的告知义务仅指保险立法中的告知义务。

告知的内容,是与订立保险合同有关的重要事实。一般认为,凡能够影响一个正常的、谨慎的保险人决定是否承保,或者据以确定保险费率,或者是在保险合同中增加特别约定条款的因素,均属重要事实。

对投保人而言,告知的内容是指与保险人签订合同时,应当把与保险标的的风险有关的重要事实如实告诉保险人。在一般情况下,下列事项被认为是重要事实。①表明保险标的可能遭受较正常风险更大的风险事实。如在海上保险中,由于特别

[①] 孟怡主编:《国际货物运输与保险》,对外经济贸易大学出版社2008年版,第256页。

原因,将按航运习惯原应装入船舱的货物,改为装载在舱面上。②表明被保险人的投保具有特殊动机的一切事实。例如,被保险人为了获得超额的保险赔偿,在海上运输货物保险中高估保险标的的价值,超额保险。③表明保险标的有疑问的事实。如保险标的物中包含有"二手货",因而加重保险人的责任。④损害保险人的代位请求权,影响其向第三者责任方进行追偿的事实。⑤保险人提出询问的事项。

在国际保险市场上通常认为,下列事实投保人不必告知:保险人声明投保人不必告知的事实;与减少风险有关的事实;保险人已经知道的事实;保险人应当知道的事实。

保险人告知的主要内容是在保险合同订立时,主动向投保人说明保险合同条款的内容,对于免责条款还要进行特别和明确的说明。

在国际海运货物保险中,无论保险人是否问及,投保人或被保险人一般至少应当如实告知下列情况:船名及其国籍;船舶的性能及特殊构造;船号及开航时间;船舶受损的情况;货物是否装载于甲板;货物在运输开始前可能遭受损失的情况;货物装卸须使用驳船的情况等。

2) 保证

保证(warranty)是指保险人要求投保人或者被保险人对某一事项的作为或不作为、履行某项条件以及某种事实的存在或不存在等作出承诺。英国 1906 年《海上保险法》对保证是这样解释的:保证,即被保险人凭此保证去做或不做某种特定的事情,或者保证履行某种条件,或者肯定或否定某些似乎是特定状态的存在。① 可见,保证是投保人或被保险人对保险人所作的特定的承诺。

保证的方式有明示和默示两种。明示保证(express warranties)是保险合同双方当事人以书面形式在合同中约定的保证条款。默示保证(implied warranties)是保险合同双方当事人在合同中没有明确约定,而是根据法律或惯例推定应该履行的条件或事项。

(二) 可保利益原则

1. 可保利益原则的概念

可保利益原则(principle of insurable interest),又称保险利益原则,是指保险合同的法律效力,须以投保人对保险标的具有可保利益为前提。

可保利益,又称保险利益或可保权益,是指投保人或被保险人在保险标的上因具有某种利害关系而享有的为法律所承认、可以投保的经济利益。

2. 可保利益构成的条件

可保利益的本质,在于投保人对保险标的有利害关系,即保险标的的损害或灭失会使投保人遭受经济上的损失。可保利益的构成,必须具备以下几个条件。

---

① 周江雄、庞燕主编:《国际货物运输与保险》,国防科技大学出版社 2006 年版,第 123 页。

(1) 可保利益必须是合法的利益(legal interest)。可保利益必须是符合法律规定、符合社会公共秩序要求、为法律所认可并受到法律保护的利益。

(2) 可保利益必须是可以用货币计算的经济利益(pecuniary interest)。保险是用集中起来的保险基金对被保险人遭受的损失进行经济补偿。无论何种保险,当保险事故发生并造成损失时,需要保险人保障的是投保人或被保险人在经济利益上的损失。因此,可保利益必须是在经济上有价值、可以用货币计算的利益。

(3) 可保利益必须是确定的、可实现的利益(definite interest)。可保利益必须是确定的、客观存在的、可以实现的利益,而不是凭主观臆断、推断可能获得的利益。

3. 可保利益存在的时间

可保利益原则要求投保人或被保险人必须对保险标的拥有可保利益,但因保险种类不同,拥有可保利益的时间可以有所差别。

在海上运输货物保险中,一般不要求投保人在投保时必须具备可保利益,但要求在保险事故发生时,被保险人必须具有可保利益。如在 FOB 和 CFR 条件下,不要求买方在办理海上货运投保手续时,必须对货物具有可保利益。因为只有货物在起运港有效越过船舷以后,货物的风险以及对货物的可保利益才转移给买方。而按照国际贸易的惯例,买方在货物在起运港有效越过船舷以前,必须为货物投保海上货运保险,以避免货物越过船舷以后发生的损失因买方没有及时投保而得不到赔偿。

(三) 近因原则

1. 近因原则的概念

保险人依照保险合同中规定的保险责任承担保险赔偿责任,要求保险人所承保的风险的发生与保险标的的损失之间必须存在一定的因果关系,即承保风险是因,保险标的的损失是果。近因原则(principle of proximate cause)是指若发生保险事故,造成保险标的损失的近因属于保险人的责任范围,保险人必须承担赔偿责任,否则,保险人不予赔偿。

所谓近因是指引起保险标的损失的直接的、起决定作用的原因。如果造成损失有两个或两个以上的原因,只有直接导致保险标的损失、对损失形成起决定性作用的原因才是近因,而不是时间上或空间上最近的原因。

2. 近因原则的运用

近因原则从理论上较容易理解,但在实践中要从错综复杂的众多事实中找出近因则很困难。在实践中,近因原则的运用可以分为以下几种情况。

(1) 单一原因致损时近因的判断。单一原则致损,即造成损失的原因只有一个,则该原因就是近因。若这一原因属于保险责任范围,保险人就应履行赔偿责任;反之,不予赔偿。

(2) 多种原因同时致损时近因的判断。如果造成损失的原因有两个或两个以上,各原因发生无先后之分,且对损害的形成都有直接与实质的影响,则原则上它们都是近因。若这些原因都属于保险范围,对其所致的损害保险人都应赔偿;若为除外责任,保险人不负赔偿责任。若多种原因中既有保险责任,又有除外责任,如果所致的损失能够分清的,保险人对承保范围内的损失负赔偿责任;不能分清的,有两种处理意见:一种是主张损失由保险人与被保险人平分,另一种是主张保险人可以完全不赔。

(3) 多种原因连续发生致损时近因的判断。如果多种原因连续发生导致损失,并且前因和后因之间存在未间断的因果关系,则最先发生并造成了一连串事故的原因就是近因。如果该近因属于保险责任范围内,则保险人应负赔偿责任;反之,则不负赔偿责任。

(4) 多种原因间断发生致损时近因的判断。多种原因间断发生,即各原因的发生有先后之分,它们对损失结果的发生都有影响,但它们之间不存在任何因果关系。此种情形的处理与多种原因同时致损时大致相同。

(四) 损失补偿原则

1. 损失补偿原则的概念

损失补偿原则(principle of indemnity)是指保险合同生效后,如果发生保险责任范围内的损失,保险人应该按照保险合同的约定履行全部赔偿责任;但保险人的赔偿金额不得超过保险单上的保险金额或被保险人遭受的实际损失,即不能超过被保险人对保险标的所具有的可保利益。保险赔偿是弥补被保险人因保险标的遭受损失而失去的经济利益,被保险人不能因保险赔偿而获得额外的利益。

2. 补偿的方法和限制

(1) 补偿方法。损失补偿的赔偿方式主要有货币补偿、恢复原状、修理、更换或重置等几种。在大多数的保险实务中,这几种方法都是用来确定赔偿损失的,最后都通过货币补偿来解决。

(2) 补偿限制。保险损失补偿有以下几个限制:以实际损失为限;以保险金额为限;以保险利益为限。

(五) 代位求偿原则

代位求偿权(subrogation)又称代位追偿权,是指当保险标的发生保险责任范围内的由第三者责任造成的损失,保险人向被保险人履行损失赔偿责任后,有权在其已经赔付金额的限度内取得被保险人在该项损失中向第三人要求赔偿的权利。保险人取得该项权利后,即可以取代被保险人的地位向第三人索赔。简言之,即保险人取代被保险人的位置对第三者行使追偿权。

根据我国《保险法》的规定,保险人行使代位求偿权须满足以下三个条件:①被保险人因保险事故对第三人享有损害赔偿请求权;②保险人已向被保险人给付保险金,这是代位求偿权行使的实质性条件;③代位求偿权的金额以给付的保险金为限,这是代位求偿权行使的额度条件。

案例 5-1

代位求偿权

德国 MY 公司(卖方)与捷高公司(买方)达成 CIF 买卖合同,货物通过集装箱装运,从德国经海路运至上海,交给买方指定的收货人捷高上海公司。货物运抵上海后,收货人凭提单在港区提货,运至其所在地的某园区内存放。上海新兴技术开发区联合发展有限公司(以下简称联合公司)在该园区内为收货人拆箱取货时,货物坠地发生全损。

涉案货物起运前,MY 公司向德国某保险公司(以下简称保险公司)投保,保险公司向 MY 公司签发了海上货物运输保险单,保险单背面载明:被保险人为保险单持有人;保险责任期间"仓至仓",但未载明到达仓库或货物存放地点的名称。事故发生后,保险公司支付 MY 公司保险赔款 19 万德国马克后取得权益转让书,并向联合公司提起海上货物运输保险合同代位求偿之诉。

三、国际货物运输保险合同

保险合同是保险关系双方当事人之间订立、变更、终止保险法律关系的协议。我国《保险法》将其定义为:"保险合同是投保人与保险人约定保险权利义务关系的协议。"

(一) 保险合同的主体和客体

任何合同法律关系都包括主体、客体和内容三个要素。保险合同同样也包括这三个要素。

1. 保险合同的主体

在民商事法律关系中,主体是指民商事法律关系的参加者。保险合同的主体是指保险法律关系的参加者。一般认为,保险合同的主体包括当事人、利害关系人和辅助人。

1) 当事人

保险合同当事人包括保险人和投保人。保险人(insurer, underwriter)也称"承保人",是指与投保人订立保险合同并承担保险标的风险的当事人。保险人具有以下特点:①保险人是依法成立并经允许经营保险业务的特殊法人;②保险人是保险基金的组织管理人和使用人;③保险人是履行赔偿损失或给付保险金义务的人。投保人(applicant)是指就自己或他人的生命、身体或归其所有的财产向保险人投保,缴纳保险费并订立保险合同的当事人,有时也称作要保人。投保人必须具备以下三个条件:①具有行为能力;②拥有保险利益;③缴纳保险费。在国际货物运输保险中,根据所采用的贸易条件,投保人可以分别是买方或卖方。

2) 利害关系人

保险合同利害关系人是指在保险合同中虽然不直接参与订立保险合同事宜,但保险合同的成立与履行对其有重要利害关系的人。保险合同利害关系人包括被保险人和受益人。

根据我国《保险法》的规定,被保险人是指在保险事故发生而使其财产或身体受损时,有权向保险人要求偿付的人。在财产保险中,被保险人必须是财产所有人或其他权利人。被保险人可以是投保人,也可以是第三人,但第三人只有在人身保险中才存在。在国际货物运输保险中,被保险人一般是投保人。

受益人(beneficiary)是指根据保险合同的约定,享有赔偿请求权的人,即取得保险利益、受领保险金的人。受益人具有以下特点:①受益人一般仅在人身保险合同中才出现;②受益人必须在保险合同中明确载明;③受益人可以为一人也可以为数人。在国际货物运输保险中,一般不存在受益人的问题。

3) 辅助人

保险合同的辅助人是指协助保险合同当事人或利害关系人办理保险合同有关事项的人。保险合同辅助人包括保险代理人、保险经纪人和保险公证人。

2. 保险合同的客体

保险合同的客体即保险利益。无保险利益的存在,就无保险损失的可能,也就不存在赔偿的问题。保险利益的存在决定损失及赔偿的有无,决定保险合同成立的效果。

(二) 保险合同的内容和形式

1. 保险合同的内容

保险合同的内容,是指投保人或被保险人与保险人通过协商而达成的有关保险标的及与之相关联的利益予以保障事项的条款,并由此来确定其权利和义务。保险合同一般应包括下列各项:保险人名称和住所;投保人、被保险人名称和住所;保险标的;保险责任和免除责任;保险期间和保险责任开始时间;保险价值;保险金额;保险费及支付办法;保险金赔偿或给付办法;违约责任和争议处理。

2. 保险合同的形式

保险合同采取书面形式,大致可分为三种:保险单、保险凭证和暂保单。

保险单(policy,insurance policy),简称保单,俗称"大保单",是投保人与保险人之间订立的正式保险合同的书面凭证。在国际海运货物保险中,这种保险单是由保险人根据投保人的逐笔投保签发的,它承保保单所指定的、经由指定船舶和航次承运的货物在运输中的风险。货物安全抵达目的地后,保险单的效力即告终止。

保险凭证(insurance certificate),俗称"小保单",是保险人签发给被保险人的、用以证明保险合同已经生效的文件,是一种简化的保险单,同正式保险单具有同样的效力。它同正式保险单的区别在于,保险凭证背面没有列入保险条款,仅声明:"承保货物按照正式保险单所载全部条款及本承保凭证的特定条款办理,两者如有抵触,以本承保凭证的特定条款为准。"

暂保单（binder，cover note），也称临时性保险单，是保险人签发正式保险单前所开立的临时证明。它常常是在投保人与保险人订立合同时，还有一些条件尚未确定而投保人又急需保险凭证的情况下，由保险人先行开立的。在国际货物运输保险中，投保人在不了解装载保险货物的船名及船期的情况下，先行办理投保时，保险人会签发这种非正式的保单。暂保单作为一种临时性保单，在其规定的有效期内（一般是30天），效力与正式保单相同。

(三) 保险合同的成立和履行

1. 保险合同的成立

合同的成立一般要经过要约和承诺两个阶段，保险合同的成立也包括要约与承诺两个阶段。保险合同的要约一般由投保人向保险人提出，通过投保人填写保险单的形式进行。投保单即投保人向保险人申请订立保险合同的书面要约。保险合同的要约又称要保，具有如下特征：投保人一般是保险合同的要保人；要约内容比一般合同更加具体和明确；一般采取投保单的书面形式或其他形式。

保险合同的承诺即承保，一般由保险人作出承保。保险人与投保人就保险合同条款达成一致，保险人向投保人签发保险单证。保险单证一经签发，保险合同即告成立并同时生效。

2. 保险合同的履行

保险合同一经生效，投保人和保险人都必须各自全面履行保险合同赋予自己的义务。保险合同的权利和义务是对等的，只有一方履行其义务，他方才能享受其权利。

1) 投保人的权利和义务

投保人在保险合同中一般享有如下权利和义务：请求给付赔偿金的权利；请求返还保险费的权利；缴纳保险费的义务；告知的义务，保险事故发生通知的义务；防灾减损的义务；协助义务；索赔举证的义务。

2) 保险人的权利和义务

保险人依照法律及保险合同的规定，一般享有如下的权利和义务：请求交付保险费的权利；结束或终止合同的权利；在财产保险合同中的代位求偿权；支付赔偿金的义务；保密的义务。

3) 索赔

保险索赔是指被保险货物遭受损失后，被保险人应按规定办理索赔手续，向保险人要求赔偿。

被保险人索赔时一般要履行如下手续：损失通知；申请检验；提交有关的单证，包括正本保险单、运输单据、发票、装箱单、货损证明、检验报告、索赔清单，如是海运还应提供海事报告等。

4) 理赔

保险理赔是指保险人在接到被保险人的损失通知后，通过对损失的检验和调查，确定损失的近因和程度,并对责任归属进行确定,最后计算保险赔偿金额并支付赔偿款的行为。理赔一般要经过如下程序:确定损失的近因;确定责任,包括确定险别责任、确定保险期限、审查被保险人的义务;计算赔偿金额;支付赔偿款。

(四) 保险合同的变更、转让

1. 保险合同的变更

保险合同的变更是指在保险合同订立后,在没有履行或完全履行前,由当事人依照法律规定的条件和程序,对原合同修改或补充。广义上的合同变更包括合同主体变更和内容变更,合同主体变更实际上就是合同转让,所以保险合同的变更一般是指合同内容的变更。

保险合同内容变更是在主体不变的情况下,改变合同中的约定事项。如保险标的物的位移、数量增减、品种变化、保险价值变化等,货物运输保险合同中的航程、航线、船期等变化。根据我国《保险法》的规定,变更保险合同,应当由保险人在原保险单或者其他保险凭证上批注或附贴批单,或者由投保人和保险人订立变更的书面协议。

2. 保险合同的转让

保险合同的转让,实际上就是保险合同主体的变更,指投保人、被保险人或受益人的变更,这往往是由于保险标的所有权转移,如因买卖、转让、清债、继承等法律行为而引起的。海上保险合同的转让,一般是指被保险人将其合同让与第三人,而由受让人取代被保险人地位的法律行为。根据保险标的的不同,转让有不同的规定。对于海运货物,我国《海商法》第229条规定:"海上货物运输保险合同可以由被保险人背书或者以其他方式转让,合同的权利义务随之转移。合同转让时尚未支付保险费的,被保险人和合同受让人负连带支付责任。"

(五) 保险合同的解除和终止

1. 保险合同的解除

保险合同的解除,是指在保险合同生效后,在法律规定或当事人约定的解除条件具备时,双方当事人协议或者一方或双方行使解除权而使合同消灭的法律行为。所以,保险合同的解除包括约定解除和法定解除两种情况。

一般来说,保险合同订立后,除非有法律的特别规定,当事人可以协议解除合同。根据我国《保险法》,投保人可以随时提出解除保险合同,一般应经保险人同意,才能解除保险合同。解除保险合同一般应采用书面形式。投保人依照约定解除保险合同的,保险合同消灭,保险人依照保险合同承担的责任归于消灭,投保人也不再承担向保险人缴纳保险费的义务。

法定解除,是指保险合同成立后,如果出现法定事由,法律赋予当事人一方或双方解除合同的权利。根据我国《保险法》的规定,其主要情形包括:投保人违反告知义务;保险标的危险程度增加;投保人或被保险人违反防灾减损义务;投保人违约,到期未给付保险费;投保人、被保险人或受益人违法。

2. 保险合同的终止

保险合同的终止是指在保险合同的有效期内,由于一定事由的发生,合同的效力终止。海上运输保险合同的终止,可以分为自然终止、协议终止和履约终止。

自然终止是指保险单保险期限届满时,保险合同即告终止。协议终止是指在保险合同中订明,在保险合同有效期内,如遇某些特定情况可随时注销保险合同。在海上保险合同中,对协议终止合同都规定了注销条件,特别是明确了保险人注销保险合同的时限,这点非常有利于保险人。履约终止是指在保险合同有效期内,一旦发生了保险事故,保险人在履行损失赔偿义务后,达到保险金额全数时,保险合同即终止。

第二节 国际海上货物运输保险

海洋运输具有其他运输方式无法比拟的优点,所以国际贸易中的货物绝大部分都是通过海洋运输来完成的。但海洋运输极易遭到海上各种风险的侵袭和威胁,从而可能导致货物和船舶的灭失或损害,同时还可能产生有关的费用。所以,海运保险是国际货物运输保险中最重要的一种。

一、海上货物运输保险承保的范围

(一) 承保的风险

海上货物运输保险承保的风险包括海上风险和外来风险两种。

1. 海上风险

海上风险一般是指船舶或货物在海上航行中发生的或附随海上运输所发生的风险。我国现行的海运货物保险条款及英国伦敦保险协会货物新条款所承保的海上风险,从性质上划分,主要可以分为自然灾害和意外事故两种。

1) 自然灾害

所谓自然灾害,一般是指不以人的意志为转移的自然界力量所引起的灾害。它是客观存在、人力不可抗拒的灾害事故,是保险人承保的主要风险。

在海上货运保险中,自然灾害并不是泛指一切由于自然力量所引起的灾害。根据我国1981年1月1日修订的《海洋货物运输保险条款》的规定,自然灾害仅指恶劣气候(heavy weather)、雷电(lightning)、海啸(tsunami)、地震(earthquake)、洪水(flood)、火山爆发(volcanic eruption)等人力不可抗拒的灾害。根据1982年伦敦保险协会货物条款,在保险人承保的风险中,属于自然灾害性质的风险除上述各项外,还有浪击落海(washing overboard)以及海水、湖水、河水进入船舶、驳船、运输工具、集装箱、大型海运箱或储存处所(entry of sea, lake or river water into vessel craft, hold, conveyance, container, lift van or place of storage)等。

2) 意外事故

意外事故一般是指人或物体遭受外来的、突然的、非意料之中的事故,如船舶碰撞、触礁、飞机坠毁、货物起火爆炸等。

在海上货运保险中,意外事故并不是指海上发生的所有事故。按照中国1981年1月1日修订的《海洋运输货物保险条款》及1982年伦敦保险协会货物条款的相关规定,海运保险中的意外事故包括火灾(fire)、爆炸(explosion)、搁浅(grounding)、触礁(stranding)、沉没(sunk)、碰撞(collision)、失踪(missing)、投弃(jettison)、吊索损害(sling loss)、海盗行为(piracy)、船长和船员的不法行为(barratry of master and mariner)、陆上运输工具倾覆(overturning of land conveyance)等。

2. 外来风险

外来风险是指海上风险以外的其他外来原因所造成的风险。外来风险必须是意外的、事先难以预料的,而不是必然发生的外来因素,如货物在运输过程中可能发生的玷污、串味而造成的损失。外来风险一般分为一般外来风险和特殊外来风险。

1) 一般外来风险

一般外来风险是指货物在运输途中遭遇意外的外来因素导致的事故。中国海运货物保险业务中承保的一般外来风险有偷窃(theft, pilferage)、提货不着(non-delivery)、渗漏(leakage)、短量(shortage in weight)、碰损(clashing)、破碎(breakage)、钩损(hooke damage)、淡水雨淋(fresh and rain water damage)、生锈(rusting)、玷污(contamination)、受潮受热(sweating and heating)和串味(taint of odour)等。

案例 5-2

国际保险风险的种类

东方贸易公司按CIF出口一批服装至纽约,货物由中国远洋负责运送,东方贸易公司向太平洋保险公司投保该笔货物。

中国远洋在海上航行时机房突然出现火灾,幸好船员及时发现和奋力扑救,船无大碍且货物也无损,但后来检查发现灭火器根本不在机房附近,随后船长采取了补救措施。但是祸不单行,在接下来的航行中,海上天气情况恶劣,船体剧烈摇晃使得船舱一排水管破裂,虽及时切断了水源,但仍有部分服装受到污水影响而报废。

事后,太平洋保险公司按照合同向东方贸易公司作出相应赔偿,并向中国远洋进行追偿,但中国远洋以货损是管理船舶疏忽造成的为由拒绝赔付,太平洋保险公司则称中国远洋的船舶不适航,坚持追偿。双方各执一词,争论不休,故保险公司诉至法院。

本案中国远洋运送的东方贸易公司货物所遇到的两次风险,都是一般外来风险。

2) 特殊外来风险

特殊外来风险是指除一般外来风险以外的其他外来原因导致的风险,一般指与军事、政治、国家政策法规及行政措施、社会动荡等有关的风险。常见的特殊外来风险有战争、罢工、拒收等。

(二) 承保的损失

海运货物保险的目的不是承保风险本身,而是承保由上述风险可能造成的损失。在海运货物保险中,保险人承保的由于上述风险所造成的损失,按照程度划分,可以分为全部损失和部分损失。

1. 全部损失

全部损失(total loss)简称"全损",是指被保险货物由于承保风险造成的全部灭失或可视为全部灭失的损害。在海上保险业务中,全部损失可以分为实际全损和推定全损两种。

1) 实际全损

实际全损(actual total loss,ATL)也称绝对全损(absolute total loss)。我国《海商法》第 245 条规定:"保险标的发生保险事故后灭失,或者受到严重损坏完全失去原有形体、效用,或者不能再归被保险人所拥有的,为实际全损。"因此,构成保险标的实际全损有以下四种情况:保险标的的实体已经完全灭失;保险标的遭受到严重损害,已丧失了原有的用途或价值;被保险人对保险标的失去所有权,并无法挽回;船舶失踪,超过一定期限仍无音讯。

2) 推定全损

推定全损(constructive total loss,CTL)也称商业全损。我国《海商法》第 246 条规定:"船舶发生保险事故后,认为实际全损已经不可避免,或者为避免发生实际全损所需支付的费用超过保险价值的,为推定全损。货物发生保险事故后,认为实际全损已经不可避免,或者为避免发生实际全损所需支付的费用与继续将货物运抵目的地的费用之和超过保险价值的,为推定全损。"据此,推定全损可以理解为:保险标的在海上运输中遭遇承保风险之后,虽未达到完全灭失的状态,但可以预见它的全损将不可避免;或者为了避免全损,需要支付的抢救、修理费用加上将货物运抵目的地费用之和将超过保险价值。

保险标的由于承保风险事故所导致的下列情况可视为推定全损:保险标的在海上运输中遭遇保险事故后,虽未达到灭失的状态,但据估计完全灭失将是不可避免的;保险标的遭遇保险事故后,被保险人丧失了对保险标的的所有权,而收回这一所有权所花费用估计要超过收回标的的价值;被保险货物受损后,其修理和继续运到原定目的地的费用估计要超过货物的保险价值或在目的地的完好价值;被保险船舶受损后,其修理或救助费用分别或两项费用之和将要超过船舶的保险价值。

3) 委付

在推定全损的情况下,被保险人获得的损失赔偿有两种情况:①被保险人获得全损的赔偿;②被保险人获得部分损失赔偿。如果被保险人想获得全部赔偿,他必须无条件地把保险标的委付给保险人。所谓委付(abandonment),是放弃物权的一种法律行为,它是指被保险人在保险标的处于推定全损状态时,向保险人声明愿意将保险标的的一切权益,包括财产权及一切由此而产生的权利与义务转让给保险人,而要求保险人按全损给予赔偿的一种行为。

由于委付是海上货物运输保险中处理索赔的一种特殊做法,各国保险法都对委付有严格规定。一般来讲,委付的构成必须符合下列条件:被保险人必须以书面或口头方式向保险人发出委付通知;委付不得附带任何条件;委付必须经保险人明示或默示的承诺才能生效;委付一经接受,不得撤回;保险人接受委付后,取得被委付财产的全部权利和义务,即取得物上代位权。

2. 部分损失

部分损失,又称分损,指保险标的的损失没有达到全部损失的程度的一种损失。我国《海商法》第 247 条规定:"不属于实际全损和推定全损的损失,为部分损失。"按照损失的性质划分,部分损失可以分为单独海损和共同海损。

1) 单独海损

单独海损(particular average, PA)是指在海上运输中,由于保单承保风险直接导致的船舶或货物本身的部分损失。单独海损是一种特定利益方的部分损失,不涉及其他货主或船方。单独海损仅指保险标的本身的损失,并不包括由此引起的费用损失。

构成单独海损必须具备以下三个条件:必须是意外的、偶然的和承保风险直接导致的保险标的本身受损;必须是船方、货方或其他利益方单方面所遭受的损失,而不涉及他方;仅指保险标的本身的损失,不包括由此而引起的费用损失。

2) 共同海损

关于共同海损(general average, GA)的定义,人们从不同的角度、不同的方面进行了不同的界定。如国际上公认的处理共同海损的准则《约克-安特卫普规则》指出:"所谓共同海损,只限于在共同海上冒险时遭遇海难,为共同安全以保存船货为目的,故意而合理作出的或者发生的任何非常牺牲或费用。"英国 1906 年《海上保险法》第 66 条对共同海损的规定比较详细具体,其内容包括:①共同海损损失是由共同海损行为或共同海损行为直接引起的后果造成的损失,包括共同海损牺牲和共同费用;②所谓共同海损行为,是指在航海冒险中,如船货发生共同危险,为了保护处于危险中的财产,主动而合理地作出或产生的任何特殊牺牲或费用;③如果发生共同海损损失,依照海商法的规定,遭受损失的一方应与其他有关利益方一起承担比例分摊责任,这种分摊即共同海损分摊。我国《海商法》第 193 条第 1 款规定:"共同海损,是指在同一海上航程中,船舶、货物和其他财产遭遇共同危险,为了共同安全,有意地合理地采取措施所直接造成的特殊牺牲、支付的特殊费用。"

据此我们认为,共同海损是指在同一海上航程中,由于遭遇自然灾害或意外事故或其他特殊情况,船舶、货物、运费收入和其他财产遭遇共同危险,为了共同安全,维护各方的共同利益或使航程继续完成,船方应有意识地采取合理措施所直接造成的特殊牺牲或支出的额外费用。

从上述定义可以看出,共同海损的内容包括两个部分:①共同海损措施导致的船舶、货物本身的损失,称为共同海损牺牲(general average sacrifice);②共同海损措施所引起的费用损失,称为共同海损费用(general average expenditures)。共同海损牺牲包括抛弃(jettison)、船上救火(extinguishing fire on ship board)、自动搁浅(voluntary stranding)、割弃残损物(cutting away wreck)、机器或锅炉的损害(damage to engines and boilers)、货物或船用材料被用做燃料(cargo, ship's materials and stores used for fuel)、卸货过程中造成的损害(damage to cargo in discharge)等。共同海损费用包括救助报酬、避难港费用、带头费用、船方垫付的手续费及理算费、船货共同海损损失检验费、船舶避难港的代理费、电报费等。

构成共同海损的牺牲或费用必须具备以下条件:导致共同海损的危险必须是真实存在的、危及船舶与货物共同安全的危险;共同海损的措施必须是为了解除船货的共同危险,人为地、有意识地采取的合理措施;共同海损的牺牲是特殊性质的,费用损失必须是额外支付的;共同海损的损失必须是共同海损措施的直接的合理的后果;造成共同海损损失的共同海损措施最终必须有效。

共同海损事故发生后,对于共同海损案件是否成立,哪些损失或费用属于共同海损范围、哪些不属于共同海损的范围,属于共同海损范围内的损失和费用应由哪些利益方按照什么标准分摊等,是一项复杂细致的调查研究和计算工作。这些工作一般由船东委托专业理算机构或人员进行理算,这就是共同海损的理算。目前,国际上通用的共同海损理算规则是1974年及1990年的《约克-安特卫普规则》。我国现行的是1975年公布并开始实施的《中国国际贸易促进委员会共同海损理算暂行规则》,简称《北京规则》。

(三) 承保的费用

在海上货物运输中,海上风险除了会造成被保险货物的损失,还会带来大量的费用支出。在海运货物保险中,保险人承保的费用主要有施救费用、救助费用、续运费用和额外费用。

1. 施救费用

施救费用(sue and labor charges),亦称诉讼及营救或损害防止费用,是指保险标的遭遇承保责任范围内的灾害事故时,被保险人(或其代理人、雇佣人、受让人)为了避免或减少保险标的的损失,采取各种抢救与防护措施等所支出的合理费用。

构成施救费用必须满足以下条件:对保险标的进行施救的必须是被保险人或其代理人、雇佣人、受让人;施救的目的必须是避免或减少保险标的遭受损失;保险标的遭受的风险必须是保单承保的风险所引起的;施救费用的支出必须是合理的。

2. 救助费用

救助费用(salvage charges),是指海上保险财产遭受承保范围内的灾害事故时,由保险人和被保险人以外的第三者采取施救措施并获成功,由被救方给付救助方的一种报酬。

海上救助可以分为合同救助和无合同救助。合同救助是指船舶在航行过程中遭遇海难,因无力自行施救脱险,而请其他船舶前来救助。为了明确救助方和被救助方之间的权利和义务,双方以口头或书面的方式达成协议,根据协议进行施救。反之,船舶在海上遇难,就近或过路船舶志愿救助,这种救助并不是按照双方事先约定进行的,所以它也称无合同救助,或真正救助。救助合同有两种形式:雇佣性救助合同(employed salvage service contract)和无效果、无报酬救助合同(no cure, no pay salvage contract)。

救助费用的产生必须符合以下条件:救助人必须是海难财产关系中的第三者;救助行为必须是自愿的;救助行为必须具有实际效果。

3. 续运费用和额外费用

在海上保险保障的费用中,除了上述的施救费用和救助费用外,还有续运费用和额外费用。

续运费用(forwarding charges)通常是指承保的运输航程在保险单规定的目的地(或港口)之外,因承保风险而终止时,被保险人由此而产生的卸货、储存及继续运送保险货物到保单指明的目的地(或港口)的有关费用。

额外费用(extra charges)是指为了证明损失索赔的成立而支付的费用,包括保险标的受损后,对其进行检验、查勘、公证、理算或拍卖受损货物等支付的费用。

案例 5-3

承 保 范 围

我国诺华公司与新加坡金鼎公司于 2000 年 10 月 20 日签订购买 52500 吨饲料的 CFR 合同,诺华公司开出信用证,装船期限为 2001 年 1 月 1 日至 1 月 10 日,由于金鼎公司租来运货的"亨利号"在开往某外国港口运货途中遇到飓风,结果装货至 2001 年 1 月 20 日才完成。承运人在取得金鼎公司出具的保函的情况下,签发了与信用证条款一致的提单。"亨利号"途经某海峡时起火,造成部分饲料烧毁。船长在命令救火过程中又造成部分饮料湿毁。由于船在装货港口的迟延,该船到达目的地时赶上了饲料价格下跌,诺华公司在出售余下的饲料时不得不大幅度降低价格,损失很大。

(1) 途中烧毁的饲料损失属于单独海损,按照 CFR 术语,在途货物风险应由买方即诺华公司承担。

(2) 途中湿毁的饲料损失属于共同海损。因为船舶和货物在遭到共同危险时,船长为了共同安全,有意合理地采取措施,造成的货物损失,属共同海损,应由诺华公司与船舶公司分别承担。

(3) 由于承运人迟延装船,倒签提单,应当对买方由于饲料价格下跌而蒙受的损失负责,诺华公司可向其追偿。

(4) 承运人可以向托运人金鼎公司追偿,因为托运人向承运人出具了保函。

二、中国海上运输保险合同条款

在我国对外贸易中,进出口货物运输保险一般都采用中国保险条款。但有时在出口中应进口方的要求,也使用国际上通用的伦敦保险协会货物条款(简称协会货物条款)或对方国家的条款。应该说,协会货物条款在国际保险市场上应用十分广泛,在全世界范围内约有 2/3 的国家,在发展中国家中约有 3/4 的国家都在采用它。因此,我们在下面主要对我国海洋运输保险条款和协会保险条款进行介绍。

我国海洋运输保险的险种习惯上分为基本险、附加险及专门险。

(一) 海运货物保险基本险

我国海洋运输货物保险险别,按照能否单独投保来划分,可以分为基本险和附加险两类。基本险所承保的主要是自然灾害和意外事故所造成的损失和费用。基本险也称主险,是可以单独投保的险种。同国际保险市场的习惯做法一样,我国海洋运输保险的基本险分为平安险、水渍险和一切险三种。中国人民保险公司 1981 年 1 月 1 日修订的《海洋运输货物保险条款》共分 5 条,分别是责任范围、除外责任、责任起讫、被保险人义务、索赔期限。

1. 责任范围

1) 平安险

平安险(free from particular average,FPA)原文的含义是"单独海损不赔"。"平安险"一词是我国保险业的习惯叫法,沿用已久。平安险的承保责任范围包括以下八个方面。

(1) 被保险货物在运输途中由于恶劣气候、雷电、海啸、地震、洪水等自然灾害造成整批货物的全部损失或推定全损。"在运输途中"指的是货物的整个运输过程,包括在各种运输工具和各种储存处所存放期间。"整批货物"通常是指保险单上载明的全部货物,但被保险货物若用驳船运往或运离海轮的,则可将每一驳船所装载的货物视为一个整批,只要驳船的货物全部灭失,也视为全损。被保险人在发生推定全损而要求赔偿时,须将受损货物及其权利委付给保险公司。

(2) 由于运输工具遭受搁浅、触礁、沉没、互撞、与流冰或其他物体碰撞以及失火、爆炸等意外事故造成货物的全部或部分损失。

(3) 在运输工具已经发生搁浅、触礁、沉没、焚毁等意外事故的情况下,货物在此前后又在海上遭受恶劣气候、雷电、海啸等自然灾害所造成的部分损失。

(4) 在装卸或转运时由于一件或数件货物整体落海造成的全部或部分损失。

(5) 被保险人对遭受承保责任内危险的货物采取抢救、防止或减少货损的措施而支付的合理费用,但以不超过该批被救货物的保险金额为限。

(6) 运输工具遭遇海难后,在避难港由于卸货所引起的损失,以及在中途港、避难港由于卸货、存仓和运送货物所产生的特别费用。

(7) 共同海损的牺牲、分摊和救助费用。

(8) 运输合同订有"船舶互撞责任"条款,根据该条款规定应由货方偿还船方的损失。

从上述介绍我们不难看出,平安险对于自然灾害所造成的单独海损不赔,但对于意外事故所造成的单独海损则负赔偿责任。所以,平安险负责赔偿的范围包括自然灾害引起的全损和意外事故引起的全损或部分损失。

2) 水渍险

水渍险(with particular average,WPA,WA)也是我国保险业沿用已久的名称,其原文的含义是单独海损赔偿。它承保的责任范围包括以下方面。

(1) 平安险所承保的全部责任。

(2) 保险货物在运输途中,由于恶劣气候、雷电、海啸、地震、洪水等自然灾害所造成的损失。

不难看出,水渍险承保的责任范围包括海上风险(自然灾害和意外事故)所造成的全部损失(实际全损或推定全损)和部分损失(单独海损或共同海损)。

3) 一切险

一切险(all risks)的责任范围,除包括平安险和水渍险的责任外,还包括被保险货物在运输途中由于外来原因所造成的全部或部分损失。即一切险是平安险、水渍险和一般附加险的总和。

2. 除外责任

除外责任是保险人不负赔偿责任的风险范围。保险条款中之所以在责任范围以外再规定除外责任,主要是为了分清保险人、被保险人、发货人和承运人等有关方面对损失应负的责任,使保险人的赔偿责任更为明确。

我国《海洋运输货物保险条款》对除外责任的规定包括以下各项。

(1) 被保险人的故意行为或过失所造成的损失。

(2) 属于发货人责任所引起的损失。

(3) 在保险责任开始前,被保险货物已存在的品质不良或数量短缺所造成的损失。

(4) 被保险货物的自然损耗、本质缺陷、特性以及市价跌落、运输延迟所造成的损失或费用。

(5) 海洋运输货物战争险和罢工险条款规定的责任范围和除外责任。

3. 责任起讫

责任起讫也称保险责任期间或保险责任期限,是指保险人承担保险责任的起讫时限。由于海运货物保险是对特定航程中货物的保险,因而海运货物的保险期限一般没有固定、具体的起讫日期。同国际保险市场的习惯做法一样,我国海运货物基本险的保险期限一般也采取"仓至仓"(warehouse to warehouse,W/W)的原则。我国《海洋运输货物保险条款》中规定,"仓至仓"条款包括以下内容。

(1) 在正常运输条件下,保险责任的起讫是自被保险货物运离保险单所载明的起运仓库或储存处所开始运输时生效,包括正常运输过程中的海上、陆上、内河和驳船运输在内,直至货物到达保险单所载明目的地收货人的最后仓库或储存处所或被保险人用做分配、分派或非正常运输的其他储存处所为止。如未抵达上述仓库或储存处所,则以被保险货物在最后卸货港全部卸离海轮后满 60 天为止。如在上述 60 天内被保险货物需转运到非保险单所载明的目的地,则以该项货物开始转运时终止。

(2) 在非正常运输的情况下,即由于被保险人无法控制的运输迟延、绕道、被迫卸货、重新装载、转载或承运人行使运输合同赋予的权限所做的任何变更或终止运输合同,被保险货物运抵非保险单所载明目的地时,在被保险人及时将获知的情况通知保险人,并在必要时加缴保险费的情况下,该保险继续有效,保险责任按下列规定终止。

① 被保险货物如在非保险单所载明的目的地出售,保险责任至交货时为止,但不论任何情况,均以被保险货物在卸载港全部卸离海轮后满 60 天为止。

② 被保险货物如在上述 60 天期限内继续运往保险单所载明目的地或其他目的地,保险责任仍按上款的规定终止。

4. 被保险人义务

我国《海洋运输货物保险条款》对被保险人应承担的义务作了如下规定。

(1) 及时提货。

(2) 积极、合理施救,减少损失。

(3) 通知义务,即航程变更或者发现保险单所载明的货物、船名或航程有遗漏或错误时,被保险人应在获悉后及时通知保险人。

(4) 提供索赔单证。

(5) 被保险人在获悉有关运输合同中"船舶互撞责任"条款的实际责任后,应及时通知保险人。

5. 索赔期限

索赔期限又称索赔时效,是指被保险货物发生保险责任范围内的风险与损失时,被保险人向保险人提出索赔的有效期限。

我国《海洋运输货物保险条款》第 5 条规定,保险索赔时效,从被保险货物在最后卸载港全部卸离海轮后起算,最多不超过两年。但根据我国《海商法》第 264 条的规定,索赔时效自保险事故发生之日起计算。

(二) 海运货物保险附加险

附加险所承保的是由外来原因引起的损失。外来原因种类很多,有的属于一般外来原因,如偷窃、生锈、钩损等,有的属于国家行政管理和政策措施、战争和罢工等特殊原因。因而附加险的险别也很多。我国保险业习惯将附加险分为一般附加险、特别附加险和特殊附加险。

1. 一般附加险

(1) 偷窃、提货不着险(theft,pilferage and non-delivery,TPND)。承保在保险有效期内,被保险货物被偷走或窃取以及货物抵达目的地后整件未交的损失。偷一般是指货物整件被偷走,窃一般是指货物中的一部分被窃取,偷窃不包括使用暴力手段的公开劫夺。提货不着是指货物的全部或整件未能在目的地交付给收货人。

(2) 淡水雨淋险(fresh water and/or rain damage,FWRD)。承保货物在运输途中由于淡水或雨淋所造成的损失。淡水包括船上淡水舱、水管漏水和舱汗等。

(3) 短量险(risk of shortage)。承保货物在运输途中因外包装破裂、破口、扯缝造成货物数量短缺或重量减少的损失。对散装货物通常以装船重量和卸船重量作为货物短少的根据(不包括正常损耗)。

(4) 混杂、玷污险(risk of intermixture and contamination)。承保货物在运输途中,因混进杂质或被污染所引起的质量下降造成的损失。

(5) 渗漏险(risk of leakage)。承保流质、半流质、油类等货物,由于容器损坏而引起的渗漏损失,或因液体外流而引起的用液体盛装的货物(如湿肠、酱菜等)变质、腐烂所致的损失。

(6) 碰损破碎险(risk of clashing and breakage)。承保货物在运输过程中,因震动、碰撞、受压造成的碰撞和破碎损失。所谓碰撞,主要是对金属和金属制品而言,如机器、搪瓷或木制家具等,在运输过程中因受到震动、挤压、撞击等外来原因而凹陷、脱瓷等。所谓破碎,主要是指易碎物如玻璃及其制品、陶瓷等,在运输过程中因受到震动、挤压、撞击等外来原因而破碎。

(7) 串味险(risk of odour)。承保货物在运输过程中,因受其他带异味货物的影响造成串味的损失。如食品、饮料、香料、中药材等在运输过程中与樟脑丸堆放在一起,樟脑串味给上述货物而造成损失。

(8) 钩损险(hook damage)。承保袋装、捆装货物在装卸或搬运过程中,由于装卸或搬运人员操作不当,使用钩子将包装钩坏而造成的损失。

(9) 受潮、受热险(damage caused by sweating and heating)。承保货物在运输过程中,由于气温突然变化或船上的通风设备失灵,船舱内的水蒸气凝结而引起货物受潮,或由于温度增高,货物发生变质造成的损失。

(10) 包装破裂险(loss and/or damage caused by breakage packing)。承保货物在运输过程中因包装破裂造成的短少、玷污等损失。

(11) 锈损险(risk of rusting)。承保金属或金属制品一类货物,在运输过程中因生锈造成的损失。

上述11种一般附加险可供基本险为平安险或水渍险时选择加保,但在基本险是一切险时则不需加保,因为一切险的责任范围已包括上述11种附加险所承保的风险。

2. 特别附加险

特别附加险和特殊附加险是指一般附加险别之外的不属于一切险承保范围的附加险别。特别附加险所承保的风险大多同国家行政管理、政策措施、航运贸易惯例等因素有关。

特别附加险主要有下列险别。

(1) 交货不到险(failure to delivery)。被保险货物从装上船开始,如果在预定抵达日期起满 6 个月仍不能运抵原定目的地交货,则不论何种原因,保险人均按全部损失赔偿。"交货不到"同一般附加险中的"提货不着"不同,它往往不是承运人运输上的原因,而是某些政治因素引起的。例如,由于禁运,被保险货物被迫在中途卸货。投保此险,被保险人必须获得进口所需的一切许可证,否则不予承保。

(2) 进口关税险(import duty risk)。承保货物发生保险范围内的损失,被保险人仍然要按完好货物的价值缴纳关税时,保险人对这部分关税损失给予赔偿。

(3) 舱面险(on deck risk)。承保货物因置于舱面被抛弃或遭风浪击落造成的损失。

(4) 拒收险(rejection risk)。承保货物在进口时,不论什么原因,在进口港遭有关当局禁止进口或没收而发生的损失。为此,被保险人必须保证提供所保货物进口所需的许可证及其他证明文件。

(5) 黄曲霉素险(aflatoxin)。承保货物被进口国卫生部门化验发现其所含黄曲霉素超过规定的限制标准,被拒绝进口、没收或强制改变用途而造成的损失。黄曲霉素是一种致癌毒素,发霉的花生、油籽、大米一般都含有这种毒素。各国卫生部门对这种毒素的含量都有严格的限制标准。

(6) 出口货物到香港(包括九龙在内)或澳门存仓火险责任扩展条款(fire risk extension clause for storage of cargo at destination Hong Kong, including Kowloon, or Macao)。我国内地出口到港澳地区的货物,有些是向我国内地在港澳地区的银行办理押汇的。在货主向银行还清货款之前,货物的权益属于银行,因而在这些货物的保单上注明过户给放款银行。如被保险货物抵达目的地后,货主尚未还清款项,往往就将其存放到过户银行指定的仓库中。该险种承保责任就是出口到香港(包括九龙在内)或澳门的货物,卸离运输工具后,如直接存放于保单所载明的过户银行所指定的仓库时,保单存仓火灾险责任扩展,即自运输责任终止时开始,直至银行收回押款解除对货物的权益后终止,或自运输责任终止时满 30 天为止。

3. 特殊附加险

特殊附加险包括战争险、战争险的附加费用险及罢工险。

(1) 海运战争险(ocean marine cargo war risk)。海运战争险的责任范围包括:①直接由于战争、类似战争行为或敌对行为、武装冲突或海盗窃夺等所造成的运输货物的损失;②由于上述原因引起的捕获、拘留、扣留、禁制、扣押等所造成的运输货物的损失;③各种常规武器,包括鱼雷、水雷、炸弹等所造成的运输货物的损失;④由本险责任范围所引起的共同海损牺牲、分摊和救助费用。

海运战争险的除外责任包括:①由于敌对行为使用原子或热核制造的武器导致被保险货物的损失和费用;②由于执政者、当权者或其他武装团体的扣押、拘留引起的承保航程的丧失或挫折所引起的损失。

海运货物战争险的责任期限与海运货物其他险别不同,其承保责任起讫不是"仓至仓",而是以"水上危险"为限,即自保险货物装上保险单所载起运港的海轮或驳船时开始,到卸离保险单所载目的港海轮或驳船为止。但如果到目的地后货物未卸船,则最长期限为海轮到达目的地当日午夜起算满15天。当需要中途转船时,不论被保险货物是否卸载,保险责任在该转运港的最长期限是从船舶到达该港口或卸货地之日午夜起满15天,待再装上续运海轮时保险恢复有效。

(2) 海运货物战争险的附加费用险(additional expense war risk)。战争险只承保战争风险造成的直接物质损失,对因战争风险所致的附加费用不予承保。对此,战争险的附加费用险承保因战争后果所引起的附加费用,如卸货、存仓、转运、关税等。

(3) 罢工险(strikes risk)。罢工险承保由于罢工者、被迫停工工人或参加工潮、暴动或民众斗争的人员的行动,或任何人的恶意行为所造成的被保险货物的直接损失以及上述行动引起的共同海损的牺牲、分摊和救助费用。

(三) 海运货物保险专门险

我国海运货物保险专门险是针对某些特殊性质的货物而制定的,主要有海运冷藏货物保险和海运散装桐油险两种。

1. 海运冷藏货物保险

海运冷藏货物险(ocean marine insurance frozen products)有两种险别:冷藏险(risk for shipment of frozen products)和冷藏一切险(all risks for shipment of frozen products)。除由于冷藏及其停止工作连续达24小时以上所造成的货物腐烂的损失外,冷藏险的其他赔偿责任与水渍险相同。冷藏一切险的责任范围,除包括冷藏险的各项责任外,还负责赔偿被保险货物在运输中由于外来原因所造成的鲜货的腐烂或损失。

2. 海运散装桐油险

海运散装桐油险(ocean marine insurance for woodoil bulk)除了承保海运运输货物保险的各项责任外,还针对散装桐油的特点,负责赔偿不论何种原因所致的桐油的短少、渗漏且超过规定免赔率的损失以及污染或变质损失。

在我国的货物运输保险中,还有一种称为卖方利益的险别。它不同于一般运输货物保险,是在卖方没有投保货运基本险的情况下,为保障自身在货物运输途中遇到事故时,买方不付款赎单而遭受的损失而设立的。

三、伦敦保险协会货物保险条款

(一) 历史背景

英国自17世纪以来就一直是海上保险的中心,在国际海上贸易、航运和保险业中占有重要地位。它所制定的各种保险规章制度,包括海运保险单格式和保险条款,对世界各国有着广泛的影响。

于1779年由劳合社社员大会通过的劳合社船货保险单(简称劳氏S.G.保单,The S.G. Policy Form,1779),曾经是国际海运保险市场的主要保单形式,世界上许多国家的海运保单都是据此制定的。为适应现代国际海上航运业发展的需要,以及补充S.G.保单的不足,伦敦保险协会的技术与条款委员会(Technical and Clause Committee)于1912年制定协会货物条款(通常称为ICC),将其作为S.G.保单的附加条款。经过多次修改后,在1963年终于形成了包括平安险、水渍险和一切险在内的完整的海上运输货物保险标准条款,即ICC旧条款。20世纪80年代初,伦敦保险协会制定了新的保险单格式和新的协会货物条款,并于1982年1月1日开始在英国保险市场上使用,原协会货物条款和劳合社S.G.保单于1983年3月31日起在英国保险市场上停止使用。

伦敦保险协会所修订的海运货物保险条款主要有六种,即:

(1) 协会货物条款(A)(Institute Cargo Clauses)(A),简称ICC(A);

(2) 协会货物条款(B)(Institute Cargo Clauses)(B),简称ICC(B);

(3) 协会货物条款(C)(Institute Cargo Clauses)(C),简称ICC(C);

(4) 协会战争险条款(Institute War Clauses Cargo);

(5) 协会罢工险条款(货物)(Institute Strikes Clauses Cargo);

(6) 恶意损害险条款(Malicious Damage Clauses)。

下面重点介绍ICC(A)、(B)、(C)条款。

(二) 伦敦保险协会货物保险条款的特点

同1963年旧协会货物条款相比,1982年新协会货物条款主要有以下特点。

(1) 主要险别名称以英文字母命名。新条款取消了旧条款"单独海损不赔"(即平安险)、"负责单独海损"(即水渍险)及"一切险"的名称,而代之以ICC(A)、ICC(B)及ICC(C)。这一改变,避免了旧条款名称与内容不一致,容易让人产生误解的情形。

(2) 列明承保责任,便于投保人选择。新条款中(B)险和(C)险条款都采取列明风险的做法,即在条款的开头第一条便把保险人所承保的风险一一列出。凡由列明风险所造成的被保险货物的损失,不论是全部损失还是部分损失,保险人均负责赔偿。在(A)险条款中,由于承保责任范围较广,不便把全部承保风险逐项列举,便采取承保条款中规定除外责任以外的一切风险所造成的被保险货物的损失的做法,即保险人除了对除外责任各条所列风险所造成的损失不负责外，对其他一切风险所造成的损失均负赔偿责任。上述两种做法，特别是列明风险方式对承保责任规定得十分明确、清晰，既有利于投保人选择适当的险别，又有利于保险人处理赔偿损害。

(3) 险别责任差距扩大，险别划分明确。旧条款中的平安险和水渍险所承保的责任范围差距很小，两者的差别仅在于保险人对所列举的自然灾害所造成的部分损失是否负责。而且一旦发生触礁搁浅、沉没、水灾等意外事故，就连对自然灾害所造成的部分损失，平安险的保险人也要负责，这样两种险别的承保责任范围便会交叉重叠，两者的差别就更小了。在新条款中，(B)险的承保责任包括列举的自然灾害所造成的任何程度的损失，不论是全部损失还是部分损失，以及货物在装船时列举的自然灾害所致任何程度的损失。与旧条款中平安险和水渍险的差距相比，(B)、(C)险的差距扩大了，两者的界限十分明确，不存在旧险别中那种交叉重叠的现象。

(4) 结构统一，体系完整，文字简化。新条款各种险别条款除恶意损害险之外，其他五种险别在条款、结构和内容上都相似，都包括下列 8 项内容：①承保范围(risks covered)；②除外责任(exclusions)；③保险期限(duration)；④索赔(claims)；⑤保险利益(benefit of insurance)；⑥减少损失(minimizing losses)；⑦防止延迟(avoidance of delay)；⑧法律与惯例(law and practice)。

据现行的协会货物保险条款，在 ICC(A)、(B)、(C)条款和战争险、罢工险条款中，除承保范围、除外责任和保险期限外，其他各项内容均完全相同。

(三) 承保范围与除外责任

1. ICC(A)承保风险与除外责任

新的协会货物条款对承保风险的规定有两种方式：一种是"列明风险"的方式；另一种是"一切风险减除外责任"的方式。ICC(A)采用的就是"一切风险减除外责任"的形式，因为这一险别中承保的责任范围最大，采用除列明风险和损失之外，一切风险损失都予承保的规定，最为简单明了。

由于 ICC(A)对承保风险的规定采取"一切风险减除外责任"的方式，因此我们只有了解它的"除外责任"，才能了解它所承保的风险范围。ICC(A)险的除外责任包括以下内容。①一般除外责任。包括归因于被保险人故意的不法行为造成的损失或费用，自然渗漏、重量或容量的自然损耗或自然磨损，包装不当或准备不足遭成的损失和费用，保险标的内在缺陷或特性造成的损失或费用，直接由于延迟所引起的损失或费用，船舶所有人、经营人、租船人经营破产或不履行债务造成的损失或费用，由于使用任何原子或热核武器所造成的损失或费用。②不适航、不适货除外责任。所谓不适航、不适货除外责任，是指保险标的装船时，如被保险人或其受雇人已经知道船舶不适航，以及船舶、装运工具、集装箱等不适货，保险人不负赔偿责任。③战争除外责任。包括由于战争、内战、敌对行为所造成的损失或费用，由于捕获、拘留、扣留(海盗除外)等所造成的损失或费用，由于漂流水雷、鱼雷等所造成的损失或费用。④罢工除外责任。包括由于罢工者、被迫停工工人所造成的损失或费用,罢工、被迫停工所造成的损失或费用,任何恐怖主义者或任何出于政治动机而行动的人所致的损失或费用。

2. ICC(B)承保风险与除外责任

ICC(B)的承保风险,新条款采用列明风险的形式。凡列出的就是承保的,没有列出的,不论何种情况均不负责。这种方法明确、肯定,既便于选择投保,又便于处理索赔。凡归因于下列原因者造成的损失均予承保:①火灾、爆炸;②船舶或驳船触礁、搁浅、沉没或倾覆;③陆上运输工具倾覆或出轨;④船舶、驳船或运输工具同水以外的外界物体碰撞;⑤在避难港卸货;⑥地震、火山爆发、雷电;⑦共同海损牺牲;⑧抛货;⑨浪击落海;⑩海水、湖水或河水进入船舶、驳船、运输工具、集装箱、大型海运箱或贮存处所;⑪货物在装卸时落海或跌落造成的整件全损。

ICC(B)的除外责任与ICC(A)的除外责任基本相同,但有以下两点区别:①在ICC(B)"一般除外责任"条款中,规定保险人对由于任何人非法行动故意损坏或破坏保险标的或其他任何部分不负赔偿责任;②在战争险除外责任中,ICC(B)没有像ICC(A)那样表明"海盗行为"不属除外责任,但ICC(B)的承保风险又未将"海盗行为"列入,因此在ICC(B)下,海盗风险属除外责任。

3. ICC(C)承保风险与除外责任

ICC(C)的承保风险比(A)、(B)险要小得多,它只承保重大意外事故(major casualties)所致损失,而不承保由于自然灾害及非重大意外事故所致损失。其具体承保风险包括:①火灾、爆炸;②船舶或驳船触礁、搁浅、沉没或倾覆;③陆上运输工具倾覆或出轨;④船舶、驳船或运输工具同水以外的外界物体碰撞;⑤在避难港卸货;⑥共同海损牺牲;⑦抛货。

ICC(C)的除外责任与ICC(B)完全相同。

综上所述,ICC(A)条款承保风险类似于我国的一切险;ICC(B)条款承保风险类似于水渍险;ICC(C)条款承保风险类似于平安险,但比平安险的责任范围要小一些。

(四) 承保期限与索赔

1. 承保期限

ICC(A)、(B)、(C)条款有关保险责任起讫的规定,主要反映在运输条款(Transit Clause)、运输契约终止条款(Termination of Contract of Carriage Clause)和航程变更条款(Change Voyage Clause)中。

运输条款是关于保险人对被保险货物应负"仓至仓"的责任,以及在被保险人无法控制的情况下,发生船舶绕航、运输延迟、被迫卸货、重新装载、转运,或由于承运人行使运输契约所赋予的自由处置权而发生变更航程等情况时,保险人扩展保险责任的规定。

运输契约终止条款主要规定,由于被保险人无法控制的原因,被保险货物运抵保险单载明的目的地之前,运输合同即在其他港口或处所终止,则在被保险人立即通知保险人并在必要时加缴一定保险费的条件下,保险继续有效,直到货物在这个卸载港口或处所卖出并交付时为止。但最长时间不超过货物到达该港口或处所满60天。

变更航程条款主要规定,在保险责任开始之后,如果被保险人要求变更保险单所载明的目的地,则在立即通知保险人并另行确定保险费及保险条件的情况下,保险继续有效。

2. 索赔

在现行协会货物条款中,有关赔偿的规定主要反映在可保利益、续运费、推定全损及增值条款等条款中。

1) 可保利益条款

可保利益条款(Insurance Interest Clause)规定被保险人在订立合同时对保险标的可以没有可保利益,但在发生损失时则必须有可保利益,才能获得赔偿。同时,在保险合同订立之前,如保险标的已经发生保险责任范围内的损失,但被保险人在订立合同时并不知情,仍可获得损失赔偿。

2) 续运费条款

续运费条款(Forwarding Charges Clause)规定由于承保责任范围内的风险造成运输在非保险单所载明的港口或场所终止,保险人应向被保险人赔偿由此产生的卸货、存仓和继续运往保险单载明的目的地的运费及其他费用。

3) 推定全损条款

推定全损条款(Constructive Total Loss Clause)主要规定如果保险标的实际全损已不可避免,或者恢复、整理及运送保险标的到保险目的地的费用超过其到达目的地的价值,在已将保险标的合理委付的情况下,得按照推定全损获得补偿。

4) 增值条款

增值条款(Increased Value Clause)主要针对货物的增值保险规定的。所谓增值保险,是指货物的买方估计所买进的货物在到达目的地时的完好价值将比卖方在投保时同保险人议定的保险金额要高,因而将二者之间的估计差额向原保险人增保。该条款规定在增值保险的情况下,如果货物发生损失,保险人将持两笔保险金额的总和计算赔偿金额。

第三节 国际陆上运输货物保险

在国际贸易中,货物运输除了主要采用海洋运输方式之外,还有的采用陆上运输、航空运输、邮政运输以及两种或两种以上方式衔接起来的多式联运。这些运输方式的货物保险均脱胎于海上运输保险,因而它们在很多方面都与海上货物保险有相同或相近之处。

陆上运输货物保险(overland transportation cargo insurance)主要承保以火车、

汽车等陆上运输工具进行货物运输的保险。根据1981年1月1日修订的中国人民保险公司《陆上运输货物保险条款》，陆运货物保险的基本险有陆运险（overland transportation risks）和陆运一切险（overland transportation all risks）。此外，为适应冷藏运输货物的需要而专门设立的陆上运输冷藏货物险（overland transportation cargo insurance-frozen products）也具有基本险的性质。在附加险方面，陆运货物的附加险有陆上运输货物战争险（overland transportation cargo war risks）。下面主要介绍陆运险和陆运一切险。

一、承保范围

(一) 陆运险

陆运险的承保责任范围与海洋运输货物保险条款中的"水渍险"相似。承保的范围包括以下内容。

(1) 被保险货物在运输途中遭受暴风、雷电、洪水、地震等自然灾害，或由于运输工具遭受碰撞、倾覆、出轨，或在驳运过程中因驳运工具遭受搁浅、触礁、沉没、碰撞，或由于遭受隧道坍塌、崖崩，或失火、爆炸等意外事故所造成的全部或部分损失。

(2) 被保险人对遭受承保责任内危险的货物采取抢救、防止或减少货损的措施而支付的合理费用，但以不超过该批被救货物的保险金额为限。

(二) 陆运一切险

除包括上列陆运险的责任外，该险种还负责被保险货物在运输途中由于外来原因所致的全部或部分损失。

二、除外责任

陆运险与陆运一切险的除外责任与海洋运输货物保险的除外责任基本相同。主要包括以下几项：

(1) 被保险人的故意行为或过失所造成的损失；
(2) 属于发货人责任所引起的损失；
(3) 在保险责任开始前，被保险货物已存在的品质不良或数量短差所造成的损失；
(4) 被保险货物的自然损耗、本质缺陷、特性以及市价跌落、运输延迟所引起的损失或费用；
(5) 陆上运输货物战争险条款和货物运输罢工险条款规定的责任范围和除外责任。

三、责任期限

陆上货物运输保险的责任起讫也采取"仓至仓"责任条款。保险责任自被保险货物运离保险单所载明的起运地仓库或储存处所开始运输时生效,包括正常运输过程中的陆上和与其有关的水上驳运在内,直至该项货物运达保险单所载目的地收货人的最后仓库或储存处所或被保险人用做分配、分派的其他储存处所为止。如未运抵上述仓库或储存处所,则以被保险货物运抵最后卸载的车站满 60 天为止。

四、索赔期限

本保险索赔时效,从被保险货物在最后目的地车站全部卸离车辆后计算,最多不超过二年。

第四节 国际航空运输货物保险

航空运输货物保险是以飞机为运输工具的货物运输保险。下面简要介绍我国航空运输货物保险和英国伦敦保险协会空运货物保险。

一、我国航空货物运输保险

根据中国人民保险公司制定的货物保险条款,航空运输货物保险分为航空运输险(air transportation risks)和航空运输一切险(air transportation all risks)两种。

(一) 责任范围

1. 航空运输险

航空运输险承保的范围包括以下内容。

(1) 被保险货物在运输途中遭受雷电、火灾、爆炸或由于飞机遭受恶劣气候或其他危难事故而被抛弃,或者由于飞机遭碰撞、倾覆、坠落或失踪等意外事故所造成的全部或部分损失。

(2) 被保险人对遭受承保责任内危险的货物采取抢救、防止或减少货损的措施而支付的合理费用,但以不超过该批被救货物的保险金额为限。

2. 航空运输一切险

除包括航空运输险责任外,该险种还负责被保险货物由于外来原因所致的全部或部分损失。

(二) 除外责任

本保险对下列损失不负赔偿责任:

(1) 被保险人的故意行为或过失所造成的损失;

(2) 属于发货人责任所引起的损失;

(3) 保险责任开始前,被保险货物已存在的品质不良或数量短差所造成的损失;

(4) 被保险货物的自然损耗、本质缺陷、特性以及市价跌落、运输延迟所引起的损失或费用;

(5) 航空运输货物战争险条款和货物运输罢工险条款规定的责任范围和除外责任。

(三) 责任起讫

(1) 航空运输险负"仓至仓"责任,自被保险货物运离保险单所载明的起运地仓库或储存处所开始运输时生效,包括正常运输过程中的运输工具在内,直至该项货物运达保险单所载明目的地收货人的最后仓库或储存处所或被保险人用做分配、分派或非正常运输的其他储存处所为止。如未运抵上述仓库或储存处所,则以被保险货物在最后卸载地卸离飞机后满30天为止。如在上述30天内被保险的货物需转送到非保险单所载明的目的地,则以该项货物开始转运时终止。

(2) 由于被保险人无法控制的运输延迟、绕道、被迫卸货、重新装载、转载或承运人运用运输合同赋予的权限所做的任何航行上的变更或终止运输合同,被保险货物运到非保险单所载明目的地时,在被保险人及时将获知的情况通知保险人,并在必要时加缴保险费的情况下,该保险继续有效,保险责任按下述规定终止。

① 被保险货物如在非保险单所载明目的地出售,保险责任至交货时为止。但不论任何情况,均以被保险的货物在卸载地卸离飞机后满30天为止。

② 被保险货物如在上述30天期限内继续运往保险单所载明目的地或其他目的地,保险责任仍按上款的规定终止。

(四) 索赔期限

该险种索赔时效,从被保险货物在最后卸载地卸离飞机后开始计算,最多不超过二年。

二、伦敦保险协会航空货物运输保险条款

伦敦保险协会于1965年首次制定与航空运输有关的保险条款《协会航空运输货物一切险条款》,并于1982年修订成为现行的《协会货物保险条款(航空)》(Institute Cargo Clause(Air))。该条款与新的适用于海运的协会货物ICC条款的规定方法很相似。此外,伦敦保险协会还于1982年颁布了新的《协会战争险条款(航空货物)》和《协会罢工险条款(航空货物)》。下面简要介绍《协会货物保险条款(航空)》。

(1) 保险责任。该条款承保的责任范围较广,对承保风险的规定与ICC(A)条款一样,是采用一切风险减除外责任的方法。在本保险条款中特别规定的除外责任包括一般除外责任、战争除外责任和罢工除外责任。

(2) 保险期限。该条款的保险期限也采用"仓至仓"条款,与我国的航空运输险和航空运输一切险的规定相同。

本章小结

本章主要介绍了国际货物运输保险、国际货物运输保险合同、海运货物保险、伦

敦保险协会货物保险条款、国际陆上运输货物保险和国际航空运输货物保险的概念和内容。国际货物运输保险的基本原则，包括最大诚信原则、可保利益原则、近因原则、损失补偿原则、代位求偿原则。海运保险是国际货物运输保险中最重要的一种。国际海上货物运输保险保障的范围包括承保的风险、承保的损失和承保的费用。我国海运保险条款的基本险别有三种，即平安险、水渍险和一切险，附加险有三种，即一般附加险、特别附加险和特殊附加险。

专业术语汉英对照

保险 insurance
保险人 insurer, underwriter
投保人 applicant
受益人 beneficiary
保险单 policy, insurance policy
保险凭证 insurance certificate
暂保单 binder, cover note
实际全损 ATL(actual total loss)
推定全损 CTL(constructive total loss)
委付 abandonment
单独海损 PA(particular average)
共同海损 GA(general average)
伦敦保险协会货物条款 ICC(Institute Cargo Clause)
平安险 FPA(free from particular average)
水渍险 WPA, WA(with particular average)
一切险 all risks

思考与练习

1. 国际货物运输保险原则包括哪些？如何理解最大诚信原则和可保利益原则？
2. 平安险的责任范围有哪些？对于自然灾害造成的损失，平安险是否都予以赔偿？
3. 试比较平安险、水渍险、一切险的承保责任范围。
4. 我国海上货物保险条款中基本险的除外责任包括哪些？
5. 如何理解"仓至仓"条款？
6. 1982年伦敦保险协会货物保险条款与1963年旧条款相比，有哪些特点？
7. 试比较伦敦保险协会货物 ICC(A)、(B)、(C)条款与我国一切险、水渍险、平安险条款。

8. 我国陆运货物保险有哪些险别？这些险别的保险责任范围有什么不同？

9. 请分析以下案例。

2002年10月，澳大利亚达通贸易有限公司向我国华东吉发有限责任公司订购饲料用玉米10000吨。货船在厦门装船以后直接驶向达尔文港。途中船舶货舱起火，大火蔓延到机舱。船长为了船货的共同安全，命令采取紧急措施，往舱中灌水灭火。火被扑灭，但由于主机受损，货轮无法继续航行。为使货轮继续航行，船长发出求救信号，船被拖至就近的维佳港口修理，检修后重新将货物运往达尔文港。事后经过统计，事故总共造成如下损失：①2500吨玉米被火烧毁；②1300吨玉米由于灌水不能食用；③主机和部分甲板被火烧坏；④雇用拖船支付费用若干；⑤因为船舶维修，延误船期，额外增加了船员工资以及船舶的燃料。

试问：在上述各项损失中，哪些属于单独海损？哪些属于共同海损？在投保了平安险的情况下，被保险人有权向保险公司提出哪些赔偿要求？为什么？

第六章 国际商事支付法

【本章导读】 国际商事支付是国际商事活动的当事人之间发生的款项结算,是结清彼此之间的债权债务关系的国际结算。支付是买卖双方利用一定的支付方式和支付工具完成的货款结算过程,是国际货物买卖的必经步骤。在国际货物买卖中,卖方出售货物是为了取得买方支付的价款,因此双方在合同中对价款的支付方式和支付时间的约定就显得尤为重要。在国际商事交易中,虽然也可以以货币作为支付工具,但通常都是使用票据作为支付工具。主要包括汇票、本票和支票。国际商事交易中最常用的支付方式主要有汇付、托收和信用证三种。作为国际贸易中最常采用的付款方式,信用证的性质为银行信用。与信用证相关的国际惯例主要是《跟单信用证统一惯例》。信用证的基本原则包括交易独立原则、单证相符原则和信用证欺诈例外原则。

【学习目标】 通过本章的学习,要求学生掌握汇票、本票、支票、汇付、托收、信用证等支付工具和支付方式的基本概念、基本原理及基本运作程序。

【重点概念】 票据 汇票 本票 支票 背书 承兑 出票 背书 追索权 提示 T/T M/T D/D D/P D/A L/C 托收 信用证欺诈例外原则 国际保理

第一节 国际商事支付法概述

一、国际商事支付概述

国际商事支付指国际商事活动的当事人之间发生的款项结算,是结清彼此间的债权债务关系的国际结算。买卖双方利用一定的支付方式和支付工具完成的货款结算过程,是国际货物买卖的必经步骤。其间的权利义务关系直接关系到买卖双方的切身利益。

在国际商事交易中,通常是使用票据作为支付工具,通过银行进行非现金结算。票据是按照一定形式制成、写明付出一定货币金额义务的证件,是出纳或运送货物的凭证。广义的票据泛指各种有价证券,如债券、股票、提单等。狭义的票据仅指以支付金钱为目的的有价证券,主要包括汇票、本票、支票三种。一般认为,票据是指商业上由出票人签发的、无条件约定自己或要求他人支付一定金额的、可流通转让的有价证券。票据的流通使用要经过出票、背书、提示、承兑、付款等一系列的票据行为。票据瑕疵表现为票据的伪造、变造和涂销等。票据权利是一种双重请求权,包括票据的付款请求和追索权。相对于票据债权人的票据权利,票据债务人也享有相应的票据抗辩权。

在国际商事交易中,常用的支付方式主要有三种:汇付、托收和信用证。作为国际贸易中最常采用的付款方式,信用证是一种开证银行根据申请人(进口商)的要求和申请,向受益人(出口商)开立的有一定金额并在一定期限内凭汇票和出口单据,在指定地点付款的书面保证文件。可见,信用证的性质为银行信用。

二、国际商事支付中的货币选择

(一) 货币支付

货币与票据是国际商事支付中的两种主要工具。但是由于货币使用不便和缺乏安全感,再加上票据制度的不断完善,票据尤其是汇票作为国际贸易的支付工具,在国际贸易支付中已经占据了主导地位。

在国际支付中,买卖双方往来金额较大,采用货币支付,不仅风险大,周转慢,而且存在诸多不便,直接用货币进行国际货物买卖支付,意味着大量现金的携带,极不便利,也不安全,同时还存在汇率风险。所以,现实交易中除即时清结的小额买卖或零星支付外,直接用货币进行支付与结算只占很小的比重,大多采用票据作为支付工具,通过双方在银行开立的账户进行非现金结算。

(二) 采用货币支付时应注意的问题

以货币支付是指使用现金支付,国际货物买卖合同中规定的支付货币必须是可以自由兑换的货币,既可以是进口国的货币,也可以是出口国的货币,还可以是第三国的货币,其性质属于外汇支付。

所以,一旦需要用货币支付,就要考虑到以下三个因素:货币币值稳定性;能否自由兑换;银行习惯。

三、国际商事支付法

国际贸易支付法律制度主要是围绕支付工具、支付方式等发展起来的。因此,国际商事支付法是明确买卖双方在国际贸易中涉及支付问题时各自权利义务的法律规范的总称。其法律渊源主要表现为各国的国内立法和有关的国际公约、国际惯例等。

(一) 票据的法律适用

1. 国外的票据法及相关国际公约

票据在国际支付中有着重要的作用,为了保障票据的支付安全,各国都制定了票据法。由于票据具有货币的职能,为了保证票据流通的安全,各国票据法多属强制性的规定。由于历史的原因,国际上票据法形成了三个法系:法国法系、德国法系和英国法系。

1) 法国法系

法国法系历史最悠久,早在1673年路易十四的《商事赦令》中就有关于票据的规定。1807年的《法国商法典》对票据法作了专章的规定。其特点是突出了票据的支付职能,要求在票面上载明"对价"文句。意大利、比利时、西班牙、希腊和土耳其的票据立法都受其影响。

2) 德国法系

德国在 1847 年由普鲁士邦首先起草了《普通票据条例》。1871 年统一后的德国颁布了《票据法》,1908 年颁布了《支票法》。德国票据法重视票据的流通和信贷作用,强调票据是无因证券、要式证券、文义证券。奥地利、瑞士、丹麦、瑞典、挪威和日本等国的票据立法受其影响颇深。

3) 英国法系

英国票据法源于商人惯例,通过法院判决而成为普通法。其后,票据判例编入 1882 年《汇票法》。英国票据法的特点是强调票据的流通和信用的作用,保护持票人的利益,把票据关系与基础关系严格分开,强调票据关系的无因性,凡善意的票据受让人均受法律保护。票据上的"对价"文句不是必要的有效条件。对票据的形式要求注重实际,比较灵活。英国票据法对美国、加拿大等国家的票据立法有重大影响。

由于各国票据立法分属于不同法系,无论内容还是形式都有较大的差异,影响票据在国际间的流通及国际商贸往来。从 19 世纪末就有一些国家和国际组织倡议统一各国票据立法。1910 年在德国和意大利政府的倡议下,由荷兰政府在海牙召开票据法统一会议,制定了《票据法》草案。1912 年海牙第二次会议制定了《统一国际票据法规则》和《统一票据法公约》。由于第一次世界大战,该项规则与公约被搁置下来。1930 年至 1931 年,在国际联盟的主持下,在日内瓦召开了关于票据法的会议,通过了《1930 年关于统一汇票和本票的日内瓦公约》、《1930 年关于解决汇票与本票的若干法律冲突的公约》、《1931 年关于统一支票法的日内瓦公约》、《1931 年关于解决支票的若干法律冲突的公约》等 4 个统一票据法的公约,统称为"日内瓦公约"。公约由法国、德国等 22 个国家签署,但英国、美国没有签署。这样就形成了日内瓦统一法系和英美法系并存的局面。

英美法系各国的票据法与日内瓦公约在许多问题上一直存在重大分歧,对汇票在国际上的使用流通十分不利。为了解决这个问题,促进各国票据法的协调与统一,联合国国际贸易法委员会从 1971 年起决定着手起草一项适用于国际汇票的统一法公约,并于 1973 年提出了一项《统一国际汇票法(草案)》。这项草案是日内瓦公约体系与英美法体系相互调和与折中的产物。但是由于各国在许多问题上的分歧一时难以解决,该草案迟迟未能通过。1979 年将其改名为《联合国国际汇票和国际本票公约(草案)》,以后又进行了多次修改,直到 1987 年在维也纳召开的联合国国际贸易法委员会第二十届会议上才正式获得通过,但由于参加该公约的国家不足 10 个,该公约至今尚未生效。随着世界贸易广泛深入的发展,票据的国际统一立法是一个大的趋势,但是要取得统一的立法,道路依旧漫长。

2. 中国的票据法

我国古代的金融信用工具并不多,但票据制度起源较早,据史籍记载,唐、宋时代便有票据流行。唐宪宗时期(公元 9 世纪初),商业比较发达,各地在京城经商的人,将售货所得款项交付各道驻京城的进奏院及各军、各使机关,或交各地设有联号的富商,由这些机关或商号发给半联票券,另半联寄往各道有关机关、商号,商人回到本道后,核对票券领取款项。这种票券被称为"飞钱",是我国票据的起源。票据立法始于清末,但是直到 1929 年 10 月,当时的国民政府才公布了票据法,该票据法经 1987 年 6 月修订后,目前仍在我国台湾地区境内施行。新中国成立后,于 1983 年开始恢复票据制度。1995 年 5 月 10 日,第八届全国人民代表大会常务委员会第十三次会议通过了《票据法》,并于 1996 年 1 月 1 日起施行。2004 年第十届全国人民代表大会常务委员会第十一次会议对《票据法》作了修改,现行《票据法》共 7 章 110 条。

(二) 托收的法律适用

国际上目前规范托收的规则主要是国际商会 1995 年修订的《托收统一规则》(简称 URC522),该规则自公布实施以来,不仅统一了各国之间对于有关托收的惯例和程序的理解和做法,而且通过不断修改,及时反映了这一领域业务实践的变化和商事活动发展的需要。作为托收业务领域唯一现行有效的国际惯例,它现被各国银行普遍采纳,得到了广泛的遵守,在很大程度上减少了托收业务中的争议,促进了国际贸易支付方式的发展,是买卖双方和银行应当掌握和遵循的国际惯例。本规则共七部分 26 条,对银行在托收业务中承担的主要义务作了详尽的规定。

但是,该规则属于国际惯例,所以只有在当事人自愿采用或没有明示排除时才对当事人有约束力。

(三) 信用证的法律适用

世界范围内有关信用证交易的成文法并不多,一般散见于有关的商法典中,以两大法系为例,大陆法系如 1971 年《哥伦比亚商法典》、1950 年《洪都拉斯商法典》等,英美法系国家中只有美国在《统一商法典》的第五编专门对信用证作了较为全面的规定。目前适用于信用证业务的主要规则是国际商会 1993 年修订的《跟单信用证统一惯例》(Uniform Customs and Practice for Documentary Credits,UCP500)。它既是国际上各国银行和银行工会所普遍采用的处理信用证业务方面的国际惯例,也是各国法院处理跨国信用证纠纷的主要依据。

自 UCP500 生效以来,由于其内容不能很好地适应商业交易发展,银行实务中围绕 UCP500 产生的争议层出不穷,导致有关跟单信用证的诉讼案激增。这严重妨碍了按照 UCP500 开立的跟单信用证的使用。为此,国际商会于 2002 年初成立 UCP 修订工作小组,提出修订 UCP500 的动议,2003 年 5 月授权其银行委员会正式启动修订工作。2006 年国际商会银行委员会对外发布了最终定稿(UCP600),此稿由银行委员会表决通过后,于 2007 年 7 月 1 日正式实施。

相较于 UCP500,UCP600 在整体内容和结构上做了改动,条文主要按业务环节的先后予以归纳和编排。开篇第 2、3 条分别为"定义"(Definitions)和"解释"(Interpretations)。前者为新增条款;后者则主要将一些 UCP500 的内容重新整理和修订。在条文的修订方面,UCP600 将 UCP500 的原有条文进行了重新整合或删除;增加了新条款,同时引入一些相关实践做法,全面反映了近年来国际银行业、运输业和保险业出现的变化,体现了一定的前瞻性,分类更为科学,结构更近合理,条文用更直接的语言去表达,从而更加清晰、明确。UCP600 比 UCP500 减少了 10 条,共 39 个条款。

第二节 国际商事支付工具

一、票据的概念与特征

在自给自足的自然经济占主导地位的古代社会,最原始的国际贸易方式是易货。封建社会直接运用金银等金属作为支付的手段和方式。进入资本主义社会,随着银行的兴起,在以商品输出为主要特征的自有资本主义时期,国际支付最终完成了从交货付款向凭单付款的转变。国际商事支付工具是指国际商事交易的当事人借以进行款项的收付和结算的载体。就目前的实践而言,国际商事支付中的工具主要包括货币和票据两类,以票据为主。

票据有广义和狭义之分,广义的票据是指商业活动中的一切票证,包括各种有价证券和凭证,如股票、债权、提货单、借据等。狭义的票据是指出票人依法签发的由自己或指示他人无条件支付一定金额给收款人或持票人的有价证券,即某些可以代替现金流通的有价证券。其性质属于金钱请求权。在国际贸易结算业务中,通常都是使用某种票据作为支付工具,通过银行进行非现金结算。

尽管各国的立法对票据的外延并无一致的认识,在具体制度上也有诸多差异,但由于票据法的宗旨就是促进票据的流通使用,保障票据交易的安全,使人们能够放心地接受并使用票据,因此许多国家在票据法中都确立了一些基本的法律原则和原理,形成了共同的票据基本特征。一般而言,票据具有以下法律特征。

1. 票据是完全有价证券

完全有价证券,是指票据权利和证券融为一体,权利的行使和处分以持有证券为前提,"证券之外无权利",票据的损毁、灭失意味着权利的消灭。

2. 票据是设权证券

出票人签发票据,并非证明已经存在的权利,而是创设新的权利。

3. 票据是流通证券

票据的一个基本功能就是流通。票据是流通证券,可以通过支付或背书转让。票据上的权利是一种债权,但其转让与民法上的债权转让不同,属于商法上的转让,其特殊性在于:①可以自由转让,让与人或受让人不必通知债务人就可以使受让人能以自己的名义对债务人行使权利,而民法上的债权以通知债务人为转让生效的条件;

②票据一经转让,正当的受让人即享有优于前手的权利,而民法上的受让人则不受此种保护,合同的无效会导致受让人合同权利的无效或终止。一张票据,不论经过多少次转让,其最后的持票人都有权要求票据的债务人向其清偿,票据的债务人不得以没有接到转让通知为由拒绝清偿。即使票据转让人的票据权利有瑕疵,如票据是捡来的,善意持票人对票据权利也不受其前手票据权利的影响。这是票据最核心的特征和最基本的功能。

4. 票据是无因证券

票据根据一定的信用行为等原因而产生,它的设立是有因的,可能是支付买卖合同的价金,可能是借贷,可能是担保,也可能是赠与关系,但是各国票据法都认为,票据上的权利义务关系一经成立,即与原因关系相脱离,不论其原因关系是否有效、是否存在,都不影响票据的效力。如基于买卖合同关系,卖方开出以买方或其指定人为付款人、以某银行为受票人的远期汇票,该汇票经该银行承兑后,卖方将之转让给了丙,假设买方收到货物后,发现货物不符合合同约定,于是通知银行拒付,但是当付款期限到来,丙要求银行付款时,已经承兑的银行无权拒绝付款。这即是无因性的具体体现。换言之,票据上的法律关系是一种单纯的金钱支付关系,权利人享有票据权利只以持有符合票据法规定的有效票据为必要条件。至于票据赖以发生的原因,则在所不问。原因关系无效或有瑕疵,均不影响票据的效力。所以,票据权利人在行使票据权利时,无须证明给付原因,票据的债务人也不得以原因关系对抗善意第三人。票据的无因性,有利于保障持票人的权利和票据的顺利流通。

5. 票据是要式证券

要式是指票据必须以法律规定的格式制作成书面形式才能生效。由票据的流通性和无因性所决定,其权利和义务是完全依照票据上的文义来确定的,如果票据上的记载事项不符合法律的规定,当事人的权利义务就难以确定,票据亦难以流通,所以票据必须具有严格的形式要求。各国法律一般都严格地规定了票据的制作格式和记载事项,比如票据上必须载明名称、金额、收付款银行等。不按票据法及相关法规的规定制作票据,就会影响票据的效力甚至导致票据的无效。如我国《票据法》规定了汇票、本票、支票必须记载的事项,未记载规定事项的票据是无效票据。另外,如出票、背书、承兑、保证、付款、追索等票据行为,也必须严格按照票据法规定的程序和方式进行,否则无效。例如,票据须经出票人签章,承兑须经承兑人同意支付并签章,转让须经转让人背书等。

案例 6-1

汇票拒付案

某外资企业向 A 市钢铁厂开出一张汇票支付货款,收款人记载为"A 市钢铁厂",金额记载为人民币"二十万元整"及小写 200000 元,付款人为该外资企业的开户银行。A 市钢铁厂凭票向付款人提示付款时被拒付,理由如下:①A 市钢铁厂的全称应为"A市钢铁有限责任公司",收款人名称与印章不符;②金额记载为人民币"二十万元整"不符合规定;③该汇票上未记载付款日期;④该汇票未记载付款地。

理由①、②成立。票据是要式证券,收款人是汇票的绝对必要记载事项,名称必须是在工商管理部门登记注册的,且与印章相符。金额记载应该为人民币"贰拾万元整"大写,否则易被篡改。理由③、④不成立。我国《票据法》第23条规定,汇票上未记载付款日期的,为见票即付。汇票上未记载付款地的,付款人的营业场所、住所或者经常居住地为付款地。

6. 票据是文义证券

票据体现的权利和义务取决于票据所记载的文字。不得依据票据记载以外的事实,对行为人的意思做出与票据所载文义相反的解释,或者对票据所载文义进行补充或变更。即使票据的书面记载内容与事实相悖,也必须以该记载事项为准。如票据上记载的出票日期与实际出票日期不一致时,必须以票据上记载的出票日期为准,这就是票据的文义性。凡在票据上签名的人,都必须按照票据上记载的文义对其负责,不得以票据外的任何事由变更票据上的文字记载的效力。

7. 票据是独立证券

票据的独立性主要是指当同一票据上有多种票据行为存在时,各票据行为依所载文义分别独立,一行为失效,并不表示其他行为亦随之无效。

票据主要包括汇票、本票和支票。其中,汇票是最基本的票据,在国际商事交易中使用最为广泛。

二、汇票

(一) 汇票的概念与特征

汇票(bill of exchange)是由出票人签发的,委托付款人在见票时或在指定日期无条件支付确定的金额给收款人或持票人的票据。

汇票的特征:①无条件的支付命令,命令受票人无条件支付;②汇票的出票人并不是汇票的付款人,而是另行委托他人作为付款人支付汇票金额,就这一点而言,汇票与支票相同,与本票不同;③信用票据,以商业信用为基础的流通票据。

(二) 汇票的当事人

汇票的基本当事人为三方:出票人、受票人和受款人。出票人是出具汇票并交付汇票的人,不同性质的汇票,出票人不同,如银行汇票的出票人是银行,商业汇票的出票人在国际货物买卖中通常就是卖方(出口方)。在此情况下,出票人自己就是受款人,即卖方开出以自己为受款人的汇票,要求买方付款。受票人,又称付款人,是接受支付命令的人,在商业汇票中通常是进口方(买方、债务人)或其指定银行。受款人,又称收款人,是受领汇票金额的人,通常是卖方(出口方)或其指定的人或任何持有票据的人。

(三) 汇票的基本流程

1. 汇票流程

汇票流程如图 6-1 所示。

图 6-1　汇票流程图

2. 银行汇票流程

银行汇票流程如图 6-2 所示。

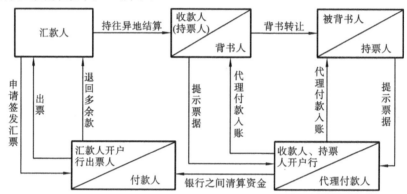

图 6-2　银行汇票流程图

3. 银行承兑汇票流程

银行承兑汇票流程如图 6-3 所示。

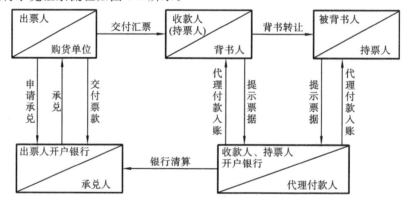

图 6-3　银行承兑汇票流程图

4. 商业承兑汇票流程

商业承兑汇票流程如图 6-4 所示。

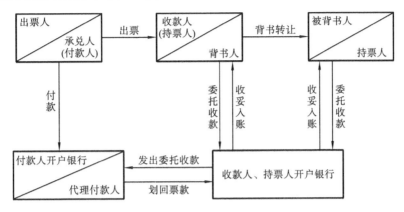

图 6-4 商业承兑汇票流程图

(四) 汇票的分类

1. 依出票时是否附有单据分为光票汇票和跟单汇票

前者是无需任何单据即可付款的汇票,在国际贸易中不常使用,主要用于收取一些特定的小额费用,如货款的差额、杂费等。银行汇票多是光票。后者是指需要附带提单、仓单、保险单、装箱单、商业发票等单据,才能进行付款的汇票。商业汇票一般为跟单汇票,在国际贸易中经常使用。

2. 依受票人是否在见票时付款分为即期汇票和远期汇票

前者是指受票人在见票时应立即付款的汇票;后者指汇票上记载了付款人于将来一定时期或特定的日期付款的汇票。远期汇票依汇票承兑人的不同又可分为银行承兑汇票和商业承兑汇票。

3. 依出票人的不同分为银行汇票和商业汇票

汇票分为银行汇票和商业汇票,而商业汇票按其承兑人不同,分为商业承兑汇票和银行承兑汇票两种。由个人或企业自身承兑的汇票称为商业承兑汇票,由商业银行承兑的汇票称为银行承兑汇票。商业承兑汇票是指经个人或企业承兑过的商业汇票,它以商业信用为基础,不如银行信用稳妥,风险较大,一般不易在市场上被接受和流通。银行承兑汇票是指由个人或企业开出的以银行为付款人并经银行承兑的汇票,它建立在银行信用的基础上,易于在市场上被接受贴现和流通,常在国际贸易中被用做短期融通资金的工具。

(五) 汇票票据行为

票据行为是行为人在票据上进行必备事项的记载、完成签章并予以交付的各种行为,有广义和狭义之分。狭义的票据行为专指以发生票据权利义务关系为目的的行为,包括出票、背书、承兑和付款;广义的票据行为则泛指与票据有关的行为,包括拒付和追索。票据行为具有独立性,即在同一票据上所为的若干票据行为分别依各行为人在票据上所作记载独立地发生效力,先票据行为无效不影响后续票据行为的效力,某一票据行为无效不影响其他票据行为的效力。

1. 出票

出票是制作与发出票据的行为,包括出票与交票。作为票据关系产生的起点,出票是发生票据权利义务关系的最重要的主票据行为,出票行为使出票人与受款人之间产生了债的关系。出票人基于出票成为票据的主债务人,承担担保承兑和付款的责任。受款人是票据的主债权人,作为持票人,行使付款请求和追索权。

2. 背书

背书是指持票人在汇票背面或者粘单上签名,记载有关事项并将汇票交付给受让人的行为,包括背书和交付行为。经过背书,票据权利由背书人转移给被背书人,背书人对其后手,不仅负有担保票据承兑和付款的责任,还负有担保其前手签名真实性和票据有效性的责任。除非汇票上已注明"不得转让"字样,汇票可以通过背书转让,背书不得附加条件;多次背书转让时,背书应当连续。汇票被拒绝承兑、被拒绝付款或者超过付款提示期限的,不得背书转让;背书转让的,背书人应当承担汇票责任。

3. 提示

提示是指持票人向付款人出示汇票并要求其承兑或付款的行为,是持票人要求取得票据权利的必要程序,分为承兑提示和付款提示两种。承兑提示是持票人在汇票的付款期限到来之前向付款人出示汇票,并要求付款人承诺付款的行为,只适用于远期汇票。付款提示是持票人对即期票据或已到期的远期票据向付款人提示,要求付款人在提示当日即应付款的行为。

4. 承兑

承兑是指汇票付款人承诺在汇票到期日支付汇票金额的票据行为。付款人承兑汇票的,应当在汇票正面记载"承兑"字样和承兑日期并签章;见票后定期付款的汇票,应当在承兑时记载付款日期。付款人承兑汇票,不得附有条件,承兑附有条件的,视为拒绝承兑。承兑后,承兑人替代出票人成为票据的主债务人,即使出票人的签字是伪造的或背书人无行为能力,承兑人也应对票据上的债务承担责任。

5. 付款

付款是指付款人或承兑人在票据到期时,对持票人所进行的票据金额的支付。付款人一经付款,持票人便将汇票注销并交给付款人作为收款证明,票据当事人之间的债权债务关系归于消灭。对定日付款、出票后定期付款或者见票后定期付款的汇票,付款人在到期日前付款的,由付款人自行承担所产生的责任。汇票当事人对汇票支付的货币种类有约定的,从其约定。

6. 拒付

拒付是指付款人拒绝承兑和拒绝付款的行为。拒付不仅包括付款人明确拒绝的情形,还包括付款人实际不能或不想支付的情形。

7. 追索

追索是指汇票被拒绝后,持票人向出票人及所有的前手背书人请求偿还票据金额及其他费用的权利。汇票到期被拒绝付款的,持票人可以对背书人、出票人以及汇票的其他债务人行使追索权。

8. 保证

保证是指由汇票债务人以外的第三人,为担保汇票债务的一部分或全部履行为目的所做的从票据行为。保证人可以为出票人、背书人或承兑人提供保证。保证人进行保证时,必须在汇票或者粘单上记载法定事项。对被保证的汇票,保证人应当与被保证人一起对持票人承担连带责任。汇票到期后得不到付款的,持票人有权向保证人请求付款,保证人应当足额付款。保证人为二人以上的,保证人之间承担连带责任,保证人清偿汇票债务后,可以行使持票人对被保证人及其前手的追索权。

案例 6-2

票据行为及权利

2009年1月,某商业银行A市分行某办事处办公室主任王某与其胞弟密谋后,利用工作之便,盗用该银行已于一年前公告作废的旧业务印鉴和银行现行票据格式凭证,签署了金额为200万元的银行承兑汇票一张,出票人和付款人及承兑人记载为该办事处,汇票的到期日为同年6月底,收款人为某省建筑公司。该公司为王某的胞弟所承包经营的企业。王某将签署的汇票交给该公司后,该公司请求某外贸公司在票据上签了保证,并将汇票向某城市银行申请贴现。该银行扣除利息和手续费后,把贴现的96万元支付给建筑公司。汇票到期后,城市银行向A市分行某办事处提示付款,遭拒绝。

本案中的票据行为有三项。①王某伪造签章进行的出票和承兑行为。相对于A市分行某办事处的现行有效公章而言,王某使用的作废公章应认定为假公章。因此,出票和承兑行为属伪造行为,无效。②某外贸公司的票据保证行为。该行为有效。③建筑公司的贴现行为(背书转让)。该行为有效。虽然该公司(法定代表人)恶意取得票据,不能享有票据权利,但其背书签章真实,符合形式要件,且该公司有行为能力,故贴现行为有效。

城市银行不知情,且给付了相当对价,为善意持票人,故享有票据权利,可以向保证人或背书人行使追索权。

三、本票

(一) 本票的概念与特征

本票(promissory notes),又称期票,是出票人签发的,承诺自己在见票时无条件支付确定的金额给收款人或者持票人的票据。

本票的特征：①无条件支付承诺，承诺出票人自己无条件支付；②自付票据，出票人本人支付；③信用票据，以商业信用为基准的流通票据。本票的信用建立在收款人对出票人的信任的基础上，没有第三者的任何担保。因此，在国际货物买卖中，卖方为了避免商业风险，通常不愿意接受商业本票，而愿接受银行本票。根据我国《票据法》的规定，本票仅限于银行本票。

(二) 本票的当事人

本票有出票人和受款人两个当事人，出票人完成出票行为后就成为该本票的付款人，负有到期付款的义务。出票人既是票据的签发者，也是承担付款义务的付款人，银行本票的出票人是银行。受款人，又称收款人，是受领本票的金额的人，通常是卖方或其指定的人或任何持有票据的人。

(三) 本票的基本流程

1. 本票流程

本票流程如图 6-5 所示。

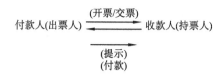

图 6-5　本票流程图

2. 银行本票流程

银行本票流程如图 6-6 所示。

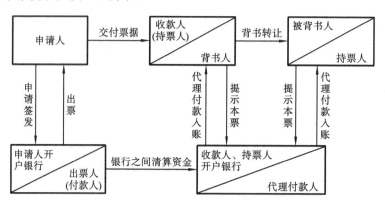

图 6-6　银行本票流程图

(四) 本票与汇票的区别

本票由出票人自己承担付款的义务，汇票由出票人委托第三人付款。本票只有两个当事人,汇票有三个当事人。在任何情况下,本票的出票人都是主债务人,而在承兑前汇票的出票人是主债务人,承兑后承兑人是主债务人。

四、支票

(一) 本票的概念与特征

支票(check)是出票人签发的,委托办理支票存款业务的银行或者其他金融机构在见票时无条件支付确定的金额给收款人或者持票人的票据。具体而言,支票是银行存款户对银行签发的,授权银行对某人或其指定人或持票人即期支付一定金额的无条件书面支付命令。

支票的特征包括以下方面。

①银行见票即付。②委托银行支付,而非出票人自付。③预付票据,凭借作为储户的出票人预先在银行的存款而得以流通的票据。正因为如此,如果出票人所签发的支票金额超过其付款时在付款人(银行)处实有的存款金额,即所谓"空头支票"。为了防止出票人明知没有存款,或者未经银行同意透支而对银行滥发支票,各国法律一般都明确规定,出票人和银行之间必须有存款关系,才能开具以存款银行为付款人的支票。④支票的付款人仅限于银行。

(二) 支票的当事人

支票的基本当事人有三方:出票人、付款人(银行)、受款人。出票人是出具支票并交付支票的人,也就是作为付款人银行的储户,是支票的债务人。付款人,又称受票人,是接受支票支付命令的人,支票的付款人必须是银行。受款人,又称收款人,是受领支票金额的人,通常是卖方或其指定的人或任何持有票据的人。

(三) 支票的基本流程

支票流程如图 6-7 所示。

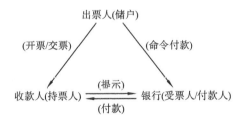

图 6-7 支票流程图

(四) 支票与汇票的区别

支票无承兑行为,有承兑记载的,也视为无记载,而远期汇票需要承兑。支票的付款人仅限于银行,汇票的付款人不以银行为限。在国际货物买卖实践中,由于买卖双方分处不同的国家,以支票方式支取货款比较困难,因此支票在国际贸易支付中的使用较为有限。支票的出票人与付款人之间应有资金关系,汇票的出票人与付款人之间是一种委托关系。

案例 6-3

空 头 支 票

甲公司在银行的支票存款共有 200 万元人民币,该公司签发了一张面额为 300 万元的转账支票给乙公司。之后,甲公司再没有向开户银行存款。

本案中有三点值得注意。①出票人所签发的支票是否为空头支票,应以持票人依该支票向付款银行提示付款之时为准,由于甲公司再没有向开户银行存款,故可断定该支票为空头支票。②付款人(银行)不是票据上的当然债务人,支票中的付款人(银行)在支票存款中足以支付时才有法定的付款义务。③甲公司作为出票人必须按照签发的支票金额承担保证向该持票人付款的责任。此外,持票人还有权要求甲公司赔偿一定金额的赔偿金。

第三节 国际商事支付方式

国际商事支付方式是指国际贸易中的各方当事人如何进行款项的收付和结算。在国际货物买卖实践中,主要有汇付、托收和银行信用证等方式。具体用何种方式,在合同中都应作出明确的规定。

一、汇付

(一) 汇付的概念

汇付,又称汇款,是由国际货物买卖合同的买方委托银行主动将货款支付给卖方的结算方式。在此种支付方式下,信用工具的传递与资金的转移方向是相同的,因此也称为顺汇法。虽然通过银行办理,但银行只提供服务而不提供信用担保,汇付是由买卖双方依据合同互相提供信用,卖方交货并出具单据后,买方是否按时付款,取决于买方的信用。所以,汇付是建立在商业信用的基础上的。从汇款时间上可以分为预付款和货到付款。

(二) 汇付的种类

目前采用较多的是电汇、信汇、票汇以及电子系统汇付等几种方式。

1. 电汇

电汇(telegraphic transfer,T/T)是指汇出行受汇款人的委托,以电报或电传等电讯手段通知汇入行向汇款人解付汇款的汇付方式。为了防止意外,汇出行拍发的电报或电传都带有密押,汇入行收到电报或电传后须核对密押,确认相符后,再用电汇通知书通知收款人取款。收款人取款时应填写收款收据并签章交汇入行。电汇是速度最快的一种汇付方式。虽然速度快,但汇费较高。

2. 信汇

信汇(mail transfer, M/T)是指汇出行应汇款人的申请,将信汇委托书通过信函邮寄给汇入行,授权解付一定金额给收款人的汇款方式。在信汇的情况下,汇款人需填写汇款申请书,取得信汇回执,汇出行依汇款人的委托向汇入行邮寄信汇委托书,汇入行收到信汇委托书后,通知收款人取款。信汇委托书是汇出行委托汇入行付款的信用凭证,信汇委托书通常是通过航空邮寄,信汇的汇费比电汇便宜,但收款人收到汇款的时间较长。

3. 票汇

票汇(demand draft, D/D)是指汇出行受汇款人的委托,以银行即期汇票为支付工具的汇付方式。票汇的程序是,由汇款人填写票汇申请书并向汇出行交款付费取得银行即期汇票后,由汇款人将汇票寄收款人,汇出行同时向汇入行发出汇票通知书,收款人收到汇票后向汇入行提示汇票请求付款。票汇是用邮寄银行即期汇票方式付款,因此不必加注密押,只需由汇出行有权签字的人证实即可。票汇是由汇款人自行邮寄,所以时间比电汇长,汇费则比电汇和信汇都低。同时,票汇时还可以转让汇票,对卖方而言,较为方便。

4. 电子系统汇付

随着计算机技术的发展,国际银行之间越来越广泛地采用了环球银行间财务电信系统进行高速电子资金转移,即电子系统汇付。其具体办法是汇出行应汇款人的申请,向其分行或代理行发出付款指示,后者按该指示照办后,即通过计算机借记于汇出行在 SWIFT(环球银行金融电讯协会,一个国际银行间合作组织)系统的电子账户上。

(三) 汇付的基本流程

1. 汇付流程

汇付流程如图 6-8 所示。

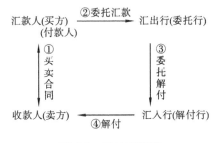

图 6-8　汇付流程图

2. 电汇流程

电汇流程如图 6-9 所示。

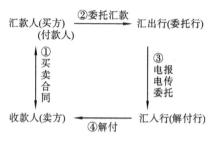

图 6-9 电汇流程图

3. 信汇流程

信汇流程如图 6-10 所示。

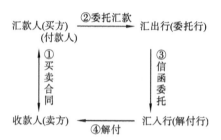

图 6-10 信汇流程图

4. 票汇流程

票汇流程如图 6-11 所示。

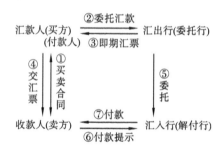

图 6-11 票汇流程图

(四) 当事人及其相互关系

汇付中的当事人有汇款人、收款人、汇出行和汇入行。汇款人是债务人或付款人,即国际贸易中的买方(进口商);收款人是债权人或受益人,即国际贸易中的卖方(出口商);汇出行是委托汇出款项的银行,一般是进口地银行;汇入行是受汇出行委托解付汇款的银行,因此又称为解付行,一般为出口地银行。汇款人在办理汇付时要出具汇款申请书,汇款申请书被视为汇款人与汇出行之间的契约,汇出行一经接受申请就有义务依汇款申请书的指示通知汇入行解付汇款。在汇出行与汇入行之间是委托代理关系,汇入行依该代理关系对汇出行承担解付汇款的义务。

在信汇和电汇两种情况下,汇付使用的凭证是支付授权书或支付指示(payment order)。汇款人与汇出行是委托代理关系,汇出行和汇入行也是委托代理关系。汇出行或汇入行与收款人之间没有直接的法律关系,收款人是上述代理关系的第三人。在票汇的情况下,汇付使用的是汇票。汇出行、汇入行与收款人三者之间是票据关系,分别是出票人、付款人和收款人。

(五) 汇付在国际贸易中的应用

买卖双方对每一种结算方式,都会从手续费用、风险和资金负担的角度来分析它的利弊。汇付的优点在于手续简便、费用低廉,缺点是风险大,资金负担不平衡。因为以汇付的方式结算,可以是货到付款,也可以是预付货款。如果是货到付款,卖方向买方提供信用并融通资金。而预付款则是买方向卖方提供信用并融通资金。不论是先付还是后付,风险和资金负担都集中在一方。在我国外贸实践中,汇付一般只用来支付定金、货款尾数、佣金等项费用,不是一种主要的结算方式。在发达国家之间,由于大量的贸易是跨国公司的内部交易,而且外贸企业在国外有可靠的贸易伙伴和销售网络,因此汇付是主要的结算方式。在分期付款和延期付款的交易中,买方往往用汇付方式支付货款,但通常需辅以银行保函或备用信用证,所以又不是单纯的汇付方式。

二、托收

(一) 托收的概念

托收(collection),是指债权人(卖方)开立汇票及其他凭证,委托银行向债务人(买方)收取货款的一种方式。

托收一般都通过银行办理,所以又叫银行托收。银行托收的基本做法是:卖方根据买卖合同先行发运货物后,填写托收指示书,开立以买方为付款人的汇票,连同商业货运单据向其所在地银行提出托收申请,托收行接受申请后,委托它在进口地的分行或代理行向买方收取货款,代收行再向买方进行付款提示或承兑提示,在买方付款后通知托收行,托收行即向卖方付款。如付款人拒付,则由代收行通知托收行,托收行再通知卖方。

有关托收业务的国际惯例是由国际商会制定并修订的《托收统一规则》,即国际商会第522号出版物(简称《URC522》),该规则于1996年1月1日起实施,属于惯例性质,当事人在发出委托指示时应注明"受URC522约束"的字样。

托收采用逆汇法,属于商业信用,银行办理托收业务时,既没有检查货运单据正确与否或是否完整的义务,也不承担付款人必须付款的责任。托收虽然是通过银行办理,但银行只是作为卖方的委托人行事,并没有承担付款的责任,买方是否付款与银行无关。卖方向买方收取货款仍然依赖买方的商业信用。

(二) 托收的种类

托收可根据所使用的汇票不同,分为光票托收和跟单托收。

1. 光票托收

光票托收(clean collection)是指委托人向托收行提交不附有货运单据的汇票,仅凭汇票委托其向付款人收取货款。光票托收的风险较大,实践中较少采用,一般只用于样品费、佣金、货款尾数等的结算。

2. 跟单托收

跟单托收(documentary collection)是指出口商发货后向托收行提交附有提单、保险单、发票等金融或商业单据的汇票,委托其向进口商收取货款。由于提单为物权凭证,出口商据此可以控制货物所有权的转移,从而使汇票具有较强的信用和流通作用,因此国际贸易中的托收一般都是跟单托收。在跟单托收情况下,根据交单条件不同,又可分为付款交单和承兑交单两种。

1) 付款交单

付款交单(documents against payment, D/P)是指出口商的交单是以进口商的付款为条件,即出口商发货后,取得装运单据,委托银行办理托收,并在托收委托书中指示银行,只有在进口商付清货款后,才能把商业单据交给进口商。

按付款时间的不同,付款交单又可分为即期付款交单和远期付款交单。

① 即期付款交单(D/P at sight)。即期付款交单是指出口商发货后开具即期汇票,连同商业单据,通过银行向进口商提示,进口商见票后立即付款,在付清汇款后向银行领取商业单据。

② 远期付款交单(D/P after sight)。远期付款交单是指出口商发货后开具远期汇票,连同商业单据,通过银行向进口商提示,进口商审核无误后即在汇票上进行承兑,于汇票到期日付清货款后再领取商业单据。

不论是即期付款交单还是远期付款交单,进口商必须在付清货款之后,才能取得单据,提取或转售货物。

2) 承兑交单

承兑交单(documents against acceptance, D/A)是指出口商的交单以进口商在汇票上承兑为条件,即出口商在装运货物后开具远期汇票,连同商业单据,通过银行向进口商提示,进口商承兑汇票后,代收行即将商业单据交给进口商,在汇票到期时方履行付款义务。由于承兑交单是进口商只要在汇票上办理承兑之后即可取得商业单据,凭此提取货物,所以承兑交单方式只适用于远期汇票的托收。承兑交单是出口商先交出商业单据,其收款的保障依赖进口商的信用,一旦进口商到期不付款,出口商便会货物与货款全部落空。承兑交单的风险大于付款交单,因此出口商对这种方式,一般采取很慎重的态度。

(三) 托收的基本流程

托收的流程如图 6-12 所示。

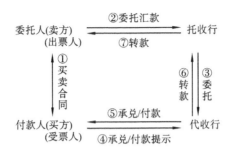

图 6-12 托收的流程图

(四) 当事人及其相互关系

1. 委托人

开出汇票委托银行收取款项的人(出票人),在国际货物买卖中,就是卖方,与作为付款人的买方之间是买卖合同关系。

2. 托收行

托收行又称委托行,是接受委托人的委托办理托收业务的银行,与委托人之间是委托代理关系,通常为卖方所在地银行。

3. 代收行

代收行是接受托收行的委托向付款人收取相应款项的银行,与托收行之间也是委托代理关系,通常为买方所在地银行。

4. 付款人

支付款项的人,在国际货物买卖中即为买方,是汇票中的受票人。

(五) 托收在国际贸易中的应用

托收的性质为商业信用。托收对出口商有一定风险,但对进口商却很有利,它不但可以免去申请开立信用证的手续,不必预付银行押金,减少费用开支,而且有利于资金融通和周转。由于托收对进口商有利,所以在出口业务中采用托收,有利于调动进口商采购货物的积极性,从而有利于促进成交和扩大出口,故出口商都把采用托收作为推销库存货物和加强对外竞销的手段。就卖方而言,无论是承兑交单还是付款交单都存在很大的风险,极易造成损失,所以在使用托收方式时应注意风险防范,如应切实了解买方的资信情况和经营作风,成交金额不宜超过其信用额度,同时还要精通进口国的贸易管制和外汇管制条例,以免货到目的地后,由于不准进口或收不到外汇而造成不应有的损失。总之,对托收方式的交易,要建立健全管理制度,定期检查,及时催收清理,发现问题应迅速采取措施,以避免或减少可能发生的损失。

案例 6-4

付 款 托 收

2003 年 2 月,国内出口商 A 公司与美国进口商 B 公司签订了一笔丝绸的贸易合同,付款条件 D/P50 DAYS。A 公司于 2003 年 3 月 25 日发货,29 日将有关单据交至国内甲银行(托收行)。经审核,单单一致,甲银行当日将单据(包括全套正本提单)寄往其指定的代收行乙银行。4 月 6 日,乙银行来电称单据收妥。根据乙银行 4 月 6 日的电报,甲银行推算出该单据的付款到期日应为 5 月 25 日,但到期后款项未达。经甲银行多次与 A 公司联系,得知 A 公司与 B 公司之间正就付款一事商洽。5 月 30 日,甲银行发电催收,乙银行回电称尚未收到 B 公司的付款指示。6 月 3 日,乙银行来电告知 B 公司作出承兑,到期日为 7 月 22 日。而乙银行于到期日再次通知甲银行 B 公司未付款,等待甲方指示。甲银行通知 A 公司,并请其处理。7 月 28 日,乙银行来电称 B 公司准备赎单,要求提供正确单据(产地证)。经联系 A 公司得知,B 公司需持纺织品产地证通关,而 A 公司提交的却是一般原产地证。A 公司遂于 8 月 5 日将纺织品产地证寄给 B 公司。8 月 15 日甲银行预计该单据已寄达 B 公司,便致电乙银行请其协助敦促 B 公司付款。9 月 2 日,A 公司通知甲银行 B 公司已付款,甲银行遂发电要求乙银行划拨款项,但乙银行一直未予答复。鉴于其后多次催款毫无进展,加上货物早已抵港,而乙银行与 B 公司都未曾就仓储费、滞纳金等问题提出任何要求,所以甲银行怀疑货物早已被 B 公司提走。10 月 9 日,甲银行建议 A 公司与船运公司接洽,了解货物下落。7 天后 A 公司书面通知甲银行:B 公司已于 6 月 14 日凭正本提单将货物提走。甲银行立即致电乙银行,请其在 7 日内将货款及利息(提货日至发电日利息)汇至甲银行,否则退回全套单据。7 日后,款项仍未到,甲银行根据 A 公司的书面指示要求乙银行立即退单。10 月 25 日,甲银行收到乙银行付款通知。至此,这起长达 9 个月之久的远期付款托收纠纷才得以解决。

在本案中,甲银行在托收指示中清楚地列明 TENOR(期限)为 50 天,并有文字说明"DELIVER DOCUMENTS AGAINST PAYMENT"。乙银行作为代收行,却置托收行的托收指示于不顾,将"D/P50 DAYS"当做"D/A50 DAYS"处理,在付款人未履行付款责任的情况下擅自放单,并对甲银行的多次催收电报采取推诿责任的态度,甚至在 7 月 28 日来电中仍以 B 公司准备赎单的谎言蒙蔽甲银行,直到甲银行查明货已于 6 月 14 日被提的事实并要求其退单时才不得不付清货款。乙银行的所作所为不仅违反了国际惯例,而且严重损害了其声誉。据此,甲银行尖锐地指责乙银行协助 B 公司提货的同时又推卸付款责任的行为,以至于乙银行不敢面对这个问题,更是难以对甲银行进行抗辩。另外,A 公司在此案例中虽与甲银行紧密配合,最终收回全部货款及利息损失,但其未重视进口国的贸易规定,提交了一般原产地证,使进口商不能顺利通关是造成延迟收汇的原因之一。

此类案例具有如下特点值得注意:进出口双方订立的贸易合同中规定采用 D/P 远期方式结算货款;代收行由出口公司按进口商意图指定;代收行收到托收行注明以 D/P 远期方式结算的出口单据时,擅自将其改为 D/A 方式放单给进口商;进口商串通代收行,千方百计拖延和拒付出口方货款。因而在托收业务中,在选择交单方式时,应优先采用 D/P 即期方式,并指定信誉可靠的代收行转交单据,代收货款,尽量避免采用D/A或D/P远期方式。因为在中国,银行界一般认为D/P远期和D/A不一样,应区别对待。D/P远期是对方见单据后一定期限内付款,D/A是只要进口商签字同意到期付款就行,区别是前者仍将物权证明控制在手中,而后者丧失了。但在某些国家,两者在法律上是一样的,都作为D/A处理,风险之大可想而知。而《URC522》明确规定,其规定如与一国一州或当地所必须遵守的法律或条件规定相抵触,则要受当地法律的制约。另一方面,全套正本单据应通过托收行寄出,不可将正本提单径直寄给买方,以免丧失货物的控制权。同时,单据提交银行后出口公司应保持与进口商的密切联系,若对方提出改变付款方式或延期支付,应要求其提供银行担保,并加收利息。当货款未能按期收回时还应主动联系船运公司,掌握货物下落,并将信息及时反馈给托收行,以便托收行采取相应措施及时对外交涉。

三、信用证

信用证(letter of credit,L/C)是银行用以保证买方(进口方)有支付能力的凭证,是伴随着国际贸易的不断发展而产生和发展起来的,是国际贸易中重要的信用支付工具,无论在发达国家还是在发展中国家,国际贸易结算采用信用证方式都已占很大比重。在我国,进出口贸易结算的50%以上采用信用证方式。但是,信用证业务自身的复杂性和游离于基础合同的独立抽象性加重了风险防范和金融监管的难度。在国际贸易活动中,买卖双方可能互不信任,买方担心预付款后,卖方不按合同要求发货,卖方也担心在发货或提交货运单据后买方不付款。因此,需要银行作为买卖双方的保证人,代为收款交单,以银行信用代替商业信用。银行在这一活动中所使用的工具就是信用证。可见,信用证是银行有条件保证付款的证书,是国际贸易活动中常见的结算方式。在采用信用证结算方式的情况下,由于有了银行介入交易并以银行信用替代陷入危机的商业信用,信用证的产生和应用较好地解决了19世纪后期国际贸易商业信用危机这一问题,减少了各方当事人的交易风险。同时,信用证的发展和推广又推动了世界贸易的发展。信用证自产生以来,随着世界经济、金融的变化和国际贸易、国际运输、科学技术的发展,自身也在其应用过程中不断完善和发展。

(一) 信用证的概念

1. 信用证的概念

信用证是指开证银行应开证申请人的要求和指示,或以其自身的名义签发的,在规定期限凭信用证条款规定的单据向受益人或其指定人付款的一项书面凭证。作为一种国际支付方式,信用证是一种银行信用,银行承担第一地位的付款责任。这是信用证区别于汇付、托收的根本性特征。作为一种文件,信用证是开证行开出的凭信用证规定条件付款的一份书面承诺。

2. 信用证的基本内容

信用证的基本内容主要包括以下方面。①信用证的种类、号码、开证日期和有效期。②信用证的当事人,包括开证申请人、受益人、开证银行、通知行、指定行等的名称及签字,付款行、通知行的名称和地址。③信用证的金额,包括信用证应支付的最高金额、信用证支付货物的币种等内容。④单据条款,主要规定单据的种类及份数,包括提单、保险单和商业发票,但有时也要求卖方提交其他单据,如商品检验书、原产地证书等。⑤汇票条款,该条款适用于使用汇票的信用证,主要规定汇票的金额、种类、份数及付款人的名称。⑥装运条款,主要规定起运地、目的地、装运期限及是否允许分批装运等内容。关于装运期限,如装运单据表明受益人的实际装运日期迟于信用证允许的最后装运期限,则银行将拒绝接受单据。⑦信用证的有效期限,即银行承诺付款的期限。此外,还可以依据每笔交易的不同需要在信用证中进行特殊的规定。

(二) 当事人及其相互关系

1. 信用证当事人

信用证的当事人会因具体交易情况的不同有所增减,但一般来说,信用证的流转会涉及下列主要当事人。

(1) 开证申请人,指向银行申请开立信用证的人。在国际贸易中,开证申请人通常是国际货物买卖合同中的买方。在实际业务中,也有买方之外的第三人替买方开立信用证的情形。这时申请人应该是第三人,而非买方,买方不是信用证的关系人。申请人申请开证时,一般须向开证行提供押金或其他担保。

(2) 开证行,指接受开证申请人的委托,为其开立信用证的银行,通常是买方所在地的银行。它承担保证付款的责任。一般情况下,开证行也是付款行,对受益人承担付款的责任。

(3) 通知行,指接受开证行的委托,负责将信用证通知受益人的银行,通常为受益人所在地且与开证行有业务往来的银行。

(4) 受益人,指信用证上指定的有权享有信用证权益的人,即国际货物买卖合同中的卖方。

(5) 指定行,指信用证中指定的、信用证可在其处兑用的银行。如信用证可在任何一家银行兑用,则任何银行均为指定银行。规定在指定银行兑用的信用证,同时也可以在开证行兑用。指定行一般为卖方所在地的银行。指定行可以是通知行,也可以是通知行外的另一家银行。

(6) 议付行,指对相符交单通过向受益人预付或同意预付而购买汇票或单据的指定行。议付行通过购买汇票或单据,使自己成为信用证的受益人,可以享用信用证利益。

(7) 保兑行,指根据开证行的授权或要求对信用证加具保兑的银行。保兑指保兑行在开证行承诺之外作出的承付或议付相符交单的确定承诺。保兑行自对信用证加具保兑时起,即不可撤销地承担承付或议付的责任。相对于受益人,保兑行相当于开证行;相对于开证行,保兑行是保证人,开证行是被保证人。

2. 信用证当事人之间的关系

信用证关系有广义和狭义之分。狭义信用证关系,指基于开证行开出的信用证而产生的关系,包括开证行与受益人之间的关系、开证行与通知行之间的关系、开证行与指定行之间的关系、指定行与受益人之间的关系、保兑行与开证行之间的关系、保兑行与受益人之间的关系等。广义信用证关系,除上述关系外,还包括开证行与申请人之间的关系。不同当事人之间具有不同的法律关系,其权利义务受不同的协议调整。就其运作原理来说,信用证支付方式下,位于申请人所在国的开证行借助位于受益人所在国的其他银行向受益人付款。受益人或者直接向其所在地的指定行交单并接受付款,或者通过其所在地的银行向开证行交单并接收付款。无论哪种情况,开证行都是最终付款责任人。如果其他银行依据信用证向受益人付款,则开证行需要向这些银行偿付已付款项。由于其他银行所起的作用不同,由此引起的相关当事人的法律关系也不同。

(1) 开证申请人与受益人。开证申请人与受益人之间是买卖合同关系。开证申请人即为国际贸易合同的买方,受益人为卖方,双方订立的合同中约定以信用证方式支付货款,则买方应依合同的规定开立信用证,卖方则应依合同发货并提供约定的单据。卖方在收到信用证前可以拒绝装运货物。

(2) 开证行与开证申请人。两者之间是依据开证申请书及其他文件而形成的委托合同关系。在开证申请书中,应明确开证行被授权付款以及开证申请人保证向银行偿还垫款的一切条件。同时,开证申请人要在开证行预先存入一定数额的备付保证金。开证行在开立信用证时应谨慎地审核一切单据,确定单据在表面上符合信用证。

(3) 开证行与受益人。开证行与受益人之间的关系受信用证的调整,受益人收到信用证后,开证行与受益人之间即形成了对双方有约束力的独立合同。尤其是受益人收到不可撤销信用证后,就取得了对开证行的特定权利,在其根据信用证条款提交了单证相符的单据后,即有权要求开证行付款,而开证行也有义务付款。

(4) 通知行与开证行。通知行与开证行之间是委托代理关系,通知行接受开证行的委托,代理开证行将信用证通知受益人,并由开证行支付佣金给通知行。为了防止欺诈,双方一般都相互交换签字样本和密押。

(5) 通知行与受益人。通知行与受益人之间不存在合同关系。通知行通知受益人是因其对开证行负有义务,不是因为通知行与受益人之间有合同关系而对受益人负有此项义务。信用证可经通知行通知受益人,通知行无须承担责任。但鉴于国际贸易中伪造信用证的问题,如通知行决定通知信用证,则应合理谨慎地审核所通知信用证的表面真实性。

(6) 通知行与开证申请人。通知行是由开证行指定的,所以通知行只是开证行选择的代理人,通知行与开证申请人之间不存在任何关系。

3. 信用证的基本流程

信用证流程如图 6-13 所示。

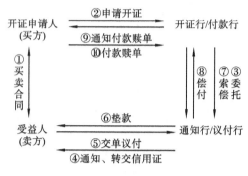

图 6-13　信用证流程图

开立信用证一般应经过以下几个环节。①买卖双方就交易的商品签订正式的买卖合同,并在合同中注明使用信用证方式结算。②进口方根据合同规定填写开证申请书,连同合同副本及进口付汇备案表(如需)提交当地外汇指定银行,同时将信用证项下所需对外支付的资金足额存入银行的保证金账户中,向银行提出对外开立信用证的申请,如只能存入部分保证金,不足部分可向银行申请办理备用贷款,与银行签订备用贷款合同,如不能提供保证金,亦可提供保证人。③开证行根据申请书的内容,开立正式信用证,并通过合适的国外代理行,将信用证正本通知给出口商,同时将一份信用证副本交给进口方。④出口商核对信用证条款,认为符合后,即装货和准备必要的单据。⑤出口商把单据和信用证交其往来银行议付,或交开证行指定的代议、议付或保兑银行要求付款。⑥代议、议付或保兑银行经过审查即予垫款或付款。⑦代议、议付或保兑银行将单据寄送开证行,要求偿还垫付或代付的款项。⑧开证行在核对单据无误后,即偿还上述垫付或代付的款项。⑨通知进口方备款赎单,并根据信用证的金额和期限向其收取一定比例的手续费。⑩进口方到目的港提货。

(三) 信用证的特征

1. 信用证是一种独立的银行信用

信用证是开证行以自己的信用向卖方即受益人作出的付款保证,与买方的信用无关,银行不能以买方将破产、倒闭、不能付款赎单等理由拒绝向卖方付款,付款后也不能因为买方拒绝付款赎单而向卖方行使追索权。

2. 信用证是一种独立的文件

信用证一经开立即独立于赖以开立的申请人与受益人之间的基础交易合约,又独立于申请人和开证人之间的开证契约关系,基础交易合约对备用信用证无任何法律约束力,开证人完全不介入基础交易的履约状况,其义务完全取决于备用信用证条款的规定。

UCP600规定,"就性质而言,信用证与可能作为其依据的销售合同或其他合同,是相互独立的交易。即使信用证中提及该合同,银行亦与该合同完全无关,且不受其约束。因此,一家银行作出兑付、议付或履行信用证项下其他义务的承诺,并不受申请人与开证行之间或受益人之间在已有关系下产生的索偿或抗辩的制约"。"受益人在任何情况下,不得利用银行之间或申请人与开证行之间的契约关系。"

3. 信用证是一种单据交易

单据是信用证交易的标的,信用证上的当事人所处理的仅仅是单据,而不管单据所代表的货物。银行只审查卖方所提交的单据是否符合信用证的规定,而不论货物的实际情况如何。银行对单据的审查,仅仅在于单据的表面是否与信用证规定相符。

4. 信用证具有强制性

不论信用证的开立是否由申请人授权,开证人是否收取费用,受益人是否收到,信用证只要一经开立,即对开证人具有强制性的约束力。

(四) 信用证的种类

信用证依照其性质、形式、付款期限及途径的不同可进行不同的分类。

1. 可撤销信用证和不可撤销信用证

这是依据开证行对所开出的信用证所负的责任来区分的。可撤销信用证是指信用证在有效期内,开证行不必事先通知受益人,即可随时修改或取消的信用证。但如果在收到开证行撤销通知之前,该信用证已经按照信用证条款付款、承兑、议付或作出了延期付款的承诺,开证行就应对该银行偿付。依UCP500第6条中的规定,信用证上应明确注明是可撤销的还是不可撤销的,信用证上没有注明的,视为是不可撤销的。由于可撤销信用证对受益人缺乏保障,所以很少使用。因此,UCP600将该条删除,在第2条关于信用证的定义中,规定信用证是不可撤销的。不可撤销信用证是指在信用证有效期内,不经开证行、保兑行和受益人同意就不得修改或撤销的信用证。不可撤销信用证对受益人收款比较有保障,是在国际贸易中使用最为广泛的一种信用证。

2. 保兑信用证和不保兑信用证

这是根据是否有另一家银行对信用证加以保兑来划分的。保兑信用证是指开证行开出的信用证又经另一家银行保兑的信用证。保兑行对信用证进行保兑后,其承担的责任就相当于本身开证,不论开证行发生什么变化,保兑行都不得片面撤销其保兑。对受益人来说,就取得了两家银行的付款保证,对卖方的收汇安全有益。不保兑的信用证是指未经另一家银行加以保证兑付的信用证。

3. 即期信用证和承兑信用证

即期信用证是指开证行或付款行收到符合信用证条款的汇票和单据后,立即履行付款义务的信用证。承兑信用证是指受益人仅可开立远期汇票,开证行或付款行审核单据合格后对汇票予以承兑,在付款到期日支付货款的信用证。

4. 可转让信用证和不可转让信用证

可转让信用证是指受益人可将信用证的部分或全部权利转让给第三人的信用证。在通过中间商进行贸易时,出口商常提出开立可转让信用证的要求,以便将信用证的权利转让给实际供货人。可转让信用证只能转让一次且必须在信用证上注明"可转让"(transferable)的字样。不可转让信用证是指受益人不能将信用证的权利转让给他人的信用证。

5. 跟单信用证和光票信用证

跟单信用证是指凭跟单汇票或只凭单据付款的信用证。单据指代表货物所有权或证明货物已经发出的单据。信用证有时规定卖方可不必开立汇票,银行可只凭单据付款。国际贸易结算中所使用的信用证绝大部分是跟单信用证。光票信用证是指凭不附带单据的汇票付款的信用证。此类信用证主要用于贸易从属费或非贸易结算。

此外,还包括背对背信用证、对开信用证、循环信用证、备用信用证等特殊种类的信用证。

(五) 信用证交易的基本原则

1. 单证相符原则

单证相符原则是指银行对于受益人所提交的单据进行审查,只有单据表面完全与信用证规定条件相符,才支付相应的款项。否则,银行有权拒绝不符合信用证条款的单据。换言之,如果单据在表面上与信用证要求之间存在"不符点",银行即可拒付。该原则不仅要求单据与信用证的规定相符,即"单证相符",而且要求各个单据彼此之间也不存在矛盾,即"单单相符"。UCP600倡导"不得矛盾"精神。即使在单证之间也不要求"等同"(Identical),仅要求"不得矛盾"(Must Not Conflict With),相较而言,单单之间"不得互不一致"(Not Inconsistent With)的说法更体现了审单标准宽松化的倾向。UCP600第14条第d款规定:"受益人所提交的单据中内容的描述不必与信用证、信用证对该项单据的描述以及国际标准银行实务完全一致,但不得与该项单据中的内容、其他规定的单据或信用证相冲突。"

2. 交易独立原则

交易独立原则是指信用证应与该信用证据以产生或作为该信用证基础的买卖合同相互分离和独立,实质是将信用证的开立、兑付及纠纷解决与基础性的买卖合同的效力、履行及纠纷隔离开来,使信用证能够在安全的环境中运行。其当事人之间的关系彼此独立,其中任一种关系发生争议或存在履行瑕疵,均不影响其他关系当事人之间责任的承诺。具体而言,包括三种合同关系的彼此独立。

(1) 开证行与受益人之间的信用证关系独立于其基础合同。在国际货物买卖中,信用证来自于买卖合同的约定,后者是产生信用证关系的基础,但是信用证一经开立,就成为一项独立的交易,开证行和受益人以及参与信用证业务的其他银行只按信用证的规定运作,而不受基础合同的约束和影响。

(2) 开证行与受益人的信用证关系独立于开证申请人与开证行之间的合同关系。开证行不能以它与开证申请人之间的合同争议对抗受益人。同时,受益人也不得利用开证行与开证申请人之间的合同关系。

(3) 开证行与受益人之间的信用证关系独立于其他所涉相关文件。交易独立原则决定了银行在处理信用证业务时,除必须合理谨慎地审核信用证规定的一切单据,以确定是否表面与信用证条例相符外,不必理会其他任何事项或问题,即享有 UCP500 曾规定的四种免责情形:对单据有效性的免责,对文电传递的免责,对不可抗力的免责和对被指示方行为的免责。现行 UCP600 亦有相似的规定,但其中增加了更具实务操作性的条款,扩大了对受益人保护。

3. 信用证欺诈例外原则

信用证欺诈例外原则是指在银行对受益人提交的单据付款或承兑之前,发现或获得确凿证据,证明受益人有欺诈行为,即使受益人提交的单据表面上严格与信用证相符,开证申请人也有权请求法院颁发禁令或其他措施禁止银行对受益人付款。

信用证欺诈例外原则随着对信用证欺诈进行法律救济而产生。信用证交易独立原则决定了信用证和基础合同的相互独立。信用证的开证行一旦开立信用证给受益人,只要受益人交付了和信用证条款表面相符的单据,开证行就对受益人负有一项无追索权的付款义务,而信用证的欺诈则对信用证交易独立原则提出了挑战。

近年来,在国际贸易中卖方以单据欺诈手段骗取货款的案件不断发生,如果一味坚持交易独立原则,势必纵容诈骗分子,阻碍国际贸易的健康发展。为了有效遏制欺诈并维护基本的商业道德,虽然 UCP500、UCP600 均未对欺诈例外原则作出规定,但各国在司法实践中逐渐确定了信用证欺诈例外原则,即在承认信用证独立于买卖合同原则的同时,也应当承认有例外情况。最早使用该原则的判例是美国法院 1941 年 Sitein v. J. Henry Banking Company 案。法院在判决书中指出,当卖方的欺诈情形在卖方将信用证项下的汇票和单据向银行作出提示前已经被通知开证行并引起了开证行的注意时,信用证下银行付款义务的独立性原则不应被扩展到用来保护一个不讲道德的卖方。Sitein v. J. Henry Banking Company 案提出的欺诈可以使银行免予信用证下的付款承诺原则,已为后来制定的美国《统一商法典》所确认。自从该案判决之后,信用证欺诈例外原则被英国、加拿大、澳大利亚、法国、德国等各国纷纷采用。就我国而言,2005 年 11 月 14 日最高人民法院颁布了《关于审理信用证纠纷案件若干问题的规定》,于 2006 年 1 月 1 日实施。该规定既强调交易独立原则,又借鉴各国立法及司法实践,确立了信用证欺诈例外原则。该规定规定了四类情形下应当认定存在信用证欺诈:①受益人伪造单据或者提交内容虚假的单据;②受益人恶意不交付货物或者交付的货物无价值;③受益人和开证申请人或者其他第三方串通提交假单据,而没有真实的基础交易;④其他进行信用证欺诈的情形。值得一提的是,银行或买方要适用信用证欺诈例外原则对卖方拒付时,应该负有证明欺诈存在的举证责任。在国际贸易实践中,从信用证的特点和当事人举证的现实情况出发,各国司法机关一方面应坚持信用证的抽象独立原则,限制信用证欺诈例外原则的过多适用,另一方面也要充分考虑银行和买方很难获得绝对证据的现实。

总之,信用证欺诈例外原则的产生和发展标志着信用证制度的不断完善和进步。由于信用证欺诈例外原则缺乏统一明确的理论基础,各国司法机关在实践中不断总结,统一信用证欺诈例外原则的适用标准,使其发挥应有的作用。

案例 6-5

信用证支付

我国某进出口公司与国外某公司签订了一笔买卖合同,约定以信用证方式支付货款。签约后收到国外信用证一份,规定最后装船日 2009 年 6 月 15 日,信用证有效期 2009 年 6 月 30 日,交单期为提单日期后 15 天,但必须在信用证的有效期之内。后因为货源充足,该公司将货物提前出运,开船日期为 2009 年 5 月 29 日。6 月 18 日,该公司将准备好的全套单证送银行议付时,遭到银行的拒绝。

银行拒绝议付的理由是信用证已经逾期。虽然此信用证的有效期是 6 月 30 日,但是信用证的交单期是提单日期之后 15 天且必须在有效期之内。现在该公司于 5 月 29 日将货物出运,就必须在 6 月 13 日之前将全套单证送交银行议付,否则就是与信用证不符。有了不符点,银行当然拒绝议付。因为时间不可能倒转,不符点已无法更正,该进出口公司只能一方面电告进口商此不符点,希望进口商理解并付款赎单,另一方面告知银行担保议付。该进出口公司的风险是原来的银行信用由于单证操作失误而降低了商业信用,万一国际市场风云突变,客户可能不付款或少付款。

四、国际商事支付方式的新发展

国际贸易的发展、国际金融市场的一体化以及国际资本流动的加速等因素都迫切需要更多便捷安全的国际商事支付方式与其相适应。由此,建立和发展国际乃至全球的支付方式就成为金融全球化的一个主要内容,也成为金融全球化的一个重要表现。

(一) 国际保理

国际保理(international factoring)又称承购应收账款,是指在以商业信用出口货物时(如以 D/A 作为付款方式),出口商交货后把应收账款的发票和装运单据转让给保理商,即可取得应收取的大部分贷款,日后一旦发生进口商不付或逾期付款,则由保理商承担付款责任,在保理业务中,保理商承担第一付款责任。国际保理服务的范围主要包括资金服务、信用保险服务、管理服务、资信调查服务等。目前关于保理的法律规范主要有《国际保付代理公约》、《国际保理业务惯例规则》等。

根据保理商对出口商提供预付融资与否,分为融资保理(financial factoring)和到期保理(matudty factoring)。融资保理又称预支保理,是一种预支应收账款业务。当出口商将代表应收账款的票据交给保理商时,保理商立即以预付款方式向出口商提供不超过应收账款 80% 的融资,剩余 20% 的应收账款待保理商向债务人(进口商)

收取全部货款后,再行清算。这是比较典型的保理方式。到期保理是指保理商在收到出口商提交的代表应收账款的销售发票等单据时并不向出口商提供融资,而是在单据到期后,向出口商支付货款。

根据保理商公开与否,即销售货款是否直接付给保理商,分为公开型保理(disclosed factoring)和隐蔽型保理(undisclosed factoring)。公开型保理是指出口商必须以书面形式将保理商的参与通知进口商,并指示他们将货款直接付给保理商。目前的国际保理业务多是公开型的。隐蔽型保理是指保理商的参与是对外保密的,进口商并不知晓,货款仍由进口商直接付给出口商。采取这种保理方式往往是出口商为了避免让他人得知自己因流动资金不足而转让应收账款,并不将保理商的参与通知给买方,货款到期时仍由出口商出面催收,再向保理商偿还预付款。至于融资与有关费用的清算,则在保理商与出口商之间直接进行。

根据保理商是否保留追索权,分为无追索权保理(non-recourse factoring)和有追索权保理(recourse factoring)。在无追索权保理中,保理商根据出口商提供的名单进行资信调查,并为每个客户核对相应的信用额度,在已核定的信用额度内为出口商提供坏账担保。出口商在有关信用额度内的销售已得到保理商的核准,所以保理商对这部分应收账款的收购没有追索权。由于债务人资信问题所造成的呆账、坏账损失均由保理商承担。国际保理业务大多是这类无追索权保理。在有追索权保理中,保理商不负责审核买方资信,不确定信用额度,不提供坏账担保,只提供包括贸易融资在内的其他服务。如果因债务人清偿能力不足而形成呆账、坏账,保理商有权向出口商追索。

根据其运作机制是否涉及进出口两地的保理商,分为单保理(single-factor)和双保理(two-factors)。单保理是指仅涉及一方保理商的保理方式。如在直接进口保理方式中,出口商与进口保理商进行业务往来,而在直接出口保理方式中,出口商与出口保理商进行业务往来。涉及买卖双方保理商的保理方式则称为双保理。国际保理业务中一般采用双保理方式,即出口商委托本国出口保理商,本国出口保理商再从进口国的保理商中选择进口保理商。进出口国两个保理商之间签订代理协议,整个业务过程中,进出口双方只需与各自的保理商进行往来。

由于保理业务能很好地解决赊销中出口商面临的资金占压和进口商信用风险的问题,因而在世界各地发展迅速。现在,我国商业银行都可以开展保理业务,这为我国外贸出口保理提供了有利条件。

(二) 电子商务与网上支付

20世纪90年代以来,计算机网络技术的飞速发展,使得信息的处理和传递突破了时间和地域的限制。与传统的计算机技术不同,计算机网络技术一直在寻求除文字处理和信息传递领域外的更大、更直接的利润空间,商业领域自然成为其首选对象,而迅速膨胀的网络用户也大大激发了具有远见的厂家和商家的兴趣。互联网从单纯的网上发布信息、传递信息,发展到了在网上建立商务互动信息中心,在网上完成供产销全部业务流程的虚拟市场,从而使电子商务获得了蓬勃发展。网上支付是电子商务发展的关键环节,也是电子商务发展的基础条件,是指从事电子商务交易的当事人,包括消费者、厂商和金融机构,使用安全电子支付手段通过网络进行的货币支付或资金流转。没有适时的网上支付手段相配合,电子商务只能是一种电子商情、电子合同或者初始意义上的电子商务,而不能称为全面的电子商务。从目前世界各国的发展状况来看,网上支付的滞后,已成为电子商务发展的一个瓶颈,各国在这方面也进行了广泛的探索。

目前,在互联网上出现的支付系统模式已有十几种,这些大多包含信息加密措施的系统大致上可以划分为三类:①电子现金系统,即数字化的现金;②网上支付信息中介系统,即在已有的安全清算程序基础上,对网上支付提供信息中介服务;③银行卡支付系统,即在现有银行卡的基础上,通过改进加密措施,使传统的银行卡支付信息通过互联网向商家传递,利用金融专用网络提供独立的支付授信,或者采用智能卡技术,提供联机的银行卡支付。

新的支付工具和支付系统在给人们带来高效的同时,也对传统法律制度形成了强烈的冲击,世界各国和国际组织都对电子货币和电子支持系统予以密切关注,并颁发了相应的法律。与传统的支付方式相比,电子支付具有以下特征。①电子支付是采用先进的技术通过数字流转来完成信息传输的,其各种支付方式都是采用数字化的方式进行款项支付的;传统的支付方式则是通过现金的流转、票据的转让及银行的汇兑等物理实体流转来完成款项支付的。电子支付的工作环境是一个开放的系统平台;传统支付则是在较为封闭的系统中运作。②电子支付使用的是最先进的通信手段,如因特网、Extranet;传统支付使用的则是传统的通信媒介。电子支付对软、硬件设施的要求很高,一般要求有联网的微机、相关的软件及其他一些配套设施;传统支付则没有这么高的要求。③电子支付具有方便、快捷、高效、经济的优势。用户只要拥有一台上网的个人计算机,便可足不出户,在很短的时间内完成整个支付过程。支付费用仅相当于传统支付的几十分之一,甚至几百分之一。

虽然网上支付的前景非常光明,而且目前它在很多方面也有了很大的进展,但网上支付要能够发挥其应有的作用,还需要在以下两个方面取得突破。第一是安全问题,这是网上支付必须首先解决的问题。从原则上来讲,个人计算机上采用的加密手段可以防止黑客的非法访问。但是,加密信息的能力通常会受到国家标准的严格限制。在现有的法律法规框架中,国家通常有检查通信的权力。任何公司建立的加密系统都不可能超越国家的法律法规的规定,这样就不可避免地限制了加密的有效性。因此,所有进口的软件和硬件都可能构成用户甚至国家的安全问题。另外,互联网具有国际性,这使得一些非法活动可能发生在国外,因此难以侦破,即便侦破也难以控制。加之缺乏透明性,这就可能使破坏活动会在更大的范围内发生。同时,加密的能力越强,所需要的计算能力要求就越高,而个人计算机的处理能力又是有限的。另外,计算机病毒和一些具有截获能力的设施所具备的攻击性也越来越强。这些都将使客户甚至中介机构处于风险之中。完全消除风险的目标可能是不现实的,但如何把风险减少到可以接受的程度需要管理者审慎考虑。第二是监管问题。以互联网为基础的支付系统,还存在着很多系统性风险,比如其方便性和低成本特性,虽然能够大幅度提高短期效率,但有可能会使长期风险不断增加;众多系统间的新型连接方式,可能会在一个系统受到巨大的破坏之后,引起地区性或全球性连锁反应;非法访问可能会引发大规模的欺诈行为。这些可能性都将阻碍国际经济贸易的发展,监管当局需要加以妥善处理。

总之,各国在支付工具和支付方式方面不仅存在着巨大的差异,而且还处于不断变化之中。影响这些变化的因素可以分为供给和需求两个方面,其中供给因素主要包括科学技术的发展和应用、支付服务提供商之间的竞争、支付结算服务的全球化等,而需求因素则包括付款人和收款人对具体工具及服务的风险偏好,不同工具之间的相对成本高低、相对方便程度、普遍接受程度,消费者的收入水平等。但不论何种支付方式,都必须能够满足最终用户对实用性的要求,要保证国际贸易的有效性、安全性、便捷性,能促进国际经济贸易的健康发展。

本章小结

本章系统地阐述了国际商事支付的基本知识,在对国际商事支付、国际商事支付法概述的基础上,重点论述了国际商事支付工具,包括汇票、本票、支票等,对其概念、特征、流程等,以及汇付、托收、信用证等国际商事支付方式及其发展趋势都进行了详细的说明。

专业术语汉英对照

汇票 bill of exchange
本票 promissory notes
支票 check
电汇 telegraphic transfer,T/T
信汇 mail transfer,M/T
票汇 demand draft,D/D
支付指示 payment order
托收 collection
光票托收 clean collection
跟单托收 documentary collection
付款交单 documents against payment,D/P
承兑交单 documents against acceptance,D/A

即期付款交单 D/P at sight
远期付款交单 D/P after sight
信用证 letter of credit, L/C
《跟单信用证统一惯例》Uniform Customs and Practice for Documentary Credits
融资保理 financial factoring
到期保理 matudty factoring
公开型保理 disclosed factoring
隐蔽型保理 undisclosed factoring
无追索权保理 non-recourse factoring
有追索权保理 recourse factoring
单保理 single-factor
双保理 two-factors

思考与练习题

1. 简述票据的法律特点。
2. 简述汇票的常见票据行为。
3. 简述背书及其法律效力。
4. 什么是本票？它与汇票有何区别？
5. 什么是支票？它与汇票有何区别？
6. 国际商事支付的方式有哪些？
7. 简述汇付结算方式的种类及特性。
8. 简述托收业务的种类。
9. 什么是信用证？有哪些种类？
10. 信用证的交易原则包括哪些？
11. 简述信用证的运作程序。
12. 什么是国际保理？
13. 分析下列案例。

我国A公司与南美某国B公司签订出口合同，从中国出口服装到该国，使用托收方式结算货款，汇票期限为"D/A AT 30 DAYS AFTER SIGHT"。代收行应A公司要求，对汇票进行了保证，在汇票上注明"AVALISED"（保付），并通知到期日为2005年5月20日。汇票经承兑后，代收行将汇票寄给A公司。但是，A公司在到期日未收到付款。经向代收行了解得知，付款人乙公司被清盘。A公司于是要求代收行履行付款责任，但遭到代收行拒绝，理由是托收业务属于商业信用而非银行信用。请问，在本案中，代收行是否可以免除其付款责任？是否可以拒绝接受单据？

第七章 国际商事代理法

【本章导读】 代理制度在现代商事交易中十分常见。本章重点介绍了代理权的概念和产生依据。大陆法把代理权分为法定代理和意定代理。英美法则不同。代理依法产生,但也会出现欠缺代理权的人所为的代理行为,即无权代理。代理涉及两种法律关系:本人与代理人之间的关系以及代理人、本人与第三人之间的关系。代理关系终止的法律后果也涉及内部关系和外部关系。我国至今还没有专门的代理法,有关代理的规定散见于外贸代理制度中。

【学习目标】 通过本章的学习,要求学生掌握代理的概念和特征;了解代理的种类;掌握代理权的产生和终止;掌握代理的内外部关系;了解中国的代理制度和外贸代理制。

【重点概念】 代理 法定代理 意定代理 无权代理 总代理 独家代理 普通代理 外贸代理制

第一节 国际商事代理法概述

代理制度是随着社会经济关系的发展而逐步发展起来的。在国际贸易中,许多工作都是通过各种代理人进行的,代理人对于沟通对外贸易当事人之间的业务联系,促进国际经济贸易的发展,起着非常重要的作用。为了调整代理法律关系,各国通过不同的形式,制定了一系列关于代理制度的国内规则和国际统一规则。

一、代理的概念和法律特征

(一) 代理的概念

所谓代理(agency),是指代理人(agent)按照本人(principal)的授权(authorization),代表本人同第三人订立合同或做出其他的法律行为,由此而产生的权利与义务直接对本人发生效力。在代理关系中,主要涉及三方当事人:本人、代理人和第三人。本人即被代理人或委托人,是指委托他人为自己从事某种行为的人;代理人就是受本人的委托替本人办事的人;第三人则是泛指一切与代理人打交道的人。

(二) 代理的法律特征

1. 代理人以本人的名义进行代理活动

代理的这一特征是由代理制度的目的所决定的。代理人与第三人为民事法律行为,其目的并非为代理人自己设定民事权利义务,而是根据本人的委托授权或依照法律规定,代替本人参加民事活动。代理人只有以本人的名义进行民事活动,其行为后果才能由本人承受,如果其以自己的名义进行民事活动,就不是代理,而是自己行为了。

2. 代理人必须在本人的授权范围内从事民事活动

这里包含三层意思:一是代理人得到了本人的授权,没有授权属于无权代理,代理人要对其无权代理行为承担法律责任;二是法律规定或当事人约定只能由本人实施的行为,不得代理,如婚姻登记、遗嘱等;三是代理权范围只是确定了代理人活动的基本界限,在这一界限之内,代理人必须根据维护本人利益的需要,根据实际情况,向第三人作出意思表示或接受第三人的意思表示。也就是说,代理人在代理活动中必须根据自己的判断作出独立的决定。

3. 代理行为的后果直接由本人承担

代理的目的是为本人进行民事活动,代理人的行为效力当然归属于本人,本人享有权利承担义务,代理人的行为给他人造成的损害也由本人赔偿。通常情况下,代理人与第三人之间不因代理行为而产生权利和义务关系。

二、代理权的产生

(一) 大陆法

大陆法把代理权产生的原因分为两种:一种是法定代理(statutory agency);另一种是意定代理(voluntary agency)。

1. 法定代理

凡不是由于本人的意思而产生的代理权称为法定代理。法定代理包括三种情况:

(1) 根据法律的规定而享有代理权,例如,父母对未成年子女的代理权;

(2) 根据法院的选任而取得代理权,例如,法院选定的破产管理人、监护人及法人清算人;

(3) 因私人的选任而取得代理权,例如,未成年人的亲属所选任的监护人或遗产管理人。

2. 意定代理

意定代理是由本人的意思表示产生的代理权。这种意思表示可以采用口头方式,也可以采用书面方式;可以向代理人表示,也可以向同代理人打交道的第三人表示。

(二) 英美法

英美法认为,代理权可以由下列原因而产生。

1. 明示的授权

所谓明示的授权(express authority)就是由本人以明示的方式指定某人为他的代理人。按照英美的法例,代理协议的成立并不要求特定形式,既可以采用口头方式,也可以采用书面方式。

2. 默示的授权

所谓默示的授权(implied authority)是指一个人以他的言词或行动使另一个人有权以他的名义签订合同,他就要受该合同的拘束,就像他明示地指定了代理人一样。

案例 7-1

格瑞文思诉自动主人保险公司案

原告(格瑞文思)为其生意向被告(自动主人保险公司)购买了 2 万美元保险金额的盗窃险保险单,其后一窃贼光顾了其营业所,原告的损失超过了 2 万美元。原告雇佣了一名律师向被告索赔,但并没有与该律师商定索赔数额。当该律师与被告达成 1.8 万美元赔偿和解协议时,原告拒绝承认这一协议。原告接着聘请了另一名律师诉至印第安纳州法院。该州上诉法院于 1996 年最后判定被告与原告第一次聘请的律师所达成的赔偿协议无效,其理由是:在法律代理服务业中,委托人对律师和解授权条款中一般暗示着最终的和解方案必须征得原告的同意。

3. 不容否认的代理

不容否认的代理(agency by estoppel)是指一个人以他的言词或行动使善意第三人合理相信某人是其代理人,有权以他的名义签订合同,且该第三人已基于这种相信改变了自己的经济地位,他就要受该合同的拘束,而不能事后否认某人是其代理人。

4. 客观必需的代理权

客观必需的代理权(agency of necessity)是在一个人受委托照管另一个人的财产,为了保护这种财产而必须采取某种行动时产生的。在这种情况下,虽然受委托管理财产的人并没有得到采取此种行动的明示的授权,但由于客观情况的需要得视为具有此种授权。英美法院一般不轻易承认此项代理权,除非代理人的行为具备三个条件:①实施这种代理行为是客观上和商业上所必需的;②实施代理行为前无法与货主取得联系,从而无法得到货主的指示;③代理人必须是出于善意,并且要考虑所有当事人的利益。

案例 7-2

斯佩内葛诉威斯特铁路公司案

被告(威斯特铁路公司)替原告运一批西红柿到 A 地,由于铁路工人罢工,西红柿被堵在半路上,眼看西红柿将腐烂,铁路公司就地卖掉了。法院认为,虽然铁路公司是善意的,是为了保护原告的利益,但当时是可以通知原告的,在可以联系而未联系的情况下私自处理他人的财物,不能算是具有客观必需的代理权,铁路公司败诉。

5. 追认的代理

如果代理人未经授权或者超出了授权的范围而以本人的名义同第三人订立了合同,这个合同对本人是没有拘束力的。但是,本人可以在事后批准或承认这个合同,这种行动就叫做追认,这种代理就是追认的代理(agency by ratification)。追认的效果就是使该合同对本人具有拘束力,如同本人授权代理人替他订立了该合同一样。追认具有溯及力,即自该合同成立时起就对本人生效。

三、无权代理

无权代理(unauthorized agency)是指欠缺代理权的人所为的代理行为。无权代理的产生主要有以下四种情形:①不具备默示授权条件的代理;②授权行为无效的代理;③越出授权范围行事的代理;④代理权消灭后的代理。

无权代理人所做的代理行为,如与第三人订立合同或处分财产等,非经本人的追认,对本人是没有约束力的,如果善意的第三人由于无权代理人的行为而遭受损失,该无权代理人应对善意的第三人负责。所谓"善意"是指第三人不知道该代理人是无权代理,如果第三人明知代理人没有代理权而与之订立合同,则属于咎由自取,法律上不予保护。

(一) 大陆法的规定

大陆法国家大都在民法典中规制了无权代理问题。例如,德国和日本民法典规定,无代理权人以他人名义订立合同者,非经本人追认不发生效力。在本人追认以前,无权代理人所做的代理行为处于效力不确定的状态。在此情况下,大陆法一般按以下方法处理:一是由第三人向本人发出催告,要求本人在一定时间内答复是否予以追认;二是允许第三人在本人追认以前,撤销他与无权代理人所订立的合同。例如,《德国民法典》第177条与第178条规定,在发生无权代理的情况时,第三人可以催告本人表示是否追认。追认的表示应在催告后两周之内作出,如果在此期间不表示追认,则视为拒绝追认。同时还规定,无权代理人订立的合同,在未经本人追认之前,第三人有权予以撤回;但是如果第三人在订立合同时明知其为无权代理人者,则不得撤回。

关于无权代理人的责任,大陆法各国法律的规定并不完全相同。从原则上来说,无权代理人对第三人是否承担责任,主要取决于第三人是否知道该代理人没有代理权。如果第三人不知道该代理人没有代理权而与之订立了合同,无权代理人就要对第三人承担责任;反之,如果第三人明知该代理人没有代理权而与之订立了合同,无权代理人就不负责任。在这一点上,大陆法各国的法律规定是一致的,但是在无权代理人的责任内容上则有不同的规定。根据《法国民法典》和《瑞士债务法典》的规定,无权代理人应对善意的第三人负损害赔偿的责任。但是根据《德国民法典》第179条的规定,无权代理人以他人的名义订立合同时,如果本人拒绝追认,则无权代理人应根据第三人的选择负履行合同或赔偿损失的义务。换言之,第三人既可以要求无权代理人赔偿损失,也可以要求其履行合同,由第三人在两者之中选择其一。

(二) 英美法的规定

英美法把大陆法上的无权代理称为违反有代理权的默示担保(breach of implied

warranty of authority)。按照英美法的解释,当代理人同第三人订立合同时,代理人对第三人有一项默示的担保,即保证他是有代理权的。因此,如果某人冒充是别人的代理人,但实际上并没有得到本人的授权,或者是越出了他的授权范围行事,则与其订立合同的第三人就可以以其违反有代理权的默示担保对他提起诉讼,该冒牌的代理人或越权的代理人就须对第三人承担责任。对于这种情况,应注意以下几点:

(1) 这种诉讼只能由第三人提起,不能由本人提起;

(2) 无权代理人的行为不论是出于恶意还是出于不知情,他都要对此负责;

(3) 如果第三人知道代理人欠缺代理权,或者知道代理人并没有提供代理权的担保,或者合同中已经排除了代理人的责任,则代理人可以不承担责任;

(4) 如果本人对代理人所做的指示含糊不清,而代理人出于善意并以合理的方式执行了这一指示,则代理人对此不承担责任,即使代理人对本人的此项指示曾做了错误的解释,他也不负责任;

(5) 代理人对违反有代理权的默示担保所承担的损害赔偿金额,一般应按第三人所遭受的实际损失计算。

四、代理关系的终止

(一) 代理关系终止的情形

代理关系的终止即当事人之间的代理关系归于消灭,主要有两种情形。

1. 根据当事人的行为终止代理关系

基于当事人的行为终止代理关系的情形又可分为以下几种。

(1) 因代理期限届满而终止。如果代理人和本人在代理合同中约定了代理期限,且一方或双方当事人不愿意再延长的,则代理关系于合同规定的期限届满时终止。

(2) 因当事人协议而终止。如果代理合同中没有约定期限,当事人也可以通过双方的协议终止他们的代理关系。

(3) 因本人单方面撤回代理权而终止。各国法律原则上都允许本人单方面撤回代理权,但也有一些国家对代理权的撤回进行了限制。一些大陆法国家为了保护商业代理人的利益,规定本人终止未定期限的代理合同时,必须事先给代理人以合理时间的通知。例如,法国法律规定,对于与代为招揽业务的代理人订立的代理合同,凡合同中未定期限的,本人在终止合同以前必须向该代理人预先发出通知。通知的期限,在订约后的第一年为1个月,第二年为2个月,第三年为3个月。德国法律规定,对于未定期限的代理合同,其通知终止的期限,在订约后的第1～3年为6个星期,3年以后为3个月。

英美法国家对本人单方面撤回代理权也有一定的限制,根据英美的判例,代理权的授予与代理人的利益结合在一起时,本人就不能单方面撤回代理权。

(4) 因代理人放弃或辞去代理权而终止。

2. 根据法律终止代理关系

根据各国法律的规定,在下列情况下,代理关系即告终止:本人死亡、破产或丧失行为能力;代理人死亡、破产或丧失行为能力。

(二) 代理关系终止的法律后果

1. 对本人与代理人的法律后果

代理关系终止之后,代理人就没有了代理权,如该代理人仍继续从事代理活动,即属于无权代理,本人与代理人之间的关系应按无权代理的法律规定处理。在一些大陆法国家,除本人依法在合理期间通知代理人解除代理关系之外,代理人也有权在代理合同终止时,就其为本人建立起来的商业信誉,要求本人予以公平补偿。

案例 7-3

H 公司与 P 公司纠纷案

1954 年被告(P 公司)任命原告(H 公司)为分销其纺织品的独立代理人。1968 年,原、被告双方修改的代理协议允许被告在遇到营业调整情况下"凭不早于 1970 年 7 月 1 日的通知将代理协议终止于 1970 年 12 月 31 日"。此后被告一直没有通知原告终止代理关系,直到 1979 年,原告遭受了重大损失,1980 年 2 月 5 日,被告向原告通知代理关系于当月底终止。随后,被告将其活动限于改版珍藏的纺织品生产,未获任何补偿即将客户名单转给其会员机构并由其分销。原告诉向法院,指控被告提前终止代理协议构成违约,为此要求被告赔偿及对先前代理活动所获得的持续利益给予补偿。被告则辩称:由于遭受了严重损失而不得不停止分销和实质性地转产,因此终止代理协议是有正当理由的;对产品的分销,被告没有收到会员机构任何补偿,以前的顾客也没有购买任何东西。德国最高法院 1986 年最后判决原告胜诉,理由是:德国法规定 3 年以上的不定期代理只能凭提前 3 个月的通知终止并且该终止于一个日历季度末生效,当事人可以约定更长的时间,但不能约定更短的时间,只有在极端异常的情况下,任一方当事人才可以无视上述时间规则正当地终止合同;被告经营的变化和分销活动的转移并不是突然或意外发生的,原、被告 1968 年关于终止通知的约定即表明被告一直长时间地考虑终止代理措施;原、被告其后续约多年,被告知道原告对较早收到任何营业调整或终止代理通知的特别意义,这就意味着被告必须遵循正常的通知时间;被告虽有某些调整,却仍继续生产经营,因此提供一个继续使原告服务的过渡期、使其从事分销活动、等待正常通知时间等对被告来说也并不是一件很麻烦的事情。

2. 对第三人的法律后果

本人撤回代理权或终止代理合同,对第三人是否有效,主要取决于第三人是否知情。根据各国的法律,当终止代理关系时,必须通知第三人才能对第三人发生效力,如果本人在终止代理合同时没有通知第三人,后者由于不知道这种情况而与代理人订立了合同,则该合同对本人仍有约束力,本人对此仍须负责,但本人有权要求代理人赔偿其损失。

五、关于代理的法律规范

(一) 国内法规范

关于国际商事代理制度,各国的法律规定差别较大,目前还没有一部为各国普遍接受的国际公约。因此,国内法仍然是调整国际商事代理关系的主要法律规范。

1. 大陆法的规定

大陆法系的国际商事代理制度大都规定在民商法典之中。民商分立的国家一般在民法中规定了民事代理的一般原则,在商法中专门规定商事代理的特殊情况,另外还有一些有关商事代理具体形式的单行法规。民法、商法中的有关规定和一些单行法规共同构成了商事代理制度的框架。例如德国,在民法典中以专节规定了民事代理制度,在商法典中又以专章规定代理商的活动及属于间接代理的行纪营业等,此外还有1953年的《商业代理法》等单行法规作补充。而民商合一的国家,则往往在民法的总则部分规定民事代理制度,在民法的债编中规定代理商、行纪营业等。

2. 英美法的规定

英美法系贯以判例法著称,但对商事代理,除了援引判例规则外,还颁布了众多的单行法规加以调整。例如,在英国就有1889年《商业代理法》、1970年《不动产及商事代理人条例》、1971年《代理权利法》以及1979年《不动产代理人法》等。美国法官在适用法律的过程中也经常会援引《代理法重述》(第二版),该重述由美国法律协会主编,可视为美国代理法的辅助渊源。

3. 中国的代理法

我国至今还没有专门的代理法,有关代理的规定主要见之于1986年颁行的《民法通则》。《民法通则》第四章第二节(第63条至第70条)比较具体地规定了代理制度的基本规范和原则,构成我国民事代理制度的基本框架。《合同法》进一步完善了代理制度的基本理论框架。在《委托合同》一章中明确规定了委托人、受托人的权利义务,并以第402、403条及第二十二章构建了基本完善的间接代理法律体系。因此,以委托合同对代理关系中的内部关系加以调整,以《民法通则》中代理一节对代理的外部关系进行规定,并以《合同法》第二十二章的行纪合同对间接代理制度进行明确规定,从而健全了我国的代理制度。

(二) 国际法规范

随着国际贸易的发展,代理制度被更为广泛地使用,由于各国法律规定的差异,国际贸易代理也引起了十分复杂的法律冲突。在这种情况下,国际社会为了寻求一种解决冲突的可行途径,制定了一些国际公约,试图规范和统一国际商事代理制度,其中较有影响的有两项公约。

1.《国际货物销售代理公约》

国际私法协会在1961年完成了《国际性私法关系中代理统一法规》和《国际货物买卖佣金合同统一法规》两个工业草案的起草工作,但这两个公约草案没有消除两大法系在代理问题上的固有分歧,内容和形式上带有大陆法系的痕迹,遭到普通法国家的反对。

1972年国际私法协会第四次会议上,将两个法规合并,制定了新的统一法规草案文本,经多次修改后,终于在1983年2月15日日内瓦外交会议上被通过,定名为《国际货物销售代理公约》。公约在1983年2月17日起开放签字,目前智利、摩洛哥、瑞士、意大利、法国已经签署了该公约,但依公约规定,公约应在10个国家核准签署一年后生效,因此目前公约距离最后生效还有一段距离。

《国际货物销售代理公约》共5章35条。其主要内容包括总则及适用范围、代理权的设定及范围、代理行为的法律效力、代理权的终止和最后条款。

2.《代理法律适用公约》

1956年海牙国际私法第八届会议上就曾提议制定一个国际货物销售代理法律适用公约,1975年第十一届会议完成了公约初步草案,1977年6月公约的最后文本以全票通过,1978年对外开放签字,1992年5月1日生效。《代理法律适用公约》是迄今为止国际上仅有的对代理法律适用问题规定比较全面的国际公约。

除上述公约外,有关国际代理的实体法公约还有1967年《运输代理人公约》、1988年《国际保付代理公约》及1960年《商务代理合同起草指南》等。

第二节 代理法律关系

通常情况下,代理涉及两种法律关系:①本人与代理人之间的关系;②代理人、本人与第三人之间的关系。其中,前者称为代理的内部关系,后者称为代理的外部关系。

一、代理的内部关系

本人与代理人之间的关系,一般是合同关系,属于代理的内部关系。通常情况下,代理人与本人都是通过订立代理合同或代理协议来建立他们之间的代理关系,并据以确定他们之间的权利和义务,以及代理人的权限范围及报酬。

(一) 代理人的义务

(1) 代理人应勤勉地履行其代理职责。

(2) 代理人对本人应诚信、忠实(good faith and loyalty)。①代理人必须向本人公开他所掌握的有关客户的一切必要的情况,以供本人考虑决定是否同该客户订立合同。②代理人不得以本人的名义同代理人自己订立合同,除非事先征得本人的同意。③代理人不得受贿或密谋私利,或者与第三人串通损害本人的利益。代理人不得谋取超出本人给他的佣金或酬金以外的任何私利。

(3) 代理人不得泄露他在代理业务中所获得的保密情报和资料。
(4) 代理人须向本人申报账目。
(5) 代理人不得把他的代理权委托给他人。

案例 7-4

偌蒙赛诉高邓案

原告(偌蒙赛)是一名经特许的不动产经纪人,从事购买和持有土地再售的生意。被告(高邓)聘用原告作为经纪人,为其约 181 英亩的土地寻找一位买主。后来原告获悉该地的地价会迅速飙升,便决定自己买下该块土地,被告也同意以 800 美元/英亩的价格卖给原告,双方还签署了书面的转让协议。但是,在执行该协议之前,被告却以 800 美元/英亩的同样价格将该块土地卖给了第三人。与此同时,原告以本人的身份寻找了一位同意以 1250 美元/英亩的价格购入该块土地的买主。原告得知被告将该块土地卖给了第三人后,便诉向法院,要求被告赔偿其 90000 多美元的差价损失。得克萨斯州上诉法院判定:当代理人在代理协议中具有个人利益而违背其对被代理人的诚信义务时,只要被代理人不完全知道该代理人有关利益的所有事实,被代理人即有权撤销合同;本案中的原告作为代理人有义务披露其所知的一切影响被告决定的信息,原告在与另一位买主谈判中知道该块土地的价值大大超过被告的定价,却对此未作披露,违背了其对被告的诚信义务,因此被告有权撤销合同。

(二) 本人的义务

(1) 支付佣金。本人必须按照代理合同的规定付给代理人佣金或其他约定的报酬,这是本人的一项最主要的义务。在商定代理合同时,对佣金问题必须特别注意两点:①本人不经代理人的介绍,直接从代理人代理的地区内收到订货单,直接同第三人订立买卖合同时,是否仍须对代理人照付佣金;②代理人所介绍的买主日后连续订货时,是否仍须支付佣金。
(2) 偿还代理人因履行代理义务而产生的费用。
(3) 本人有义务让代理人检查核对账册。

二、本人及代理人同第三人的关系

代理关系是一种三角关系,其中既有代理人同第三人的关系,也有本人同第三人的关系,因此从第三人的角度看来,最重要的问题是弄清楚他究竟是同代理人还是同本人订立了合同。即与他订立合同的另一方当事人究竟是代理人还是本人。这个问题在外贸业务中是时常发生的。例如,我国对外贸易企业在同外商订立合同时,双方或其中一方究竟是作为代理人还是作为"本人"签订合同,究竟应该由谁对合同负责?对于这个问题,大陆法和英美法有不同的处理方法。

(一) 大陆法的相关规定

在确定第三人究竟是同代理人还是同本人订立了合同的问题时,大陆法所采取的标准是看代理人是以代表的身份同第三人订立合同,还是以他自己个人的身份同第三人订立合同。当代理人是以代表身份同第三人订立合同时,这个合同就是第三人同本人之间的合同,合同的双方当事人是第三人与本人,合同的权利义务直接归属于本人,由本人直接对第三人负责。在这种情况下,代理人在同第三人订立合同的时候,可以指出本人的姓名,也可以不指出本人的姓名,而仅声明他是受他人的委托进行交易,但无论如何代理人必须表示作为代理人身份订约的意思,或依订约时的环境情况可以表明这一点,否则就将认为是代理人自己同第三人订立合同,代理人就应对该合同负责。如果代理人是以他个人的身份同第三人订立合同,则无论代理人事先是否得到本人的授权,这个合同都将被认为是代理人与第三人之间的合同,代理人必须对合同负责。在这种情况下,本人原则上同第三人没有直接的法律上的联系。

(二) 英美法的相关规定

对于第三人究竟是同代理人还是同本人订立合同的问题,英美法的标准是对第三人来说,究竟是谁应当对该合同承担义务,即采取所谓义务标准。

英美法在回答这个问题时,区分三种不同的情况:①代理人在同第三人订约时具体指出了本人的姓名;②代理人表示出自己的代理身份,但不指出本人的姓名;③代理人事实上有代理权,但他在订约时不披露代理关系的存在。这是英美法特有的制度。

(1) 代理人在订约时已指出本人的姓名(agent for a named principal)。如果代理人在同第三人订约时已经表明他是代表指名的本人订约的,这个合同就是本人与第三人之间的合同,本人应对合同负责,代理人不承担个人责任。代理人在订立合同后,即退居合同之外(drops out),他既不能从合同中取得权利,也不对该合同承担义务。

(2) 代理人在订约时表示有代理关系存在,但没有指出本人的姓名(agent for an unnamed principal)。如果代理人在同第三人订立合同时表明他是代理人,但没有指出他为之代理的本人的姓名,这个合同仍被认为是本人与第三人之间的合同,应由本人对合同负责,代理人对该合同不承担个人责任。

(3) 代理人在订约时根本不披露有代理关系的存在。在这种情况下,第三人究竟是同本人还是同代理人订立了合同,他们当中谁应当对该合同负责,这是一个比较复杂的问题。毫无疑问,在这种情况下,代理人对合同是应当负责的,因为他在同第三人订约时根本没有披露有代理关系的存在,这样他实际上就是把自己置于本人的地位同第三人订立合同,所以他应当对合同承担法律上的责任。问题在于,在这种情况下,未被披露的本人能否直接依据这个合同取得权利并承担义务?英美法认为,未被披露的本人原则上可以直接取得这个合同的权利并承担其义务。

案例 7-5

好孩子出版公司诉柔丝屯公司案

柔丝屯公司（被告）作为一家广告代理商与F公司签订了为后者产品在全国性杂志上刊登广告的协议，随后被告即与好孩子出版公司（原告）达成了两份广告安排合同。合同都清楚地将F公司列为广告人，并规定按美国广告协会采用的广告合同条款（以下简称"协会条款"）发行广告。"协会条款"规定广告代理人对支付广告费承担唯一的责任。被告收到原告85157美元的广告费账单后即要求F公司付款，F公司拒付。被告也不肯买单，被告辩称：自己的行为属于显名代理，并且自己也不知道"协会条款"关于代理人唯一承担支付广告费责任的规定。纽约州最高法院1992年判被告败诉，其理由是：被告在原告刊物上发布广告已超过40年，知道或应当知道由代理人单独支付广告费的政策；"协会条款"关于代理人唯一付费责任的规定并入了合同条款，即使被告不知道也不影响该规定的效力；被告收到账单数月后才对自己的付款责任提出异议。

第三节 几种常见的国际商事代理

一、几种常见的商事代理形式

(一) 总代理

总代理（general agency）是一种权限最大的享有专营权的代理，代理人在指定地区不仅有权代表本人签订合同，进行全面业务活动，甚至可以代表本人参加一些非商业性的活动，有权指派分代理。其报酬不仅包括代理佣金，而且包括另外商定的利润分成。

(二) 独家代理

独家代理（the exclusive agency, sole agency）是指在代理协议规定的时间、地区内，对指定商品享有专营权的代理人。在独家代理中，本人不得在以上范围内自行或通过其他代理人进行销售。独家代理商代表本人，以本人的名义与客户洽谈生意，签订合同，本人按合同规定向代理人支付佣金，并承担经营风险。

(三) 普通代理

普通代理（common agency, commission agency）又称一般代理或佣金代理，普通代理商不享有专营权。普通代理商为本人招揽客户，而由本人直接与客户签订合同，或由代理商在本人授权的范围内与客户洽谈，代理商在成交后提取佣金。在同一地区，本人可同时拥有多家代理商。本人也可以直接与该地区的客户成交，而无须给代理商佣金。

二、承担特别责任的代理人

作为代理制度的一般原则,代理人在授权范围内同第三人订立合同后,本人享有其权利,承担其义务,代理人对第三人不承担个人责任;同样,代理人只要履行了其一般代理人的义务,即便第三人不履行合同,他对本人也不承担个人责任。但是,在某些特定的情况下,各国法律规定,代理人要对本人或第三人承担个人责任,这种代理人被称为承担特别责任的代理人(the agent with special responsibility)。这主要是因为第三人与本人对于彼此的资信情况并不了解,而对于代理人则比较熟悉和信任,所以他们有时会要求代理人对他们承担某种特殊的个人责任,以此来保护自身的利益和交易安全。

按照承担特别责任的对象的不同,承担特别责任的代理人可被分为对本人承担特别责任的代理人和对第三人承担特别责任的代理人。

(一) 对本人承担特别责任的代理人

在国际商事活动中,要求代理人对本人承担特别责任的情况不多,比较典型的是信用担保代理人。

如果信用担保代理人所接受的买方(第三人)不支付货款,则由他自己赔偿本人因此而遭受的损失。即在本人和代理人之间不仅存在一个普通的代理合同,而且存在一个信用担保合同,代理人根据信用担保合同还要对本人承担个人责任。

在国际贸易中,卖方由于对代理人所在地区的买方不甚了解,为了维护自身利益、保证交易安全,往往会寻求自己熟知的代理人充当信用代理人,以转移风险。信用担保代理制度在过去的资本主义国家出口贸易中曾起过一定的作用,但随着国际贸易的发展,许多国家设立了由政府经营的出口信贷保险机构,专门为国内出口商办理保险业务,信用担保代理人的作用也逐步由这种保险机构取代。

(二) 对第三人承担特别责任的代理人

1. 保付代理人

保付代理人(confirming agent)在一些发达的市场经济国家很常见,一般由出口协会的出口商设立,其主要业务是代理国外的买方(本人)向本国的卖方(第三人)订货,并在国外买方的订单上加上保付代理人自己的保证,由他担保国外的买方将履行合同,如果国外的买方不履行合同或拒绝付款,保付代理人负责向本国的卖方支付货款。

2. 保兑银行

保兑银行(confirming bank)是应开证行的请求,对开证行开出的不可撤销信用证再加以保兑的银行。在国际贸易中,当事人经常采用开立信用证的方式支付货款,但其中的一些卖方当事人对国外的某些开立信用证的中小银行也不大放心,于是便通过买方,要求该开证行对其开立的信用证取得其他银行的保兑。该信用证一经保兑，出口商便获得了开证行和保兑行议付或付款的双重保证，从而大大地加强了自己的收款安全。其一般程序是：国外的买方通过进口地的银行向出口地的往来银行开出一份保兑的、以卖方为受益人的不可撤销的信用证，委托该出口地的代理行对此信用证加以保兑，即在信用证上加上"保兑"字样，然后将该信用证通知卖方，卖方只要提交信用证所规定的单据，就可以要求保兑银行支付贷款。在这种保兑关系中，开证行是本人，保兑银行是代理人，卖方是第三人。

3. 运输代理人

运输代理人（forwarding agent）是指接受客户委托，代为客户向运输公司预定舱位的代理人。在这种代理关系中，客户是本人，运输公司为第三人。在国际贸易中，运输代理人因为熟知国内外运输行业的习惯、惯例和义务做法，能够很好地为客户和运输公司服务，所以颇受欢迎。

根据有些国家运输行业的惯例，如果运输代理人受客户的委托，向轮船公司预订船位，他自己须向轮船公司负责。如果客户届时未装运货物，导致轮船空舱，运输代理人则应向运输公司支付空舱费（dead freight）。在这种情况下，运输代理人可要求客户给予赔偿。如果客户拖欠运输代理人的佣金、手续费或其他报酬，运输代理人可以留置货物，直到客户付清各项费用为止。

4. 保险代理人

保险代理人（insurance broker），又称保险经纪人，是指基于投保人的利益，为投保人与被保险人订立保险合同、提供中介服务，并依法收取佣金的人。作为保险行业的一项惯例，在国际贸易中，进口商或出口商在投保货物运输保险时，一般不能直接同保险人订立保险合同，而必须委托保险经纪人代为办理。

英国保险法规定，凡海上保险合同由经纪人替被保险人签订的，经纪人须直接负责保险费。依此规定，如果被保险人不缴纳保险费，则应由保险经纪人缴纳；如果保险标的物因承保范围内的风险发生损失，则由保险人直接赔付被保险人。

与一般代理不同的是，根据国际保险界的习惯，保险经纪人的佣金或报酬并不是由他们的委托人（本人）支付的，而是由保险人（第三人）支付的。

第四节 我国的外贸代理制

推行外贸代理制是党的十三大提出的我国外贸体制改革的一项重要内容。1984年，我国开始推行外贸体制改革，出台了《关于外贸体制改革的报告》，提出实行外贸代理制，改革高度集中的外贸体制。1986年《民法通则》的出台为部分外贸代理行为即直接代理行为提供了法律的支撑。真正具有中国特色的外贸代理制之形成始于1991年9月29日原对外经济贸易部（现商务部）《关于对外贸易代理制的暂行规定》（以下简称《暂行规定》）的发布，它是我国外贸代理制的指导性规范文件。1994年5月12日《对外贸易法》的颁行，为外贸代理制设置了法律意义上的规制体系，它原则性地规定了外贸代理制的基本要求。修订后的《对外贸易法》于2004年7月1日正式实施。1999年10月1日实施的《合同法》为我国外贸代理制的发展奠定了坚实的法律基础,使司法实践有了较为明确的依据。

一、外贸代理制的概念和主要特征

根据《暂行规定》的规定,所谓外贸代理制是指我国具有对外贸易经营权的公司、企业接受其他公司、企业、事业单位或个人的委托,在授权范围内代理进出口商品,并收取约定代理费的一项外贸制度。

外贸代理不同于一般的民事代理,它具有以下主要特征。

(1) 外贸企业以自己的名义与外商签订合同或从事其他业务活动。

(2) 外贸企业的授权虽来自于委托人,但它是签订进出口合同的主体。合同的签订、变更、解除均以外贸企业的名义进行。因此,如果国内企业或外商违约,致使外贸企业不能履行合同,外贸企业应对外商或国内企业承担违约责任。

(3) 委托人与第三人之间没有直接的合同关系,但是根据外贸企业与国内企业之间签订的委托合同,外贸企业与外商签订的合同的权利和义务最终由国内企业(委托人)享有和承担。在施行外贸代理制以前,我国外贸公司在进出口业务中一直采用收购制,即外贸公司用自有资金向国内供货部门收购出口商品,然后以自己的名义自营出口,自负盈亏。推行外贸代理制的主要目的之一就是要改变过去的传统做法,即改为由外贸公司接受国内供货部门的委托,代其对外签订出口合同,代办出口手续,收取约定的佣金,至于出口的盈亏则由国内供货部门自负。这项改革的主要好处在于通过代理制,可形成外贸企业与生产企业的长期稳定的合作关系,有助于将生产企业直接推向市场,提高生产企业对国际市场的灵敏度和国际竞争能力。对于外贸企业而言,此举可减少资金需求,减少风险与责任。对加工程度较深、附加值较高的产品,出口代理制尤为重要,其采用也非常普遍。

二、《暂行规定》关于外贸代理的规定

(一) 一般规定

(1) 有对外贸易经营权的公司、企业(代理人)可在批准的经营范围内,依照国家有关规定为另一有对外贸易经营权的公司、企业(被代理人)代理进出口业务。如代理人以被代理人名义对外签订合同,双方权利义务适用《民法通则》有关规定。如代理人以自己名义对外签订合同,双方权利义务适用《暂行规定》。

(2) 无对外贸易经营权的公司、企业、事业单位及个人(委托人)需要进口或出口商品(包括货物和技术),须委托有该类商品外贸经营权的公司、企业(受托人)依据国家有关规定办理。双方权利义务适用《暂行规定》。

(3) 委托人和受托人应根据平等互利、协商一致的原则订立委托协议。委托协议不得违反国家有关法律、法规,并不得损害社会公共利益。委托协议是划分委托

人、受托人双方权利义务的基本依据。无代理权、超越代理权或代理权终止后的行为,如未经委托人追认,由行为人自行承担责任。委托协议应采用书面形式。

(二) 委托人的权利和义务

(1) 委托人应依国家有关法律、法规之规定,办理委托进口或出口商品的有关报批手续。

(2) 委托人应及时向受托人详细说明委托进口或出口商品的有关情况。

(3) 经受托人同意,委托人可参加对外谈判,但不得自行对外询价或进行商务谈判,不得自行就合同条款对外作任何形式的承诺。凡委托人同意的进口或出口合同条款,委托人不得由于条款本身的缺陷引起的损失向受托人要求补偿。

(4) 委托人不得自行与外商变更或修改进出口合同。委托人与外商擅自达成的补充或修改进出口合同的协议无效。

(5) 委托人须按委托协议和进出口合同的规定履行义务,包括及时向受托人提供进口所需要的资金或委托出口的商品。

(6) 因委托人不按委托协议履行其义务导致进出口合同不能履行、不能完全履行、迟延履行或履行不符合约定条件的,委托人应偿付受托人为其垫付的费用、税金及利息,支付约定的手续费和违约金,并承担受托人因此对外承担的一切责任。

(7) 委托人因不可抗力事件不能履行全部或部分委托协议的,免除其对受托人的全部或部分责任,但委托人应及时通知受托人并在合理期间内提供有关机构出具的证明,以便受托人与外商交涉,免除受托人对外商的责任。如果受托人不能因此免除对外商的责任,受托人对外商承担的责任由委托人承担。

(8) 委托人有义务按照委托协议的规定,向受托人支付约定的手续费,并偿付受托人为其垫付的费用、税金及利息。委托人支付的进出口手续费以合同总价为计算基数,乘以约定的手续费率。

(9) 对于出口商品的销售货款,委托人收取人民币还是外汇,由委托人与受托人在委托协议中协商确定。

(三) 受托人的权利和义务

(1) 受托人根据委托协议以自己的名义与外商签订进出口合同,并应及时将合同的副本送交委托人。委托人与外商修改或变更进出口合同时不得违背委托协议。受托人对外商承担合同义务,享有合同权利。

(2) 受托人在遵照委托人的委托办理委托事宜时,必须服从国家法律、法规和其他外贸管理制度的规定。受托人如因服从国家法律、法规和其他外贸管理制度的规定而无法执行委托人的委托事宜,应向委托人说明情况,重新协商符合法律、法规和外贸管理制度的委托事宜。在执行委托协议时,受托人有义务保证进出口合同条款符合我国现行有关法律、法规及其他管理制度的规定,并符合国际惯例和能维护委托人的利益。

(3) 受托人应向委托人提供受托商品的国际市场行情,并应及时报告对外开展业务的进度及履行受托人义务的情况。

(4) 受托人有义务办理履行进出口合同所需的各种手续。

(5) 因受托人不按委托协议履行其义务导致进出口合同不能履行、不能完全履行、迟延履行或履行不符合约定条件的,受托人应赔偿委托人因此受到的损失,并自行承担一切对外责任。

(6) 因外商不履行其合同义务导致进出口合同不能履行、不能完全履行、迟延履行或履行不符合约定条件的,受托人应按进出口合同及委托协议的有关规定及时对外索赔,或采取其他补救措施。

(7) 受托人因不可抗力事件不能履行全部或部分委托协议的,免除其全部或部分受托责任,但应及时通知委托人和外商,并应在合理期限内提供有关机构出具的证明。

(8) 如外商因不可抗力事件不能履行、不能完全履行、迟延履行或履行不符合进出口合同的规定,受托人应免除对委托人的责任,但应取得有关机构证明并及时通知委托人。

(四) 争议的解决

(1) 委托人应在索赔期内提交必要的索赔证件,受托人接到索赔证件后,应按照与外商签订的合同及时对外索赔,并及时向委托人通报索赔进程、转付索赔所得款项。因委托人的过错而未能对外索赔或索赔不成的,其损失由委托人承担。因受托人的过错而未能对外索赔或索赔不成的,其损失由受托人承担。如果受托人在对外索赔中无过错,委托人无权向受托人要求外商赔偿金额以外的赔偿。当外商提出索赔时,受托人应及时向委托人转交外商提供的索赔证件,委托人接到索赔证件后,应根据委托协议及时理赔。受托人应向委托人通报对外理赔情况。因受托人的过错而未能对外理赔的,由受托人对外承担责任。因委托人的过错而未能对外理赔的,受托人因此对外承担的责任由委托人承担。

(2) 委托人和受托人可以约定,在委托人同意并提供费用及协助下,受托人有义务按进出口合同的规定对外提起仲裁或诉讼,由此产生的损失或利益由委托人承担或享有。如果受托人拒绝或延迟提起仲裁或诉讼,委托人有权要求受托人赔偿损失。如果委托人不愿提起仲裁或诉讼或者不愿提供费用,受托人可以自行承担费用和风险对外商提起仲裁或诉讼,由此产生的损失或利益由受托人承担或享有。

(3) 外商向受托人提起仲裁或诉讼时,受托人应按委托协议和进出口合同的规定积极对外交涉,并及时通知委托人;委托人有义务协助受托人搜集证据,并为有关交涉提供必要的支持和方便。

三、《合同法》关于外贸代理的规定

《合同法》的第 402、403 条是我国外贸代理制度新的法律依据。

《合同法》第402条规定:"受托人以自己的名义,在委托人的授权范围内与第三人订立的合同,第三人在订立合同时知道受托人与委托人之间的代理关系的,该合同直接约束委托人和第三人,但有确切证据证明该合同只约束受托人和第三人的除外。"

《合同法》第403条规定:"受托人以自己的名义与第三人订立合同时,第三人不知道受托人与委托人之间的代理关系的,受托人因第三人的原因对委托人不履行义务,受托人应当向委托人披露第三人,委托人因此可以行使受托人对第三人的权利,但第三人与受托人订立合同时如果知道该委托人就不会订立合同的除外。受托人因委托人的原因对第三人不履行义务,受托人应当向第三人披露委托人,第三人因此可以选择受托人或者委托人作为相对人主张其权利,但第三人不得变更选定的相对人。委托人行使受托人对第三人的权利的,第三人可以向委托人主张其对受托人的抗辩。第三人选定委托人作为其相对人的,委托人可以向第三人主张其对受托人的抗辩以及受托人对第三人的抗辩。"

四、《对外贸易法》有关外贸代理的规定

2004年,我国修订的《对外贸易法》正式出台。这是一部调整我国对外贸易的基本法律,涉及外贸经营权的主要是第二章《对外贸易经营者》(第8条至第13条)。其中,第9条规定了外贸经营权的取得方式,第12条涉及外贸代理制问题。

《对外贸易法》第9条规定:"从事货物进出口或者技术进出口的对外贸易经营者,应当向国务院对外贸易主管部门或者其委托的机构办理备案登记;但是,法律、行政法规和国务院对外贸易主管部门规定不需要备案登记的除外。备案登记的具体办法由国务院对外贸易主管部门规定。对外贸易经营者未按照规定办理备案登记的,海关不予办理进出口货物的报关验放手续。"

《对外贸易法》第12条规定:"对外贸易经营者可以接受他人的委托,在经营范围内代为办理对外贸易业务。"

当然,我国现行的外贸代理制还存在很多不足之处。《民法通则》规定了传统的直接代理制度,但由于此种代理存在许多不便之处,在我国外贸实践中运用得并不多;《暂行规定》就外贸代理制作出了较为详尽的规定,为实践中长期大量存在的外贸企业以自己名义为委托人办理进出口业务的代理形式提供了依据,在《合同法》施行前发挥了重要作用,但其亦有缺陷:一是该规定对委托人和受托人之间的权责关系规定不平衡,二是作为部门规章,与《民法通则》关于直接代理的规定不一致,这使其法律效力受到影响。但《合同法》所规定的只限于合同行为,如委托合同、行纪合同,而代理是一种民事法律行为,它的范围不只是进行合同之债的活动,还要代理物权行为、其他债权行为等。代理制度的完善还会涉及一系列代理的相关问题,如代理的主体资格、代理行为的方式、代理的法律效果等,这些基本问题在《合同法》中不能也不应进行规范。《对外贸易法》因为规范得十分抽象和原则,司法中也无法援引其来解

决实际问题。因此,我国应完善外贸代理制度的立法,积极加入《国际货物销售代理公约》或制定统一的代理特别法,都是可以选择的途径。

本章小结

代理,是指代理人按照本人的授权,代表本人同第三人订立合同或做其他的法律行为,由此而产生的权利与义务直接对本人发生效力。在代理关系中,主要涉及三方当事人:本人、代理人和第三人。代理主要具有以下几个法律特征:代理人以被代理人的名义进行代理活动;代理人必须在被代理人的授权范围内从事民事活动;代理行为的后果直接由被代理人承担。大陆法把代理权产生的原因分为法定代理和意定代理。英美法认为,产生代理权的原因包括明示的授权、默示的授权、不容否认的代理、客观必需的代理权、追认的代理。代理关系的终止即当事人之间的代理关系归于消灭,主要根据当事人的行为或者法律。通常情况下,代理涉及两种法律关系:本人与代理人之间的关系;代理人、本人与第三人之间的关系。前者称为代理的内部关系,后者称为代理的外部关系。

我国至今没有专门的代理法,有关外贸代理制的规定主要见之于《民法通则》、《关于对外贸易代理制的暂行规定》、《合同法》和《对外贸易法》。我国当前的立法存在很多不足之处,迫切需要完善。

专业术语汉英对照

代理 agency
代理人 agent
本人 principal
法定代理 statutory agency
意定代理 voluntary agency
明示的授权 express authority
默示的授权 implied authority
不容否认的代理 agency by estoppel
客观必需的代理权 agency of necessity
追认的代理 agency by ratification
无权代理 unauthorized agency
默示担保 breach of implied warranty of authority
总代理 general agency
独家代理 the exclusive agency, sole agency
普通代理 common agency, commission agency

承担特别责任的代理人 the agent with special responsibility
保付代理人 confirming agent
保兑银行 confirming bank
运输代理人 forwarding agent
保险代理人 insurance broker

思考与练习题

1. 简述代理的概念和特征。
2. 产生代理权的原因有哪几种?
3. 代理人对本人负有哪些义务?
4. 当代理人未披露被代理人的存在,而以自己的名义订立合同时,其法律后果在大陆法和英美法中有何差异?
5. 简述我国外贸代理制度的主要做法,我国《合同法》第402条和第403条应如何理解?
6. 根据我国《民法通则》与外贸代理制度的实践,你认为代理有几种,代理人在不同的代理中的责任有何不同?

第八章 国际产品责任法

【本章导读】 产品责任法主要是确定产品的制造者和销售者对其生产或出售的产品所应承担的责任。与合同法、买卖法的"私法"性质不同,它属于社会经济立法的范畴,其规定或原则大都是强制性的,双方当事人在订立合同时不得事先约定排除或变更。本章讲述了国际产品责任法的基本理论和实践,对产品、产品缺陷和国际产品责任法的基本原则作了界定;分别介绍了美国和欧盟的产品责任法的主要内容;全球性的国际产品责任公约越来越得到各国的重视,《斯特拉斯堡公约》对造成人身伤害与死亡的产品责任作了规定,《产品责任法律适用公约》主要确立了产品责任的法律适用规则,分别规定了不同情形下选择不同国家法律的规则,我们应有所了解。我国至今还没有统一的产品责任法,还需要逐步统一规制和法典化。

【学习目标】 通过本章的学习,要求学生掌握产品责任法的概念;掌握产品、产品缺陷、产品责任的概念;了解产品责任法的发展历程;了解美国、欧盟和中国的产品责任法律制度;具备基本的产品责任知识。

【重点概念】 产品 产品责任 产品缺陷 过错责任原则 严格责任原则

第一节 国际产品责任法概述

一、产品责任法的概念和特征

产品责任法是调整产品的制造者、销售者因制造、销售有缺陷的产品,致使消费者、使用者或其他人人身伤害或财产损失所引起的赔偿关系的法律规范的总称。产品责任法具有以下特征。

(1)调整范围是缺陷产品造成的人身伤害及缺陷产品以外的其他财产损害所引起的赔偿关系。缺陷产品本身的损坏赔偿由合同法等调整。

(2)调整内容是消费者为主体的使用者与生产者、销售者之间因缺陷产品导致损害所产生的民事侵权关系。

(3)归责原则主要是严格责任原则,但不排斥过错责任原则的适用。

(4)法律性质以私法为主,兼有公法性质。产品责任法规定的生产者对产品质量的责任和义务具有公法性质,生产者、销售者不能以任何方式排除这种强制性属性。但因缺陷产品而遭受损害的消费者或使用者提起损害赔偿之诉则属于私法范畴,是否要求产品生产者、销售者赔偿,要求赔偿的具体数额以及是否同意与生产者、销售者和解等都由其自行决定。

二、产品责任构成

产品责任(product liability)是指产品进入流通领域后,由于产品自身所具有的缺陷导致消费者、使用者或其他人人身伤害或财产损失,应由生产、销售等环节相关人员承担的赔偿责任。产品责任构成涉及两个重要概念:产品与产品缺陷。

(一) 产品

产品是指经过某种程度或方式加工,用于消费和使用的物品,而非泛指所有经济学意义上的商品。产品的范围因法律规定而有不同。

(1) 产品是否要求以生产、加工为条件。《产品责任法律适用公约》和《关于人身伤害与死亡的产品责任公约》等没有以加工、制作作为确定产品的标准,产品范围十分广泛。日本《制造物责任法》和我国《产品质量法》则要求必须经过加工、制作的物品才是产品。《欧共体产品责任指令》将初级农产品和猎物排除在产品的范围之外。初级农产品是指种植业、畜牧业、渔业产品,不包括经过加工的这类产品。

(2) 产品是否包括无形物。产品一般指有形产品,对于智力产品在内的无形产品是否属于产品存在着分歧。智力产品包括书籍、音像制品等。一般认为,书籍、音像产品内容如涉及作者主观价值主张,以保护言论自由考虑,不适用产品责任;涉及对公认的自然景象或社会客观事实的描述,若出现错误则承担责任。另外,电力也被视为产品。服务即便是商业性销售的也不被看做产品。

案例 8-1

温特诉帕特南父子公司案

原告温特因为按照被告帕特南父子公司出版发行的《蘑菇百科全书》的内容错误地采集和食用了蘑菇,并因此患上重病。原告以产品责任、违反担保责任、过失陈述责任以及虚假陈述责任等起诉被告,要求损害赔偿。被告抗辩书籍不属于产品责任范围内的"产品",初审法院支持了被告。原告不服提起上诉。索伊德法官发表了判决意见,认为对于书籍应分两种情况:一是出于避免妨碍言论自由的公共政策考虑,法院通常认为书籍不属于产品责任法范围内的"产品";二是类似于《航线图表》这类提供信息的工具书籍,其作用在于指导个人参与某项需要有一定自然知识的活动,接近于指南针,因此属于产品责任中的"产品"。《蘑菇百科全书》内容介绍如何采用蘑菇,如同指南针一样,属于"产品"之列。该案原告胜诉。

(3) 产品是否仅限于动产。《产品责任法律适用公约》规定,产品既包括动产,也包括不动产。美国产品责任法中将不动产视为产品。《关于人身伤害与死亡的产品责任公约》以及《欧共体产品责任指令》则将产品限定为动产。我国也将不动产排除在产品范围之外,由专门立法调整不动产。

(二) 产品缺陷

产品缺陷(product defects)是指产品缺乏消费者或使用者有权期待的安全性而

对消费者或使用者的人身或财产具有不合理的危险。如美国《第二次侵权法重述》第402 A 条把缺陷定义为对使用者或消费者或其财产有不合理危险的缺陷状态,《第三次侵权法重述:产品责任》对产品缺陷作了进一步区分,分为产品制造缺陷、设计缺陷以及缺乏使用说明和警示缺陷。《欧共体产品责任指令》规定,如果产品不能提供人们有权期待的安全,即属于缺陷产品。日本《制造物责任法》规定,缺陷是指考虑制造物的特性、其通常预见的使用形态、其制造业等交付该制造物时其他与该制造物有关的事项,该制造物欠缺通常应有的安全性。我国《产品质量法》规定,产品缺陷是指产品存在危及人身、他人财产安全的不合理的危险;产品有保障人体健康和人身、财产安全的国家标准、行业标准的,是指不符合该标准。我国对缺陷的界定强调了不合理的危险,同时增加了产品标准的判断因素。

产品缺陷主要是从产品安全性角度定义的,产品缺陷不同于产品瑕疵和产品质量不合格。产品缺陷直接侵害使用者或消费者人身权或财产权益。产品瑕疵指产品规格、质量不符合法定或约定标准,或者不符合通常效用,导致当事人所追求的依据合同所享有的利益受损。产品质量不合格是指产品质量不符合国家的有关法规、质量标准以及合同规定的对产品适用性、安全性和其他特性的要求。产品质量不合格的判断标准是国家的有关法规、质量标准和合同要求,而由于这些标准受诸多因素制约且并非以产品的安全性为唯一标准,产品质量不合格并不必然意味着产品具有危及人身和财产安全的不合理危险。

三、产品责任法的产生和发展

产品责任在早期属于合同问题,只能以违反明示担保或存在过错或欺诈为理由,通过合同纠纷的途径追究责任。随着西方各国司法实践和消费者保护社会运动迅猛发展,产品责任制度逐渐从合同制度中分离出来,由合同责任发展为侵权责任。

(一) 产品责任的合同救济

19 世纪末以前有关产品责任的判例很少,大部分存在于侵权和合同混合的明示或默示的品质担保案例之中。在这一时期的基本原则是"买主当心",缺陷产品造成消费者身体或财产的损害缺少保障,即便是买卖法也不能给买主更多的保护,除非出卖人欺诈或经口头合同明示担保,否则出卖人并不对物件瑕疵承担任何责任。

案例 8-2

凯洛格公司诉巴纳德案

巴纳德是波士顿的一名经销商,在 1864 年夏天,他接收了许多来自外国的毛料。巴纳德在这些毛料的销售推广中明确指出:除非购买者亲自来检查货物,否则不予销售。在康涅狄格州首府哈特福德从事毛料批发和零售的凯洛格公司,在得知上述不同毛料的样品和价格信息后,通过书信和电报与巴纳德在货物销售价格方面达成了一致。随后双方达成协议,规定凯洛格公司派人检查毛料以最终决定是否购买。巴纳德提供了检查所有货物的机会,但凯洛格公司的人员只检查了四包毛料。几个月后,凯洛格公司打开所有包装时发现存在一部分虚假和欺骗性的包装,里面有损坏和腐烂的毛料。对这些情况,巴纳德以前并不知情。买方要求卖方赔偿损失,卖方拒绝赔偿。凯洛格公司遂提出诉讼。康涅狄格州巡回法院进行了审理,认为在美国涉及毛料销售的主要市场里存在一种交易习惯,即卖方向买方负有默示的担保,担保其各包是一致的,不存在虚假和欺骗性的包装。这种习惯对合同双方都有约束力。判决进一步指出,对于动产买卖,若无明示担保,而买受人有机会检查商品,出卖人既非商品之制造人又非种植者,且出卖人并无欺诈,则适用"买方当心"原则。很显然,本案不属于凭样品的买卖,因为双方达成的共识是:买方需要凭借自己的检查来判断产品的品质。由于巴纳德是善意的,他不知道也没有理由认为包装中存在欺诈。因此,买方没有按照约定全面检查货物,买方应承担自身原因造成的损失,而不能要求卖方弥补。本案是一则著名的美国案例,它反映了当时"买主当心"法则是合同法的基本原则;除非出卖人欺诈或经口头或书面契约明示担保。

19世纪,随着工商业的发展,商品生产与销售逐渐分离,英国法律中产生了"合同当事人原则",这成为消费者利益保护的另一个障碍。

案例 8-3

温特博特姆诉赖特案

原告温特博特姆是一名受雇于驿站长的赶车夫。被告赖特曾与驿站长签订合同,为驿站长提供合格和安全的邮车来运送邮件。原告在驾驶马车时,马车的一个轮子崩塌致使原告受到伤害,为此原告向被告提出索赔之诉。被告提出抗辩,理由是原告与他无直接的合同关系,其保证使马车处于良好状况的责任是向另一合同方——驿站长承担的合同责任,因此对原告不负赔偿责任。法院审理认为,根据合同相对性的传统规则被告不需向原告负责。该判决在产品责任领域内确立了"合同当事人原则",即无合同关系的第三人因产品缺陷受到损害,产品生产者或销售者对其既无合同责任又无侵权责任。

可见,产品责任最初以合同明示担保或默示担保予以保证,通过违约救济方式追究。通过合同担保来解决产品责任问题存在着不足。一是能够请求救济的人范围过窄。依合同关系理论,请求救济的人仅以缔结合同的一方当事人即买受人为限,如果购买人与使用人不是同一个人,如买受人以外的家人、亲戚、朋友以及其他实际使用产品的人遭受损害的,则不能行使请求权以获得救济。二是承担责任的人范围过窄。依合同关系理论,承担产品责任的主体仅限于与买受人有直接合同关系的产品的生产者、销售者。如果没有这种直接的合同关系,即使已经造成了一定的损害,生产者或销售者也不承担损害赔偿责任。这显然有悖于法律的公平精神。三是免责条款易被滥用。依照合同自由原则,在不违反公序良俗的前提下,如何签订合同由当事人自由约定,这就使生产者和销售者有机可乘,他们可以凭借自身的优势制定"标准合同",规定对其有利的条件和不合理的免责条款,以逃避产品责任。

西方国家通过两种方式逐步发展了产品责任制度,强化了对消费者的保护。一是进一步发展了合同担保规则。如美国法在明示担保方面有两次重大突破。其一是1932年的"巴克斯特案"。法院判决认为,制造商借广告向一般消费者做广泛陈述,若其陈述虚伪而导致消费者人身伤害,则基于政策及诚实信用原则,制造商应承担明示保证责任,因为原告信任了被告在广告中的说明。其二是1962年的"兰迪针织品公司诉美国氨基氰公司案"。该案扩大了"巴克斯特诉福特汽车公司案"仅限于人身伤害的范围,认为凡根据制造商的产品广告、标示或说明书上的陈述而购买该产品,因陈述错误而遭经济损失的,也可请求赔偿。在默示担保规则方面,法院主张默示担保应针对最后的消费者,即原告无须与最终的制造商有合同关系,原告不必自己购买商品即可起诉。这样就把默示担保责任扩大适用到没有合同关系的第三人。法国法院则在判例中确立了"直接诉权"制度,将卖主的责任扩展到合同范围之外,准许在连锁买卖关系中任一环节上的购买者直接对一切在先的制造者或批发商提起诉讼,制造商对最后购买者如同对其直接购买者一样负有同样的义务。二是突破了合同法樊篱,将侵权行为理论引入产品责任领域,以侵权作为产品责任法的基础。

(二) 产品责任的侵权责任制度

通过合同责任制度,能够在一定程度上保护消费者,但其仍没有将消费者从合同关系中解脱出来,原告仍然需要证明被告违反了明示担保或默示担保义务。为更好地维护消费者权益,在产品责任领域引入了侵权责任制度。各国通过立法和司法实践,逐步将产品责任视为法定责任,而不仅是合同责任。美国"麦克弗森诉别克汽车公司案"正式确立了侵权责任原则:产品的制造者和销售者因过失造成产品缺陷,从而给消费者造成损失的,应当承担侵权赔偿责任,此时原告不需要与被告有直接的买卖合同关系。

案例 8-4

麦克弗森诉别克汽车公司案

被告别克汽车公司是一家汽车制造商,其制造汽车使用的车轮是从另一家制造商处购买的。被告将其制造的汽车卖给零售商,零售商将其中一辆汽车卖给了原告麦克弗森。当原告驾车行驶时,因车轮破裂,汽车突然翻覆,原告被抛在车外而受伤。经查事故是由于车轮存在缺陷而导致的;如果出厂前进行合理检验的话,该缺陷很容易被发现,然而被告在将汽车销售给零售商前没有检查。原告起诉被告,要求赔偿,理由是被告没有检查车轮因而存在过失。被告辩称,除了直接买受人外,他对其他任何人不负有注意义务。初审法院支持了原告。被告上诉至最高法院第三司法部(纽约)的上诉庭,法庭维持了原判。被告继而上诉至纽约上诉法院。卡多佐法官在审理过程中发表了判决意见,认为被告没有进行合理检查因而存在过失,鉴于车轮的性质,在制造时存在过失的情况下将相当肯定地会使人们的生命或健康处于危险之中;在这种情况下,被告应对此种未尽注意所造成的损害负责,而不论原告与被告之间有无合同关系。

产品侵权责任制度经历了过错责任到严格责任的发展过程。

1. 过错责任原则

过错责任原则指以行为人主观上有过错为承担民事责任的充分必要条件,即行为人仅在有过错的情况下,才承担民事责任,没有过错就不承担民事责任。过错责任原则的特点如下。①过错是产品责任的构成要件,即行为人只有在主观方面有过错的情况下,才承担责任。②贯彻"谁主张,谁举证"的原则。受害人在请求致害人承担产品责任时应对致害人在实施侵权行为时主观上有过错负举证责任;如果不能举出证据证明致害人在实施侵权行为时主观上有过错,致害人就可以不承担民事责任。美国"扎恩诉福特汽车公司案"确立了过失责任的判断标准。当原告对生产者或销售者提起过失责任之诉时,他必须证明:a.被告对其负有注意的义务;b.被告违反了这种注意义务;c.被告的这种违反注意义务的行为,直接造成了原告的损失。①

但是对消费者而言,证明制造商或销售商的过错谈何容易,所以英国法院适用了"事实自我证明原则"(res ipsa loquitur)②,法国法和德国法在确定产品责任人责任时采用过错推定原则,即只要有生产者将可能致人损害的有缺陷的产品投入流通的事实,即可认定其有过失,应承担责任。这样,原告就无须对被告存在过失承担举证责任,只要证明产品确有缺陷,并由此引起自己人身伤害或财产损失,被告就要对此承担责任。虽然适用"事实自我证明原则"以及过错推定,减轻了消费者的举证责任,但生产商通过证明其无过错而获免责的情况仍然存在,受损害消费者仍得不到适当的救济。

2. 严格责任原则

严格责任原则指损害发生后不以行为人的主观过错为责任要件,行为人不论主观上有无过错,只要其行为和所管理的人或物与造成的损害后果之间有因果关系,就应承担民事责任。严格责任的特点是:①不以行为人主观过失为责任的构成要件,只要有损害结果即可要求承担责任;②受害人在主张权利时,对加害人主观上有无过错不负举证责任;③加害人承担的责任并非绝对责任。加害人也有权依照法律规定的抗辩事由主张抗辩。①严格责任原则只适用于法律特别规定的场合,即只有法律明文规定的情况下才能适用。"埃斯卡勒诉可口可乐瓶装公司案"是确立严格责任的经典案例。

---

① 原告扎恩在乘坐被告福特汽车公司生产的汽车时,被车上的烟灰缸伤到了眼睛,原告向被告提出过失之诉。法院在判决中表示,原告对生产者或销售者提起过失之诉时,必须满足一定的标准。

② 拉丁语,含义为"事实本身说明一切",是侵权行为法的重要原则。在某些情形下,事故发生本身可以推定侵权人存在过失。在此情形下,受害人无法对事故如何发生有充分的了解,而且如果不存在过失行为,事故根本不可能发生。所以,法院要求举证责任倒置,被告必须举证自己对事故的发生没有过失。

案例 8-5

埃斯卡勒诉可口可乐瓶装公司案

原告埃斯卡勒是餐厅服务员。埃斯卡勒在将可乐瓶从包装箱取出放到冰箱时,因可乐瓶爆炸而受伤害。可乐瓶是可口可乐瓶装公司生产的,埃斯卡勒遂起诉可口可乐瓶装公司,要求后者承担赔偿责任。但是原告无法证明被告的过失行为。初审法院运用事实自证原则认定被告有过失并负赔偿责任。被告不服,提起上诉。首席大法官吉布森发表判决意见,特雷诺法官发表了不同意见。特雷诺法官认为,当制造商将产品投入市场时,明知其产品将不经检验而使用,如果该产品存在致人损害的缺陷,制造商就应负一种绝对责任。特雷诺法官认为生产者负严格责任的原因有三点。①单方预防。生产者处于预防缺陷产品最有利的位置,因此适用严格责任能够遏制缺陷产品的生产和进入市场,促使厂商生产更加安全的产品。②风险分担。厂商对将产品投放到市场起着关键作用,厂商最能够通过价格和保险在一般公众中分配风险。③较低管理费用。受到伤害的消费者难以证明被告存在过失,而且担保责任昂贵,费时,浪费钱财,有害无益。

英国在 1987 年制定的《消费者保护法》中确立了因缺陷产品致损而引起的严格责任制度。受损害的消费者可以从产品的生产者、进口商或商标个人拥有者那里获得赔偿,只要他能够证明:①产品存在缺陷,并引起了损害;②该缺陷与所受损害之间有因果关系。日本《制造物责任法》规定了严格责任的归责原则,其第 3 条规定:"制造业者等,当其制造、加工、输入或为前条第三项第二款及第三款的姓名等的表示的制造物,于交付后因缺陷侵害他人的生命、身体或财产时,对因此所生损害负赔偿责任。但其损害仅就该制造物发生时,不在此限。"我国法律也有严格责任规定,如《产品质量法》第 41 条的规定,因产品存在缺陷造成人身、缺陷产品以外的其他财产损害的,生产者应当承担赔偿责任。

3. 归责原则灵活化

严格责任原则的确认并被广泛运用,给消费者保护带来巨大利益;但不容忽视的是,严格责任越来越严格,甚至走向了绝对责任,主要表现为作为被告的生产者的免责事由越来越少,生产者几乎要对因使用其产品所致的每一个损害承担责任。这种情况导致产品责任案件逐年成倍增加,赔偿数额高额化,生产者不堪保险费的重负等诸多问题,最终引发了产品责任危机。为平衡生产者和消费者的利益,产品责任逐渐超越严格责任,向严格责任与过错责任有机融合方向发展。如美国《第三次侵权法重述版:产品责任》对于制造缺陷适用严格责任原则,对于产品设计缺陷、缺乏使用说明和警示缺陷适用过失责任原则。

第二节 美国产品责任法

美国的产品责任法是世界上发展最迅速、最完备、最有代表性的产品责任法律制度。美国产品责任法早期主要是判例法,而且以州法为主。20世纪60年代以来,美国联邦政府颁布了不少产品责任方面的法律,如消费者安全法、消费者担保法等,1979年美国商务部公布了专家建议文本《统一产品责任示范法》。美国法学会根据美国司法实践和法学理论编著的《侵权法重述》较为系统地阐述了产品责任法律问题,1998年发布的《第三次侵权法重述:产品责任》,总结了美国产品责任法近年的发展成果。

一、产品缺陷

《第三次侵权法重述:产品责任》根据美国各州的立法和司法实践,对产品缺陷作了进一步界定,将产品缺陷划分为制造缺陷、设计缺陷、缺乏使用说明和警示缺陷三类。

制造缺陷(manufacturing defects)指产品与其设计意图相背离,如产品在物理构造上有缺陷、被损坏,或者经过不正确的组装。诉讼时要求原告证明产品缺陷在离开制造商时就已存在。

设计缺陷(design defects)指产品的可预见的损害风险,能够通过销售者或其他分销者,或者他们在商业批发销售链中的前手更为合理的产品设计加以减少或者避免,而他们没有进行这样的合理设计,使得产品不具有合理的安全性能的状态。设计缺陷是产品符合了设计要求,但该设计本身存在不合理的风险。有些法院认为,某些产品的设计明显不合理,因为它们具有较低的社会效用却有较高的危险性。此时,即便没有证据表明存在其他合理的设计,仍然可以认定存在产品责任。原告必须证明:其他合理的设计方案,在产品销售或者派送之时存在,或者能够合理存在。

缺乏使用说明和警示缺陷(product defective due to inadequate warning or instruction)指产品可预见的损害风险,能够通过销售者或其他分销者,或者他们在商业批发销售链中的前手提供合理的使用说明或警示而加以减少或避免,而他们没有提供这样的使用说明或警示,使得产品不具有合理的安全性能的状态。判断是否存在使用说明和警示缺陷,必须考虑使用说明和警示的内容与完整性、表达的强度和预期使用者的特性。除了警告使用者和消费者关于产品风险的存在和性质,以使他们能够在使用或消费产品时采取适当的行为降低伤害的风险以外,也要告知使用者和消费者使用或消费产品时固有的通常并不为人知的风险。在这种情形下,对于合理的、可预见的、产品使用者和消费者在决定是否使用或消费该产品时可以合理地认为是重大的或者是严重的内在风险,必须提供警示。值得注意的是,对于设计缺陷和缺乏使用说明与警示的缺陷只有在以销售者或分销者可以合理预见的方式使用时才课以责任,并不要求对任何可以想象的产品使用都能预见并采取应对措施。

二、产品责任归责理论

在美国产品责任理论发展过程中,主要有三种理论,即疏忽责任理论、担保责任理论和严格责任理论。

(一) 疏忽责任理论

疏忽责任理论(doctrine of negligence)是指生产者或销售者没有尽到合理注意义务,造成产品缺陷,致使消费者人身损害或财产损失时,应承担赔偿责任。

疏忽引起的产品责任首先适用于产品的制造方面,即产品在制造过程中未得到合理注意,从而产生不合理危险。后来其范围逐渐扩大,包括了设计上的疏忽、警示上的疏忽。

疏忽不以合同关系为前提,但是原告仍需证明:①被告存在疏忽;②产品的缺陷由被告疏忽所致;③原告的损失确由产品缺陷引起。

(二) 担保责任理论

担保责任理论(doctrine of breaching warranty)是在疏忽责任理论基础上发展出来的一种归责理论。担保是在合同中对产品的质量、性能、规格、用途等所作的许诺、说明或保证。担保责任指由于产品存在缺陷,生产者或销售者违反了明示或默示担保义务而应承担的责任。原告无须证明被告确有疏忽致使产品有缺陷,但他必须证明:①被告违反了对产品明示或默示的担保;②产品存在缺陷;③原告的损失确由产品缺陷所致。《统一商法典》第2—313条和第2—214条分别规定了明示担保和默示担保的有关内容。①

(三) 严格责任理论

严格责任理论(theory of strict liability)是由疏忽责任理论和担保责任理论在司法实践中逐步发展起来的,目前已被美国绝大多数州所采用,成为美国产品责任案件的主要诉讼根据。

只要产品存在缺陷,对使用者或消费者具有不合理危险,而使其受到人身伤害或财产损失,该产品的生产者或销售者就应承担责任。严格责任理论不要求原、被告之间存在直接的合同关系,而且原告无须证明被告存在疏忽。因此,严格责任对保护消费者最有利。

严格责任是一种绝对责任,受害者必须证明:①被告是专门从事某产品生产的制造商;②产品存在缺陷;③产品出厂时该缺陷已存在;④产品缺陷是造成受害者损害的直接原因或与损害有因果关系。

---

① 美国《统一商法典》第2—313条"以确认、允诺、说明、样品作出的明示担保"规定,在以下情形中卖方承担明示担保:①卖方向买方作出与货物有关之事实的确认或者允诺,且该确认或允诺构成交易基础之部分的,产生货物符合该确认或者允诺的明示担保;②构成交易之基础部分的任何货物说明,产生货物将符合该项说明的明示担保;③构成交易之基础部分的样品或者模型,产生全部货物将符合该项说明或者模型的明示担保。第2—314条"默示担保:商销性"规定,具有商销性之货物必须至少是那种货物:①按合同说明可在行业中被无异议地接受;②涉及各类物时,具有说明范围内的一般品质;③适用于该种货物的一般用途;④在协议允许的误差范围内,所涉每一单位的货物和所有单位的货物具有均匀的种类、质量和数量;⑤按照协议可能要求的方式适当地装箱、包装和标明;⑥符合容器上或标签(如果有的话)上对事实的允诺或确认。另外,商业往来或者交易惯例还可能产生其他默示担保,但默示担保已被排除或者变更的除外。

三、承担产品责任的条件

(1) 必须有损害或损失的事实。损害或损失是指原告的身体受到损害,或其他人受到损害,因此妨碍了原告受侵权法保护的利益,或者缺陷产品以外的原告的财产损失。

(2) 产品存在缺陷。产品存在制造缺陷、设计缺陷或使用说明和警示缺陷。值得注意的是,对于设计缺陷或缺乏使用说明和警示的缺陷,产品如果不符合产品安全方面的法律法规,则具有与法律法规旨在减少风险有关的缺陷。

通常原告需对产品存在缺陷举证。不过,根据《第三次侵权法重述:产品责任》的规定,当产品事故存在下列情形时,即使没有任何具体的关于产品缺陷的证据,仍可以推定原告所受伤害是由产品销售或者分销时就已经存在的产品缺陷所导致的:①该种伤害通常由于产品缺陷引起;②在具体案件中,不是仅仅由于产品在销售或者分销时存在的缺陷以外的原因引起的。推断产品存在缺陷的间接证据的规定,在产品灭失、缺陷证据不存在的情形下给了原告一个救济的机会。这样,法官可以推定出产品存在缺陷,而不需要探究是制造缺陷还是设计缺陷。

(3) 产品缺陷是造成损害或损失的直接原因。产品缺陷是否导致人身或财产损害,依据是否存在因果关系来确定。如果存在因果关系,则产品制造者或销售者承担责任。如果原告无法在一群生产者中区分出谁制造了对特定原告造成损害的产品,可能会要求每一生产者按它们各自的市场份额做出赔偿。"辛黛尔诉阿博特化学厂案"突破了传统因果关系要求,原告只要能证明被告的市场份额就足够了,被告的责任份额按市场份额确定。

(4) 产品的缺陷是在生产者把该产品投入市场时就存在的。

案例 8-6

辛黛尔诉阿博特化学厂案

DES是一种合成的激素类药物,服用此类药物有助于防止孕妇流产。但这种药物经过10~20年潜伏后,会导致癌变。如果服用药物的妇女生女孩,癌细胞还会在女儿身体里扩散。原告辛黛尔无法确定母亲在怀自己时服用了哪一个公司生产的药物,于是向10家以同一配方生产DES的公司提出赔偿要求。由于无法确认药物是哪家厂商生产的,初审法院驳回了原告诉求。原告不服,提起上诉,莫斯克法官判决,要求各厂家以市场份额为比例承担责任,除非证明根本没有生产对原告致害的药物。

四、产品责任抗辩理由[①]

(一) 对过失责任的抗辩

《第三次侵权法重述:产品责任》规定,如果原告的行为与产品缺陷相结合导致了

---

① 张圣翠:《国际商法》,上海财经大学出版社2007年版,第420页。

损害的发生,且原告的行为不符合适当注意标准的一般适用规则,则可以减少原告因缺陷产品所致损害而提出的损害赔偿请求。

(1) 原告自己的过错行为。即受害人因自己的过失而对加害产品的缺陷未能发现或对缺陷可能引起的损害未能适当地加以预防,因而应承担部分责任。

(2) 自冒风险。即原告明知产品有危险仍自动或故意加以使用致使其受到损害时,责任应由原告自己承担。

(3) 明显的危险或非正常的使用。

(二) 对违反担保责任的抗辩

(1) 原告与被告之间没有合同关系。
(2) 损害发生后,原告没有在合理的时间内告知被告。
(3) 有关的文字和内容仅为商业宣传,不构成一种对消费者信赖的担保。

(三) 对严格责任的抗辩

(1) 原告未将其产品投入流通。
(2) 在产品投入流通时缺陷并不存在。
(3) 一般人很容易发现缺陷的存在。
(4) 被告已经对缺陷产品做了充分的说明或指示。
(5) 原告自行改变了产品的结构和用途。
(6) 原告明知危险而使用缺陷产品。

五、产品责任赔偿范围

损害赔偿范围是补偿缺陷产品造成的可预见的人身伤害损失或财产损失,但在特殊案件中可能包含处罚性赔偿。

(1) 人身伤害损失。该部分包括:医疗费和康复费;因受伤而耽误的收入;谋生能力降低或丧失所产生的损失;肉体伤残痛苦的补偿;伤残带来的自卑感等精神痛苦的补偿。

(2) 财产损失。财产损失不限于被损坏财产的直接损失,合理可预见的间接损失也为多数法院支持。

(3) 惩罚性赔偿。在产品责任事故性质异常严重的案件中,受害人除了可以要求一般的人身或财产损害赔偿外,还可以提出额外的惩罚性赔偿。根据 1979 年《统一产品责任示范法》的规定,要获得惩罚性赔偿,原告必须证明自己所受的损害是由于生产者或销售者明知而根本不顾产品使用者、消费者或其他可能受伤害的人的安全,或者粗心大意所致。至于惩罚性赔偿的具体数额则由陪审团决定。如 2003 年,在 ExxonMobil 公司的版权纠纷中,陪审团裁决 119 亿美元的惩罚性赔偿金。

第三节 欧洲产品责任法

欧洲产品责任法自20世纪70年代初开始快速发展,主要立法是1977年《斯特拉斯堡公约》、1985年《欧共体产品责任指令》和1992年《欧盟通用产品安全指令》。欧盟各成员国有义务使国内法符合后两项指令要求,建立和完善产品责任法律制度。

一、《斯特拉斯堡公约》

《斯特拉斯堡公约》即《关于造成人身伤亡的产品责任的欧洲公约》(Convention on Product Liability in regard to Personal Injury and Death),由欧洲理事会1976年1月发布,1977年1月由欧洲理事会成员国在斯特拉斯堡签订。该公约有19条正文和1个附件。

(一) 适用范围

该公约适用于缺陷产品造成的人身伤害或死亡的赔偿责任案件。

(二) 有关定义

(1)"产品"。指所有动产,包括天然动产、工业动产,无论是未加工的还是加工过的,即使是组装在另外的动产内或组装在不动产内,也应包括在内。

(2)"生产者"。指成品或零配件的制造商以及天然产品的生产者,或者产品的进口商,或者任何使自己的名字、商标或其他特征出现在产品上而将其作为自己的产品出示者,或者在产品没有标明任何生产者时,每一个提供产品的人都是生产者。

(3)"瑕疵"。如果一项产品没有向有权期待安全的人提供安全,则该产品为有瑕疵。

(4)"投入流通"。指生产者已将产品交付给另一人。

(三) 归责原则及赔偿责任

公约规定了严格责任原则。如果数人对同一损害都负有损害责任,则每个人应承担连带责任。

(四) 生产者抗辩事由

根据该公约第5条,生产者如果能证明下列事实,则不承担责任:

(1) 产品未投入流通;

(2) 在考虑了有关情况后,造成损害的瑕疵可能在产品投入流通时并不存在或是其后才产生的;

(3) 产品既非为销售、出租或生产者的经济目的其他形式的分销而制造,也非按其惯常商业做法制造或分销。

此外,如果损害由产品的瑕疵和第三人的作为或不作为共同造成,则不应减轻生产者的责任。该公约第8条规定,生产者的责任不得以任何免责或解除义务条款排除或加以限制。

(五) 赔偿限额

该公约附件规定,对每个死者或受到人身伤害者偿付不得少于相当于国际货币基金组织规定的 70000 特别提款权的国内货币;对具有相同瑕疵的同类产品造成的一切损害,偿付不得少于相当于批准公约时国际货币基金组织规定的 1000 万特别提款权的国内货币。

(六) 诉讼时效

损害赔偿的诉讼时效应为自请求人知道或应合理地知道损害、瑕疵及生产者身份之日起 3 年之内。如果诉讼未在自生产者将造成损害的产品投入流通之日起 10 年内提起,则丧失该公约规定的要求生产者赔偿的权利。

二、《欧共体产品责任指令》

《欧共体产品责任指令》是欧洲经济共同体理事会于 1985 年发布的第 374 号指令,它是欧共体统一产品责任法律制度的重要内容之一。

(一) 产品范围

《欧共体产品责任指令》规定的产品包括初级农产品和狩猎产品以外的所有动产产品,也包括电力。

(二) 有关定义

《欧共体产品责任指令》规定,生产者应当对其产品缺陷造成的损害承担责任。生产者是指成品的制造者、原材料的制造者、零部件的制造者以及将其名称、商标或其他识别特征标示于产品之上,表明其是该产品的生产者的任何人。在不影响生产者产品责任的前提下,进口产品的进口者视为生产者并承担相应责任。而在无法确认生产者的情况下,产品的供应者视为生产者并承担相应责任。两个或两个以上对同一损害负责的人承担连带责任。

《欧共体产品责任指令》规定,损害是指人身伤亡或对缺陷产品本身以外的任何财产的损害或灭失,并且该财产是价值不低于 500 欧洲货币单位的用于个人使用或消费的财产。该指令不影响欧共体成员国有关非物质损害(如精神损害)的规定。

(三) 免责事由

《欧共体产品责任指令》规定,生产者能证明下列情形之一的,不承担产品责任:①生产者未将产品投入流通;②引起损害的缺陷在产品投入流通时并不存在;③产品并非由生产者出于商业或经济目的而制造或销售;④生产者为使产品符合政府机构发布的强制性法规而导致产品存在缺陷;⑤生产者将产品投入流通时的科技水平尚不能发现缺陷的存在。如果零部件的制造者能够证明缺陷是由于装有该零部件的产品的设计或制造的指示所造成的,则不承担产品责任。

(四) 诉讼时效

成员国应在本国法律中作出产品责任诉讼时效为 3 年的规定。诉讼时效期间从原告知道或应当被合理地认为已经知道损害、缺陷和被告身份时起算。成员国对时效中止和中断的规定不受该指令的影响。该指令还规定，成员国应当在其法律中规定，指令赋予受害人的索赔权利从造成损害的产品投入流通满 10 年后丧失，但受害人在此期间对生产者提起诉讼的除外。

三、《欧盟通用产品安全指令》

1992 年，欧盟通过了《通用产品安全指令》，要求各成员国建立专门的市场监管机构，确保在欧盟上市的产品的安全。2001 年，欧盟又通过了《通用产品安全指令》修正案，对原指令作了全面修订，明确了生产商和分销商在法律上有义务向政府报告其产品是否安全，并要与政府市场监管部门合作，承担追踪产品走向、召回产品或从市场撤出产品等后果。业者若不肯收回产品或忽视产品构成的危险，将会受到处罚；被召回或被撤出市场的产品不得再转销非欧盟的任何第三国。

此外，欧盟还通过一系列针对不同产品的安全指令，就产品的规格、安全标准及弥补措施作出严格规定。如欧盟有专门针对玩具的安全指令、针对低电压电路的安全指令等。

四、《产品责任法律适用公约》

《产品责任法律适用公约》简称《海牙公约》。此公约是由第十二次海牙国际私法会议制定的，1973 年 10 月 2 日签订，1979 年 10 月 1 日生效。批准的国家有法国、荷兰、挪威、南斯拉夫、比利时、意大利、卢森堡、葡萄牙和奥地利等。公约共有 22 条，除对产品责任的法律适用规则作出规定之外，还对"产品"、"损害"和"责任主体"作了明确规定。

(一) 产品、损害及责任主体的规定

"产品"应包括天然产品和工业产品，无论是未加工的还是经过加工的，也不论是动产还是不动产。"损害"是指对人身的侵害或对财产的侵害以及经济损失，产品本身的损害以及由此引起的经济损失不包括在内。产品"责任主体"包括：①产品或部件的制造商；②天然产品的生产者；③产品的供应者；④在产品准备到销售等整个商业环节中的有关人员，包括维修人员和仓库管理员。上述人员的代理人或雇员的责任也适用该公约。

(二) 产品责任的法律适用规则

《海牙公约》确定了三项法律适用规则。

(1) 适用侵害地国家的法律。《海牙公约》第 4 条规定，如果侵害地国家同时又是直接受害人的惯常居住地，或者被请求承担责任的人的主营业地，或者直接受害人

取得产品的地点,则应适用侵害地国家的国内法。

(2) 适用直接受害人的惯常居住地国家的法律。《海牙公约》第 5 条规定,如果直接受害人的惯常居住地国家同时又是被请求承担责任的人的主营业地,或者直接受害人取得产品的地方,则应适用直接受害人的惯常居住地国家的国内法。

(3) 适用被请求承担责任的人的主营业地国家的法律。《海牙公约》第 6 条规定,如果上述第 4 条和第 5 条指定适用的法律都不适用,则除非原告基于侵害地国家的国内法提出其请求,否则应适用被请求承担责任的人的主营业地国家的国内法。

第四节 中国的产品责任法

一、中国的产品责任法概述

我国没有统一的产品责任法律,有关规定散见于《民法通则》、《产品质量法》、《食品卫生法》、《药品管理法》、《合同法》、《消费者权益保护法》、《计量法》、《工业产品生产许可证试行条例》、《工业产品质量责任条例》等法律、法规和规章之中。

《民法通则》第 122 条规定,因产品质量不合格造成他人财产、人身损害的,产品制造者、销售者应当依法承担民事责任。运输者、仓储者对此负有责任的,产品制造者、销售者有权要求赔偿损失。该规定确立了我国基本的产品责任制度。

1993 年 9 月 1 日起施行的《产品质量法》是我国第一部系统规定产品质量及责任的法律,并于 2000 年修订。《产品质量法》共 74 条,内容包括产品质量的监督,生产者、销售者的产品质量责任和义务,损害赔偿,罚则。2000 年修订后,法律强化了产品质量的行政管理和行政责任,扩大了人身伤害赔偿责任的范围,增加了残疾赔偿金和死亡赔偿金等精神赔偿的内容。

1994 年 1 月 1 日起施行的《消费者权益保护法》,是我国产品责任法律制度的重要组成部分。《消费者权益保护法》的内容主要包括消费者的权利,经营者的义务,国家对消费者合法权益的保护,消费者组织的名称、性质及其职责,消费者与经营者之间争议的解决,法律责任等。

二、《产品质量法》的主要内容

(一) 产品

《产品质量法》第 2 条规定,产品是指经过加工、制作,用于销售的产品。产品必须符合三个条件。

(1) 产品必须是经过加工、制造的工业品,不包括自然物品。但如农作物或渔牧业产品在收获后经过加工处理,则属于产品范畴。

(2) 产品必须是用于销售的物品。虽然经过加工、制作,但不投入流通领域,不用于销售目的的,不属《产品质量法》规定的产品。

(3) 产品指动产,不适用于不动产。建设工程不适用《产品质量法》,建设工程使用的建筑材料、建筑构配件和设备,属于产品范围的,适用《产品质量法》。

(二) 产品缺陷

《产品质量法》第46条规定,缺陷是指产品存在危及人身、他人财产安全的不合理的危险;产品有保障人体健康和人身、财产安全的国家标准、行业标准的,是指不符合该标准。在我国产品缺陷有两个判断标准。

(1) 产品存在危及人身、他人财产安全的不合理的危险。

(2) 不符合法定的安全标准。

(三) 归责原则

(1) 生产者承担严格责任。《产品质量法》第41条规定,因产品存在缺陷造成人身、缺陷产品以外的其他财产损害的,生产者应当承担赔偿责任。

(2) 销售者承担过错责任。《产品质量法》第42条规定,由于销售者的过错使产品存在缺陷,造成人身、他人财产损害的,销售者应当承担赔偿责任。此外,在销售者不能指明缺陷产品的生产者也不能指明缺陷产品的供货者的情况下,销售者应当承担赔偿责任。

(3) 生产者与销售者间的连带责任。《产品质量法》第43条规定,因产品存在缺陷造成人身、他人财产损害的,受害人可以向产品的生产者要求赔偿,也可以向产品的销售者要求赔偿。属于产品的生产者的责任,产品的销售者赔偿的,产品的销售者有权向产品的生产者追偿。属于产品的销售者的责任,产品的生产者赔偿的,产品的生产者有权向产品的销售者追偿。

(四) 赔偿范围

《产品质量法》第44条规定,因产品存在缺陷造成受害人人身伤害的,侵害人应当赔偿医疗费、治疗期间的护理费、因误工减少的收入等费用;造成残疾的,还应当支付残疾者生活自助具费、生活补助费、残疾赔偿金以及由其扶养的人所必需的生活费等费用;造成受害人死亡的,并应当支付丧葬费、死亡赔偿金以及由死者生前扶养的人所必需的生活费等费用。

因产品存在缺陷造成受害人财产损失的,侵害人应当恢复原状或者折价赔偿。受害人因此遭受其他重大损失的,侵害人应当赔偿损失。

(五) 产品责任的抗辩

《产品质量法》第41条规定,生产者能够证明有下列情形之一的,不承担赔偿责任:①未将产品投入流通的;②产品投入流通时,引起损害的缺陷尚不存在的;③将产品投入流通时的科学技术水平尚不能发现缺陷的存在的。

(六) 诉讼时效

《产品质量法》第45条规定,因产品存在缺陷造成损害要求赔偿的诉讼时效期间为 2 年,自当事人知道或者应当知道其权益受到损害时起计算。因产品存在缺陷造成损害要求赔偿的请求权,在造成损害的缺陷产品交付最初消费者满 10 年丧失;但是,尚未超过明示的安全使用期的除外。

(七) 争议解决途径

《产品质量法》规定了产品责任争议解决途径:因产品质量发生民事纠纷时,当事人可以通过协商或者调解解决。当事人不愿通过协商、调解解决或者协商、调解不成的,可以根据当事人各方的协议向仲裁机构申请仲裁;当事人各方没有达成仲裁协议或者仲裁协议无效的,可以直接向人民法院起诉。

本章小结

产品责任法是调整产品的制造者、销售者因制造、销售有缺陷的产品,致使消费者、使用者或其他人人身伤害或财产损失所引起的赔偿关系的法律规范的总称。产品责任构成涉及两个重要概念:产品与产品缺陷。

产品责任在早期属于合同问题,只能以违反明示担保或者存在过错或欺诈为理由,通过合同纠纷的途径追究责任。随着西方各国司法实践和消费者保护社会运动的迅猛发展,产品责任制度逐渐从合同制度中分离出来,由合同责任发展为侵权责任。产品侵权责任制度经历了过错责任到严格责任的发展过程。目前,世界各国还没有一个完全的、统一的产品概念,分歧的焦点是各国对产品及产品缺陷的认识和法律规定有分歧。国际产品责任法的基本原则是侵权行为法的疏忽责任原则、违反担保原则和严格责任原则。目前,我国没有统一的产品责任法律,有关规定散见于《民法通则》、《产品质量法》、《食品卫生法》、《药品管理法》、《合同法》、《消费者权益保护法》、《计量法》、《工业产品生产许可证试行条例》、《工业产品质量责任条例》等法律、法规和规章之中。

专业术语汉英对照

产品责任 product liability
产品缺陷 product defects
制造缺陷 manufacturing defects
设计缺陷 design defects
缺乏使用说明和警示缺陷 product defective due to inadequate warning or instruction

思考与练习题

1. 什么是产品责任？
2. 什么是产品缺陷？
3. 怎样理解产品责任与产品质量责任的关系？
4. 简述产品责任法归责理论的发展。
5. 产品责任法中的产品与一般商品有何不同？
6. 什么是产品制造缺陷？
7. 什么是产品设计缺陷？
8. 什么是产品缺乏使用说明和警示缺陷？
9. 我国产品质量法判断产品存在缺陷的标准是什么？
10. 为什么合同法律制度不能有效保护消费者？
11. 适用侵权制度，对于产品责任救济有何优势？
12. 产品责任适用侵权责任制度经历了几个发展阶段？
13. 为什么产品责任归责会出现灵活化趋势？
14. 美国产品责任归责理论有哪些？
15. 美国法律中承担产品责任的条件是什么？
16. 美国法律中产品责任的抗辩理由有哪些？
17. 美国法律中产品责任赔偿范围是什么？
18. 《斯特拉斯堡公约》中产品的范围是什么？
19. 我国《产品质量法》中产品包括哪些内容？
20. 我国《产品质量法》规定的归责原则是什么？

第九章　国际电子商务法

【本章导读】 电子商务是一种新兴的交易形式,其发展速度极快,在近二十年的时间里,几乎已深入我们经济和社会生活的每一个角落。但是,电子商务的产生和发展并非一蹴而就,它是这几十年来电子计算机与现代信息技术迅猛发展和普及的必然结果。它从最初某些专业领域的电子数据交换(EDI)逐渐发展成为以互联网为基础的网上交易形式,不但在全球范围内改变了经济贸易的模式和我们的生活方式,也在世界意义上给我们的法律制度带来了新的挑战。人们如何判断和核实交易人的身份,数据电讯是否具有及如何保证传统合同形式的效力,通过什么手段来保证交易安全和维护业已形成但并非坚不可摧的信用体系,以及如何保护个人隐私、知识产权和消费者权益等问题,都需要法律予以应对和具体规范,这就是我们学习和研究国际电子商务法的意义。

【学习目标】 通过本章的学习,要求学生了解电子商务、电子商务法、数据电讯、电子合同、电子签名和电子认证的概念、基本特征及产生发展过程;掌握电子商务法的中立原则、数据电讯效力问题,掌握电子合同书面形式效力及其内容,电子签名、电子认证的作用与价值;了解数字签名的运行环境和技术步骤,掌握电子签名的法律效力和具体的法律效果,掌握数字签名、强化电子签名等概念的差别以及可靠电子签名的立法要求;了解电子合同成立环节的特殊问题,掌握网络销售信息以及电子代理人的法律性质问题,了解电子交易形式和履行方式,掌握违反电子合同的特殊救济措施;重点掌握数据电讯传递、归属和留存的几个具体规则、"功能等同方法"的含义及其意义,以及《电子商务示范法》的基本内容和结构特点;通过对电子商务国际立法发展历程和内容的了解,分析我国电子商务立法中存在的问题,并提出我国电子商务立法可资参考的建议。

【重点概念】 电子商务　中立原则　数据电讯　数据电讯的归属　数据电讯的留存　电子签名　数字签名　可靠电子签名　电子认证　电子证书　电子合同　功能等同方法　电子代理人　电子商务示范法

第一节　电子商务与电子商务法

一、电子商务

1946年,世界上第一台计算机诞生;1968年,互联网发端于美国国防部高级研究计划局组建的阿帕网(ARPANET)。其后短短几十年里,特别是20世纪末21世纪初,计算机网络技术迅猛发展,目前这项技术及其衍生技术成果已经广泛而深入地融入我们每个人的工作和生活。在商业贸易领域,商人逐利的本能促使他们寻找新的利润增长点和新型的营销模式,电子技术、网络技术被不断挖掘,进而带动了传统商业运行模式的深刻变革,电子商务也应运而生。今天,电子和网络技术所带来的人类的数字化生存图景正逐渐被展开,电子商务已经形成一股潮流,席卷全世界。正如美国学者詹姆斯·马丁所说,电子商务是一场不流血的革命,其影响涉及我们的经济和社会生活的各个方面。就法律领域而言,电子商务的不断推进给传统商法体系造成了巨大的冲击,也因此而诞生了新兴的电子商务法。

(一) 电子商务的概念

迄今为止,还没有一个被普遍接受的关于电子商务的确切定义。有关国家、国际组织和学者从各自的角度曾给出了十几个甚至几十个不同的相关表述,它们都存在一定的合理性。

电子商务(electronic commerce),顾名思义,应该有两个方面的内涵:其一,以电子的方式,可以通过多种电子通信方式来完成;其二,它本质上仍然是一种商务活动,只是不同于传统的商务活动。一般而言,电子商务是指各种商业实体利用简单、快捷、低成本的电子通信方式,特别是利用计算机网络和各种数字化传媒技术进行货物买卖和服务贸易的一种商务活动。简单地说,通过电话或传真进行商务洽谈,似乎也可以称为电子商务;但是,我们所称的电子商务主要是指以电子数据交换(EDI)[①]和互联网(internet)来完成的商务活动,尤其是通过互联网技术完成的商务活动。因此,也有人称其为"网络商务"(internet commerce)。

电子商务是随着电子技术、网络技术的不断发展,为了适应全球市场的变化而出现和发展起来的,它使生产、销售与市场更紧密地联系在一起,对全社会各种资源进行高效、便捷的整合和配置,极大地提高了社会生产力,推动了人类社会的进步与发展。

(二) 电子商务的特征

电子商务利用现代化的电子和网络技术进行并完成各种商务活动、交易活动、金融活动和相关的综合服务活动。虽然它本质上仍然是一种商务活动,但它改变了人类数千年来的传统生活方式,改变了人们习以为常的传统贸易形式和内容。作为全球经济一体化背景下的一种全新的商业机制,与传统商务相比,电子商务具有以下几个典型特征。

1. 无疆界,全球性

在地域上,传统商务以"面对面"为主要特征,交易必然在特定的地点与特定的交易对象之间进行。电子商务则不同,它在通常情况下表现为"机对机"的特点,交易是

---

① 电子数据交换(electronic data interchange,EDI),是指通过采用约定的标准编制信息,将信息在计算机之间进行电子传输。

在互联网上进行的,不受地理疆域的限制和阻隔,互联网是一个供求信息不断更新的系统,商品和资金在其上不停地流动着。正是这种物质、资金和信息高速、跨国的流动,使得电子商务展现出前所未有的强大生命力。

2. 多维化,层次性

在结构上,电子商务通过电子数据处理、数据交换和网络数据传输等电子技术,将企业系统内部的生产、导购、订货、供货、付款等产供销各个环节有机地联系在一起;将厂家、销售商、代理商、消费者以及运输、保险、报关、商检和银行等不同的参与者组成一个复杂的、多维的网络结构。同时,电子商务又具有层次性特点,它是由小范围、低层次的系统和更大范围、更高层级的系统组成的。它们相互作用,相互依赖,协同处理,形成一个相互密切联系、连接全社会的信息处理系统,从而规范了商务发生、发展和结算的过程,简化了手续,加快了业务开展的速度,提高了效率。

3. 数据化,无纸化

在交易环境上,电子商务的最终目标是实现商品和服务的网上交易,它抛弃了传统贸易用于记载交易内容和当事人意思表示的纸张,转而采取数字化的信息介质,以电子介质代替了纸张,以电子签名代替了传统的书面签名;同时,信息的交流、记录、保存也是通过电、磁、光等电子手段完成的,而不是纸质文件的发送、记录和保存。这降低了交易成本,但由于电子信息容易被删改、复制和遗失,而且作为证据,它又不具有脱离其记录工具而独立存在的特性,因此它也会带来认定、效力等诸多的法律问题。

4. 无时限,虚拟化

与上述地域特点相关,在技术上,由电子和互联网带来的技术革命使我们的生存领域由物理空间延伸到无形的网络空间。网络空间所具有的许多特质与物理空间截然不同,它打破了时间的限制,呈现出无时限的特征;同时,数据化,尤其是网络化,使其具备了虚拟性的特征,对传统的法律制度提出了严重挑战。由于网络空间的虚拟化特征,许多传统的商务观念,如发送、时间、地点、签字、盖章、记录、保存等,难以套用到电子商务中来,当事人的行为、意志、国籍、住所、财产等因素也将丧失其物理空间上的关联性。传统商法面临着变革和挑战。

(三) 电子商务的分类

根据电子商务参与交易的对象、电子商务所涉及的商品内容以及进行电子商务的企业所使用的网络类型等标准,可以对电子商务进行不同的分类。

1. 根据对电子商务的手段范围和商务内容的不同解释分类

根据对电子商务的手段范围和商务内容的不同解释,可分为广义的电子商务与狭义的电子商务两种。

(1) 广义的电子商务,是指以电子技术手段所进行的与商业有关的一切活动。首先,从电子商务的手段上看,"电子技术"包括但不限于电子通信与电子计算技术。美国《统一电子交易法》将电子解释为"电子是指电子的、数字的、磁性的、光学的、电磁的,或类似性能的相关技术"。联合国国际贸易法委员会《电子商务示范法》(以下简称"示范法")第2条规定,数据电讯①"系指经由电子手段、光学手段或类似手段生成、储存或传递的信息,这些手段包括但不限于电子数据交换(EDI)、电子邮件、电报、电传或传真"。其次,从商务的内涵上看,国际贸易法委员会对"商务"的解释是:"以使其可以概括一切具有商业性质的关系,无论其是合同关系或非合同关系。所谓具有商业性质的关系,包括但不限于以下各种交易:以提供或交换货物或服务为内容的任何贸易交易;经销协议;商业代表或代理;经营管理;租赁;工厂建造;咨询;工程承包;许可交易;投资;融资;银行业务;保险;特许协议交易;合营企业或其他形式的工业或商业合作;航空、海上、铁路或公路货物或旅客运输。"也就是说,无论是上述的哪一种商业形式,运用了哪一种电子技术手段,都是电子商务。

(2) 狭义的电子商务,也可以称为"在线交易",是指以互联网为运行平台的商事交易活动,即 i-commerce。② 目前业界所说的电子商务,即指互联网电子商务。它已经成为当今世界上发展最快、前途最广的电子商务形式。对狭义的电子商务,也可从两个方面来分析。首先,从手段上看,它是利用计算机网络技术所进行的商务活动,即它是凭借现有的计算机软硬件设备和网络基础设施,在电子网络环境下所进行的商务活动。其次,从商务内容上看,电子商务是不同的商事主体之间通过互联网电子技术所进行和完成的商务活动。所谓商务活动,就是指一种交易,一种通过订立合同所完成的买卖活动,而不能只是单纯的信息传递。

相应地,以广义的电子商务为调整对象的法律规范是广义的电子商务法;以狭义的电子商务,即以数据电讯为交易手段而形成的互联网交易形式所引起的商事关系为调整对象的法律规范是狭义的电子商务法。本书若无特别注明,在提及电子商务和电子商务法时,一般是指狭义的电子商务和狭义的电子商务法。

2. 根据参与交易的对象分类

根据参与电子商务交易所涉及的对象进行分类,可分为企业与消费者之间的电子商务、企业与企业之间的电子商务、企业与政府之间的电子商务等类型。

(1) 企业与消费者之间的电子商务(business to customer,B to C)。这是消费者利用互联网直接参与经济活动的形式,基本相当于电子化的零售商业。随着互联网的出现和蓬勃发展,网上销售迅速地发展起来。目前,互联网上有各种类型的虚拟商店和虚拟企业,提供各种与商品销售有关的服务。网络销售的可以是实体商品,如书籍、鲜花、服装、食品、玩具、日用品等,也可以是数字化商品,如电影、音乐、软件、电子图书及各类基于知识的商品,还有各种类型的服务,如远程教育、在线诊疗等。

---

① 数据电讯(date message)相当于我国《合同法》、《电子签名法》的"数据电文"以及美国、新加坡和我国香港地区的"电子记录"(electronic record)。联合国《电子商务示范法》和《电子签名示范法》中译本采用此称谓。为了更好地反映电子商务与传统电报等电子文本的区别及现在的电子通信技术、网络技术的商务现实,充分体现其动态的、无纸化特征,本书除引用上述两部法律原文之外,均采用"数据电讯"这个称谓。

② 张楚:《电子商务法教程》,清华大学出版社2005年版,第4页。

(2) 企业与企业之间的电子商务(business to business,B to B)。它是指商业机构(企业或公司)使用互联网或其他网络向其他商业机构(企业或公司)为商务活动的贸易形式,它是电子商务中最重要的、最受企业重视的一种方式,企业可以使用互联网或其他网络为每笔交易寻找最佳合作伙伴,完成从订购到结算的全部交易过程,包括向供应商订货、签约、接受发票和使用电子资金转移、信用证、银行托收等方式进行付款,以及如索赔、商品发送管理和运输跟踪等在商贸过程中发生的其他商务活动。企业对企业的电子商务经营额大,所需的各种硬软件环境也比较复杂,特别是通过增值网络(value added network,VAN)运行的电子数据交换,使 B to B 迅速扩大和推广。

(3) 企业与政府之间的电子商务(business to government,B to G)。这种商务活动覆盖企业与政府组织间的许多事务。例如企业与政府之间进行的各种手续的报批;政府通过互联网发布采购清单,企业以电子化方式响应;政府在网上以电子交换方式来完成对企业和电子交易的征税等。这成为政府机关政务公开的手段和方法。目前,我国有些地方政府已经推行网上采购。

另外,还有消费者与政府机构之间的电子商务(government to customer,G to C)。在这一类电子商务活动中,政府机构将把电子商务扩展到福利费发放、自我估税及个人税收的征收等行政服务的诸多方面。

3. 根据交易所涉及的商品内容分类

根据电子商务交易所涉及的商品内容进行分类,主要包括直接电子商务和间接电子商务两类。

(1) 直接电子商务,又称完全电子商务,是指完全通过电子商务方式实现和完成整个交易过程的交易。如果电子商务涉及的商品是无形的数字化商品和在线服务,如电影、音乐、软件、电子图书及各类基于知识的商品,以及远程教育、在线诊疗等,这种商务形式就是直接电子商务。它能使买卖双方越过地域的阻隔直接进行交易,既方便了当事人,也扩大了交易内容和交易方式。

(2) 间接电子商务,又称不完全电子商务,是指无法全部依靠电子商务的方式来实现和完成整个交易过程的交易,它需要依靠一些外部要素,如运输系统等来完成交易。网络销售的如果是实体商品,如书籍、鲜花、服装、食品、玩具、日用品等,交易最终还需要通过邮政、商业快递等传统渠道来完成,这种商务形式就是间接电子商务。

另外,根据开展电子交易信息网络的范围大小进行分类,可分为本地电子商务、远程国内电子商务和全球电子商务三类。根据电子商务的活动内容进行分类,主要包括贸易型电子商务和服务型电子商务两类。贸易型电子商务,又可分为有形货物的电子商务和无形信息产品的电子商务,是以实现财产权利的转移为目的的电子交易形式。服务型电子商务,又包括提供电子商务服务和借助网络开展服务两种形式。服务型的电子商务不转移财产或财产权利,而只是以提供某种技术或技术实施的服务为目的,如为客户提供网络平台信息传输服务等。

二、电子商务法

(一) 电子商务法的概念和特征

1. 电子商务法的概念

根据电子商务的分类,我们知道电子商务法也有广义和狭义之分。广义的电子商务法,包括调整以电子技术手段进行的一切商业活动的所有法律规范,其内容极其广泛。而狭义的电子商务法,是指调整以数据电讯为交易手段而形成的以交易形式为内容的商事关系的规范体系。对世界各国及国际组织以"电子商务法"或"电子交易法"为主题或命名的法律文件进行分析,发现其所规范的内容一般属于狭义的电子商务法范畴。即它们实质上是解决电子商务交易的操作规程问题的规范,所解决的问题集中于计算机网络通信记录与电子签名效力的确认、电子认证技术的选定及其安全标准、认证机构的确立及其权利义务等方面。

2. 电子商务法的特征

电子商务法仍然属于商法范畴,它具有商人法的行业惯例性和全球化特征。但与传统商法相比,它又具有自身的不同特质。电子商务领域内的行为规则、业务标准,将随着电子通信技术的更新、升级、换代而不断调整和发展,制定过于僵化的条款,只能羁绊其发展。在全球化方面,电子商务网上交易和信息不断更新、流动,不受地理疆域的限制和阻隔,电子商务法必须要顺应这种特性,制定全球性的解决方案,因此,它从一开始就具有比传统商法更明显的全球化特征。电子商务法是随着通信技术和电子商务业务的发展而不断更新的规范体系,作为商法的一个新兴领域,它与其他商事法律制度相比,还具有以下一些具体特征。

(1) 技术性。电子商务是在电子技术和网络技术基础上产生和发展起来的新的交易形式,因此电子商务法的许多规范都是直接或间接地由技术规范演变而来的,像电子签名和数字认证中使用的密钥技术、公钥技术、数字证书技术,以及网络协议的一些标准等都是一定技术规则的应用。所以,技术性是电子商务法的重要特征,它是知识经济的时代背景在法律上的反映。

(2) 程式性。按照通常的二元划分法,电子商务法应当属于行为法。不过,它调整的是交易形式上的行为,一般不直接涉及交易的具体内容,即不直接调整当事人的权利义务关系。电子交易的形式,是指当事人所使用的具体的电子通信手段;而电子商务交易的内容,则需要由许多不同的专门的法律规范予以调整,非电子商务法所能胜任。一条数据电讯是否构成要约或承诺,应以合同法的标准去判断;能否构成电子货币,应依照金融法衡量;是否构成对名誉的损害,要以侵权法来界定。电子商务法是商事交易上的程序法,它所调整的是当事人之间因交易形式的使用而引起的权利义务关系,即有关数据电讯是否有效、是否归属于某人,电子签名是否有效、是否与交易的性质相适应,认证机构的资格如何、它在证书的颁发与管理中应承担何等责任等问题。

（3）开放性。电子商务法是关于以数据电讯的方式为意思表示的法律制度,而数据电讯的形式又具有多样性,并且随着电子网络技术的更新而不断发展,因此必须以开放的态度对待任何技术手段与信息媒介,设立开放型的规范。目前,为了开拓社会各方面的资源,以促进科学技术及其社会应用的广泛发展,世界各国和国际组织在电子商务立法中,大量使用开放型条款。它具体表现在电子商务法的基本定义的开放、基本制度的开放以及电子商务法律结构的开放这三个方面。电子商务法开放性特征的一个实例,就是示范法。其第二部分"特殊领域中的电子商务",只有两条,仅规定了与货物运输有关的电子商务的具体规则,该部分可以根据电子商务的发展和需要而不断增加或者删减修改。

（4）复合性。相对于口头或传统书面的商务形式,电子商务的交易关系呈现出复合性特征,而这种复合性是由其技术手段上的复杂性和依赖性所决定的。其技术复杂性无须赘言,其依赖性表现在当事人通常必须在第三方的协助下才能完成交易活动。比如在合同订立中,需要有网络服务商提供接入服务,需要有认证机构提供数字证书等。即便在非网络化的、点到点的电讯商务环境下,交易人也需要通过电话、电报等传输服务来完成交易。比如在线支付,也往往需要银行的网络化服务。也就是说,每完成一笔电子商务的交易,都必须以多重法律关系的存在为前提,它要求多方位的法律调整,以及多学科的知识应用。

(二) 电子商务法的调整对象和适用范围

1. 电子商务法的调整对象

调整对象是立法的核心问题,它揭示了立法调整的因特定主体所产生的特定社会关系,也是一法区别于另一法的基本标准。实际上,我们在解释电子商务法概念时,就已经涉及它的调整对象问题。电子商务法是调整以数据电讯为交易手段而形成的以交易形式为内容的商事关系的规范体系。因此,以数据电讯为交易手段而形成的以交易形式为内容的商事关系,就是电子商务法所要调整的对象。

（1）交易形式的规范问题。在口头和传统书面条件下,交易形式问题相对简单,当事人之间因交易形式的选用所产生的权利义务关系一目了然,没有必要由专门的法律对其进行调整。因此,在以口头和传统书面为交易手段的传统商法中,交易形式问题并没有成为独立的调整对象,而是由程序法中的证据制度来进行解决。而且,该类问题发生纠纷时,当事人不能自行处理,而是在提交法院或仲裁机构时,才适用这些规范。但随着电子计算机与通信技术的发展及其广泛的商业化应用,商事交易形式问题变得越来越多样化和复杂化,已经到了必须由专门的法律规范进行调整的地步。

（2）数据电讯的交易手段。数据电讯,即电子信息的总称,本来是一个计算机通信方面的专业术语,但在电子商务法中有着特定的含义。当数据电讯作为交易手段时,一般应由电子商务法来调整。电子商务是一个内涵十分丰富、外延非常广泛的概念,而电子商务法的任务是,在电子通信技术的商业化应用上,建立一个使之顺畅运行的法律平台,亦即要从法律上创造一个使各种通信技术都能畅通无阻地应用其中的商事交易活动的环境。从广义上来理解,电子资金传输、电子化的证券交易等,都属于电子商务关系,但这些具体的商事交易关系,却并不单纯由狭义的电子商务法来调整,而同时亦属于证券法、金融法的调整范围。因为这类关系中的数据电讯,并不是仅仅作为交易手段而应用的,它同时也表现为证券、货币等交易标的,即是作为交易内容而应用的。

(3)电子商务法调整对象的特点。电子商务法,是商事法律的新形式,是商事法律在计算机网络环境下的新发展。电子商务法必然以商事关系为其调整对象,但是该种商事关系又有自身的一些特点。①它是以数据电讯为交易手段的商事关系。换言之,凡是以口头或传统的书面形式所进行的商事关系,都不属于电子商务法的调整范围。②它是由于交易手段的使用而引起的。交易手段只是交易行为构成中的表意方式部分,而并非法律行为中的意思本身,因此电子商务法一般不直接涉及交易方式的实质条款。③它并不直接以交易标的为其权利义务内容,而是以交易的形式为其内容,即因交易形式的应用而引起的权利义务关系,诸如对电子签名的承认、对私用密钥的保管责任等。

2. 电子商务法的适用范围

电子商务法的适用范围,就是指以数据电讯方式进行的无纸化的商事活动领域,换言之,仅仅是以口头或传统的书面形式所进行的商事活动,都不属于电子商务法所要调整的范围。示范法第 1 条就明确该法适用于在商务活动方面使用的,以一项数据电文为形式的任何种类的信息。理论上讲,我们可以从交易的手段和行为的主体两个方面,来探讨电子商务法的适用范围。

(1)从交易手段上考察。随着电子通信技术的日益发展与创新,以及电子商务活动的多元化发展,电子商务法的适用范围将会越来越广。《示范法实施指南》这样解释:电子商务是"无纸化"的贸易形式,也就是说,电子商务法适用于"无纸化"的贸易关系。然而,无纸化是相对于纸面形式的交易活动而言的。如果以有无纸面形式来判断电子商务活动的话,那么口头交易也是无纸化的,这种划分方法虽然形象,却不够缜密。因此,还是用数据电讯来解释电子商务法的适用范围更为贴切。相关国家的电子商务法就有这样的规定:韩国《电子商务基本法》规定,"本法适用于所有使用电子信息进行的买卖或交易";美国《统一电子交易法》规定,"本法适用于与任何交易相关的电子记录与电子签名"。

(2)从行为主体上考察。一般而言,电子商务法作为商法的分支,所调整的依然是平等主体的当事人之间的交易关系。无论是商人(商事主体)之间的电子商务关系,还是商人与非商人(通常指消费者)之间的电子商务关系,都应属于电子商务法的调整范围。就目前而言,商人之间的电子商务关系较为普遍,这是由于此类主体较早、较多地占有了电子商务资源的缘故。但是,随着电子商务的不断普及,将有大量的商人与非商人之间的电子商务交易关系发生。电子商务法针对此种关系,可能要考虑到消费者保护的问题。在规定示范法的适用范围时,国际贸易法委员会还专门解释,示范法并不妨碍任何旨在保护消费者的法律规则的适用。而事实上,欧盟、韩国等已在其电子商务的立法中充分注意到了这一问题。

需要认真思考的是,商人与政府之间的有关商事管理活动,是否属于电子商务法的适用范围。美国许多州的电子商务法,都将这部分关系纳入了电子商务法的范畴,而示范法则明显将这类活动排除在外。如果以商品交易法的观点来观察,这些商事管理活动应该属于公法范畴,并不是典型的电子商务交易活动,应当划归其他的法律部门调整。当然,这并不是说不能在同一部电子商务法典或单行法中有所规定,相反,为了立法和执法上的方便,很可能将两类不同性质的法律规范,交叉规定在同一部法律里,这种情况在现代立法中并不鲜见。不过,在理论上应当分清两者的性质。

联合国国际贸易法委员会在对示范法所做的注释中建议:考虑到一些国家对于纯粹的国内商务暂时还不准备采用示范法规则,有关国家在采用示范法时,可以将该法的适用范围仅限于与国际商务有关的数据电讯。此外,国际贸易法委员会还建议:考虑到不同国家对于不同的商业交易可能规定有不同的特殊规则,各国在采用示范法时,可以规定示范法不适用于某些特殊的交易情况,即可以将这些特殊的交易情况作为例外来处理。

(三) 电子商务法的基本原则

电子商务法的基本原则,即电子商务法的立法宗旨、基本理念和基本价值的概括反映,它科学地反映了电子商务活动和电子商务关系的本质和规律,并构成电子商务法律制度的基础和灵魂。它不仅贯穿于整个电子商务法律制度中,起着统领的作用,而且贯穿于电子商务的立法、执法、司法和守法活动的全过程,并对上述活动起着指导作用。在确立电子商务法的基本原则时,既应遵循民商事法律的一般性原则,也要根据电子商务的特殊规律来确立其特有的原则。无论是立法主张还是理论观点,有关电子商务法基本原则的具体内容可谓众说纷纭,但它们在所共同提及的原则的内涵方面却是基本一致的。一般认为,电子商务法基本原则有下列几个方面。

1. 中立原则

电子商务法的基本目标,归结起来就是要在电子商务活动中建立公平的交易规则。这是商法的交易安全原则在电子商务法上的必然反映。电子商务既是一种新的交易手段,同时又是一个新兴产业。面对其中所蕴涵的、深不可测的巨大利益的诱惑,可以说没有哪个企业是无动于衷的。[①] 因此,中立原则(net neutrality)成为电子商务法中最主要的也是最重要的一项基本原则,甚至有学者认为它或它下位的原则

[①] 张楚:《电子商务法教程》,清华大学出版社 2005 年版,第 12-13 页。

是电子商务法中唯一真正的基本原则。

1) 技术中立

技术中立，又称"技术中性"，是指法律对电子商务的技术手段一视同仁，不限定使用或禁止使用何种技术，也不对特定技术在法律效力上有任何歧视性要求。同时给技术的未来发展留下法律空间。因此，"技术中立"并非不要技术，相反，它要求重视一切技术，不给予某种特定技术以任何优待，也不给予某种特定技术以任何歧视。

有观点认为，技术中立渊源于法理学上法律对"稳定"的价值追求和经济学上"风险规避"的理念。法律对稳定的价值追求，要求立法者选择相对成熟的、比较稳定的社会关系加以规范，同时要对未来可能出现的社会关系具有高度的预见能力；而法律作为风险厌恶者，又希望能够规避包括技术风险在内的一切风险。因此，技术中立原则的提出适时地解决了电子信息技术发展快、周期短的问题。而且，在电子商务立法的过程中，技术中立原则还可以被用来平衡各方的利益。关于技术中立的出处还没有一个统一的说法，但上述观点有其一定的科学性和合理性。

虽然技术中立原则的源流一时很难说得清楚，但是它作为一种法律理念被提出后，就迅速地被国内和国际立法所引用。美国政府认为：技术中立指所有的规则，都不应当需要或暗示认证技术的使用和发展。国家应当预料到认证方式会随着时间发生变化，并避免出现可能妨碍技术革新与应用的立法。此外，还应当避免出现那些法律，它们在有意无意之间驱使私人机构采用某种特定的电子认证技术同时却排除了其他可能的认证方法。我国《电子签名法》第14条规定：可靠的电子签名与手写签名或者盖章具有同等的法律效力。

目前，人们对技术中立原则的理解并不统一，世界各国的立法实践也不一致。因此，要实现技术中立并不容易，联合国《电子签名示范法》起草工作组，在其工作报告中就曾坦言，无法离开具体技术去追求一个抽象的"技术中立"。换言之，若过分强调中立规则，反而会陷入虚空的尴尬，不能解决实际问题。

2) 媒介中立

媒介中立，又称"媒介中性"，是指法律对于交易采用纸质媒介还是电子媒介（或其他媒介）都应一视同仁，不因交易采用的媒介不同而区别对待或赋予其不同的法律效力。联合国国际贸易法委员会在起草示范法以及在示范法颁布指南中均强调：示范法原则上规定它适用于任何手段生成、储存或传递信息的各种实际情况；示范法本着不偏重任何媒介的原则，对网上交易采用的办法不应有别于对纸面环境中同等情形所采用的办法。在《电子签名示范法》起草过程中，国际贸易法委员会也多次强调要保持示范法所建立起来的媒介中立的理念。

媒介中立与技术中立关系紧密，有人认为，广义上的"技术中立"还包括"媒介中立"，两者都具有较强的客观性，一定的传输技术与相应的媒介之间是互为前提的。但技术并不同于媒介，两者其实是有区别的：媒介中立是中立原则在各种通信媒体上的具体表现,媒介中立侧重于讯息所依赖的载体,而技术中立则着重于讯息的控制和利用手段。

3) 实施中立

电子商务法如同其他规范一样,离不开当事人的遵守与司法机关的适用。实施中立是指在电子商务法与其他相关法律的实施上,不可偏废;在本国电子商务活动与跨国电子商务活动的法律待遇上,应一视同仁。特别是不能将传统书面环境下的法律规范(如书面形式、签名、原件等法律要求)的效力,置于电子商务法之上,而应予以中立对待,根据具体环境特征的需求,来决定法律的实施。如果说前述技术中立和媒介中立反映了电子商务法对技术方案和媒介方式的规范,具有较强的客观性,那么电子商务法的实施中立,则更偏重于主观性。[①]

4) 同等保护

电子商务市场本身是国际性的,在现代通信技术条件下,割裂的、封闭的电子商务市场是无法生存的。因此,电子商务法对商家与消费者、国内当事人与国外当事人等,都应尽量做到同等保护。与上述中立原则其他的具体要求相比,同等保护所强调的是中立原则在电子商务交易主体上的实施。

2. 最小程度原则

电子商务立法的目的,是为电子商务的有效运行和发展排除法律制度上的障碍,并非要全面建立一个独立于民商法体系的新的系统性法律,而是尽量在最小程度上对电子商务订立新的法律,尽可能将已经存在的法律适用到电子商务中。这就是最小程度原则的内涵。其原因在于:①虽然电子商务是一个崭新的事物,但是对现存的法律规范进行适当修改便可以适用于它,没有必要重建或者创造一套全新的法律规范体系;②有关电子商务的技术还在不断发展,适用该原则对于新技术可以保持足够的灵活性,而过于具体的规定则可能会面临过时的危险,甚至可能会阻碍新技术的发展;③根据该原则的要求,各国并不试图制定一部系统的电子商务法律,而是尽力将已经存在的法律适用到电子商务中去。这样很容易在国际范围内达成共识,从而为跨国交易消除潜在的障碍和不确定性。这也是所谓"程序性原则"的体现,即电子商务法更倾向于程序性而非实体性的制度建设。

3. 安全原则

保障电子商务的安全进行,既是电子商务法的重要任务,又是其基本原则之一。电子商务以其高效、快捷的特性,在各种商事交易形式中脱颖而出,具有强大的生命力。这种交易工具越是高效、快捷,就越需要以安全作为前提和保障,它不仅需要技术上的安全措施,而且离不开法律上的安全规范。[②] 安全性原则要求与电子商务有关的交易信息在传输、存储、交换等整个过程不被丢失、泄露、窃听、拦截、改变等,要

[①][②] 张楚:《电子商务法教程》,清华大学出版社2005年版,第13页、第14页。

求网络和信息保持可靠性、可用性、保密性、完整性、可控性和不可抵赖性。譬如,电子商务法确认强化(安全)电子签名的标准,规定认证机构的资格及其职责等具体的制度,都是为了在电子商务条件下,形成一个较为安全的环境,至少其安全程度应与传统纸面形式相同。

另外,还有人认为,电子商务法的基本原则还包括功能等同原则、自治原则、开放性原则、媒介中立、技术中立、协调性原则、程序性原则,以及鼓励、促进与引导原则等。意思自治固然是立法的基本原则,但它属于民商法的基本原则,虽然也适用于电子商务法,但不是电子商务法特有的原则。从立法学的角度上讲,基本原则是介于立法指导思想和具体原则之间的概念,因此鼓励、促进与引导原则和协调性原则应属于电子商务立法的指导思想;媒介中立、技术中立则属于具体的原则,是中立原则的具体要求或下位原则。而功能等同、程序性、开放性则应属于立法技术的范畴,只是电子商务立法的技巧和方法,而非对立法内容具有指导意义的基本原则。

第二节 数据电讯法律制度

一、数据电讯

电子商务与传统贸易相比,其最显著的特征在于其通过传递数据电讯的形式进行各种商务活动。今天,交易无纸化已经成为商界一种不可阻挡的潮流,越来越多的纸质文件正在被电子文件所替代。数据电讯的使用大大提高了交易的效率,降低了交易成本,但也产生了许多传统法律制度难以解决的问题。比如,数据电讯的书面形式效力问题、数据电讯收发的时间与地点问题、数据电讯的保存问题以及数据电讯的归属问题等。

(一) 数据电讯的概念与效力

1. 数据电讯的概念

数据电讯(date message),即电子数据讯息。示范法规定:数据电讯,系指经由电子手段、光学手段或类似手段生成、储存或传递的信息,这些手段包括但不限于电子数据交换(EDI)、电子邮件、电报、电传或传真。我国《电子签名法》规定:数据电文,是指以电子、光学、磁或者类似手段生成、发送、接收或者储存的信息。我国《合同法》规定:书面形式是指合同书、信件和数据电文(包括电报、电传、传真、电子数据交换和电子邮件)等可以有形地表现所载内容的形式。根据这些规定,我们可以看出,数据电讯应该包括两个方面的因素:①数据电讯凭借的是电子手段、光学手段或类似手段;②数据电讯的实质是各种形式的电子信息。

根据《示范法实施指南》的有关解释,数据电讯应从三个方面来理解。①数据电讯的概念不限于通信方面,还应包括计算机产生的并非用于通信的记录。②定义里提到"类似手段"一词的目的表明,示范法不仅打算适用于现有的通信技术,而且打算适用于未来可预料的技术发展。数据电讯定义的目的是要包含基本上以无纸形式生成、存储或传递的各类电讯。为此目的,"类似"一词意为"功能等同"。③数据电讯的定义还意图包含它的撤销或者修订。一项数据电讯假定具有固定的信息内容,可以通过另一数据电讯予以撤销或者修订。

2. 数据电讯的效力

数据电讯的效力问题,是指以数据电讯的形式,是否可以成立有效的合同,是否可以成立对当事人具有法律拘束力的文件,以及它是否具有证据效力的问题。在传统法律观念中,对当事人具有法律拘束力的文件包括口头文件和书面文件,书面文件又可分为要式和非要式两种。以数据电讯的方式进行商务活动,是随着电子通信技术的不断发展而于近二三十年才大量出现的,它是不同于口头文件和书面文件的一种交易方式,其形式效力和证据效力都需要法律积极地回应和确定。

1) 数据电讯的形式效力

示范法第 5 条规定,不得仅仅以某项信息采用数据电讯的形式为由而否定其法律效力、有效性或可执行性。这是对数据电讯法律效力予以承认的一般性规定,它表明从法律上讲,当事人可以采取数据电讯的形式订立具有法律效力的合同或其他文件。但是,数据电讯与法律所规定的书面形式之间的关系,即数据电讯在性质上是否亦属于书面形式等一些具体问题还没有解决。因此,示范法第 6 条规定:如法律要求信息须采用书面形式,则假若一项数据电讯所含信息可以调取以备日后查用,即满足了该项要求。同时,示范法还相应地规定了电子文件的签署、认证、原件等相关问题,以功能等同的方法解决了数据电讯作为书面形式各方面的效力问题。

2) 数据电讯的证据效力

在诉讼过程中,案件事实情况是需要当事人用证据予以证明的。那么,电子商务中的数据电讯是否具有证据效力呢?示范法规定,在任何法律诉讼中,证据规则的适用在任何方面均不得以下述任何理由否定一项数据电讯作为证据的可接受性:①仅仅以它是一项数据电讯为由;②如果它是举证人按合理预期所能得到的最佳证据,以它并不是原样为由。示范法第 9 条规定:对于以数据电讯为形式的信息,应给予应有的证据力。在评估一项数据电讯的证据力时,应考虑到生成、储存或传递该数据电讯的办法的可靠性,保持信息完整性的办法的可靠性,用以鉴别发端人①的办法,以及任何其他相关因素。

毫无疑问,在电子商务交易中,数据电讯的证据效力是一个非常重要的问题。如果一项以数据电讯的方式制作的商务文件,不能被司法机关和仲裁机构接受为有效

---

① 发端人(originator),又称"创制人"。根据示范法第 2 条的定义,一项数据电讯的"发端人"是指:(a)发送或生成该数据电讯的人;(b)被代表发送或生成该数据电讯的人;(c)对该数据电讯予以储存的人;(d)不包括来处理该数据电讯的中间人。

证据，电子商务就没有了基本的法律保障，它就成了一种极具风险的交易形式。示范法的上述两款规定，一方面确立了数据电讯证据力的原则，但另一方面又非常谨慎地要求，在评价数据电讯的证据力时，应当考虑到与数据电讯有关的各方面因素，特别是有关因素的可靠性问题。不过，对于有哪些具体因素需要考虑，如何考虑这些因素及其可靠性问题，示范法并没有更进一步的明确规定。因此，还需要各国的国内法予以规定或法院和仲裁机构进行自由裁量。

案例 9-1

衡阳木制品加工厂诉景荣实业有限公司案

2003年3月5日，景荣实业有限公司（被告）利用其注册的电子邮箱给衡阳木制品加工厂（原告）的电子邮箱发出一份E-mail，明确了如下内容：(1)需要办公桌8张、椅子16张；(2)要求在3月12日之前，将货送至景荣实业有限公司；(3)总价格不高于15000元。电子邮件还对办公桌椅的尺寸、式样、颜色作了说明，并附了样图。当天下午3时35分18秒，衡阳木制品加工厂也以电子邮件回复景荣实业有限公司，对景荣实业有限公司的全部要求予以认可。为对景荣实业有限公司负责起见，3月6日，衡阳木制品加工厂还专门派人到景荣实业有限公司作了确认，但双方都没有签署任何书面文件。3月11日，衡阳木制品加工厂将上述桌椅送至景荣实业有限公司，由于景荣实业有限公司已于3月10日以11000元的价格购买了另一家工厂生产的办公桌椅，遂以双方没有签署书面合同为由拒收。双方协商不成，3月16日衡阳木制品加工厂起诉至法院，要求法院受理并给予妥善处理。

在庭审中，双方均对E-mail的内容及收发人无异议，作为证据应当被法庭认定，证明双方缔结过家具买卖合同。原告不仅主动上门要求被告确认通过电子邮件订立的合同，而且按照合同规定的时间将货物送到被告处，原告完全履行了合同项下的义务，不存在任何违约行为。而被告仅以没有签订书面合同而拒绝履行自身的义务，毫无理由可言。因此，被告构成了违约。

(二) 数据电讯的发送与接收

数据电讯作为当事人意思表示的手段，与传统的口头或书面的表达工具一样需要传达，需要一方的发送与另一方的接收，才将完成意思表示的相互交流。但数据电讯显然与传统书面形式在方式、性能上有很大区别，为确保电子商务信息传递的顺畅和安全，有必要在法律上对数据电讯的传递及数据电讯的收发（传递）时间与地点、数据电讯确认收讫的效力等相关问题进行规制。

1. 数据电讯传递的时间与地点

数据电讯收发的时间与地点，不仅是法律事实构成的重要元素，也是当事方意思表示生成的必要条件。由于它们是电子商务中许多相关法律关系的形成基点，示范法对它们都作了较为详细的规定。发端人与收件人如果另有协议，则以协议约定为准。如果没有协议约定，则应该按照下列规则予以确定。

1) 数据电讯传递的时间

示范法规定,一项数据电讯的发出时间,以它进入发端人或代表发端人发送数据电讯的人控制范围之外的某一信息系统的时间为准。数据电讯的收到时间按下述办法确定。(a)如收件人为接收数据电讯而指定了某一信息系统,以数据电讯进入该指定信息系统的时间为收到时间;如数据电讯发给了收件人的一个信息系统但不是指定的信息系统,则以收件人检索到该数据电讯的时间为收到时间。(b)如收件人并未指定某一信息系统,则以数据电讯进入收件人的任一信息系统的时间为收到时间。即使设置信息系统的地点不同于根据示范法规定视为收到数据电讯的地点,上述确定办法仍然适用。

2) 数据电讯传递的地点

示范法规定:数据电讯应以发端人所设立的营业地为其发出地点,而以收件人所设立的营业地为其收到地点。具体而言,如发端人或收件人有一个以上的营业地,应以与基础交易具有最密切关系的营业地为准,如果并无任何基础交易,则以其主要的营业地为准;如发端人或收件人没有营业地,则以其惯常居住地为准。

美国、新加坡和我国香港地区的立法大致与示范法的内容一致。我国《电子签名法》规定:"数据电文进入发件人控制之外的某个信息系统的时间,视为该数据电文的发送时间。收件人指定特定系统接收数据电文的,数据电文进入该特定系统的时间,视为该数据电文的接收时间;未指定特定系统的,数据电文进入收件人的任何系统的首次时间,视为该数据电文的接收时间。当事人对数据电文的发送时间、接收时间另有约定的,从其约定。""发件人的主营业地为数据电文的发送地点,收件人的主营业地为数据电文的接收地点。没有主营业地的,其经常居住地为发送或者接收地点。当事人对数据电文的发送地点、接收地点另有约定的,从其约定。"

2. 数据电讯的确认收讫

数据电讯的确认收讫,又称为数据电讯接收的确认,是指收件人收到发件人发送的数据电讯之后,根据双方约定或法律规定,采取某种方式对收到数据电讯这一事实予以确认。许多国家法律和国际组织相关规则中明确规定,一项数据电讯如需确认收讫,收件人应在一定期限内向发件人作出确认,否则视为数据电讯未收到,发件人有权否定该项数据电讯的效力。

由于数据电讯与纸质通信在方式和性能上的迥然区别,为了保证数据电讯传输的可靠性,不但许多信息系统设置了确认收讫功能,而且在这种实践的基础上,各国和国际组织在其电子商务法中也制定了相应的确认收讫的通信规则,以免发生技术与法律风险。有关电子商务的确认收讫制度,示范法第 14 条专门予以规定,具体如下。

1) 有关其属性与范围的概括性规定(第 1 款)

该款规定,"本条第 2 至 4 款适用于发端人发送一项数据电讯之时或之前,或通过该数据电讯,要求或与收件人商定该数据电讯需确认收讫的情况。"该款表明,它仅适用于当事人的数据电讯的传递。

国际贸易法委员会在《示范法实施指南》中指出,这是一条任意性的规范,是否使用功能性的收讫确认,应由电子商务用户作出业务性决定,示范法无意作出关于使用此种程序的强制性规定。但是,考虑到确认收讫系统所具有的商业价值,以及在电子商务情况下此种系统的广泛使用,示范法应当触及因使用确认收讫程序而产生的一系列法律事项。需要注意的是,"确认收讫"概念有时涵盖了多种程序,从简单的对收到一项数据电讯(并不提示具体内容)的确认,再到具体表明同意某一特定数据电讯的内容。在许多情形下,该程序相当于邮政系统的"回执"制度。在各种情形下都会要求确认收讫,例如数据电讯本身、双边或者多边通信协议或者在"系统规则"内,应当考虑到,不同的确认收讫程序意味着不同的费用。

指南的该解释性规定,是推定确认收讫程序是由发端人斟酌采用的。同时,该规定还表明,示范法并不打算涉及因发出一份确认收讫通知而可能产生的法律后果,而只是确认收到数据电讯这一事实。例如,某一发端人在发出的数据电讯中提出发价或者要约,并要求发回确认收讫通知,那么该收讫通知只不过证明该发价已经被收到。究竟发回确认收讫通知是否属于接受发价或者对要约的承诺,不由示范法解决,而应由示范法以外的合同法解决。

2) 对收件人推定处理的规定(第 2 款)

该款规定,如发端人未与收件人商定以某种特定形式或某种特定方法确认收讫,可通过足以向发端人表明该数据电讯已经收到的行为来确认收讫:①收件人任何自动化传递或其他方式的传递;②收件人的任何行为。

在数据通信中,确认收讫程序的应用一般是由发端人单方决定的。如果发端人没有此种决定,就存在对收件人如何行事的补充性规范。因此,如果发端人与收件人没有商定确认收讫的形式,就可以通过双方的通信或者收件人的行为来推定确认是否有效。即发端人未与收件人商定确认收讫的方式时,收件人有权自行决定采用任何一种足以向发端人表明数据电讯已经收到的方式,来确认收讫。

3) 对发端人推定处理的规定(第 3 款和第 4 款)

与前款收件人推定的规则相对应,示范法规定了两种发端人推定的规则。①如果发端人已声明数据电讯须以收到确认为条件,则在收到该项确认之前,数据电讯可视为从未发送。②如果发端人并未声明数据电讯须以收到该项确认为条件,而且在规定或商定时间内,或者在未规定或商定时间的情况下,在一段合理时间内,发端人并未收到此项确认时:(a)可向收件人发出通知,说明并未收到其收讫确认,并定出必须收到该项确认的合理时限;(b)如在(a)项所规定的时限内仍未收到该项确认,发端人可在通知收件人之后,将数据电讯视为从未发送,或行使其所拥有的其他权利。

该款明确了在发端人声明须以收到确认为条件时,其法律后果是:在收到该项确认之前,数据电讯可视为从未发送,即免除该数据电讯对其的法律约束力;在发端人没有此种声明时,示范法对收件人确定了时间段,如果发端人在此时间段没有收到确认,同样免除该数据电讯对其的法律约束力,此后发端人有权将该项发价转发给其他人。根据新加坡《电子交易法》的规定,在此种情况下,该电子记录视同从未发送,发端人可以行使任何其他权利。示范法的相关规定不对发端人产生一种约束的义务,而只是给发端人明确了方式以及在没有收到确认时其地位和权利;同样,该规定也不对收件人产生任何约束的义务,他可以自行决定是否信赖所收到的某项数据电讯,并决定是否予以确认。该条款的规定使收件人的信赖利益得到了保护,由于数据电讯的发出与否、确认方式是发端人可以自由决定的,因此如果发端人发出一项数据电讯,并要求了确认收讫的方式,他就不能仅仅以撤销了所要求的确认而否认该数据电讯的法律效力。

4) 收讫确认的法律效果(第5款和第7款)

该条第5款规定,如发端人收到收件人的收讫确认,即可推断有关数据电讯已由收件人收到。但这种推断并不含有该数据电讯与收件人所收到的数据电讯内容相符的意思。第7款再次强调,除涉及数据电讯的发送或接收之外,无意处理源自该数据电讯或其收讫确认的法律后果。它再次表明,收讫确认不应与任何承认数据电讯内容的文件或信息相混淆。

5) 收讫确认的技术指标(第6款)

示范法规定:如所收到的收讫确认指出有关数据电讯符合商定的或适用标准所规定的技术要求,即可推定这些要求业已满足。

我国《电子签名法》规定:"法律、行政法规规定或者当事人约定数据电文需要确认收讫的,应当确认收讫。发件人收到收件人的收讫确认时,数据电文视为已经收到。"目前,我国尚无法律、行政法规对数据电文的确认收讫进行明确的要求。但是随着我国电子商务的迅速发展,今后或许会有这样的规定。法律、行政法规有此种要求时,数据电讯就必须依法确认收讫。为了保障交易安全,根据意思自治原则,当事人之间可以约定数据电讯的确认收讫,如果当事人约定数据电讯需要确认收讫的,收件人应当确认收讫。同时,根据我国法律规定,无论是法律、行政法规规定还是当事人约定数据电讯需要确认收讫的,数据电讯的收到时间为发件人收到收件人确认收讫的时间。

(三) 数据电讯的归属与留存

1. 数据电讯的归属

数据电讯的归属,是指在电子商务背景下,当数据电讯的发送人尚不清楚或者还存在争议时,如何认定数据电讯的发出者或者其主体问题。它是有关数据电讯的发出与发出人之间关系的规则,是确定数据电讯法律后果的先决条件。从适用次序上讲,它是数据电讯发送相关规则的补充规范,只有在数据电讯的发送人不清楚或者有争议的情况下才予以适用。

根据示范法第13条的规定,按照发端人、代理人、收件人的不同,数据电讯的归属规则可以归纳出以下三项。

1）发端人明确时，数据电讯的归属规则

示范法规定，一项数据电讯，如果是由发端人自己发送，即为该发端人的数据电讯。这是发端人亲自发送数据电讯情况下的数据电讯归属。根据该款规定，发端人如果有效地发送了一项数据电讯，他就应该对该行为负责，接受其约束。

2）在代理情况下，数据电讯的归属规则

示范法规定，就发端人与收件人之间而言，在下列两种情况下，应视为是发端人的数据电讯：①由有权代表发端人行事的人发送；②由发端人设计程序或他人代为设计程序的一个自动运行的信息系统发送。该款的目的在于确定，发端人有代理人或"电子代理人"情况下的数据电讯归属。在此种情况下，示范法对发端人的权利状况并不加以判断，至于发送执行人（代理人）是否有权或基于什么事由获得此项权利代表发端人行事的问题，则不属于示范法管辖，而应该由代理法等其他法律进行规范。香港《电子交易条例》也明确规定，数据电讯归属的相关规定，"不影响代理法及关于合约成立的法律"。

3）从收件人角度进行的归属推断

发端人、发端人的代理人或电子代理人都不确定的情况下，如何确定数据电讯的归属最为关键。因此，从收件人的角度进行推断，是数据电讯归属规则中的主要内容。它具体包括三个方面的内容。

（1）对发端人的推断。示范法规定，就发端人与收件人之间而言，收件人有权将一项数据电讯视为发端人的数据电讯，并按此推断行事，如果：①为了确定该数据电讯是否为发端人的数据电讯，收件人正确地使用了一种事先经发端人同意的核对程序；②收件人收到的数据电讯是由某一人的行为而产生的，该人由于与发端人或与发端人之任何代理人的关系，得以动用本应由发端人用来鉴定数据电讯确属源自其本人的某一方法。

对发端人的推断分为两种情况：第一，收件人正确地使用了一种事先经发端人同意的认证程序；第二，数据电讯是由某个第三人的行为而产生的，由于该第三人与发端人的关系，使其得以利用发端人的认证程序。在这两种情况下，收件人借以推断的依据均为"一种事先经发端人同意的认证程序"。而此种认证程序的运用，对数据电讯的来源起了适当的证明作用，收件人从而有理由推断该数据电讯归属于发端人。

一种事先经发端人同意的认证程序，不仅包括认证程序已经由发端人与收件人协商同意的情况，也包括由发端人单方面的决定，或通过与中间人的协议而选择一种认证程序，并且同意接受符合该程序要求的数据电讯约束的情况。另外，发端人或收件人在一定情况下，还应该对某些未经授权的人所为的，但可以证明是该方当事人的过错而生成的数据电讯承担责任。但是，上述推断仅适用于发端人与收件人之间基于事先协议上的通信，而不适用于开放的通信环境。

(2) 上述推断的例外情况。示范法规定，自下列时间起，上述推断不适用：(a)自收件人收到发端人的通知，获悉有关数据电讯并非该发端人的数据电讯起，但收件人要有合理的时间相应采取行为；(b)如属上述(a)项与发端人相关者所为的情况下，自收件人只要适当加以注意或使用任何商定程序便知道或理应知道该数据电讯并非发端人的数据电讯的任何时间起。

在适用上述两种例外时，需要注意以下三点。第一，上述推断的例外，在适用时不具有追溯力。即发端人只有在其通知被收到之后，才可以解除数据电讯对他的约束力，而不是追溯到此之前。第二，在数据电讯事实上由发端人发出，而收件人也正确地使用了商定的或合理的认证程序的情况下，发端人不可以利用上述推断的例外规则向收件人发送通知，而逃避该数据电讯的约束力。即收件人可以证明数据电讯是发端人的，将适用对发端人的推断规则，而不是其例外规则。第三，在与发端人相关者所为的情况下，即使收件人知道该数据电讯不是发端人的，但只要收件人适当地使用了商定的认证程序，他也有权适用对发端人的推断规则。在示范法起草时，普遍认为，为了保持商定的认证程序的可靠性，平衡认证程序相关商定者的利益，有必要接受由此规定而可能产生的风险。

(3) 收件人推断的两种处理后果。示范法规定：凡一项数据电讯确属发端人的，或视为发端人的，或收件人有权按此推断行事，则就发端人与收件人之间而言，收件人有权将所收到的数据电讯视为发端人所要发送的数据电讯，并按此推断行事。如果收件人只要适当加以注意或使用任何商定程序便知道所收到的数据电讯在传递中出现错误，即无此种权利。示范法还规定：收件人有权将其收到的每一份数据电讯都视为一份单独的数据电讯并按此推断行事，除非它重复另一数据电讯，而收件人只要加以适当注意或使用任何商定程序便知道或理应知道该数据电讯是一份副本。

这两款规定一方面是为了防范发端人否认其发送的，或视为其发送的，或依法可以推断其发送的数据电讯，而逃避该数据电讯对其的约束力；另一方面又对收件人的推断做出限制，给收件人规定了适当的注意义务，即收件人的推断必须以合理的注意为前提条件。

除了示范法上述关于数据电讯的规定外，美国《统一电子交易法》第9条、《统一计算机信息交易法》第213条，新加坡《电子交易法》第13条，我国香港《电子交易条例》第18条等也有数据电讯归属的相关规定。我国《电子签名法》规定："数据电文有下列情形之一的，视为发件人发送：(一)经发件人授权发送的；(二)发件人的信息系统自动发送的；(三)收件人按照发件人认可的方法对数据电文进行验证后结果相符的。当事人对前款规定的事项另有约定的，从其约定"。

2. 数据电讯的留存

数据电讯必须是能够适当保存，并随时可以使用的。也只有这样，它才能实现与书面形式的等价功能，满足会计、税务等信息存储的要求，并与现行的证据法相吻合，实现其作为证据的效力。示范法就数据电讯的留存，确定了一套替代性的规则。

1) 留存必须符合的要件

如法律要求某些文件、记录或信息必须留存,则此种要求可通过留存数据电讯的方式予以满足,但要符合下述条件:①其中所含信息可以调取,以备日后查用;②按其生成、发送或接收时的格式留存了该数据电讯,或以可证明能使所生成、发送或接收的信息准确重现的格式留存了该数据电讯;③如果有的话,留存可据以查明数据电讯的来源和目的地以及该电讯被发送或接收的日期和时间的任何信息。

示范法上述三个条件的法律意义在于:第一,以数据电讯形式存在的文件、记录或信息,必须随时可以调取,即可以反复使用,而不能使用一次即消失;第二,必须与其原来的状况保持一致,而不能在存储、收发过程中发生内容上的变化;第三,必须可以从中确定该数据电讯的来源、目的地以及传递时间等相关信息,即具有在时间和空间上的确定性。因为要求数据电讯在传送、存储过程中不被更改,不符合其物理特点,通常为了传送和存储,需要对它进行压缩、加密或格式转换。而只有符合上述这些条件,数据电讯才能保持其完整性和可利用性,才具备与书面等同的储存功能。

2) 两个相关规定

(1) 按上款规定留存文件、记录或信息的义务,不及于只是为了使数据电讯能够发送或接收而使用的任何信息。其实,需要储存的信息不但包括数据电讯,还包括那些用来辨别该数据电讯的传输信息。如果要求留存所有与数据电讯相关的信息,其标准显然高于现行法律关于传统书面(纸质)文件存储的规定。然而,又不应该将其理解为对确认收讫、电子签名等附加信息的排除。因此,数据电讯的留存,不包括那些仅为传输而不影响数据电讯完整性的信息(如通信技术协议),它们一般会在数据电讯正式进入收件人的信息系统时,就被接受计算机自动剔除。

(2) 任何人均可通过使用任何其他人的服务来满足上述数据电讯留存的要求,但该服务必须满足以上(a)、(b)和(c)三项条件。"任何其他人的服务"范围比较宽泛,包括但不限于中间人的服务。因为信息的存储,特别是传输信息的存储,通常是由发端人与收件人之外的人来实现的,但数据电讯的安全传输和留存仍然必须满足上述的三项条件,当事人不能以其他人的服务为由而逃避责任。

目前,我国已公布实施了《电子公文归档管理暂行办法》和《电子文件归档与管理规范》,为电子文件的归档与管理提供了规范性依据。

二、电子签名与电子认证

在电子商务活动中,交易各方可能在整个交易过程中自始至终不见面,交易安全是其关注的核心问题。为了满足交易安全的需求,电子商务系统应当达到以下几点具体要求:①信息的保密性;②交易各方身份的认证;③信息的防抵赖性;④信息的完整性、防篡改性。[1] 如何对交易各方当事人的身份进行认证,如何克服电子信息在传

---

[1] 张楚:《电子商务法教程》,清华大学出版社2005年版,第82页。

送过程中的易改动性,从而确保电子信息的完整性和可靠性,归根结底,如何保证电子商务的交易安全,消除其因新技术手段而带来的信任危机,是电子签名和电子认证制度产生的主要原因。

(一) 电子签名

1. 电子签名的概念和作用

1) 电子签名的概念

签名是把一定的事物或行为与一定的人在法律上联结起来的手段,它与书面形式既相互关联,又有所区别。为确定当事人在相关交易中的权利义务,传统民商法要求书面文件须签字和/或盖章(简称"签章"),方成立或生效。我国《合同法》就规定:当事人采用合同书的形式订立合同的,自双方当事人签字或者盖章时合同成立。以电子技术和互联网为背景的电子商务中,当事人不可能在电子合同上亲笔手书签名或加盖印章,传统签字或盖章的方式很难适用,电子签名因此产生。

电子签名(electronic signature),又叫"电子印章"。《电子签名示范法》规定,电子签名系指在数据电讯中,以电子形式所含、所附或逻辑上与数据电讯有联系的数据,它可用于鉴别与数据电讯有关的签字人和表明此人认可的数据电讯所含信息。我国《电子签名法》中的电子签名,"是指数据电文中以电子形式所含、所附用于识别签名人身份并表明签名人认可其中内容的数据"。两者的定义是一致的。

2) 电子签名的作用

电子商务合同易错和易被篡改的特点,损害着它作为"书面形式"的功能。未经签章的合同形式,则难以证明合同法律事实的存在,难以成为认定案件事实的有效证据。因此,一方面电子签名与传统签章具有同等的功能,另一方面其在鉴别电子文件的归属和对文件内容的确认方面的作用得到了电子商务法的强调。

从法律意义上说,电子签名的作用主要有两点。第一,它能证实数据电讯发端人的身份,即它以电子形式所含、所附的数据可"用于识别签名人身份"。第二,它能确保数据电讯的可靠性和完整性,即签名人以电子形式对数据电讯内容的"签名认可",起到对该内容的固定作用,从而保证其可靠性和完整性。电子签名本身是一种数据,它的形式和使用明显不同于传统签章。电子签名不但可能被遗忘,还存在一个人同时拥有数个电子签名的情况,而且电子签名的鉴别一般也需要借助于计算机系统来进行。因此,要实现其上述功能须在技术上和法律上严格设定其使用标准。

2. 电子签名的分类

1) 广义的、狭义的和折中的电子签名

根据电子商务的实践和有关法律的规定,电子签名既有比较低级的交易口令、对称加密技术,也有较高级的非对称加密技术(PKI),即公开密钥密码技术,甚至还包括更为先进的生物特征识别技术等。从理论上讲,一般将电子签名分为广义的、狭义的和折中的三类。

(1) 广义的电子签名,是指包括所有的电子手段在内的电子签名。凡是具有鉴别电讯发出者身份的作用,数据电讯中所含、所附或与其有逻辑联系的电子数据,都可以成为电子签名的技术形式。

(2) 狭义的电子签名,是指以特定的电子技术作为手段的电子签名,通常指以非对称加密技术所产生的数字签名。所谓数字签名(digtial signature),就是只有信息发送者才能生成的、别人无法伪造的一段数字串,这一数字串同时也是对发送者发送的信息的真实性的一个证明。

(3) 折中的电子签名,又称"强化的电子签名"、"增强电子签名"或"安全电子签名",是指经过一定的安全应用程序,能够达到传统签名同等功能的电子签名方式。这个概念具有开放性、兼容性,其具体形式可以多种多样,任何能够达到传统签名相同效果的技术方式都可以涵盖其中。与上述广义的与狭义的概念相比较,下文有关"可靠的电子签名"的立法规定,应该属于折中的电子签名的概念范畴。

综上,广义的电子签名在外延上涵盖了折中的电子签名,两者所执行的基本功能和技术手段是一致的;但是,在安全性的要求方面却不尽相同,折中的电子签名在广义的电子签名概念的基础上,增加了对安全性的要求。而折中的电子签名与狭义的电子签名在安全性要求上基本一致;两者的差别在于所适用的技术范围不同:折中的电子签名以概括的方式提出安全性的基本要求,狭义的电子签名则是以列举的方式指定了某种有效的技术手段。因此,从外延上讲,折中的电子签名包括了狭义的电子签名。

2) 立法对"可靠的电子签名"的要求

虽然我国的《电子签名法》规定"当事人也可以选择使用符合其约定的可靠条件的电子签名",但由于电子签名具有很强的技术性,一般来说,具有法律效力的电子签名,其标准通常是由立法机关制定或认可的,存在电子签名标准与效力的预先决定问题。

(1) 国际立法——以《电子签名示范法》为例。

《电子签名示范法》规定,电子签名须满足以下三个要求。①凡法律规定要求有一人的签名时,如果根据各种情况,包括根据任何有关协议,所用电子签名既适合生成或传送数据电讯所要达到的目的,而且也同样可靠,则对于该数据电讯而言,即满足了该项签名要求。②无论第1款所述要求是否作为一项义务,或者无论法律是否只规定了无签名的后果,第1款均适用。③就满足第1款所述要求而言,符合下列条件的电子签名视作可靠的电子签名:(a)签名制作数据在其使用的范围内与签名人而不是还与其他任何人相关联;(b)签名制作数据在签名时处于签名人而不是还处于其他任何人的控制之中;(c)凡在签名后对电子签名的任何更改均可被觉察;以及(d)如果签名的法律要求目的是对签名涉及的信息的完整性提供保证,凡在签名后对该信息的任何更改均可被觉察。

(2) 国内立法——以新加坡和我国的相关规定为例。

新加坡《电子交易法案》规定,通过使用当事人同意的某一规定的安全程序或商业上合理的安全程序,该电子签名可被视为可靠的电子签名,如在签署时能确认该电子签名:①对该使用人而言是独一无二的;②能够鉴别该使用人;③在该使用人的完全控制之下以某种方式生成;④与电子记录存在这样的联系,即记录被改动,电子签名也随之失效。

我国《电子签名法》规定,电子签名同时符合下列四项条件的,视为可靠的电子签名:①电子签名制作数据用于电子签名时,属于电子签名人专有;②签署时电子签名制作数据仅由电子签名人控制;③签署后对电子签名的任何改动能够被发现;④签署后对数据电讯内容和形式的任何改动能够被发现。该法接着规定:"可靠的电子签名与手写签名或者盖章具有同等的法律效力。"

根据我国《电子签名法》的规定,并不是所有的电子签名都具备与手写签名或者盖章同等的法律效力,只有上述"可靠的电子签名"才具备这样的效力。而可靠的电子签名只能通过两种方式产生:一是当事人约定;二是符合上述规定的四个条件。从技术上看,数字签名尤其是经过认证的数字签名足以满足这四个条件,应该是可靠的电子签名。但鉴于技术中立的立场,我国法律没有直接规定数字签名就是可靠的电子签名。也就是说,数字签名是否为可靠的电子签名,也要以规定条件进行判断。"可靠性"是电子签名两个基本特征之一,可靠的电子签名概念及要求的提出,一方面可以确保可靠电子签名具备传统签章同等的法律效力,另一方面又体现了其开放性和灵活性的特点。这样的规定,虽然带来适用和操作上的难度,但为未来电子签名技术的发展保留了一定的空间,增加了立法的弹性。

案例 9-2

手机短信是否符合数据电文的形式

2004年1月,杨先生结识了女孩韩某。同年8月27日,韩某发短信给杨先生,向他借钱应急,短信中说:"我需要5000,刚回北京做了眼睛手术,不能出门,你汇到我卡里。"杨先生随即将钱汇给了韩某。一个多星期后,杨先生再次收到韩某的短信,又借给韩某6000元。因都是短信来往,两次汇款杨先生都没有索要借据。此后,因韩某一直没提过借款的事,而且又再次向杨先生借款,杨先生产生了警惕,于是向韩某催要,但一直索要未果。最后杨先生起诉至海淀法院,要求韩某归还其11000元钱,并提交了银行汇款单存单两张。但韩某却称这是杨先生归还以前欠她的欠款。

在庭审中,杨先生在向法院提交的证据中,除了提供银行汇款单存单两张外,还提交了自己使用的号码为"1391166××××"的飞利浦移动电话一部,其中记载了部分短信息内容。后经法官核实,杨先生提供的发送短信的手机号码拨打后接听者是韩某本人。而韩某本人也承认,自己从2003年七八月份开始使用这个手机号码。

法院经审理认为,依据2005年4月1日起施行的《电子签名法》的规定,移动电话短信息即符合电子签名、数据电文的形式。同时移动电话短信息能够有效地表现所载内容并可供随时调取查用;能够识别数据电文的发件人、收件人以及发送、接收的时间。经法院对杨先生提供的移动电话短信息生成、储存、传递数据电文方法的可靠性,保持内容完整性方法的可靠性,用以鉴别发件人方法的可靠性进行审查,可以认定该移动电话短信息内容作为证据的真实性。根据证据规则的相关规定,数据电文可以直接作为认定事实的证据,还应有其他书面证据相佐证。

杨先生提供的通过韩女士使用的号码发送的移动电话短信息内容中载明的款项往来金额、时间与中国工商银行个人业务凭证中体现的杨先生给韩女士汇款的金额、时间相符,且移动电话短信息内容中亦载明了韩女士偿还借款的意思表示,两份证据之间相互印证,可以认定韩女士向杨先生借款的事实。据此,杨先生所提供的手机短信息可以认定为真实有效的证据,证明事实真相,法院对此予以采纳,对杨先生要求韩女士偿还借款的诉讼请求予以支持。

据报道,本案是我国《电子签名法》实施后,法院裁判的第一起案例,意味着我国的《电子签名法》真正开始走入司法程序,数据电文、电子签名、电子认证的法律效力得到了根本的保障,通过《电子签名法》的实施,基本上所有与信息化有关的活动在法律的层面都有了自己相应的判断标准。

3. 数字签名的运行环境和技术步骤

1) 数字签名的运行环境

电子签名并不是传统书面签章的数字图像化,而是通过密码技术以电子形式来实现的,其核心是密码技术。从技术上讲,数字签名是公开密钥加密技术的另一类应用。密钥根据其功能分为公共密钥(简称"公钥")和私人密钥(简称"私钥")。公钥和私钥是由密码算法生成的唯一对应的一对数据,通过私钥不能推导出对应的公钥,通过公钥也不能推导出对应的私钥。由签署人用来数字签名或将数据电讯转化为无法理解的形式的为私钥,一般不为别人知晓;由收件人用来确认数字签名或将数据电讯还原为原来的形式的为公钥,它是相对于电子签名的验证数据。

其运行方式如下。发端人从数据电讯中生成一个散列值(或数据电讯的摘要),并用自己的私钥对这个散列值进行加密来形成电子签名,然后将其作为附件与数据电讯一起发送给收件人。为了确认数字签名,收件人必须首先取得发端人的公共密钥。收件人从接收到的原始电讯中计算出散列值,接着再用发端人的公钥来对数据电讯附加的电子签名进行解密。数据电讯在传输过程中,如有第三人对电子文件进行篡改,但由于他并不知道签名人的私钥,因此解密得到的数字签名与经过计算后的数字签名必然不同。如果两个散列值相同,那么收件人就能确认该电子签名是发端人的。因而,通过电子签名能够实现对数据电讯完整性的鉴别和不可抵赖性。

电子认证的运行环境同样如此,所用的也是电子加密技术。认证机构签发的认证证书中,最为重要的一项内容就是签署人的公钥信息。正因为密码技术在电子签名中的重要作用,我国《电子签名法》明确规定,开展电子认证服务必须事先取得国家密码管理机构同意使用密码的证明文件,这实际上是为其市场准入设置了一项前置性的行政许可。

2) 数字签名的具体技术步骤

新加坡《电子交易法案》将"数字签名"定义为通过使用非对称加密系统和哈氏函数①来变换电子记录的一种电子签名,使得同时持有最初未变换电子记录和签名人公开密匙的任何人可以准确地判断:①该项变换是否是使用与签名人公开密钥相匹配的私人密钥作成的;②进行变换后,初始电子记录是否被改动过。显然,这与其对电子签名的定义是不同。该法案对电子签名采用什么方式和什么技术没有具体的规定,仅设定了一个原则性的标准;而对数字签名则明确规定,即采用非对称系统和哈氏函数的技术。

在公开密钥加密技术的运行环境下,数字签名的运行过程包括如下三个具体步骤。

(1) 将所要发出的数据电讯按双方约定的哈氏算法,计算得到一个固定位数的电讯摘要(散列值),并在数学上保证,只要改动数据电讯中任何一位,重新计算出的电讯摘要数值就会与原先的值不相符。这样就保证了数据电讯的不可更改性。

(2) 将该电讯摘要数值用发件人的私钥加密,连同数据电讯一起发送给收件人,产生的数据即称电子签名。

(3) 收件人收到电子签名后,用同样的哈氏算法对该摘要的数值进行计算,然后用发件人的公钥进行解密,并同解密的摘要值进行比较,如果两者相符,则说明数据电讯确实来自所称的发件人。

4. 电子签名的法律效力

电子签名丰富多样。从广义到折中再到狭义,从技术要求较低的到技术要求较高的,甚至到先进技术的生物特征签名,不一而足。那么,这些电子签名是否都具备法律效力,或只是其中某种、某些电子签名具备法律效力?判断一项电子签名是否具有法律效力的标准又是什么?这些都是电子商务法所要应对的问题。

1) 具有与传统签章同等的法律效力

电子签名是在电子商务环境下,在各交易法无法以传统方式进行手写签名或者盖章的情况下,应运而生的。因此,它应该而且必须达到与传统纸质中的书面签章的同等效果,才可为此担当。因而,各国和国际组织在其制定的电子商务法中设置了相应的要求,如果一项电子签名要具备法律效力,必须首先满足法律关于电子签名的此类要求。

示范法第 7 条规定,如法律要求要有一个人签字,则对于一项数据电讯而言,倘若符合下列情形,即满足了该项要求:(a)使用了一种方法,鉴定了该人的身份,并且表明该人认可了数据电讯内含的信息;(b)从所有各种情况来看,包括根据任何相关

---

① 哈氏函数,又称杂凑函数,是在信息安全领域有广泛和重要应用的密码算法,它有一种类似于指纹的应用。在网络安全协议中,哈氏函数用来处理电子签名,它将冗长的签名文件压缩为一段独特的数字信息,像指纹鉴别身份一样保证原来数字签名文件的合法性和安全性。目前最常用的有 SHA-1 和 MD5 等。

协议,所用方法是可靠的,对生成或传递数据电讯的目的来说也是适当的。示范法依然是采用功能等同原则赋予电子签名与书面签名同等的法律效力。我国《电子签名法》规定:"民事活动中的合同或者其他文件、单证等文书,当事人可以约定使用或者不使用电子签名、数据电文。当事人约定使用电子签名、数据电文的文书,不得仅因为其采用电子签名、数据电文的形式而否定其法律效力。""可靠的电子签名与手写签名或者盖章具有同等的法律效力。"

国际贸易法委员会在其《电子签名统一规则(草案)》(简称"统一规则草案")第3条"签署的推断"中规定,"(A方案):1.当法律要求签名时,强化电子签名可以满足该要求。除非已证明强化电子签名没有满足示范法第7条的要求……"统一规则草案采用的排除条件,实质上把主张强化电子签名不符合法律规定的证明责任推给了否定方,使之成为一种例外情况,从而坚实地确立了强化电子签名的基础性法律地位。[1] 该方案不仅重申了《电子签名示范法》第7条的要求,而且以排除的方法,为强化电子签名提供了适用规则。

2) 合法电子签名的具体效果

电子签名的合法使用,是指签名人完全遵守了法律规范和交易惯例的要求,以电子签名对交易中的数据电讯进行签署和发送。而电子签名合法使用与签名人等相关人的义务又紧密联系在一起,并由此而产生不同的法律效果。合法使用的电子签名所产生的效果,具体表现在以下几个方面。

(1) 对签署人的效果。合法的电子签名将对签署人产生以下约束:所签署的数据电讯毫无疑问地归属于签署人;该数据电讯的内容对于签署人产生约束力。电子签名合法使用有两种情况:签署人本人直接使用电子签名;签署人授权代理人(包括电子代理人)使用其电子签名。但是,无论是直接使用还是授权使用,电子签名拥有者都必须负责保持电子签名在其独占控制之下,负有妥善保护其不被泄露、不被滥用的义务。

(2) 对数据电讯内容的效果。虽然在文件的传输中或在系统的服务中,数据电讯可能有所变化,但经签署的数据电讯,在交易双方之间应作为原件对待,而且可以符合证据法上原件的要求,作为原始证据而向法庭或仲裁机构提交。

(3) 对法律行为的效果。在开放的网络环境下,电子签名自然成为商事交易的法律行为的构成要素之一。当法律规定某种法律行为必须以书面形式做出时,以电子签名对数据电讯的签署,就充分地满足了这一要求。当然,某一电子签名的具体法律行为是否成立或生效,最终要以调整该法律行为的特别法来衡量。

3) 电子签名未经授权使用的效果[2]

电子签名由拥有者之外的人使用,是指使用其独占控制的方式生成,或附加于数据电讯中的电子签名。在此情况下,又存在授权使用和未经授权使用两种类别。授

---

[1][2] 参见张楚:《电子商务法教程》,清华大学出版社2005年版,第89页、第90页。

权使用为合法使用,拥有人理应承担责任。所谓未经授权使用,是指该签名既不是拥有者本人签署的,也不是其代表人签署的,即缺乏合法权源的使用。关于未经授权使用对使用人的效果,刑法、民事侵权责任法规定,伪造、冒用、盗用他人的电子签名,构成犯罪的依法追究刑事责任;给他人造成损失的,依法承担民事赔偿责任。同时,还必须明确电子签名未经授权使用的情况下,对签名拥有人的法律后果。

签名的归属规则与签名责任的归属,并不是完全相同的。也就是说,存在着电子签名不是由拥有者本人签署,也不是由其代表人签署,而其后果与责任却要由签名拥有人承担的情况。因为除了对本人或其代表人的电子签名负有责任外,签名拥有人还承担着履行合理注意的义务。统一规则草案规定:"(A方案)强化电子签名的使用是未经授权的,并且被称谓的签署者没有履行合理的注意,以避免对其签名的未经授权使用并防止收件人信赖该签名:①该签名仍被认为是授权的,除非信赖方知道或应当知道该签名是未经授权的;②称谓的签署者可能只对当事人恢复未经授权使用强化电子签名前的状态的成本负责任,除非信赖方知道或应当知道该签名不是称谓者的;③称谓的签署者对造成的损害负责任,向信赖方支付损害赔偿,除非信赖方知道或应当知道该签名不是称谓者的。"

该规定包含两种责任承担的可能性和四种具体的处理后果。两种责任承担的可能性为:①由收件人承担,但前提条件是其本身存在过错,即"信赖方知道或应当知道该签名不是称谓者的";②由签名拥有人承担,其主观条件也是有过错,即"被称谓的签署者没有履行合理的注意"。从具体的四种处理后果来看,第一种是由收件人承担未经授权使用电子签名的风险责任,但这种情况在电子签名应用后难以出现。因为它一方面要以信赖人有过错为前提,另一方面又需要签名拥有人负举证责任,这在电子商务环境中,不仅成本高,而且难度大。而后三种全部由签名拥有人承担责任,只不过责任的大小按照损失程度有所不同罢了。这三种责任依次排列在统一规则草案第7条中。

需要指出的是,统一规则草案中规定的未经授权电子签名的归属,与示范法第13条涉及的数据电子的归属有类似之处,但其间也存在着一些差别。其一,示范法没有明确称谓的签署人可提出合理地保护了签名的抗辩;统一规则草案第7条中则有规定。其二,示范法没有讨论信赖方因诚实信用受损的问题;而统一规则草案第7条的制定,完全是以收件人受到损害和救济理念为基础的。其三,示范法着重处理的是数据电子的归属,而统一规则草案第7条则确立了签名归属的责任规则。

(二) 电子认证

交易当事人身份的确认是信用的起点,也是确保交易安全的前提。在电子商务中,除了需要通过电子签名来鉴别发端人的身份、确定数据电讯的内容之外,还需通过认证机构的电子认证服务来强化电子签名的可靠性,以确保签署人和数据电讯内容的真实性,防止抵赖以及商业欺诈行为的发生。

1. 电子认证的产生和基本含义

1) 电子认证的产生

电子签名只是从技术手段上对签名人身份作出辨认以及对签署人与所发出的电子文件之间的关系作出确认的方式,但电子签名技术无法解决私人密钥持有人信用度的问题。它包括两种可能性:一是密钥持有人主观恶意,即有意识否认自己做出的行为;二是客观原因,即发生密钥丢失、被窃或被解密等情况,使发件人或收件人很难解释归责问题。

事实上,在传统商务活动中也存在着相似的问题,只不过我们已经形成了一套相对完整的解决方案罢了。在传统签章的使用中,为了防止签署人提供伪造、虚假或被篡改的签章,或者防止发送人以各种理由否认该签章为其本人所为,一些国家采取通过具有权威性公信力的授权机关对某印章提前备案,并可提供验证证明的方式,防止抵赖或伪造等情形发生,如印签的登记备案制度、公证制度等。

在电子交易过程,同样需要一个具有权威性公信力的第三方作为认证机构对公开密钥行使辨别及认证等管理职能,以防止发件人抵赖或减少因密钥丢失、被偷窃或被解密等而产生的风险。事实上,美国、德国、日本等很多国家都已经或正在建立相配套的公共密钥基础设施。由此可见,电子签名与电子认证制度的相互结合,就可以有效解决电子签名技术单独无法解决的信用度问题。

2) 认证的含义

认证(certification),其英文原意是一种出具证明文件的行为;我国《现代汉语词典》的解释是公证机关对当事人提出的文件的真实性审查属实后给予证明;司法实践中,认证还被用来专指法庭对经过质证的各种证据材料,确认其能否作为认定案件事实的根据。由此可以看出,认证的含义比较广泛且不统一,但一般可以分为在广义和狭义两种意义上使用。

广义的认证,泛指对一切事物的辨识。它既可以指当事人之间对某物品、行为或现象的辨识,也可以指通过第三人所进行的鉴别或证明活动。而狭义的认证,仅指通过第三人,特别是专业的、中立的第三方机构所进行的鉴别和证明服务。ISO/IEC 17000:2004 将"认证"定义为与产品、过程、体系或人员有关的第三方证明。在狭义的认证活动中,作为认证主体的第三方要对实体关系中的任何一方当事人负责,应中立不倚,其出具的证明文件才会获得实体关系当事人的信任,我们所熟知的体系认证就属于这一类。本书所讨论的电子认证也属于狭义的认证范畴。

3) 电子认证的含义

电子认证(electronic authentication),是指以特定的第三方中立机构对电子签名及其签署人的真实性进行具有法律意义的验证和确认的一种专业化的信用服务形式。提供此类认证服务的第三方机构一般被称为认证机构。我国《电子签名法》规定:"电子签名需要第三方认证的,由依法设立的电子认证服务提供者提供认证服务"。2009 年 3 月 31 日起施行的新《电子认证服务管理办法》规定:"本办法所称电子认证服务,是指为电子签名相关各方提供真实性、可靠性验证的活动。本办法所称电子认证服务提供者,是指为需要第三方认证的电子签名提供认证服务的机构。"

电子认证主要有以下三个方面的内容。①本人确认。即保证自报姓名的个人和法人的合法性。简单方法一般是组合使用用户 ID 和密码、磁卡或 IC 卡和密码;复杂的方法包括利用指纹、虹膜类型等可识别人体的生物统计学技术。②数据电讯内容的认证。特别是通过电子商务进行贵重物品的交易时,保证个人或企业间收发的信息在通信的途中和到达后不被改变的信息认证。③数字签名。即在数字信息内添加署名信息。

从技术实现来说,认证机构通过电子认证,以核发公钥与私钥的方式来解决当事人身份或交易内容的确认问题。如果交易双方或第三人对当事人身份或交易内容有所质疑,作为独立于交易各方的权威机构,认证机构即可作为鉴定人通过网络向其用户提供可靠的在线证书状态查询,以满足其实时的证书验证要求,为交易当事人提供大量的预防性保护,以避免一方当事人的抵赖行为发生,也能在一定程度上防止电子商务活动中的欺诈问题。同时,在发生纠纷的情况下,为交易当事人提供有效的认证解决方法。

2. 电子认证的分类

除对认证的广义和狭义的分类之外,还可以根据目前计算机已有的认证功能及其认证对象、认证的主体对电子认证进行分类。①

1) 以认证功能及对象来分

(1) 站点认证。为了确保通信安全,在正式传送数据电讯之前,应首先认证通信是否在意定的站点之间进行,这一过程为站点认证。这是通过验证加密的数据能否成功地在两个站点间进行传送来实现的。

(2) 身份认证。交易人的身份认证是许多应用系统的第一道防线,其目的在于识别合法用户和非法用户,从而阻止非法用户访问系统,这对于确保系统和数据的安全和保密是极为重要的。用于身份认证的方法大致可分为四类:(a)验证他知道什么,如密码;(b)验证他拥有什么,如银行卡、电话号码、电子邮箱;(c)验证他的生理特征,如指纹、虹膜、声音;(d)验证他的下意识动作特征。

(3) 数据电讯认证。数据电讯认证必须允许收件人能够确定:(a)该电讯是由确认的发件人发出的;(b)该电讯的内容有无篡改或发生错误;(c)该电讯按确定的次序接收;(d)该电讯传送给确定的收件人。

经过站点认证后,收发双方可进行数据通信。而电讯认证使每个通信者能够验证每份电讯的来源、内容、时间和目的地的真实性。电讯源的认证有两种基本的方法:(a)以收发双方共享的保密的数据加密密钥,来认证电讯源;(b)以收发双方共享的保密的通行字为基础,来认证电讯源。

---

① 参阅张焕国:《计算机安全保密技术》,机械工业出版社 1995 年版,第 5 章。

2) 以认证主体来分

(1) 双方认证,又称相互认证。一般用于封闭型的网络通信,因为在此种情况下,通信各方相互了解,认证比较容易。

(2) 第三方认证,即由交易当事人之外的、共同接受的、可信赖的第三方进行的认证。一般使用于开放型的网络通信或大规模的封闭型网络通信。

3. 电子认证的作用

电子认证法律关系中有对内和对外两种关系。对内关系或可称认证服务关系,是指认证机构与电子商务交易人之间有关电子认证而产生的关系;而对外关系是认证关系主体(认证机构与交易人或认证服务对象)与认证服务关系之外的其他人之间的关系。电子认证的作用在对内的服务关系中,体现为防止否认的功能;在对外关系中,则表现为防止欺诈的功能。

1) 对内的作用——防止否认的功能

诚实信用原则在电子商务中具体体现为不得否认规则。该规则要求,行为人在进行电子商务活动时,在主观方面应动机纯正,没有损人利己的不当或不法的态度;在客观上为某种行为时,应符合商业惯例。但光靠诚信原则和不得否认规则,还不足以在陌生的电子商务主体之间建立起交易所需的信用度,它还必须依靠合理的技术和制度支持。技术方面的支持是电子签名,而制度设置方面就是电子认证了。

作为一种信用服务,电子认证较好地解决了交易当事人之间的信用问题,它通过一个或几个值得信赖的第三方将需要认证的电子签名或签署人的姓名与特定的公共密码联系起来。在许多国家里,这样的认证机构被作为公钥基础设施,按不同的层次构建起来。在公钥基础设施的构成中,认证机构及相关的证书管理设施居于核心地位。这样,交易中的双方或第三人均不得任意否认交易的发生及其内容,从而使当事人在网络虚拟环境下所发出的要约与承诺与现实世界的要约与承诺具有同等的法律拘束力。

2) 对外的作用——防止欺诈

在开放型的电子商务环境下,交易各方当事人可能远隔千里甚至是跨越国境,而且常常是互不谋面,其间不仅缺少封闭型社区交易群体的道德约束力,发生欺诈事件后的救济方法也非常有限,即便有救济的可能,其成本也往往要超过损失本身。所以,只有事先对各种欺诈予以防范,才是最明智、最经济的选择。

认证机构通过向其用户提供可靠的在线证书状态查询,满足用户实时证书验证的要求,从而解决了可能被欺骗的问题。如果甲与乙都是用户,通过认证机构的在线证书状态查询,就可以同时查询到两者的证书公开信息。该证书是包括用户姓名、公开密钥、电子邮件地址、证书有效期以及其他信息的数字化文件。认证机构还对每个证书都附加有电子签名,以证明证书的内容是可靠的。然而,无论用户多么小心谨慎,其私钥都有丢失或被盗的可能。一旦该类事件发生,遭受危险的私钥和与其相应的公钥,就不能再用来加密信息。为了应付这种危险状况,大多数认证机构都能提供作废证书表(CRL),以随时更新那些失效的密钥。

第三节 国际电子商务合同

一、电子商务合同概述

随着电子、网络技术的发展,数据电讯逐渐成为国际商务合同订立的重要手段,它的出现简直成了国际商务合同领域的一场革命,现在几乎所有的国际商务合同,都或多或少地存在数据电讯的身影。以数据电讯订立合同,给国际贸易带来了巨大的便利。但由于电子商务自身的特点,以数据电讯订立合同,也给传统的合同法律制度带来了挑战,提出了许多新的问题。因为与传统的合同相比,在这种新的合同形式中,不仅当事人意思表示的载体改变了,而且记录合同内容的形式或方式也发生了变化。本节主要讨论国际电子商务合同的形式效力规则,以及电子商务合同订立与生效、履行与违约救济等存在的特殊问题。

(一) 电子商务合同的概念

电子商务合同,也称电子合同(electronic contract),是指以数据电讯方式所订立的商务合同,它是一种新型的合同形式。因此,以数据电讯方式所订立的国际商事合同,就是国际电子商务合同。

我们这里讨论的是狭义上的电子合同,主要包括当事人以 EDI、电子邮件或 Web 等方式订立的商务合同,无论哪一种方式,其特点都是利用计算机网络传递数据电讯,进行交易活动,发出要约、作出承诺。EDI 用于商务活动稍早一些,它有固定的程序,传递的是标准化的信息,已经形成了一整套规则和运行体系。但 EDI 系统大多用于有固定业务的企业之间,具有一定的局限性。随着电子商务的发展,电子邮件和 Web 等方式被越来越多地应用于国际商务合同的订立中。

广义的电子合同,还包括电报、电传和传真这三种早就应用于商务活动的方式。但与狭义的电子合同以电子数据讯息通过计算机网络传递不同,它们虽然也是使用电子方式传送信息的,但通常会产生一份书面的东西,即它们的最终传递结果都是被设计成纸张的书面材料,它们只是纸面文件的传递方式不同。

(二) 电子商务合同的特征

电子商务合同是电子技术和计算机网络的产生、发展所引起的人类信息处理与传递革命性的结果。与传统合同相比,电子合同的本质没有变化,依然是当事人之间设立、变更和终止民商事权利义务关系的协议。主要区别在于,电子合同记载合同内容的载体与传统书面合同大不相同,电子合同文字表达的具体方式也发生了根本性变化。与传统的书面合同相比,电子合同的形式具有如下特征。

(1) 体现电子合同文本的不是书写或印刷的文字,而是以可读形式存储在计算机磁性介质上的一组电子数据讯息。

(2) 电子合同的载体不是为人们所熟知的传统纸张等能被直接感知的物质,它所依赖的是电脑硬盘或软盘上的磁性介质;反映合同内容的数据讯息,首先通过一方计算机键入含有磁性介质的内存中,然后自动转发,经过通信网络或互联网,到达对方计算机的内存中。

(3) 与传统书面合同不同,电子合同无法直接由人眼阅读,而必须通过调取储存在磁盘中的数据信息,利用电子枪将其转换为文字形式显示于电脑屏幕上或将其打印在纸面上以供人们阅读和使用。

(三) 电子商务合同的形式

电子交易又称为"无纸交易",电子商务活动各方当事人为实现一定交易目的,以互联网络为载体,通过电子合同的数据交换而明确彼此的权利和义务关系。电子商务给传统法律体系造成的冲击之一就是电子合同效力问题,这个问题的解绝不是简单地将传统合同法规范移植过来就行了的,而是要在电子商务领域重新构建一套与传统合同法规则"功能等同"的规范体系。

合同形式,是合同内容的载体,即当事人权利义务的表现形式。传统民法通常将合同形式规定为口头、书面和其他形式。口头形式与书面形式是当事人以明示方式所为一致的意思表示;其他形式是当事人以行为这种默示方式所为一致的意思表示。书面形式由于具有长久保存、易于证明等优点,一直是各类合同所常用的一种形式,甚至在某些法律中被规定为法律行为生效的前提条件。

电子合同效力问题,即电子合同的形式要件问题,是指数据电讯能否构成传统法上的书面形式,能否取得与书面文件同等效力的问题。数据电讯的法律效力是一个前提性、基本性的问题,如果这个问题不能解决,电子合同的法律效力也就无法确定,这势必对电子交易的正常发展构成极大的障碍。利用 EDI、电子邮件和 Web 等方式缔结电子合同,对传统合同法的形式要求提出了深刻的挑战。由于这类合同不可能具备传统法律所规定的书面和签字的形式要求,因而产生了下列几个需要立法解决的具体问题。

(1) 书面形式问题。采用 EDI、电子邮件和 Web 等进行国际贸易活动时,当事人之间只是电子数据信息的交换,交换的主要条款是通过计算机屏幕或者打印出来加以显示的,因此电子数据信息能否视为书面形式,并取得书面合同同等的效力?

(2) 签字确认问题。传统合同法上的"签字"是签约者在合同文本上手书签字,采用电子数据信息进行交易很难满足这项要求,如何在法律上使"电子签名"合法有效?

(3) 合同原件(正本)问题。传统意义上的原件,是指当事人初次缔结合同条款、固定当事人意思表示信息的正式书面文本。电子合同的收件人不可能获得初次附着于介质上的信息,信息从发件人的电子存储设备进入收件人的电子存储设备后,收件人获得的只能是"副本"。因此,合同原件问题在电子网络环境下也被凸显出来。

二、电子合同的成立与生效

电子合同就其意义和作用来看,并未超出传统民商事合同的范畴,当事人约定权利与义务的合同内容并无变化,但是与传统书面合同相比,电子商务更多的是通过EDI、电子邮件、Web 点击或者企业自动反应系统等电子合同的形式订立的。这种载体和订立方式的变化,直接影响着合同的成立、生效等很多相关问题。

(一) 电子合同的成立

电子合同是当事人通过网络以数据电讯为意思表示而订立的合同,不存在传统合同订立过程中缔约各方面对面的接触与谈判。但是,作为合同的一种特殊形式,电子合同的订立过程也要经过要约和承诺两个必然阶段,而要约和承诺又须具备法律规定的条件才能生效,自承诺生效时合同成立。示范法第 11 条规定:就合同的订立而言,除非当事各方另有协议,一项要约以及对要约的承诺均可通过数据电讯的手段表示。如使用了一项数据电讯来订立合同,则不得仅仅以使用了数据电讯为理由而否定该合同的有效性或可执行性。

1. 电子要约

电子合同的要约是指表意人通过网络发出想与他人订立合同的意思表示。不同的电子商务合同有不同的要约方式。在 B to B 的方式下,通常的程序是,要约人向特定的受要约人通过 EDI 或电子邮件发出要约,受要约人在规定的期限内作出接受的回复,该合同成立;在 B to C 的方式下,通常是消费者主动浏览网络商场的网页,查看并选购商品,确定后向系统发出订单,系统收单后确定交货信息,至此合同成立,并进入支付、交货环节。

根据《买卖合同公约》的规定:向一个或一个以上特定的人提出的订立合同的建议,如果十分确定并且表明发价人在得到接受时承受约束的意旨,即构成发价。电子要约与一般的要约并没有实质性的区别,要构成一项电子要约也须满足三个条件:向特定的人发出,内容明确,接受其约束的意思表示。与一般的要约有所不同的是,通过网络发布的信息和消息绝大多数都是针对不特定的人发出的。网络上发布的信息系由网络使用者自行观看,目的仅在于唤起消费者的购买意愿,基本上应属要约引诱(要约邀请),而非要约;消费者点击、选定某一项商品或服务,方才构成要约;然后由网络商家承诺同意,此时,合同才最终成立。但是,对于数字化商品,如果商家提供试听、试玩机会,基本上应与货物标定价格陈列无异,可视为要约。消费者利用鼠标按键确认或以其他类似方式将数字化商品下载,可以视为意思表示之实现,这种情况下应视为合同成立。[①]

关于要约的撤回和撤销,有学者认为,电子商务具有传输速度快、自动化程度高

---

① 万以娴:《论电子商务之法律问题》,法律出版社 2001 年版,第 74 页。

的特点,要约或者承诺生效后,可能自动引发计算机做出相关的指令,这样会导致一系列的后果,几乎不存在撤回与撤销的机会,因此其规则只适用于其他非直接对话的订约方式,而非以数据电讯形式发出的要约。目前,电子商务尚未达到完全自动化的程度,也还存在网络故障、信箱拥挤、计算机病毒等突发事件,而且不管电子传输速度有多快,总是有时间间隔的,况且受要约人也并非都是立即回复接受,电子要约的撤回和撤销的可能性还是存在的。法律贵在严密,即使电子要约撤回和撤销的可能性微乎其微,也不能因此而完全否认这种已得到较广泛承认的合理权利本身。①

由于网络交易的即时性是客观存在的事实,电子要约的撤回与撤销的概念,应该顺应电子商务的形式而有所改变,电子承诺的撤回也应如此。在立法实践中,可以考虑采用示范法第4条规定的关于"经由双方协商的修改"来代替撤回与撤销的概念。另外,我国的电子商务立法还可以如此规定:①受要约方应给予要约方充分反悔的时间,以使其能够撤销要约;②在法律规定的时间内,只要该行为不会造成对方的任何损失或不便,并得到对方的许可,要约或承诺可以撤回。②

2. 电子承诺

承诺,是指受要约人对要约的内容表示接受的意思表示,其法律意义在于承诺一经送达要约人,合同即告成立。因此,一项电子合同的成立有赖于承诺的有效作出。而电子承诺,一般都是针对网络上发出的电子要约而作出的,其特殊性在于承诺人必须借助于计算机和网络才能作出承诺。但是,电子承诺要发生法律效力,也必须符合《合同法》最基本的条件。

严格地说,一般在合同订立的过程中,一旦受要约人作出承诺,合同即告成立,他不可能再撤销承诺,任何撤销承诺的行为都将构成违约。然而在电子商务中,当事人采用点击成交的方式时,可能会因为各种原因而未对合同条款进行仔细的思考,所以承诺人的意思表示可能并不完全真实。据此,很多学者建议在点击成交以后,应当给消费者一段考虑是否最终决定成交的期限,在规定的期限内消费者可以撤销承诺。③这样既可以保护消费者的利益,又可以减少因重大误解而导致撤销合同的种种不便和不必要的麻烦。

另外,我国《合同法》规定:"当事人采用信件、数据电文等形式订立合同的,可以在合同成立之前要求签订确认书。签订确认书时合同成立。"但是,签订确认书是一种回避的办法。如果只有在当事人签订确认书后电子合同才能有效成立,其实就等于否定了电子合同书面形式的有效性。而且,网上交易、电子商务本身就是要享受电子技术和互联网带来的高效和便捷,如果提倡签订确认书的方式,电子合同快捷、方便、适时、费用低廉等优越性就不能得以发挥。再者,我国《电子签名法》已经实施,其

---

① 梁慧星:《民商法论丛》(第十卷),法律出版社1998年版,第56页。
② 印辉:《电子商务合同实务指南》,知识产权出版社2002年版,第140页。
③ 王利明:《电子商务法研究》,中国法制出版社2002年版,第108页。

中的电子签名和电子认证制度,已经很好地解决了网络信用与安全问题。因此,在立法上应该实行技术中立的原则,不宜规定某种具体的技术手段,更不能偏重或依赖某一种或某几种技术手段,而只能规定一个总的原则或总的标准。一项以数据电讯的形式发出的要约或承诺,只要发端人身份确定、意思表示真实、数据内容清楚,无论其采用何种技术手段,该电子合同都依法成立。

3. 电子合同成立的时间、地点

在合同成立的时间与地点的确认标准上,向来存在着分歧,有投邮主义与收件主义之争。在电子商务中,由于数据电讯传送迅捷,而且几乎可以在任何地点发送和接收,改变了传统交易中的时间和地点观念,因此投邮主义与收件主义对于电子合同订立的差别在减小,所产生的利弊大为淡化,实际效果也越来越接近。从实践来看,国际文件、国内立法已趋向于采纳收件主义。

(1) 电子合同成立的时间。我国《合同法》规定:"采用数据电文形式订立合同,收件人指定特定系统接收数据电文的,该数据电文进入该特定系统的时间,视为到达时间;未指定特定系统的,该数据电文进入收件人的任何系统的首次时间,视为到达时间。"《合同法》还规定,采用数据电文订立合同的,承诺到达的时间也适用这一规定。根据示范法的规定,"信息系统"系指生成、发送、接收、储存或用其他方法处理数据电讯的一个系统。示范法同时也对传递数据电讯的时间和地点进行了规定,虽然没有对要约或承诺的时间(地点)进行区分,但它们同样也适用于电子合同的成立。应注意的是,示范法规定的是数据电讯的收到时间,而非承诺到达时间,这与我国《合同法》是有区别的。

(2) 电子合同成立的地点。我国《合同法》规定:当事人另有约定除外,"采用数据电文形式订立合同的,收件人的主营业地为合同成立的地点;没有主营业地的,其经常居住地为合同成立的地点"。在我国《合同法》的上述规定中,营业地在确定电子合同成立的地点时具有重要的意义。由于通信技术的迅速发展,数据电讯几乎可以在任何地点发送和接收,确定电子合同成立的地点更加复杂化。有观点认为,电子商务的平台是互联网,网上交易是在网上进行的,商家有特定的网址,但不一定有固定的营业地。因此,应该用以网址为标志的个人网络终端的计算机代替营业地。其实,这种观点并不妥当。网络具有虚拟的特点,但绝非脱离现实世界;电子商务当事人包括网络公司,尽管具有特定的网址,但绝非不需要营业地或经营地。目前,营业地以其特有的确定性,仍然是确定合同(包括电子合同)成立地点较好的一个标准。

(二) 电子合同的生效

就其本质而言,电子商务仍然是一个合同过程,有关权利义务的合同内容并无变化,所变化的主要是其载体和合同订立的方式。但是,这种合同方式的改变,并非无关紧要,它在合同生效的诸多方面都产生了直接影响。

一般来说,依法成立的合同,自成立时生效。但合同的成立与生效是既有联系又有区别的两个概念。合同的成立只是意味着当事人之间已经就合同内容达成了一致的意思表示,但合同能否产生法律效力、是否受法律保护,还需要看它是否符合法律的要求,即是否符合法定的生效要件。一般认为,合同生效必须具备以下几个条件:①行为人具有相应的民事行为能力;②当事人意思表示真实一致;③合同的内容和形式符合法律规定,不违反法律与社会公共利益。对于电子合同而言,只要符合这些生效要件,就可以产生法律效力。但是由于电子合同具有不同于传统合同的特殊性,在电子合同生效方面有几个问题需要进一步分析探讨。

1. 电子代理的有效性问题

所谓电子代理人(electronic agent),是指不需要个人加以干预就能独立地用来启动某个行为,对电子记录或履行作出回应的计算机程序、电子手段或者其他自动化手段。[①] 由于电子商务离不开这种用来执行交易人意思的智能化交易系统,因此在讨论电子合同效力问题时,必须解决电子代理人是否具有独立的法律人格,电子"代理行为"是否有效等问题。

在传统民商法中,代理是指以本人名义实施意思表示,其法律效果直接归于本人的法律行为。电子代理人虽然也使用了"代理"一词,但它与民商法理论中的"代理"截然不同,只是具备了后者的某些外部特征而已。作为一种智能化的交易工具,电子代理人完全是由当事人编制的,其发出的要约和承诺也完全是当事人的意思表示,电子代理人就如同自动售货机。因此,它没有独立的思维,没有独立的意思表达能力和缔约能力,不具备独立的法律人格,它只是用来辅助当事人签订合同的交易工具而已,与民商法的代理人有本质区别。

电子商务高效性一个重要的原因在于电子商务的自动化。在电子商务汹涌发展的今天,承认电子代理人签订的合同的效力,有利于促进电子商务自动化交易的发展。美国《统一计算机信息交易法》规定:合同可以任何能充足地表示同意的方式订立,包括承认合同存在的要约和承诺,或者双方当事人的行为或其电子代理人的运作。可见,它肯定了电子代理人作为订约方式的有效性。作为一种双方法律行为,合同以意思表示一致为其成立标志。在电子代理的情况下,当事人在编制程序时就表示出了缔约的意向,系统发出的要约和承诺都是按照其预设的程序来进行的,电子代理人只是当事人执行其意思表示的工具而已。因此,电子代理人的自动化处理完全能够体现当事人的真实意思。只要在不存在诈欺、电子错误的情况下,自动化交易所反映的是当事人订立合同时的真实意思,不能以电子代理人的自动化处理未经当事人的具体经手而否认其有效性。

在传统民商事代理中,代理人以被代理人的名义为法律行为,其结果归属被代理人。在电子代理中,电子代理人本身只是一种智能化交易系统,几乎完全是按照用户

---

① 这一概念最早出现于美国法学会《统一计算机信息交易法》第102条,国际贸易法委员会《统一电子签名规则》也都使用该词。现在,这一概念已逐渐被接受为一个通用的法学术语。

(被代理人)之意思行事,毫无独立之意思及思维能力。而且,用户还可以在程序运行中随时介入。因此,电子代理人行为的结果理应由用户承担。1992年欧共体委员会在其提出的《通过EDI订立合同的研究报告》中指出,可以把对计算机(电子代理人)的运作拥有最后支配权的人,视为该计算机(电子代理人)所发出的要约或承诺的责任人。

案例 9-3
我国首例网上拍卖纠纷案中电子代理人行为的法律效力

原告是被告(拍卖网站)的注册用户,被告金贸网拍卖公司于1999年9月29日发出拍卖公告,展示了主拍师情况、所拍卖物品的型号和数量、拍卖周期和竞买客户须知。原告于1999年10月1—5日内通过参加网上竞拍报价,以1000元、3000元和5750元的价格分别购得三台"海星牌"电脑,而拍卖网站显示原告的竞拍应价为最高应价并确认成交。其后原告将共计9570元的价款汇到拍卖方,但发现被告仍然将上述电脑继续拍卖。经过多次交涉无效,原告起诉至法院,请求判决被告交付拍卖所得的三台电脑。

被告辩称:原告拍卖结果属于拍卖使用的软件程序发生故障,在公示的拍卖日期未到之际自行从启动阶段进入点击程序,因而原告的竞拍结果是误认,拍卖无效。

根据《拍卖法》,竞买人的最高应价未达到委托方的保留价时,该应价不发生效力。所以该拍卖无效,但所带来的损失由谁承担是争议所在。本案的发生是由被告的计算机软件程序(电子代理人)发生故障引起的,错误的发生不可归责于原告,被告作为计算机软件程序(电子代理人)的最终支配方,应对其故障负责。当然,其只应对该故障给原告带来的损失负赔偿责任。

2. 当事人的确定及缔约能力问题

在电子合同中,许多当事人以虚拟主体的形式出现。客户进入网站以后登录的身份往往与真实的身份不符。在此种情况下,如何证明行为人具有缔约能力?可否以合同当事人是虚拟、不存在的为由而宣告合同无效呢?对此,应当区分两种情况。一是以纯粹虚拟的身份进行交易,也就是说客户登录的姓名和密码等都是虚假的,登录的资料和信息完全是虚构的。在此种情况下,首先应当查明是谁虚拟了该当事人,如果能查明,则可以认为该当事人以化名进行交易,其进行交易的意思表示是真实的;如果不能发现客户是谁,则只能认为该合同仅具有一方当事人,故而不能成立。二是完全假冒他人的名义从事交易,也就是说当事人用他人的姓名与密码登录并从事了交易,登录的资料和信息是真实的。在此种情况下,另一方当事人可以根据无权代理的规定行使催告权和撤销权,如果在催告本人以后,本人拒绝追认的,该合同无效;如果本人承认,则合同有效。①

传统合同法对于合同主体缔约能力的规定,依然适用于电子合同,即当事人订立

---

① 王利明:《电子商务法研究》,中国法制出版社2002年版,第94页。

合同须具有相应的行为能力。一般来说,无民事行为能力的人订立的合同无效;对限制民事行为能力人订立的与其年龄和精神状况不相适应的电子合同,在能够通知其法定代理人的情况下则应催告代理人追认,不能通知的情况下可以主动要求撤销合同。由于电子交易在网络这一虚拟的空间里进行,判断当事人的民事行为能力比较困难,所以很多国家的立法都采取了由权威认证机构认证并发放证书的方式,对网上虚拟商店、网上企业等的资格作出规定,以确保电子交易的安全。

3. 意思表示的真实性、合法性和一致性问题

电子商务当事人是以资讯处理系统或者计算机而为意思表示的,主要通过相对封闭型的 EDI 系统和开放型的互联网进行电子交易信息的传输。电子商务在虚拟的网络世界中进行,所以"意思表示真实一致"要求当事人能够真正、完全地了解合同的全部信息,没有欺诈、胁迫和误解,要求真实的要约和承诺具有不可抵赖性。为此,技术专家设计出电子签名,再配合认证机构发送的电子认证证书,可以确保当事人身份以及意思表示的真实性。

意思表示的合法与否决定着合同内容的合法与否,而合同内容的不合法将会导致合同的无效。比如,毒品、色情电子产品的交易即为非法,不会因为其交易形式的合法而有效。而且,有效的电子合同不仅要符合法律的规定,还要在内容上不得违反社会的公共秩序和善良风俗,否则,应当认定其无效。

当事人意思表示一致合同才能成立,如果当事人因重大误解等原因导致意思表示不一致,合同的效力就会产生瑕疵。我国《合同法》规定:因重大误解而订立的合同以及显失公平的合同,当事人一方可请求法院或者仲裁机构予以变更或者撤销。同时,一方以欺诈、胁迫的手段或者乘人之危,使对方在违背真实意思的情况下订立的合同,受损害方也有权请求人民法院或者仲裁机构变更或者撤销。在电子商务的背景下,当事人很容易产生重大误解。因为网上购物不同于现实生活中可以通过目视、鼻嗅、触摸、试用等方法详细了解产品的特征、性能、规格、作用,消费者稍不留神就会发现所购商品并非自己所期望得到的商品。电子合同的重大误解,消费者要证明这一点却并不容易。对此法律应当加以限制,即规定经销商必须在 Web 页面上以醒目的字体和颜色对性能上的差异作出特别说明,否则,由此造成误解的当属可撤销的合同。

三、电子合同的履行及违约救济

合同依法成立后,双方必须正确、全面地履行约定的义务。电子合同与传统书面合同之间的差异仅在于其订立的方式和表现形式不同,传统民商法或合同法的履行及违约救济规则一般都可直接适用于电子合同,但电子合同也有其特殊性。本章只针对电子合同的履行问题作简要介绍。

(一) 电子合同的履行

1. 交易内容与履行方式

在电子商务中,交易内容或标的主要有三类:商品、知识产权、服务,而其中最常见、最主要的是商品交易。作为电子合同标的物的商品,既可以是实体商品,如书籍、鲜花、服装、玩具、日用品,也可以是无形的数字化产品,如电影、音乐、软件、电子图书等。交付标的物和支付价款是交易双方的主要责任,是合同履行的核心,电子合同也不例外。由于电子商务的交易内容或标的不同,其履行方式也有区别。

从电子商务的实践中,电子合同有四种履行方式:①在线交货,在线付款;②在线交货,离线付款;③在线付款,离线交货;④离线付款,离线交货。在第一、二种方式中,电子商务的内容一般是数字化产品;在后面两种履行方式中,交易内容既可以是数字化产品,也可以是普通商品。因为对于数字化产品的交付和价款的支付,既可以选择在线的方式,也可以选择离线的方式;而实体物的交付,则只能是离线按传统的方式交货。

2. 数字化商品(信息)的交付

交易内容为数字化商品时,一般可以采取两种方式进行交付。①将无形的数字产品装载于有形载体上进行交付,比如将电影、歌曲、电子图书、软件等刻录于光盘上进行交付,可以适用传统合同履行的有关规定。②网络传输交付,即以数据电讯的方式通过互联网的传送来完成标的物的交付。比如按照约定,需方登录到供方的网站下载所需的电影、歌曲、电子图书、软件等数字产品,或由供方通过互联网将需方所需的数字产品直接发送到指定系统中即完成交付。这种交付方式为电子合同所独有。为了保护需方的合法权益,必须使需方对数字产品达到"有效地占有和支配"的程度,供方的交付才为适当的履行。

3. 价款的电子支付

一般来说,在电子合同中,一方交付商品或提供服务,另一方支付价款或报酬,主要表现为货币的支付。货币的支付既可以是现金支付,也可以是电子支付。"电子支付"的含义很广,这里是指从事电子商务的当事人,借助计算机及互联网,通过安全的信息传输手段,以数字化方式进行的货币支付或资金流转。与传统支付相比,它具有传输数字化、网络平台运行开放性、法律关系复杂性等特征,具有方便、快捷、高效、经济等优势。

电子支付的流程包括支付的发起、支付指令的交换与清算、轧差[①]和结算等环节。电子支付既可以纸质方式发起,也可以电子方式发起:如贷记转账可在银行柜面填写单据,以签名/签章方式对支付进行授权;还可以用银行卡在终端(POS/ATM)通过刷卡与密码发起,甚至可以利用银行卡与口令或密码等借助于私人电脑或手机

---

① 轧差(netting),是指交易方或参与方之间各种余额或债务的对冲,以产生结算的最终余额。

通过网上银行发起。电子支付也可包含现金与非现金步骤,如付款人以银行存款发起汇款,而接收人以现金支取。

支付的电子化与创新经历了从后端到前端的发展过程。银行后端 IT 系统与电信网络的应用使货币债权能够被电子化地记录与保存,实现银行之间支付清算与结算的电子化处理,这个阶段的变革几乎不为普通民众所注意。而银行前端支付工具与渠道的创新则为交易双方和消费者带来了真实的便利,POS/ATM 机、支付卡、互联网、手机等逐步成熟与流行,极大地改变了银行与客户、商家与消费者以及商家与商家之间的交付方式。而且,电子支付流程各个环节的电子化程度越来越高,甚至可以达到全程的自动化处理。用户只要拥有上网的电脑或手机,便可足不出户,在很短的时间内完成整个支付过程。

(二) 电子合同的违约救济措施

电子合同具有自身的特点,除了实际履行、损害赔偿和解除合同等一般救济措施之外,还有停止使用、继续使用、中止访问等特殊措施。[①]

(1) 实际履行。对于信息产品而言,实际履行有其现实意义。首先,信息产品本身的易复制性使得它不易灭失,这就使违约方在违约后仍有条件继续履行,而对被许可方而言可以继续得到所需要的信息。其次,信息产品多数具有较高的技术含量,尤其是专业化的信息产品,从标的的接受到投入使用有一个时间过程,如果守约方另寻其他代替品,又会消耗一段时间,这显然对守约方不利。再次,对于信息访问合同,被许可方的目的是获得有关信息,只要不是因为信息内容上的原因而违约,进行实际履行对当事人双方都具有重要意义。最后,信息产品的销售、许可与服务是浑然一体的,这使得信息产品合同当事人的权利义务比其他合同更复杂,涉及当事人的多种利益,实际履行有利于减少当事人尤其是接受方的损失。

(2) 停止使用。停止使用是指因被许可方的违约行为,许可方在解除合同或撤销许可时,请求对方停止使用并交回有关信息。传统合同中也存在因违约而停止使用并交回标的物的情况,例如房屋的承租方违约改变使用性质,出租方可以解除合同并要求对方交回房屋。对于信息产品,所交回的只是信息产品的载体,其实际意义并不大。因此,当标的为信息产品时,停止使用具有特殊意义,唯有它才能保护许可方的利益。停止使用的内容包括:被许可方将所占用的被许可信息、所有的复制件及相关资料退还给许可方,并不得继续使用;许可方采用电子自助措施停止信息的继续被利用。但是,如果被许可的信息在许可过程中已发生改变或同其他信息混合,使得它已无法分离,则无须交回。

(3) 继续使用。继续使用是指在信息合同终止或许可方有违约行为时,被许可人可以继续使用许可方的信息。继续使用不同于继续履行,在传统合同法的理论上,

---

① 参阅张楚:《电子商务法教程》,清华大学出版社 2005 年版,第 140~141 页。

继续履行是指当事人未能按照合同约定正常履行义务时,由法律强制其继续履行该义务。继续履行的内容是强制违约方交付按照合同约定本应交付的标的,它是实际履行原则的补充。因此,继续履行是违约方的一种责任。与此不同,继续使用是从守约方利益的角度,而非违约方责任的角度来保护守约方的利益。对于信息许可使用和信息访问而言,如果许可方违约,未按照合同约定提供产品或服务,只要受害方认为必要,可以要求违约方继续履行。但是在被许可方实际使用或获得许可以后,许可方违约了,并不存在继续履行的问题,而是被许可方的继续使用。被许可方的继续使用不排除寻求违约行为导致的其他救济。

(4) 中止访问。中止访问是针对信息许可访问合同的一种救济措施,当被许可方有严重违约行为时,许可方可以中止其获取信息。中止访问不同于实际履行或者继续履行,后者实质上是法的强制,属于责任的范畴,不具有抗辩的性质;中止访问是许可方对被许可方的一种抗辩行为,是履行中的抗辩。作为一种抗辩,中止访问必须符合一定的条件。①合同当事人双方具有对待给付义务,也就是说,信息许可访问合同是双务合同。②合同约定的义务已到履行期。③未按合同的约定履行。例如,被许可方未按规定时间交付使用费,许可方可以中止其访问。④许可方在采取中止措施之前,应通知被许可方。如果被许可方在通知规定的时间内消除了违约行为,则许可方不应采用中止访问的措施。

(5) 损害赔偿。损害的赔偿范围有直接损失和间接损失的区分。我国《合同法》规定,当事人一方不履行合同义务或者履行合同义务不符合约定,给对方造成损失的,损失赔偿额应相当于因违约所造成的损失,包括合同发生后可以获得的利益,但不得超过违反合同一方订立合同时预见到或者应当预见到的因违反合同可能造成的损失。该条款肯定了包括间接损失在内的赔偿范围。

电子合同作为民商事合同,其赔偿范围也应适用法律有关直接损失和间接损失的规定。在传统合同法中,某些合同的赔偿范围受到一定的限制,如运输合同、公用事业合同就限制了债务人的赔偿数额。传统合同电子化后,并没有改变这一规则。例如,就网络接入服务合同来说,服务提供方违约造成当事人损失的,应赔偿当事人支付的接入费用等直接损失,对于间接损失则可以免除。对于基于网络应用而产生的某些新型的合同,也需要分情况判定其责任范围。例如,就认证服务合同来说,认证机构的服务类似于公共事业服务,对它的服务费、赔偿范围有必要依法予以界定。

此外,我国《合同法》上述规定的"但书"部分,即为理论上的"可预见规则"。如何对电子商务中的"可预见"或"合理预见"的程度进行界定也是值得考虑的。在线交易中,合理预见的界定应考虑以下几个要素。①合同主体的不同。比如,B to C 交易的主体的预见程度较消费者交易高。②合同方式的不同。订立合同时,在线洽谈方式要比电子自动交易的预见程度高。③合同内容的不同。信息许可使用合同的预见要求应比信息访问合同的高。

第四节 电子商务的国际立法

一、电子商务国际立法的概述

随着电子科技特别是互联网的发展,电子商务迅猛发展起来。为了应对电子商务的迅猛发展势头,规范电子商务所涉及的相关法律问题,自20世纪80年代初开始,世界上许多国家和一些国际组织纷纷行动起来,制定了为数不少的调整电子商务活动的法律规范和相关标准,这其中就包括国际贸易法委员会的《电子商务示范法》、《电子签名示范法》,美国《统一电子商务法》、《统一计算机信息交易法》等。而且,正在酝酿制定电子商务法的国家、地区和国际组织也在增多。电子商务的国际立法主要用于调整电子商务过程中参与各方的法律关系,以实现法律对于市场准入、交易的确认、安全性以及保护与救济等内容的规范。

1. 市场准入和贸易自由化

市场准入是电子商务跨越国界发展之必要条件,而且由于电子商务具有全球性的特点,如施加不当限制,将会阻碍其发展速度,因而必须确保电子商务的高度贸易自由化。电子商务的国际立法,特别是WTO通过的有关电信及信息技术的各项协议均贯穿着贸易自由化的要求。1997年7月,美国发布《全球电子商务纲要》,要求建立一个可预见的、干预最少的、一致的、简明的电子商务法律环境。WTO《全球基础电信协议》则要求成员开放电信市场,《信息技术协议》要求参加方在2000年以前涉及的绝大部分产品实现贸易自由化。1998年5月,WTO第二届部长会议通过的《关于全球电子商务的宣言》关于对所有在互联网上的贸易活动至少一年内免征关税的规定,推进了电子商务的贸易自由化;1999年,从西雅图开始的WTO新一轮贸易谈判已将电子商务所涉及的市场准入问题列入议题。截至2011年6月,该议题还没有实质性进展,但我们不难预见,在未来的电子商务领域,其贸易自由化程度将大大高于其他的贸易形式。

2. 电子合同的成立及其效力

电子合同的成立及效力,具体涉及电子合同的形式、电子签名及认证、电子要约与电子承诺等法律问题。电子商务是由交易双方通过数据电讯传递的方式实现的,其合同的订立与传统商务合同的订立有诸多不同之处,因而需要相应地做出法律调整。示范法对电子商务合同的成立的相关规定,我们在第二节中已经作了介绍。它承认了自动订立的合同中要约和承诺的效力,肯定数据电讯的可接受性和证据效力,对电子要约、电子承诺的发送和收到的时间及地点等一系列问题均作了示范性规定。国际商会正是以示范法为基础,正在拟订《电子贸易和结算规则》等进一步的规定。

3. 安全、保密与私权保护

在电子数据传输的过程中,必然涉及交易环节的有效性、安全性以及相关方权益的保护等问题,特别是电子交易的安全性、隐私权和知识产权保护问题的立法。安全与保密是电子商务发展的一项基本要求。美国等国家以及一些国际组织已专门制定了或在其他规定中包含有一些网络交易安全与保密方面的规则。示范法对数据电讯的可靠性、完整性以及电子签名、电子认证等作了规定;1997 年国际商会制定的《电传交换贸易数据统一行为的守则》也有相关的规定。

在隐私权保护方面,满足消费者在保护个人资料和隐私方面的愿望是构建全球电子商务框架必须考虑的问题。经合组织 1990 年《保护隐私和跨界个人资料指南》、欧盟 1998 年《欧盟隐私保护指令》专门就网上贸易涉及的敏感性资料及个人数据给予法律保护,就违规行为的法律责任进行了规定。21 世纪初开始,世界互联网大会通过的诸多保护隐私的技术[①],均体现了隐私权保护的法律要求。在知识产权保护方面,全球电子商务的迅速普及,使现行知识产权保护制度面临新的更加复杂的挑战,对版权、专利、商标、域名等知识产权的保护成为国际贸易与知识产权法的突出问题。1996 年世界知识产权组织(WIPO)通过的《版权公约》和《表演与录音制品公约》,被称为"互联网"条约。示范法则在"数据电讯的归属"一条中对数据电讯的所有权作了规定。在关贸总协定乌拉圭回合谈判中,相关问题开始得到重视,并体现在形成的 TRIPs 中;在世贸组织的谈判中,电子商务的知识产权保护也更受关注。

4. 电子商务的税收问题

电子商务交易方式的特点给税收管辖权的确定带来了困难,引起了传统税收法律制度的改革,产生了在贸易自由化与维护国家财税利益之间如何协调的问题。1997 年的美国《全球电子商务纲要》主张对网上交易免征一切关税和新税种,即提议建立一个网上的自由贸易区。1998 年 5 月 20 日,根据美国时任总统克林顿关于电子商务永久免税的建议,WTO 第二届部长会议通过了《关于全球电子商务的宣言》,规定至少一年内免征互联网上所有贸易活动关税,从而形成了电子商务"全球自由贸易区",其永久免税的问题也将成为新一轮贸易谈判的重要议题。

另外,还有电子支付、垃圾邮件、网络广告以及电子商务法律管辖的冲突等法律问题。在所有的电子商务法律问题之中,最重要、最基本的是电子合同的法律问题。

二、世界各国的电子商务立法

电子商务国际立法留给人们的印象就是其迅速性和集中爆发性。自国际贸易法委员会于 1984 年向联合国秘书长提交《自动数据处理的法律问题》的报告从而揭开电子商务国际立法的序幕开始,在不到 30 年的时间里,已有许多国家和国际组织制定了为数不少的调整电子商务活动的法律规范,形成了许多电子商务的法律文件,而且正在酝酿、起草、审议有关电子商务法律的国家和国际组织还在增多,一个自成体

---

① 2010 年 5 月 27 日全球移动互联网大会在北京举行,会议针对利用移动装置进行视频分享时的隐私保护问题作了相关探讨。

系的电子商务法已初步形成。

(一) 电子商务国际立法的阶段性

20世纪80年代初,随着计算机技术的应用和发展,一些国家和企业开始大量使用计算机处理数据,开始引发一系列计算机数据的法律问题。为此,国际贸易法委员会于1984年向联合国秘书长提交了《自动数据处理的法律问题》的报告,建议关注和重视计算机记录和系统方面的法律要求,从而揭开了电子商务国际立法的序幕。由于电子信息和网络技术的发展也有一个过程,电子商务国际立法也相应地呈现出阶段性的特点。

1. 电子商务国际立法的早期阶段

早期的国际电子商务立法主要是围绕着电子数据交换(EDI)规则的制定展开的。由于这种数据交换是在各个国家、各种网络和各类计算机设备之间进行的,因而订立通信协议和数据文本交换标准的问题就显得尤为重要。1979年美国制定了X·12标准,1981年欧洲国家推出GTDI,它们推进了欧共体和北美内部电子数据交换的发展,但由于实施的标准不同,在两大集团之间进行数据交换则遇到了较大麻烦。1990年3月联合国正式推出了UN/EDIFACT标准以弥合X·12和GTDI这两大标准之间的差异,并被国际标准化组织正式接受为国际标准。EDI标准的统一为在全球范围内开展电子商务创造了条件。因此,新标准的诞生标志着国际电子商务的开始。此后,联合国又先后制定了《联合国行政商业运输电子数据交换规则》、《电子数据交换处理统一规则》等文件。由于受到网络技术发展的限制,早期的电子商务国际立法只能局限于EDI标准和规则的制定,其影响也是有限的。

2. 电子商务国际立法的高速发展期

20世纪90年代初,以互联网为基础的电子商务出现了前所未有的迅速发展,从根本上改变了传统的产业结构和市场的运作方式。在EDI规则研究与发展的基础上,国际贸易法委员会遂于1996年6月通过了《电子商务示范法》,它的出现为逐步解决电子商务的法律问题奠定了基础,为各国制定电子商务的国内法提供了框架和范本。自示范法制定之后,一些国际组织与国家纷纷合作,制定各种法律规范,形成了国际电子商务立法的高速发展期。下面所介绍的各国和国际组织的电子商务立法,主要是在这个阶段形成的。

(二) 世界各国的电子商务立法

从电子商务国际立法的两个时期,特别是高速发展期的情况可以看出,电子商务的立法活动现已成为当前国际商贸立法的热点,受到了世界各国以及国际组织的关注。无论是在国际商务的主导性国家——美国,还是在欧洲、亚太地区的国家或者国际组织,电子商务的立法都在以前所未有的速度发展。

1. 美国的电子商务立法

美国电子商务的发展一直处于世界领先地位,其在电子商务方面的规划和立法工作也开展得最早、最迅速。自1994年1月美国宣布国家信息基础设施计划,至1997年7月美国正式颁布《全球电子商务纲要》,在短短的三年半时间里,美国已形成联邦政府系统化电子商务发展政策和立法规划。从立法上看,美国各州和联邦均制定了一些电子商务方面的法律。

从各州来看,由于美国独特的宪政体制,美国的电子商务法是以各州的立法活动为先导的。1995年美国犹他州率先颁布了《电子交易法》,该法被20多个州奉为示范法,它是美国乃至全世界第一部全面的电子商务法。目前,美国大多数州都制定了与电子商务有关的法律,它们涉及了电子商务的主要方面。比如伊利诺伊州的《电子商务安全法》和《金融机构数字签名法》、佛罗里达州的《电子签名法》和《数字签名与电子公证法》,等等。

从联邦来看,1996年美国律师协会发表了一套解决电子签名问题的统一规则——《数字签名指南》,该指南非常重视所用的术语和规范条款,具有实际的立法指导意义。在美国电子商务立法中起着重要作用的是一个非官方组织——美国全国州法统一委员会。该委员会1999年7月通过的《统一电子交易法》,现已经为美国大多数的州批准生效;2000年9月,该委员会又发布了《统一计算机信息交易法》,并向各州推荐采纳,这表明美国电子商务立法走上了联邦统一的道路。2000年6月,美国国会两院一致通过了《国际与州际商务电子签名法案》。

2. 欧洲各国及欧盟的电子商务立法

(1) 欧洲各国的电子商务立法。俄罗斯于1995年1月颁布《联邦信息法》,使其成为最早制定电子商务法的国家之一。该法对所有电子信息的生成、存储、处理与访问活动进行了规范。与该法相配套,俄罗斯联邦市场安全委员会还于1997年下发了《信息存储标准暂行要求》,具体规定了电子交易的安全标准。除俄罗斯外,欧洲各国的电子商务立法还有1997年德国的《信息与通信服务法》、意大利的《数字签名法》,2000年法国的《信息技术法》、爱尔兰的《电子商务法》和斯洛文尼亚的《电子商务和电子签名法》,2002年罗马尼亚的《电子商务法》,等等。

(2) 欧盟的电子商务立法。随着电子商务的迅猛发展,为了在整个欧盟层面上统一电子商务的规范活动,欧盟委员会于1997年4月提出了著名的《欧洲电子商务行动方案》,为规范欧盟电子商务活动制定了框架。同年7月,欧盟各国又在波恩召开有关全球信息网络的部长级会议,并通过了支持电子商务发展的部长宣言。1998年又发表了《欧盟电子签名法律框架指南》和《欧盟关于处理个人数据及其自由流动中保护个人的指令》(或称《欧盟隐私保护指令》);1999年12月13日通过了《关于建立电子签名共同法律框架的指令》、《关于统一市场电子商务的某些法律问题的建议》。为了启动欧洲网络经济的发展计划,2000年欧盟将电子商务立法作为重要环节纳入其中,该立法计划包括电子商务、远程金融服务、电子银行以及版权等。同时,欧盟的组织文件《罗马条约》中也有电子合同、网上争议解决方式等相关规定。

3. 亚太地区的电子商务立法

(1) 亚太经合组织的推动。1997年,亚太经合组织温哥华会议决定成立电子商务专题工作组,就电子商务问题进行政策对话和信息交流。1998年,电子商务仍然是亚太经合组织第六次领导人非正式会议的主要议题之一,这次部长会议通过了一份关于亚太经合组织电子商务前景的声明,就工商部门和政府的作用、中小型企业参与、消除障碍和技术合作等问题提出了原则性意见。这充分显示了包括我国在内的与会各国,对电子商务这一种新兴交易方式的重视,会议的一些举措也推动了亚太各国电子商务立法的进程。

(2) 亚太地区各国的电子商务立法。早在1995年8月,马来西亚就提出了建设"信息走廊"计划,并于1997年率先制定了《数字签名法》,这是亚洲最早的电子商务立法。新加坡于1998年颁布了《电子交易法》,又于1999年制定了《电子交易(认证机构)规则》和《认证机构安全方针》。同期,1998年印度的《电子商务支持法》,1999年加拿大的《统一电子商务法》、韩国的《电子商务基本法》、澳大利亚的《电子交易法》、泰国的《电子交易法》相继颁布。菲律宾也在2000年制定了《电子商务法》,2002年日本经济、贸易和工业部发布了《电子商务解释性指南》。

(三) 国际组织的电子商务立法

1. 联合国组织的电子商务立法

计算机技术的快速发展改变了传统商务活动纸质的记录和保存方式,而网络技术和电子商务的全球性从一开始就决定了其立法也具有很强的国际性。联合国组织从20世纪80年代开始研究和探讨电子商务法律问题,1982年联合国国际贸易法委员会第十五届会议正式提出计算机记录的法律价值问题。接着,又于1984年第十七届会议上提交了美国提出的《自动数据处理的法律问题》报告,揭开了电子商务国际立法的序幕,至今已经主持制定了一系列调整国际电子商务活动的法律文件。

在计算机技术的基础上,网络社会化和商业化加速发展,进一步改变了传统的商业结构和市场运作模式。于是,国际贸易法委员会将电子商务的立法工作优先列入计划,经过几年的努力,终于在1996年6月提出了《电子商务示范法》蓝本,并于1996年12月在联合国大会上获得通过。示范法的通过为各国电子商务立法提供了框架和范本,为解决电子商务法律问题奠定了基础,促进了世界电子商务的发展。随后,1997年委员会又制定了"电子商务未来工作计划",重点研究电子签名、认证机构及相关法律问题。2001年7月,委员会在第三十四次会议上审议通过了《电子签名示范法》,这是其通过的另一部重要的电子商务法律文件。另外,委员会制定的法律文件还包括《电子资金传输示范法》、《电子商务示范法实施指南》等。这些法律文件是世界各国电子商务实务经验和立法经验的总结,反过来又指导着各国的电子商务法律实践。

近几年,世界电子商务的发展仍然是联合国高度重视的主题之一。2005年12

月9日联合国第六十届会议通过了《联合国国际合同使用电子通信公约》,对营业地位于不同国家的当事人之间订立或履行合同使用电子通信作出了具体规定。2005年12月22日,联合国统计委员会第三十七届会议将电子商务列入"国际经济和社会分类"考虑的范畴。

2. 其他国际组织的电子商务立法

(1) 国际商会。随着电子商务的发展,现有的国际商务惯例已远远不能满足人们商务活动的需要。为了促进国际贸易的安全发展,国际商会一直致力于制定有关电子商务的指导性交易规则。1997年11月发布了《国际数字化安全商务指南》,它由一系列在互联网上进行可靠数字化交易的方针构成,其中包括了公开密钥的数字签名和可靠的第三方认证等,它统一了有关术语,为电子商务提供了指导性政策,并试图平衡不同法律体系的原则。国际商会银行委员会拟订的《电子贸易和结算规则》也与电子商务直接相关。

(2) 世界贸易组织。1986年开始的关贸总协定乌拉圭回合谈判最终形成了《服务贸易总协定》,其中包括"电信业附录",目标是在全球范围内实现电信市场的开放。世贸组织建立后,即着手展开了信息技术的谈判,并于1997年一年内先后达成了3项协议,即《全球基础电信协议》、《信息技术协议》、《开放全球金融服务市场协议》,为信息技术与电子商务的稳步有序发展奠定了基础。而且,世贸组织已对贸易领域的电子商务立法提出了工作计划,主要包括电子支付、网上交易规范、知识产权保护、个人隐私、安全保密、基础电信、技术标准等内容。

(3) 经济合作与发展组织。经济合作与发展组织,简称"经合组织",是由北美、欧洲和亚太地区等32个市场经济国家组成的政府间国际经济组织,旨在共同应对全球化带来的经济、社会和政府治理等方面的挑战,并把握全球化带来的机遇。1997年,经合组织发起召开了以"为全球电子商务扫清障碍"为主题的国际会议,发表了《克服全球电子商务障碍》的文件,并通过《加密政策指南》,就加密技术的使用规定了指导各成员国制定其立法与政策的原则。1998年10月,经合组织就电子商务召开了部长会议,并公布3个重要文件,即《电子商务行动计划》、《有关国际组织和地区组织的报告:电子商务的活动和计划》、《工商界全球商务行动计划》,作为该组织发展电子商务的指导性文件。

(四) 联合国《电子商务示范法》

《电子商务示范法》是1996年12月16日联合国大会以51/162号决议通过的一部关于电子商务的示范法,也是迄今为止第一个针对信息时代和电子商务发展的需要,通过国际社会的共同努力而形成的世界性的电子商务法律文件。

1. 起草背景

示范法是在国际交易当事人因彼此使用计算机或其他现代电子技术,引起贸易通信方式上的巨大变化的背景下起草的。目的是为各国在对因使用计算机或其他现代电子技术,而涉及的某些商事关系领域的法律与惯例进行评估和更新时,树立一个样板,以建立一个前所未有的新的适应计算机网络化的法律环境。

1991年,国际贸易法委员会下属的国际支付工作组开始负责制定一部世界性的EDI统一法。1992年委员会第二十五届会议上,该工作组更名为电子数据交换工作组,并负责专门拟订"电子数据交换以及其他现代通信方式"的法律规则。1993年,委员会第二十六届大会全面审议了世界上第一部EDI统一法草案——《电子数据交换及贸易数据通信手段有关法律方面的统一规则草案》。但对不同法系的法律协调短时间内很难完成,于是统一法采取了灵活的"示范法"(model law)形式。随着信息技术的不断进步,信息高速公路和互联网变得更加普及,在互联网上展开的开放式数据交换比EDI得到了更广泛的应用,因此1996年国际贸易法委员会大会决定,以"电子商务"取代统一法标题中的"电子数据交换"字样,草案名称改为《电子商务示范法》。1996年12月16日,委员会第八十五次全体会议以51/162号决议通过了《电子商务示范法》这一示范性法律文本。

虽然示范法本身并不具有法律效力,但是一旦某个国家以示范法为蓝本制定了自己的法律,那么示范法中的规则就会成为该法律的组成部分。从这个意义上讲,示范法解决了世界上许多国家在电子商务法律上的空白或不完善的问题,统一了世界各国的电子商务立法,促进了全球电子商务的发展。

2. 结构与内容

示范法共分为两个部分,共4章17条。其第一部分为"电子商务的一般规则",共3章15条;其第二部分为"特殊领域中的电子商务",只有1章2条。

示范法第一部分的第一章为"一般条款",包括适用范围、定义、解释、经由协议的改动等4个条款;第二章是"对数据电讯的适用的法律要求",包括对数据电讯的法律承认、书面形式、签字、原件、数据电讯的可接受性和证据力、数据电讯的留存;第三章为"数据电讯的传递",包括合同的订立和有效性,当事各方对数据电讯的承认,数据电讯的归属、确认、收讫、发出和收到数据电讯的时间和地点等5个条款。

示范法第二部分仅规定了与货物运输合同及运输单证有关的电子商务规则。该部分是示范法作为开放性、灵活性法律体系的一个实例,它允许根据电子商务的发展和需要,而不断增加内容或者对已有内容进行删减或修改。

3. 适用范围

示范法第1条对其适用范围作了规定,即"本法适用于在商业活动方面使用的以一项数据电讯为形式的任何种类的信息"。国际贸易法委员会在对示范法所作的注释中特别注明:考虑到一些国家对于纯粹的国内商业交易暂还不准备采用该示范法中的规则,委员会建议有关国家在采用该示范法时,可以将该法的适用范围仅限于与国际商业有关的数据电讯。同时,示范法并不妨碍任何旨在保护消费者的法律规则的适用。此外,考虑到不同国家对于不同的商业交易可能规定有不同的特殊规则,委员会建议各国在采用该示范法时,可以规定该示范法不适用于某些特殊的交易情况,即将这些特殊的交易情况作为例外处理。

根据规定,示范法的适用范围很广,包括以电子技术为基础的各种各样通信手段生成、储存或传递信息的情况,而不限于某一特定的形式或手段。为明确示范法的适用范围,应当确定"商业"的含义。委员会对该法中的"商业"一词作了广义的解释,使其包括不论是契约性还是非契约性的一切具有商业性质的关系所引起的种种事项。而所谓商业性质的关系,包括但不限于下列各种交易:以提供或交换货物或服务为内容的任何贸易交易、分销协议、商业代表或代理,经营管理、租赁、工厂建造、咨询、工程设计、许可贸易、投资、融资、银行业务、保险,特许协议交易、合营或其他形式的工业或商业合作,以及空中、海上、铁路或公路货物或旅客运输。数据电讯的传输作为信息交流的新形式,如今已被越来越多地应用于商务活动的很多领域,对"商业"一词的广义解释,具有一定的合理性。

4. 方法与解释原则

根据示范法的规定和《示范法指南》的相关解释,示范法采用了较为独特的方法,来应对和解决电子商务中现代通信手段给传统法律带来的冲突和挑战;同时,示范法规定了与其立法目的相一致的解释原则。

(1) "功能等同"(functional equivalent)的方法。鉴于传统书面文件的法律规定是发展现代通信手段的主要障碍,在拟订示范法时,国际贸易法委员会曾考虑通过对"书面形式"、"签字"、"原件"等概念进行扩大解释的方法,把以计算机为基础的电子技术也包括进去,从而解决这种传统的国内法规定给电子商务发展带来的障碍。[①]根据《示范法指南》的解释,这样一来,就可以将各国现有立法加以修改以适应用于贸易法的通信技术的发展,而不必全盘取消书面形式的要求或打乱这些要求所依据的法律概念和做法。同时,通过电子手段满足书面形式要求在某些情况下可能需要制定新的规则。这是因为电子数据交换信息与书面单证之间的区别之一是后者可用肉眼阅读,而前者除非使其变为书面文字或显示在屏幕上,否则是不可识读的。

但示范法最终没有采用扩大解释的方法,而是采用了一种称作"功能等同"的新方法,即商务交易无论是采用电子的、光学的还是未来可能出现的其他新的方式,只要它满足了传统书面合同形式的功能上的要求,就应等同于法律上的书面形式的合同,就应承认其书面合同的效力。传统书面文件的功能一般有:可识读性;可长时间保持不变,以便保存;可复制,以便各方当事人均可拥有一份相同的文本;可通过签字确定和证实文件的内容;公共机构和法院可接受的形式等。就所有这些功能来说,电子记录亦可提供如同书面文件同样程度的安全,在大多数情况下,特别是就查明数据的来源和内容而言,其可靠程度和速度还要高得多,但须符合若干技术标准和法律的要求。

---

① 现有的一些国内和国际法律文件就采用了这种办法,例如《国际商业仲裁示范法》第7条、《联合国国际货物买卖合同公约》第13条以及我国《合同法》第11条。

示范法采取的这种方法,立足于分析传统书面要求的目的和作用,针对"书面形式"、"签字"和"原件"等概念,以确定如何通过电子商务技术来达到这些目的或作用,一旦电子记录达到这些标准,即可与起着相同作用的相应形式一样,享受同等程度的法律认可。示范法规定:不得仅仅以某项信息采用数据电讯形式为理由而否定其法律效力、有效性和可强制性。然而,采取功能等同办法不应造成电子商业使用者须达到较书面环境更加严格的安全标准(和相关费用)的情况。

因为电子记录具有不同的物理性质,不一定能起到书面文件所能起到的全部作用,不能将其本身视为书面文件。因此,示范法采用了一种灵活的标准,考虑到采用书面文件的环境中现行要求的不同层面:采用功能等同办法时,注意到形式要求的现有等级,即要求书面文件提供不同程度的可靠性、可查核性和不可更改性。例如,关于应以书面形式提出数据的要求(构成"最低要求")不应混同于较严格的一些要求,如"经签署的文书"、"经签署的原件"、"经认证之法律文件"。

(2) 示范法的解释原则。示范法规定,对该法做出解释时,应考虑到其国际渊源以及促进其统一使用和遵守诚信的必要性;对于由该法管辖的,而在该法内并未明文规定解决方法的问题,应按该法所依据的一般原则解决。而确定示范法所依据的一般原则时,可以考虑的因素包括但不限于以下几个方面:①在各国之间促进电子商务;②使以新信息技术方式订立的交易有效;③促进与鼓励使用新信息技术;④促进法律的统一;⑤支持商业惯例。示范法的主要目的是通过给各国立法者提供一套国际上可接受的规则,以排除传统法律的障碍,为电子商务创造安全的法律环境。示范法的解释原则与其立法目的是一致的。示范法有关解释原则的内容是受《买卖合同公约》第 7 条的启发而制定的,旨在为法院或其他国内或地方机关解释示范法提供指南。其预想的效果是,限制只按地方法律概念对示范法条文进行解释,从而保持类似法律的国际可接受性。[①]

三、中国的电子商务立法与实践

随着电子商务的全球发展和其影响的不断深入,我国开始高度重视电子商务的发展和立法。正如我国领导人在亚太经合组织第六次领导人非正式会议上就电子商务问题发言时曾经指出的,电子商务代表着未来贸易方式发展的方向,在发展电子商务方面不仅要重视私营、工商部门的推动作用,同时也应该加强政府部门对发展电子商务的宏观指导,并为电子商务的发展提供良好的法律法规环境。2005 年 1 月,国务院发布的《关于加快电子商务发展的若干意见》以及 2007 年 3 月商务部的《关于网上交易的指导意见(暂行)》可以表明我国政府对电子商务鼓励和支持的态度。

(一) 我国电子商务发展的现状

对互联网这一新兴事物的发展和管理,我国政府一直给予了高度重视。我国计

---

① 张楚:《电子商务法教程》,清华大学出版社 2005 年版,第 64 页。

算机信息网络1994年5月正式接入国际互联网,1995年我国开始向全社会开放互联网服务,1997年6月成立中国互联网络信息中心(CNNIC),负责我国域名注册管理。随着互联网在我国的迅速发展并逐步普及,上网人数在急剧增加,网络基础设施在不断完善,各行各业电子商务发展已经粗具规模。虽然现在对电子商务何时能成为主流交易模式进行预测还为时尚早,但电子商务的市场发展潜力无穷,它已经显示出旺盛的生命力。主要表现在以下两个方面。

1. 电子商务网站高速增长以及潜在交易人的发展速度惊人

近年来,我国电子商务的行业站点数继续保持高速增长。截至2009年12月,全国电子商务的总网站数达到1.56万家,增长32.34%,其中B2C网站数超过9400家,增长43.79%,电子商务呈现出蓬勃发展的势头。电子商务网站数量的高速增长首先是因为互联网的高速发展;另一个原因是,在金融危机影响下,越来越多的企业和个人选择建立低成本、易维护的电子商务网站,希望借此闯过难关。

我国网民人数不断攀升,他们中的一部分已是电子商务的消费者或交易人,而更多的则是这个快速发展市场的潜在交易人。据全球网络监控服务商平道姆公司(Pingdom)发布的一份有关2009年全球互联网活动的情况报告,截至2009年9月,全球共有17.3亿互联网用户,而1997年10月这个数字只有62万,12年间增长了近3000倍。其中,亚洲用户最多,已经超过了北美、欧洲和中东地区用户的总和。又据中国互联网络信息中心的统计报告显示,截至2009年12月,中国网民规模已达3.84亿。与此相适应,电子商务网站的受众范围也在不断扩展。CNZZ公司流量统计数据显示,2009年12月电子商务网站的访客数达到2.67亿,同比增长61.29%,比总网民数的增长率高出了21个百分点。仅2009年12月,全国网民中有86.49%访问过电子商务网站,同比增长了13个百分点,达到历史新高。

2. 电子商务交易额快速增长

根据iResearch(艾瑞咨询)统计,到2004年底全球电子商务交易总额已经达到了2.7万亿美元,而2007年全球电子商务交易总额为8.8万亿美元。由于亚太地区的经济高速增长,以及政府对电子商务市场的重视,全球的经济环境的好转,未来几年全球电子商务市场将迎来高速发展的局面。据新华社报道,2002年我国电子商务交易额为1809亿元人民币,自2006年突破万亿元大关后,2010年我国电子商务交易额超过4.5万亿元人民币,[①]据商务部预计,未来五年电子商务交易额将保持年均20%以上的增长速度,2015年将达到12万亿元人民币[②],我国电子商务已经进入高速发展期。同时,在应对全球性金融危机的过程中,电子商务凸显了自身低成本、高效率、开放性的特点,为企业创造了更多的贸易机会,已经成为我国社会经济的重要组成部分。

---

① 新华网,2011年6月13日。
② http://news.ccw.com.cn/internet/htm2011/20110617_933257.shtml,2011年6月18日访问。

当今世界,除电子商务市场以外,其他任何市场都难有如此高的增长率,因此其前景极为可观。但是,中国电子商务的发展是一项综合的社会系统工程。一方面,它不可能套用传统商务的发展模式,而是以新型企业为主要动力,借助于科技创新,对我国产业发展方向、资源利用、客户服务与关系等经济和商业模式进行深刻的变革;另一方面,它也不只是依靠企业就能够解决问题,还要依靠良好的信用基础、金融服务、运输服务以及法律制度等市场经济大环境。

(二) 中国电子商务的立法

我国政府已认识到电子商务对经济增长和社会发展的巨大推动作用,陆续批准成立了中国国际电子商务中心、中国电子数据交换技术委员会、中国电子商务协会等机构,有力地推动了我国电子商务的发展。但迄今为止,我国还没有一部统一的电子商务法出台。因此,专家学者在世纪之交开始研究和订立中国的《电子商务法》(示范法)以及向全国人民代表大会提出电子商务立法的议案等,并非偶然巧合,其中蕴涵着历史的必然性。对电子商务进行法律规范,不仅是保障网络交易安全的需要,而且是提高综合国力的战略举措。因为在如今的信息时代,一国的发展不仅要依赖土地、资金资源,更重要的是在于科技的创新和法治环境的培育。因此,我国政府一直重视电子商务的立法,并已采取了一些法律措施。截至目前,我国颁行的计算机、网络及电子商务方面的法规共有数十部,除专门的单行法规外,我国在制定新法、修订旧法时,也会考虑电子商务带来的新问题,有针对地制定专门条款,或者对原有相关条款进行修改或补充,以适应电子商务环境下的司法需要。

1. 计算机及网络管制立法

中国政府清醒地认识到信息化及电子商务的巨大影响,为推动我国电子商务发展,创造和维护良好的网上交易环境,积极开展相关立法。早在1988年我国就在《保守国家秘密法》的第三章中,首次对电子信息保密进行了规范;1989年制定了《计算机病毒控制规定(草案)》,并开始推行计算机病毒研究和销售许可证制度;1991年国务院通过了《计算机软件保护条例》,2002年国务院通过了新的《计算机软件保护条例》,原同名条例废止。此后,我国陆续公布了《计算机信息系统安全保护条例》(1994年2月)、《计算机信息网络国际联网管理暂行规定》(1996年2月,1997年5月修正)、《中国公用计算机互联网国际联网管理办法》、《计算机信息网络国际联网出入口信道管理办法》(1996年4月)、《计算机信息网络国际联网安全保护管理办法》(1997年12月)、《计算机信息系统保密管理暂行规定》(1998年2月)、《〈计算机信息网络国际联网管理暂行规定〉实施办法》(1998年2月)、《计算机信息系统国际联网保密管理规定》(2000年1月)、《互联网信息服务管理办法》(2000年9月)、《互联网电子公告服务管理规定》(2000年10月)、《互联网站从事登载新闻业务管理暂行规定》(2000年11月)、《维护互联网安全的决定》(2000年12月)、《互联网上网服务营业场所管理条例》(2002年11月)等一系列法律、法规及部门规章。

2. 基本法律中的有关条款

1991年《民事诉讼法》中就规定了电子数据可以作为证据使用,具有证据效力,但须两个以上无利害关系人证明。比较典型的是1999年新《合同法》根据当时电子商务发展的新情况,在合同形式条款中加进了"数据电文"这一新的交易形式,并明确规定其为书面的合同形式。可以说,这是世界上第一部采纳电子合同形式的合同法,它为电子合同的推广应用以及今后的电子商务立法奠定了基础。

3. 某些特殊行业立法有关电子商务的规定

电子商务本身就是一项社会系统工程,需要各行各业共同治理;同时,电子商务中的相关问题变化较快。因此,对某些行业或部门有关电子商务的问题进行立法规范,也不失为一种有益的尝试。例如,1997年9月邮电部发布的《中国公众多媒体通信管理办法》、2000年4月证监会颁行的《网上证券委托暂行管理办法》、2000年9月国务院发布的《电信条例》、2001年1月国家药监局公布的《互联网药品信息服务管理暂行规定》、2001年7月中国人民银行发布的《网上银行业务管理暂行办法》等。

4. 电子商务的专项立法

我国目前虽然没有统一的或综合的电子商务法,但有关电子商务的专项立法或单行法已经取得突破。2004年8月28日,第十届全国人民代表大会常务委员会第十一次会议通过了《电子签名法》,该法已于2005年4月1日起实施。该法借鉴了示范法及《电子签名示范法》所采用的"功能等同"的方法,对我国电子签名和认证及相关问题进行了规定。该法的实施将大大改善我国电子商务的信用与安全状况,也为我国电子商务的立法提供了宝贵经验。

5. 技术标准和地方规范

我国还制定了20多项电子数据交换(EDI)的国家标准,初步建立起EDI的标准体系,开发了中国的EDIFACT系列标准电子文本系统。这些标准是否为法律规范还存在争议,但毫无疑问,它们为我国的电子商务活动提供了可供依赖的技术规范。而且,北京、上海、广东、海南等省市关于电子商务的抽象行政行为以及地方立法活动也很活跃,如2000年4月北京市工商局发布了《网上经营行为备案的通告》、2000年8月上海市工商局发布了《上海市营业执照副本(网络版)管理试行办法》等,这些文件以及一些地方法规可为全国的立法积累一些经验。另外,我国香港特别行政区于2000年1月制定了《电子交易条例》,台湾地区制定了《电子签章条例》。

本章小结

电子商务法是商事法律的一个崭新领域。为了积极顺应网络信息时代经济发展的需要,在联合国电子商务立法的示范和推动作用下,目前世界上大多数国家都制定了电子商务法基本法或电子商务方面的专项单行法,电子商务国际立法呈现出潮流化、迅速反应和趋同的特点。在立法内容上,各国电子商务法与联合国电子商务的两个示范法基本一致,主要是解决电子化、网络化的交易方式与传统商务形式及方式的衔接和法律应对,以提供一些切实、可靠的法律解决方案,制定数据电讯从形式、运作方式及传递方面等同于纸质形式、运作、传递的功能和效力的法律规则。这些尝试无论是在技术层面还是在法律层面,都为我国的电子商务实践和电子商务立法提供了宝贵的借鉴和参考。

专业术语汉英对照

电子商务 electronic commerce
电子数据交换 electronic data interchange,EDI
中立原则 net neutrality
数据电讯 date message
电子签名 electronic signature
数字签名 digital signature
电子认证 electronic authentication
电子合同 electronic contract
功能等同 functional equivalent
电子代理人 electronic agent

思考与练习题

1. 什么是电子商务？什么是电子商务法？它们各自有什么特征？
2. 电子商务法的调整对象与传统商法调整对象有什么区别？
3. 简述技术中立的含义和范围,技术中立的意义。
4. 运用功能等同方法简述数据电讯的效力及其表现。
5. 什么是数据电讯的确认收讫？有哪些规则？其法律意义如何？
6. 简述数据电讯的归属规则。
7. 《电子商务示范法》规定的数据电讯留存的条件是什么？有何法律意义？
8. 什么是电子签名？有什么作用？数字签名与电子签名是一回事吗？
9. 可靠电子签名的立法要求有哪些？
10. 简要阐述数字签名的运行方式,并说明它是如何实现保障交易安全功能的。
11. 电子签名有哪几个方面的效力？
12. 简述电子签名与电子认证的关系。
13. 简述电子合同的特征。
14. 电子合同的订立与传统合同的订立有哪些不同？
15. 电子代理与一般民事代理有什么不同？
16. 列举电子合同的几种履行方式,并简述数字化商品的交付方式。
17. 以《电子商务示范法》为例,简述电子商务国际立法开放性的特点。

第十章 国际知识产权法

【本章导读】 知识产权具有地域性、时间性、无形性、专有性等特点。知识产权的地域性决定了其只能在特定国家或地区的地域范围内有效,不能当然在其他国家或地区有效。因此,一国的知识产权要获得他国的法律保护,就只能通过国际条约和双边协定来实现。同时,由于知识产权的无形性,其作为一种精神财富和智力成果往往具备极强的流动性,这种知识财富和智力成果很容易通过多种形式在世界范围内传播,权利人想保护自己的智力成果,必须借助于其他国家法律的保护,为达到这一目的,也需要缔结国际条约或签订双边协定。因此,知识产权的国际保护显得尤为重要。为保护知识产权,国际社会通过了一系列国际公约,如《保护工业产权巴黎公约》、《专利合作条约》、《商标国际注册马德里协定》、《保护文学作品伯尔尼公约》、《世界版权公约》、《与贸易有关的知识产权协议》等。在知识产权的国际保护方面,我国先后制定了《商标法》、《专利法》和《著作权法》,并加入了以上国际公约。

【学习目标】 通过本章的学习,要求学生掌握知识产权的概念与特征、知识产权国际保护的条约和中国的知识产权保护法。

【重点概念】 知识产权 国民待遇原则 优先权原则 独立性原则 强制许可原则 自动保护原则 最惠国待遇原则 最低保护标准原则 保护公共利益原则 合理使用

第一节 知识产权和知识产权法

一、知识产权的概念和范围

知识产权(intellectual property),是指人们对于自己的智力活动创造的劳动成果和经营管理活动中的标记、信誉依法享有的权利。

知识产权的范围有广义和狭义之分。

广义的知识产权范围,主要是根据世界知识产权组织《建立世界知识产权组织公约》和《与贸易有关的知识产权协议》所作的划分。根据《建立世界知识产权组织公约》第2条第8款的规定,知识产权可以分为如下8类:①关于文学、艺术和科学作品的权利;②关于表演艺术家的演出、录音和广播的权利;③关于人们在一切领域中发明的权利;④关于科学发现的权利;⑤关于工业品外观设计的权利;⑥关于商标、服务标志、厂商名称和标记的权利;⑦关于制止不正当竞争的权利;⑧在工业、科学、文学和艺术领域里一切其他来自智力活动的权利。此外,1994年关贸总协定缔约方签订的《与贸易有关的知识产权协议》(TRIPs)中,列出了有关的知识产权,具体包括:

①著作权及其相关权利;②商标权;③地理标记权;④工业品外观设计权;⑤专利权;⑥集成电路布图设计(拓扑图)权;⑦未披露过的信息专有权。

狭义的知识产权只包括工业产权和著作权。这里的工业产权主要是指专利权和商标权。专利权是指专利权的主体对其发明创造成果依法享有的在一定期限内的独占权。专利权的内容包括制造权、使用权、销售权、进口权、转让权、许可使用权等。商标权是指商标所有人依法对其商标所享有的权利。商标权的内容包括专用权、禁止权、许可权、转让权、续展权等。著作权,又称版权,是文学、艺术和科学作品的创作者和传播者所享有的专有权利。

二、知识产权的特征

知识产权作为一种特殊的财产权,主要有以下几个特征。

1. 知识产权的无形性

这是知识产权的本质属性。知识产权的客体是不具有物质形态的智力成果。智力成果是人们通过智力劳动创造的精神财富或精神产品,凝聚了人类的劳动,具有财产价值,是一种没有形体的财富。

2. 知识产权的专有性

知识产权的专有性也称独占性、排他性或垄断性,是指知识产权的权利主体依法享有独占使用智力成果的权利,他人不得侵犯。从本质上说,知识产权是一种垄断权,但这种垄断权必须不违反法律规定,并且会受到一定限制。

3. 知识产权的地域性

知识产权只在特定国家或地区的地域范围内有效,不能当然在其他国家或地区有效。一般来说,任何国家都不会承认外国知识产权法的适用。一国的知识产权要获得他国的法律保护,就必须依照有关国际条约、双边协议或按互惠原则办理。

4. 知识产权的时间性

依法产生的知识产权一般只在法律规定的期限内有效。法律并非无止境地保护知识产权。在法律规定的有效期内,权利人可以享有独占权,有效期限届满后,该知识产权权利消灭,知识产权的专有权转变为人类社会的公有权。

三、知识产权法的产生与发展

知识产权法是调整在创造、利用智力成果和商业标记过程中所产生的各种权利义务关系的法律规范的总称。

知识产权法是近代商品经济和科学技术发展的产物。自17世纪以来,资产阶级在生产领域中开始广泛利用科学技术成果,他们要求法律确认对知识产品的私人占有权。于是英国在1624年制定了世界上第一部保护科学技术发明的专利法,并且在1709年制定了世界上第一部保护文学艺术作品的著作权法,法国则于1857年制定了第一部保护商品标记的商标法。

19世纪中后期,由于国际交往的日益频繁和国际贸易的发展,商品和技术的出口逐渐扩大,同时带动了商标的输出,而且输出的商标范围从商品扩大到商品以外的包装、装潢及外观设计等。为进一步占领和控制国际市场,许多垄断企业在世界各地注册商标,并且要求对商标进行国际保护,由此商标法律制度开始走向国际化。同时,各国专利法开始允许外国人申请专利,保护外国人的专利。为了对商标、专利等工业产权进行国际保护,法国等11个国家于1883年签订了《保护工业产权巴黎公约》,之后又签订了一些保护商标的国际协定,如《制止商品产地虚假或欺骗性商标马德里协定》、《商标国际注册马德里协定》、《里斯本协定》、《维也纳协定》等,尤其是1995年生效的《与贸易有关的知识产权协议》促进了商标法律制度的国际化。在著作权方面,由于作品复制和传播技术的进步,作品跨国传播日益广泛,著作权的国际保护也成为大多数国家共同寻求的目标。关于著作权的保护,重要的条约有《保护文学艺术作品伯尔尼公约》、《世界版权公约》、《保护表演者、录音制品制作者和广播组织罗马公约》、《关于播送由人造卫星传播载有节目信号布鲁塞尔公约》等,之后的《与贸易有关的知识产权协议》也将著作权保护纳入了国际贸易体系。

正是由于知识产权法对推动现代科学技术进步和国民经济发展发挥着极为重要的作用,知识产权法已经成为各国法律体系中的重要组成部分。目前绝大多数国家都制定了保护工业产权与著作权的法律,国际上也缔结了一些关于保护工业产权与著作权的国际公约。我国也先后制定了《商标法》、《专利法》和《著作权法》,并且自1980年以后陆续加入了《世界知识产权组织公约》、《保护工业产权巴黎公约》、《商标国际注册马德里协定》、《关于集成电路知识产权条约》、《保护文学艺术作品伯尔尼公约》、《世界版权公约》、《保护录音制品制作者防止未经许可复制其录音制品日内瓦公约》、《专利合作条约》、《商标注册用商品和服务国际分类尼斯协定》、《与贸易有关的知识产权协议》等。

第二节 知识产权的国际保护

一、知识产权国际保护的条约

(一)《保护工业产权巴黎公约》

1. 公约的范围与宗旨

《保护工业产权巴黎公约》(Paris Convention for the Protection of Industrial Property,简称《巴黎公约》),是当今国际社会保护工业产权最重要和最基本的全球性多边国际公约。它于1883年3月20日在巴黎签订,1884年7月7日生效。截至2006年4月,该公约共有167个成员国。我国于1985年3月19日成为该公约成员国。

《巴黎公约》的调整对象为工业产权。其范围包括发明专利、实用新型、工业品外观设计、商标权、服务标记、厂商名称、产地标记或原产地名称以及制止不正当竞争等。《巴黎公约》的宗旨是保证一成员国的工业产权在所有其他成员国都得到保护。由于各成员国间的利益矛盾和立法差别,巴黎公约没能制定统一的工业产权法,而是以各成员国国内立法为基础进行保护,因此它没有排除专利权效力的地域性。

2. 公约的主要内容

《巴黎公约》共有 30 条,其中第 1 条至第 12 条是公约的核心,规定了工业产权方面各成员国应遵循的共同规则或成员国进行国内立法的最低要求。其主要内容如下。

(1) 国民待遇原则。《巴黎公约》第 2 条规定,在保护工业产权方面,公约成员国的国民在其他成员国境内应享有各该国法律现在或者今后可能授予各该国国民的各种利益,不论他们在该国是否有住所或营业所。第 3 条规定,非公约成员国的国民,只要其在公约任何一个成员国境内设有住所或有真实有效的工商业营业所,就应享有公约成员国国民同样的待遇。

对于国民待遇原则(principle of national treatment),各成员国可以提出保留。依《巴黎公约》第 2 条第 3 款的规定,公约各成员国法律中关于司法和行政程序、管辖权、指定送达地址或委派代理人的规定,工业产权法中可能有要求的,均可明确地予以保留。

(2) 优先权原则。《巴黎公约》规定,凡已向一个成员国正式提出专利申请的人,如向其他成员国提出同样的申请,可享有优先权(right of priority):发明与实用新型的专利,从第一次提出申请之日起 12 个月内向其他成员国提出,外观设计的专利从第一次提出申请之日起 6 个月内向其他成员国提出,都以第一次申请的日期为申请日。这种办法,称为优先权日期。其作用在于:在优先权日期以后,其他专利申请人所作的披露不再影响享有优先权申请人的发明的新颖性,同时,在优先权期限内,其他人不能就同一专利提出申请而对抗享有优先权的申请人。

(3) 独立性原则。这是特指专利和商标独立原则(independent principle)。《巴黎公约》规定,同一申请人就同一项发明和商标在不同成员国取得的专利权和商标权,在法律上彼此独立,互不影响。专利或商标申请人在一个成员国能够获得批准的专利权或商标权,并不等于也能够在另外一个成员国获得批准;反之,专利或商标申请人在一个国家未能获得的专利权或商标权,却有可能在另一个国家获得批准。

但商标的独立性有一个例外,即如果一项商标在其本国获得注册,通常它在其他成员国的申请就不应当被拒绝。

(4) 强制许可原则。依据《巴黎公约》第 5 条的规定,各成员国可以采取立法措施,规定在一定条件下可以核准强制许可(compulsory license),以防止专利权人可能对专利权的滥用。但是这一原则有明确的适用条件,即只有在专利权人自提出专利权申请之日起满 4 年,或自被批准专利权之日起满 3 年未实施专利,而又提不出正当理由时,专利授予国才可以采取强制许可。这种强制许可是非独占性的,除了被授予许可的人以外,专利权人仍然可以自己使用、制造、销售专利产品,仍有权发放专利实施许可证。获得强制许可的人,只可以自己实施发明专利,不得转让强制许可,除非连同使用该强制许可的部分企业或者商誉一起转让。

(5) 对驰名商标的保护。《巴黎公约》对驰名商标作出了特别保护的规定。公约禁止注册属于他人所有的驰名商标。如果驰名商标被他人在同类商品或类似商品上进行注册,权利人有权自注册之日起至少5年的期间内提出撤销此项注册的请求。如果申请注册人出于恶意,则没有期限的限制。

(6) 临时保护措施。《巴黎公约》第11条规定,公约各成员国必须依本国法律,对于在任何一个成员国内举办的经官方认可的国际展览会上展出的展品中,可以申请专利的发明、实用新型或外观设计和商标,给予临时保护。发明、实用新型的临时保护期通常为12个月,商标、外观设计的临时保护期通常是6个月。在此期间内,不允许任何第三人申请工业产权,且展品不因公开展出失去新颖性而不能取得工业产权。

案例 10-1

专利的独立性原则和优先权原则

甲、乙两国均为《巴黎公约》的成员国,王某为甲国国民,在甲国提出了发明专利申请(在先申请)。在优先权期限内,王某又在乙成员国就同一发明提出了专利申请。依照《巴黎公约》的优先权原则,在后申请的时间按在前申请时间计算。同时依据独立性原则,甲国的在先申请获准并不意味着在乙国的在后申请也可以获准,甲国在先申请的撤销、放弃或驳回也不会直接影响乙国的在后申请。

(二)《专利合作条约》

1. 条约的范围与宗旨

随着现代高科技和交通通信事业的飞速发展,一项发明创造的传播范围往往会跨越国界。因此,申请人就很有可能到外国去申请专利,以求扩大专利技术的保护范围。然而世界各国政治、经济、科技、文化等方面发展的不平衡,又会导致各国专利制度存在较大差别,加上语言障碍,这就需要按照每一个国家规定的程序和语言,支付翻译费、代理费等各种费用逐一办理。接受申请的各个国家的专利局也要分别进行检索、审查、授予专利。申请人和专利局都要耗费大量的人力、财力和物力,这成为世界各国亟待解决的问题。而《专利合作条约》的出现较好地解决了这些问题。《专利合作条约》(Patent Cooperation Treaty,PCT),于1970年6月19日在华盛顿召开的《巴黎公约》成员国外交会议上通过,并于1978年1月24日生效。我国在1994年1月1日成为PCT的正式成员国。截至2007年7月,该条约的成员国达到137个。《专利合作条约》是专利领域的一项国际合作条约。自采用《巴黎公约》以来,它被认为是该领域进行国际合作最具有意义的进步标志。《专利合作条约》只对《巴黎公约》

的成员国开放。也就是说,一个国家要加入《专利合作条约》,必须先加入《巴黎公约》。

《专利合作条约》是在《巴黎公约》的原则下达成的一项国际性条约。其主要目标就是简化对一项发明在多个国家要求专利保护所必须采取的重复手续,使其更经济有效,从而使专利申请人和专利局都能够从中受益。该条约为专利申请的受理与审查程序作了国际性统一规定。在成员国的范围内,申请人只要使用一种规定的语言在一个国家提交一份国际申请,在申请中指定要取得专利保护的国家,就产生了分别向各国提交专利申请的效力。条约规定的申请程序简化了申请人就同样内容的发明向多国申请专利的手续,也减少了各国专利局的工作量,避免了多次重复检索。

2. 条约的主要内容

《专利合作条约》完全是程序方面的规定,即专利申请的受理及审查程序方面的统一性规定。

《专利合作条约》共有 68 个条款,其主要内容如下。

(1) 国际申请。缔约国的任何居民或国民都可以提出国际申请。除缔约国的任何居民或国民外,非《专利合作条约》缔约国但为《巴黎公约》任何一缔约国的居民或国民的,也可提出国际申请。国际申请应向受理局提出,由受理局予以审查。受理局是指受理国际专利申请的国家专利局或政府间组织。

(2) 国际检索。每一国际申请都应经过国际检索,检索的目的在于发现有关的在先已有的技艺。国际检索由国际检索单位进行。国际检索单位由国际专利合作联盟大会委任,可以是一个国家专利局,或一个政府间组织。其任务包括完成对申请主题所指发明的先前已有的技艺的文献调查报告。国际检索单位检索后应在规定时间内按规定形式撰写检索报告,写完后尽快转交申请人和国际局。

(3) 国际公布。从该申请的优先权日期算起满 18 个月,国际局应公布国际申请。如果国际申请在其公布的技术准备完成前撤回或被视为撤回,则不应在国际上公布。

(4) 国际初步审查。缔约国的居民或者国民的申请人,在其申请已提交该国或者代表该国的受理局后,可要求进行国际初步审查。国际初步审查的目的是对申请专利的发明是否新颖、是否涉及创造性步骤和是否在工业上适用等问题提出初步的无约束力的意见。对国际初步审查的要求应与国际申请分别提出。国际初步审查由国际初步审查单位进行,并由其在规定时间内按规定形式写成国际初步审查报告,转交给申请人和国际局。

(三)《商标国际注册马德里协定》及其议定书

1.《商标国际注册马德里协定》

与专利申请人的情况相类似,商标所有人如果想要在若干个成员国内获得注册保护,必须分别在每个国家寻找注册代理人,交付注册费,按不同国家的要求用不同国家的语言办理注册手续。因此,人们渴望能够有一条途径,使得商标在国外的注册像在国内的注册一样简单。1891年4月14日,一些国家在西班牙马德里签订了《商标国际注册马德里协定》(Madrid Agreement Concerning the International Registration of Marks,简称《马德里协定》),为商标在成员国之间的保护提供了一条便捷的途径。该协定于1892年7月15日生效。截至2007年7月,该协定共有57个成员国。我国于1989年10月4日正式加入该协定。参加《马德里协定》的国家必须首先参加《巴黎公约》。《马德里协定》的宗旨是解决商标的国际注册问题。依照该协定,凡是请求商标国际注册的申请人,必须首先在其所属国注册,然后才能通过所属国注册当局向国际局提出国际注册的申请,而不能不在所属国注册就直接向国际局提出国际注册申请。

《马德里协定》共有18条,其主要内容如下。

(1) 接受申请的机构。任何缔约国国民都可以通过所属国的注册当局,向国际局提出商标注册申请,以便在其他参加国内取得其已在所属国注册的用于商品或服务项目的标记的保护。所属国是指申请人的营业地所在国家或住所地国家或国籍国。

(2) 国际注册及效力。国际局应对提出申请的商标立即注册。从在国际局生效的注册日期开始,商标在每个有关缔约国得到的保护,应如同该商标直接在该国提出注册的一样。

(3) 指定国的拒绝保护。国际注册一经批准,即由国际局在公报上公布,并通知申请人要求给予保护的那些指定国。指定国当局有权在接到申请案的1年内声明,在其领土上不保护该项商标。但须说明拒绝保护的理由。这种拒绝只能以对申请本国注册的商标同样适用的理由为依据。1年内未作出答复的,视为同意。商标注册申请人的商标就可以在该指定国获得商标保护,其保护的效果等同于该商标在相应成员国注册。

(4) 国际注册的有效期。在国际局注册的商标有效期为20年,并可续展,期限自上一次期限届满时起算。保护期满前6个月,国际局应发送非正式通知,提醒商标所有人或其代理人确切的届满日期。对国际注册的续展还可给予6个月的宽限期。

(5) 国际注册的独立性。自国际注册的日期开始满5年时,国际注册即与在所属国原先注册的国家商标无关系了。但是,自国际注册日期开始5年内,在所属国原先注册的国家商标已全部或部分不复享受法律保护时,国际注册所得到的商标,不论其是否已经转让,也全部或部分不再产生权利。当5年期限届满前因引起诉讼而致停止法律保护时,国际注册也同样不再产生权利。

2.《马德里协定议定书》

鉴于《马德里协定》规定的程序颇为严格,许多重要国家没有加入。为了使《马德里协定》在更多的国家、地区发挥作用,国际局组织专家委员会多次举办专门会议研究讨论,于1989年主持缔结了《关于马德里协定的议定书》(简称《马德里协定议定书》)。它对商标国际注册的有关问题重新进行了规定。截至 2007 年 7 月,《马德里协定议定书》有 74 个参加国。中国于 1995 年 12 月 1 日成为成员国。

《马德里协定议定书》是在《马德里协定》的基础上制定的,但是两者仍存在以下差别。

(1)依《马德里协定》的规定,只有在所属国获得国家注册后才能进行国际注册。但是,由于各国商标法规定不同,有些在所属国不能注册的商标却可能在其他国家进行注册。因此,《马德里协定议定书》规定,申请人在所属国获得注册的商标可进行国际注册,在所属国递交注册申请而尚未获得国家注册的也可进行国际注册。

(2)依《马德里协定》,缔约国在接到国际局将一个商标国际注册延伸到该国的通知后,1 年以内可通知国际局拒绝给予保护,但须说明理由。《马德里协定议定书》则将这一期限延长到 18 个月,而且可以声明在有异议的情况下,于 18 个月届满后的更长时间内通知国际局。

(3)《马德里协定议定书》增加了一项新规定,使申请人在其国际注册因所属国的基本注册被宣告无效而被国际局撤销的情况下,可向原国际注册生效的国家申请国家注册,以国际申请日作为其申请日。

(4)《马德里协定》规定其工作语言仅为法语,而《马德里协定议定书》的工作语言又增加了英语。

(5)《马德里协定》规定,只有《巴黎公约》成员国才有资格加入,而《马德里协定议定书》则规定,除《巴黎公约》的成员国外,政府间组织也可以加入。

(6)与《马德里协定》统一规定的收费不同,《马德里协定议定书》规定国际注册的收费标准由各成员国自行确定。

(四)《保护文学艺术作品伯尔尼公约》

《保护文学艺术作品伯尔尼公约》(Berne Convention for the Protection of Literary and Artistic Works,简称《伯尔尼公约》),由英国、法国等 10 个国家发起,于 1886 年 9 月 9 日在瑞士首都伯尔尼正式签订。它是世界上第一个保护文学、艺术与科学作品的国际公约,也是目前著作权国际保护领域中最重要的一个国际公约,它为著作权的国际保护奠定了基础。截至 2006 年 4 月,已有 157 个国家成为其成员国。我国于 1992 年 10 月 15 日加入该公约。

1.《伯尔尼公约》的基本原则

(1)国民待遇原则。国民待遇原则包括作者国籍和作品国籍两项保护标准。作者国籍标准,是指只要是成员国国民或惯常居住者,其作品不论是否已经出版,均在其他成员国内享有与该国作者相同的待遇。作品国籍标准,是指非成员国国民,只要其作品首次在一个成员国发表,该作品在其他成员国也获得与该成员国作者相同的待遇。

此外,在一成员国有惯常居所的非成员国国民、电影作品的制片人的总部或惯常居所在一成员国的电影作品作者、建筑作品建造于一成员国境内或艺术作品位于成员国地域内的建筑作品作者也在成员国享有国民待遇。

(2) 自动保护原则。《伯尔尼公约》规定,受保护作品的作者享受和行使根据国民待遇而获得的权利,不需要履行任何手续,便在一切成员国中受到保护。这就是自动保护原则。这里所说的不需履行手续是指不需履行登记注册、交样本、在作品上加注标记等手续。

(3) 独立保护原则。独立保护原则是指各成员国仅需依照自己国家的著作权法对作品进行保护,不受其他国家著作权法的影响,也不受作品所属国著作权法的影响。这也就是说,作者在其他成员国享有和行使该国国民的著作权以及公约特别规定的权利,不依赖于作品所属国是否存在保护。即作品在所属国的保护和在其他成员国的保护是相互独立的。

2.《伯尔尼公约》的保护范围

1) 受保护的作品

(1) 文学和艺术作品。公约第 2 条第 1 款规定,受本公约保护的作品,也就是"文学和艺术作品";"文学和艺术作品"一词包括文学、科学和艺术领域内的一切成果,不论其表现形式或方式如何。例如书籍、小册子和其他作品,讲课、演讲、布道和其他同类性质作品,戏剧或音乐戏剧作品,舞蹈艺术作品和哑剧,配词、未配词的乐曲,电影作品以及使用类似摄制电影的方法表现的作品,实用艺术作品,图画、油画、建筑、雕塑、雕刻和版画作品,与地理、地形、建筑或科学有关的示意图、地图、设计图、草图和立体作品。

(2) 演绎作品。公约规定,对作品的翻译、改编,对乐曲的改编,以及用其他方式改变了原作而形成的演绎作品,在不损害原作者权利的前提下,应得到与原作同等的保护。

(3) 汇编作品。公约规定,文学或艺术作品的汇编,诸如百科全书和选集,由于对其内容的选择和整理而构成知识创作的,在不损害构成其各个作品的版权的前提下,同样受到法律保护。

(4) 法律和官方文件。对于法律文件、官方文件是否保护,公约规定由各成员国自行确定。

(5) 实用艺术品和工业品外观设计。公约规定,各成员国可自行立法决定本国法律对实用艺术品、工业品平面与立体外观设计等的保护程度,以及这些艺术品、工业品平面与立体外观设计的受保护条件。

2) 受保护的权利

(1) 精神权利。公约规定了对作者精神权利的保护,要求各成员国至少保护作者署名权和维护作品完整权。

(2) 经济权利。主要包括以下几方面。

① 翻译权。受本公约保护的文学和艺术作品的作者在对原著享有权利的整个

保护期内，享有翻译和授权翻译其作品的专有权。

② 复制权。受本公约保护的文学艺术作品的作者享有批准以任何方式和采取任何形式复制这些作品的专有权。

③ 表演权。戏剧作品、音乐戏剧作品或音乐作品的作者享有下述专有权：许可公开演奏和公演其作品，包括用各种手段和方式的公开演奏和公演；许可用各种手段公开播送其作品的表演和演奏。并且，戏剧作品或音乐戏剧作品的作者，在其原作的整个权利保护期内，对其作品的翻译享有同样的专有权。

④ 广播权。文学和艺术作品的作者享有下述专有权：授权以无线电广播其作品或以任何其他无线播送符号、声音或图像方法向公众发表其作品；授权由原广播机构以外的另一机构通过有线广播或无线广播向公众发表作品；授权通过扩音器或其他任何传送符号、声音或图像的类似工具向公众传送广播作品。

⑤ 朗诵权。公约第11条之三第1款规定，文学作品作者享有"授权公开朗诵其作品，包括用各种手段或方式公开朗诵"，以及"授权用各种手段公开播送其作品的朗诵"的专有权利。同时，第11条之三第2款规定，文学作品作者在对其原著享有权利的整个期限内，对其作品的翻译也享有同样权利。

⑥ 改编权。文学和艺术作品的作者享有批准对其作品进行改编、整理和其他改变的专有权。

同时，公约对权利也做了些限制，允许在某些情况下合理使用。这种合理使用，不需经著作权人同意，也不需付报酬。

(五)《世界版权公约》

《世界版权公约》(Universal Copyright Convention)是继《伯尔尼公约》后又一个国际性的著作权公约。《世界版权公约》于1952年9月6日在日内瓦签订，1955年9月16日正式生效。我国于1992年7月30日递交了加入《世界版权公约》的官方文件，同年10月30日该公约对中国生效，1995年我国加入该公约的政府间委员会。

1.《世界版权公约》的主要内容

(1) 国民待遇原则。依据《世界版权公约》的规定，任何缔约国国民出版的作品及在该国首先出版的作品，在其他各缔约国中均享有其他缔约国给予其本国国民在本国首先出版之作品的同等保护，以及公约特许的保护。任何缔约国国民未出版的作品，在其他各缔约国中，享有该其他缔约国给予其本国国民未出版之作品的同等保护，以及公约特许的保护。

(2) 非自动保护原则。与《伯尔尼公约》相反的是，《世界版权公约》确立了非自动保护原则。依该原则，任何一个缔约国出版的作品，必须具备一定的形式，也就是说出版的所有各册，必须在版权栏内醒目的地方标有C(文字作品)或R(录制品)的标记、作者姓名与初版年份等三项内容，才可以在其他缔约国自动受到保护，并且不需履行任何等级注册等手续。

(3) 受保护的权利。与《伯尔尼公约》相比,该公约只列举了 4 项经济权利:复制权、公开表演权、广播权以及翻译权,其中对翻译权作了更为详细的解释,对其他权利则未予解释。公约对作者精神权利未作明确规定。

(4) 保护期限。受公约保护的作品,其保护期限不少于作者有生之年及其死后的 25 年。如果任何缔约国在公约对该国生效之日,已将某些种类作品的保护期限规定为自该作品首次出版以后的某一段时间,则该缔约国有权保持其规定,并可将这些规定扩大应用于其他种类的作品,所有这些种类的作品的版权保护期限自首次出版之日起不得少于 25 年。但将摄影作品或实用美术作品作为艺术品给予保护时,保护期限不得少于 10 年。

2.《世界版权公约》与《伯尔尼公约》的关系

《世界版权公约》是一个世界性的版权公约,它将版权制度差异较大的美洲国家拉入了世界版权保护体系,减少了《世界版权公约》与《伯尔尼公约》两种版权法律制度之间的冲突。从总体保护水平来看,《世界版权公约》比《伯尔尼公约》要低,但大部分内容是一致的。为避免与《伯尔尼公约》的冲突,《世界版权公约》规定,原伯尔尼联盟成员国不得在加入本公约时退出《伯尔尼公约》,否则有关国家不得在伯尔尼联盟的成员国境内受到《世界版权公约》的保护。

(六)《与贸易有关的知识产权协议》

《与贸易有关的知识产权协议》(Agreement on Trade-Related Aspects of Intellectual Property Rights,TRIPs),是在世贸组织范围内缔结的知识产权公约。该协议订立于 1994 年,1995 年生效,我国于 2001 年加入世界贸易组织以后受协议约束。TRIPs 可以说是当前世界知识产权保护领域中涉及面广、保护水平高、保护强度大且具备极强制约力的国际公约。TRIPs 要求成员对知识产权提供更高水平的立法保护,要求成员采取更为严格的知识产权执法措施,并将成员之间的知识产权争端纳入 WTO 争端解决机制。

1. TRIPs 的基本原则

(1) 国民待遇原则。TRIPs 第 3 条规定了国民待遇原则,依该条规定,在知识产权保护方面,各成员应给予其他成员国民不低于本国国民的待遇,除非在《巴黎公约》、《伯尔尼公约》、《罗马公约》或《集成电路知识产权保护条约》中已规定的例外。

TRIPs 同时规定,就表演者、录音制品制作者及广播组织而言,该义务仅适用于该协议所提供的权利,即对 TRIPs 协议没有规定的权利,各成员没有义务给外国表演者、录音制品制作者及广播组织以国民待遇。

(2) 最惠国待遇原则。TRIPs 第 4 条是关于最惠国待遇(most-favored nation treatment)的规定。最惠国待遇原则是指某一成员提供给其他成员国民的任何利益、优惠、特权或豁免,应无条件地适用于全体其他成员之国民。

但是,最惠国待遇原则也有例外:①由一般性司法协助及法律实施的国际协议引申出的且并非专为保护知识产权的特权或优惠;②《伯尔尼公约》和《罗马公约》允许的按互惠原则提供的优惠;③有关本协定未规定的表演者、录音制品制作者和广播组织权利;④在 WTO 生效以前已经生效的保护知识产权国际协定中产生的权利或优惠等。

2. TRIPs 协议保护的领域

1) 著作权和相关权利

TRIPs 第 9 条规定,各成员应遵守《伯尔尼公约》1971 年文本第 1 条至第 21 条以及公约附录的规定。因此,TRIPs 将《伯尔尼公约》(第 6 条之二规定的精神权利除外)的实体性规定全部纳入到 TRIPs 中,并且在此基础上进行了一些补充规定。

在著作权保护方面,TRIPs 对《伯尔尼公约》的补充表现在两个方面:在保护客体方面,将计算机程序和有独创性的数据汇编作为著作权保护的客体;在权利内容方面,增加了计算机程序和电影作品的出租权。在著作权相关权利方面,TRIPs 规定对表演者和录制者的保护期限为 50 年,广播组织的保护期限为 20 年。

2) 商标

TRIPs 在与已有的商标保护国际条约相协调的基础上作了进一步规定。

(1) 商标保护的主题包括任何能够区分特定商品或服务,构成某种商标的标志或组合,包括文字、字母、数字、图形要素、色彩的组合以及上述内容的组合。

(2) 对驰名商标的保护。TRIPs 扩大了对驰名商标的特殊保护,一方面对驰名商标的特殊保护扩大至不相类似的商品或服务,另一方面将驰名商标的保护原则扩大适用于服务标记。在对驰名商标的认定标准上,规定确认某商标是否驰名时,应考虑有关公众对其的知晓程度,包括在该成员地域内因宣传该商标而使公众知晓的程度。

(3) 商标权人的权利。注册商标所有人享有专有权,未经商标所有人同意,任何人不得在商业中使用与注册商标相同或近似的商标。但是,这种注册商标专有权不能妨碍先有商标的使用权,或影响成员规定以实际使用为基础的商标权。

(4) 保护期限的规定。协议规定,注册商标的保护期为初始注册之日起的 7 年。该保护期可以无限地每 7 年续展。

3) 地理标志

地理标志是指表明一种商品来源于某一成员的领土内或者该领土内的一个地区或地方的标志,而该商品的特定品质、声誉或其他特征主要是与其地理来源有关。

TRIPs 要求各成员负有对地理标志提供法律保护的义务。它禁止利用地理标志的任何不正当竞争行为,禁止利用商标做虚假的地理标志暗示的行为。TRIPs 特别要求各成员采用法律手段,防止使用某一地理标志表示并非来源于该标志所指地方的葡萄酒或烈酒。

4) 工业品外观设计

TRIPs 第 25 条规定,各成员应对独立创作并具有新颖性或原创性的工业品外观设计给予保护。各成员可以规定,外观设计如与已知的外观设计或其特征的组合没有显著的区别,即为无新颖性或无原创性,而且这种保护不应延及主要根据技术功能考虑而创作的外观设计。

TRIPs 第 26 条规定,受保护的外观设计所有人,应有权制止第三人未经其同意而为商业目的制造、销售或进口载有或体现有受保护的外观设计的复制品或实质上是复制品的物品。各成员可以规定有限的例外,但须在考虑第三方合法利益的情况下,并不与该外观设计的正常利用不合理地冲突,也并未不合理地损害外观设计所有人的合法利益。外观设计的保护期限自申请提交之日起不少于 10 年。

5) 专利

(1) 授予专利的条件。TRIPs 规定,所有技术领域内的任何发明,无论产品发明还是方法发明,只要具有新颖性、创造性并能在产业上应用,都可以获得专利。

(2) 不授予专利的发明。协议规定各成员可以对疾病的诊断方法、治疗方法和外科手术方法,以及植物、动物(微生物除外)和生产动植物的生物学方法,不授予专利。

(3) 专利权人的权利。对产品专利来说,专利权人有权制止第三人未经其同意而制造、使用、许诺销售、销售或为这些目的而进口该产品;对方法专利来说,专利权人有权禁止第三人未经其同意而使用、许诺销售、销售或为这些目的而进口依该方法直接获得的产品。

(4) 专利申请的条件。专利申请人应以充分清晰与完整的方式披露该发明,以使该领域的技术人员可以实施该发明。

(5) 专利的保护期限。专利保护期限为自申请提交之日起不少于 20 年。

6) 集成电路布图设计

《关于集成电路知识产权条约》是 1989 年 5 月在美国华盛顿外交会议上缔结的一项旨在保护集成电路布图设计的国际条约,至今该条约也没有生效。但 TRIPs 遵循了其有关规定并提高了保护水平:将保护对象由布图设计和含有受保护布图设计的集成电路,扩大到了含有受保护集成电路的物品;将保护期由 8 年延长为 10 年,并允许成员将布图设计的保护期限规定为自创作完成之日起 15 年;规定善意侵权人在收到该布图设计是非法复制的通知后,仍有一些库存物品或预购物品需要销售、进口或发行的,可以继续从事上述活动,但应向权利持有人支付报酬。

7) 对未公开信息的保护

TRIPs 第 39 条规定,自然人和法人有权制止他人未经其同意,以违反诚实的商业做法的方式,获得、使用或向他人公开在其合法控制下的信息。该信息受保护的条件是:①信息是保密的,即该信息的整体或各部分的确切排列和组合不是通常从事该信息行业界的人所普遍知悉或容易获得的;②该信息由于是保密信息因而具有商业价值;③合法控制信息的人已经根据情况采取了合理措施予以保密。

3. 知识产权执法

由于以往保护知识产权的国际公约涉及知识产权执法措施的规定较少,并且各成员的程序和执行制度存在差异,因此会影响公约实体规定作用的发挥。而 TRIPs 第三部分就专门涉及了知识产权的执法。TRIPs 规定的知识产权执法措施主要包括以下几个方面。

(1) 一般义务。TRIPs 第 41 条规定,各成员应保证其国内法能提供本部分规定的执法程序,以便能采取有效行动,制止任何侵犯协议所规定的知识产权的行为。这些行为包括可迅速制止侵权的救济和构成阻止进一步侵权的威慑的救济。知识产权的执法程序应当公平合理,不应当不必要的复杂或费用过高,也不应规定不合理的期限或不应当的拖延。

(2) 民事与行政程序及补救。依 TRIPs 的规定,各成员应向权利持有人提供关于执行知识产权的民事司法程序,包括及时得到足够详细的书面通知、委托代理人、举证的权利、陈述的机会等。一旦发生侵权,成员的司法机关应有权责令停止侵权,要求向权利持有人支付损害赔偿,对侵权的商品进行处理,禁止其进入商业渠道或命令将侵权商品予以销毁。

(3) 临时措施。临时措施是指各成员的司法机关有权在侵权行为发生之初采取临时措施,制止侵权行为继续或防止销毁有关证据。

依 TRIPs 第 50 条的规定,司法机关有权采取迅速而有效的下列临时措施:①制止侵犯知识产权行为的发生,尤其是制止有关商品,包括由海关放行的进口商品,进入其商业渠道;②保存被指控侵权的有关证据。

(4) 边境措施。为有效制止进入国际贸易领域的侵犯知识产权行为,TRIPs 在第 51 至第 60 条着重规定了有关边境措施。规定权利持有人如有适当证据怀疑假冒商标的商品或盗版物可能进口时,可在提供一定的担保或同等保证的条件下,向进口国有关行政当局提出书面请求,由海关中止放行被怀疑侵权的物品。在申请放行之日起 10 日内,海关当局没有采取申请人所要求的行动,或者有关当局已经采取了暂行措施,被中止放行的产品应当予以释放。

(5) 刑事措施。TRIPs 第 61 条规定,各成员应对在商业规模上故意假冒商标或盗版行为实施刑事程序和处罚,包括监禁、罚金、扣押、没收、销毁侵权货物或原材料。

4. 争端的防止和解决

为尽可能防止和解决知识产权争端,与关贸总协定所确立的解决机制相协调,TRIPs 规定了"透明度"和"争端解决"两个条款。

(1) 透明度。TRIPs 第 63 条规定,各成员已经生效的、与本协议内容有关的法律和规章以及普遍适用的终审司法判决和终局行政决定,均应以本国语言公布。如果公布实际上不可行,则应以本国文字使公众能够获得,以便各成员政府及权利持有人能够知悉。一方成员政府或政府机构同另一方成员政府或政府机构之间有效的与协议内容有关的各种协议,也应予以公布。各成员应将上述法律和规章通知与贸易有关的知识产权理事会,协助理事会审查本协议的实施情况。

各成员应依照另一方成员的书面要求,提供上述法律文件。任何成员如果有理由相信另一成员在知识产权领域存在一项特殊的司法判决、行政决定或双边协定影响其在本协议下的权利,也可以书面请求该另一成员提供查阅或告知该司法判决、行政决定或双边协定的足够详细的内容。

如果披露有关秘密信息会妨碍法律执行或违反公共利益,或者损害特定的公有或私有企业的合法商业利益,则不要求成员披露该秘密信息。

(2) 争端的解决。TRIPs规定,有关该协议的争端,除本协议另有规定的以外,均应按照GATT1994第22条和第23条的规定予以解决。也就是说,乌拉圭回合谈判最后文件中,就GATT第22条及第23条的解释和适用达成的《关于争端解决规则和程序的谅解》在TRIPs中同样适用。

二、知识产权保护的国际组织

世界知识产权组织(World Intellectual Property Organization,WIPO),是最重要的世界性保护知识产权的国际组织。它成立于1970年4月26日,总部设在日内瓦。它的前身是由保护工业产权联盟和保护艺术作品联盟在1893年成立的一个联合秘书处,一般称之为国际知识产权联合局。该组织从1974年12月7日起成为联合国系统下第16个专门机构,负责管理有关知识产权的国际公约和协议。我国于1980年加入该组织,成为其第90个成员国。世界知识产权组织是目前最重要的知识产权国际保护方面的国际组织,是一个参加国家多、影响大的国际组织。

世界知识产权组织的宗旨是:①通过各国间的合作,并在适当的情况下与其他国际组织进行协作,以促进在全世界范围内保护知识产权;②确保各知识产权联盟之间的行政合作。

世界知识产权组织的主要任务是:①促进世界各国对知识产权的保护,并协调各国的立法,鼓励各国缔结保护知识产权的新的国际协定;②执行巴黎联盟(包括与该联盟有关的其他联盟)和伯尔尼联盟的行政任务;③担任或参加其他促进保护知识产权的国际协定的行政事务;④对发展中国家知识产权的立法及建立机构等提供援助;⑤收集及传播有关保护知识产权的情报,从事和促进这方面的研究工作并公布研究成果。

世界知识产权组织设有4个机构:大会、成员国会议、协调委员会、国际局。

(1) 大会。大会由参加该组织的各联盟成员国组成,是世界知识产权组织的最高权力机构。大会的主要职责是:任命总干事;审核并批准总干事与协调委员会的工作报告;通过预算和财务条例等。

(2) 成员国会议。由该组织全体成员组成。其主要职责是:讨论知识产权方面共同关心的事项;通过成员国会议的3年预算;制定3年法律和技术援助计划。

(3) 协调委员会。由担任巴黎联盟执行委员会委员或伯尔尼联盟执行委员会或兼任该两委员会委员的委员组成。其主要职责是：就一切与行政、财务等有关事项提出意见；拟订大会的议程草案。

(4) 国际局。国际局是世界知识产权组织各种机构与各联盟的秘书处。其主要职责是：负责提供报告与工作文件，为这些机构的会议做准备；实施大会的决议。国际局设总干事1人和副总干事2人以上。总干事为本组织的行政首脑，任期不得少于6年，可连选连任。

三、知识产权国际保护的基本原则

知识产权国际保护的基本原则，是指对确立这一法律领域具有基础性指导意义的准则和能够普遍直接适用的原则。知识产权国际保护的基本原则包括国民待遇原则、最低保护标准原则和保护公共利益原则。

(一) 国民待遇原则

国民待遇原则是指一国在经济活动和民事权利方面，给予其境内的外国国民不低于其给予本国公民享受的待遇。许多知识产权公约均将其确认为首要原则。

例如《巴黎公约》第2、3条规定，在工业产权的保护上，每个缔约国必须以法律给予其他缔约国国民以本国国民所享受的待遇。即使对非缔约国的国民，只要他在任何一个缔约国内有法律认可的住所或有实际从事工商业活动的营业所，也应给予其相同于本国国民的待遇。

《伯尔尼公约》第5条也规定，公约缔约国应给予以下三种作者的作品以相当于本国国民享受的著作权保护：其他缔约国的国民；在任何缔约国有长期居所的人；在任何缔约国首次发表其作品的人，即使他在任何缔约国中均无国籍或长期住所。

再如 TRIPs 第3条规定，每一成员给予其他成员国民的待遇不得低于本国国民的待遇。

(二) 最低保护标准原则

为减少各国知识产权制度的差异给国际协调带来的阻碍，有关知识产权的国际公约一般都规定了最低保护标准原则。

最低保护标准原则是指各缔约国依据本国法对该条约缔约国国民的知识产权保护不能低于该条约规定的最低要求或标准，这些标准包括权利保护对象、权利取得方式、权利内容及限制、权利保护期间等。

《巴黎公约》就专利保护、商标保护等问题提出了一些最低要求。《巴黎公约》第7条规定，在任何情况下，都不允许成员国以商品的性质为理由，拒绝给予有关商品所使用的商标以注册。

《伯尔尼公约》第19、20条规定，缔约国规定的著作权保护标准可以超出但不能低于公约规定的标准。第19条规定，本公约的规定不妨碍要求本联盟某一成员国法律可能提供的更广泛的保护。第20条规定，本联盟各成员国政府有权在它们之间签订特别协议,以给予作者比本公约所规定的更多的权利,或者包括不违反本公约的其他条款。凡符合上述条件的现有协议的条款仍然适用。

(三) 保护公共利益原则

保护公共利益原则是指知识产权的保护和权利行使,不得违反社会公共利益,应保持公共利益和权利人之间的平衡。

例如,《巴黎公约》第5条规定,各国有权采取立法措施规定授予强制许可,以防止由于行使专利所赋予的专有权而可能产生的滥用。

再如,《伯尔尼公约》规定了合理使用制度,明确规定其联盟成员国法律可以允许在某些特殊情况下复制某些特定作品,只要这种复制不损害作品的正常使用,也不致无故侵害作者的合法利益。

此外,TRIPs 在序言中确认了对知识产权保护制度所奉行的公共利益目标:①保护公共健康和营养;②促进对其社会经济和技术发展至关重要的部门的公共利益。

第三节 中国的知识产权保护法

一、著作权法

我国最早的著作权法为清政府 1910 年制定的《大清著作律例》,之后北洋政府和南京国民政府相继于 1915 年和 1928 年颁布了著作权法。新中国成立后,尽管并未立即制定著作权法,但《宪法》和其他一些法规、规章和条例等对公民的著作权都有保护性规定。1986 年《民法通则》首次以法律形式规定,"公民、法人享有著作权"。其后,1990 年 9 月 7 日,第七届全国人民代表大会常务委员会第十五次会议通过了《著作权法》,并于 1991 年 6 月 1 日起实施。2001 年 10 月 27 日,第九届全国人民代表大会常务委员会第二十四次会议通过了《全国人大常委会关于修改〈中华人民共和国著作权法〉的决定》。除了《著作权法》外,我国著作权法律体系中还包括《著作权法实施条例》、《计算机软件保护条例》等。

《著作权法》共有 6 章,60 条。包括总则,著作权,著作权许可使用和转让合同,出版、表演、录音、录像、播放,法律责任和执法措施,附则等。

(1) 著作权保护的对象。依据《著作权法》,著作权(copyright)的保护对象为以下列形式创作的文学、艺术和自然科学、社会科学、工程技术等作品:①文字作品;②口述作品;③音乐、戏剧、曲艺、舞蹈、杂技艺术作品;④美术、建筑作品;⑤摄影作品;⑥电影作品和以类似摄制电影的方法创作的作品;⑦图形作品和模型作品;⑧计算机软件;⑨法律、行政法规规定的其他作品。

(2) 著作权的主体。著作权的主体是指依法享有著作权的人。著作权人包括作者和其他依法享有著作权的公民、法人或者其他组织。

(3) 著作权的内容。著作权包括著作人身权和著作财产权。著作人身权是指著作权人基于作品的创作依法享有的以人格利益为内容的权利;著作财产权是指著作权人基于对作品的利用而享有的以获得财产利益为内容的权利。依据《著作权法》第10条的规定,著作人身权主要包括:①发表权;②署名权;③修改权;④保护作品完整权。著作财产权主要包括:①复制权;②发行权;③出租权;④展览权;⑤表演权;⑥放映权;⑦广播权;⑧信息网络传播权;⑨摄制权;⑩改编权;⑪翻译权;⑫汇编权;⑬应当由著作权人享有的使用作品的其他权利。

（4）著作权的归属。著作权属于作者,法律另有规定的除外。这是著作权归属的一般原则。

（5）著作权保护期限。依据《著作权法》第20、21条的规定,作者的署名权、修改权、保护作品完整权的保护期不受限制。公民作品,其发表权和财产权的保护期为作者终生及其死亡后50年,截止于作者死亡后第50年的12月31日;如果是合作作品,截止于最后死亡的作者死亡后第50年的12月31日。

（6）著作权权利的限制。对著作权权利的限制,主要体现在两个方面:一是合理使用(fair use);二是法定许可(statutory licence)。

合理使用是指著作权人在法律规定的特定情况下允许他人自由使用其享有著作权的作品,而不必经过著作权人的同意并向其支付报酬的制度。依《著作权法》第22条的规定,合理使用包括以下情形。①为个人学习、研究或者欣赏,使用他人已经发表的作品。②为介绍、评论某一作品或者说明某一问题,在作品中适当引用他人已经发表的作品。需要指出的是,引用他人的作品,应当说明作品出处和作者姓名。③为报道时事新闻,在报纸、期刊、广播电台、电视台等媒体中不可避免地再现或者引用已经发表的作品。④报纸、期刊、广播电台、电视台等媒体刊登或者播放其他报纸、期刊、广播电台、电视台等媒体已经发表的关于政治、经济、宗教问题的时事性文章,但作者声明不许刊登、播放的除外。⑤报纸、期刊、广播电台、电视台等媒体刊登或者播放在公众集会上发表的讲话,但作者声明不许刊登、播放的除外。⑥为学校课堂教学或者科学研究,翻译或者少量复制已经发表的作品,供教学或者科研人员使用,但不得出版发行。⑦国家机关为执行公务在合理范围内使用已经发表的作品。⑧图书馆、档案馆、纪念馆、博物馆、美术馆等为陈列或者保存版本的需要,复制本馆收藏的作品。⑨免费表演已经发表的作品,该表演未向公众收取费用,也未向表演者支付报酬。⑩对设置或者陈列在室外公共场所的艺术作品进行临摹、绘画、摄影、录像。⑪将中国公民、法人或者其他组织已经发表的以汉语言文字创作的作品翻译成少数民族语言文字作品在国内出版发行。⑫将已经发表的作品改成盲文出版。

案例10-2

合理使用原则

李某系某长篇小说的作者,A市数字图书馆公司系一家专门开发数字图书馆的公司。李某诉称被告A市数字图书馆公司未经其许可,扫描收录了涉案图书,构成侵权。A市数字图书馆公司辩称其行为属于"图书馆为陈列或者保存版本的需要,复制本馆收藏的作品",属于合理使用,不构成侵权。

我国《著作权法》以列举式的方式规定了合理使用的12种情形,即属于个人学习、报道时事新闻、执行公务、教学研究、盲文出版等。根据严格法定主义原则,这12种情形之外的,都不应简单纳入合理使用的范畴。《著作权法》于1990年颁布,在2001年时进行了修改,但当时数字图书馆并未兴起,其中"图书馆为陈列或者保存版本的需要,复制本馆收藏的作品"仅针对传统的图书馆,数字图书馆的使用并不属于合理使用法定类型。

法定许可是指按照著作权法的规定,使用者在使用他人已经发表的作品时,可以不经著作权人许可,但应当向其支付报酬,并不得侵犯著作权人的其他权利的制度。依《著作权法》的规定,法定许可包括以下情形。①教科书使用的法定许可。为实施九年制义务教育和国家教育规划而编写出版教科书,除作者事先声明不许使用外,可以不经著作权人许可,在教科书中汇编已经发表的作品片段或短小的文字作品、音乐作品或者单幅的美术作品、摄影作品。②报刊转载的法定许可。作品被报社、期刊社刊登后,除著作权人声明不得转载、摘编的外,其他报刊可以转载或者作为文摘、资料刊登。③制作录音制品的法定许可。录音制作者可使用他人已经合法录制为录音制品的音乐作品制作录音制品,著作权人声明不许使用的除外。④广播电台、电视台播放已经出版的录音制品的法定许可。广播电台、电视台播放已经出版的录音制品,可以不经著作权人许可。⑤广播电台、电视台播放已经发表的作品的法定许可。广播电台、电视台播放他人已经发表的作品,可以不经著作权人许可,但应当支付报酬。当事人另有约定的除外。

(7)著作权的许可使用。著作权许可使用是指著作权人授权他人以一定的方式、在一定的时期和一定的地域范围内商业性地使用其作品的行为。依据《著作权法》第24条的规定,使用他人作品应当同著作权人订立许可使用合同,但法律规定可以不经许可的除外。

(8)邻接权。邻接权,又称传播者权,是作品传播者享有的专有权利。作品创作出来后,需在公众中传播,而传播者在传播作品中也进行了创造性劳动,因此这种劳动也应受到法律保护。邻接权主要包括表演者权,录音制品作者的权利,广播电台、电视台的权利,出版者的权利等。

(9)法律责任和执法措施。《著作权法》第五章列举了各种侵犯著作权的侵权行为,规定根据不同情况,由侵权人承担停止侵害、消除影响、赔礼道歉、赔偿损失等民事责任,情节严重的承担行政责任,构成犯罪的,依法追究刑事责任。

此外,《著作权法》还作出了司法机关采取临时措施的规定。依据第49条的规定,著作权人或者与著作权有关的权利人有证据证明他人正在实施或者即将实施侵犯其权利的行为,如不及时制止将会使其合法权益受到难以弥补的损害的,可以在起诉前向人民法院申请采取责令停止有关行为和财产保全的措施。为制止侵权行为,在证据可能灭失或者以后难以取得的情况下,著作权人或者与著作权有关的权利人可以在起诉前向人民法院申请证据保全。人民法院可以责令申请人提供担保,申请人不提供担保的,驳回申请。申请人在人民法院采取保全措施后15日内不起诉的,人民法院应当解除保全措施。

二、专利法

我国最早有关专利的法规是1898年清政府颁发的《振兴工艺给奖章程》。我国历史上第一部正式的专利法为1944年由当时的南京国民政府颁布的《专利法》。1950年8月,中央人民政府政务院颁布了《保障发明权与专利权暂行条例》及其实施细则。1963年11月,国务院制定了新的《发明奖励条例》。1980年1月,成立了专利局。1984年3月12日,第六届全国人民代表大会常务委员会第四次会议通过了《专利法》,1985年4月1日起正式施行。为了顺应专利制度的国际化趋势及满足我国经济科技发展的内在要求,《专利法》分别于1992年、2000年和2008年进行了三次修改。

《专利法》共有8章,76条。包括总则,授予专利权的条件,专利的申请,专利申请的审查和批准,专利权的期限、终止和无效,专利实施的强制许可,专利权的保护,附则等。

(1) 专利法的保护对象。专利(patent)法的保护对象为发明(invention)专利、实用新型(utility models)专利和外观设计(designs)专利。

(2) 对专利国际保护的方法。《专利法》规定,在中国没有经常住所或者营业所的外国人、外国企业或者外国组织在中国申请专利的,依照其所属国同中国签订的协议或共同参加的国际条约,或者依照互惠原则,根据我国专利法办理。外国人的一切专利事务应当委托中华人民共和国国务院指定的专利代理机构办理。

我国单位或者个人将其在国内完成的发明创造向外国申请专利的,应当先向我国专利局申请,委托国务院设立的专利代理机关办理。

(3) 授予专利权的条件。《专利法》规定,发明专利和实用新型专利的授予条件有三个:新颖性、创造性和实用性。对外观设计专利的授予条件为:应当同申请日以前在国内外出版物上公开发表过或者国内公开使用过的外观设计不相同和不相近似,并不得与他人在先取得的合法权利相冲突。

同时规定,以下各项不授予专利权:①违反法律、社会公德或妨害公共利益的发明创造;②科学发现;③智力活动的规则和方法;④疾病的诊断和治疗方法;⑤动物和植物品种;⑥用原子核变换方法获得的物质;⑦平面印刷品的图案、色彩或者两者的结合作出的主要起标识作用的设计;⑧违反法律、行政法规的规定获取或者利用遗传资源,并依赖该遗传资源完成的发明创造。

案例 10-3

疾病诊断和治疗方法不授予专利权

李某系某医院医生,其在退休后总结自己的工作经验,创制了一套针灸配合推拿疗法,能够有效治疗神经麻痹。李某决定向国家申请专利。结果申请被驳回。

因为李某创制的推拿属于治疗疾病的方法,依法不能被授予专利。

(4) 先申请原则。《专利法》规定,两个以上的申请人分别就同样的发明创造申请专利的,专利权授予最先申请的人。

(5) 优先权原则。申请人自发明或实用新型在外国第一次提出专利申请之日起12个月内,或者自外观设计在外国第一次提出专利申请之日起6个月内,又在中国就相同的主题提出专利申请的,依照该外国同中国签订的协议或共同参加的国际条约,或者依照相互承认优先权的原则,可以享有优先权。

(6) 专利的审查和批准。对于发明专利,其审批程序为:受理申请、初步审查、公布申请、实质审查、授权公告。实用新型和外观设计专利的审批程序为:受理申请、初步审查、授权公告。专利申请人对国务院专利行政部门驳回专利申请的决定不服的,可以自收到通知之日起3个月内,向专利复审委员会请求复审。专利复审委员会复审后,作出决定,并通知专利申请人。专利申请人如对复审决定不服,可以自收到通知之日起3个月内向人民法院起诉。

(7) 专利权的期限、终止和无效。发明专利权的期限为20年,实用新型专利权和外观设计专利权的期限为10年,均自申请日起计算。专利权的终止主要有以下两种情况:①没有按照规定缴纳年费;②专利权人以书面声明放弃其专利权的。

自国务院专利行政部门公告授予专利权之日起,任何单位或者个人认为该专利权的授予不符合专利法有关规定的,可以请求专利复审委员会宣告该专利权无效。

(8) 专利实施的强制许可。有下列情形之一的,国务院专利行政部门根据具备实施条件的单位或个人的申请,可以给予实施发明专利或实用新型专利的强制许可:①专利权人自专利权被授予之日起满3年,且自提出专利申请之日起满4年,无正当理由未实施或者未充分实施其专利的;②专利权人行使专利权的行为被依法认定为垄断行为,为消除或减少该行为对竞争产生的不利影响的;③在国家出现紧急状态或非常情况时,或者为了公共利益的目的,国务院专利行政部门可以给予实施发明专利或实用新型专利的强制许可;④为了公共健康目的,对取得专利权的药品,国务院专利行政部门可以给予制造并将其出口到符合中国参加的有关国际条约规定的国家或地区的强制许可;⑤一项取得专利权的发明或实用新型比以前已经取得专利权的发明或实用新型具有显著经济意义的重大技术进步,其实施又有赖于前一发明或实用新型的实施的,国务院专利行政部门根据后一专利权人的申请,可以给予实施前一发明或者实用新型的强制许可。

(9) 专利权的保护。专利权的保护范围,是指专利权法律效力所涉及的发明创造的范围。《专利法》第59条规定,发明或实用新型专利权的保护范围以其权利要求的内容为准,说明书及附图可以用于解释权利要求的范围。外观设计专利权的保护范围以表示在图片或照片中的该产品的外观设计专利产品为准。

依照《专利法》第60条的规定,未经专利权人许可,实施其专利,即侵犯其专利权,引起纠纷的,由当事人协商解决;不愿协商或者协商不成的,专利权人或者利害关系人可以向人民法院起诉,也可以请求管理专利工作的部门处理。

为更好地保护专利权,《专利法》第66条规定了诉前禁令和财产保全制度。该条规定,专利权人或者利害关系人有证据证明他人正在实施或者即将实施侵犯其专利权的行为,如不及时制止将会使其合法权益受到难以弥补的损害的,可以在起诉前向人民法院申请采取责令停止有关行为和财产保全的措施。

在保护专利权人的专利权不受他人侵犯的同时,《专利法》第69条作了专利侵权的例外规定。依照该条规定,有下列情形之一的,不视为侵犯专利权:①专利产品或者依照专利方法直接获得的产品,由专利权人或者经其许可的单位、个人售出后,使用、许诺销售、销售、进口该产品的;②在专利申请日前已经制造相同产品、使用相同方法或者已经做好制造、使用的必要准备,并且仅在原有范围内继续制造使用的;③临时通过中国领陆、领水、领空的外国运输工具,依照其所属国同中国签订的协议或者共同参加的国际条约,或者依照互惠原则,为运输工具自身需要而在其装置和设备中使用有关专利的;④专为科学研究和实验而使用有关专利的;⑤为提供行政审批所需要的信息,制造、使用、进口专利药品或者专利医疗器械的,以及专门为其制造、进口专利药品或者专利医疗器械的。

三、商标法

我国历史上第一个商标方面的成文法是1904年清政府颁布的《商标注册试办章程》。1923年北洋政府颁布《商标法》,1930年南京国民政府颁布《商标法》及《商标实施细则》。1950年中华人民共和国政务院颁布了《商标注册暂行条例》,1963年第三届全国人民代表大会常务委员会第九十一次会议又颁布了《商标管理条例》。1982年8月23日,第五届全国人民代表大会常务委员会第二十四次会议通过了《商标法》,之后分别于1993年和2001年进行了两次修改。

《商标法》共有8章,64条。包括总则,商标注册的申请,商标注册的审查和核准,注册商标的续展、转让和使用许可,注册商标争议的裁定,商标使用的管理,注册商标专用权的保护,附则等。

(1) 商标标志的构成。商标(trademark)标志的构成应满足以下三个条件。①可视性。任何能够将自然人、法人或者其他组织的商品与他人的商品区别开的可视性标志,包括文字、图形、字母、数字、三维标志和颜色组合,以及上述要素的组合,均可以作为商标申请注册。因此,视觉不能感知的音响、气味等商标不能在我国注册。②显著性。申请注册的商标,应当有显著特征,便于识别,并不得与他人在先取得的合法权利相冲突。③不带欺骗性和不违反公共秩序。依据《商标法》,下列标志不得作为商标使用:同中华人民共和国的国家名称、国旗、国徽、军旗、勋章相同或者近似的,以及同中央国家机关所在地特定地点的名称或者标志性建筑物的名称、图形相同的;同外国的国家名称、国旗、国徽、军旗相同或者近似的,但该国政府同意的除外;同政府间国际组织的名称、旗帜、徽记相同或者近似的,但经该组织同意或者不易误导公众的除外;与表明实施控制、予以保证的官方标志、检验印记相同或者近似的,但经授权的除外;同"红十字"、"红新月"的名称、标志相同或者近似的;带有民族歧视性的;夸大宣传并带有欺骗性的;有害于社会主义道德风尚或者有其他不良影响的;县级以上行政区划的地名或者公众知晓的外国地名。但是,地名具有其他含义或者作为集体商标、证明商标组成部分的除外;已经注册的使用地名的商标继续有效。

案例 10-4

商标标志构成的法定要件

时尚前线科技有限公司生产出一种新的暖手袋,并为该产品设计了一个组合商标:文字为"保暖",图案为联合国徽记。该公司向商标局申请注册的时候,被告知该设计不符合法律规定,不能作为商标使用。

根据我国《商标法》的规定,商标的设计必须具有显著性并且不违反法律的禁止性规定和公序良俗。才能予以注册。本案中时尚科技有限公司拟用做商标的设计不合法:依据《商标法》规定,不得直接以表示商品功能、质量、数量、原材料等文字或图案作为商标使用。该公司将其生产的暖手袋命名为"保暖",违反了法律规定,也不符合显著性要求;该公司将联合国徽记用做商标的做法也不符合法律规定。

(2) 商标注册采取自愿注册和强制注册的原则。商标使用人可以依自己的意愿决定是否申请商标注册。但对极少数商品,商标法采取强制注册的原则。依《商标法》第 6 条规定,国家规定必须使用注册商标的商品,必须申请商标注册,未经核准注册的,不得在市场上销售。

(3) 对驰名商标的保护。由于我国是《巴黎公约》的成员国,因此对某些外国商标给予驰名商标的保护。《商标法》第 13 条规定,就相同或类似商品申请注册的商标是复制、模仿或者翻译他人未在中国注册的驰名商标,容易导致混淆的,不予注册并禁止使用。就不相同或者不相类似商品申请注册的商标是复制、模仿或翻译他人已在中国注册的驰名商标,误导公众,致使该驰名商标注册人的利益可能受到损害的,不予注册并禁止使用。

(4) 外国人或外国企业在我国申请注册商标的条件和具体程序。根据《商标法》第 17、18 条的规定,外国人或外国企业在中国申请商标注册的,应当按照其所属国与我国签订的协议或共同参加的国际条约办理,或者按对等原则办理。外国人或外国企业在中国申请商标注册和办理其他商标事宜的,应当委托国家认可的具有商标代理资格的组织代理。

(5) 优先权和临时保护制度。《商标法》第 24 条规定了优先权制度。依该条规定,商标注册申请人自其商标在外国第一次提出商标注册申请之日起 6 个月内,又在中国就相同商品以同一商标提出商标注册申请的,依照该外国同中国签订的协议或共同参加的国际条约,或者按照相互承认优先权的原则,可以享有优先权。但是申请人应当提交书面声明并且在 3 个月内提交第一次提出的商标注册申请文件的副本。

第 25 条规定了临时保护制度。依该条规定,商标在中国政府主办的或者承认的国际展览会展出的商品上首次使用的,自该商品展出之日起 6 个月内,该商标的注册申请人可以享有优先权。但是申请人应当提交书面声明并且在 3 个月内提交展出其商品的展览会名称、在展出商品上使用该商标的证据、展出日期等证明文件。

(6) 商标注册的审查和核准。申请人申请商标注册的,商标局对其商标进行形式审查和实质审查。形式审查是对商标申请的文件是否齐备、填写是否符合要求进行的审查;实质审查是对申请注册的商标是否符合注册条件进行的审查。申请注册的商标经过实质审查,如符合《商标法》有关规定的,予以初步审定和公告。自公告之日起 3 个月内,任何人均可以提出异议。如果异议期内无人提出异议或者提出异议但不成立,商标局予以核准注册;如果有人提出异议,商标局应当听取异议人和被异议人陈述事实和理由,经调查核实后作出裁定。当事人不服的,可以自收到通知之日起 15 日内向商标评审委员会申请复审,由商标评审委员会作出裁定,并书面通知异议人和被异议人。当事人对商标评审委员会的裁定不服的,可以自收到通知之日起 30 日内向人民法院起诉。人民法院应当通知商标复审程序的对方当事人作为第三人参加诉讼。当事人在法定期限内对商标局作出的裁定不申请复审或者对商标评审委员会作出的裁定不向人民法院起诉的,裁定生效。经裁定异议不能成立的,予以核准注册,发给商标注册证,并予公告;经裁定异议成立的,不予核准注册。经裁定异议不能成立而核准注册的,商标注册申请人取得商标专用权的时间自初审公告 3 个月期满之日起计算。

(7) 商标的续展、转让和使用许可。注册商标的有效期为 10 年,自核准注册之日起计算。注册商标有效期满,需要继续使用的,应当在期满前 6 个月内申请续展注册;在此期间未能提出申请的,可以给予 6 个月的宽展期。宽展期满仍未提出申请的,注销其注册商标。每次续展注册的有效期为 10 年。转让注册商标的,转让人和受让人应当签订转让协议,并共同向商标局提出申请。

商标注册人可以通过签订商标许可使用合同,许可他人使用其注册商标。许可人应当监督被许可人使用其注册商标的商品质量。经许可使用他人注册商标的,必须在使用该注册商标的商品上标明被许可人的名称和商品产地。

(8) 注册商标的撤销。《商标法》第 44 条规定,使用注册商标,有下列情形之一的,由商标局责令限期改正或者撤销其注册商标:①自行改变注册商标的;②自行改变注册商标的注册人名义、地址或者其他注册事项的;③自行转让注册商标的;④连续三年停止使用的。第 45 条规定,使用注册商标,其商品粗制滥造,以次充好,欺骗消费者的,由各级工商行政管理部门分别不同情况,责令限期改正,并可以予以通报或者处以罚款,或者由商标局撤销其注册商标。

(9) 注册商标专用权的保护。《商标法》第 51 条规定,注册商标的专用权,以核准注册的商标和核定使用的商品为限。

第 52 条规定了侵害商标权的行为种类:①使用他人注册商标;②销售侵犯商标权的商品;③伪造商标标识;④更换商标;⑤其他侵权行为。

因第 52 条所列侵犯注册商标专用权行为之一,引起纠纷的,由当事人协商解决;不愿协商或者协商不成的,商标注册人或者利害关系人可以向人民法院起诉,也可以请求工商行政管理部门处理。工商行政管理部门处理时,认定侵权行为成立的,责令立即停止侵权行为,没收、销毁侵权商品和专门用于制造侵权商品、伪造注册商标标识的工具,并可处以罚款。当事人不服责令停止侵权行为的行政处理决定的,可依法提起行政诉讼;侵权人期满不起诉又不履行的,工商行政管理部门可以申请人民法院强制执行。

第 57 条作出了诉前临时措施的规定,即商标注册人或者利害关系人有证据证明他人正在实施或者即将实施侵犯其注册商标专用权的行为,如不及时制止,将会使其合法权益受到难以弥补的损害的,可以在起诉前向人民法院申请采取责令停止有关行为和财产保全的措施。

同时,第 58 条规定,为制止侵权行为,在证据可能灭失或者以后难以取得的情况下,商标注册人或者利害关系人可以在起诉前向人民法院申请保全证据。人民法院接受申请后,必须在 48 小时内作出裁定;裁定采取保全措施的,应当立即开始执行。人民法院可以责令申请人提供担保,申请人不提供担保的,驳回申请。申请人在人民法院采取保全措施后 15 日内不起诉的,人民法院应当解除保全措施。

此外,第 59 条还规定,未经商标注册人许可,在同一种商品上使用与其注册商标相同的商标,构成犯罪的,除赔偿被侵权人的损失外,依法追究刑事责任。伪造、擅自制造他人注册商标标识或者销售伪造、擅自制造的注册商标标识,构成犯罪的,除赔偿被侵权人的损失外,依法追究刑事责任。销售明知是假冒注册商标的商品,构成犯罪的,除赔偿被侵权人的损失外,依法追究刑事责任。

本章小结

本章主要介绍了国际知识产权法的基本知识。在对知识产权和知识产权法进行概述的基础上,重点介绍了知识产权国际保护的几个公约,包括《巴黎公约》、《马德里协定》、《伯尔尼公约》、《与贸易有关的知识产权协议》等。在知识产权的国际保护方面,世界知识产权组织是最重要的世界性保护知识产权的国际组织。知识产权国际保护的基本原则包括国民待遇原则、最低保护标准原则和保护公共利益原则等。中国关于知识产权保护的立法主要有《著作权法》、《专利法》和《商标法》等法律。

专业术语汉英对照

知识产权(intellectual property)
国民待遇原则(principle of national treatment)
优先权(right of priority)

独立性原则(independent principle)
强制许可(compulsory license)
最惠国待遇(most-favored nation treatment)
著作权(copyright)
合理使用(fair use)
法定许可(statutory licence)
专利(patent)
发明(invention)
实用新型(utility models)
外观设计(designs)
商标(trademark)

思考与练习题

1. 知识产权有哪些特征?
2. 1883年《保护工业产权巴黎公约》的国民待遇原则、优先权原则、专利权独立原则和强制许可原则的主要内容是什么?
3.《与贸易有关的知识产权协议》的主要内容是什么?

第十一章　世界贸易组织法

【本章导读】　世界贸易组织的前身是关贸总协定。其宗旨是通过制定适用于所有成员方的货物贸易、服务贸易,以及与贸易有关的知识产权、投资等规则,反对贸易保护主义,实现贸易自由化。在世贸组织体系下,成员方定期举行贸易谈判,以不断消除阻碍贸易的保护主义壁垒。成员方还利用世贸组织的争端解决机制来执行贸易协定和规则。世贸组织法既包括组织法,也涵盖重要的实体规则,还设有以贸易争端解决机制为主体的程序法。传统的国际商法以商人为调整对象,世贸组织法调整的是国家行为,通过对国家行为进行管理管制,不断扩大贸易自由化。

【学习目标】　通过本章的学习,要求学生了解 WTO 的基本原则、关税和非关税措施及其规范、贸易救济措施、服务贸易的一般义务与具体承诺等;理解 WTO 的基本原则及其意义;熟练掌握各类贸易救济措施的应用;正确认识在世贸组织享有的权利和承担的义务,客观评价 WTO 在国际商事关系中的地位。

【重点概念】　最惠国待遇　国民待遇　货物贸易　服务贸易　与贸易有关的知识产权　争端解决机制

与传统的国际商法不同,世界贸易组织(World Trade Organization,WTO)关于国际货物贸易和服务贸易的规则强调对各国法律和法规的管制,因此被称为"国际贸易管制法"。在法律属性上,有关国际货物买卖、运输、保险和国际贸易支付的法律直接以私人间的国际贸易关系为调整对象,具有私法的属性;而 WTO 法属于国际公法。WTO 法主要体现为国际公约对国家行为的规范,因此具有公法的属性。在法律渊源上,调整国际货物买卖、运输、保险和国际贸易支付的法律主要表现为国际惯例,在部分领域存在国际公约;WTO 法主要表现为国际公约。WTO 法长期以来以双边贸易条约为主,第二次世界大战后形成多边贸易体制和区域贸易体制并存、以多边贸易体制为主的局面。其法律渊源除了少量的政府管理贸易的国内法规范外,主要表现为条约。在法律功能上,调整国际货物买卖、运输、保险和国际贸易支付的法律的主要目的是消除法律制度的不同对贸易产生的障碍,为交易的顺利进行提供便利;而 WTO 法既是自由贸易体制的守护神,也是自由贸易体制下市场失灵的校正器。WTO 法在限制一国政府采取关税和非关税措施的同时,也允许一国在一定条件下实施一定的贸易救济措施。

第一节　世界贸易组织法律体系概述

一、从关贸总协定到世界贸易组织

关税与贸易总协定(The General Agreement on Tariffs and Trade,GATT),简

称关贸总协定,产生于1947年。协定的创设旨在通过规范和削减关税并建立贸易争端解决的一般机制来促进成员方的自由贸易。

(一) 关贸总协定产生的历史背景

20世纪初,各主要资本主义国家相继进入垄断资本主义阶段。迫于国内垄断资本的压力,许多国家纷纷放弃自由贸易政策,通过提高关税等措施抵制或限制外国产品,实行贸易保护主义。1929—1933年爆发的史无前例的世界性经济危机进一步促使各国采取极端的贸易保护主义政策以维持国内生产和就业。1930年,美国国会通过了美国历史上最高的关税法案,即"霍利-斯穆特关税法"(Hawley-Smoot Tariff Act)。其他国家为保护本国利益,也纷纷提高关税。整个国际社会陷入了以邻为壑的囚徒困境。贸易保护政策反过来又加剧了经济危机,国际贸易几乎停滞不前。

第二次世界大战将整个世界卷入战争的漩涡,使人类社会遭受到前所未有的摧残。战争结束后,面临遭受重创的世界经济,各国认识到,唯有通过国际经济合作,才能使欧洲和其他地区迅速从战争的废墟中走出来。作为战后超级政治经济大国,美国为了实施其对外扩张的战略,遏制苏联的崛起,积极倡导和推动战后国际经济关系的重建。为了从整体上解决战后国际经济关系中的主要问题,战后各国在货币、投资和贸易三方面进行了广泛合作。1944年7月,联合国货币与金融会议召开,成立了国际货币基金(International Monetary Fund, IMF)。基金以促进各国在货币金融领域的合作,维持汇率的稳定和国际收支的平衡为宗旨。1946年,国际复兴开发银行(International Bank of Reconstruction and Development, IBRD)成立,银行旨在通过长期贷款和技术援助,促进战后经济的复苏与发展。在贸易方面,美国原打算以其1934年的《互惠贸易法》为框架,组建国际贸易组织(International Trade Organization, ITO),从而在多边基础上,通过互减关税来促进国际贸易的自由发展。然而,贸易领域的合作最终未能成立国际组织。

(二) 关贸总协定的产生

1945年12月,美国外交部宣布邀请一些国家进行多边谈判,以缔结多边贸易协定。1946年2月,联合国经社理事会举行第一次会议,提议召开世界贸易与就业会议,起草国际贸易组织宪章,进行消减关税的谈判。在这次会议上,还成立了筹备委员会,着手筹建国际贸易组织。1946年10月,经社理事会在伦敦召开了第一次筹委会,讨论美国提出的国际贸易组织宪章草案,并决定成立起草委员会对草案进行修改。1947年初,筹备委员会下设的起草委员会在纽约举行会议,讨论并审查国际贸易组织宪章草案。1947年4—10月,筹委会先后在日内瓦和伦敦召开全体大会,进行关税减让的多边谈判,并起草国际贸易组织宪章。国际贸易组织宪章草案可谓雄心勃勃:它超出贸易纪律的范畴,广泛涉及雇用、商品协定、限制性商业做法、国际投资以及服务等领域。关税减让的多边谈判同样硕果累累:谈判共达成45000项、约10亿元的关税减让,占世界贸易额的1/5。会议结束时,为保证各国在关税消减方面所作的承诺得以实施,23个国家的代表签署了一份最后文件。关税与贸易总协定为该文件的附件。

1947年12月,联合国贸易与就业会议在哈瓦那召开,会议的主要议程是讨论和审议国际贸易组织宪章。各国希望在该次会议上表决国际贸易组织宪章。然而,由于各国在经济政策方面存在诸多分歧,加上美国国内法对于批准诸如国际贸易组织宪章这类国际条约所施加的限制,国际贸易组织宪章在短期内通过成为不可能。因此,联合国贸易与就业会议期间,美国联合英国、法国、比利时、荷兰、卢森堡、澳大利亚、加拿大等8国于1947年11月15日签订了一项使关贸总协定生效的临时议定书(Protocol of Provisional Application),规定该临时议定书于1948年1月1日生效,其他15个关贸总协定缔约方可于1948年6月30日前签署该议定书。① 1948年,另15个国家签署了议定书,23个国家成为关贸总协定的原始缔约方。

1950年,美国政府宣布,它将不再谋求国会批准国际贸易组织宪章,国际贸易组织最终未能建立。由此,关贸总协定成为唯一调整国际贸易的多边机制,从1948年一直运行到1995年WTO成立。

(三) 关贸总协定的演变与世界贸易组织的建立

关贸总协定运行的47年间,总协定的基本法律原则(最惠国待遇、国民待遇等)不曾改变,其约束关税的税率却在不断降低;1964年,总协定修订,增加了"贸易与发展"作为第四部分内容;20世纪70年代,一些成员方在多边贸易体制外又另行订立一些"复边"协定。关贸总协定的这些变化是通过一系列的多边贸易谈判实现的,至WTO成立为止,关贸总协定共主持了八次谈判,每一轮谈判被称为一轮"贸易回合"。② 起初,关贸总协定的几次贸易回合重点在于进一步消减关税。肯尼迪回合将反倾销协定和发展问题引入总协定;东京回合第一次开始规范非关税壁垒。乌拉圭回合是总协定框架下最后、最广泛的一次贸易谈判,它采取"一揽子接受"的谈判方式并最终产生了WTO以及一套新的协定。

东京回合是关贸总协定谈判史上的一个重要回合。该回合是改革多边贸易体制的第一次尝试。在关税方面,东京回合将世界上9个主要工业市场的海关税率消减1/3,使工业品的平均税率降到了4.7%。在其他方面,东京回合还达成了一系列规

---

① 签订临时适用议定书以使关税减让立即生效的原因有两个。①关税减让表一旦被公众所知晓,出口商就会囤积货物直至关税减让之日,这将严重扰乱国际贸易秩序。②根据《互惠贸易法》,美国贸易谈判代表的授权将于1948年中期终止。根据该授权,总统不需要将关贸总协定提交国会批准,因其属于国会的行政协定。一旦授权终止,将不得不通过国会批准国际贸易组织宪章来使关贸总协定生效。这在后来被证明是不可行的。See John H. Jackson, The World Trading System: Law and Policy of International Economic Relations, 2nd ed. Cambridge, Massachusetts, London: MIT Press, 1997, p.39, p.83;关于美国的行政协定,参见李浩培:《条约法概论》,法律出版社2003年版,第78~85页。

② 这八轮回合谈判的时间和地点分别为:1947年日内瓦(瑞士),1949年安纳西(法国),1951年托奎(英国),1956年日内瓦(瑞士),1960—1961年日内瓦(狄龙回合),1964—1967年日内瓦(肯尼迪回合),1973—1979年东京(东京回合),1986—1994年埃斯特角、蒙特利尔、布鲁塞尔、马拉喀什(乌拉圭回合)。

范非关税壁垒的守则(Codes)。① 尽管这些守则只约束签字国,但其大多数在乌拉圭回合谈判中经由"一揽子接受"的方式而成为具有普遍拘束力的多边贸易规则。东京回合还涉及了农产品贸易问题。但由于当时的欧共体正在推行共同农业政策,坚持共同农业政策不应成为谈判的内容,欧美之间存在严重分歧,最终未能达成协议。

乌拉圭回合谈判耗时近 8 年,其议题在谈判之初就包括 15 项之多。② 虽然议题很多,但每个国家关注的重点有所不同。发达国家希望将服务贸易和知识产权保护纳入多边贸易体制,发展中国家则坚持对长期游离于 GATT 的农产品和纺织品贸易进行规范。谈判曾几度陷入僵局。最终,在双方均作出让步的情况下达成了协议。谈判的另一实质性的成果是世界贸易组织的建立,它使多边贸易体制在组织结构上走出临时适用的尴尬境地,也使贸易争端的解决更趋司法化。

乌拉圭回合谈判后,关贸总协定作为事实上的国际组织已退出历史舞台,取而代之的是崭新的世界贸易组织。然而,作为"协定",历经修改的关贸总协定被收录到 WTO 的附件 1A,作为货物贸易多边协定的组成部分,并且仍对 WTO 的新老成员发生效力。

二、世界贸易组织法的基本框架

世界贸易组织法律体系集中体现在《乌拉圭回合多边贸易谈判最后文件》中。主要包含《马拉喀什建立世界贸易组织协定》和四个附件。这些文件在性质上不尽相同,体现了世贸组织法律体系的宏大与完备。

(一) 组织法

《马拉喀什建立世界贸易组织协定》(简称《建立 WTO 协定》)是世贸组织的组织法,也是其基本文件。主要内容包括:世贸组织的宗旨、范围、职能与结构;世贸组织的地位;世贸组织的决策规则;世贸组织的成员资格;世贸组织的财政预算与会费分摊;章程的修正、接收、生效和保存等。

1. WTO 的预算

《建立 WTO 协定》第 7 条规定,总干事应向预算、财务与行政委员会提交 WTO 的年度预算和决算。预算、财务与行政委员会应审议总干事提交的年度预算和决算,并就此向总理事会提出建议。年度预算应经总理事会批准。

有关各成员会费分摊比例以及对拖欠会费成员可以采取的措施应由预算、财务

---

① 这些协定包括:《补贴和反补贴措施协定——关于 GATT 第 6、16、23 条的解释》、《贸易技术壁垒协定》、《进口许可程序协定》、《政府采购协定》、《海关估价协定——关于第 7 条的解释》、《反倾销协定——关于第 6 条的解释》(取代肯尼迪回合守则)、《牛肉安排协定》、《国际奶制品协定》、《民用航空器贸易协定》。除《政府采购协定》和《海关估价协定——关于第 7 条的解释》于 1981 年 1 月 1 日生效外,其他守则均在 1980 年 1 月 1 日生效。

② 乌拉圭回合谈判议题包括:关税、非关税壁垒、自然资源产品、纺织品和服装、农产品、热带产品、GATT 条款、东京回合守则、反倾销、补贴、知识产权、投资措施、争端解决、GATT 体系、服务。

与行政委员会提出财务条例的建议,由总理事会批准。总理事会应以 WTO 半数以上成员的三分之二多数通过财务条例和年度预算。年度预算通过后,每一成员应依照总理事会通过的财务条例,迅速向 WTO 缴纳其在 WTO 费用中分摊的份额。

目前为止,WTO 尚不是一个拥有自主财政的国际组织,其预算主要来源于会费、捐赠和发行邮票、出版物等。

2. WTO 的决策

《建立 WTO 协定》第 9 条第 1 款规定:WTO 应继续实行 GATT1947 所遵循的经协商一致作出决定的做法。除非另有规定,如果无法经协商一致作出决定,则争论中的事项应通过投票决定。在部长级会议和总理事会会议上,WTO 每一成员拥有一票。如欧洲共同体行使投票权,则其拥有的票数应与属 WTO 成员的欧洲共同体成员国的数目相等。部长级会议和总理事会的决定应以所投票数的简单多数作出,除非 WTO 协定或有关多边贸易协定另有规定。

第 9 条第 2 款规定,部长级会议和总理事会拥有通过对《建立 WTO 协定》和多边贸易协定所做解释的专有权力。对多边贸易协定的解释,部长级会议和总理事会应根据监督该协定实施情况的理事会的建议行使其权力。通过一项解释的决定应由成员的四分之三多数作出。

第 9 条第 3 款规定,在特殊情况下,部长级会议可决定豁免《建立 WTO 协定》或任何多边贸易协定要求一成员承担的义务,但豁免的决定应由成员的四分之三多数作出。有关《建立 WTO 协定》的豁免请求,首先应根据协商一致作出决定的做法,提交部长级会议审议。部长级会议应确定一不超过 90 天的期限审议该请求。如在此期限内未能协商一致,则给予豁免的决定应由成员的四分之三多数作出。有关附件 1A、附件 1B 或附件 1C 所列多边贸易协定及其附件的豁免请求,应首先分别提交货物贸易理事会、服务贸易理事会或 TRIPs 理事会,在不超过 90 天的期限内审议。在该期限结束时,有关理事会应向部长级会议提交一份报告。

3. 协定的修正

《建立 WTO 协定》第 10 条第 1 款规定,WTO 任何成员均可提出修正本协定或附件 1 所列多边贸易协定条款的提案,提案应提交部长级会议。各理事会也可向部长级会议提交提案,以修正其监督实施情况的附件 1 所列相应多边贸易协定的条款。在提案正式提交部长级会议后 90 天内(除非部长级会议决定一更长的期限),部长级会议应经协商一致作出将拟议的修正提交各成员供接受的决定。如协商一致,部长级会议应立刻将拟议的修正提交各成员供接受。如在确定期限内,在部长级会议的一次会议上未能协商一致,则部长级会议应以成员的三分之二多数决定是否将拟议的修正提交各成员供接受。

第 10 条第 2 款至第 10 款分别就具体协定、条文和内容的修正与生效作了进一步规定。①对下列条文的规定应经所有成员接受方可生效:《建立 WTO 协定》第 10 条(修正);《建立 WTO 协定》第 9 条(决策);GATT1994 第 1 条(最惠国待遇)和第 2

条(减让表);《服务贸易总协定》第2条第1款(最惠国待遇);《与贸易有关的知识产权协定》第4条(最惠国待遇)。②对《建立WTO协定》条款的修正或对货物贸易和知识产权多边贸易协定条款的修正,如果具有改变各成员权利和义务的性质,则经成员的三分之二多数接受后,仅对接受修正的成员生效,并在此后对接受修正的每一其他成员自其接受时起生效。根据本款生效的任何修正,部长级会议可以成员的四分之三多数决定:在部长会议指定的期限内未接受修正的任何成员有权退出WTO,或经部长级会议同意仍为成员。③对《建立WTO协定》条款的修正或对货物贸易和知识产权多边贸易协定条款的修正,如不具有改变各成员权利和义务的性质,则经成员的三分之二多数接受后,应对所有成员生效。④对《服务贸易总协定》第一部分、第二部分和第三部分及相应附件的修正,经成员的三分之二多数接受后,应对接受修正的成员生效,并在此后对接受修正的每一其他成员自其接受时起生效。根据本款生效的任何修正,部长级会议可以成员的四分之三多数决定:在部长会议指定的期限内未接受修正的任何成员有权退出WTO,或经部长级会议同意仍为成员。对第四部分、第五部分和第六部分及相应附件的修正,经成员的二分之二多数接受后,应对所有成员生效。⑤如果对《与贸易有关的知识产权协定》的修订满足该协定第71条第2款(修订是为了提高知识产权的保护程度)的要求,修订可由部长级会议通过,而无须进一步的正式接受程序。⑥WTO任何成员均可提出修正争端解决机制和贸易政策评审机制协定条款的提案,批准对争端解决机制修正的决定应经协商一致作出,经部长级会议批准后,应对所有成员生效。批准对贸易政策评审机制修正的决定,经部长级会议批准后,应对所有成员生效。

(二) 实体法

附件1是WTO多边贸易体制的实体性规则,包括三大部分。附件1A是关于货物贸易的多边协定,具体包括13个协定:《1994年关税与贸易总协定》、《农业协定》、《实施卫生与植物卫生措施协定》、《纺织品与服装协定》、《技术性贸易壁垒协定》、《与贸易有关的投资措施协定》、《关于实施1994年关税与贸易总协定第6条的协定》、《关于实施1994年关税与贸易总协定第7条的协定》、《装运前检验协定》、《原产地规则协定》、《进口许可程序协定》、《补贴与反补贴措施协定》和《保障措施协定》。附件1B是《服务贸易总协定》(General Agreement on Trade in Services, GATS)及附件。附件1C是《与贸易有关的知识产权协定》(Trade-related Aspects of Intellectual Property Rights, TRIPs)。

附件4是《诸边贸易协定》,包括《民用航空器贸易协定》、《政府采购协定》、《国际奶制品协定》、《国际牛肉协定》。其中,《国际奶制品协定》和《国际牛肉协定》于1997年年底终止。

《诸边贸易协定》(Plurilateral Trade Agreement),也称《复边贸易协定》,是世贸组织部分成员方所达成的贸易协定,此类协定供成员方自愿加入,不属一揽子承诺的范畴。《诸边贸易协定》是世贸组织照顾到不同国家在经济发展水平上的差异,采取部分自由化的策略。东京回合所达成的9个守则实质上是《诸边贸易协定》,其中的5个守则在乌拉圭回合经一揽子接受而成为《多边贸易协定》(Multilateral Trade Agreement)。

(三) 程序法

附件2是《关于争端解决规则与程序的谅解》。

附件3是《贸易政策审议机制》。

三、世界贸易组织法的基本原则

《建立WTO协定》序言部分提到世贸组织的基本原则是"决心维护多边贸易体制的基本原则,并促进该体制目标的实现",但对这些基本原则具体包含哪些,协定却没有明文规定。从各多边贸易协定的基本规则和目的入手,主要包括以下基本原则[①]。

(一) 最惠国待遇原则

GATT1994第1条、GATS第2条和TRIPs第4条都对最惠国待遇条款作了规定,尽管在不同的协定中,该条款的表述稍有不同。这些协定涵盖了世贸组织三大贸易领域。以下介绍货物贸易的最惠国待遇原则。

1. 最惠国待遇的含义

GATT1994第1条对最惠国待遇作了定义:在对进口或出口、有关进口或出口或者对进口或出口产品的国际支付转移所征收的关税和费用方面,在征收此类关税和费用的方法方面,在有关进口和出口的全部规章手续方面,以及在第3条第2款(国内税费)和第4款(国内法规)所指的所有事项方面,任何缔约方给予来自或运往任何其他国家任何产品的利益、优惠、特权或豁免应立即无条件地给予来自或运往所有其他缔约方领土的同类产品。

2. 最惠国待遇的例外

尽管最惠国待遇的给予是无条件的,但关贸总协定对最惠国待遇也设置了一些例外条款。

(1) 一般例外。GATT1994第20条中规定了一般性例外,包括10项:为维护公共道德所必需的措施;为保护人类、动植物的生命或健康所必需的措施;关于金银进出口的措施;为实施与本协定各项规定无抵触的法律和规章而采取的必要措施,如海关法令等;有关罪犯所制产品的措施;为保护本国具有艺术、历史或考古价值的文物而采取的措施;关于保护有限天然资源的措施;为履行符合总协定原则的任何政府间的商品协议所承担的义务;为保证国内工业需要而对某地原料采取的输出限制措施;对于当地非常缺乏的物资的取得和分配而采取的措施。

---

① See Understanding the WTO, available at http://www.wto.org.

(2) 安全例外。GATT1994 第 21 条规定,协定的任何规定不得解释为:要求任何缔约方提供其认为如披露则会违背其基本安全利益的任何信息;阻止任何缔约方采取其认为对保护其基本国家安全利益所必需的任何行动,包括对核裂变物质、武器军火贸易、在战时和维持国际和平与安全而采取的行动;阻止任何缔约方为履行其在《联合国宪章》项下的维护国际和平与安全的义务而采取的任何行动。

(3) 边境贸易、关税同盟和自由贸易区例外。GATT 第 24 条第 3 款规定,本协定的规定不得解释为阻止任何缔约方为便利边境贸易而给予毗连国家的优惠。第 5 款规定,本协定的各项规定,不得阻止各缔约方在其领土之间建立关税同盟或自由贸易区,或者为建立关税同盟或自由贸易区的需要采用某种临时协定。该款还规定了实行关税同盟和自由贸易区的条件:就关税同盟或导致形成关税同盟的临时协定而言,在建立任何此种同盟或订立临时协定时,对与非此种同盟成员或协定参加方的缔约方的贸易实施的关税和其他贸易法规,总体上不得高于或严于在形成此种同盟或通过此种临时协定之前,各成员领土实施的关税和贸易法规的总体影响范围;就自由贸易区或导致形成自由贸易区的临时协定而言,每一成员领土维持的且在形成此种自由贸易区或通过此种贸易协定时对非自由贸易区成员或非协定参加方的缔约方实施的关税或其他贸易法规,不得高于或严于在形成该自由贸易区或签署协定之前相同成员领土内存在的相应关税或贸易法规。

(4) 对发展中国家的特殊优惠待遇例外。GATT1994 第 18 条规定,不发达国家可以为建立某一特定工业提供所需要的关税保护,可以为国际收支目的而实施数量限制。第 36 条规定,发达缔约国对不发达缔约国所承诺的减少或撤除关税和其他非关税壁垒的义务,不应期望得到互惠。第 37 条规定了发达缔约国对发展中缔约国应承诺减税和放宽限制的义务。此外,在东京回合多边贸易谈判结束时还通过了"授权条款",授权给予发展中国家特殊的、更加优惠的待遇。

(5) 其他例外。除上述例外,关贸总协定还规定了以下几种例外:历史上的特惠安排;经缔约国大会批准的豁免;因国际收支不平衡而采取的进口限制措施;为保护国内工业而采取的紧急措施;反倾销税与反补贴税。[①]

(二) 国民待遇原则

GATT1994 第 3 条、GATS 第 17 条和 TRIPs 第 3 条对国民待遇作了规定。在不同的协定中,该条款的表述同样存在细微差别。以下介绍货物贸易的国民待遇原则。

1. 国民待遇的定义

GATT1994 第 3 条第 1 款规定,国内税和其他国内费用,影响产品的国内销售、推销、购买、运输、分销或使用的法律、法规和规定以及要求产品的混合、加工或使用

---

① 参见曾令良:《世界贸易组织法》,武汉大学出版社 1996 年版,第 150~151 页。

的特定数量或比例的国内数量法规,不得以为国内生产提供保护的目的对进口产品或国产品适用。该条是有关货物贸易领域国民待遇的概括规定。

GATT1994国民待遇条款具体适用于如下三个方面。①国内税收及其他国内费用。协定第3条第2款规定,任何缔约方领土的产品进口至任何其他缔约方领土时,不得对其直接或间接征收超过对同类国产品直接或间接征收的任何种类的国内税或其他国内费用。在实施上,缔约方不得对进口产品或国产品实施不同的国内税和其他国内费用。②影响产品的国内销售、推销、购买、运输、分销或使用的法律、法规。协定第3条第4款规定,任何缔约方领土的产品进口至任何其他缔约方领土时,在有关影响其国内销售、推销、购买、运输、分销或使用的所有法律、法规和规定方面,所享受的待遇不得低于同类国产品所享受的待遇。该款是有关商品在各流通环节国民待遇的规定。③产品的混合、加工或使用的特定数量或比例的国内数量法规。协定第3条第5款规定,缔约方不得制定或维持与产品的混合、加工或使用的特定数量或比例有关的任何国内数量法规,此类法规通常直接或间接要求受其管辖的任何产品的特定数量或比例必须由国内来源供应。

2. 国民待遇的例外

国民待遇也存在一些例外。①政府采购例外。GATT1994第3条第8款规定,本条的规定不得运用于政府机构购买供政府使用、不以商业转售为目的或不以用以生产供商业销售为目的的产品采购的法律、法规或规定。②国内补贴例外。GATT1994第3条第8款规定,本条的规定不阻止仅给予国内生产者的补贴的支付,包括自以与本条规定相一致的方式实施的国内税费所得收入中产生的对国内生产者的支付和政府购买国产品所实行的补贴。③外国影片的数量限制。GATT1994第3条第10款规定,本条的规定不得阻止任何缔约方制定或维持与已曝光电影片有关且满足第4条(有关电影片的特殊规定)[①]要求的国内数量法规。④一般例外与安全例外。

(三) 逐步自由化原则

自由化原则蕴涵效率价值。世贸组织是建立在市场经济基础上的自由贸易组织,其实现宗旨的途径之一是实质性削减关税和其他贸易壁垒,实现贸易自由化。

关税作为传统的贸易壁垒一直是关贸总协定和世贸组织所致力于削减的对象。关贸总协定前几轮回合的谈判侧重于降低进口货物的关税,经过几轮回合的谈判后,除了部分产品,工业化国家的工业品关税税率已经降到4%以下,从而极大地增加了世界贸易额。

降低关税本身不足以消除贸易壁垒。除关税外,数量限制、配额、烦琐的海关手

[①] 电影片是一种特殊产品,不仅涉及一国的经济贸易政策,更与一国的文化政策和政治利益密切相关。GATT第4条允许缔约方建立或维持有关电影片的国内数量限制,可以规定为国产影片保留一定的放映时间。参见曾令良:《世界贸易组织法》,武汉大学出版社1996年版,第171页。

续、技术与卫生标准、汇率政策等非关税壁垒,因为更加隐蔽而被广泛用做贸易保护用途,常常构成对贸易的限制。东京回合开始关注非关税壁垒,并取得初步成效。乌拉圭回合在此基础上进一步巩固了成果,使形形色色的非关税壁垒受到法律的规范。

随着世界经济的发展、科技的迅速进步和服务业的壮大,自由化开始突破传统的有形贸易,乌拉圭回合最终将服务贸易、与贸易有关的知识产权纳入多边贸易体制。

市场的开放固然能带来利益,但开放亦需要时间来调整。世贸组织协定允许成员逐步改革国内法律,以符合多边贸易协定。过渡期的规定就是为此目的而设。分阶段、有步骤地"逐步"自由化可以避免制度超前对经济的损害。

(四) 透明度原则

关税与非关税壁垒的一个显著区别是关税是透明的、有拘束力的,而非关税壁垒则是隐蔽的。因此,关税透明是透明度原则的重要之意。除此之外,多边贸易体制还用其他方式提高机制的稳定性和可预见性,其中最为重要的就是贸易规章的公布和实施。

关贸总协定第10条是有关"贸易规章的公布和实施"的规定。就贸易规章公布所涉及的范围看,不仅包括法律、行政法规、规章、司法判决和行政裁决,还包括缔约方政府或政府机构与另一缔约方政府或政府机构之间实施的影响国际贸易政策的协定。除应及时"公布"法律的颁布、修订和废止情况外,缔约方还应以统一、公正和合理的方式"实施"与贸易有关的法律、法规、判决和裁定。

乌拉圭回合后,透明度原则又延伸到服务贸易、与贸易有关的知识产权、与贸易有关的投资措施等领域。更重要的是,乌拉圭回合新产生了贸易政策评审机制,根据这一制度,世贸组织的成员方要定期接受世贸组织对贸易政策的审查。这实际上是世贸组织在主动行使监督职能。

(五) 公平竞争原则

非歧视原则(最惠国待遇和国民待遇)使从事国际贸易的商人能在世界范围内得到平等对待,从而公平地竞争。然而,倾销(以低于成本价销售谋取市场份额)和补贴却能改变公平竞争的条件。因此,世贸组织《反倾销协定》和《反补贴协定》对这些行为进行了纠正,确定了倾销和补贴在何种情况下是不公平的,以及政府应对的措施。

为创立公平竞争的国际环境,世贸组织禁止成员方实施某类补贴,并允许缔约方对构成倾销并造成损害的产品征收反倾销税。尽管如此,世贸组织的规则也只是致力于实现公平竞争,因为倾销和补贴的产生有其特定的背景,在南北差距长期存在的情况下,尤其如此。因此,反倾销和反补贴的国际规则在多大程度上体现了这种差异是不无疑问的。

(六) 促进发展中国家经济改革和发展原则

超过四分之三的世贸组织成员是发展中国家和市场经济转型国家。

WTO协定在序言中指出:需要作出积极努力,以保证发展中国家,特别是其中的最不发达国家,在国际贸易增长中获得与其经济发展需要相当的份额。乌拉圭回合后,发展中国家所承担的义务实际上要远远多于发达国家。大部分的多边贸易协定都赋予发展中国家较长的过渡期,以使它们有足够的时间去熟悉 WTO 规则,制定、修改国内立法,以符合世贸组织的要求。除此之外,WTO 在发展中国家经济改革和发展问题上还作出了其他规定。

案例 11-1

欧盟香蕉案

20 世纪 50 年代后期,当时欧共体与"非加太地区"国家中的几个前欧洲殖民地国家建立了优惠性的贸易安排,其中包括免税进口这些国家的香蕉,目的在于使这些香蕉比来自拉美的香蕉更具有市场竞争力。但欧共体与"非加太地区"国家连续的这类贸易安排影响到了拉美国家的香蕉在欧共体市场上的地位。鉴于美国几家大的跨国公司在拉美香蕉生产中有重要的投资和利益,欧共体与"非加太地区"国家之间的贸易安排使美国的经济利益也受到了影响。

1992 年,拉美国家(包括哥斯达黎加、哥伦比亚、尼加拉瓜、危地马拉和委内瑞拉等)首先利用 GATT 争端解决程序对欧共体的香蕉进口体制提出异议,宣称欧共体的香蕉进口配额和许可制度违反了 GATT 规则。专家组于 1993 年 6 月 3 日裁决,欧共体的配额体系违反了 GATT 第 1 条和第 11 条的规定。但由于 GATT 争端解决机制中要求全体缔约方"一致同意报告的通过",因此第一香蕉案的裁决由于欧共体和"非加太地区"国家的阻挠而未能正式通过。

WTO 成立后,美国及若干拉美国家继续寻求问题的解决。1996 年 2 月 5 日,厄瓜多尔、洪都拉斯、危地马拉、墨西哥及美国,根据《关于争端处理规则与程序的谅解书》(DSU)第 4 条、GATT1994 第 23 条、《进口许可程序协议》第 6 条、GATS 第 23 条、《与贸易有关的投资措施协议》第 8 条及《农业协议》第 19 条,再次要求就欧共体有关香蕉进口、销售和分销制度与欧共体进行磋商。

专家组于 1996 年 5 月 8 日成立,并于 1997 年 5 月 22 日向成员公布其报告。专家组在报告中裁决,欧共体的香蕉进口体制违反了 GATT 第 1 条第 1 款、第 3 条第 4 款、第 10 条第 3 款以及第 13 条第 1 款,违反了《进口许可程序协议》第 1 条第 3 款以及 GATS 的第 2 条和第 17 条。1997 年 6 月 11 日,欧共体就专家组报告提出上诉。上诉机构维持了专家组报告中的大部分结论。

第二节 世界贸易组织货物贸易规则

一、关贸总协定的主要内容

从实质上说,关贸总协定是国际条约。这不仅可以从关贸总协定的谈判签署过程中得到印证,而且可以通过其条文措辞和结构与一般条约并无二致这一点来证明。

但同此前的多边国际条约不同的是,关贸总协定的修订频率之高、加入国家数量之多是较为罕见的。

(一) GATT1947 及其适用

1947年10月30日通过的《关贸总协定》包含三部分内容。第一部分仅两个条款,标题分别为"普遍最惠国待遇"和"关税减让表"。其中第2条"关税减让表"除了包含有关税费征收的规则外,还通过一个并入条款将成员方谈判所达成的关税减让表(该减让表是作为总协定的附件部分存在的)纳入总协定的第一部分。

第二部分共有21个条款,涉及GATT的主要实体规则。[1] 其中包括国民待遇、海关程序、配额、补贴、反倾销、取消数量限制、例外规则等。GATT机制下贸易争端解决的规则和程序为该部分的最后两个条款,即通常所说的第22条磋商程序和第23条违法之诉与非违法之诉。

第三部分主要包括一些程序性的规则,如总协定接受、生效和登记,减让的停止或撤销,关税谈判等。其中,第24条是关于关税同盟和自由贸易区的规定。该条规定使区域经济一体化与经济全球化齐头并进,对WTO多边贸易体制产生了深远的影响。

第四部分是1964年关贸总协定修订时新增加的内容,标题为"贸易与发展"。该部分的规定是GATT考虑到发展中国家在国际贸易中的特殊需要而制定的。

根据使GATT生效的临时适用议定书,GATT的第一和第三部分应毫无例外地实施,但第二部分只要求成员方"在不与现行立法相冲突的情况下最大限度地适用"。这一规定被称为"祖父条款"(Grandfather Clause)。祖父条款解决了一个现实问题:它使多数国家无须经过议会就可批准关贸总协定。但该条款对于GATT在其运行的四五十年间所表现出来的法纪松懈、壁垒丛生负有重大责任。

(二) GATT1994 及其适用

《乌拉圭回合多边贸易谈判结果最后文件》要求各国政府将《建立WTO协定》提交国内主管机关(立法机关)批准。《建立WTO协定》附件部分包含1994年关税与贸易总协定。[2] GATT1994不同于GATT1947。从条约批准的角度看,它是乌拉圭

---

[1] GATT第二部分包含下列规则:第3条(国民待遇)、第4条(有关电影片的特殊规定)、第5条(过境自由)、第6条(反倾销税和反补贴税)、第7条(海关估价)、第8条(进出口规费和手续)、第9条(原产地标记)、第10条(贸易法规的公布和实施)、第11条(普遍取消数量限制)、第12条(为保障国际收支而实施的限制)、第13条(数量限制的非歧视管理)、第14条(非歧视原则的例外)、第15条(外汇安排)、第16条(补贴)、第17条(国营贸易企业)、第18条(政府对经济发展的援助)、第19条(对某些产品进口的紧急措施)、第20条(一般例外)、第21条(安全例外)、第22条(磋商)、第23条(利益的丧失或减损,即违法之诉与非违法之诉)。

[2] 《建立WTO协定》的目的是建立世界贸易组织,并将包括关贸总协定在内的贸易协定涵盖进去。因此,延续GATT第30条关于条约修正的程序不仅会导致各国议会表决复杂化,也不利于WTO协定和其他协定的一揽子接受。这也是将GATT1947及其修订、解释、豁免合并命名"GATT1994",而不采取"修订GATT1947"的原因。

回合新缔结的协定。然而,从内容上看,GATT1994 与 GATT1947 又存在着紧密联系。

GATT 1994 包括以下内容。①1947 年 10 月 30 日的《关税与贸易总协定》历经多次修改后的文本,即 GATT1947。②《建立 WTO 协定》生效之前在 GATT 1947 项下已实施的法律文件的规定,包括与关税减让相关的议定书和核准书;加入议定书,但不包括关于临时适用和撤销临时适用的规定及"祖父条款";根据 GATT 1947 第 25 条给予的,且在《建立 WTO 协定》生效之日仍然有效的关于豁免的决定;GATT 1947 缔约方全体的其他决定。③以下所列谅解:《关于解释 1994 年关税与贸易总协定第 2 条第 1 款(b)项的谅解》、《关于解释 1994 年关税与贸易总协定第 17 条的谅解》、《关于 1994 年关税与贸易总协定国际收支条款的谅解》、《关于解释 1994 年关税与贸易总协定第 24 条的谅解》、《关于豁免 1994 年关税与贸易总协定义务的谅解》、《关于解释 1994 年关税与贸易总协定第 28 条的谅解》。④《1994 年关税与贸易总协定马拉喀什议定书》。

此外,GATT1994 对 GATT1947 的一些措辞作了处理:GATT 条款中的"缔约方"应视为"成员方";"欠发达缔约方"和"发达缔约方"应视为"发展中国家成员"和"发达国家成员";"执行秘书"应视为"WTO 总干事"。GATT1947 规定由缔约方全体履行的职能应由部长级会议履行或进行分配。①

对于 GATT1947 存在的"祖父条款"问题,由于临时适用议定书已不复存在,"现存立法"自然也就无法在 GATT1994 规则面前得到豁免。

二、规定贸易救济措施的协定

(一)《反倾销协定》

《反倾销协定》的全称为《关于实施 1994 年关税与贸易总协定第 6 条的协定》,是以 GATT1994 第 6 条为基础所达成的新协定。《1994 年关税与贸易总协定》第 6 条的标题是"反倾销税和反补贴税",《反倾销协定》只涉及其中的反倾销税部分。

《反倾销协定》规定了倾销的确定、损害的确定、国内产业的定义、发起和随后进行调查、证据、临时措施、价格承诺、反倾销税的征收、追溯效力、反倾销税和价格承诺的期限和复审、公告和裁定的说明、司法审查、代表第三国的反倾销行动、发展中国家成员、反倾销措施委员会、磋商和争端解决以及最后条款,还包括两个附件。

1. 倾销的确定

如果一产品自一国出口至另一国的出口价格低于在正常贸易过程中出口国供消费的同类产品的可比价格,即以低于正常价值的价格进入另一国的商业,则该产品被

---

① 这是由于 GATT1947 在运行的 47 年间已经成为事实上的国际组织。但在各国国内法上,GATT 不具备国际组织的法律人格。"缔约方全体(contracting parties)"、"执行秘书(Executive Secretary)"便是对此的变通。

视为倾销。确定正常价值和出口价格,并对二者进行适当的比较是确定倾销的前提。

对于正常价值的确定,有以下三种方法:出口国国内市场价格;出口国向第三国的出口价格;结构价格。这三种方法的采用是有顺序的,仅在前一种无法适用时,才可采用后一种。对于出口价格的确定,一般情况下,以交易中的商业发票所表示的金额为准。如无出口价格(如易货贸易)或出口价格不可靠(如出口商与进口商存在伙伴关系),则应使用被控倾销产品首次向独立商人转售的价格作为出口价格。

对出口价格和正常价值应进行公平比较,应在相同贸易水平上进行,通常在出厂前的水平上进行,且应尽可能针对在相同时间进行的销售。除此之外,还应根据每一案件的具体情况,适当考虑影响价格可比性的差异,包括在销售条件和条款、税收、贸易水平、数量、物理特征方面的差异,以及其他能够证明影响价格可比性的差异。在存在关联交易的情况下,还应对进口和转售之间产生的费用(包括捐税)及所产生的利润进行减免。

2. 损害的确定

根据协定对损害的注解,"损害"包括对一国内产业的实质损害、对一国内产业的实质损害威胁或对此类产业建立的实质阻碍。损害的确定需要审查两项内容:倾销进口产品的数量;该产品对国内市场同类产品价格的影响以及这些进口产品随之对此类产品国内生产者产生的影响。此外,还必须证明根据上述"倾销进口产品的数量"和"倾销进口产品对国内产业的影响"因素的考查,倾销进口产品正在造成属协定所规定的损害,即倾销与损害之间存在因果关系。

3. 反倾销程序

确定任何被指控的倾销的存在、程度和影响的调查应在收到由国内产业或代表国内产业提出的书面申请后发起。

主管机关一经确信不存在有关倾销或损害的足够证据以证明继续进行调查是正当的,则应拒绝申请,且调查应迅速终止。如主管机关确定倾销幅度属微量,或倾销进口产品的实际或潜在的数量或损害可忽略不计,也应立即终止调查。

调查发起后,如果有关主管机关已作出关于倾销和由此产生的对国内产业的损害的初步肯定裁定,为防止在调查期间造成损害,可决定采取临时措施。临时措施可采取征收临时税的形式,或者采取现金保证金或保函等担保形式,其金额等于临时估算的反倾销税的金额,但不高于临时估算的倾销幅度。或者,如果进口成员的主管机关已就倾销和倾销所造成的损害作出初步肯定裁定,出口商可以作出修改其价格或停止以倾销价格向所涉地区出口的自愿承诺,如果该承诺使主管机关确信倾销的损害性影响已经消除,则调查程序可以中止或终止,而不采取临时措施或征收反倾销税。

如果主管机关已就倾销和损害作出最终裁定,则可作出是否征税以及征收的反倾销税金额是否应等于或小于倾销幅度的决定。如果作出损害的最终裁定(而不是损害威胁或实质阻碍一产业建立的最终裁定),或在虽已作出损害威胁的最终裁定,但如果无临时措施,将会导致对倾销进口产品的影响作出损害裁定的情况下,反倾销税可对已经实施临时措施(若有的话)的期间追溯征收。

任何最终反倾销税应在征收之日起5年内终止,除非主管机关在该日期之前自行进行的复审或在该日期之前一段合理时间内由国内产业或代表国内产业提出的有充分证据请求下进行的复审确定,反倾销税的终止有可能导致倾销和损害的继续或再度发生。

(二)《补贴与反补贴措施协定》

《补贴与反补贴措施协定》又称《反补贴协定》,是世贸组织为规范成员方的补贴行为和反补贴行为而制定的。该协定主要规定了补贴的定义、禁止性补贴、可申诉的补贴、不可申诉的补贴、反补贴措施、机构、发展中国家成员、过渡性安排、争议解决、最后条款等,共32个条款及7个附件。

1. 补贴

从范围来看,补贴可以有两种基本形式:为促进出口而给予的出口补贴;为国内生产而给予的国内补贴或生产补贴。补贴通常是一国经济政策和社会政策的重要内容之一。补贴有双重作用:从国内角度看,补贴可以促进一国社会和经济政策目标的实现,例如扶持国内困难企业、援助贫困山区、调整产业结构、增加就业机会等;从国际角度来看,补贴对进口国、对向补贴国出口同类产品的成员,以及对向第三国市场出口的成员,都可能产生不利的影响,使这些国家的企业面临不公平竞争。由于这个原因,《反补贴协定》并未笼统地禁止一切形式的补贴,而是根据补贴的不同性质将其分为三种类型:禁止性补贴、可申诉的补贴和不可申诉的补贴。

《反补贴协定》第1条对补贴下了定义。补贴是由政府或任何公共机构提供的财政资助或者任何形式的收入或价格支持,并因此使企业或产业享受一项利益。由政府或任何公共机构提供的财政资助可以表现为:①涉及资金的直接转移(如赠款、贷款和投股),潜在的资金或债务的直接转移(如贷款担保)的政府做法;②放弃或未征收在其他情况下应征收的政府税收(如税收抵免之类的财政鼓励);③政府提供除一般基础设施外的货物或服务,或购买货物;④政府向一筹资机构付款,或者委托或指示一私营机构履行以上列举的一种或多种通常应属于政府的职能,且此种做法与政府通常采用的做法并无实质差别。

《反补贴协定》第2条对专向性补贴进行了定义,非专向性补贴不受该协定的规范。为确定"由政府或任何公共机构提供的财政资助"是否属于专向性补贴,应适用下列原则:①如授予机关或其运作所根据的立法将补贴的获得明确限于某些企业,则此种补贴应属专向性补贴;②如授予机关或其运作所根据的立法制定适用于获得补贴资格和补贴数量的客观标准或条件,则不存在专向性,只要该资格为自动的,且此类标准和条件得到了严格遵守。

在认定是否属于专向性补贴时可以考虑的要素包括:有限数量的某些企业使用

补贴计划,某些企业主要使用补贴,给予某些企业不成比例的大量补贴,以及授予机关在作出给予补贴的决定时行使决定权的方式。此外,将补贴的获得限定在授予机关管辖范围内指定地理区域的某些企业也属专向性补贴。但各级政府所采取的确定或改变普遍适用的税率的行动不应视为专向性补贴。

2. 禁止性补贴

《反补贴协定》第3条规定禁止使用两类补贴:①法律或事实上视出口实绩为唯一条件或多种其他条件之一而给予的补贴;②视使用国产货物而非进口货物的情况为唯一条件或多种其他条件之一而给予的补贴。第一类属出口补贴[①],第二类为国内含量补贴。如果一成员有理由认为另一成员正在给予或维持一禁止性补贴,则该成员可请求与该另一成员进行磋商。如在提出磋商请求后30天内未能达成双方满意的解决办法,任何一方成员可将该事项提交争端解决机构。

3. 可申诉的补贴

《反补贴协定》第5条规定了可申诉的补贴,即如果任何成员使用协定第1条所指的补贴而对其他成员的利益造成不利影响,则其他成员方有权要求与之磋商或提起诉讼。其中,不利影响包括:①损害另一成员的国内产业;②使其他成员在GATT 1994项下直接或间接获得的利益丧失或减损,特别是在GATT 1994第2条(关税减让表)下约束减让的利益;③严重侵害[②]另一成员的利益。可申诉的补贴不适用于按《农业协定》对农产品维持的补贴。

如果一成员有理由认为另一成员给予或维持的第1条所指的任何补贴对其国内产业产生损害、使其利益丧失或减损或者产生了严重侵害,则该成员即可请求与另一成员进行磋商。如磋商未能在60天内达成双方满意的解决办法,则任何成员可将该事项提交争端解决机构。

4. 不可申诉的补贴

《反补贴协定》第8条规定,不可申诉的补贴包含三大类:①非专向性补贴;②科研、资助落后地区和环境保护方面的补贴[③];③符合第二类规定的专向性补贴。

在实施第二类补贴计划的过程中,一成员认为该计划已导致对其国内产业的严重不利影响,则该成员可与实施补贴的成员进行磋商。如在提出磋商请求后60天内,磋商未能达成双方接受的解决办法,则提出磋商请求的成员可将此事项提交补贴与反补贴措施委员会。委员会应立即审议所涉及的事实和严重不利影响的证据。如委员会确定存在此类影响,则可建议提供补贴的成员修改该计划,以消除这些影响。如果建议在6个月内未得到遵守,则委员会应授权提出请求的成员采取与确定存在的不利影响的程度和性质相当的反措施。

---

① 《反补贴协定》附件1专门列举了禁止使用的出口补贴清单,共12项。
② 《反补贴协定》第6条对"严重侵害"作了进一步规定。
③ 《反补贴协定》第8条第2款对本类补贴作了详细规定。

(三)《保障措施协定》

保障措施被称为WTO机制中的安全阀,它允许成员方在特定情况下撤销或者停止履行其协议规定的一般义务,以使其国内产业免受进口产品的损害。约定必须遵守是法律的一项首要原则,但如果后来情势的变化从根本上改变了约定的均衡,从而使得一方当事人如果履行约定将会遭受巨大损失,则无论国内法还是国际法都允许约定义务的解除。保障措施使WTO法律规则的原则性和灵活性有机地结合起来。

《保障措施协定》共14条和1个附件,规定了保障措施实施的条件和程序,具体包括:总则、适用条件、调查、严重损害或严重损害威胁的确定、保障措施的实施、临时保障措施、保障措施的期限和审议、减让和其他义务的水平、发展中国家成员、先前存在的第19条措施、某些措施的禁止和取消、通知和磋商、监督、争议解决。

1. 适用条件

《保障措施协定》第2条规定了保障措施的实施条件:一成员只有在确定正在进口至其领土的一产品的数量与国内生产相比绝对或相对增加,且对生产同类或直接竞争产品的国内产业造成了严重损害或严重损害威胁时,方可对该产品实施保障措施。

在调查增加的进口产品是否对一国内产业已经造成严重损害或严重损害威胁时,主管机关应评估影响该产业状况的所有客观和可量化的因素,特别是有关产品按绝对值和相对值计算的进口增加的比率和数量,增加的进口产品所占国内市场的份额,以及销售水平、产量、生产率、设备利用率、利润和亏损及就业的变化。除非调查根据客观证据证明有关产品增加的进口产品与严重损害或严重损害威胁之间存在因果关系,否则不能作出造成损害或严重损害威胁的认定。如果存在增加的进口产品之外的因素,且该因素正在同时对国内产业造成损害,则这类损害不得归因于增加的进口。

2. 调查

保障措施的实施须经过调查程序。《保障措施协定》第3条规定,一成员只有在其主管机关根据法律程序进行调查,并进行公开后,方可实施保障措施。该调查应包括对所有利害关系方做出的合理公告,以及进口商、出口商和其他利害关系方可提出证据及其意见的公开听证会或其他适当方式,包括对其他方的陈述做出答复并提出意见的机会,特别是关于保障措施的实施是否符合公共利益的意见。主管机关应公布一份报告,列出其对所有有关事实问题和法律问题的调查结果和理由充分的结论。对于机密信息,在说明理由后,主管机关可准许不披露。

3. 保障措施的实施与临时保障措施

保障措施的实施方式包括数量限制和配额。《保障措施协定》对数量限制、配额的实施方式作了详细规定。

如果在最终裁定作出之前不采取必要措施将会造成难以弥补的损害,并且现有的证据表明,增加的进口产品已经或正在威胁造成严重损害,一成员方可采取临时保障措施。临时措施应采取提高关税的形式,实施期限不超过 200 天。并且,如果随后进行的调查未能确定增加的进口产品对一国内产业已经造成或威胁造成严重损害,则提高的关税应予退还。

实施保障措施的期限不得超过 4 年。如果进口成员的主管机关确定保障措施对于防止或补救严重损害仍然有必要,且有证据表明该产业正在进行调整,可适当延长。但无论如何,一保障措施的全部实施期,包括任何临时措施的实施期、最初实施期及任何延长,不得超过 8 年。

三、规范非关税措施的协定

除以上协议外,货物贸易多边协定还包括以下协定,它们对非关税措施进行规范,以避免此类措施构成货物贸易的非关税壁垒。

(1)《技术贸易壁垒协定》。该协定要求成员在实行强制性产品标准时,应以科学资料和证据为基础,尽量采用现有的国际标准,加入国际认证制度。在实施上,成员技术标准不应对国际贸易造成不必要的障碍。协定的附件还提供了关于标准的制定、采用和实施的"行为守则"。

(2)《进口许可证程序协定》。该协定要求成员客观实施和公平地管理许可证制度;提前公布有关规定和资料;简化申请表格和手续。进口许可证程序在实施和分配中应遵循的规则包括:不应对进口商形成额外的限制,申请应尽快给予办理,配额分配不应具有歧视性等。

(3)《海关估价协定》。该协定规定了按顺序执行的海关估价的六种方法,即实际成交价格、相同货物价格、类似货物价格、进口后转卖价格、估算价格和以合理方法推算价格。协定建立了简单、公正的海关估价标准,要求各成员使国内立法与协定协调一致,以确保这些规则在实际操作中保持统一性。

(4)《原产地规则协定》。该协定要求成员应保证原产地规则是客观可理解的和可预见的;原产地规则本身不得对国际贸易形成限制、扭曲或破坏性影响;成员应以连续、统一、公正和合理的原则执行其原产地规则,成员不得追溯性地实施普遍适用的原产地规则;原产地审议机构应对有关申请材料予以保密。

(5)《装船前检验协定》。该协定要求进口商政府(用户成员方)应确保所进行的检验活动遵守非歧视原则;确保数量和质量的检验根据买卖双方在买卖合同中确定的标准进行;确保检验的透明度;将检验的内容作为商业秘密;确保检验的货物不受到不合理的延误。出口商政府应根据要求提供技术援助。

(6)《与贸易有关的投资措施协定》。协定列举了四种违反国民待遇义务和普遍取消数量限制义务的投资措施,即当地成分、贸易平衡、进口限制与国内销售。

案例 11-2

意大利歧视进口农业机械案

意大利1952年7月25日颁布第949号法律,该法第三章规定,对某些类别的农场主购买意大利产农业机械给予特殊信贷便利。意大利政府根据该法建立了循环基金,授权农林部对购买原产于意大利的农业机械授予特殊的信贷便利。该资金来自财政拨款,具体数额由意大利当局确定。贷款利率(包括费用)为3%,期限5年,贷款额度为机械成本的75%。利息和还款付给循环基金,并可用于进一步贷款。该循环基金一直运作到1964年。当购买意大利农业机械时,合格的买主可从这些优惠的条件中受益;但如果他们希望购买外国机械,则信贷条件较差。

申诉方英国指控意大利的这一措施违反了GATT第3条的义务,第949号法律的实施损害了英国据GATT所产生的利益。

专家组认为,意大利政府第949号法律将信贷便利限制在意大利生产的机械的这些规定,对原产于英国的农业机械尤其是拖拉机出口造成了不利影响,意大利政府应通过修订该法的运作范围或其他适当的方法,在合理时间内消除该法对农业机械进口贸易的不利影响。

第三节 世界贸易组织服务贸易规则

一、《服务贸易总协定》的主要内容

建立于20世纪40年代的关贸总协定仅约束货物贸易。自70年代以来,服务贸易在国际贸易中的比重越来越大,尤其是在发达国家。因此,将服务贸易纳入多边贸易体制进行管理和规制,成为发达国家的首要目标之一。经过乌拉圭回合谈判,成员方最终达成了《服务贸易总协定》。该协定是国际上第一个管理服务贸易的协定,于1995年《建立WTO协定》生效时开始正式运行。

(一) 国际服务贸易的定义和种类

《服务贸易总协定》并未对服务贸易进行统一的定义,考虑到服务业不断发展、灵活多变的特点,GATS第1条第2款将"国际"服务贸易具体界定为四种方式:跨境提供(cross-border supply)、境外消费(consumption abroad)、商业存在(commercial presence)和自然人移动(movement of personnel)。

1. 跨境提供

跨境提供是指服务提供者在一成员方的领土内向另一成员方领土内的消费者提供服务。这种方式是服务贸易中最为常见的形式,类似于传统的货物贸易方式。它强调服务提供者和消费者分处不同的成员方境内,但是双方当事人不进行跨境的移动,只是服务跨越国境。这种服务一般通过电信、邮电、计算机联网等手段实现,例如

咨询服务、视听服务等。

2. 境外消费

境外消费又称"消费者移动",是指服务提供者在一成员方领土内向来自另一成员方的消费者提供服务。这种方式主要是消费者到境外去享受境外提供者的服务,主要表现为旅游、留学等。

3. 商业存在

商业存在是指一成员方的服务提供者在另一成员方境内通过设立经营企业或专业机构来提供服务。商业存在有两种表现形式:①在另一成员境内设立法人性质的组织;②设立非法人性质的实体,如分支机构、代理处、合伙等。这种方式是一种最敏感的服务提供方式,也是国际服务贸易中最为活跃的一种形式,往往与国际直接投资相关,对东道国的影响比较大。

4. 自然人移动

自然人移动是指一成员方的服务提供者以自然人的身份进入另一成员方的领土内提供服务。例如教授到国外从事教学活动,建筑师承揽外国建设项目等。在这种模式中,自然人在他国国境内的存在是暂时的,他不能在他国国内永久居留或就业。虽然这种服务提供方式在国际服务贸易中占很少的份额,但是相当敏感。因为提供服务的自然人流动到东道国,往往会与东道国的本国国民产生就业竞争。

GATS 将服务贸易划分为 12 大门类,即商业服务、通信服务、建筑及相关工程服务、分销服务、教育服务、环境卫生服务、金融服务、医疗和社会保障服务、旅游及相关服务、娱乐和文化体育服务、交通运输服务和其他服务。12 大门类又进一步细分为142 个分部门。考虑到新的服务类别不断出现以及服务种类的复杂多样,GATS 的这些分类和定义并非一成不变,各成员方在具体谈判中有权对准备列入减让表的具体服务部门进行自主定义,服务贸易理事会下设的具体承诺委员会负责部门划分调整的技术性工作。

(二) GATS 的基本内容

GATS 正文由序言和 6 个部分组成,共有 29 条规定了所有成员方的基本权利和义务。

序言主要说明制定服务贸易多边原则和规则的原因和宗旨。

第一部分,范围和定义(第 1 条),对服务贸易的定义和范围作了规定。协定适用于成员所采取的对服务贸易有影响的各项措施。主要包括跨境提供、境外消费、商业存在和自然人移动 4 种服务。

第二部分,一般义务和纪律(第 2 条至第 15 条),规定了各成员方普遍遵守的最惠国待遇、透明度、学历与履历承认、增加发展中国家的更多参与、经济一体化、国内规章、承认、垄断和专营服务提供者、商业惯例、紧急保障措施、支付和转账、保障收支平衡的限制、政府采购、一般例外、补贴等原则和规则。第 3 条附则和第 5 条附则分别规定了机密信息的披露和劳动市场一体化协定。其中,紧急保障措施条款、政府采购条款和补贴条款尚需要进一步的谈判。

第三部分,具体承诺(第 16 条至第 18 条),对各成员方通过各自的具体承诺而承担的市场准入义务和国民待遇义务作了规定。本部分主要包括 3 个条款,即市场准入条款、国民待遇条款和附加承诺条款,规定了成员方在履行承诺表时应采取何种措施、达到何种要求。

第四部分,逐步自由化(第 19 条至第 21 条),对各成员方作出承诺的方向、途径、方式及对已作出的承诺进行修改的条件作了规定。第 19 条具体承诺的谈判,主要规定各成员方应在 WTO 协定生效之日起 5 年内开始进行连续回合的谈判,应适当尊重各成员整体的或各部门的政策目标和发展水平,并应对每一回合的谈判建立指导原则和程序。第 20 条具体承诺表,包括市场准入的期限、限制和条件,国民待遇的条件和限制,有关附加承诺的承诺,实施这些承诺的时间框架,这些承诺的生效日期。第 21 条承诺表的修改,主要规定了承诺表修改的程序以及对造成的影响应采取的措施。

第五部分,机制条款(第 22 条至第 26 条),对争议的解决方法和机构、服务贸易理事会的机构设置及对内、对外合作问题作了规定。第 22 条磋商条款以及第 23 条争议解决和执行条款主要规定了各成员方之间应通过何种方式和程序来解决争端。第 24 条服务贸易理事会条款规定了服务贸易理事会的职能、性质,理事会主席的产生方式。第 25、26 条分别规定了技术合作和与其他国际组织的关系。

第六部分,最后条款(第 27 条至第 29 条),对一成员方拒绝给予该协定项下权益的情况及该协定有关用语的含义作了规定。第 27 条利益的拒绝给予条款,第 28 条定义条款。第 29 条附件条款,规定本协定的附件是本协定不可分割的部分。附件主要包括,第 2 条豁免附件、该协定下提供服务的自然人移动附件、空运服务附件、金融服务附件、金融服务第二附件、海运服务谈判附件、电信服务附件、基础电信谈判附件。

二、《服务贸易总协定》的一般义务

在《服务贸易总协定》下,成员方的义务分为一般义务和具体义务。一般义务是指成员方在所有服务贸易部门都需要遵守的义务,其最核心的内容是最惠国待遇。具体义务则指的是各成员方通过谈判在具体服务贸易领域中所承担的关于市场准入和国民待遇方面的承诺。

(一) 最惠国待遇

GATS 第 2 条第 1 款规定:"关于本协定所涵盖的任何措施,每一成员对于任何其他成员的服务和服务提供者,应立即和无条件地给予不低于其给予任何其他国家同类服务和服务提供者的待遇。"这是 GATS 最惠国待遇的一般规定。

GATS 最惠国待遇的一般例外主要包括两种情况:①GATS 第 2 条第 3 款所规

定的边境贸易例外,即任何成员可以对相邻国家授予或给予优惠,以便利仅限于毗邻边境地区的当地生产和消费服务的交换;②经济一体化成员方之间的优惠,主要规定在 GATS 的第 5 条中。除此之外,GATS 第 14 条还规定了类似于货物贸易规则的一般例外和安全例外。

需要注意的是,GATS 允许成员方采取与最惠国待遇不一致的措施,只要该措施已列入《关于第 2 条豁免的附件》,并符合该附件中规定的条件。一成员方要想获得豁免,一般需要列明豁免所适用的服务部门,需要援引豁免的具体措施、豁免所针对国家、期限和豁免的必要性等。《关于第 2 条豁免的附件》还规定了最惠国待遇义务豁免的评审和终止,明确指出服务贸易理事会应对成员所给予的超过 5 年期的豁免进行审议,豁免的时限原则上不得超过 10 年。豁免期终止时,成员应通知服务贸易理事会。

根据 GATS 第 13 条的规定,最惠国待遇不适用于涉及政府采购的法律、规章和要求,但这种政府采购只能是为了政府目的,不适用于商业转卖或服务供应中的商业销售的政府采购。此外,该条还规定成员方应该在 WTO 协定生效之日起 2 年内就 GATS 中的政府采购问题进行谈判。

(二) 国内规章

为了在尊重各国政策目标的同时推进国际服务贸易自由化进程,GATS 第 6 条为成员方管理国际服务贸易的国内规章作出了一般规定。

(1) 在已作出具体承诺的部门中,每一成员应保证所有影响服务贸易的普遍适用的措施以合理、客观和公正的方式实施。

(2) 每一成员应维持或尽快设立司法、仲裁或行政庭或程序,在受影响的服务提供者请求下,对影响服务贸易的行政决定迅速进行审查,并在请求被证明合理的情况下提供适当的补救。如此类程序并不独立于作出有关行政决定的机构,则该成员应保证此类程序在实际中提供客观和公正的审查。尽管如此,GATS 并不要求一成员设立与其宪法结构或法律制度的性质不一致的法庭或程序。

(3) 对已作出具体承诺的服务,如提供此种服务需要得到批准,则一成员的主管机关应在根据其国内法律法规被视为完整的申请提交后一段合理时间内,将有关该申请的决定通知申请人。在申请人请求下,该成员的主管机关应提供有关申请情况的信息,不得有不当延误。

(4) 为保证有关资格要求和程序、技术标准和许可要求的各项措施不至于构成不必要的服务贸易壁垒,服务贸易理事会应通过其可能设立的适当机构,制定任何必要的纪律。为保证上述要求的实现,此类纪律应满足以下标准:①依据客观的和透明的标准,例如提供服务的能力和资格;②不得比为保证服务质量所必需的限度更难以负担;③如为许可程序,则这些程序本身不成为对服务提供的限制。

(5) 在一成员已作出具体承诺的部门中,在根据第 4 款为这些部门制定的纪律生效之前,该成员不得以以下方式实施使此类具体承诺失效或减损的许可要求、资格要求和技术标准：①不符合第 4 款 1 项、2 项或 3 项中所概述的标准的；②在该成员就这些部门作出具体承诺时,不可能合理预期的。在确定一成员是否符合本款的义务时,应考虑该成员所实施的有关国际组织的国际标准。

(6) 在已就专业服务作出具体承诺的部门,每一成员应规定适当程序,以核验任何其他成员专业人员的能力。

(三) 透明度

GATS 第 3 条规定,各成员应在协定实施前公布影响本协定实施的法律法规和做法。每年应把所采用的新法规或对现有法律的修改通知其他成员。每一成员设立一个或更多的咨询机构,应其他成员的要求回答有关询问。第 3 条附则还对可能损害公共利益或合法商业利益的秘密资料的公布做出了限制。

(四) 学历与履历的承认

就服务提供者的教育、经验、技能的资格,证明的批准、承认及其标准方面,GATS 成员之间应通过双边或多边协议或者采用自动安排或自动许可形式予以认可,并逐步制定和推行认可和服务的统一国际标准。

(五) 增加发展中国家的更多参与

根据 GATS 宗旨,为使发展中国家和最不发达国家更多参与国际服务贸易,发达国家应承担以下义务。

(1) 在《建立 WTO 协定》生效之日起二年内设立联络点,为发展中国家服务提供者提供各自市场有关服务的商业和技术信息、专业资格的认可和获得等方面的信息、有关获得服务技术等方面的信息。

(2) 通过协定第三、第四部分关于具体承诺的谈判,增强发展中国家国内服务业能力、效率和竞争力,促进买卖渠道和信息网络的改善以及对各部门市场准入的自由化,促进发展中国家服务出口。

(3) 以上义务的履行将对最不发达国家给予特别优惠的考虑。

三、《服务贸易总协定》的具体承诺

GATS 中的具体承诺是成员方根据本国服务业的实际发展水平,在具体的服务部门中作出的承诺。各成员方将其各自的具体承诺列入服务贸易减让表,因此该减让表构成了 GATS 的有机组成部分。具体承诺包括市场准入和国民待遇两大部分。

(一) 市场准入

根据 GATS 第 16 条的规定,就通过 GATS 第 1 条确认的服务提供方式实现的市场准入来说,每一成员对任何其他成员的服务和服务提供者给予的待遇,不得低于其在具体承诺减让表中同意和列明的条款、限制和条件。

对于作出市场准入具体承诺的部门,除非在其减让表中另有列明,否则一成员不得在其一地区或全部领土内维持或采取按如下定义的措施:①无论以数量配额、垄断、专营服务提供者的形式,还是以经济需求标准要求的形式,限制服务提供者的数量;②以数量配额或经济需求标准要求的形式限制服务交易或资产总值;③以配额或经济需求标准要求的形式,限制服务业务总数或以指定数量单位表示的服务产出总量;④以数量配额或经济需求标准要求的形式,限制特定服务部门或服务提供者可雇用的、提供具体服务所必需且直接有关的自然人总数;⑤限制或要求服务提供者通过特定类型法律实体或合营企业提供服务的措施;⑥以限制外国股权最高百分比或者限制单个或总体外国投资总额的方式限制外国资本的参与。

对外国服务和服务提供者提供市场准入,实质上是允许外国服务提供者进行服务贸易的国际投资,这一点在商业存在的服务方式上体现得尤为明显。GATS在市场准入减让表部分规定,如成员对通过跨境交付方式提供服务作出市场准入承诺,且资本的跨境流动是该服务本身所必需的部分,则该成员由此已经承诺允许此种资本跨境流动。如果成员通过商业存在方式提供服务作出市场准入承诺,则成员由此应承诺允许有关资本转移进入其境内。①

(二) 国民待遇

根据GATS第17条第1款的规定,对于列入减让表的部门,在遵守其中所列任何条件和资格的前提下,每一成员在影响服务提供的所有措施方面给予任何其他成员的服务和服务提供者的待遇,不得低于其给予本国同类服务和服务提供者的待遇。

与最惠国待遇不同,国民待遇在服务贸易中只适用于已作出具体承诺的部门。世贸组织对服务部门的开放采取了"肯定清单"的做法,即只在各成员承诺对其他成员开放并给予国民待遇的服务部门或分部门中,向其他成员的服务和服务提供者提供国民待遇。并且,对于已作出具体承诺的服务部门或分部门,成员方还可以在其承诺表中对国民待遇进一步施加与国民待遇不一致的限制措施,如一些条件要求或资格限制等。这些限制措施既可以针对承诺的具体部门,也可以体现在"水平承诺"(horizontal commitments)项下针对所有的服务部门。

根据GATS第17条第1款的规定,成员提供国民待遇的义务应当包括该成员影响服务提供的所有措施。GATS第28条则进一步将"措施"定义为"法律、法规、规章、程序、决定、行政行为"等,这类行为只有政府才有权制定。GATS第17条还对国民待遇的标准进行了细化,一成员可通过对任何其他成员的服务或服务提供者给予与其本国同类服务或服务提供者的待遇形式上相同或不同的待遇,来满足国民待遇的要求。如形式上相同或不同的待遇改变竞争条件,与任何其他成员的同类服务或服务提供者相比,有利于该成员的服务或服务提供者,则此类待遇应被视为较为不利的待遇。

与货物贸易规则相同,GATS中的国民待遇规则也设有例外,这些例外主要包括

---

① 参见郭寿康、韩立余:《国际贸易法》,中国人民大学出版社2005年版,第356页。

一般例外措施(第14条之一)、安全例外措施(第14条之二)、政府采购例外(第13条)和经济一体化例外(第5条)等。

(三) 具体义务的确定方式

GATS成员方的服务贸易减让表是确定成员方具体义务最为主要的法律依据。服务贸易减让表分为两个部分：①"水平承诺"，该部分的承诺适用于有关成员方承诺开放的所有服务部门；②具体承诺，是成员方针对具体服务部门和具体的服务提供方式所作出的承诺。水平承诺和具体承诺都分为四栏，分别是服务部门或分部门、市场准入限制、国民待遇限制和其他承诺。服务部门或分部门中载明适用的服务部门；市场准入限制一栏载明对四种服务方式的限制，如对商业存在予以股份限制等；国民待遇限制一栏规定外国服务提供者不能享有的国民待遇，如规定医疗服务部门的外国服务提供者不能享有国内的现有补贴；其他承诺一栏记载其他特殊承诺。

案例 11-3

安提瓜诉美国博彩案

安提瓜岛和巴布达岛是位于加勒比海地区的一个岛国。20世纪90年代后期，安提瓜大力发展网络赌博业，通过发展基础设施、简化审批手续等方式吸引了一批提供网络赌博服务的公司在安提瓜注册经营。1997年，有20家网络赌博公司在安提瓜经营，到了1999年，就有119个网络赌博公司在安提瓜经营，其就业人数达到3000人。同年，安提瓜政府收取的年度许可证费超过740万美元，相当于这个国家国内生产总值的10%。

2003年，美国众议院通过一项《禁止非法网络赌博交易法》，规定对网络赌博活动加以限制，特别限制美国网民使用信用卡和通过银行账户向国外赌博网站支付赌金。这一立法通过后，安提瓜一度繁荣的网络赌博服务产业日渐衰落。其赌博公司的数量和就业人数都大幅度减少，政府收入也相应锐减。

2003年3月13日，安提瓜要求就美国实施的影响赌博服务的跨境提供的措施与美国进行WTO争端解决程序下的磋商。由于磋商未能解决争议，2003年6月12日安提瓜要求争端解决机构成立专家组。专家组报告于2004年11月10日散发，认定"美国具体承诺表第10.D分部门包含对赌博服务的具体承诺"，因此美国的国内立法与服务贸易总协定相冲突，需要根据协定及其承诺修改。

第四节 世界贸易组织法与中国

一、中国的复关与入世

中国是关贸总协定23个创始缔约方之一。1947年10月30日，包括中国在内的23个国家在日内瓦签署了《关税与贸易协定》，同时还签署了包含123个双边谈判关税减让的协议书。1948年4月21日，中国签署了《临时适用议定书》，并于当年5月21日正式成为GATT的创始缔约方。

1949年，中华人民共和国中央人民政府成立。1950年3月6日，台湾当局照会联合国秘书长，决定退出总协定。次日，联合国秘书长致函GATT执行秘书并向GATT缔约各方作了通报，同意台湾退出，并于1950年5月5日生效。此后20多年，除1965年缔约方大会接受台湾当局派观察员列席缔约方大会外，中国与关贸总协定几无往来。

中国在1986年7月10日提出恢复关贸总协定缔约方地位的申请，开始了长达9年的复关谈判。从1986年7月提出复关申请到1989年5月，中美之间经过五轮双边谈判终于达成了协议。期间，中国与其他主要缔约方也进行了十多次的双边谈判，并就中国复关的一些核心问题基本达成了谅解。另一方面，中国工作组也已基本结束了对中国外贸制度的答疑和综合评估工作，中国复关议定书基本成形。然而，1989年，以美国为首的西方国家对华实行经济制裁，暂时停止了中国复关的谈判，离关贸总协定原本近在咫尺的中国在刹那间又与之隔若重山。

1991年，中国通过改革产品出口补贴制度和主动接触等多方努力，松动了西方对华的经济制裁；1992年，中国在一年之内两次大幅度降低关税，降低了3000多个税号的进口关税。从1992年到1995年，中国复关谈判重新启动并进入权利和义务的最后攻坚时期。在此期间，中国对外汇管理体制进行了重大修改，实施有管理的浮动汇率制，并再次降低包括汽车在内的多种商品的进口关税税率。1994年，中国与关贸总协定122个缔约方共同签署了谈判的最后文件。

然而，基于中国经济贸易在这一期间的迅猛发展，西方国家重新认识到中国复关对其本身和多边贸易体制可能产生的影响，非但没有认可中国为复关所付出的努力和代价，反而扩大了中国复关谈判的内容。一些主要缔约方对中国复关谈判采取了"滚动式要价"的做法。他们无视中国当时的经济发展水平，要求中国提前从发展中国家行列中"毕业"，承担发达国家在关贸总协定中所承担的义务。谈判最终未能达成协议。

在乌拉圭回合期间，香港和澳门地区分别于1986年4月23日、1991年1月11日作为单独关税地区成为关税总协定缔约方。

在香港和澳门地区加入了关贸总协定后，台湾地区也非常希望通过加入多边贸易体制来改善其狭小的经济发展空间。1990年，台湾地区以"台澎金马单独关税区"的名义申请加入关贸总协定。根据关贸总协定的规定，代表主权的中央政府可以推荐领土内诸如港澳这样的地区以"单独关税区"的身份入关，由于台湾的地位不同于香港和澳门，中国代表决定从"经中央政府批准推荐"的规则入手实现"先大陆后台湾"的目标。根据关贸总协定理事会决策须"协商一致"才能通过的规则，中国代表团成功劝说当年的理事会主席印度大使发表声明，确立了中国大陆先行复关，台湾地区作为中国领土随后加入的原则。

1995年1月1日,世界贸易组织正式成立。关贸总协定由事实上的国际组织成为世界贸易组织的组成协定之一。从1995年开始,中国的"复关"谈判转变为加入世界贸易组织的"入世"谈判。1995年6月3日中国成为WTO观察员。1995年7月11日,中国正式提出加入WTO的申请。

1995年至1996年间,谈判未取得实质性进展。到1997年下半年,中国先后与新西兰、韩国就中国入世问题达成双边协议,与匈牙利、捷克、斯洛伐克、巴基斯坦签署了双边市场准入谈判协议,与智利、哥伦比亚、阿根廷、印度等国也基本结束了双边市场准入谈判。同时,与欧盟、澳大利亚、挪威、巴西、印度、墨西哥、智利等30个世贸组织成员进行了双边磋商。

中国入世的最大阻力来自于美国,中美双边协议能否谈成、何时签订直接影响中国加入世界贸易组织的时间表。在1997年和1998年间,尽管各方都作出了重大努力,两国最高领导人实现互访,就中国加入世贸组织的问题深入交换了意见,然而由于美国方面的原因,最终仍未达成协议。直至1999年11月15日,中美才就中国"入世"达成协议。中美双边协议的达成,意味着中国"入世"的最大障碍被克服了。2000年5月19日,中国同欧盟就中国加入WTO也达成了双边协议,中国"入世"又向前迈进了重要的一步。

2001年11月10日和11日,在卡塔尔首都多哈举行的世界贸易组织第四次部长级会议分别作出了批准中国和"台澎金马单独关税区"加入WTO的决议。① 2001年12月11日中国正式成为WTO的成员,2002年1月1日台湾地区正式成为WTO的成员。

二、中国入世的基本法律文件及主要内容

中国加入WTO的法律文件包括四个独立的部分:①中国内地的法律文件,包括《关于中华人民共和国加入的决定》、《中华人民共和国加入议定书》(简称《中国加入WTO议定书》)及其附件、《中国加入工作组报告书》;②台湾单独关税区的法律文件,包括《关于台湾、澎湖、金门、马祖单独关税区加入的决定》、《台湾、澎湖、金门、马祖单独关税区加入议定书》、《台湾、澎湖、金门、马祖单独关税区加入工作组报告》;③香港加入关贸总协定的法律文件,包括关税和服务承诺清单;④澳门加入关贸总协定的法律文件,包括关税和服务承诺清单。这四部分文件与WTO协定及其附件一起构成了中国在WTO多边贸易体制中的权利和义务的基础。

同中国内地不同,台湾、香港和澳门地区都是作为单独关税区加入WTO的,在WTO多边贸易体制内,单独关税区与中国内地都可被称为"成员方"(party),四方贸

---

① Accession of The People's Republic of China, Decision of 10 November 2001, WT/L/432, 23 November 2001; Accession of The Separate Customs Territory of Taiwan, Penghu, Kinmen and Matsu, Decision of 11 November 2001, WT/L/433, 23 November 2001.

易主体构成WTO所特有的"一国四席"局面。

(一) 中国所享有的权利

1. 享受其他世贸组织成员开放或扩大货物、服务市场准入的利益

世界贸易组织及其前身关贸总协定致力于通过取消关税和非关税壁垒,规范成员方的贸易保护措施来实现贸易自由化。截至2008年6月,WTO共有152个成员方,世界上超过四分之三的国家已加入WTO,未加入的大多在积极谈判。在此多边贸易体制内,成员方可享受到相互给予的产品的低关税待遇、服务市场的准入承诺以及知识产权的保护。

就中国而言,由于加入世贸组织时间晚,中国在入世过程中为使进口商品税率与WTO历经八次谈判削减的税率相适应,作出了巨大努力。同样,在电信、银行、保险等服务领域,中国也作出了巨大让步。但加入世贸组织对中国的企业来说,意味着可以更广泛地、不受歧视地从事国际商务活动。这对于加入之前受限制较多的产业意义重大。例如,入世前,我国是纺织品和服装出口方面受限制产品范围最广、受限制程度最重、限制国家最多的国家。入世后,在WTO《纺织品和服装协定》的保障下,我国从2002年起开始分享纺织品和服装一体化的成果,几个主要的贸易国对中国纺织品的进口持续增长。

在市场准入的保障方面,中国有权在产品的出口和销售、服务市场的准入、知识产权的保护方面享有不受不公平贸易救济措施和数量限制的保障。根据中国入世议定书附件7的规定,欧盟、阿根廷、墨西哥等成员对中国出口产品实施的与WTO规则不相符的数量限制、反倾销措施、保障措施等将在中国加入WTO后5至6年内取消。

2. 享受多边的、无条件的和稳定的最惠国待遇

GATT第1条规定:"一成员对来自或运往其他国家的产品所给予的利益、待遇、特权或豁免,应当立即无条件地给予来自或运往所有其他成员的相同产品。"目前中国只能通过双边贸易协定在某些国家获得最惠国待遇,这种待遇是非常不稳定的,容易遭到破坏。如美国虽与中国签订了互给最惠国待遇的双边协议,但根据美国国内的《1974年贸易法》第402节的规定,美国政府需每年审查非市场经济国家的移民政策,根据该国移民政策的实施情况,决定是否对该国中止或延长最惠国待遇。1989年以后,美国国会每年将是否延长中国最惠国待遇问题同人权、宗教、知识产权保护等问题挂钩。尽管克林顿政府从1994年起宣布将对华最惠国待遇问题与人权问题脱钩,但这仍未从根本上改变对中国最惠国待遇一年一审的制度。这种双边基础上的最惠国待遇是不稳定的,有歧视性的。由于中美于1999年11月达成关于中国入世的双边协议,美国众议院和参议院于2000年分别通过了给予中国永久正常贸易关系法案(Permanent Normal Trade Relations,PNTR)。按照这项议案,在中国加入世贸组织后,美国将终止按《1974年贸易法》中有关条款对中国最惠国待遇进行年度审

议的做法。

加入 WTO 后,中国可以在现有的 152 个成员方享有多边的、无条件的、稳定的最惠国待遇,这将使中国产品在最大范围内享受有利的竞争条件,从而促进出口的发展。中国加入 WTO 与 37 个成员方谈判达成的双边市场准入谈判协议最惠国待遇条款适用于所有已经加入和未来加入的成员。同样,中国也可以享受所有经过双边谈判和未经过双边谈判的成员方给予任何第三国的优惠。

3. 参与多边贸易体制的决策和谈判的权利

作为国际组织,WTO 严格区分正式成员和观察员的权利。中国于 1982 年和 1995 年分别取得关贸总协定和 WTO 的观察员地位。作为观察员,中国仅有权出席 GATT 缔约方年度大会或理事会会议。在会议上,中国代表总是被安排在会场的最后位置就座,既没有发言权,也没有表决权。

入世后,中国作为 WTO 的正式成员,享有广泛地参与多边贸易体制的权利。具体来说,包括以下主要权利:①参加 WTO 部长会议、总理事会和各委员会的所有会议,并在会议上发表意见;②参与 WTO 对其他成员方的贸易评审会议,对其贸易政策进行监督和咨询,敦促其履行 WTO 义务;③参加 WTO 新一轮贸易谈判,参与制定多边贸易规则;④与新申请加入方进行双边谈判;⑤利用争端解决机制解决贸易争端。

中国加入世贸组织,并充分参与该多边贸易体制的决策和谈判,不仅对于发展我国的经济和贸易有至关重大的作用,而且对于在政治方面提高我国的国际地位具有深远意义。

4. 利用争端解决机制解决争端的权利

WTO 争端解决机制被誉为 WTO 皇冠上的明珠。强制性的争端解决机制是 WTO 有效运作的重要机构保障。截至 2008 年 1 月,WTO 争端解决机构共收到 369 起争端,有 107 起专家报告和上诉机构报告被通过,60 起达成和解,31 起由于撤诉或争议措施被停止而得到解决。[1] 在入世前,中国无法诉诸 WTO 争端解决机制,与相关贸易方的争端常常受制于政治和意识形态因素,并且经常与人权、宗教、知识产权保护等因素纠缠在一起。加入世贸组织后,我国充分利用了 WTO 的争端解决机制,具体表现为:中国内地作为申诉方的案件有 2 件,作为被申诉方的有 10 件,作为第三方参与的有 62 件;台湾单独关税区作为申诉方的案件有 2 件,尚无作为被申诉方的案件,作为第三方参与的有 37 件;香港单独关税区作为申诉方的案件有 1 件,尚无作为被申诉方的案件;澳门单独关税区尚无作为申诉方、被申诉方和第三方参与的案件。[2]

---

[1] Update of WTO Dispute Settlement Cases,WT/DS/OV/32,24 January 2008.

[2] Available at http://www.wto.org/english/tratop_e/dispu_e/dispu_by_country_e.htm,last visited: 10/06/2008

5. 获得开放市场与法规修改的适当过渡期

尽管中国已经加入世贸组织,但中国的市场经济确立时间还不长,经济体制改革仍需进一步深化,一些国内企业无法在短期内适应外国资本和企业激烈的竞争。考虑到这一点,在入世谈判过程中,中国同主要贸易方积极谈判,争取到实施 WTO 义务的较长的过渡期,主要体现在以下方面。①关税减让实施期最长到 2008 年,即关税总体水平降低 10% 的年限可以最长到 2008 年。②对农产品和化肥的关税配额实施期分别为 2004 年和 2007 年。③逐步取消 400 多项 WTO 成员方不再保留的非关税措施,非关税措施取消可在加入 WTO 后 1 年至 3 年内实施。④对于与国民待遇相悖的一些措施,包括药品、酒类和化学品等将保留 1 年的过渡期,以修改或废除相关法律法规;对于烟草实施单独许可证方面,将有 2 年过渡期修改相关法规以实施国民待遇。⑤在放开外贸经营权方面,即外贸经营权由审批制过渡到登机制的期限为加入 WTO 后 3 年。⑥在服务贸易的市场开放上,有关电信、银行业等的开放有一定的过渡期。① 实际上,中国在加入世贸组织后,积极履行加入议定书所承担的义务,相关法律修改和关税减让等义务大部分在过渡期内提前完成。

尽管中国在入世过程中一直坚持以发展中国家的身份加入,然而就最终达成的入世议定书来看,除上述有关过渡期的规定外(这些过渡期在目前均已到期),并未明确提及中国的发展中国家地位问题。结合《中国加入 WTO 议定书》的内容和 WTO 各多边协议来看,中国在 WTO 内并不能享受到发展中国家所享受的一些"特殊和差别待遇",例如普惠制、发展中国家对药品平行进口的权利等。因而,因具体权利和义务的千差万别,对于中国目前在世贸组织中的法律地位不能简单归结为发展中国家或发达国家。

(二) 中国应该承担的义务

1. 削减进口关税并逐步取消非关税措施

WTO 经过八个回合的关税减让谈判,各成员的关税已有大幅度的降低。发达国家平均关税水平已从 45 年前的 40% 下降到 3.7% 左右,发展中国家关税平均水平也下降到 11% 左右。加入世贸组织初期,中国关税平均税率仍高于发展中国家的平均水平。因此,中国加入 WTO 后的首要义务就是要降低关税。

我国承诺的关税减让主要反映在中国入世议定书的附件 8"货物贸易减让表"中。根据该减让表,我国的关税水平应由入世前的 14% 降到 2005 年的 10%,最长实施期限为 2008 年。其中,农产品由 19.9% 降至 15.5%,农产品关税减让承诺的实施期到 2004 年;工业品由 13% 降至 9.3%,98% 的工业品关税减让到 2005 年结束,汽车及汽车零部件的关税到 2006 年 7 月 1 日分别降至 25% 和 10%;部分化工品的关税减让到 2008 年实施完毕;2005 年前逐步取消所有信息技术产品的关税。根据《中

---

① 曹建明、贺小勇:《世界贸易组织》,法律出版社 2004 年版,第 405 页。

国加入 WTO 议定书》附件 3 的规定，中国最迟于 2005 年 1 月 1 日取消入世的 400 多个税号的非关税壁垒，包括配额、许可证和特定招标措施等，涉及的产品包括汽车、机电产品、天然橡胶、彩色感光材料等。

2. 给予其他成员方的产品、服务和知识产权以非歧视待遇

除 WTO 有关国民待遇和最惠国待遇的规定外，根据《中国加入 WTO 议定书》第 3 条的规定，加入 WTO 后，中国在下列方面给予外国个人、企业和外商投资企业的待遇不得低于给予其他个人和企业的待遇：①生产所需投入物、货物和服务的采购及其货物，据以在国内市场或供出口而生产、营销或销售的条件；②国家和地方各级主管机关以及公有或国有企业在运输、能源、基础电信、其他生产设施和要素等领域所供应的货物和服务的价格和可用性。

3. 增加贸易政策的透明度

贸易政策的透明度是 WTO 的一项基本原则。根据《中国加入 WTO 议定书》的规定，中国承诺只执行已公布的且其他 WTO 成员、个人和企业容易获得的有关或影响货物贸易、服务贸易、TRIPs 或外汇管制的法律、法规及其他措施。所有有关或影响货物贸易、服务贸易、TRIPs 或外汇管制的法律、法规及其他措施实施或执行前，应 WTO 其他成员方的请求，中国应确保该成员可获得关于此类措施的法律或制度。

根据《中国加入 WTO 议定书》第 2 条的规定，中国政府应设立或指定一官方刊物，用于公布所有有关或影响货物贸易、服务贸易、TRIPs 或外汇管制的法律、法规及其他措施，并且在此类法律、法规或其他措施实施之前提供一段可向有关主管机关提出意见的合理时间，但涉及国家安全的法律、法规及其他措施，确定外汇汇率或货币政策的特定措施以及一旦公布则会妨碍法律实施的其他措施除外。中国应定期出版该刊物，并使个人和企业能够容易地获得该出版物。中国还应设立或指定一咨询点，保证任何个人、企业或 WTO 成员在该咨询点可获得相关措施的所有信息。

4. 确保行政行为受司法审查

在中国入世谈判过程中，中国司法审查制度是西方国家关注的重点问题之一。发达国家成员及其学者认为，尽管中国的法律、法规一经立法机关通过就立即公布，但从整体上讲，立法的透明度还不高。例如，虽然中国承诺对于那些涉及贸易的法律将在其生效之前进行公布并允许对其进行评论，但是中国还没有承诺公布立法草案，也没有给立法提供听审程序。他们还认为，中国还没有真正实现司法独立，从而其司法审查制度难以达到其应有的效果。中国的司法体系隶属于中央和地方各级党组织和政府的政治影响，地方各级法院和专门法院的财政开支由同一级政府和有关部门承担，地方各级法院法官也由同一级人大任命。其结果是，法院在审理包括司法审查在内的各种案件过程中就难免受执政党、地方保护主义或部门保护主义的制约。[①]

---

① 曾令良：《中国加入 WTO 及其司法审查制度的完善》，载《武汉大学学报》（社会科学版）2001 年第 3 期。

根据《中国加入WTO议定书》的规定，加入WTO后，中国政府应设立并维持法庭、联络点，制定相关程序，以便审查涉及货物贸易、服务贸易、与贸易有关的知识产权的普遍适用的法律、法规和行政决定。审查的法庭应公正并且独立于采取行政行为的行政机关，它不应与审查事项的结果有任何实质性利害关系。

在审查过程中，应给予受行政行为影响的个人或企业上诉的机会，且不因上诉而受到处罚。如最初的上诉需要向行政机关提出，则应保证在所有情况下上诉者都有权对行政机关的决定向司法机关提出上诉。

5. 设立特定产品过渡性保障机制

《中国加入WTO议定书》和《中国加入WTO工作组报告书》的特定产品过渡性保障机制，直接源于1999年中国和美国经过长期艰苦谈判达成的市场准入协议。在该协议中，美国同意不再对中国歧视性地适用美国《1974年贸易法》第406条，但是坚持在中国入世后的12年内对中国产品实施一种类似第406条的特殊保障措施。在中国入世的多边贸易谈判中，中美市场准入协议的这一规定，只作了少许文字变动，就直接载入了《中国加入WTO议定书》。该特定产品过渡性保障机制，尽管在目的和程序上与GATT第19条和《保障措施协定》具有一定的一致性，但是在实施的实质条件方面明显地要宽松得多，其结果是使中国出口商品面临不公正待遇。①

美国《1974年贸易法》第406条也称为"市场干扰条款"。1974年，美国国会在决定恢复对非市场经济国家的最惠国待遇的同时，认为向非市场经济体的产品开放美国市场具有特别的风险，因为中央计划经济体的政府所有的出口组织有能力将其出口力量集中于特定的方面，从而可以很快控制美国市场。美国国会还担忧诸如反倾销法等贸易救济措施不适合于共产主义阵营国家，因为不能确定非市场经济体中可靠的市场价格。于是，美国国会专门制定了这个第406条。根据这一条款，申请贸易救济的国内生产商，只要证明市场干扰存在（而并不要求对国内产业造成"严重损害"），并且只需证明进口的增长是造成损害的一个"重要原因"（而不要求"实质性原因"）即可。②

根据《中国加入WTO议定书》第16条的规定，如果原产于中国的产品进口至任何WTO成员领土时，其增长的数量或所依据的条件对生产同类产品或直接竞争产品的国内生产者造成或威胁造成市场扰乱，则受此影响的WTO成员可请求与中国进行磋商，以期寻求双方满意的解决办法，包括受影响的成员是否可以根据《保障措施协定》采取措施。如果在这些双边磋商过程中，双方同意原产于中国的进口产品是造成此种情况的原因并有必要采取行动，则中国应采取行动以防止或补救此种市场

---

① 曾令良：《中国特定产品过渡性保障机制的有效性与合理性问题》，载《法学评论》2005年第5期。
② 参见布鲁斯·E. 克拉伯：《美国对外贸易法和海关法》（上），蒋兆康等译，法律出版社2000年版，第758～759页。转引自曾令良：《中国特定产品过渡性保障机制的有效性与合理性问题》，载《法学评论》2005年第5期。

扰乱。如果在收到磋商请求后60天内未能达成协议,则受影响的WTO成员有权在防止或补救此种市场扰乱所必需的限度内,对此类产品撤销减让或限制进口。

该条还规定了市场扰乱的构成要件:一项产品的进口快速增长,无论是绝对增长还是相对增长,是构成对生产同类产品或直接竞争产品的国内产业实质损害或实质损害威胁的一个重要原因。在认定是否存在市场扰乱时,受影响的WTO成员还应考虑客观因素,包括进口量、进口产品对同类产品或直接竞争产品价格的影响以及此类进口产品对生产同类产品或直接竞争产品的国内产业的影响。特定产品过渡性保障机制在中国加入WTO之日后12年终止。

6. 确定补贴和倾销时"非市场经济地位"的适用

《中国加入WTO议定书》第15条在涉及中国产品的正常价值计算时,采取了有别于WTO《反倾销协定》和《反补贴协定》的做法。

在根据GATT1994第6条和《反倾销协定》确定价格可比性时,WTO进口成员在调查相关产业的价格或成本时,可以使用如下方法:①如果受调查的中国生产者能够明确证明,生产该同类产品的产业在制造、生产和销售该产品方面具备市场经济条件,则WTO进口成员方在确定价格的可比性时,可使用受调查产业的中国价格或成本;②如果受调查的中国生产者不能明确证明生产该同类产品的产业在制造、生产和销售该产品方面具备市场经济条件,则WTO进口成员方可使用不依据与中国国内价格或成本进行严格比较的方法。

一旦中国根据相关WTO进口成员的国内法证明中国是一个市场经济体,则上述规定即应终止,但截至加入之日,该WTO进口成员的国内法中须包含有关市场经济的标准。无论如何,上述第②项规定应在加入之日后15年终止。此外,如中国根据该WTO进口成员的国内法证实一特定产业或部门具备市场经济条件,则上述非市场经济条款不得再对该产业或部门适用。

7. 开放服务贸易市场

乌拉圭回合谈判在服务领域达成了《服务贸易总协定》,要求成员方给予服务和服务的提供者以最惠国待遇、国民待遇,并通过后续的谈判进一步达成了《基础电信协定》、《信息技术协定》和《金融服务贸易协定》,逐步开放了电信、银行、保险、运输、建筑、零售等行业。与WTO的服务贸易立法相比,我国服务贸易方面的立法还存在着相当大的差距,在一些服务贸易领域特别是金融、保险、律师、证券、旅游、基础电信、商业零售、航运等部门,相关立法比较滞后。① 因此,在开放服务贸易市场的同时,中国近几年也在加紧制定和完善相关法律。

根据《中国加入WTO工作组报告书》的有关规定,中国政府承诺,中国的许可程序和条件本身不构成市场准入的壁垒,对贸易的限制作用不超过必要的限度。自加

---

① 张桂红:《WTO对中国法律的影响》,载《中国法学》2001年第4期。

入时起,中国将公布授权、批准或管理中国已作出具体承诺的服务部门的主管机关的清单,以及中国的许可程序和条件。《中国加入WTO议定书》附件9"中华人民共和国服务贸易具体承诺减让表"对中国在服务贸易领域的水平承诺和具体承诺进行了详细规定。

8. 保护知识产权

为与世贸组织的TRIPs接轨,中国已经将知识产权保护作为改革开放政策和社会主义法制建设的重要组成部分。在加入WTO前,中国知识产权保护体制建设就已达到世界水平和世界标准。中国于1980年便成为世界知识产权组织成员。1985年,中国成为《保护工业产权巴黎公约》成员国。中国是最早签署《关于集成电路的知识产权条约》的国家之一。1989年,中国成为《商标国际注册马德里协定》成员国。1992年,中国成为《保护文学艺术作品伯尔尼公约》成员国。1993年,中国成为《保护音像制作者防止非法复制公约》成员国。1994年,中国成为《国际专利合作条约》和《商标注册用货物和服务国际分类尼斯协定》成员国。1995年,中国成为《为专利程序目的进行微生物存放的国际承认的布达佩斯条约》成员国,并申请成为《商标国际注册马德里协定议定书》成员国。1996年,中国成为《建立工业设计国际分类洛迦诺协定》成员国。1997年,中国成为《国际专利分类斯特拉斯堡协定》成员国。

在国内法方面,为遵守TRIPs,中国已对《专利法》、《著作权法》、《商标法》,以及涵盖TRIPs不同领域的有关实施细则进行了修改,中国的国内立法已经完全符合TRIPs的要求。

目前,中国知识产权保护方面的问题主要在执行方面。尽管中国在加入世贸组织后的几年内在打击盗版等知识产权执法方面作出了重大努力,但由于国民意识等方面的原因,要实现TRIPs所要求达到的目标,中国还有很长的路要走。

(三) 中国在世贸组织的"一国四席"问题

1986年4月23日和1991年1月11日中国香港和中国澳门分别成为关税总协定缔约方,根据《建立WTO协定》第11条第1款的规定,这两个单独关税区于1995年1月1日分别成为WTO创始成员。2001年12月11日和2002年1月1日,中国与"台湾、澎湖、金门、马祖单独关税区"也先后成为WTO正式成员。由此,中国、中国台北①、中国香港②、中国澳门③构成了WTO体制独特的"一国四席"现象。

1. "一国四席"的法律依据

《建立WTO协定》第12条第1款规定了成员加入的资格和程序:"任何国家或在处理其对外商业关系及本协定和多边贸易协定规定的其他事务中享有充分自治权的单独关税区,可按它与WTO议定的条件加入本协定。此加入适用于本协定及所

---

① "台湾、澎湖、金门、马祖单独关税区"的简称。
② 1997年7月1日中国对香港恢复行使主权后,香港在WTO中更名为"中国香港"。
③ 1999年12月20日中国对澳门恢复行使主权后,澳门在WTO中更名为"中国澳门"。

附多边贸易协定。"

由于WTO的主要成员方仍为国家,因此在《建立WTO协定》及各多边贸易协定中对于成员方概念通常使用"国家"(country or countries)。为避免引起歧义,《建立WTO协定》在"解释性说明"中指出,"本协定和多边贸易协定中使用的'国家'应理解为包括任何WTO单独关税区成员。对于WTO单独关税区成员,除非另有规定,如本协定和多边贸易协定中用'国民'一词表述,该表述也应理解为是指单独关税区。"

作为主权国家,中国加入WTO的资格是国际法赋予的无可争议的基本权利。

中国香港加入WTO的资格主要基于1984年《中英关于香港问题的联合声明》第3(6)、3(10)条和附件1第6节的规定,即"香港特别行政区将保持自由港和独立关税地区的地位","可以'中国香港'的名义单独地同各国、各地区及有关国际组织保持和发展经济、文化关系,并签订有关协议","可参加关税和贸易总协定"。1990年《香港特别行政区基本法》第116、151、152条进一步重申和明确了上述规定。

同样,中国澳门加入WTO的资格基于1987年《中葡关于澳门问题的联合声明》第2(7)条和附件1第10节的规定,"澳门特别行政区可以'中国澳门'的名义单独同各国、各地区及有关国际组织保持和发展经济、文化关系,并签订有关协定";"作为自由港和单独关税地区","继续参加关税和贸易总协定"。1993年《澳门特别行政区基本法》第112、136、137、138条进一步予以重申。

台湾地区申请加入GATT的法律根据存在争议。台湾根据GATT1947第33条申请加入GATT。该条规定:"不属本协定缔约方的政府,或代表在处理其对外商务关系和本协定规定的其他事项方面拥有充分自治权的单独关税区的政府,可代表该政府本身或代表该关税区,按该政府与缔约方全体议定的条件加入本协定。"从GATT的立法背景看,上述"代表……单独关税区的政府"一般指代表单独关税区的原宗主国政府。因此,有学者认为,台湾根据总协定第33条提出以"单独关税领土"申请加入总协定,在国际法上是非法之举。[1] 也有学者从GATT工作组受理台湾地区的申请并进行有关审议工作这一事实出发,认为"代表……单独关税区的政府"从文义上看,除代表单独关税区的原宗主国政府外,也可以指代表单独关税区的本级政府本身。但无论如何,台湾地区并未加入GATT。台湾地区申请加入WTO的依据是《建立WTO协定》第12条。由于《建立WTO协定》第12条的"国家"与"单独关税区"是并列的概念,因而解决了GATT第33条"单独关税区"在加入WTO时的"代表"问题。[2]

2."一国四席"下成员之间的关系

1) WTO体制内的贸易关系

《建立WTO协定》的"解释性说明"指出,"国家"应理解为包括任何WTO单独

---

[1] 参见曾令良:《世界贸易组织法》,武汉大学出版社1996年版,第68~71页。
[2] 曾华群:《略论WTO体制的"一国四席"》,载《厦门大学学报》(哲学社会科学版)2002年第5期。

关税区成员。根据这一规定,中国、中国台北、中国香港、中国澳门在 WTO 多边贸易体制内是独立平等的成员关系,四方主体之间不存在隶属与领导关系,各方均有权自主参与 WTO 有关会议,独立作出决策,并以自身的名义享有权利并承担义务。具体来说,各方在 WTO 体制内的关系包含以下四个方面。①平等、独立的代表权。即中国和中国香港、中国澳门、中国台北的代表分别参加部长级会议、总理事会、分理事会和各委员会。②平等、独立的参与权和决策权。即各方在 WTO 规则的制定、修改和多边贸易谈判方面享有平等、独立的参与权和决策权。③独立的申诉权和责任承担制度。即在争端解决方面,各方拥有独立的申诉权,并实施独立的责任承担制度。中国与中国香港、中国澳门、中国台北之间有关多边贸易协定的争端,也属 WTO 不同成员之间的争端,可通过 WTO 争端解决程序解决。④平等参与区域经济一体化的权利。[①]

2) WTO 体制外的贸易关系

(1) 内地与香港、澳门的"更紧密经贸关系的安排"。

GATT 与 WTO 多边贸易体制允许成员方之间建立关税同盟和自由贸易区。根据 GATT 第 24 条第 4、5 款的规定,GATT 的规定不得阻止在缔约方领土之间形成关税同盟或自由贸易区,也不得阻止通过形成关税同盟或自由贸易区所必需的临时协定。关税同盟、自由贸易区和导向关税同盟或自由贸易区的临时协定是区域经济一体化安排的不同层次和类型。其中,关税同盟是区域经济一体化的最高层次,其次是自由贸易区,临时协定是区域经济一体化的初级阶段。WTO 成立后,《服务贸易总协定》第 5 条也有类似规定。

2003 年 6 月 29 日,中国中央政府和香港特别行政区政府签署了《内地与香港关于建立更紧密经贸关系的安排》(Closer Economic Partnership Arrangement, CEPA)。2003 年 9 月 29 日,双方又签订了《关于货物贸易零关税的实施》、《关于货物贸易的原产地规则》、《关于原产地证书的签发和核查程序》、《关于开放服务贸易领域的具体承诺》、《关于"服务提供者"定义及相关规定》和《关于贸易投资便利化》6 个附件。2003 年 10 月 17 日,中央政府和澳门特别行政区政府也签署了《内地与澳门关于建立更紧密经贸关系的安排》及 6 个附件。

从内容上看,CEPA 共分为六章,分别为总则、货物贸易、原产地[②]、服务贸易、贸易投资便利化、其他条款。其内容主要包括三个方面:货物贸易、服务贸易和贸易投资便利化。第一,关于货物贸易的规定。内容主要涉及零关税、关税配额和非关税措施、反倾销措施、补贴与反补贴措施、保障措施、原产地规则等方面。第二,关于服务

[①] 曾华群:《略论 WTO 体制的"一国四席"》,载《厦门大学学报》(哲学社会科学版)2002 年第 5 期。

[②] 香港是自由港,对来自其他国家和地区的产品和服务既没有关税和非关税限制,也没有反补贴、反倾销、保障措施等贸易救济措施。在这种情况下,如果不能有效识别原产于香港或澳门的产品,就会使来自于其他成员的货物和服务通过香港直达内地,损害相关产业的利益。因此,原产地规则是 CEPA 的一个重点规范内容。

贸易的规定。内容涉及服务业的市场准入条件、金融合作、旅游合作、专业人员资格的相互承认三方面。第三,关于贸易投资便利化的规定。内容涉及贸易投资促进,通关便利化,商品检验检疫、食品安全、质量标准,电子商务,法律法规透明度,中小企业合作,中医药产业合作七方面。

从性质上说,CEPA是一国领土范围内的区域经济一体化安排,它不同于主权国家之间签订的"自由贸易协定"(Free Trade Agreement,FTA)。然而,CEPA的成立基础主要是GATT和WTO相关规定,因而它又不属于国内法。但从内容和适用上来看,CEPA更接近于自由贸易协定,因此CEPA是WTO所特有的一种具有自由贸易协定性质的国内区域经济一体化安排。

(2)内地与台湾的"两岸共同市场"。

"两岸共同市场"理念是中国台湾原行政官员萧万长在2000年底最先提出的。2005年4月26日至5月3日,当时的中国国民党主席连战访问大陆,在《中国共产党总书记胡锦涛与中国国民党主席连战会谈新闻公报》中,明确提出了促进两岸恢复协商后"优先讨论两岸共同市场问题"。其后,在2005年5月5日至5月13日,亲民党主席宋楚瑜访问大陆,在《中国共产党总书记胡锦涛与亲民党主席宋楚瑜会谈公报》中又提出"就建立两岸贸易便利和自由化(两岸自由贸易区)等长期、稳定的相关机制问题进行磋商"。这是内地首次对"两岸共同市场"问题的正面回应。

与CEPA相同,"两岸共同市场"提出的目的是在WTO多边贸易体制之外进一步加强两岸经济合作。在具体做法上,"两岸共同市场"是一个目标,也是一个过程,可以分三阶段循序渐进地推动:第一阶段应先"三通"直航,推动两岸经贸关系正常化,应尽快建立定期、官方性质的协商机制;第二阶段则推动两岸经济制度调和,进一步推动经济法规制度的调和及各种标准化的事宜,减少双方经济体制的差异性,并商签类似FTA和CEPA的协定;第三阶段则是全方位的经济统合工作,包括关税同盟、货币同盟等,以实现"两岸共同市场"的目标。

自萧万长提出的"两岸共同市场"理念在"胡连会"后发布的新闻公报中得到响应之后,越来越多的内地及台湾地区学者开始研究和探讨建立"两岸共同市场"的具体理论和实践问题。他们都从WTO框架下探讨过两岸经贸合作机制,但是两者的出发点和立足点有所不同。内地学者是从WTO的原则以及中国台湾和内地在WTO中"中国主体同单独关税区之间的经贸关系"的角度出发,立足点是"一个中国,四个席位";而一些台湾学者在讨论两岸经贸合作机制的建设时更多的是从WTO成员的角度出发,立足点是"WTO成员之间的对等形式"。更有甚者,台湾当局企图借助两岸经贸关系把两岸关系"引导"到WTO架构下,把两岸问题从"内部""提升"到"国际层次",以避免被"一中原则""窄化"。这类主张在出于对经济因素考虑的同时,也掺杂了许多政治的因素。[1]

---

[1] 庄宗明:《"两岸共同市场":理念架构及其现实意义》,载《国际经济合作》2006年第1期。

目前,由于台湾当局在政治上和经济上对内地所推行的政策尚未完全转变,"两岸共同市场"建立的条件尚不成熟,但在 CEPA 成功实现内地与香港、澳门的经济一体化后,内地与台湾的经贸合作也是大势所趋,至于具体采取何种方式则非问题之关键。

案例 11-4

中美知识产权争端

2007 年 4 月 10 日,美国向 WTO 争端解决机构提出了与中国进行磋商的请求,主张中国的一些知识产权保护措施和执行方式,违背了《与贸易有关的知识产权协定》和《伯尔尼公约》等规定的义务。

美国提出,中国刑法中规定的假冒商标和侵犯著作权的行为,受刑事处罚(包括监禁和罚金等)的门槛太高。中国对假冒和盗版行为造成的多大商业规模侵权应纳入刑事程序、施加何种刑罚处罚缺乏相关规定,这违反了《与贸易有关的知识产权协定》第 41.1 条和第 61 条的规定。美国还提出,在进出口过程中,中国规定侵犯知识产权的货物将被中国海关没收,即使这些产品去除违法特征后,也将被没收。侵权产品被海关没收并进入商业流通渠道销售,不符合《与贸易有关的知识产权协定》第 46 条和第 59 条的规定。

2007 年 9 月底,WTO 成立中美知识产权争端专家组。2009 年 1 月 26 日,WTO 专家组向各成员公布了最终报告。世贸组织专家小组报告达 140 多页,针对美方就中国知识产权体系违反世贸规则的 3 项申诉,专家小组作出如下裁决:中国《著作权法》,尤其第 4 条"依法禁止出版、传播的作品,不受本法保护"的规定,不符合中国在《伯尔尼公约》第 5(1)条、世贸组织《与贸易有关的知识产权协议》第 1 条、第 41.1 条下应承担的义务;美国没有证实"刑事门槛"不符合中国在《与贸易有关的知识产权协议》第 59 条、第 61 条第一句下的义务。根据上述结论,专家小组建议根据《关于争端解决的规则与程序的谅解》第 19.1 条,中国应使《著作权法》和海关保护符合其在《与贸易有关的知识产权协定》下的义务。

本章小结

WTO 法主要体现为国际公约对国家行为的规范,具有公法的属性;在法律渊源上,WTO 法主要表现为国际公约。国际贸易管制法长期以来以双边贸易条约为主,第二次世界大战后形成多边贸易体制和区域贸易体制并存,以多边贸易体制为主的局面。在法律功能上,国际贸易管制法既是自由贸易体制的守护神,也是自由贸易体制下市场失灵的校正器。国际贸易管制法在限制一国政府采取关税和非关税措施的同时,也允许一国在一定条件下实施一定的贸易救济措施。随着中国加入世界贸易组织,多边贸易体制将会更加充满活力。

专业术语汉英对照

关税与贸易总协定 The General Agreement on Tariffs and Trade,GATT
世界贸易组织 World Trade Organization,WTO
服务贸易总协定 General Agreement on Trade in Services,GATS
与贸易有关的知识产权协定 Trade-related Aspects of Intellectual Property Rights,TRIPs

思考与练习题

1. WTO协定与关税贸易总协定之间的关系如何?
2. 简述WTO的基本原则及其意义。
3. 简述最惠国待遇原则的适用条件及例外。
4. 简述国民待遇原则的适用条件及例外。
5. 简述WTO非关税措施的种类及其规范协定。
6. 简述WTO规范贸易救济措施的协定的意义和作用。
7. 《反倾销协定》的适用程序如何?
8. 简述WTO服务贸易规则的发展。
9. 《服务贸易总协定》的具体承诺义务包括哪些方面?
10. 中国入世后享有哪些权利?
11. 中国入世后承担的主要义务有哪些?
12. 简述中国及中国各关税区在WTO的地位。

第十二章 国际商事争议解决的法律制度

【本章导读】 国际商事交往涉及的业务环节与当事人较多,容易产生争议和纠纷。解决纠纷是一种事后保障和补救,而不同的解决方式,由于其程序和结果的强制性不同,对各方当事人的影响也不同,应根据具体情况,选择成本低、效率高、效果好的解决方式。实践中通常采用的方式有三种:诉讼、仲裁、ADR方式。

【学习目标】 通过本章的学习,要求学生了解商事争议的概念、特点及类型;掌握商事争议的解决方法;了解解决商事争议所适用的法律;了解国际民事诉讼相关规则;掌握国际商事仲裁的仲裁协议、仲裁庭和仲裁裁决;了解世界贸易组织争端解决机制等相关问题。

【重点概念】 国际商事争议 国际民事诉讼 ADR 国际商事仲裁 属人管辖 属地管辖 专属管辖 协议管辖 司法协助 仲裁裁决 争端解决机制

第一节 国际商事争议概述

一、国际商事争议的概念

随着经济全球化进程的加速,国家或地区间因贸易、投资等经济、商事交易而引起的争端也日见增多。能否妥善、公正地解决此类争端,关系到一国投资环境的优劣和经济发展速度。所谓国际商事争议,是指国家、国际商事组织、自然人、法人之间因从事国际商事活动在权利义务方面所发生的各种纠纷。

国际商事争议具有以下两方面的特点。

(1) 国际商事争议含有国际因素或涉外因素,即它是一种国际性争议。这种国际性是指国际民商事争议的主体、客体或内容至少有一项涉及国际因素或涉外因素,如在不同国家的自然人或法人之间发生的争议、争议的标的物位于国外,等等。国际商事争议的这一特点使其同纯粹的国内商事争议区别开来。

(2) 国际商事争议为国际私法争议。如在合同、知识产权、保险、海事等领域发生的争议。这一特点使其与国家之间的政治、军事、外交和领土等争端区别开来。

二、国际商事争议的种类

国际商事争议因其参加的主体以及当事人之间权利义务的不同而有不同特点。在此,以国际商事关系的参加者为标准,国际商事领域内的争议可以分为以下几种。

(一) 不同国家的国民之间的国际商事争议

这类争议一般产生于不同国家国民(包括自然人和法人)之间的货物买卖、技术转让、投资、工程承包等跨国经济活动过程中。不同国家的国民是国际经贸活动的直接参加者,国际商事争议多发生于此类当事人之间。该类争议一般发生于当事人之间解释或履行国际经贸合同过程中,但在某些情况下,也可能是非契约性争议,如由于侵权行为所产生的纠纷。但无论是契约性争议还是非契约性争议,其共同的特点是争议各方当事人的法律地位是平等的,他们之间的权利与义务是对等的。本章所探讨的国际商事争议主要集中于此。

(二) 国家与本国或外国国民之间的国际商事争议

这类争议的主要特点是争议双方具有不同的法律地位:一方为主权国家,另一方为本国或外国国民。按照国际法一般原则,国家享有主权,可以制定和修订法律,并享有司法豁免权。而一般的国民则无此权力,对国家制定的法律必须遵守。此类争议主要发生在国家对具体从事国际经贸活动的当事人进行管理或监督的过程中。如国家海关或税务部门对进出口的货物征收关税、进出口商品检验部门对货物进出口依法进行检验、外汇管理部门依法对外汇实施管理,以及国家其他职能部门依法对国际技术转让和投资实施管理等。因此,国家或国家机关在对上述有关国际经贸活动实施管理的过程中,也会与这些被管理者发生这样或那样的争议。

国家在与外国国民之间的经济交往中,有时也直接订立商事合同,如国家与外国投资者之间订立的允许外国投资者开发本国自然资源的特许权协议,在此情况下,尽管协议双方也可以通过合同的方式确定他们之间的权利与义务,但是就当事双方的法律地位而言,作为缔约一方的国民,其法律地位显然与国家不同。①

(三) 国家之间的国际商事争议

国家之间的国际商事争议是指主权国家在经济交往中所产生的争议。其特点主要体现在以下三个方面。第一,争议一般产生于国家之间订立的双边或多边国际公约的解释或履行中,如对双边贸易协定、投资保护协定、避免双重征税和防止偷税、漏税协定的解释或履行中发生的争议,以及由于多边国际商事贸易公约而产生的争议,如世贸组织中的各项协议的解释或履行中发生的争议。第二,争议双方均为主权国家,而不是这些主权国家中的国民。第三,争议的解决方法以非司法方法为主。

三、国际商事争议的解决方法

简言之,解决不同国家国民之间的国际商事争议的方法主要有司法方法和非司法方法两种。

(一) 司法方法

即通过诉讼方法解决国际经贸争议。由于世界上并不存在,也不可能存在专门解决这类争议的、凌驾于各主权国家之上的法院,此处所谈的司法方法,是指对在一

---

① 郭寿康、赵秀文:《国际经济法》,中国人民大学出版社2000年版,第474页。

国法院提起的涉及不同国家当事人的国际经贸争议,各国法院根据本国的民事诉讼法对此类争端行使管辖权。一国法院作出的判决,若需到另一国执行,还要得到另一国法院的司法协助。

(二) 非司法方法

即通过法院以外的方式解决争议的方法,如通过双方当事人友好协商或谈判,或者由双方同意的第三人进行调解或仲裁。这种方法又称选择性解决争议方法(alternative dispute resolution,ADR)。这种解决争议方法的前提是当事人之间达成的通过 ADR 解决争议的协议。

实践中,对于何谓 ADR,在西方的法律论著中存在着两种不同的看法。

一种观点认为,ADR 是指当事人之间约定的通过除诉讼以外的方法解决他们之间争议的各种方法的总称,如仲裁、调解和模拟诉讼(mini-trial)等方式。[①] 即除了通过法院解决争议的方法外,其他各项解决争议的方式均可称之为 ADR,包括双方当事人之间进行的谈判协商,或由第三人调解或仲裁等。

另一种观点则把仲裁排除在 ADR 之外。该观点认为,在 ADR 的情况下,争议的解决有赖于争议各方自动执行他们之间业已达成的解决争议的方案。双方也可以选择一个中立的第三方协助他们解决争议,但该第三方的作用不同于仲裁员,后者有权作出对双方当事人有拘束力的决定。因此,ADR 协议不能保证有一个终局的、对双方当事人均有拘束力的决定,除非当事人之间就解决争议达成一致,并能自动执行他们之间业已达成的关于如何解决争议的协议。[②] 该观点还认为,仲裁最早属于 ADR 程序,但就仲裁庭可对当事人之间的争议作出有法律拘束力的裁决而言,它是一种准司法的方法。而 ADR 程序则主要通过当事人之间的"合意"解决他们之间的争议,无论是当事人之间达成的解决争议的方案,还是第三方提出的解决方案,都不具有法律上的拘束力,不能得到法院的强制执行。

应该说,第二种观点比较符合当代解决国际商事争议的实践。根据解决争议的结果是否具有法律上的拘束力,把仲裁排除在 ADR 之外是比较科学的分类方法。

第二节 解决国际商事争议的司法方法

解决国际商事争议的司法方法,指当事人一方向一国法院提起商事诉讼,以寻求司法保护的方法。在一国法院进行的国际商事诉讼所涉及的主要法律问题包括:①外国人的民事诉讼地位;②对争议案件的管辖权;③诉讼程序的进行;④法院判决的效力与执行等方面。

[①] Henry Campbell Black,Black's Law Dictionary,West Publishing Co. 1991,p.51.

[②] David st. John Sutton,etc.,Russell on Arbitration,Twenty-First Edition,Sweet & Maxwell,1997,p. 5.

一、国际民事诉讼的概念

国际民事诉讼是指一国法院审理国际民事诉讼案件和当事人及其他诉讼参与人进行诉讼行为所应遵循的特殊程序。国际民事诉讼程序应遵循国家主权原则、外国人与本国人诉讼权利平等原则以及遵守国际条约和尊重国际惯例的原则。

二、外国人的民事诉讼地位

(一) 外国人的民事法律地位的概念

外国人的民事法律地位是指外国自然人和外国法人在内国享有民事权利和承担民事义务的法律状况。外国人在内国的民事法律地位,一般是通过国内立法或国际条约直接加以规定的。一国给予外国人在内国以民事法律地位,是外国人在内国参与涉外民事活动以及可能由此而引起法律冲突的前提之一。外国人在内国享有什么样的权利、承担什么样的义务,是内国主权范围内的事情,别国无权干涉,但一国在决定给予外国人何种法律地位时,必须考虑两个因素:一是不能与国家所承担的国际义务相违背;二是应当考虑有关的国际惯例并遵守国际法的基本原则。

(二) 民事诉讼国民待遇

外国人民事诉讼地位是指按国内法和国际条约的规定,外国人在内国进行民事诉讼享有民事诉讼权利和承担民事诉讼义务的状况。国际民事诉讼中的外国人,既包括具有外国国籍的人,也包括无国籍人、国籍不明的人以及双重国籍的人。现今各国一般均赋予外国人同内国公民平等的诉讼地位。因而,国民待遇原则是调整外国人民事诉讼地位的一般原则。我国在《民事诉讼法》中也有类似规定。同时,《民事诉讼法》还规定:"外国法院对中华人民共和国公民、法人和其他组织的民事诉讼权利加以限制的,中华人民共和国人民法院对该国公民、企业和组织的民事诉讼权利,实行对等原则。"

(三) 诉讼费用担保制度

诉讼费用担保制度是指在国际民事诉讼中,法院依据内国的法律,自行或者应被告的请求,要求不具有本国国籍或在内国没有住所的外国原告提供一定金钱或实物,作为其起诉后法院可能决定要其负担的费用的担保。这里的诉讼费用不是指案件受理费,而是当事人、证人、鉴定人、翻译人员的费用以及其他诉讼费用。

规定外国人诉讼费用担保的主要目的是防止滥诉,避免因为一个没有根据的诉讼给被告和法院地国造成费用损失,也是为了保证法院决定由外国原告负担诉讼费用的时候能够得到顺利执行。因此,为了保护本国利益,外国人诉讼费用担保制度基本成为各国的通行做法,除了保加利亚、智利、埃及、葡萄牙、冰岛、秘鲁、埃塞俄比亚、厄瓜多尔等少数国家不要求外国原告提供诉讼担保之外,大部分国家都规定了诉讼费用担保制度。不过,各国的规定不太一致。荷兰、比利时、伊朗、法国等主张以国籍为标准,凡是外国原告都需要缴纳诉讼费用担保;挪威、以色列、瑞士、美国大部分州、泰国以及一些拉美国家以住所地为标准,凡是住所不在本国的原告都需要缴纳诉讼费用担保;另外,一些国家规定如外国人在本国境内有可供扣押的财产,则可以免去诉讼费用担保;也有一些国家规定,本国或外国的原告都要缴纳诉讼费用担保,如哥斯达黎加。

由于外国人缴纳诉讼费用担保,实际上造成了内国人和外国人诉讼权利的不平等,目前,大多数国家通过双边协定,在互惠基础上相互免除对方国民的诉讼费用担保,同时有一些国家公约,如1928年《布斯塔曼特法典》和1954年海牙《国际民事诉讼程序公约》对免除诉讼费用担保作了规定。我国《民事诉讼法》对于诉讼费用担保未作直接规定,但依该法第5条的精神及最高人民法院1989年发布的《人民法院诉讼收费办法》以及2007年4月1日施行的《诉讼费用交纳办法》,外国法院对我国公民、企业法人和其他组织的诉讼费用负担,与其本国公民、企业和组织不同等对待的,人民法院按对等原则处理。我国在一些对外签订的司法协助协定中则规定:对于另一国国民,不得因其为外国人而令其提供诉讼费用担保;缔约一方的国民在缔约另一方境内,可在与另一方国民同等的条件下和范围内享有司法救助。

(四) 诉讼代理制度

诉讼代理是指诉讼代理人基于当事人或其法定代理人的委托、法律的规定或者法院的指定,以当事人的名义代为实施诉讼行为,其后果及于当事人。在国际民事诉讼中,由于法律关系的复杂和外国人对法院地国法律的生疏,外国人的诉讼代理问题显得更加重要。在国际民事诉讼中,诉讼代理主要可以分为委托代理、指定代理、法定代理和领事代理。由于指定代理和法定代理是内国法律明确的规定和司法机关的行为,因此国际民事诉讼中代理制度的主要问题是委托代理和领事代理。

1. 委托代理

外国人委托代理制度主要涉及外国人委托代理人的资格问题,而这一问题主要是由各国国内法确定的。目前,在国际民事诉讼中,委托代理人主要是律师,尤其是德国、奥地利等大陆法系国家奉行律师诉讼主义,要求一切诉讼必须由律师代理。而各国一般从维护国家司法主权出发,都规定外国人只能聘请内国的执业律师代为进行诉讼。不过也有一些国家和地区规定,基于互惠的前提,符合一定条件的外国律师也可以在内国执业参与诉讼,如英国、我国台湾地区等。除了委托律师之外,也有国家规定外国当事人可以委托在法院地国的亲友以及本国使领馆官员作为诉讼代理人。

至于诉讼代理人的权限方面,德国、奥地利等大陆法系国家奉行律师诉讼主义,律师可以基于授权代理从事一切诉讼行为,而当事人可以不出庭;英美法系国家奉行当事人诉讼主义,当事人不论是否委托诉讼代理人,都必须出庭。

根据我国《民事诉讼法》及其司法解释,外国人在我国法院参加诉讼,可以亲自进行,也可以委托他人进行,包括我国律师、我国其他公民、其本国人以及其本国律师以非律师身份进行。我国目前不允许外国律师以律师身份在我国法院代理诉讼。

2. 领事代理

领事代理是指派遣国派驻在驻在国的领事可以根据有关国家的国内法和国际条约的规定,在其管辖范围内依照其职权代表驻在国境内的派遣国公民、法人在驻在国进行诉讼。

领事代理是职务行为,其代理不是以律师身份,而是以领事身份进行的,而且无须征得被代理人的委托或授权。领事代理是临时性质的,只要有关当事人指定了代理人或者亲自参加诉讼,领事代理就终止。1963年联合国《维也纳领事关系公约》第5条对这种领事代理制度作了规定,而我国是该公约的缔约国。

三、国际民事诉讼管辖权

(一) 国际民事诉讼管辖权的概念

国际民事诉讼法中的管辖权指的是司法管辖权,也就是一国法院审理、判决国际民事案件的资格和权限。它所要解决的核心问题是对于特定的国际民事案件应该依据何种原则或标准来确定一国的法院对其拥有合法的管辖权。

(二) 确定国际民事诉讼管辖权的原则

目前国际社会尚未形成统一的确定国际民事案件管辖权的制度,各国主要还是根据国际条约和国内立法来确定对某一具体国际民事案件的管辖权。一般而言,在国际民事诉讼中,一国法院管辖权的确定与行使,要以该法院和国际民事案件之间有某种连接因素为条件。根据连接因素的不同,国际民事诉讼立法和实践中采用的确定国际民事诉讼管辖权的原则主要表现为以下几种。

1. 属人管辖

属人管辖是指一国法院以国际民事案件的当事人具有内国国籍这一连接因素为依据对该案主张管辖权。也就是说,法院对具有该国国籍的当事人的国际诉讼案件具有管辖权,而无论其是原告还是被告,也无论其现在居住地是境内还是境外。

2. 属地管辖

属地管辖也称为地域管辖,是指一国法院以国际民事案件与该国之间存在地域上的连接因素为依据对该案主张管辖权。基于地域形成的连接因素有很多,主要可以分为四种情形。

(1) 以当事人与法院地国的联系主张管辖权。当事人与法院地国的连接因素也有多种,如住所地、居所地、惯常居住地、现在居所地、临时居所地等,其中属地管辖原则中最常用的是依据"被告住所地"来确定法院管辖权,也就是通常所说的"原告就被告"的原则。这一原则要求原告向被告住所地法院起诉。目前采用这一原则的主要是以德国为代表的许多大陆法系国家,包括德国、日本、瑞士、奥地利、俄罗斯、泰国等。

值得注意的是，英美法系国家也采取的是属地管辖原则，但是它们奉行的是"实际控制"原则，也就是只要法院能够有效控制被告、作出判决并且执行，法院就有管辖权。在对人诉讼中，只要被告实际出现在该国境内并且法院能够将传票有效送达被告，法院就可以主张管辖权。因此在英美法系中，被告的住所地、居所地、惯常居住地、现在居所地、临时居所地都可以成为管辖的依据。

（2）以诉讼标的物与法院地国的联系主张管辖权。这一原则是指国际民事诉讼可以以诉讼标的物所在地确定管辖权。比如有争议的保险合同中的保险标的物所在地、争议财产所在地、遗产所在地等的法院可以以属地管辖作为管辖权依据。由于法院的判决也能够得到顺利执行，所以这一依据得到了广泛的承认。

（3）以法律事实发生地与法院地国的联系主张管辖权。这些法律事实发生地一般包括合同缔结地、合同履行地、侵权行为地、无因管理地、婚姻缔结地等。一国可以以这些法律事实发生在该国境内而主张管辖权，这种管辖权常称为特殊管辖权。比如我国《民事诉讼法》第243条就规定了关于涉外民事纠纷案件的管辖权问题。

（4）以被告财产所在地与法院地国的联系主张管辖权。这一依据与诉讼标的物所在地的不同之处在于：这里的被告财产是与诉讼争议无关的财产，包括实物、现金、有价证券等。目前德国以及受其影响的一些国家都规定了这一依据，如德国《民事诉讼法》第23条、日本《民事诉讼法》第8条、我国《民事诉讼法》第243条等。

3. 专属管辖

专属管辖原则又称为独占管辖权或排他管辖权，是指一国法院对于某些类型的民事案件主张独占的管辖权，排除其他国家对此类案件的管辖权，而当事人也必须服从该国的专属管辖权。对专属管辖权的规定，各个国家不太一样。目前，国际上只对不动产纠纷由不动产所在地国享有专属管辖权基本达成了一致意见。各国规定的专属管辖权一般是针对与该国公共利益或社会秩序有重大关系的民事案件，如一些有关身份的诉讼。专属管辖权的范围一般包括涉及不动产、身份、家庭婚姻、亲属继承等方面的诉讼。总体来说，大陆法系国家对专属管辖权的范围的规定比英美法系国家要宽泛一些。我国《民事诉讼法》第34、244条明确规定了我国专属管辖的案件。

4. 协议管辖

协议管辖又称为合意管辖，是指在法律允许的范围之内，可以基于当事人的协议选择确定法院，而被选择的法院享有该案件的管辖权。协议管辖原则源自于意思自治原则，它能够有效减少国际民事诉讼管辖权的冲突，因此得到了世界大多数国家立法的肯定。但是，由于这一原则赋予当事人选择法院的权利，因此其适用大都受到限制，一般只适用于涉外合同和一些财产权益等对公共秩序影响不大的纠纷。

总之，在上述四种管辖权依据中，属地管辖是最基本的原则，属人管辖一般是补充性的管辖原则，专属管辖具有最高的效力，而协议管辖的效力仅仅低于专属管辖。在实践中，各国并不只适用一种原则，而是通常以一种原则为主，辅以其他原则。

(三) 管辖权的冲突与解决

1. 管辖权冲突的概念

由于各国对确定国际民事诉讼管辖权的规定不同,而各国又主要依据本国国内法确定管辖权,因此可能导致不同的国家对于同一国际民事案件都有或者都没有管辖权的情况,这就是管辖权的冲突。一般来说,管辖权的冲突包括两种表现形式:管辖权的积极冲突和管辖权的消极冲突。

2. 管辖权冲突的解决

(1) 积极冲突的解决。目前,对管辖权的积极冲突主要是通过国际条约来加以协调的。比如1928年《布斯塔曼特法典》、1952年《关于船舶碰撞中民事案件管辖权和判决执行的公约》、1965年《协议选择法院公约》、1969年《国际油污损害民事责任公约》、欧洲共同体1968年《民商事管辖权和判决执行公约》等。这些公约通过对国家行使管辖权的依据进行统一,从而大大减少了管辖权的积极冲突。一般而言,减少积极冲突的国内法途径主要是英美法系确定的"不方便法院"原则,即一国法院对某一国际民事案件有管辖权,但是该法院认为从当事人或法院的角度来看审理该案是不方便或不适当的,因而该法院自动放弃管辖权,由同样具有管辖权的其他更合适的外国法院审理。此外,德国、瑞士、日本等大陆法系国家也有限制本国管辖的法律制度。如果外国法院受理在先,为了防止判决冲突和本国法院的判决得不到执行,这些国家可能限制在本国的诉讼。不过,这些都依赖法官的自由裁量权。

(2) 消极冲突的解决。管辖权的消极冲突在实际中比较少,一般是通过国内法来解决。一种是所谓的紧急管辖,如瑞士《联邦国际私法法规》第3条规定,当瑞士法院没有管辖权,而诉讼在外国也不能被管辖时,由瑞士法院或行政机关管辖。另一种是国内立法赋予法院一定的自由裁量权,在方便当事人的情况下,例外地受理一些无管辖权的案件。此外,国内立法还可以依据案件与国内的联系而适当扩大内国法院的管辖权,受理有关诉讼,如我国《关于适用〈民事诉讼法〉若干问题的意见》第13条和第14条。

(四) 我国关于国际民事诉讼管辖权的规定

我国关于国际民事管辖权的规定,一方面体现于有关国内立法和司法实践中,另一方面体现于我国缔结或参加的有关国际条约中。

1. 国内立法与实践

我国国内立法和实践关于国际民事管辖权的规定主要反映在我国1991年的《民事诉讼法》和1992年最高人民法院《关于适用〈民事诉讼法〉若干问题的意见》中,虽然《民事诉讼法》第二十五章只就部分涉外民事案件的管辖权作了规定,但依据《民事诉讼法》第237条,该法中某些关于国内民事案件管辖权的规定同样可适用于涉外民事案件管辖权的确定。

从立法和司法实践看,我国关于涉外民事案件的管辖分为四种,即普通地域管辖

(通常称普通管辖)、特别地域管辖(通常称特别管辖)、专属管辖和协议管辖。

1) 普通管辖

普通管辖是以被告的住所地作为连接因素而行使的管辖权,即所谓"普通审判籍"。我国也是以被告的住所地作为行使涉外民事案件管辖权的依据。根据我国《民事诉讼法》第22条的规定,凡被告(自然人、法人或其他组织)的住所在我国境内的涉外民事案件,我国法院有管辖权。由于实际生活中被告(自然人)的住所与居所往往不一致,因此,我国也采取了其他国家的做法,即被告的住所地与经常居所地不一致的,若其经常居所在我国境内的,我国法院有管辖权。

《民事诉讼法》在确立了"原告就被告原则"的同时,还规定了以原告的住所和经常居所作为普通管辖依据的补充。《民事诉讼法》第23条规定,对不在中国境内居住的人、下落不明或宣告失踪的人提起的有关身份关系的诉讼,由原告住所地或经常居所地法院管辖。1992年《关于适用〈民事诉讼法〉若干问题的意见》规定得更详细,其第15条规定:"中国公民一方居住在国外,一方居住在国内,不论哪一方向人民法院提起离婚诉讼,国内一方住所的人民法院都有权管辖。如国外一方在居住国法院起诉,国内一方向人民法院起诉的,受诉人民法院有权管辖。"

2) 特别管辖

特别管辖是指以某些种类的国际民事诉讼与特定国家的联系作为行使管辖权的依据。《民事诉讼法》第241条规定,对在中国境内没有住所的被告提起的合同或其他财产权益的诉讼,如果合同的签订地或履行地或者诉讼标的物在中国境内,或者被告在中国境内有可供扣押的财产或设有代表机构,或者侵权行为在中国境内的,中国法院有管辖权。

另外,《民事诉讼法》第24条至第33条有关特别管辖的规定也可作为我国法院对涉外民商事案件行使特别管辖的依据。

3) 专属管辖

《民事诉讼法》第四编仅有第244条为专属管辖条款,该条规定,因在我国境内履行的中外合资经营企业合同、中外合作经营企业合同、中外合作勘探开发自然资源合同发生纠纷提起的诉讼,由我国法院管辖。

另外,根据《民事诉讼法》第34条的规定,下列案件由我国法院专属管辖:①因不动产纠纷提起的诉讼,不动产所在地在我国境内的;②在我国的港口作业中因发生纠纷提起的诉讼;③因继承遗产纠纷提起的诉讼,被继承人死亡时住所地或主要遗产所在地在我国境内的。

以上规定中,第34条第3款将遗产继承规定为专属管辖事项,主要是针对国内管辖作出的,若将此条的规定适用于涉外继承案件是不太适宜的。尤其当被继承人的遗产在国外,而我国法院以被继承人死亡时住所地在我国而行使管辖权,对有些案件而言,可能无助于判决或裁决的执行。

4）协议管辖

《民事诉讼法》第 242 条和第 243 条确立了协议管辖原则。

第 242 条确立的是明示协议管辖原则。该条规定，涉外合同或涉外财产权益纠纷的当事人，可以用书面协议选择与争议有实际联系地点的法院管辖。选择我国法院管辖的，不得违反诉讼法关于级别管辖和专属管辖的规定。

从以上规定看，我国对协议管辖有以下限制。

（1）协议管辖的范围一般限于涉外合同或涉外财产权益纠纷，至于人的身份、能力、家庭关系方面的纠纷，当事人不得选择管辖法院。

（2）协议管辖必须以书面形式作出，且协议选择的法院必须与争议有实际联系。

（3）协议管辖只能改变一般管辖和特别管辖，不得违反我国关于专属管辖的规定，因为协议管辖通常选择的是一国的"国际"管辖权。

（4）当事人只能通过协议选择一审法院，因而，若当事人选择我国法院管辖的，不得违反我国关于级别管辖的规定。

（5）协议管辖必须是当事人之间平等协商的结果，若一方当事人采用胁迫、诱骗等手段使对方同意协议管辖约定的，法院可确定此项选择无效。

此外，《民事诉讼法》第 243 条确立了默示协议管辖原则。该条规定："涉外民事诉讼的被告对人民法院的管辖不提出异议，并应诉答辩的，视为承认该人民法院为有管辖权的法院。"

2. 国际条约

我国已参加的涉及国际民事管辖权的国际条约有《国际铁路货物联运协定》(1953 年参加)、《统一国际航空运输某些规则的公约》(1958 年参加)和《国际油污损害民事责任公约》(1980 年参加)。此外，在我国与有关国家签订的一系列司法协助协定中，也有关于国际民事管辖权的规定。根据"条约必须遵守"的一般国际法原则和我国国内法的有关规定，我国法院在确定相关涉外民事案件的管辖权时，必须信守上述条约的规定。

《国际铁路货物联运协定》规定，凡有权向铁路请求赔偿的人，即有权根据货运合同提起诉讼。这种诉讼只能由受理赔偿请求的铁路国的适当法院管辖。

《统一国际航空运输某些规则的公约》适用于所有以航空器运送旅客、行李或货物而收取报酬的国际运输以及航空运输企业以航空器办理的免费运输。公约规定对旅客因死亡、受伤或身体上的任何其他损害产生的损失，对任何已登记的行李或货物因毁灭、遗失或损坏而产生的损失，对旅客、行李或货物在航空运输中因延误而造成的损失，原告有权在一个缔约国内，向承运人住所地或其总管理机构所在地或订立合同机构所在地或目的地法院，对承运人提起追索损害赔偿诉讼。

《国际油污损害民事责任公约》规定，油污损害如在一个或若干个缔约国领土(包括领海)内发生，或在上述领土(或领海)内采取了防止或减轻油污损害预防性措施的情况下，有关的赔偿诉讼便只能向上述一个或若干个缔约国法院提出。因此，公约的每一缔约国应当保证其法院具有处理上述赔偿诉讼的必要管辖权。

在我国与部分国家签订的一系列双边司法协助协定中,有关相互承认与执行法院判决或裁决的规定,实质上也是关于国际民事诉讼间接管辖的规定。

四、国际司法协助

(一) 国际司法协助的概念

国际司法协助是指在国际民事诉讼领域一国法院接受另一国法院或有关当事人的请求,代为履行某种诉讼行为,或者提供某些司法方面的协助,如送达诉讼文书、传讯证人、提取证据等。从广义上讲,国际司法协助还包括承认与执行外国法院判决和仲裁裁决。有关司法协助的规范大都规定在国际协定和公约中。在没有条约规定的情况下,各国实施司法协助的依据是互惠。也就是说,一国根据条约或互惠提供司法协助。我国《民事诉讼法》规定,根据中华人民共和国缔结或者参加的国际条约,或者按照互惠原则,人民法院和外国法院可以相互请求,代为送达文书、调查取证以及进行其他诉讼行为。

(二) 国际司法协助的途径

目前有关司法协助的多边国际公约是1965年国外送达海牙公约和1970年国外取证海牙公约。送达诉讼文书是一种很重要的司法行为,文书送达具有严格的属地性质。因而域外送达就成为非常重要的司法协助的内容。诉讼文书的域外送达都是通过如下两种途径来进行的:一是内国法院依据内国法律和国际条约的有关规定通过一定的方式直接送达;二是内国法院依据内国法和国际条约的有关规定通过一定的途径委托外国的主管机关代为送达,即通过司法协助的途径进行。

五、外国法院判决的承认和执行

(一) 承认和执行外国法院判决的概念

一国法院对于民事案件进行审理并作出判决,是该国行使国家主权的具体体现,具有严格的属地性,只能在法院地国生效。但是,随着国际民事诉讼的增加,一国法院的判决往往需要在其他国家得到执行。因此,便产生了外国法院判决的承认与执行问题。

外国法院判决的承认和执行包括承认和执行两个相互联系的问题。所谓外国法院判决的承认是指内国法院确认外国法院的判决具有与本国法院判决相同的法律效力,其法律后果是当事人不得就同一争议再向内国法院起诉,而且其他人就与该判决相同的事项提出与该争议不同的请求时,利害关系人可以以该判决作为对抗他人的理由。所谓外国法院判决的执行则是指内国法院不但承认外国法院判决的效力,而且就其中应当在内国执行的部分通过适当的程序执行,其法律后果是使判决中当事人的权利得到实现。可见,承认外国法院判决是执行外国法院判决的前提条件,如果没有内国法院的承认,就谈不上外国法院判决的执行问题。但是,有的外国法院判决,只需要内国的承认即可,不需要再执行。比如依据法国法律,外国法院作出的允许离婚判决无须经过法国法院的承认程序就在法国具有法律效力。

在实践中,外国法院判决的承认和执行的法律依据主要是国内立法和国际条约。目前世界上大部分国家都在民事诉讼法中就外国法院判决的承认和执行作出了原则性的规定,还规定了承认和执行的条件。比如我国《民事诉讼法》第267条、日本《民事执行法》等。其中,英国1933年《外国判决(相互执行)法》在国际上有很大的影响力。至于国际条约,具有广泛影响的是1971年海牙《民商事案件外国判决的承认与执行公约》及其《附加议定书》,1928年《布斯塔曼特法典》和1968年《民商事管辖权和判决执行公约》等。此外,还有一些专门领域的国际公约,如1969年《国际油污损害民事责任公约》、1956年《国际公路货物运输合同公约》、1970年《国际铁路货物运输合同公约》等。

(二) 承认和执行外国法院判决的条件

总结各国国内法和国际条约,外国法院判决的承认和执行的条件主要包括以下八点。

(1) 作出判决的外国法院有合格的管辖权。

(2) 外国法院的判决是确定的判决。所谓确定的判决,通常是指一国法院或其他审判机关按照内国法律规定的程序,对诉讼案件作出的具有拘束力并且已经发生法律效力的判决。

(3) 诉讼程序具有公正性。为了保护败诉当事人的利益,一般各国和国际条约都规定,被请求承认和执行国需要审查诉讼程序是否满足必要的公正性。

(4) 外国法院的判决是合法取得的。请求承认和执行的外国法院判决必须是通过合法手段取得的。这也是普遍承认的基本原则,但是关于具体识别欺诈的法律,各国规定不同。

(5) 外国法院的判决不与内国已经承认的相同诉讼的判决相冲突。

(6) 作出判决的法院适用了被请求国家冲突法所指向的准据法。

(7) 存在互惠关系。

(8) 外国法院的判决不违反内国公共政策。

(三) 承认和执行外国法院判决的程序

从各国国内法来看,承认和执行外国法院判决的具体程序可以分为两种。

1. 以英美为代表的登记程序和重新审理程序

目前英国法院主要视作出判决的国家的不同而分别适用登记程序和重新审理程序来承认和执行外国法院判决。如果是英联邦国家或者欧共体国家的法院作出的判决,则适用登记程序,即英国法院在收到承认和执行申请后,只要查明外国法院判决符合英国法律所规定的条件,就可以予以登记和执行。但是对于其他国家的法院判决,英国法院都是适用判例法所确定的重新审理程序,即法院并不直接执行外国法院判决,而是将其作为可以向英国法院重新起诉的依据。而英国法院通过对该案进行重新审理,在外国法院判决与英国法律不相抵触前提下,作出一个与外国法院判决类似的判决,然后按照本国判决执行程序执行。美国一般将承认和执行外国法院判决视为州法调整的范围,但是对于金钱判决,大多数州都采用重新审理程序。对于非金钱判决,各个州立法很不统一,基本上由各州的法律决定。

2. 以德国、法国为代表的执行令程序

目前世界上除了普通法系国家之外,大部分国家,包括日本、意大利、拉丁美洲的国家等都采用这种制度。在这种制度中,内国法院受理了承认和执行外国法院判决的请求之后,一般会对判决进行审查,如果符合内国法所规定的条件,则由内国法院发出执行令,从而使外国法院判决在内国生效并获得执行力。根据是否对外国判决进行实质审查,这种制度还可以分为以德国为代表的形式审查制度和以法国为代表的实质审查制度。

(四) 我国法律关于我国同外国相互承认和执行的规定

我国在承认和执行外国法院的判决方面的规定主要体现在民事诉讼法中,主要包括以下内容。

(1) 我国法院和外国法院作出的判决和裁定,要在对方国家获得承认和执行,既可由当事人直接向对方有管辖权的法院(在我国为有管辖权的中级法院)提出申请,也可由法院向对方提出请求。由法院提出请求的,必须以有共同受约束的国际条约或存在互惠为根据。

(2) 此种判决和裁定,必须是已经发生法律效力的判决和裁定。

(3) 对于需要得到我国法院承认和执行的外国判决、裁定,不论是由当事人直接申请的还是由外国法院请求的,人民法院都必须依共同受约束的国际条约或互惠原则进行审查。

(4) 经审查,认为该外国判决、裁定不违反我国法律的基本原则,或者不危害我国国家主权、安全和社会公共利益的,裁定承认其效力,发出执行令,依照《民事诉讼法》的有关规定执行;否则,不予承认和执行。

一般认为,我国承认和执行外国法院判决、裁定的条件应是外国有管辖权的法院作出的判决或裁定,符合程序要求且程序公正,并且没有与正在我国内进行或已经进行终了的诉讼相冲突等,也就是说我国法院对于外国法院判决、裁定的承认和执行也不作实质审查。

而我国承认和执行外国法院判决的程序主要是:由当事人或者外国法院向我国有管辖权的中级人民法院提出承认和执行外国法院判决请求;我国依据国内法和缔结或参加的国际条约进行审查,一般是形式审查;裁定承认其效力,需要执行的,发出执行令,依照民事诉讼法的有关规定执行。此外,我国与法国、波兰、蒙古、意大利、西班牙、泰国、新加坡等20多个国家签订了双边司法协助条约,同时还批准加入了载有相互承认和执行外国法院判决的1969年《国际油污损害民事责任公约》等有关国际民事诉讼的国际公约。这些都是我国对外国法院判决承认和执行的依据。

第三节　解决国际商事争议的非司法方法

一、解决国际商事争议的非司法方法概述

(一) ADR 的法律特征

与诉讼及仲裁相比,ADR 具有简便易行和节省费用的优势,其适用范围要广于诉讼和仲裁方法。它既可适用于国家之间、国际商事组织之间、国家与国际经济组织之间,也可以适用于国家(或国际商事组织)与他国国民之间;既可以适用于国际商事争议,也可以适用于其他国际经济争议。但在采用该方法时,当事双方必须具有解决争议的诚意,将此项诚意付诸实施并在 ADR 的每一个环节上密切合作。否则,ADR 的优势就难以发挥。这是由 ADR 本身所固有的法律特征决定的。这些特征如下。

(1) 它是当事人之间达成的自愿解决争端的方法。通过 ADR 解决争端的前提是当事人之间就以此项方法作为解决争端的方式达成了协议。如无此项协议,当然就不能通过此项方法解决争端。

(2) 通过 ADR 达成的解决争议的方案没有法律上强制执行的效力。这是 ADR 与诉讼和仲裁之间最重要的区别。ADR 的方式多种多样,但无论采用什么样的方法,如当事人之间自行达成和解协议,或者由第三者提出解决方案,都不具有法律上的拘束力,而只能由当事人自动履行,进而使争议得到解决。即使一方当事人拒绝履行他们之间已经达成的协议或者由第三者提出的解决争议的方案,对方当事人也不能请求法院强制执行上述协议或者方案。

(3) ADR 既可单独适用,也可适用于诉讼程序和仲裁程序中。在诉讼程序和仲裁程序中适用 ADR 时,一般也应当以争议双方的自愿为前提,而由法官或仲裁员作为调解员,促成当事人达成和解协议。

这里必须指出的是:在诉讼或仲裁程序中达成的和解协议与在这两种程序之外达成的和解协议的效力有所不同。如前所述,ADR 在单独适用的情况下,本身并没有法律上的拘束力。然而,如果 ADR 在诉讼或仲裁程序中适用,在法官或仲裁员的主持下达成和解协议,则由法官或仲裁员据此作成法院判决或仲裁裁决后,即与法院判决或仲裁裁决具有相同的效力。

案例 12-1

非司法的争议解决方式

2004年9月至11月间,国内某出口商 A 公司根据销售合同约定向德国 B 公司

出口电脑显示器,货值总计180万美元,支付方式为D/A90天。买家承兑汇票提货后,仅支付40万美元,余款140万美元全部拖欠。因A公司已就此笔交易在中国出口信用保险公司投保了出口信用保险,遂将上述140万美元的应收账款委托其进行海外追偿。

接受A公司委托后,中国出口信用保险公司经海外追偿渠道调查发现,本案买卖双方争议焦点为出口产品的技术标准:B公司提出,A公司的出口产品不符合欧洲CE(欧洲合格认证)标准,无法在欧洲市场销售,故买家要求将全部货物退回;而A公司则表示,产品包装上的CE和TCO95标签只是按照买家要求的外包装图样制作的,买家并未要求产品通过上述技术检验,且双方合作多年,对货物的实际质量早有默契,以现有合同约定价格根本无法达到上述标准。就国际贸易而言,一旦发生产品质量纠纷,缺乏CE认证必将使产品的供货商处于非常被动的地位,甚至还要面临买方高额的反索赔抗辩。

在对案件事实进行综合分析的基础上,解决本案纠纷的可能途径有以下三种。(1)将货物运回转卖。这无疑是A公司最不愿意接受的结果,也是对各方而言最不经济的办法,因此必须尽一切可能阻止买家强行退货。(2)凭借买家已承兑的汇票向德国法院申请简易诉讼程序,强制B公司履行承兑汇票项下的付款义务。此方法虽在理论上可行,但若B公司以质量问题或者其他理由对此程序提出异议,此程序将被终止;只有在票据基础关系争议解决后,法院才对付款责任作出最终判决。从此案看来,A公司虽然声称其提供的样品经过CE标准检测,但若对全部出口产品进行抽样检测,则A公司对检测结果并无把握。反观B公司则曾处理过多起类似质量争议,且均以CE认证在法庭上获得有利判决而告终。在所有涉及CE认证的案例中,B公司所承担的最高付款责任也仅为原货总值的60%。因此,若将此案提交法庭,A公司明显处于劣势,并有可能面临损失全部货款,甚至承担高额反索赔的风险。(3)通过国外律师使双方进行友好协商解决债务纠纷。

在权衡三种解决途径的利弊后,中国出口信用保险公司决定采用第三种方案。在谈判过程中,B公司提出其接受货物的前提条件是:A公司必须就全部欠款给予15%的折扣,B公司将在1年内分12期还清85%的欠款。在A公司的积极配合下,中国出口信用保险公司充分发挥自身的海外账务追讨优势,经过数轮艰苦的谈判,最终迫使买家接受8%的折扣,在10个月内分期偿还全部本金,并按照7.34%偿还延期付款利息。

本案通过友好协商方式解决了债务纠纷,A公司获得了B公司承兑汇票,从法律上确立了A公司的债权地位和B公司所应承担的票据项下的第一付款人的责任;买方承兑汇票使A公司在当地法院申请快速强制执行程序成为可能。结合案情实际,采取灵活多样的追讨方式,方能最大限度地维护自身权益。此案若按照常规由出口商采用诉讼或仲裁的方式解决质量纠纷,结果很可能是历时数年,而出口商最终仅能收回小部分货款,势必付出惨重的代价。此案处理过程中,中国出口信用保险公司在综合律师的法律专业分析、实施谈判进展以及出口商提供的全面信息后,建议 A 公司在合理折扣的基础上与 B 公司达成还款协议,顺利解决了债务纠纷。从实际效果来看,这种灵活的追讨方式不但节约了追偿成本,而且最大限度地减少了损失,切实维护了 A 公司的合法权益。

(二) ADR 的主要形式

ADR 是当事人之间自愿作出的解决他们之间争议的安排,当事人可就他们之间的争议作出任何形式的安排。这种安排可以有第三者参与,也可以没有第三者的参与而由争议双方自行解决。在解决国际经贸争议的实践中,ADR 的表现方式是多种多样的。现就其主要的表现形式作简要介绍。

1. 双方当事人协商谈判

这是当事人自行解决他们之间争议的最为常见的方法。其特点是没有第三方介入,由当事双方通过友好协商方式自行解决他们之间的争议。在国际商事交易合同的争议解决条款中,一般首先规定的是"由于本合同产生的争议,当事双方应当通过友好协商的方式解决"。事实上多数争议都是由当事人双方自行解决的。只有在通过协商谈判不能达成协议的情况下,才将此争议提交仲裁解决。

在协商谈判解决争议时,当事双方一般应具有解决问题的诚意,当事人在谈判中查明或基本查明争执事实后,本着互谅互让原则,通过友好协商方式使争议得到及时解决。实践证明,只要双方当事人能够在解决争议的问题上密切合作,并怀有解决问题的诚意,这是一种行之有效的方法。古今中外,历来如此。

2. 由双方当事人共同选择的第三方调解

调解(mediation, conciliation)是由与争议双方无利害关系的第三者参与争议解决。通常由争议双方当事人订立通过调解方式解决他们之间争议的书面或口头协议,并共同参与对调解员的选择。但无论是当事人自行达成的和解协议,还是调解员提出的解决方案,对争议双方均无法律上的拘束力。特别是对于调解员提出的解决方案,当事人可以接受,也可以拒绝。若当事人接受了调解员提出的解决方案或者自行达成了调解协议,调解即告成功。若调解失败,当事人可继续寻求其他解决方法,或诉讼,或仲裁。

调解固然有其优势,它可以使当事人在友好的气氛中商讨争议的解决。然而,调解并非最终解决当事人之间争议的手段,如果当事人未能通过调解解决争议,他们只能将争端提交仲裁[①]或者诉讼。

3. 模拟法庭

模拟法庭(moot court)这一术语最早出现于《纽约时报》1977 年两起专利侵权案

---

① Henry J. Brown, Arther L. Marriott, ADR Principles and Practice, Sweet & Maxwell, 1993, p. 262.

件的报道中。① 此后便在英美等国流行开来。按《布莱克法律辞典》对该术语的解释,它是指当事人之间安排的一种自愿的、私下进行的、非正规的解决争议的方式。具体做法是:模拟法庭由争议双方有权作出决定的公司主管和一位双方当事人共同认可的第三方组成。在开庭审理时,首先由双方律师简要陈述他们之间的争议,此后双方主管即试图对他们之间的争议的解决作出决断。在此之前,他们应当征求该第三者的意见:假定此案由法院判决,其结果如何?为此,该第三者就此案发表其无法律上的拘束力的咨询意见。双方主管在此意见的基础上就争议的解决作出决断,以解决双方当事人之间的争议。②

在这种情况下,一方面由争议双方的主管人员(有权代表一方当事人作出决断的人员)参与争议的解决,另一方面,被双方当事人指定的第三方也是一个关键性人物。他所发表的咨询意见对于解决争议至关重要,尽管此项意见本身没有法律拘束力。如果他的意见被双方主管采纳,争议即可得到解决。该中立的第三方一般为在解决特定争议方面的权威人士,主要是一些退休法官以及声誉卓著、富有经验的律师。目前,英美许多争议解决机构都提供这样的专业人士服务。如英国的解决争议中心、特许仲裁员学会,美国仲裁协会,中国香港国际仲裁中心,瑞士苏黎世商会等机构,都提供类似的服务。

二、ADR 在解决我国国际商事争议中的应用

通过协商、谈判和调解解决争议,是中国几千年来特有的传统文化。中国人很少像西方人那样动辄到法院打官司,争议发生后,如果自己解决不了,请资深的长者评理是十分普遍的现象。可以这样说,调解已经遍布于我国社会生活的各个领域:从家庭纠纷到邻里争端,从一般当事人之间的争端到各个行政管理部门之间的争端,都可通过调解的方式解决。即使在诉讼和仲裁程序中,如果当事人双方同意,法官和仲裁员也可以作为调解员,促使双方达成和解。

1987 年,我国在中国国际贸易促进委员会(CCPIT)内设立了北京调解中心,该中心根据当事人之间订立的调解协议,受理调解案件。调解员由 CCPIT 从具有国际商事、贸易、金融、投资、技术转让、承包工程、运输、保险以及其他国际商事方面及/或法律方面的专门知识及/或实践经验的、公正的人士中聘请。除北京调解中心外,全国多家分会也设立了解决国际商事争议的调解中心,受理当事人提交的调解案件。

中国国际商事贸易仲裁委员会在审理仲裁案件的过程中,同样也坚持仲裁与调解相结合的做法。仲裁庭在查明或基本查明争议事实的情况下,如果双方当事人同意,也可中止仲裁程序,转入调解程序。调解成功,仲裁庭则根据当事人达成的调解

---

① 这两起案件的具体情况,参见程德钧:《涉外仲裁与法律》(第一辑),中国人民大学出版社 1992 年版,第 105—106 页。

② Black's Law Dictionary,West Publishing Co.,1991,p.689.

协议作出仲裁裁决;如果调解失败,则继续进行仲裁程序。

20世纪70年代末,中国涉外仲裁机构与一些外国仲裁机构共同创立了一种新的调解方式,即联合调解(joint conciliation)。具体做法是:中外双方当事人向各自所在国家的仲裁机构提出请求,由被请求的仲裁机构派出数目相等的人员作为调解员,对争议进行调解。调解成功则争议结束,调解失败后再按照合同中的仲裁条款进行仲裁,或将争议提交法院解决。1977—1979年间,中美双方的仲裁机构运用此方式成功解决了发生在中美双边贸易中的两项金额较大的争端。① 总之,调解在解决我国国内外商事争议中一贯发挥着重要作用。

第四节 国际商事仲裁

一、国际商事仲裁概述

(一) 国际商事仲裁的起源与发展

作为国际商事仲裁起源之一的中世纪的商人习惯法,既不是由现代意义上的国家立法机关制定的,也不是法学家们的作品,而是商人们在长期的国际商事交易中发展起来的。中世纪的商人习惯法之所以在当时具有普遍性,就是因为从事国际商事交易的商人们无论在英国伦敦,还是在德国科隆或意大利的威尼斯经商,都适用相同的商事惯例。这些惯例形成和发展的一个主要原因就是商人们自己在各主要集市均设立了处理他们之间商事争议的行商法院(Piepowder)②,这些行商法院无疑是统一的,具有现代调解或仲裁的性质,而非严格意义上的法院。若以现代术语表述,它们具有常设国际仲裁庭的特点。那些非职业性的仲裁员被召集在一起,负责解决各地争议,无论处理争议的法院设在何处,地方惯例有何差别,他们都会明确地适用相同的商业惯例。③

19世纪末,随着商事交易的发展及通过仲裁解决争议的普遍采用,仲裁逐步发展成为解决争议的一项国内法上的制度。进入20世纪以来,特别是第二次世界大战后,随着科技的进步和国际经贸的迅速发展,通过仲裁解决国际商事争议已得到各国法律的普遍认可。各国间承认和执行在他国作出的仲裁裁决的国际义务已经固定在1958年《承认及执行外国仲裁裁决公约》(简称《纽约公约》)中。④ 鉴于一国法院的判决在另一国家申请执行时可能遇到的种种问题,通过仲裁解决国际商事争议已成为

---

① 关于这两个案件的具体情况,参见程德钧:《涉外仲裁与法律》(第一辑),中国人民大学出版社1992年版,第105~106页。
② 这一词汇来源于法文"prudhommes",意思是"正直的人"或"行家"。
③ 施米托夫著,赵秀文译:《国际贸易法文选》,中国大百科全书出版社1993年版,第7页。
④ 截至1998年1月,已经有116个缔约国。

商人们首选的也是最受欢迎的解决争议的方法。

(二) 国际商事仲裁的概念及法律特征

何谓国际商事仲裁,法国《民事诉讼法典》第1492条作了原则性的界定:"如果包含国际商事利益,仲裁就是国际性的。"此处"国际商事利益"的含义,显然是极为广泛的。对一国而言,凡是仲裁协议的一方或双方为外国人、无国籍人或其他外国企业或实体,或者仲裁协议订立时双方当事人的住所或营业地位于不同的国家,或者即便仲裁协议订立时双方当事人的住所或营业地位于相同的国家,但如果仲裁地点位于该国境外,或者仲裁协议中所涉及的商事关系的设立、变更或终止的法律事实发生在国外,或者争议标的位于该国境外者,均可视为国际商事仲裁。

国际商事仲裁具有如下特征。第一,它是一种自愿解决争议的方法。当事人之间约定的通过仲裁方式解决他们之间已经发生或将来可能发生的争议的仲裁协议,是通过仲裁解决争议的基本前提。如无此项协议,就不可能有仲裁的发生。这一特点与ADR是相同的。第二,仲裁解决争议具有较大的灵活性。当事人之间可就由谁来仲裁、仲裁适用的规则和法律、仲裁地点、仲裁所使用的语文及仲裁费用的承担等作出约定。除非当事双方另有约定,仲裁一般均采用不公开审理的方法,从而使当事人的商业信誉和商业秘密有可能得到较好的保护。而在司法诉讼中,各国法院只适用本国的诉讼程序法,当事人一般不能自由地选择审理争议的法官,法官必须严格地按照诉讼程序法的规定审理案件。第三,仲裁裁决具有与法院判决相同的法律效力。当仲裁裁决需要在外国执行时,与法院判决相比,它甚至具有更大的优势。因为世界上有100多个国家是1958年《纽约公约》的缔约国,据此公约,缔约国有义务承认和执行在另一国境内作出的仲裁裁决,除非裁决有公约规定的拒绝承认和执行的理由。而一国法院作出的判决在另一国执行时,由于各国在政治、经济、文化和意识形态等方面的差异,内国法院往往对外国法院的判决采取不信任的态度,而目前又缺乏相互承认与执行法院判决的普遍性的国际公约。所以在执行时,内国法院在对外国法院判决的审查中往往附有非常苛刻的条件。

可见,仲裁既不同于ADR,也有别于诉讼,但与这两者又有某些相同之处,是介于这两者之间的解决争议的方法。它既具有ADR自愿解决争议的特点,又与之不同,因为ADR达成的解决争端的方案本身不具有法律上可强制执行的效力。仲裁裁决具有与法院判决相同的可强制执行的效力,但仲裁又与诉讼有着重要区别:仲裁在程序上比诉讼更具灵活性,当事人可以选择仲裁所适用的法律和规则以及审理案件的"法官"(仲裁员),而当事人在诉讼中一般不得对这些事项作出选择。[①]

(三) 国际商事仲裁的种类

国际商事仲裁的种类很多,按照不同的分类标准,可做出不同的分类。但一般而

---

① 这里指不同国家的国民之间的商事争议。

言,主要有以下三种分类方法。

(1) 按照国际商事仲裁协议主体的法律地位的不同,可分为不同国家的国民之间的商事仲裁和国家与他国国民之间的商事仲裁。

第一,不同国家的国民之间的商事仲裁。此处的国民,不仅包括自然人、法人,也包括其他法律实体。其特点是尽管当事双方属于不同的国家,但他们在国际商事交易中所处的法律地位是平等的,因而具有对等的权利与义务。我们平常所说的国际商事仲裁绝大多数属于此类仲裁。

第二,国家与他国国民之间的商事仲裁。此类仲裁的特点是一方当事人为主权国家或政府行政主管部门,他方为另一国家的国民,他们之间的争议一般是由国家的管理行为而引起的。按照一些国家的法律,此类争议不能通过仲裁方式解决,只能诉诸法院。但也有一些国家的法律或国际公约规定,这类争议也可通过仲裁解决,如世界银行就主持制定了《解决国家与他国国民间投资争端公约》,主张以仲裁方式解决国家与他国国民之间的投资争议。一些双边投资保护协议中,也有通过仲裁解决东道国与对方国家的投资者之间的争议的规定。

(2) 在一般的国际商事案件中,根据参与仲裁程序的利害关系人人数的不同,可以分为双方当事人仲裁和多方当事人仲裁。

第一,双方当事人之间的仲裁。仲裁庭的管辖权来源于双方当事人之间的协议,一般情况下的争议均为双方当事人之间的争端,由订立仲裁协议的双方当事人将其提交约定的仲裁庭解决。而仲裁庭所解决的争议也仅限于该双方当事人之间的争议,仲裁庭对第三人则无管辖权,即使该第三人对争议的标的具有独立的请求权或者与该仲裁案件审理的结果有着直接的利害关系。

第二,多方当事人之间的仲裁。在国际商事合同中,如果两个以上的公司或个人之间就同一合同或与该合同有关的含有相同仲裁条款的合同产生争议,就可能会出现多方为同一仲裁程序当事人的情况。多方当事人仲裁的出现有两个原因。第一,由三方或多方当事人共同签署了一项含有仲裁条款的合同。如由买卖双方、卖方或买方的担保人共同签署的合同,或者由代理人、被代理人和另一方当事人签订的自后者进口设备的合同,或者由若干个合伙人共同经营一个企业等。所有各方均在合同上签了字。如果合同在履行中发生争议,在合同上签字的各方均有合法的理由成为仲裁的一方当事人。第二,含有相同仲裁条款的连环合同引起争议。这种情况一般发生在总承包合同和分承包合同中,合同中含有相同的仲裁条款,由于前一个合同未能按期履行,进而直接影响了后一合同的按期履行。买卖合同中也有这样的情况,第一个合同的买方为第二个合同的卖方,且两个合同的条款是一致的,如果就合同的履行发生了争议,就可能涉及三方当事人仲裁的问题。但如果不涉及第三方的利益,第三方也无须参与此项仲裁。

如何处理多方当事人仲裁的情况呢? 主要有以下解决方法。①在由多方当事人签署的合同中,可在仲裁条款中作出专门规定,如果合同在履行中发生争议,所有与争议有利害关系的当事人均可自愿参加。②在涉及连环合同争议的情况下,可在发生争议的各方当事人的同意下,由一个仲裁庭合并审理此案。③由法院发布关于合并审理的裁定。如荷兰1986年《民事诉讼法典》第1046条就对仲裁程序的合并作了专门规定:除当事人之间另有约定者外,如果荷兰境内已开始的一个仲裁庭的仲裁程序的标的与在荷兰境内已开始的另一个仲裁庭的仲裁程序的标的有联系,任何当事人可以请求阿姆斯特丹地方法院院长发布合并程序的命令。

(3) 根据审理国际商事争议的仲裁机构是否具有固定的名称、章程和办公地,可分为临时仲裁机构仲裁和常设仲裁机构仲裁。

第一,临时仲裁机构仲裁。临时仲裁机构是根据当事人之间的仲裁协议而临时设立的审理特定案件的机构,即事实上的仲裁庭。当案件审理终结并作出仲裁裁决后,该仲裁机构即行解散。临时仲裁机构仲裁的主要优点是程序上比较灵活,可提高工作效率,节省仲裁费用。因为一般情况下常设仲裁机构仲裁均收取管理费,此外还要办理其他一些复杂的手续。临时仲裁机构仲裁的缺点是当事人得就仲裁所涉及的各种问题都作出约定,因此其优势的发挥有赖于当事各方的密切合作。我国《仲裁法》没有就临时仲裁作出规定,而目前我国设立的诸多的仲裁委员会,均为常设仲裁机构。

第二,常设仲裁机构仲裁。常设仲裁机构是依据国际公约或一国国内法设立的审理国际商事仲裁案件的机构。前者如解决投资争端国际中心,后者如中国国际商事贸易仲裁委员会、美国仲裁协会等。这些机构均有其特定的名称、章程和固定的办公地点,多数还有其仲裁规则,许多还有专门的供当事人选择的仲裁员名册。常设仲裁机构一般都比较规范且有专门的秘书处负责管理方面的工作,包括确认收到并转交仲裁申请书和答辩状,按规定收取仲裁费,协助组成仲裁庭,安排开庭等事项,并提供记录、翻译等方面的服务。在国际商事仲裁实践中,一些重大的仲裁案件一般均由常设仲裁机构进行仲裁。即便在临时仲裁的情况下,当事人一般也可以请求常设仲裁机构提供某些管理方面的服务,如代为指定仲裁员等。与临时仲裁相比,常设仲裁机构对于保障仲裁程序的顺利进行和仲裁裁决的质量,具有重要的作用。

此外,根据常设仲裁机构的性质的不同,还可以分为国际性仲裁机构仲裁、区域性仲裁机构仲裁和行业性仲裁机构仲裁。

(四) 调整国际商事仲裁的法律规则

1. 国际公约

在世界范围内最有影响的关于仲裁的国际公约是《纽约公约》,共16条,其主要规定包括:①各缔约国应当承认当事各方所签订或互换函电中所载明的合同里的仲裁条款或仲裁协议的效力;②除公约规定的拒绝承认和执行外国仲裁裁决的情况外,各缔约国应当承认和执行该项在外国作出的仲裁裁决;③公约规定了各国可以拒绝承认和执行的外国仲裁裁决的各项条件。此外,还有一个影响较大的国际公约,即《解决国家与他国国民间投资争端公约》。

除了上述两个普遍性的国际公约外，还有一些地区性的国际公约。如由联合国欧洲经济委员会主持制定、1961年由欧洲各国签署的《欧洲国际商事仲裁公约》，该公约于1964年7月16日生效。① 由美洲国家主持制定、1975年在巴拿马城召开的国际私法特别会议上通过的《美洲国家国际商事仲裁公约》（简称《巴拿马公约》），该公约于1976年6月16日生效。② 这两个公约均就其适用范围、仲裁协议的效力、仲裁庭的组成、仲裁规则的适用、仲裁裁决的效力及其承认和执行等作了规定。这两个公约的缔约国，一般均为《纽约公约》的缔约国。

2. 国内仲裁立法

各国有关仲裁的立法均调整国际商事仲裁，有些国家的民事诉讼法中含有关于仲裁的规定，如德国、日本、法国等；另有些国家则制定了专门的仲裁法，如美国1926年《联邦仲裁法》、英国1996年《仲裁法》。这些仲裁法既调整国内仲裁，也调整国际仲裁。还有一些国家专门制定了调整国际商事仲裁的法律或法规，如埃及于1988年制定的《埃及国际商事仲裁法案》。有的则根据联合国国际贸易法委员会主持制定的1985年《国际商事仲裁示范法》而制定了本国的国际商事仲裁法，如《俄罗斯国际商事仲裁法》、《保加利亚国际商事仲裁法》等。所有这些有关仲裁的法律或法规，均就有关仲裁涉及的各种事项，包括仲裁协议的效力和仲裁庭的管辖权、仲裁庭的组成、仲裁员的指定、仲裁程序的进行、仲裁裁决的作出及其补救办法、仲裁裁决的效力及其承认和执行等作了规定。我国调整国际仲裁的国内立法主要是1994年《仲裁法》和1991年《民事诉讼法》，其中《仲裁法》第七章就我国的涉外仲裁，包括涉外仲裁机构的组成、仲裁员的聘任、保全措施、涉外仲裁裁决的撤销以及承认和执行问题等作了专门规定。《民事诉讼法》第二十八章的规定也是专门针对国际商事贸易、运输和海事争议的仲裁的。主要内容包括：当事人之间订有将他们之间的争议提交仲裁解决的仲裁协议时，不得向法院起诉；申请强制执行涉外仲裁裁决的法院及不予执行此项仲裁裁决的条件等。

3. 国际商事仲裁案件应当适用的仲裁规则

国际商事交易中的当事人在他们之间订立的仲裁协议中所约定的通过仲裁方式解决争议应当适用的仲裁规则，在如何通过仲裁方式解决争议方面，发挥着重要的作用。

在国际商事仲裁中，常设仲裁机构一般均有自己的仲裁规则。当事人在将争议提交他们在仲裁协议中约定的仲裁机构时，如无相反的约定，就意味着适用该机构的仲裁规则。有些仲裁机构的规则对此还作出了专门规定，如1992年1月1日起实施

---

① 截至1997年7月，批准该公约的国家共27个：奥地利、白俄罗斯、比利时、波黑、保加利亚、布基纳法索、克罗地亚、古巴、捷克、丹麦、芬兰、法国、德国、匈牙利、意大利、哈萨克斯坦、卢森堡、波兰、罗马尼亚、俄罗斯、斯洛伐克、斯洛文尼亚、西班牙、马其顿、土耳其、乌克兰和南斯拉夫。

② 截至1997年7月，批准该公约的国家共15个：阿根廷、智利、哥伦比亚、哥斯达黎加、多米尼加、厄瓜多尔、危地马拉、洪都拉斯、墨西哥、巴拿马、巴拉圭、秘鲁、美国、乌拉圭和委内瑞拉。

的《日内瓦商工会仲裁规则》第1条第1款即规定:"一旦当事人同意将争议提交商工会进行仲裁,本规则将适用。"

为解决临时仲裁机构无专门仲裁规则的情况,联合国国际贸易法委员会组织了来自不同法律制度下的专家,于1976年制定了一套仲裁规则。多年的实践证明,此项规则不仅被广泛地应用于临时仲裁,而且是世界上许多常设仲裁机构制定仲裁规则的参照。此外,包括中国国际商事贸易仲裁委员会在内的绝大多数仲裁机构,均允许当事人选择适用联合国这一仲裁规则,并应当事人的请求对依此规则进行的仲裁程序实施管理。这类仲裁规则的特点如下。①这些仲裁规则只对特定的当事人,即选择适用某一特定规则的当事人有拘束力。②这些仲裁规则的适用不得与进行仲裁应当适用的法律相抵触。如果这些规则的适用与仲裁应当适用的法律发生抵触,则此类规则应当服从法律中的有关规定。例如,联合国仲裁规则第1条第2款规定:"仲裁应受本规则支配,但本规则的任何规定如与双方当事人必须遵守的适用于仲裁的法律规定相抵触时,应服从法律的规定。"

二、国际商事仲裁协议

(一) 国际商事仲裁协议的特征

国际商事仲裁协议是指当事各方同意将他们之间已经发生的或将来可能发生的争议提交仲裁解决的协议,它具有以下几方面的法律特征。

第一,它是特定的法律关系的当事人之间同意将他们之间的争议提交仲裁解决的共同的意思表示,而不是一方当事人的意思表示。这种特定的法律关系,既包括由于国际货物买卖、运输、保险、支付、投资、技术转让等方面的契约性法律关系,也包括由于海上船舶碰撞、产品责任、医疗和交通事故等侵权行为等非契约性的法律关系。

第二,仲裁协议是某一特定的仲裁机构取得对协议项下的案件的管辖权的依据,同时也是排除法院对该特定案件实施管辖的主要抗辩理由。因为《纽约公约》第2条第3款规定:"当事人就诉讼事项订有本条所称之仲裁协议者,缔约国法院受理诉讼时应依当事人一方之请求,令当事人提交仲裁,但仲裁协议经法院认定无效、失效或者不能施行者,不在此限。"此外,1987年《阿拉伯商事仲裁公约》第27条、联合国国际贸易法委员会制定的《国际商事仲裁示范法》第8条第1款等,也均有类似规定。

第三,一项有效的仲裁协议,是仲裁裁决得以承认和执行的基本前提。对于仲裁庭作出的仲裁裁决,如果败诉一方未能自动执行,另一方当事人可请求法院强制执行。但法院在执行此项裁决时,如果认定该项裁决是根据无效的仲裁协议作出的,则会按照《纽约公约》第5条第1款的规定,拒绝承认和执行此项裁决。

(二) 国际商事仲裁协议的形式

国际商事仲裁协议有两种表现形式:合同中的仲裁条款和专门的仲裁协议书。

合同中的仲裁条款是合同双方当事人在争议发生前订立的将合同执行过程中可

能发生的争议提交仲裁解决的协议。其特点是:第一,它是当事人之间在争议发生前所达成的将争议提交仲裁解决的约定;第二,它不是一个独立的文件,而是主合同中的一个条款。专门的仲裁协议书是指当事人之间订立的将已经发生的争议提交仲裁解决的协议。其特点是:第一,它是当事人之间在争议发生之后所达成的将争议提交仲裁解决的约定;第二,它是一个独立的文件,其内容是将特定的争议提交仲裁解决的一项单独的协议。

必须强调的是,无论是合同中的仲裁条款,还是当事人之间的仲裁协议书,都必须包括如下内容。第一,将争议提交仲裁解决的意思表示。即双方当事人同意将争议通过仲裁的方式而不是通过司法诉讼的方式解决的约定,这是仲裁协议最重要的内容。如无此项约定,便不可能有仲裁的发生。第二,提交仲裁的事项。即将什么样的争议提交仲裁解决,这是对仲裁庭的管辖权作出界定的依据。如果仲裁庭裁决的事项超出了该项协议的范围,则对超出协议规定的范围的事项所作的裁决不能得到法院的承认和执行。第三,仲裁庭的组成或仲裁机构。即选择哪一个仲裁机构及仲裁庭组成人员的人选。此外,当事人还可以就其他与仲裁有关的事项作出约定,如仲裁地点、仲裁应当适用的规则等。①

(三) 国际商事仲裁协议的效力

尽管各国法律对仲裁协议的效力应当具备的条件规定各异,但一般而言,一项有效的仲裁协议至少应当具备以下条件。第一,仲裁协议必须是当事人真实的意思表示,而不是一方当事人通过欺诈的方式使另一方当事人接受此项协议的产物。第二,依照应当适用的法律,订立协议的当事人必须具有合法的资格和能力。如果当事人为无行为能力者,则仲裁协议无效。第三,仲裁协议的内容应当合法,即当事人约定的仲裁事项必须是按照有关国家的法律可以通过仲裁方式解决的事项。这些法律一般为裁决地法或裁决执行地国的法律。此外,协议的内容也不得违反仲裁地国或裁决地国的法律中有关强制性的规定,不得与这些国家的公共政策相抵触。第四,仲裁协议的形式必须合法。按照《纽约公约》第2条、联合国国际贸易法委员会《国际商事仲裁示范法》第7条第2款,仲裁协议必须采用书面形式。

案例 12-2

国际商事仲裁协议

香港Z公司与内地D公司于1993年7月18日签订合作合同,约定双方共同投资建设经营H市火车站地下商场,其中D公司出资2486万元人民币(此笔投资款系业户的抵押金和租金),土地使用费250万元人民币,占总投资额的60%;香港Z公司出资314.48万美元,折合人民币1824万元,占总投资额的40%。合同签订后香港Z公司即时履约,投资款全部到位。在经营过程中,香港Z公司于1999年4月20

---

① 在常设仲裁机构仲裁的情况下,当事人只要约定将争议提交该特定机构仲裁,即适用该机构的仲裁规则。

日经 D 公司、H 公司同意,将该公司所持有的股份转让给 Y 公司。Y 公司参与经营后发现 D 公司至今未按合同约定履行出资义务,未全额缴纳出资款,认为此种出资不实的情况严重影响了 Y 公司的经营管理权和经济利益。2004 年 1 月 6 日,Y 公司向法院起诉 D 公司、H 公司,请求:①对 H 公司的资产进行清算;②判令 D 公司按合作合同约定承担违约责任,并支付违约金 3502.97 万元人民币;③按合作双方实际出资额重新分配盈余并确认 Y 公司的重大决策权;④判令 D 公司承担违约责任,赔偿 Y 公司经济损失 3000 万元人民币;⑤查证 D 公司实际出资额,确认合作双方实际出资比例;⑥清查 D 公司、H 公司不符合财务制度的非法列支;⑦确认 Y 公司的股东会召集权;⑧确认 Y 公司对合作公司的知情权;⑨判令 D 公司、H 公司承担本案诉讼费及相应费用。同年 3 月 8 日,H 公司向法院提出管辖异议,认为该法院对本案无管辖权,应按合作合同的约定,由仲裁机构通过仲裁解决纠纷。

法院审理认为,Y 公司提交的香港 Z 公司与 D 公司签订的合作合同中确有双方产生纠纷应通过友好协商解决,如果协商不能解决,应提交仲裁机构,按仲裁程序进行仲裁的约定。但 H 公司不是该合同的一方当事人,无权援引该合同提出管辖异议。同时,该合同未明确约定具体的仲裁地点和仲裁委员会,合同的各方当事人又未达成补充约定,关于仲裁的约定属无效约定。本案为合作经营合同、股东权益及损害公司权益纠纷,非单一的合同纠纷,亦不属当事人可以约定管辖案件的范围。故 H 公司提出的管辖异议,无事实和法律依据,异议不成立。该院依据《民事诉讼法》第 38 条的规定,裁定驳回 H 公司提出的管辖异议。

H 公司不服原审裁定,向二审法院提起上诉称:①原审法院认定 H 公司无权援引合同中的仲裁协议提出管辖权异议,没有法律根据;②原审法院以本案为"非单一的合同纠纷"为由认定本案不属于当事人可以约定管辖案件的范围,没有事实和法律根据;③原审法院以本案为"非单一的合同纠纷"为由排除本案的仲裁管辖权,是对本案原告不正当诉讼目的的错误支持。故请求依法撤销原审裁定,驳回原告的诉讼请求,告知其依据合同约定向仲裁机构申请仲裁。被上诉人 Y 公司辩称:①H 公司并非本案的当事人,而是诉讼参加人,无权提出管辖异议;②H 公司提出的管辖异议未经该公司董事会讨论,是不合法的;③合作合同中的管辖条款无效,双方未就管辖问题达成补充协议,原审法院管辖本案并无不当。请求驳回 H 公司的上诉,维持原裁定。二审法院认为,上诉人 H 公司的上诉理由缺乏事实和法律依据,对其上诉请求,应予驳回。依照《民事诉讼法》第 153 条第 1 款第 1 项、第 154 条之规定,二审法院裁定驳回上诉,维持原裁定。

三、仲裁庭及其管辖权

(一) 仲裁庭的组成

根据组成仲裁庭的仲裁员人数的不同,可以分为由一位仲裁员组成的独任仲裁庭、由两位仲裁员组成的仲裁庭和由三人或三人以上的仲裁员组成的仲裁庭。其中,常见的仲裁庭是独任仲裁庭和由三位仲裁员组成的仲裁庭。在国际商事仲裁中,由两名仲裁员组成仲裁庭的情况并不多见。但在一些行业和国家,这种情况是存在的,如在航运市场上的某些标准合同中就有这样的条款。一些格式租船合同中的巴尔的摩定期租船合同仲裁条款就是这样规定的:"由于本租船合同而产生的争议交由伦敦(或者当事人约定的其他地点)仲裁解决。由船东指定一名仲裁员,另一名仲裁员由租船人指定。若这两名仲裁员不能就仲裁裁决达成一致,争议交由他们共同指定的公断人裁定。仲裁员或公断人的裁决是终局的,对当事双方均有拘束力。"英国1996年《仲裁法》第22条第1款也就由两名仲裁员组成仲裁庭的情况作了规定:"在当事人同意设两名或两名以上仲裁员但无首席仲裁员或公断人的情况下,当事人可自由约定仲裁庭如何作出决定、命令和裁决。"此项规定包括了两名仲裁员组成仲裁庭的情况。在实践中,如果这两名仲裁员在解决当事人提交的争议时达成一致,就可作出仲裁裁决。但如果他们不能就此争议达成一致,则由他们共同指定的公断人主持对该案件的审理。在这种情况下,原来由双方指定的仲裁员事实上为他们各自被指定的当事人充当了辩护人的角色,而仲裁裁决由公断人自行作出。此时的公断人,相当于独任仲裁员的角色。

(二) 仲裁员的资格

在解决国际商事争议的实践中,被指定为仲裁员的一般都是为当事人所信赖并能够对争议的是非曲直作出独立判断的人。因此,各国法律允许当事人在他们之间的仲裁协议中对仲裁员的资格作出约定。而法律本身对此一般没有严格的限制,凡是具有完全行为能力的人,包括本国人和外国人,都可以被指定为仲裁员。例如,荷兰1986年《民事诉讼法》第1023条规定:"任何有法律行为能力的自然人均可被指定为仲裁员。除非当事人另有约定,任何人不应由于其国籍的原因而妨碍指定。"有些国家的法律还对没有资格担任仲裁员的人作了规定。例如,意大利《民事诉讼法典》第812条除规定"仲裁员可以是意大利或他国国民"外,还规定"未成年人、无法律行为能力人、破产者及被开除公职的人,不能担任仲裁员"。有的国家的法律还规定国家法官在任职期间不得接受指定作为仲裁员,如奥地利《民事诉讼法典》第578条、波兰《民事诉讼法》第699条第2款的规定。

我国《仲裁法》对仲裁员的资格作了比较严格的限制。按照该法第13条的规定,仲裁委员会应当从公道正派的人员中聘任仲裁员。仲裁员应当符合下列条件之一:①从事仲裁工作满8年的;②从事律师工作满8年的;③曾任审判员满8年的;④从事法律研究、教学工作并具有高级职称的;⑤具有法律知识,从事经济贸易等专业工作并具有高级职称或者具有同等专业水平的。

作为国际商事仲裁的一般原则,仲裁员,尤其是独任或首席仲裁员,不得与他所审理的案件有直接的利害关系,否则将影响他对所审理的案件作出独立、公正的审理。

四、仲裁裁决及其效力

仲裁裁决是仲裁庭就当事人提交仲裁解决的事项作出的决定。

在仲裁程序开始后,如果一方当事人对仲裁庭的管辖权提出异议,在此情况下,仲裁庭如果不解决管辖权的问题,仲裁程序就无法继续进行。为了确定仲裁庭对其所审理的案件的管辖权,仲裁庭可就其管辖权问题作出先决裁决。根据联合国国际贸易法委员会《国际商事仲裁示范法》第 16 条第 3 款的规定,当事任何一方可在收到此项裁决后 30 日内就此决定向有管辖权的法院提出申诉,请求法院对此作出决定。法院的决定是终局的,不容上诉。而仲裁庭在等待法院作出决定的同时,可以继续进行仲裁程序。

在仲裁程序进行的过程中,仲裁庭还可就当事人提出的某些请求事项作出中间裁决或部分裁决。这些裁决所涉及的或者是需要立即处理的不易保存的物品,或者是当事人之间不存在争议的部分。这些裁决均构成最终裁决的一部分。

仲裁程序以仲裁庭作出最终裁决而告终。最终裁决是就当事人所提交的所有事项作出的裁决,包括中间裁决和部分裁决。如果当事人已就仲裁庭在仲裁程序中作出的中间裁决或部分裁决履行完毕,最终裁决可以不提及那些已得到解决的事项。如上述裁决尚未履行,仲裁庭应在最终裁决中特别提及,其在仲裁程序中作出的中间或部分裁决构成最终裁决的一部分。

当仲裁程序结束后,如果仲裁庭在裁决中漏裁了当事人请求中的某些事项,在应予适用的法律或仲裁规则规定的期限内,无论是当事人提出请求,还是仲裁庭自行发现问题,仲裁庭认为情况属实的,可就这些漏裁的事项作出追加裁决。

需要强调的是,无论裁决在仲裁程序的哪一个阶段作出,均对当事各方具有法律上的拘束力,除法律规定的补救办法外,均可得到法院的执行。

关于内国裁决与外国裁决的划分,从制定《纽约公约》的过程中所反映出来的各方面的观点来看,主要有两个标准。第一是地域标准(territorial criterion)。在 20 世纪 50 年代初期联合国经社理事会和国际商会提出公约草案时所坚持的就是这个观点。普通法国家、东欧国家和发展中国家均赞同这一标准,但西欧一些大陆法国家的代表对此提出了异议。他们认为,除了地域标准外,还应当考虑其他标准。第二是非内国标准(nondomestic criterion),即裁决经申请承认和执行所在地国认为非内国裁决者,这是以进行仲裁程序所适用的法律为标准。这是一些大陆法国家所坚持的标准,特别是德国和法国。它们认为,如果仲裁在这些国家进行,但适用的是其他国家的程序法,则不是当地的裁决,当地法院也不对此裁决予以救济。而且,即便仲裁在这些国家以外的国家进行,如果适用的是这些国家的程序法,也被认为是这些国家的裁决。

在国际商事仲裁实践中,第二种情况事实上是极为少见的,甚至根本就不会产生,法院从来也不适用此项标准,它只是理论上的发明,《纽约公约》本来可以不将其列入，实际上它只是一纸空文。①

因此，尽管《纽约公约》采取的是妥协的标准，即公约第1条将缔约国依据公约所承认和执行的"外国裁决"界定为"在申请承认和执行地所在国以外之领土内作出者"和"申请承认和执行地所在国认为非内国裁决者"，但事实上的外国裁决就是在执行地国以外作出的仲裁裁决。

第五节 WTO争端解决机制

一、WTO争端解决机制概述

(一) WTO争端解决机制的起源与发展

世贸组织现行的争端解决机制起源于1947年关税及贸易总协定(GATT)第22条和第23条关于争端解决的程序。按照第22条的规定，任何缔约方对与GATT有关的事项，可以要求同其他缔约方进行协商。而被要求协商的缔约方应当尽可能迅速地提供适当的机会进行协商，以便就争端事项达成和解。如果争端各方之间的协商未能达成满意的结果，其中一缔约方请求缔约方全体介入时，缔约方全体可以邀请其他缔约方参加协商，以便增加通过协商解决争端的机会。第23条的主要规定是如果一缔约方认为，由于另一缔约方未能实施其对GATT所承担的义务，或实施某种措施或情况，致使该缔约方根据GATT可获得的直接或间接利益正在丧失或受到损害，或者总协定的目标的实现受到了阻碍，则可以向有关的缔约方提出改变措施的书面建议或请求。有关的缔约方应当对提出的请求或建议予以考虑。各有关缔约方如果在合理的期限内不能达成满意的调整办法，即可将争端提交缔约方全体处理。缔约方全体应立即研究，或向有关的缔约方提出适当建议，或酌情作出裁决，如有必要还可以就此问题与缔约各方、联合国经社理事会及有关的政府间组织进行协商。缔约方全体在必要的情况下可以批准某缔约方按实际受损情况对有关的缔约方暂停履行总协定规定的义务，补偿利益损失。在暂停履行义务被批准和实施之后的60日内，如果有关缔约方要退出总协定，应以书面形式通知缔约方全体，在接到书面通知后60日退出正式生效。

此外，GATT的其他有关条款也有涉及解决特定争端的，如第19条关于紧急措施，或者违反第13条等。1979年在东京回合的谈判中，在总结总协定实施30多年的经验的基础上，达成了《关于通知、协商、解决争端和监督的谅解》，将解决总协定项下的争端的具体程序规范化，但此项谅解对于各缔约方而言，本身并无法律上的拘束力，各当事方可选择适用。

---

① Albert Jan van den Berg, The New York Arbitration Convention of 1958, Kluwer Law and Taxation Publishers, 1981, p. 384.

1986年发起的乌拉圭回合谈判在中期评审后即通过了《关于对总协定争端解决规则和程序的改进》的决议,并在谈判结束时通过了《关于争端处理规则与程序的谅解书》(以下简称 DSU),共 27 条。该谅解书作为一揽子文件列入乌拉圭回合谈判的最后文件,此项文件对所有的缔约方均有拘束力,不允许当事方选择适用。

(二) WTO 争端解决机制的特点

世贸组织的争端解决机制仅适用于该组织成员之间因执行 WTO 协议而产生的争端。因此,争端的主体仅限于该组织的成员,即各缔约方。这些缔约方多为主权国家,另有一些地区。因此,各缔约方所属的自然人或法人不能成为该争端解决体制的主体。该争端解决机制的首要目标是确保 WTO 各项协议的实施,废除各国与 WTO 各项协议规定不一致的有关措施。

现行的 WTO 争端解决机制是为多边贸易体制提供安全和可预测性的一个中心环节,与 GATT 的争端解决机制相比,WTO 的争端解决机制更加完善和有效。具体表现在三个方面。

1. 单一的争端解决机制

现行的 WTO 争端解决机制是 WTO 最后文件的组成部分,对各缔约方均有拘束力。而 GATT 项下的争端解决机制则比较分散。如前所述,GATT 缔约方在 1979 年东京回合谈判中达成的《关于通知、协商、解决争端和监督的谅解》仅对签署该谅解的缔约方有效。此外,GATT 第 22 条和第 23 条的争端解决程序和其他各项有关规定,如《反倾销协定》、《补贴与反补贴措施协定》等东京回合制定的协定也都规定了各自独立的争端处理程序,这些协定本身也是选择性的,并不自动地适用于全体缔约方。WTO 的争端解决机制则将该组织项下的各项协议的争端解决统一起来,并设立了专门争端解决机构(dispute settlement body,DSB),由 DSB 解决的争端不仅包括传统的货物贸易引起的争端,而且包括知识产权保护和服务贸易而引起的争端。

2. 专门设立的争端解决机构

根据 WTO 协议设立的 DSB,是唯一有权设立解决争端的专家小组,是通过专家小组和上诉机构的报告和建议解决争端的权威机构,并负责监督所通过的裁定和建议的实施。如果缔约方未能实施上述建议或裁定,DSB 可下令中止有关缔约方作出的减让。DSB 这些职能的发挥,主要是通过它所设立的专家小组和上诉机构实现的。

DSB 在设立专家小组时,应当确保其独立性。小组成员为各当事方的公民,他们以个人的身份而非作为政府代表或任何组织的代表提供服务。在发展中国家成员与发达国家成员发生争端时,如提出申诉的一方是发展中国家,则该专家小组中至少应包括 1 名来自发展中国家的成员。专家小组的职能是协助 DSB 履行 WTO 谅解书和各有关协议所赋予的责任,就其所受理的事项作出客观的评价,包括对各有关协议的适用范围的一致性作出客观评价,并应经常同争端各方进行磋商,给他们足够的机会以达成双方满意的解决方法,提出其他有助于 DSB 制定各项建议或作出各有关协议规定的各项裁决的调查材料。

DSB 的常设上诉机构负责解决专家小组报告中涉及的法律问题及由该专家小组所作的法律解释,该机构由 7 名成员组成,他们由 DSB 任命,任期 4 年,并可被再次任命。成员与各国政府没有关系,一般应具有公认的权威,并由已证实在法律、国际贸易和各有关协议主体内容方面具有专业知识。

3. 通过决议所采用的"全体一致否认"的方式

按照 1947 年 GATT 关于争端处理的程序,专家小组的报告书如果没有全体一致的同意就不能通过。这就是说,只要有一国反对(包括有关的当事国),专家小组的报告就不能通过。为了提高争端解决的效率,WTO 现行的争端解决程序采用了"全体一致否认"的通过方式,即在通过专家小组的报告及有关的报复措施的决定时,只要不是全体一致反对,该特定的提案就算通过,由此大大提高了处理争端的速度和效率。

上述特点决定了 WTO 争端解决机制的可适用性。自 1995 年 WTO 成立以来,该机制的有效工作已得到各成员方的普遍认同和尊重。GATT 自 1948 年 1 月 1 日至 1995 年 6 月,共受理了 238 起贸易争端。而根据 WTO1999 年 5 月公布的报告,从 1995 年成立到 1999 年 4 月 22 日 WTO 共受理了 168 起申诉案,有 124 起是发达成员方提起的,32 起由发展中成员方提起,[①]还有 12 起由发达成员与发展中成员共同提起。其中,美国为被诉方的有 35 件,欧盟为被诉方的有 28 件(不包括欧盟成员方单独作为被诉方案件),日本为被诉方的有 12 件;在发展中成员方中,巴西、阿根廷、智利、印度等是主要的被诉方,其中印度占 14 件。截至 2000 年 5 月,WTO 争端解决机制已经受理案件 192 起,处理了 32 件。这些案件不仅包括传统的货物贸易(其中很大一部分是关于反倾销的),还包括知识产权、电信服务、政府采购、农产品和防止服装等。争端机制通过其有效执行的裁决解决了成员方的贸易争端,降低了爆发贸易冲突的可能;为各成员方提供了一个公平公正地解决经济贸易纠纷的场所,维护了多边贸易体制的稳定。[①]

二、WTO 争端解决机制运作

(一) DSB 及其管辖权

根据《建立 WTO 协定》第 2 条第 3 款之规定,WTO/DSB 是总理事会,其在履行争端解决职能时,即视为争端解决机构。总理事会有 DSB 职能,但它在履行裁判职能时有自己的主席、工作人员、工作程序等。DSB 成员与总理事会组成有所不同。

---

① 于安:《WTO 协定国内实施读本》,中国法制出版社 2001 年版,第 28 页。

如果处理多边贸易协定争端,则组成 DSB 的成员只能是多边贸易协定成员方。①

DSB 的权限是成立专家小组、通过专家小组和上诉机构报告、对建议和裁决的执行进行监督、授权中止减让或其他义务。

根据 DSU 第 27 条的规定,WTO 秘书处在争端处理上有辅助职责;第 5 条第 6 款赋予 WTO 总干事在斡旋、调停和调解的特殊程序中,有参加、协助的权力。

根据 DSU 第 1 条的规定,WTO 争端解决机制下的 DSB 管辖权,及于 WTO 所有规则,包括成员方之间和成员方与 WTO 之间,及货物贸易协定、服务贸易协定和涉及贸易的知识产权协定等有关贸易本身的争端,以及 WTO 设立和 DSU 规则本身产生的争端。

由此可以看出,DSB 管辖的争端案件有三类:第一类是违规之诉,即一成员方政府行为违反了 WTO 有关协定的具体规则。第二类是非违规之诉,即成员方政府措施没有直接违反 WTO 的规定条款,但是实际上背弃了减让并造成了损害。它需要具备三个条件,即该措施是政府实施的,该措施改变了已经达成的关税约束所建立的竞争条件,该措施是以前减让谈判过程中所没有预见到的。第三类是情势之诉,即可以提出没有构成上述两种诉讼的侵害情形。

(二) 争端解决机制的一般原则

DSU 第 3 条"总则"规定了 WTO 争端解决机制的一般原则。

(1) 继承和发展 GATT1994 有关争端解决原则。DSU 第 3 条第 1 款指出:"各成员重申信守基于 1947 年 GATT 第 22 条和第 23 条所适用的争端处理原则和方法,以及对此作了进一步阐释和修改的各项规则与程序。"《建立 WTO 协定》第 16 条规定:"除本协定或多边贸易协定另有规定外,世界贸易组织得受 1947 年 GATT 缔约方全体和在 1947 年 GATT 框架内设立的各机构所遵循的决定、程序和习惯做法的指导。"

(2) 维护权利义务平衡原则。WTO 争端解决机制作用的基本原则,是保障各有关协定成员方权利义务的平衡。DSU 第 3 条第 2 款规定,DSB 的各项建议和裁决不能增加或减少各有关协定所赋予的权利义务。一成员方认为直接或间接利益受到另一成员方的损害时,WTO 争端解决机制处理争端的目的,就是恢复各成员方之间在有关协定基础上的权利义务平衡。这一原则对于使用各种争端处理手段有重要指导意义。

(3) 对发展中成员方优惠原则。根据 DSU 第 3 条第 12 款,对于发展中成员方投诉发达成员方案件,可以优先适用 1966 年 4 月 5 日缔约方全体通过的《关于补充 GATT 第 23 条的协议》。即对发展中成员方所涉争端,在程序上和执行上适用特殊规定。

---

① 于安:《WTO 协定国内实施读本》,中国法制出版社 2001 年版,第 28 页。

(三) 争端解决机制的程序规则

根据 DSU,在 WTO 框架下解决争端,主要经历以下四个阶段。

(1) 协商。当协议项下的争端发生后,各方必须首先自行协商解决。具体做法是:如果一缔约方认为它在某协议项下的权利由于另一缔约方的原因受到损失,应当向该缔约方提出磋商的书面请求。收到请求的一方应当在收到此项请求的 10 日内与对方进行磋商,以便达成双方满意的解决方法。此项请求还应当向 DSB 和有关的理事会和委员会通报,并且提出请求的一方应说明提出请求的理由,包括争端所涉及的措施及其法律依据。收到磋商请求的一方如果自收到此项请求之日起 10 日内未能作出答复,或在此后 30 日内或双方约定的期限内未能进行磋商,或者在 60 日内通过磋商未能解决争端,提出申诉的一方即可请求 DSB 设立专家小组解决争端。

(2) 专家小组的设立及对争端事项的审查。DSB 应当根据申诉方提出的书面请求设立专家小组。申诉方的书面请求必须阐明是否已经就他们之间的争端进行了磋商,以及其申诉的法律依据。该专家小组至迟应在设立专家小组的请求列入 DSB 正式程序后的下一次会议上设立,除非 DSB 一致同意不设立该专家小组。

专家小组一般由 3 名成员组成,特殊情况下可由 5 人组成。成员为资深的政府或非政府人员。这些人员以个人的身份而非作为政府代表或任何组织的代表提供服务。专家小组的主要职能是按照与缔约方争端有关的协议中的规定,审查当事方向 DSB 提交的争端事项,协助 DSB 就有关协议的执行情况提出建议或裁定。专家小组应当协助当事人解决争端。因此,应当向 DSB 提交有关调查材料的书面报告,说明对争端事实的调查结果,并提出有关的建议。此项报告除向 DSB 提交外,还应向当事各方提供。报告一般应当在专家小组成立后 6 个月内提出,但遇有紧急情况,如易腐烂食品,应在 3 个月内提出。在复杂争端的情况下,也可经书面请求 DSB 并经批准后延长此项期限,但无论如何不得超过 9 个月。

专家小组的报告应当向各缔约方分发,为了给各缔约方足够的时间考虑专家小组的报告,DSB 只有在这些报告向各缔约方分发 20 日后,才考虑通过这些报告。此项报告应在分发后 60 日内进行评审,争端各方有权全面参与对专家小组报告的评审。他们的各种意见均记录在案。DSB 应当在此期限内通过此项报告,除非某一缔约方声称将对此报告提出上诉,或 DSB 一致决定不采纳此项报告。当争端一方将提出上诉时,此项报告将在上诉结束后再通过。

(3) 上诉评审程序。只有争端的当事方,而不是任何第三方,才有权对专家小组的建议或裁定提出上诉评审程序。上诉应当仅限于专家小组报告中所涉及的法律问题及由该专家小组所做的法律解释。

在上诉评审程序中,应当由该常设机构中的 3 人负责审议对专家小组的建议或裁定提出的上诉。已经向 DSB 通报其与该争端有重大利益的第三方,可向上诉机构提出其书面意见,上诉机构也应给他们表述意见的机会。上诉机构对上诉事项所作的决定一般应当在上诉方正式向上诉机构提出上诉之日起 60 日内作出,最多也不得超过 90 日。

上诉机构的报告应当在该报告提交全体缔约方后 30 日内由 DSB 通过,并由争端各方无条件地接受。除非 DSB 一致决议不通过该报告。

(4) 执行程序。专家小组或上诉机构的报告通过后 30 日内,有关缔约方必须向 DSB 通报其对所通过的报告中提出的建议打算采取的措施。如不能立即实施,该缔约方应当在合理的期限内实施。如果未能在此期限内实施,则必须与申诉方进行如何予以补偿的谈判。如果通过谈判不能达成满意的结果,申诉方可以请求 DSB 授权其中止对对方所给予的减让或对其所承担的其他义务,即采取交叉报复措施。申诉方在中止履行减让或其他义务时,应遵循以下原则和程序:①原则上应中止履行与产生违反或损害的同一协议中同一部门的减让或其他义务;如不奏效,则②中止履行同一协议内其他部门中的减让或其他义务;如仍不奏效,则③中止其他协议中的减让或其他义务。

若被诉方对减让水平提出异议,或认为上述原则和程序未得到遵守,则由原专家小组或总干事指定的仲裁员进行仲裁。仲裁员裁定时不审查被中止履行的减让或其他义务的性质,而只裁定减让的水平是否与利益的损害水平相当,中止减让或其他义务是否遵循了上述原则和程序。该裁定为终局裁定。

本章小结

国际商事争议,是指国家、国际商事组织、自然人、法人之间因从事国际商事活动而在权利义务方面所发生的各种纠纷。解决不同国家国民之间的国际商事争议的方法主要有国际民事诉讼、国际商事仲裁和 ADR 等方式。

国际民事诉讼,是指当事人一方向一国法院提起商事诉讼,以寻求司法保护的方法。所涉及的主要法律问题包括:①外国人的民事诉讼地位;②对争议案件的管辖权;③诉讼程序的进行;④法院判决的效力与执行等方面。国际商事仲裁是一种自愿解决争议的方法,具有较大的灵活性,仲裁裁决具有与法院判决相同的法律效力。一项有效的仲裁协议是仲裁裁决得以承认和执行的基本前提。仲裁协议是某一特定的仲裁机构取得对协议项下的案件的管辖权的依据,同时是排除法院对该特定案件实施管辖的主要抗辩理由。在解决国际商事争议的实践中,ADR 的表现方式是多种多样的,主要包括协商谈判、第三方调解、模拟法庭等。与诉讼及仲裁相比,ADR 具有简便易行和节省费用的优势,其适用范围要广于司法方法和仲裁方法。WTO 争端解决机制具有可适用性,它是一种单一的争端解决机制,DSB 为其专门设立的争端解决机构,其通过决议所采用的是"全体一致否认"的方式。在 WTO 框架下解决争端,主要应经历以下四个阶段:协商、专家小组审查、上诉评审程序和执行程序。

专业术语汉英对照

选择性解决争议方法 alternative dispute resolution, ADR
管辖 jurisdiction
调解 mediation, conciliation
模拟诉讼 mini-trial
国际商事仲裁 international commercial arbitration
仲裁协议 arbitration agreement
仲裁裁决 arbitration award
争端解决机构 dispute settlement body, DSB
司法协助 judicial assistance
判决的承认和执行 recognition and enforcement of judicial decisions

思考与练习题

1. 什么是国际经济争议？它有哪些种类？
2. 简述 ADR 的法律特征及其主要形式。
3. 简述承认和执行外国法院判决的条件。
4. 国际商事仲裁有何特征？
5. 国际商事仲裁协议有何特征？一项有效的仲裁协议至少应具备哪些条件？
6. WTO 争端解决机制有何特点？其一般原则是什么？
7. WTO 框架下解决争端主要应经历哪几个阶段？

主要参考文献

[1] 郭双焦,李钊,万克夫. 国际商法实验教程[M]. 北京:北京大学出版社,2010.

[2] 北京大学金融法研究中心. 国外公司资本形成制度比较研究——以美、英、德、日之立法为例[M]//金融法苑(总第72辑),北京:中国金融出版社,2006.

[3] 张圣翠. 国际商法[M]. 4版. 上海:上海财经大学出版社,2007.

[4] 屈广清. 国际商法[M]. 2版. 大连:东北财经大学出版社,2008.

[5] 吴兴光. 国际商法[M]. 广州:中山大学出版社,2003.

[6] 田东文. 国际商法[M]. 北京:机械工业出版社,2008.

[7] 王传丽. 国际经济法教学案例[M]. 北京:法律出版社,2004.

[8] 袁绍岐. 国际商法[M]. 广州:暨南大学出版社,2006.

[9] 赵志泉. 国际商法[M]. 成都:四川大学出版社,2005.

[10] 商务部条法司编译. 国际商事合同通则[M]. 北京:法律出版社,2004.

[11] 任宏涛. 国际商法[M]. 哈尔滨:哈尔滨工业大学出版社,2007.

[12] 吴建斌,肖冰,彭岳. 国际商法[M]. 北京:高等教育出版社,2007.

[13] 张旭. 国际商法理论与实务[M]. 北京:科学出版社,2005.

[14] 郭寿康,赵秀文. 国际经济法[M]. 北京:中国人民大学出版社,2000.

[15] 程德钧. 涉外仲裁与法律(第1辑)[M]. 北京:中国人民大学出版社,1992.

[16] 于安. WTO协定国内实施读本[M]. 北京:中国法制出版社,2001.

[17] 曾令良. 世界贸易组织法[M]. 武汉:武汉大学出版社,1996.

[18] 郭寿康,韩立余. 国际贸易法[M]. 2版. 北京:中国人民大学出版社,2005.

[19] 孟怡. 国际货物运输与保险[M]. 北京:对外经济贸易大学出版社,2008.

[20] 周江雄,庞燕. 国际货物运输与保险[M]. 北京:国防科技大学出版社,2006.

[21] 吴汉东. 知识产权法学[M]. 5版. 北京:北京大学出版社,2009.

[22] 冯晓青. 知识产权法[M]. 北京:中国政法大学出版社,2008.

[23] 冯大同. 国际商法. 北京:对外经济贸易大学出版社,1991.

[24] 王传丽. 国际贸易法. 北京:中国政法大学出版社,2003.

[25] 张楚. 电子商务法教程. 北京:清华大学出版社,2005.

[26] 施米托夫. 国际贸易法文选[M]. 赵秀文,译. 北京:中国大百科全书出版社,1993.

[27] 布鲁斯·E. 克拉伯. 美国对外贸易法和海关法(上)[M]. 蒋兆康,等,译. 北京:法律出版社,2000.

[28] 李大鹏,《〈INCOTERMS2000〉与〈国际商事合同通则〉并存适用的若干问题思考[J]. 重庆商学院学报,2002(7):20-22.

[29] 庄宗明. "两岸共同市场":理念架构及其现实意义[J]. 国际经济合作,2006(1):29-31.

[30] Henry Campbell Black. Black's Law Dictionary [M]. New York:West Publishing Co. ,1991.

[31] David St,John Sutton,ect. Russell on Arbitration[M]. 21st ed. London:Sweet & Maxwell,1997.

[32] Henry J Brown,Arther L Marriott,ADR Principles and Practice[M]. London:Sweet & Maxwell,1993.

[33] UNIDROIT,Complete Commented Version of the UNIDROIT Principles of International Commercial Contracts,2004[EB/OL]. [2008-11-25]http://www.unilex. info/dynasite. cfm? dssid=2377&dsmid=13637&x=1.